MW01687618

全圖傳意倉頡碼字典

AN ILLUSTRATED DICTIONARY FOR CHANGJIE CODE

蔡劍南中文電腦中心編著

萬里機構・萬里書店出版

© 1998 萬里機構出版有限公司

全圖傳意倉頡碼字典

編著者
蔡劍南中文電腦中心
地址：九龍旺角彌敦道576號和富商業大廈1501室
電話：25750818　　傳真：25750138
網址：http://www.keithtsoi.com.hk
電郵：general@keithtsoi.com.hk

編　輯
何健莊

版面製作
萬里機構製作部

出版者
萬里機構．萬里書店
香港九龍土瓜灣馬坑涌道5B-5F地下1號
電話：25647511
網址：http://www.wanlibk.com

發行者
萬里機構營業部
香港九龍土瓜灣馬坑涌道5B-5F地下1號
電話：25623879　　傳真：25909385

承印者
美雅印刷製本有限公司

出版日期
一九九八年十二月第一次印刷
二〇〇三年十二月第十三次印刷

版權所有．不准翻印

ISBN 962-14-1509-8

All other product names and services identified throughout this book are trademarks or registered trademarks of their respective companies. They are used throughout this book in editorial fashion only and for the benefit of such companies. No such uses, or the use of any trade name, are intended to convey endorsement or other affiliation with the book.

多謝您

衷心感謝多年來，默默支持我的

家人

朋友

職員

義工

學生

由匯賢社會服務中心至今，一直以來，

你們的鼓勵，使我不斷進步，

永遠向前、永不停步、永不放棄！

在追求自我突破的同時，亦回報社會。

『…歡呼聲時常沖激我，教我踏步不畏懼，

縱有困難亦要拼命追…

…信念藏於心內，感激暖暖熱愛，

即使我有淚笑著強忍…』

蔡劍南

九八年十一月於香港

序

成長的每個階段，我們都面對著不同的
困難和問題。如果在最需要的時刻，
身邊有人給予支持、加以援手，便最理想吧！
但歸根究底，要真真正正解決問題，
還是要靠自己的努力。

我和蔡劍南中文電腦中心的同事們
誠意編製這本
<<全圖傳意倉頡碼字典>>
衷心希望能夠在你最需要的時候，為你『解碼』。

本書不但提供【倉頡碼】，還會以詳細插圖作深入分析，解釋拆字取碼的原理，使讀者明白問題所在，即使他日重遇困難時，也可自行解決。
所謂『助人自助』！

今天，讓我們一起，
享受學習的樂趣，裝備一生受用的技能。

「與你一起，由零開始，到一流水準」

蔡劍南

目 錄

怎樣使用這本字典

1. 字典主體部份包含5400個常用字的全圖拆碼，讀者可從實例中，了解【倉頡】的拆字取碼原則。詳見第454頁彩色圖例。

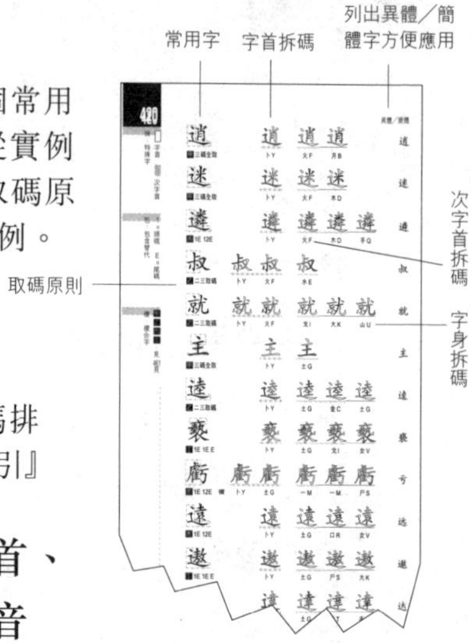

2. 字典主體部份按照倉頡碼排列，讀者可使用多種『索引』

倉頡碼、筆劃、部首、漢語拼音、粵語拼音

先查出倉頡碼，然後再細閱主體部份的圖解。

3. 讀者可以按主體部份的字例，遂一輸入電腦。

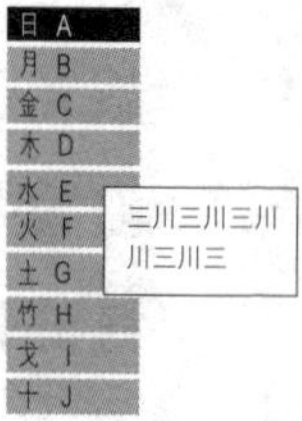

4. 為加深記憶及方便日後溫習，曾查詢倉頡碼的字，或曾多次輸入錯誤的字，讀者可在字旁寫下小筆記。

5. 最後，別忘記郵寄登記表(見字典末)往蔡劍南中文電腦中心，我們將支援讀者的傳真或電子郵件提問。

為甚麼要學【倉頡】輸入法？

倉頡5項優點：

1.『快』!

一般使用者可以每分鐘輸入約50字。專業輸入人員更可達每分鐘80-90字。於比賽中更可超越100字以上。

2. 原則性強

幾條簡單原則，只要多看、多練習，便可自然掌握

3. 輔助簡易，初學容易

倉頡最多取5碼，抽取其中第1碼及最後1碼，便是『簡易』輸入法(又名速成)。對初學者非常有幫助。輸入速度亦可達每分鐘20-30字。

4. 免費使用，四處通行

有幸朱邦復先生公開專利，讓我們免費使用，令倉頡迅速流通，不論在家居或工作地點，都可輕易練習和使用。

5. 具發展潛質，更快更易

倉頡以字形取碼，以日常鍵盤25個中文字母輸入，有利快速輸入的同時，亦具備良好基礎可發展以『詞語』為單位的輸入法，由本中心開發的『快趣』倉頡輸入法，便收集了20000多個詞語，希望將倉頡發揚光大。

字首　殊：特殊字
次字首
1＝頭碼　E＝尾碼
包：包含替代
甲乙丙丁：見461頁
複：複合字

字	取碼	1	2	3	4	異體／簡體
日	甲三碼全取	日A				日
曰	甲三碼全取	日A				曰
昌	甲三碼全取	日A	日A			昌
晶	甲三碼全取	日A	日A	日A		晶
暘	丙1E 12E	日A	日A	一M	竹H	旸
暍	丙1E 12E 包	日A	日A	心P	女V	暍
曝	丙1E 12E	日A	日A	廿T	水E	曝
明	甲三碼全取	日A	月B			明
暝	丙1E 12E	日A	月B	日A	金C	暝
曖	丙1E 12E	日A	月B	月B	水E	暧
盟	乙二三取碼	日A	月B	月B	廿T	盟
暉	丙1E 12E	日A	月B	十J	十J	晖

異體／簡體

字	取碼	拆碼	異體／簡體
暈	丙 1E 12E	日A 月B 十J 十J	暈
暖	丙 1E 12E	日A 月B 一M 水E	暖
勗	丙 1E 12E	日A 月B 一M 尸S	勖
冒	甲 三碼全取 複	日A 月B 山U	冒
杲	甲 三碼全取	日A 木D	杲
晰	丙 1E 12E	日A 木D 竹H 中L	晰
影	乙 二三取碼	日A 火F 竹H 竹H 竹H	影
顥	丙 1E 12E 複	日A 火F 一M 月B 金C	颢
顯	丙 1E 12E 複	日A 火F 一M 月B 金C	显
晃	乙 二三取碼	日A 火F 一M 山U	晃
時	乙 二三取碼	日A 土G 木D 戈I	时
曉	丙 1E 12E	日A 土G 土G 山U	晓

殊：特殊字　字首　次字首

包：包含替代　1＝頭碼　E＝尾碼

複：複合字　甲乙丙丁：見461頁

字	取碼	拆碼	異體／簡體
昫	乙 二三取碼	日A 竹H 月B 口R	昫
眉	乙 二三取碼 複	日A 竹H 月B 山U	眉
剔	乙 二三取碼	日A 竹H 中L 弓N	剔
昕	乙 二三取碼	日A 竹H 一M 中L	昕
昝	丁 1E 1E E	日A 竹H 人O 口R	昝
星	乙 二三取碼	日A 竹H 手Q 一M	星
昨	甲 三碼全取	日A 竹H 尸S	昨
昇	甲 三碼全取	日A 竹H 廿T	升
昂	丙 1E 12E	日A 竹H 女V 中L	昂
既	丙 1E 12E	日A 戈I 一M 女V 山U	既
即	乙 二三取碼	日A 戈I 尸S 中L	即
曠	丙 1E 12E	日A 戈I 廿T 金C	旷

字	取碼	字首	次首		尾碼	異體／簡體
早	甲 三碼全取	日A	十J			早
昧	甲 三碼全取	日A	十J	木D		昧
暑	乙 二三取碼	日A	十J	大K	日A	暑
暄	丙 1E 12E	日A	十J	一M	一M	暄
晏	甲 三碼全取	日A	十J	女V		晏
暸	丙 1E 12E	日A	大K	金C	火F	暸
晞	丙 1E 12E	日A	大K	大K	月B	晞
映	乙 二三取碼	日A	中L	月B	大K	映
晁	丁 1E 1E E	日A	中L	一M	人O	晁
旦	甲 三碼全取	日A	一M			旦
晅	乙 二三取碼	日A	一M	日A	一M	晅
曇	丁 1E 1E E 包	日A	一M	月B	戈I	昙

字首 次字首
1=頭碼 E=尾碼
殊：特殊字
包：包含替代
甲乙丙丁：見461頁
複：複合字

字	取碼	碼				異體／簡體
晒	乙 二三取碼	日A	一M	金C	田W	晒
旺	甲 三碼全取	日A	一M	土G		旺
旱	甲 三碼全取	日A	一M	十J		旱
昊	甲 三碼全取	日A	一M	大K		昊
曬	丙 1E 12E	日A	一M	一M	心P	晒
晤	丁 1E 1E E	日A	一M	一M	口R	晤
晨	丙 1E 12E	日A	一M	一M	女V	晨
量	乙 二三取碼	日A	一M	田W	土G	量
是	乙 二三取碼	日A	一M	卜Y	人O	是
門	甲 三碼全取 複	日A	弓N			门
間	甲 三碼全取 複	日A	弓N	日A		间
冕	丙 1E 12E	日A	弓N	日A	山U	冕

異體／簡體

字	類別	標記	取碼	異體	簡體
晚	丙 1E 12E		日A 弓N 日A 山U		晚
閒	甲 三碼全取	複	日A 弓N 月B		闲
閱	丙 1E 12E	複	日A 弓N 金C 口R 山U		阅
閑	甲 三碼全取	複	日A 弓N 木D		闲
閉	乙 二三取碼	複	日A 弓N 木D 竹H		闭
闈	丙 1E 12E	複	日A 弓N 木D 一M 手Q		闱
闌	乙 二三取碼	複 殊	日A 弓N 木D 田W 火F		阑
闊	丙 1E 12E	複 異	日A 弓N 水E 竹H 口R	濶	阔
閨	乙 二三取碼	複	日A 弓N 土G 土G		闺
闔	丙 1E 12E	複	日A 弓N 土G 戈I 廿T		阖
閣	乙 二三取碼	複	日A 弓N 竹H 水E 口R		阁
闐	丙 1E 12E	複	日A 弓N 十J 月B 金C		阗

殊：特殊字　□字首　■次字首

包：包含替代　1＝頭碼　E＝尾碼

複：複合字　甲乙丙丁：見461頁

字	取碼		倉頡碼					異體／簡體
閎	乙 二三取碼	複	日A	弓N	大K	戈I		闳
閩	乙 二三取碼	複	日A	弓N	中L	一M	戈I	闽
閂	甲 三碼全取	複	日A	弓N	一M			闩
閏	乙 二三取碼	複	日A	弓N	一M	土G		闰
開	乙 二三取碼	複	日A	弓N	一M	廿T		开
閻	乙 二三取碼	複 異	日A	弓N	弓N	竹H	難X	閻 阎
闋	丁 1E 1E E	複	日A	弓N	弓N	人O	大K	阕
閃	甲 三碼全取	複	日A	弓N	人O			闪
閥	乙 二三取碼	複	日A	弓N	人O	戈I		阀
閤	乙 二三取碼	複	日A	弓N	人O	一M	口R	𬮤
悶	甲 三碼全取	複	日A	弓N	心P			闷
問	甲 三碼全取	複	日A	弓N	口R			问

字	取碼		1	2	3	4	5	異體／簡體
閭	乙二三取碼	複	日A	弓N	口R	竹H	口R	闾
闡	丙1E 12E	複	日A	弓N	口R	口R	十J	阐
闆	乙二三取碼	複	日A	弓N	口R	口R	口R	板
聞	乙二三取碼	複	日A	弓N	尸S	十J		闻
闖	丙1E 12E	複	日A	弓N	尸S	手Q	火F	闯
闢	丙1E 12E	複	日A	弓N	尸S	口R	十J	辟
闕	丙1E 12E	複	日A	弓N	廿T	山U	人O	阙
關	丁1E 1E E	複	日A	弓N	女V	戈I	廿T	关
閘	乙二三取碼	複	日A	弓N	田W	中L		闸
閔	乙二三取碼	複	日A	弓N	卜Y	大K		闵
閡	丙1E 12E	複	日A	弓N	卜Y	女V	人O	阂
昤	丙1E 12E			日A	人O	戈I	戈I	昤

字首　殊：特殊字
次字首
1＝頭碼　E＝尾碼　包：包含替代
甲乙丙丁：見461頁　複：複合字

字	取碼	字根	異體／簡體
題	丙 1E 12E 複	日A 人O 一M 月B 金C	题
匙	乙 二三取碼	日A 人O 心P	匙
晦	丙 1E 12E 包	日A 人O 田W 卜Y	晦
昜	乙 二三取碼	日A 心P 竹H 竹H	昜
昀	乙 二三取碼	日A 心P 戈I 一M	昀
昆	甲 三碼全取	日A 心P 心P	昆
曷	乙 二三取碼	日A 心P 女V 人O	曷
晴	乙 二三取碼	日A 手Q 一M 月B	晴
照	乙 二三取碼	日A 口R 火F	照
煦	乙 二三取碼	日A 口R 火F	煦
暇	丁 1E 1E E	日A 口R 卜Y 水E	暇
昭	乙 二三取碼	日A 尸S 竹H 口R	昭

字	類別	取碼	異體／簡體
最	乙 二三取碼	日A 尸S 十J 水E	最
曜	丁 1E 1E E 複	日A 尸S 一M 土G	曜
暱	丙 1E 12E	日A 尸S 廿T 口R	昵
暴	乙 二三取碼	日A 廿T 金C 水E	暴
曦	丙 1E 12E	日A 廿T 土G 尸S	曦
曄	丙 1E 12E	日A 廿T 一M 十J	晔
巴	甲 三碼全取	日A 山U	巴
暨	乙 二三取碼	日A 山U 日A 一M	暨
艮	甲 三碼全取	日A 女V	艮
歇	乙 二三取碼 包	日A 女V 弓N 人O	歇
曙	丁 1E 1E E	日A 田W 中L 日A	曙
曼	丁 1E 1E E	日A 田W 中L 水E	曼

殊：特殊字　字首　次字首
包：包含替代　1＝頭碼　E＝尾碼
複：複合字　甲乙丙丁：見461頁

			異體／簡體
景	乙二三取碼	日A 卜Y 口R 火F	景
晾	乙二三取碼	日A 卜Y 口R 火F	晾
曩	丙1E 12E	日A 卜Y 口R 女V	曩
昱	甲三碼全取	日A 卜Y 廿T	昱
暗	乙二三取碼	日A 卜Y 廿T 日A	暗
月	甲三碼全取	月B	月
腥	丙1E 12E	月B 日A 竹H 一M	腥
腸	丙1E 12E	月B 日A 一M 竹H	肠
肥	甲三碼全取	月B 日A 山U	肥
冥	乙二三取碼	月B 日A 卜Y 金C	冥
朋	甲三碼全取	月B 月B	朋
骨	乙二三取碼	月B 月B 月B	骨

字	取碼	碼	碼	碼	碼	碼	異體／簡體
受	甲 三碼全取		月B	月B	水E		受
骼	乙 二三取碼	月B	月B	竹H	水E	口R	骼
鵬	丙 1E 12E		月B	月B	竹H	火F	鹏
骰	乙 二三取碼	月B	月B	竹H	弓N	水E	骰
骷	乙 二三取碼	月B	月B	十J	口R		骷
髖	丙 1E 12E 複	月B	月B	十J	廿T	戈I	髋
髏	丙 1E 12E 異	月B	月B	中L	田W	女V	髅
胴	乙 二三取碼		月B	月B	一M	口R	胴
舜	丙 1E 12E		月B	月B	弓N	手Q	舜
愛	丙 1E 12E		月B	月B	心P	水E	爱
髒	丙 1E 12E	月B	月B	廿T	一M	廿T	脏
體	丙 1E 12E	月B	月B	廿T	田W	廿T	体

□ 字首　■ 次字首
殊：特殊字
1＝頭碼　E＝尾碼
包：包含替代
甲 乙 丙 丁：見461頁
複：複合字

字	取碼	標記						異體／簡體
亂	乙 二三取碼	包	月B	月B	山U			乱
覓	丙 1E 12E	複		月B	月B	山U	山U	觅
髁	乙 二三取碼		月B	月B	田W	木D		髁
髑	丁 1E 1E E		月B	月B	田W	中L	戈I	髑
骯	乙 二三取碼		月B	月B	卜Y	竹H	弓N	肮
髓	丙 1E 12E		月B	月B	卜Y	大K	月B	髓
辭	乙 二三取碼	包	月B	月B	卜Y	廿T	十J	辞
骸	丙 1E 12E		月B	月B	卜Y	女V	人O	骸
賜	丙 1E 12E	複	月B	金C	日A	心P	竹H	赐
贈	丁 1E 1E E	複 包	月B	金C	金C	田W	日A	赠
財	乙 二三取碼	複	月B	金C	木D	竹H		财
贖	丙 1E 12E	複	月B	金C	土G	田W	金C	赎

字	取碼	標記						異體／簡體	
販	乙二三取碼	複	月B	金C	竹H	水E			贩
賂	乙二三取碼	複	月B	金C	竹H	水E	口R		赂
貶	丙1E 12E	複	月B	金C	竹H	戈I	人O		贬
賻	丁1E 1E E	複	月B	金C	戈I	月B	戈I		赙
賤	乙二三取碼	複	月B	金C	戈I	戈I			贱
賊	乙二三取碼	複 異	月B	金C	戈I	十J		戝	贼
贓	丁1E 1E E	複 包	月B	金C	戈I	一M	尸S		赃
貽	乙二三取碼	複	月B	金C	戈I	口R			贻
賭	乙二三取碼	複	月B	金C	十J	大K	日A		赌
貯	乙二三取碼	複	月B	金C	十J	一M	弓N		贮
賄	乙二三取碼	複	月B	金C	大K	月B			贿
則	乙二三取碼	複	月B	金C	中L	弓N			则

字首 　殊：特殊字

次字首

1＝頭碼　E＝尾碼　包：包含替代

甲乙丙丁：見461頁　複：複合字

字	取碼	字首		次字首			異體／簡體
罕	乙 二三取碼	月B	金C	一M	十J		罕
賑	丙 1E 12E 複	月B	金C	一M	一M	女V	赈
賦	丁 1E 1E E 複	月B	金C	一M	心P	一M	赋
贍	丁 1E 1E E 複	月B	金C	弓N	金C	口R	赡
罌	乙 二三取碼 複	月B	金C	人O	十J	山U	罂
敗	乙 二三取碼 複	月B	金C	人O	大K		败
賒	丙 1E 12E 複	月B	金C	人O	一M	火F	赊
腳	丁 1E 1E E		月B	金C	口R	中L	脚
脫	丙 1E 12E		月B	金C	口R	山U	脱
賬	乙 二三取碼 複	月B	金C	尸S	一M	女V	账
購	丙 1E 12E 複	月B	金C	廿T	廿T	月B	购
賺	乙 二三取碼 複	月B	金C	廿T	難X	金C	赚

字	取碼規則	倉頡碼	異體/簡體
嬰	乙 二三取碼 複	月B 金C 女V	婴
貼	乙 二三取碼 複	月B 金C 卜Y 口R	贴
賠	乙 二三取碼 複	月B 金C 卜Y 廿T 口R	赔
賅	丙 1E 12E 複	月B 金C 卜Y 女V 人O	赅
采	甲 三碼全取	月B 木D	采
彩	乙 二三取碼	月B 木D 竹H 竹H 竹H	彩
肘	甲 三碼全取	月B 木D 戈I	肘
膝	乙 二三取碼	月B 木D 人O 水E	膝
乳	乙 二三取碼	月B 木D 山U	乳
炙	甲 三碼全取	月B 火F	炙
膛	丙 1E 12E	月B 火F 月B 土G	膛
縣	丙 1E 12E 複	月B 火F 竹H 女V 火F	县

殊：特殊字　字首　次字首

包：包含替代　1＝頭碼　E＝尾碼

複：複合字　甲乙丙丁：見461頁

字	取碼	備註	拆碼	異體／簡體
胱	乙二三取碼		月B 火F 一M 山U	胱
懸	乙二三取碼	複	月B 火F 心P	悬
胖	甲三碼全取		月B 火F 手Q	胖
賸	丙1E 12E	複 殊	月B 火F 手Q 金C	賸
滕	乙二三取碼	殊	月B 火F 手Q 水E	滕
騰	丙1E 12E	殊	月B 火F 手Q 火F	腾
謄	丙1E 12E	殊	月B 火F 手Q 口R	誊
勝	丙1E 12E	殊	月B 火F 手Q 尸S	胜
肚	甲三碼全取		月B 土G	肚
周	甲三碼全取		月B 土G 口R	周
膨	丁1E 1E E		月B 土G 廿T 竹H	膨
腺	乙二三取碼		月B 竹H 日A 水E	腺

字	取碼	字首		字身			異體／簡體
豺	乙 二三取碼	月B	竹H	木D	竹H		豺
胳	乙 二三取碼		月B	竹H	水E	口R	胳
貌	丙 1E 12E	月B	竹H	竹H	日A	山U	貌
貉	乙 二三取碼	月B	竹H	竹H	水E	口R	貉
脾	丁 1E 1E E		月B	竹H	竹H	十J	脾
脈	乙 二三取碼		月B	竹H	竹H	女V	脉
腫	丙 1E 12E		月B	竹H	十J	土G	肿
貊	乙 二三取碼	月B	竹H	一M	日A		貊
冗	甲 三碼全取		月B	竹H	弓N		冗
肌	甲 三碼全取		月B	竹H	弓N		肌
股	乙 二三取碼		月B	竹H	弓N	水E	股
豹	乙 二三取碼	月B	竹H	心P	戈I		豹

字首 殊：特殊字
次字首
包：包含替代 1＝頭碼 E＝尾碼
複：複合字 甲乙丙丁：見461頁

							異體／簡體
胝	丁 1E 1E E		月B	竹H	心P	一M	胝
貂	乙 二三取碼	月B	竹H	尸S	竹H	口R	貂
貓	乙 二三取碼 異	月B	竹H	廿T	田W		猫
臢	丁 1E 1E E 複		月B	竹H	山U	金C	臜
貍	乙 二三取碼	月B	竹H	田W	土G		狸
舀	甲 三碼全取		月B	竹H	難X		舀
腴	乙 二三取碼		月B	竹H	難X	人O	腴
膊	丁 1E 1E E		月B	戈I	月B	戈I	膊
脯	乙 二三取碼		月B	戈I	十J	月B	脯
腑	丙 1E 12E		月B	戈I	人O	戈I	腑
膩	丙 1E 12E 複		月B	戈I	心P	金C	腻
胎	甲 三碼全取		月B	戈I	口R		胎

字	取碼	字首	字身	異體／簡體
肺	甲 三碼全取	月B	十J 月B	胏 肺
脖	丙 1E 12E	月B	十J 月B 木D	脖
腔	乙 二三取碼	月B	十J 金C 一M	腔
肢	甲 三碼全取	月B	十J 水E	肢
臏	丙 1E 12E 複	月B	十J 一M 金C	膑
腕	丙 1E 12E	月B	十J 弓N 山U	腕
軍	乙 二三取碼	月B	十J 田W 十J	军
谿	乙 二三取碼	月B 大K	金C 人O 口R	溪
然	乙 二三取碼	月B 大K	火F	然
肱	甲 三碼全取	月B	大K 戈I	肱
腌	丙 1E 12E	月B	大K 中L 山U	腌
胯	丙 1E 12E	月B	大K 一M 尸S	胯

字首　次字首　殊：特殊字
1＝頭碼　E＝尾碼　包：包含替代
甲乙丙丁：見461頁　複：複合字

字	取碼	拆碼	異體／簡體
腴	甲三碼全取	月B 大K 弓N	腴
雞	乙二三取碼 複異	月B 大K 人O 土G	鷄 鸡
肋	甲三碼全取	月B 大K 尸S	肋
腓	丁1E 1E E	月B 中L 一M 卜Y	腓
刖	甲三碼全取	月B 中L 弓N	刖
且	甲三碼全取	月B 一M	且
肛	甲三碼全取	月B 一M	肛
胚	乙二三取碼	月B 一M 火F 一M	胚
肝	甲三碼全取	月B 一M 十J	肝
爰	乙二三取碼	月B 一M 大K 水E	爰
助	乙二三取碼	月B 一M 大K 尸S	助
具	乙二三取碼	月B 一M 一M 金C	具

						異體／簡體
冡	丙 1E 12E 異	月B	一M	一M	人O	冡
脤	丙 1E 12E	月B	一M	一M	女V	脤
同	甲 三碼全取	月B	一M	口R		同
膈	丙 1E 12E 包	月B	一M	口R	月B	膈
脰	乙 二三取碼	月B	一M	口R	廿T	脰
豚	丙 1E 12E	月B	一M	尸S	人O	豚
冠	丁 1E 1E E	月B	一M	山U	戈I	冠
膘	丁 1E 1E E	月B	一M	田W	火F	膘
腰	丁 1E 1E E	月B	一M	田W	女V	腰
膽	丁 1E 1E E	月B	弓N	金C	口R	胆
孚	甲 三碼全取	月B	弓N	木D		孚
腱	丁 1E 1E E	月B	弓N	大K	手Q	腱

殊：特殊字　□字首
■次字首
包：包含替代　1＝頭碼　E＝尾碼
複：複合字　甲乙丙丁：見461頁

							異體／簡體
脆 丙1E 12E		月B	弓N	一M	山U		脆
冤 丁1E 1E E		月B	弓N	山U	戈I		冤
腹 丙1E 12E		月B	人O	日A	水E		腹
膾 丙1E 12E		月B	人O	一M	日A		脍
祭 乙二三取碼	月B	人O	一M	一M	火F		祭
臉 丙1E 12E		月B	人O	一M	人O		脸
脂 甲三碼全取		月B	心P	日A			脂
胞 乙二三取碼		月B	心P	口R	山U		胞
肫 甲三碼全取		月B	心P	山U			肫
胸 乙二三取碼		月B	心P	山U	大K		胸
用 甲三碼全取		月B	手Q				用
甩 甲三碼全取		月B	手Q	山U			甩

字	取碼	分解					異體／簡體
彫	乙二三取碼	月B	口R	竹H	竹H	竹H	雕
雕	乙二三取碼 複	月B	口R	人O	土G		雕
爭	甲三碼全取		月B	尸S	木D		争
服	乙二三取碼		月B	尸S	中L	水E	服
膠	丁1E 1E E		月B	尸S	一M	竹H	胶
脹	乙二三取碼		月B	尸S	一M	女V	胀
凸	甲三碼全取		月B	尸S	尸S		凸
冊	甲三碼全取 異		月B	廿T			册
皿	甲三碼全取		月B	廿T			皿
冪	丙1E 12E		月B	廿T	日A	月B	幂
膜	乙二三取碼		月B	廿T	日A	大K	膜
腆	乙二三取碼		月B	廿T	月B	金C	腆

殊：特殊字　字首　次字首

包：包含替代　1＝頭碼　E＝尾碼

複：複合字　甲 乙 丙 丁：見461頁

字	取碼	拆碼	異體／簡體
朦	丙 1E 12E	月B 廿T 月B 人O	朦
膳	丙 1E 12E	月B 廿T 土G 口R	膳
臟	丙 1E 12E 包	月B 廿T 戈I 尸S	脏
朕	甲 三碼全取	月B 廿T 大K	朕
刪	乙 二三取碼	月B 廿T 中L 弓N	刪
胼	甲 三碼全取	月B 廿T 廿T	胼
岡	甲 三碼全取	月B 廿T 山U	冈
膿	丙 1E 12E	月B 廿T 田W 女V	脓
罔	乙 二三取碼	月B 廿T 卜Y 女V	罔
目	甲 三碼全取 複	月B 山U	目
眼	乙 二三取碼 複	月B 山U 日A 女V	眼
瞑	丙 1E 12E 複	月B 山U 月B 日A 金C	瞑

字	類別		取碼					異體／簡體
瞬	丙 1E 12E	複	月B	山U	月B	月B	手Q	瞬
睬	乙 二三取碼	複	月B	山U	月B	木D		睬
睜	乙 二三取碼	複	月B	山U	月B	尸S	木D	睁
貝	甲 三碼全取	複		月B	山U	金C		贝
盼	乙 二三取碼	複	月B	山U	金C	尸S	竹H	盼
睞	乙 二三取碼	複	月B	山U	木D	人O	人O	睐
瞠	丙 1E 12E	複	月B	山U	火F	月B	土G	瞠
眇	乙 二三取碼	複	月B	山U	火F	竹H		眇
睦	乙 二三取碼	複	月B	山U	土G	金C	土G	睦
瞌	丙 1E 12E	複	月B	山U	土G	戈I	廿T	瞌
鷂	丙 1E 12E		月B	山U	竹H	日A	火F	鹞
睥	丁 1E 1E E	複	月B	山U	竹H	竹H	十J	睥

殊：特殊字　字首　次字首　1＝頭碼　E＝尾碼　包：包含替代　複：複合字　甲乙丙丁：見461頁

									異體／簡體
眨	丙	1E 12E	複	月B	山U	竹H	戈I	人O	眨
睡	丙	1E 12E	複	月B	山U	竹H	十J	一M	睡
見	乙	二三取碼	複	月B	山U	竹H	山U		见
睨	丙	1E 12E	複	月B	山U	竹H	難X	山U	睨
眸	乙	二三取碼	複	月B	山U	戈I	竹H	手Q	眸
瞋	丙	1E 12E	複	月B	山U	十J	月B	金C	嗔
睹	乙	二三取碼	複	月B	山U	十J	大K	日A	睹
睫	丙	1E 12E	複	月B	山U	十J	中L	人O	睫
瞎	丙	1E 12E	複	月B	山U	十J	手Q	口R	瞎
瞭	丙	1E 12E	複	月B	山U	大K	金C	火F	了
眺	丁	1E 1E E	複	月B	山U	中L	一M	人O	眺
剛	乙	二三取碼		月B	山U	中L	弓N		刚

								異體／簡體
瞰	丁 1E 1E E	複	月B	山U	一M	十J	大K	瞰
盯	乙 二三取碼	複	月B	山U	一M	弓N		盯
瞟	丁 1E 1E E	複	月B	山U	一M	田W	火F	瞟
瞻	丁 1E 1E E	複	月B	山U	弓N	金C	口R	瞻
睽	丁 1E 1E E	複	月B	山U	弓N	人O	大K	睽
瞪	丁 1E 1E E	複	月B	山U	弓N	人O	廿T	瞪
睢	乙 二三取碼	複	月B	山U	人O	土G		睢
瞿	乙 二三取碼	複	月B	山U	人O	土G		瞿
瞧	乙 二三取碼	複	月B	山U	人O	土G	火F	瞧
瞼	丙 1E 12E	複	月B	山U	人O	一M	人O	睑
盹	乙 二三取碼	複	月B	山U	心P	山U		盹
睛	乙 二三取碼	複	月B	山U	手Q	一M	月B	睛

殊：特殊字

字首

次字首

1＝頭碼　E＝尾碼

包：包含替代

甲 乙 丙 丁：見461頁

複：複合字

字	類別		第一碼	第二碼	第三碼	第四碼	第五碼	異體／簡體
眠	乙 二三取碼	複	月B	山U	口R	女V	心P	眠
眶	乙 二三取碼	複	月B	山U	尸S	一M	土G	眶
矚	丙 1E 12E	複	月B	山U	尸S	卜Y	戈I	瞩
矇	丙 1E 12E	複	月B	山U	廿T	月B	人O	蒙
瞞	丙 1E 12E	包 複	月B	山U	廿T	中L	月B	瞒
瞄	乙 二三取碼	複	月B	山U	廿T	田W		瞄
鼎	丁 1E 1E E	複	月B	山U	女V	一M	中L	鼎
睏	乙 二三取碼	複	月B	山U	田W	木D		困
矓	丁 1E 1E E	複	月B	山U	卜Y	月B	心P	眬
瞇	乙 二三取碼	複	月B	山U	卜Y	火F	木D	眯
瞳	丙 1E 12E	複	月B	山U	卜Y	廿T	土G	瞳
眩	乙 二三取碼	複	月B	山U	卜Y	女V	戈I	眩

字	取碼	拆碼	異體／簡體
妥	甲 三碼全取	月B 女V	妥
墾	乙 二三取碼	月B 女V 土G	垦
鸚	丙 1E 12E 複	月B 女V 竹H 日A 火F	鹦
奚	乙 二三取碼	月B 女V 戈I 大K	奚
懇	乙 二三取碼	月B 女V 心P	恳
臘	丁 1E 1E E	月B 女V 女V 女V	腊
腦	丁 1E 1E E 包	月B 女V 女V 田W	脑
胭	甲 三碼全取	月B 田W 大K	胭
胛	甲 三碼全取	月B 田W 中L	胛
爵	丁 1E 1E E	月B 田W 中L 戈I	爵
腮	甲 三碼全取	月B 田W 心P	腮
丹	甲 三碼全取	月B 卜Y	丹

殊：特殊字
字首
次字首
1＝頭碼 E＝尾碼
包：包含替代
複：複合字
甲乙丙丁：見461頁

字	取碼	拆碼	異體／簡體
腿	乙 二三取碼	月B 卜Y 日A 女V	腿
朧	丁 1E 1E E	月B 卜Y 月B 心P	胧
膀	丁 1E 1E E	月B 卜Y 月B 尸S	膀
彤	乙 二三取碼	月B 卜Y 竹H 竹H 竹H	彤
肪	乙 二三取碼	月B 卜Y 竹H 尸S	肪
腋	丙 1E 12E 包	月B 卜Y 人O 大K	腋
臚	丙 1E 12E 複	月B 卜Y 心P 廿T	胪
臆	丙 1E 12E	月B 卜Y 廿T 心P	臆
臃	丙 1E 12E 複	月B 卜Y 女V 土G	臃
臍	甲 三碼全取	月B 卜Y 難X	脐
金	甲 三碼全取	金C	金
鍚	丙 1E 12E	金C 日A 一M 竹H	钖

						異體／簡體
銲	乙二三取碼	金C	日A	一M	十J	焊
鍚	丙1E 12E	金C	日A	心P	竹H	锡
錕	乙二三取碼	金C	日A	心P	心P	锟
鑤	丙1E 12E	金C	日A	廿T	水E	刨
銀	甲三碼全取	金C	日A	女V		银
鏝	丙1E 12E	金C	日A	田W	水E	镘
鍋	丁1E 1E E	金C	月B	月B	口R	鍋
鍰	丙1E 12E	金C	月B	一M	水E	锾
銅	乙二三取碼	金C	月B	一M	口R	铜
鋤	丙1E 12E	金C	月B	一M	尸S	锄
錚	乙二三取碼	金C	月B	尸S	木D	铮
鋼	乙二三取碼	金C	月B	廿T	山U	钢

殊：特殊字　□字首　■次字首
包：包含替代　1＝頭碼　E＝尾碼
複：複合字　甲乙丙丁：見461頁

字	取碼	字首	次字首			異體／簡體
鋇	乙二三取碼 複	金C	月B	山U	金C	钡
銻	丙1E 12E	金C	金C	弓N	竹H	锑
鉛	乙二三取碼	金C	金C	口R		铅
鋭	丙1E 12E	金C	金C	口R	山U	锐
鈹	乙二三取碼	金C	木D	竹H	水E	铍
鍊	乙二三取碼 殊	金C	木D	田W	火F	炼
釵	甲三碼全取	金C	水E	戈I		钗
銷	甲三碼全取	金C	火F	月B		销
鎖	丙1E 12E 複	金C	火F	月B	金C	锁
鏜	丙1E 12E	金C	火F	月B	土G	镗
鐺	丙1E 12E	金C	火F	月B	田W	铛
鈔	甲三碼全取	金C	火F	竹H		钞

字	類	取碼	倉頡碼	異體／簡體
鐃	丙	1E 12E	金C 土G 土G 山U	铙
鑄	丙	1E 12E	金C 土G 弓N 戈I	铸
鉑	甲	三碼全取	金C 竹H 日A	铂
錦	丙	1E 12E	金C 竹H 日A 月B	锦
鍬	乙	二三取碼	金C 竹H 木D 火F	锹
鈑	甲	三碼全取	金C 竹H 水E	钣
鋒	丙	1E 12E	金C 竹H 水E 十J	锋
鉻	乙	二三取碼	金C 竹H 水E 口R	铬
銑	丙	1E 12E	金C 竹H 土G 山U	铣
鉚	丁	1E 1E E	金C 竹H 竹H 中L	铆
銖	乙	二三取碼	金C 竹H 十J 木D	铢
鍛	丁	1E 1E E	金C 竹H 十J 水E	锻

字首　次字首
殊：特殊字
1＝頭碼　E＝尾碼
包：包含替代
甲乙丙丁：見461頁
複：複合字

			異體／簡體
鍾	丙 1E 12E	金C 竹H 十J 土G	鍾
錘	丙 1E 12E	金C 竹H 十J 一M	锤
剃	乙 二三取碼	金C 竹H 中L 弓N	剃
頒	丙 1E 12E 複	金C 竹H 一M 月B 金C	颁
釩	乙 二三取碼	金C 竹H 弓N 戈I	钒
鎢	丙 1E 12E	金C 竹H 口R 火F	钨
鑽	丁 1E 1E E 複	金C 竹H 山U 金C	钻
鎳	丁 1E 1E E 複	金C 竹H 山U 木D	镍
公	甲 三碼全取	金C 戈I	公
錢	甲 三碼全取	金C 戈I 戈I	钱
鋪	乙 二三取碼	金C 戈I 十J 月B	铺
鈸	乙 二三取碼	金C 戈I 大K 大K	钹

字	取碼	倉頡碼	異體／簡體
頌	丙 1E 12E 複	金C 戈I 一M 月B 金C	颂
鑣	丁 1E 1E E	金C 戈I 心P 火F	镳
翁	丙 1E 12E	金C 戈I 尸S 一M	翁
鐮	丙 1E 12E	金C 戈I 廿T 金C	镰
鍍	乙 二三取碼	金C 戈I 廿T 水E	镀
針	甲 三碼全取	金C 十J	针
鎮	丙 1E 12E	金C 十J 月B 金C	镇
鎔	丙 1E 12E	金C 十J 金C 口R	熔
鐵	丙 1E 12E	金C 十J 戈I 土G	铁
鎊	丙 1E 12E	金C 十J 大K 尸S	镑
錠	丙 1E 12E	金C 十J 一M 人O	锭
鈷	甲 三碼全取	金C 十J 口R	钴

字首 殊：特殊字
次字首
1＝頭碼 E＝尾碼 包：包含替代
甲乙丙丁：見461頁 複：複合字

字	取碼	拆碼	異體	簡體
銨	甲三碼全取	金C 十J 女V		铵
父	甲三碼全取	金C 大K		父
爸	乙二三取碼	金C 大K 日A 山U		爸
斧	乙二三取碼	金C 大K 竹H 一M 中L		斧
鈽	乙二三取碼	金C 大K 中L 月B		钸
釜	乙二三取碼	金C 大K 一M 土G 金C		釜
錡	丙1E 12E	金C 大K 一M 口R		锜
爹	丙1E 12E 包	金C 大K 弓N 戈I 弓N		爹
爺	丙1E 12E 複	金C 大K 尸S 十J 中L		爷
丫	甲三碼全取 異	金C 中L	丫	丫
釧	乙二三取碼	金C 中L 中L 中L		钏
釗	甲三碼全取	金C 中L 弓N		钊

字	取碼	拆字	異體	簡體
鈾	甲 三碼全取	金C 中L 田W		铀
鏤	丙 1E 12E	金C 中L 田W 女V		镂
鏽	甲 三碼全取 異	金C 中L 難X	銹	锈
釭	甲 三碼全取	金C 一M		𫓨
鐳	丁 1E 1E E 包	金C 一M 月B 田W		镭
釘	甲 三碼全取	金C 一M 弓N		钉
鎘	丙 1E 12E 包	金C 一M 口R 月B		镉
兮	乙 二三取碼	金C 一M 女V 尸S		兮
鏢	丁 1E 1E E	金C 一M 田W 火F		镖
鈣	丙 1E 12E	金C 一M 卜Y 尸S		钙
錳	丙 1E 12E	金C 弓N 木D 廿T		锰
鈕	甲 三碼全取	金C 弓N 土G		钮

字首 次字首 1＝頭碼 E＝尾碼

殊：特殊字 包：包含替代 複：複合字

甲 乙 丙 丁：見461頁

字	取碼					異體／簡體
銘	乙 二三取碼	金C	弓N	戈I	口R	铭
鍵	丁 1E 1E E	金C	弓N	大K	手Q	键
弟	乙 二三取碼	金C	弓N	中L	竹H	弟
欽	甲 三碼全取	金C	弓N	人O		钦
鈉	甲 三碼全取	金C	人O	月B		钠
錐	甲 三碼全取 複	金C	人O	土G		锥
鐫	丙 1E 12E 複	金C	人O	土G	尸S	镌
鈴	丙 1E 12E	金C	人O	戈I	戈I	铃
鈐	乙 二三取碼	金C	人O	戈I	弓N	钤
鎗	丙 1E 12E	金C	人O	戈I	口R	枪
鑰	丙 1E 12E 包	金C	人O	一M	月B	钥
銓	乙 二三取碼	金C	人O	一M	土G	铨

						異體／簡體
銼 乙二三取碼		金C	人O	人O	土G	锉
慾 乙二三取碼	金C	人O	心P			欲
谷 甲三碼全取		金C	人O	口R		谷
鉍 甲三碼全取		金C	心P	竹H		铋
釣 甲三碼全取		金C	心P	戈I		钓
鈞 乙二三取碼		金C	心P	戈I	一M	钧
鉤 甲三碼全取 異		金C	心P	口R		钩
鉋 乙二三取碼		金C	心P	口R	山U	刨
鈍 甲三碼全取		金C	心P	山U		钝
鍥 丁1E 1E E		金C	手Q	竹H	大K	锲
錶 乙二三取碼		金C	手Q	一M	女V	表
鈇 甲三碼全取		金C	手Q	人O		𫓧

殊：特殊字 字首 次字首 包：包含替代 1＝頭碼 E＝尾碼 複：複合字 甲乙丙丁：見461頁

字	取碼	碼	異體／簡體
釦	甲三碼全取	金C 口R	扣
鋁	乙二三取碼	金C 口R 竹H 口R	铝
兑	乙二三取碼	金C 口R 竹H 山U	兑
欲	乙二三取碼	金C 口R 弓N 人O	欲
鍔	丙1E 12E	金C 口R 口R 尸S	锷
郤	乙二三取碼	金C 口R 尸S 中L	却
鏗	丁1E 1E E	金C 尸S 水E 土G	铿
分	甲三碼全取	金C 尸S 竹H	分
貧	丙1E 12E 複	金C 尸S 竹H 金C	贫
忿	乙二三取碼	金C 尸S 竹H 心P	忿
盆	丙1E 12E	金C 尸S 竹H 廿T	盆
岔	乙二三取碼	金C 尸S 竹H 山U	岔

						異體／簡體
鑑	丁 1E 1E E	金C	尸S	戈I	廿T	鉴
鑷	丙 1E 12E	金C	尸S	十J	十J	镊
鋸	乙 二三取碼	金C	尸S	十J	口R	锯
鉅	甲 三碼全取	金C	尸S	尸S		钜
錯	甲 三碼全取	金C	廿T	日A		错
鎰	丙 1E 12E	金C	廿T	金C	廿T	镒
鎂	乙 二三取碼	金C	廿T	土G	大K	镁
鉗	甲 三碼全取	金C	廿T	一M		钳
鉼	甲 三碼全取	金C	廿T	廿T		𫓧
錨	甲 三碼全取	金C	廿T	田W		锚
鑠	丁 1E 1E E	金C	女V	戈I	木D	铄
鏘	丁 1E 1E E	金C	女V	一M	戈I	锵

殊：特殊字 □字首 ■次字首
包：包含替代 1＝頭碼 E＝尾碼
複：複合字 甲乙丙丁：見461頁

異體／簡體

字	碼						簡體
錄	丙 1E 12E		金C	女V	弓N	水E	录
錙	丁 1E 1E E		金C	女V	女V	田W	锱
鈿	甲 三碼全取		金C	田W			钿
曾	乙 二三取碼 包	金C	田W	日A			曾
鋰	甲 三碼全取		金C	田W	土G		锂
錮	乙 二三取碼		金C	田W	十J	口R	锢
鉀	甲 三碼全取		金C	田W	中L		钾
鑼	丁 1E 1E E 複		金C	田W	中L	土G	锣
鐲	丁 1E 1E E		金C	田W	中L	戈I	镯
鐸	丁 1E 1E E		金C	田W	中L	十J	铎
鏍	丙 1E 12E		金C	田W	女V	火F	镙
釙	甲 三碼全取		金C	卜Y			钋

字	碼					異體／簡體
鎊	丁 1E 1E E	金C	卜Y	月B	尸S	镑
鏑	丙 1E 12E 包	金C	卜Y	金C	月B	镝
鉸	乙 二三取碼	金C	卜Y	金C	大K	铰
鏟	丁 1E 1E E	金C	卜Y	竹H	一M	铲
鎚	丙 1E 12E	金C	卜Y	竹H	口R	锤
鏈	丙 1E 12E	金C	卜Y	十J	十J	链
鑪	丙 1E 12E 複	金C	卜Y	心P	廿T	炉
鎬	丙 1E 12E 包	金C	卜Y	口R	月B	镐
鑲	丙 1E 12E	金C	卜Y	口R	女V	镶
鏃	丁 1E 1E E	金C	卜Y	尸S	大K	镞
鐘	丙 1E 12E	金C	卜Y	廿T	土G	钟
鋅	乙 二三取碼	金C	卜Y	廿T	十J	锌

殊：特殊字　字首　次字首
包：包含替代　1＝頭碼　E＝尾碼
複：複合字　甲乙丙丁：見461頁

字	取碼	拆碼	異體／簡體
鏡	丙 1E 12E	金C 卜Y 廿T 山U	镜
鉉	乙 二三取碼	金C 卜Y 女V 戈I	铉
木	甲 三碼全取	木D	木
杳	甲 三碼全取	木D 日A	杳
楣	丙 1E 12E 複	木D 日A 竹H 山U	楣
概	丁 1E 1E E	木D 日A 戈I 山U	概
査	甲 三碼全取	木D 日A 一M	查
楊	丙 1E 12E	木D 日A 一M 竹H	杨
桿	乙 二三取碼	木D 日A 一M 十J	杆
櫚	丙 1E 12E 複	木D 日A 弓N 口R	榈
欄	丙 1E 12E 包 複 殊	木D 日A 弓N 田W	栏
棍	乙 二三取碼	木D 日A 心P 心P	棍

字	取碼	拆字	異體／簡體
榻	丙 1E 12E	木D　日A　尸S　一M	榻
杷	甲 三碼全取	木D　日A　山U	杷
根	甲 三碼全取	木D　日A　女V	根
棚	甲 三碼全取	木D　月B　月B	棚
櫻	丁 1E 1E E 複	木D　月B　金C　女V	樱
棘	乙 二三取碼	木D　月B　木D　月B	棘
棗	乙 二三取碼	木D　月B　木D　月B	枣
刺	乙 二三取碼	木D　月B　中L　弓N	刺
桐	乙 二三取碼	木D　月B　一M　口R	桐
榣	丙 1E 12E	木D　月B　人O　山U	榣
柵	甲 三碼全取	木D　月B　廿T	栅
相	甲 三碼全取 複	木D　月B　山U	相

殊：特殊字
字首
次字首
包：包含替代
1＝頭碼 E＝尾碼
複：複合字
甲乙丙丁：見461頁

字	取碼	字首	字首	次字首	次字首	次字首	異體／簡體
松	甲 三碼全取		木D	金C	戈I		松
梯	丙 1E 12E		木D	金C	弓N	竹H	梯
林	甲 三碼全取		木D	木D			林
鬱	丙 1E 12E	木D	木D	月B	山U	竹H	郁
森	甲 三碼全取		木D	木D	木D		森
焚	甲 三碼全取	木D	木D	火F			焚
材	甲 三碼全取		木D	木D	竹H		材
彬	丙 1E 12E		木D	木D	竹H	竹H	彬
梵	乙 二三取碼	木D	木D	竹H	弓N	戈I	梵
村	甲 三碼全取		木D	木D	戈I		村
麓	乙 二三取碼	木D	木D	戈I	難X	心P	麓
樊	乙 二三取碼	木D	木D	大K			樊

字	取碼						異體／簡體
礬	乙二三取碼	木D	木D	大K	一M	口R	矾
攀	乙二三取碼	木D	木D	大K	手Q		攀
禁	乙二三取碼	木D	木D	一M	一M	火F	禁
楚	乙二三取碼	木D	木D	弓N	卜Y	人O	楚
懋	乙二三取碼	木D	木D	心P			懋
婪	甲三碼全取	木D	木D	女V			婪
棟	甲三碼全取 殊		木D	木D	田W		栋
楝	乙二三取碼 殊		木D	木D	田W	火F	楝
樑	丁1E 1E E		木D	水E	戈I	木D	梁
頗	丙1E 12E 複	木D	水E	一M	月B	金C	颇
皰	乙二三取碼	木D	水E	心P	口R	山U	疱
杰	甲三碼全取		木D	火F			杰

殊：特殊字 □ 字首 ■ 次字首
包：包含替代 1＝頭碼 E＝尾碼
複：複合字 甲乙丙丁：見461頁

異體／簡體

							異體／簡體
梢	甲 三碼全取		木D	火F	月B		梢
檔	丙 1E 12E		木D	火F	月B	田W	档
杪	甲 三碼全取		木D	火F	竹H		杪
隸	乙 二三取碼	木D	火F	中L	水E		隶
杜	甲 三碼全取		木D	土G			杜
桂	甲 三碼全取		木D	土G	土G		桂
橈	丙 1E 12E		木D	土G	土G	山U	桡
檮	丙 1E 12E		木D	土G	弓N	戈I	梼
檣	丁 1E 1E E 包		木D	土G	人O	田W	樯
桔	甲 三碼全取		木D	土G	口R		桔
檯	丙 1E 12E		木D	土G	口R	土G	台
樹	丁 1E 1E E		木D	土G	廿T	戈I	树

字	取碼					異體／簡體
櫝	丙 1E 12E 複	木D	土G	田W	金C	椟
才	甲 三碼全取	木D	竹H			才
柏	甲 三碼全取	木D	竹H	日A		柏
棉	丙 1E 12E	木D	竹H	日A	月B	棉
櫛	丙 1E 12E	木D	竹H	日A	中L	栉
皮	甲 三碼全取	木D	竹H	水E		皮
板	甲 三碼全取	木D	竹H	水E		板
格	乙 二三取碼	木D	竹H	水E	口R	格
杉	乙 二三取碼	木D	竹H	竹H	竹H	杉
榭	丁 1E 1E E	木D	竹H	竹H	戈I	榭
柳	丁 1E 1E E	木D	竹H	竹H	中L	柳
榴	丁 1E 1E E	木D	竹H	竹H	田W	榴

字首　次字首

1＝頭碼　E＝尾碼

甲乙丙丁：見461頁

殊：特殊字

包：包含替代

複：複合字

字	取碼					異體／簡體
槐	乙二三取碼 複	木D	竹H	戈I		槐
株	乙二三取碼	木D	竹H	十J	木D	株
橋	丙1E 12E 包	木D	竹H	大K	月B	桥
析	乙二三取碼	木D	竹H	一M	中L	析
梔	丙1E 12E	木D	竹H	一M	山U	栀
柝	乙二三取碼	木D	竹H	一M	卜Y	柝
楓	丙1E 12E	木D	竹H	弓N	戈I	枫
桁	丙1E 12E	木D	竹H	人O	弓N	桁
樅	丙1E 12E	木D	竹H	人O	人O	枞
柢	丁1E 1E E	木D	竹H	心P	一M	柢
柞	甲三碼全取	木D	竹H	尸S		柞
檄	丁1E 1E E	木D	竹H	尸S	大K	檄

日 A
月 B
金 C
木 D
水 E
火 F
土 G
竹 H
戈 I
十 J
大 K
中 L
一 M
弓 N
人 O
心 P
手 Q
口 R
尸 S
廿 T
山 U
女 V
田 W
難 X
卜 Y

字	取碼	1	2	3	4	異體／簡體
橇	丁 1E 1E E	木D	竹H	山U	山U	橇
寸	甲 三碼全取	木D	戈I			寸
梭	丙 1E 12E	木D	戈I	金C	水E	梭
櫥	丙 1E 12E	木D	戈I	土G	戈I	櫥
槭	丙 1E 12E	木D	戈I	竹H	火F	槭
棧	甲 三碼全取	木D	戈I	戈I		栈
榔	丁 1E 1E E 複	木D	戈I	戈I	中L	榔
棣	乙 二三取碼	木D	戈I	十J	水E	棣
械	甲 三碼全取	木D	戈I	廿T		械
末	甲 三碼全取 殊	木D	十J			末
楠	丙 1E 12E	木D	十J	月B	十J	楠
植	丙 1E 12E	木D	十J	月B	一M	植

殊：特殊字　字首　次字首

包：包含替代　1＝頭碼　E＝尾碼

複：複合字　甲乙丙丁：見461頁

字	取碼	碼				異體／簡體
榕	丙 1E 12E	木D	十J	金C	口R	榕
榨	丙 1E 12E	木D	十J	金C	尸S	榨
枝	甲 三碼全取	木D	十J	水E		枝
杖	甲 三碼全取	木D	十J	大K		杖
楮	乙 二三取碼	木D	十J	大K	日A	楮
棲	乙 二三取碼	木D	十J	中L	女V	栖
檳	丙 1E 12E 複	木D	十J	一M	金C	槟
棕	丙 1E 12E	木D	十J	一M	火F	棕
梡	丙 1E 12E	木D	十J	一M	山U	梡
檸	丙 1E 12E	木D	十J	心P	弓N	柠
枯	甲 三碼全取	木D	十J	口R		枯
棺	丙 1E 12E	木D	十J	口R	口R	棺

			異體／簡體
椅	丙 1E 12E	木D 大K 一M 口R	椅
整	丙 1E 12E 殊	木D 大K 一M 卜Y 一M	整
朿	甲 三碼全取 殊	木D 中L	朿
枕	乙 二三取碼	木D 中L 月B 山U	枕
棣	甲 三碼全取	木D 中L 水E	棣
刺	乙 二三取碼 殊	木D 中L 中L 弓N	刺
桃	丁 1E 1E E	木D 中L 一M 人O	桃
敕	乙 二三取碼 殊	木D 中L 人O 大K	敕
賴	丙 1E 12E 異 複 殊	木D 中L 尸S 竹H 金C	赖
柚	甲 三碼全取	木D 中L 田W	柚
樓	丙 1E 12E	木D 中L 田W 女V	楼
本	甲 三碼全取	木D 一M	本

□ 字首　■ 次字首
1＝頭碼　E＝尾碼
甲乙丙丁：見461頁
殊：特殊字
包：包含替代
複：複合字

字	取碼	拆字				異體／簡體
杠	甲 三碼全取	木D	一M			杠
桓	乙 二三取碼	木D	一M	日A	一M	桓
槓	丙 1E 12E 複	木D	一M	月B	金C	杠
檽	丁 1E 1E E 包	木D	一M	月B	口R	檽
極	丁 1E 1E E	木D	一M	水E	一M	極
杯	甲 三碼全取	木D	一M	火F		杯
枰	乙 二三取碼	木D	一M	火F	十J	枰
枉	甲 三碼全取	木D	一M	土G		枉
杆	甲 三碼全取	木D	一M	十J		杆
橄	丁 1E 1E E	木D	一M	十J	大K	橄
梗	丙 1E 12E	木D	一M	中L	大K	梗
欐	丙 1E 12E	木D	一M	一M	心P	𬃊

字	取碼	1	2	3	4	5	異體／簡體
梧	丁 1E 1E E		木D	一M	一M	口R	梧
柯	乙 二三取碼		木D	一M	弓N	口R	柯
柄	乙 二三取碼		木D	一M	人O	月B	柄
韋	乙 二三取碼	木D	一M	口R	手Q		韦
朽	乙 二三取碼		木D	一M	女V	尸S	朽
標	丁 1E 1E E		木D	一M	田W	火F	标
橡	丙 1E 12E		木D	弓N	日A	人O	橡
檐	丁 1E 1E E		木D	弓N	金C	口R	檐
李	甲 三碼全取		木D	弓N	木D		李
橘	丁 1E 1E E 包		木D	弓N	竹H	月B	橘
桶	丙 1E 12E 包		木D	弓N	戈I	月B	桶
杼	丙 1E 12E		木D	弓N	戈I	弓N	杼

字首　次字首

殊：特殊字　1＝頭碼　E＝尾碼　包：包含替代

甲乙丙丁：見461頁　複：複合字

字	類別	取碼					異體／簡體
栘	丙 1E 12E	包	木D	弓N	戈I	弓N	栘
梃	丁 1E 1E E		木D	弓N	大K	土G	梃
椭	丙 1E 12E	複	木D	弓N	中L	月B	椭
桅	丙 1E 12E		木D	弓N	一M	山U	桅
橙	丁 1E 1E E		木D	弓N	人O	廿T	橙
楹	丁 1E 1E E	包	木D	弓N	尸S	廿T	楹
櫓	丙 1E 12E		木D	弓N	田W	日A	橹
榷	丙 1E 12E	複	木D	人O	月B	土G	榷
椎	乙 二三取碼	複	木D	人O	土G		椎
樵	乙 二三取碼	複	木D	人O	土G	火F	樵
榫	乙 二三取碼	複	木D	人O	土G	十J	榫
槍	丙 1E 12E		木D	人O	戈I	口R	枪

		異體／簡體
杵 甲 三碼全取	木D 人O 十J	杵
枚 甲 三碼全取	木D 人O 大K	枚
檜 丙 1E 12E	木D 人O 一M 日A	桧
栓 乙 二三取碼	木D 人O 一M 土G	栓
榆 丙 1E 12E	木D 人O 一M 弓N	榆
檢 丙 1E 12E	木D 人O 一M 人O	检
來 甲 三碼全取	木D 人O 人O	来
梅 丙 1E 12E 包	木D 人O 田W 卜Y	梅
杓 甲 三碼全取	木D 心P 戈I	杓
枇 甲 三碼全取	木D 心P 心P	枇
楷 丙 1E 12E	木D 心P 心P 日A	楷
枸 甲 三碼全取	木D 心P 口R	枸

字首 / 次字首 / 殊：特殊字 / 1＝頭碼 E＝尾碼 / 包：包含替代 / 甲乙丙丁：見461頁 / 複：複合字

字	取碼						異體／簡體
韜	乙 二三取碼	木D	手Q	月B	竹H	難X	韬
楔	丁 1E 1E E		木D	手Q	竹H	大K	楔
梆	丙 1E 12E 複		木D	手Q	十J	中L	梆
榛	丙 1E 12E		木D	手Q	大K	木D	榛
棒	乙 二三取碼		木D	手Q	大K	手Q	棒
樁	丙 1E 12E		木D	手Q	大K	難X	桩
韌	乙 二三取碼	木D	手Q	尸S	竹H	戈I	韧
杏	甲 三碼全取		木D	口R			杏
橾	丙 1E 12E		木D	口R	口R	木D	橾
楞	乙 二三取碼		木D	口R	尸S	竹H	拐
楫	乙 二三取碼		木D	口R	尸S	十J	楫
檻	丁 1E 1E E		木D	尸S	戈I	廿T	槛

字	類別		倉頡碼				異體／簡體
椰	丙 1E 12E	複	木D	尸S	十J	中L	椰
櫃	丙 1E 12E	複	木D	尸S	中L	金C	柜
框	乙 二三取碼		木D	尸S	一M	土G	框
櫂	丁 1E 1E E	複	木D	尸S	一M	土G	棹
栩	丁 1E 1E E		木D	尸S	一M	一M	栩
柩	乙 二三取碼		木D	尸S	弓N	人O	柩
樞	丙 1E 12E		木D	尸S	口R	口R	枢
杞	甲 三碼全取		木D	尸S	山U		杞
欖	丁 1E 1E E	包 複	木D	尸S	田W	山U	榄
模	乙 二三取碼		木D	廿T	日A	大K	模
檬	丙 1E 12E		木D	廿T	月B	人O	檬
樸	丙 1E 12E		木D	廿T	金C	人O	朴

字首　次字首　殊：特殊字　包：包含替代　1＝頭碼　E＝尾碼　複：複合字　甲乙丙丁：見461頁

字	取碼	拆碼				異體／簡體
樣	丙 1E 12E	木D	廿T	土G	水E	样
桔	乙 二三取碼	木D	廿T	十J	口R	桔
柑	甲 三碼全取	木D	廿T	一M		柑
棋	丙 1E 12E	木D	廿T	一M	金C	棋
横	丙 1E 12E	木D	廿T	一M	金C	横
樺	丙 1E 12E	木D	廿T	一M	十J	桦
權	丙 1E 12E 複	木D	廿T	口R	土G	权
構	丙 1E 12E	木D	廿T	廿T	月B	构
槽	丁 1E 1E E 包	木D	廿T	田W	日A	槽
樽	丁 1E 1E E 包	木D	廿T	田W	戈I	樽
札	甲 三碼全取	木D	山U			札
想	乙 二三取碼 複	木D	山U	心P		想

							異體／簡體
紮	乙二三取碼	木D	山U	女V	戈I	火F	扎
機	丙1E 12E 複		木D	女V	戈I	戈I	机
東	甲三碼全取 殊		木D	田W			东
梱	甲三碼全取		木D	田W	木D		梱
棵	甲三碼全取		木D	田W	木D		棵
柬	甲三碼全取 殊		木D	田W	火F		柬
柙	甲三碼全取		木D	田W	中L		柙
楞	丁1E 1E E		木D	田W	中L	尸S	楞
朴	甲三碼全取		木D	卜Y			朴
棹	乙二三取碼		木D	卜Y	日A	十J	棹
楨	丙1E 12E 複		木D	卜Y	月B	金C	桢
榜	丁1E 1E E		木D	卜Y	月B	尸S	榜

字首　次字首

1＝頭碼　E＝尾碼

殊：特殊字

包：包含替代

複：複合字

甲乙丙丁：見461頁

字	取碼	1	2	3	4	異體／簡體
校	乙 二三取碼	木D	卜Y	金C	大K	校
槨	丁 1E 1E E 複	木D	卜Y	木D	中L	椁
櫬	丁 1E 1E E 複	木D	卜Y	木D	山U	榇
椒	丁 1E 1E E	木D	卜Y	火F	水E	椒
柱	甲 三碼全取	木D	卜Y	土G		柱
杭	乙 二三取碼	木D	卜Y	竹H	弓N	杭
槌	丙 1E 12E	木D	卜Y	竹H	口R	槌
枋	乙 二三取碼	木D	卜Y	竹H	尸S	枋
梳	丙 1E 12E	木D	卜Y	戈I	山U	梳
枓	甲 三碼全取	木D	卜Y	十J		枓
柿	乙 二三取碼 異	木D	卜Y	中L	月B	柿
槁	丙 1E 12E 包	木D	卜Y	口R	月B	槁

字	取碼					異體／簡體
梓	乙 二三取碼	木D	卜Y	廿T	十J	梓
樟	丙 1E 12E	木D	卜Y	廿T	十J	樟
核	丙 1E 12E	木D	卜Y	女V	人O	核
檀	丙 1E 12E	木D	卜Y	田W	一M	檀
水	甲 三碼全取	水E	水E			水
汩	甲 三碼全取	水E	日A			汩
涅	甲 三碼全取	水E	日A	土G		涅
湄	丙 1E 12E 複	水E	日A	竹H	山U	湄
溉	丁 1E 1E E	水E	日A	戈I	山U	溉
湯	丙 1E 12E	水E	日A	一M	竹H	汤
澗	乙 二三取碼 複	水E	日A	弓N	日A	涧
潤	丙 1E 12E 複	水E	日A	弓N	土G	润

字首　次字首　1＝頭碼　E＝尾碼　甲乙丙丁：見461頁

殊：特殊字　包：包含替代　複：複合字

字	取碼	附註	字首	次字首			異體／簡體
瀾	丙 1E 12E	複 殊 包	水E	日A	弓N	田W	澜
混	乙 二三取碼		水E	日A	心P	心P	混
渴	丙 1E 12E	包	水E	日A	心P	女V	渴
瀑	丙 1E 12E		水E	日A	廿T	水E	瀑
濕	丙 1E 12E		水E	日A	女V	火F	湿
漫	丙 1E 12E		水E	日A	田W	水E	漫
滑	丁 1E 1E E		水E	月B	月B	月B	滑
渦	丁 1E 1E E		水E	月B	月B	口R	涡
深	乙 二三取碼		水E	月B	金C	木D	深
濺	丁 1E 1E E	複	水E	月B	金C	戈I	溅
測	丁 1E 1E E	複	水E	月B	金C	弓N	测
淫	乙 二三取碼		水E	月B	竹H	土G	淫

字	取碼	倉頡碼				異體／簡體
沉	乙二三取碼	水E	月B	竹H	山U	沉
滔	乙二三取碼	水E	月B	竹H	難X	滔
渾	丙1E 12E	水E	月B	十J	十J	浑
沮	甲三碼全取	水E	月B	一M		沮
湲	丙1E 12E	水E	月B	一M	水E	湲
洞	乙二三取碼	水E	月B	一M	口R	洞
浮	乙二三取碼	水E	月B	弓N	木D	浮
懣	乙二三取碼 包	水E	月B	心P		懣
淨	乙二三取碼	水E	月B	尸S	木D	净
渺	丙1E 12E 複	水E	月B	山U	竹H	渺
溪	丙1E 12E	水E	月B	女V	大K	溪
淦	甲三碼全取	水E	金C			淦

殊：特殊字　字首　次字首

1＝頭碼　E＝尾碼

包：包含替代

甲乙丙丁：見461頁

複：複合字

			異體／簡體
涕	丙 1E 12E	水E 金C 弓N 竹H	涕
浴	乙 二三取碼	水E 金C 人O 口R	浴
沿	甲 三碼全取	水E 金C 口R	沿
汾	乙 二三取碼	水E 金C 尸S 竹H	汾
沐	甲 三碼全取	水E 木D	沐
渣	乙 二三取碼	水E 木D 日A 一M	渣
湘	乙 二三取碼 複	水E 木D 月B 山U	湘
淞	乙 二三取碼	水E 木D 金C 戈I	淞
淋	甲 三碼全取	水E 木D 木D	淋
塗	乙 二三取碼	水E 木D 土G	涂
波	乙 二三取碼	水E 木D 竹H 水E	波
淅	丙 1E 12E	水E 木D 竹H 中L	淅

字	取碼	分解	異體／簡體
沫	甲 三碼全取 殊	水E 木D 十J	沫
決	甲 三碼全取	水E 木D 大K	决
瀨	丙 1E 12E 複 殊	水E 木D 中L 金C	濑
漱	丙 1E 12E 殊	水E 木D 中L 人O	漱
漆	乙 二三取碼	水E 木D 人O 水E	漆
桑	乙 二三取碼	水E 水E 水E 木D	桑
婆	乙 二三取碼	水E 水E 女V	婆
消	甲 三碼全取	水E 火F 月B	消
淌	乙 二三取碼	水E 火F 月B 口R	淌
淡	甲 三碼全取	水E 火F 火F	淡
沙	甲 三碼全取	水E 火F 竹H	沙
洸	乙 二三取碼	水E 火F 一M 山U	洸

殊：特殊字　字首　次字首

1＝頭碼　E＝尾碼

包：包含替代

複：複合字

甲乙丙丁：見461頁

字	取碼	拆碼	異體／簡體
澆	丙 1E 12E	水E 土G 土G 山U	浇
法	甲 三碼全取	水E 土G 戈I	法
溘	丙 1E 12E	水E 土G 戈I 廿T	溘
準	乙 二三取碼 複	水E 土G 十J	準
濤	丙 1E 12E	水E 土G 弓N 戈I	涛
澎	丁 1E 1E E	水E 土G 廿T 竹H	澎
瀆	丙 1E 12E 複	水E 土G 田W 金C	渎
泊	甲 三碼全取	水E 竹H 日A	泊
湟	丙 1E 12E	水E 竹H 日A 土G	湟
澳	丁 1E 1E E 包	水E 竹H 月B 大K	澳
洫	乙 二三取碼	水E 竹H 月B 廿T	洫
盪	乙 二三取碼	水E 竹H 月B 廿T	荡

字	取碼	1	2	3	4	異體／簡體
洎	乙二三取碼 複	水E	竹H	月B	山U	洎 複
瀏	丁1E 1E E	水E	竹H	金C	弓N	浏
潘	丁1E 1E E	水E	竹H	木D	田W	潘
洛	乙二三取碼	水E	竹H	水E	口R	洛
燙	乙二三取碼	水E	竹H	火F		烫
浩	乙二三取碼	水E	竹H	土G	口R	浩
洗	丙1E 12E	水E	竹H	土G	山U	洗
泖	丁1E 1E E	水E	竹H	竹H	中L	泖
派	乙二三取碼	水E	竹H	竹H	女V	派
溜	丁1E 1E E	水E	竹H	竹H	田W	溜
泛	丙1E 12E	水E	竹H	戈I	人O	泛
湩	丙1E 12E	水E	竹H	十J	土G	湩

殊：特殊字

字首

次字首

包：包含替代

1＝頭碼 E＝尾碼

複：複合字

甲乙丙丁：見461頁

字	取碼	分解	異體／簡體
活	乙 二三取碼	水E 竹H 十J 口R	活
沃	甲 三碼全取	水E 竹H 大K	沃
添	乙 二三取碼	水E 竹H 大K 心P	添
沂	乙 二三取碼	水E 竹H 一M 中L	沂
汎	乙 二三取碼	水E 竹H 弓N 戈I	汎
鯊	乙 二三取碼	水E 竹H 弓N 田W 火F	鲨
泜	丁 1E 1E E	水E 竹H 心P 一M	泜
湃	丙 1E 12E	水E 竹H 手Q 十J	湃
淚	丙 1E 12E	水E 竹H 尸S 大K	泪
激	丁 1E 1E E	水E 竹H 尸S 大K	激
滬	丙 1E 12E	水E 竹H 尸S 山U	沪
溴	丁 1E 1E E 複	水E 竹H 山U 大K	溴

字	取碼	倉頡碼	異體／簡體
娑	乙二三取碼	水E 竹H 女V	娑
潟	丙1E 12E	水E 竹H 難X 火F	潟
裟	乙二三取碼	水E 竹H 卜Y 竹H 女V	裟
叉	甲三碼全取	水E 戈I	叉
浪	乙二三取碼	水E 戈I 日A 女V	浪
溥	丁1E 1E E	水E 戈I 月B 戈I	溥
浚	丙1E 12E	水E 戈I 金C 水E	浚
梁	乙二三取碼	水E 戈I 木D	梁
粱	乙二三取碼	水E 戈I 火F 木D	粱
滅	丙1E 12E	水E 戈I 竹H 火F	灭
減	丙1E 12E	水E 戈I 竹H 口R	减
淺	甲三碼全取	水E 戈I 戈I	浅

字首　次字首　1＝頭碼　E＝尾碼

殊：特殊字　包：包含替代　複：複合字　甲乙丙丁：見461頁

字	類別	取碼					異體／簡體
滲	丙 1E 12E		水E	戈I	戈I	竹H	渗
浦	乙 二三取碼		水E	戈I	十J	月B	浦
洲	丙 1E 12E		水E	戈I	中L	中L	洲
蚤	乙 二三取碼	水E	戈I	中L	一M	戈I	蚤
泳	乙 二三取碼		水E	戈I	弓N	水E	泳
治	甲 三碼全取		水E	戈I	口R		治
濂	丙 1E 12E		水E	戈I	廿T	金C	濂
渡	乙 二三取碼		水E	戈I	廿T	水E	渡
汁	甲 三碼全取		水E	十J			汁
沛	甲 三碼全取 異		水E	十J	月B		沛　沛
滇	丙 1E 12E		水E	十J	月B	金C	滇
潸	丁 1E 1E E		水E	十J	金C	月B	潸

						異體／簡體
溶	丙 1E 12E	水E	十J	金C	口R	溶
沬	甲 三碼全取	水E	十J	木D		沬
渤	丁 1E 1E E	水E	十J	木D	尸S	渤
瀉	丙 1E 12E	水E	十J	竹H	火F	泻
潘	丙 1E 12E	水E	十J	竹H	田W	潘
潮	丁 1E 1E E	水E	十J	十J	月B	潮
漸	丁 1E 1E E	水E	十J	十J	中L	渐
瀚	丁 1E 1E E	水E	十J	十J	一M	瀚
渚	乙 二三取碼	水E	十J	大K	日A	渚
淒	乙 二三取碼	水E	十J	中L	女V	凄
演	丙 1E 12E	水E	十J	一M	金C	演
濱	丙 1E 12E 複	水E	十J	一M	金C	滨

字	取碼	1	2	3	4	異體／簡體
淙	丙 1E 12E	水E	十J	一M	火F	淙
渲	丙 1E 12E	水E	十J	一M	一M	渲
沱	甲 三碼全取	水E	十J	心P		沱
濘	丙 1E 12E	水E	十J	心P	弓N	泞
沽	甲 三碼全取	水E	十J	口R		沽
湖	乙 二三取碼	水E	十J	口R	月B	湖
滓	丙 1E 12E	水E	十J	卜Y	十J	滓
洧	甲 三碼全取	水E	大K	月B		洧
潦	丙 1E 12E	水E	大K	金C	火F	潦
漪	丁 1E 1E E	水E	大K	竹H	口R	漪
汰	甲 三碼全取	水E	大K	戈I		汰
淆	乙 二三取碼	水E	大K	大K	月B	淆

字首
次字首
1＝頭碼 E＝尾碼
甲乙丙丁：見461頁
殊：特殊字
包：包含替代
複：複合字

					異體／簡體
淹 丙 1E 12E	水E	大K	中L	山U	淹
汍 乙 二三取碼	水E	大K	弓N	戈I	汍
浹 乙 二三取碼	水E	大K	人O	人O	浃
滯 丁 1E 1E E	水E	大K	心P	月B	滞
沖 甲 三碼全取	水E	中L			冲
決 乙 二三取碼	水E	中L	月B	大K	决
沈 乙 二三取碼	水E	中L	月B	山U	沈
沸 乙 二三取碼	水E	中L	中L	弓N	沸
潰 丙 1E 12E 複	水E	中L	一M	金C	溃
洮 丁 1E 1E E	水E	中L	一M	人O	洮
津 甲 三碼全取	水E	中L	手Q		津
油 甲 三碼全取	水E	中L	田W		油

字首　次字首　殊：特殊字

1＝頭碼　E＝尾碼　包：包含替代

甲乙丙丁：見461頁　複：複合字

字	取碼					異體／簡體
洩	乙 二三取碼	水E	中L	田W	心P	泄
淵	乙 二三取碼	水E	中L	難X	中L	渊
江	甲 三碼全取	水E	一M			江
洹	乙 二三取碼	水E	一M	日A	一M	洹
濡	丁 1E 1E E 包	水E	一M	月B	月B	濡
灞	丁 1E 1E E 包	水E	一M	月B	月B	灞
酒	丙 1E 12E 包	水E	一M	金C	田W	酒
汙	甲 三碼全取	水E	一M	木D		污
瀝	丁 1E 1E E	水E	一M	木D	一M	沥
汪	甲 三碼全取	水E	一M	土G		汪
涯	乙 二三取碼	水E	一M	土G	土G	涯
源	丙 1E 12E	水E	一M	竹H	火F	源

						異體／簡體
鴻	丙 1E 12E	水E	一M	竹H	火F	鸿
汗	甲 三碼全取	水E	一M	十J		汗
沔	丙 1E 12E	水E	一M	中L	尸S	沔
灑	丙 1E 12E	水E	一M	一M	心P	洒
污	丙 1E 12E	水E	一M	一M	尸S	污
沅	乙 二三取碼	水E	一M	一M	山U	沅
汀	甲 三碼全取	水E	一M	弓N		汀
洌	丁 1E 1E E 包	水E	一M	弓N	弓N	洌
河	乙 二三取碼	水E	一M	弓N	口R	河
涿	丙 1E 12E	水E	一M	尸S	人O	涿
潛	丁 1E 1E E	水E	一M	山U	日A	潜
溼	丙 1E 12E	水E	一M	女V	土G	湿

殊：特殊字

字首

次字首

包：包含替代

1＝頭碼　E＝尾碼

複：複合字

甲乙丙丁：見461頁

字	取碼	拆碼	異體／簡體
洍	丙 1E 12E	水E 一M 女V 一M	洍
涇	丙 1E 12E	水E 一M 女V 一M	泾
溧	丁 1E 1E E	水E 一M 田W 木D	溧
漂	丁 1E 1E E	水E 一M 田W 火F	漂
湮	丁 1E 1E E	水E 一M 田W 土G	湮
潭	丁 1E 1E E	水E 一M 田W 十J	潭
湎	丙 1E 12E	水E 一M 田W 中L	湎
渙	丙 1E 12E 包	水E 弓N 月B 大K	涣
湧	丁 1E 1E E 包	水E 弓N 月B 尸S	涌
澹	丁 1E 1E E	水E 弓N 金C 口R	澹
染	乙 二三取碼	水E 弓N 木D	染
沒	甲 三碼全取 異	水E 弓N 水E	沒　没

						異體／簡體
汲	乙二三取碼	水E	弓N	竹H	水E	汲
汐	甲三碼全取	水E	弓N	戈I		汐
泓	甲三碼全取	水E	弓N	戈I		泓
涌	丙1E 12E 包	水E	弓N	戈I	月B	涌
汛	甲三碼全取 異	水E	弓N	十J		汛
涎	丁1E 1E E	水E	弓N	大K	一M	涎
瀰	丙1E 12E 包	水E	弓N	一M	月B	弥
溺	丁1E 1E E	水E	弓N	一M	一M	溺
灝	丁1E 1E E 複	水E	弓N	弓N	金C	灏
潑	丁1E 1E E	水E	弓N	人O	水E	泼
澄	丁1E 1E E	水E	弓N	人O	廿T	澄
漲	丙1E 12E	水E	弓N	尸S	女V	涨

字首　次字首

殊：特殊字

1＝頭碼　E＝尾碼

包：包含替代

甲乙丙丁：見461頁

複：複合字

字	取碼	拆碼	異體／簡體
涵	乙 二三取碼	水E 弓N 山U 水E	涵
漁	乙 二三取碼	水E 弓N 田W 火F	渔
盜	乙 二三取碼	水E 人O 月B 廿T	盗
淮	乙 二三取碼 複	水E 人O 土G	淮
泠	丙 1E 12E	水E 人O 戈I 戈I	泠
滄	丙 1E 12E	水E 人O 戈I 口R	沧
滌	丙 1E 12E	水E 人O 中L 木D	涤
淪	丙 1E 12E 包	水E 人O 一M 月B	沦
汽	乙 二三取碼	水E 人O 一M 弓N	汽
渝	丙 1E 12E	水E 人O 一M 弓N	渝
洽	乙 二三取碼	水E 人O 一M 口R	洽
激	丁 1E 1E E	水E 人O 人O 大K	激

						異體／簡體
濮	丙1E 12E	水E	人O	廿T	人O	濮
海	丙1E 12E 包	水E	人O	田W	卜Y	海
沁	甲三碼全取	水E	心P			沁
洵	甲三碼全取	水E	心P	日A		洵
池	甲三碼全取	水E	心P	木D		池
柒	甲三碼全取	水E	心P	木D		柒
泌	甲三碼全取	水E	心P	竹H		泌
淘	丙1E 12E	水E	心P	人O	山U	淘
泚	甲三碼全取	水E	心P	心P		泚
泡	乙二三取碼	水E	心P	口R	山U	泡
泄	甲三碼全取	水E	心P	廿T		泄
沌	甲三碼全取	水E	心P	山U		沌

殊：特殊字
字首
次字首
包：包含替代
1＝頭碼　E＝尾碼
複：複合字
甲乙丙丁：見461頁

字	取碼	1	2	3	4	異體／簡體
洶 乙二三取碼	水E	心P	山U	大K		汹
潔 丁1E 1E E	水E	手Q	竹H	火F		洁
浙 丙1E 12E	水E	手Q	竹H	中L		浙
湊 丙1E 12E	水E	手Q	大K	大K		凑
清 乙二三取碼	水E	手Q	一M	月B		清
漬 丙1E 12E 複	水E	手Q	一M	金C		渍
浥 乙二三取碼	水E	口R	日A	山U		浥
涓 甲三碼全取	水E	口R	月B			涓
況 乙二三取碼	水E	口R	竹H	山U		况
湣 丁1E 1E E	水E	口R	心P	日A		湣
澡 丙1E 12E	水E	口R	口R	木D		澡
潠 丁1E 1E E	水E	口R	山U	金C		潠

字	取碼	1	2	3	4	異體／簡體
泯	乙二三取碼	水E	口R	女V	心P	泯
澠	乙二三取碼	水E	口R	難X	山U	渑
涮	丁1E 1E E	水E	尸S	月B	弓N	涮
澱	丁1E 1E E	水E	尸S	金C	水E	淀
渠	乙二三取碼 包	水E	尸S	木D		渠
沼	乙二三取碼	水E	尸S	竹H	口R	沼
澀	丁1E 1E E	水E	尸S	戈I	一M	涩
涊	丁1E 1E E	水E	尸S	戈I	心P	涊
濫	丁1E 1E E	水E	尸S	戈I	廿T	滥
洱	甲三碼全取	水E	尸S	十J		洱
漏	丙1E 12E 包	水E	尸S	一M	月B	漏
浸	丙1E 12E	水E	尸S	一M	水E	浸

字	取碼	字首	次字首			異體／簡體
渥	丙 1E 12E	水E	尸S	一M	土G	渥
濯	丁 1E 1EE 複	水E	尸S	一M	土G	濯
潯	丙 1E 12E	水E	尸S	一M	戈I	浔
潺	丙 1E 12E	水E	尸S	弓N	木D	潺
泥	甲 三碼全取	水E	尸S	心P		泥
氾	甲 三碼全取	水E	尸S	山U		泛
漠	乙 二三取碼	水E	廿T	日A	大K	漠
湔	丙 1E 12E	水E	廿T	月B	弓N	湔
濛	丙 1E 12E	水E	廿T	月B	人O	蒙
洪	甲 三碼全取	水E	廿T	金C		洪
溢	丙 1E 12E	水E	廿T	金C	廿T	溢
港	丙 1E 12E	水E	廿T	金C	山U	港

字首　殊：特殊字

次字首

1＝頭碼　E＝尾碼　包：包含替代

甲乙丙丁：見461頁　複：複合字

字	類別		1	2	3	4	異體／簡體
漾	丙 1E 12E		水E	廿T	土G	水E	漾
滿	丙 1E 12E	包	水E	廿T	中L	月B	满
漢	丙 1E 12E		水E	廿T	中L	人O	汉
瀟	乙 二三取碼		水E	廿T	中L	難X	潇
淇	丙 1E 12E		水E	廿T	一M	金C	淇
湛	丙 1E 12E	包	水E	廿T	一M	女V	湛
濩	丙 1E 12E	複	水E	廿T	人O	水E	濩
灘	丁 1E 1E E	複	水E	廿T	人O	土G	滩
洋	甲 三碼全取		水E	廿T	手Q		洋
灌	丙 1E 12E	複	水E	廿T	口R	土G	灌
溝	丙 1E 12E		水E	廿T	廿T	月B	沟
溯	乙 二三取碼		水E	廿T	山U	月B	溯

殊：特殊字　字首　次字首　1＝頭碼　E＝尾碼　包：包含替代　甲乙丙丁：見461頁　複：複合字

						異體／簡體
滋	丙 1E 12E	水E	廿T	女V	戈I	滋
漕	丁 1E 1E E 包	水E	廿T	田W	日A	漕
澧	丙 1E 12E	水E	廿T	田W	廿T	澧
濃	丙 1E 12E	水E	廿T	田W	女V	浓
汕	甲 三碼全取	水E	山U			汕
湍	丙 1E 12E 包	水E	山U	一M	月B	湍
涔	丙 1E 12E	水E	山U	人O	弓N	涔
汝	甲 三碼全取	水E	女V			汝
灤	丁 1E 1E E	水E	女V	火F	木D	滦
灘	丁 1E 1E E 複	水E	女V	火F	土G	滩
灣	丁 1E 1E E	水E	女V	火F	弓N	湾
淄	丁 1E 1E E	水E	女V	女V	田W	淄

字	編碼	字形分解				異體／簡體
滑	甲 三碼全取	水E	田W	月B		滑
泗	甲 三碼全取	水E	田W	金C		泗
浬	甲 三碼全取	水E	田W	土G		浬
涸	乙 二三取碼	水E	田W	十J	口R	涸
濁	丁 1E 1E E	水E	田W	中L	戈I	浊
澤	丁 1E 1E E	水E	田W	中L	十J	泽
澴	丁 1E 1E E	水E	田W	中L	女V	澴
洇	甲 三碼全取	水E	田W	人O		洇
溫	丙 1E 12E 異	水E	田W	人O	廿T	温
漯	丙 1E 12E	水E	田W	女V	火F	漯
激	丁 1E 1E E	水E	卜Y	月B	大K	激
滂	丁 1E 1E E	水E	卜Y	月B	尸S	滂

字首　次字首　1＝頭碼　E＝尾碼　甲乙丙丁：見461頁

殊：特殊字　包：包含替代　複：複合字

字	碼	分				異體／簡體
濬 丙1E 12E 複		水E	卜Y	月B	山U	浚
滴 丙1E 12E 包		水E	卜Y	金C	月B	滴
滾 丙1E 12E		水E	卜Y	金C	女V	滚
淑 丁1E 1E E		水E	卜Y	火F	水E	淑
注 甲三碼全取		水E	卜Y	土G		注
瀕 丁1E 1E E 複		水E	卜Y	竹H	金C	濒
沆 乙二三取碼		水E	卜Y	竹H	弓N	沆
流 丙1E 12E		水E	卜Q	Y戈	山U	流
漣 丙1E 12E		水E	卜Y	十J	十J	涟
汶 甲三碼全取		水E	卜Y	大K		汶
涉 丙1E 12E		水E	卜Y	中L	竹H	涉
淬 丙1E 12E		水E	卜Y	人O	十J	淬

字	類別	取碼	第一碼	第二碼	第三碼	第四碼	異體／簡體
液	丙 1E 12E	包	水E	卜Y	人O	大K	液
濾	丁 1E 1E E	複	水E	卜Y	心P	心P	滤
瀘	丁 1E 1E E	複	水E	卜Y	心P	廿T	泸
沾	甲 三碼全取		水E	卜Y	口R		沾
淳	丙 1E 12E		水E	卜Y	口R	木D	淳
涼	乙 二三取碼		水E	卜Y	口R	火F	凉
瀛	丙 1E 12E	包 複	水E	卜Y	口R	弓N	瀛
濠	丙 1E 12E		水E	卜Y	口R	人O	濠
游	丁 1E 1E E		水E	卜Y	尸S	木D	游
漩	丁 1E 1E E		水E	卜Y	尸S	人O	漩
淤	丁 1E 1E E		水E	卜Y	尸S	卜Y	淤
泣	甲 三碼全取		水E	卜Y	廿T		泣

殊：特殊字　□ 字首　■ 次字首
包：包含替代　1＝頭碼　E＝尾碼
複：複合字　甲乙丙丁：見461頁

字	取碼					異體／簡體
潼	丙 1E 12E	水E	卜Y	廿T	土G	潼
漳	丙 1E 12E	水E	卜Y	廿T	十J	漳
涪	乙 二三取碼	水E	卜Y	廿T	口R	涪
漓	丁 1E 1E E 包	水E	卜Y	山U	月B	漓
滷	丙 1E 12E	水E	卜Y	田W	戈I	卤
澶	丙 1E 12E	水E	卜Y	田W	一M	澶
濟	甲 三碼全取	水E	卜Y	難X		济
汴	甲 三碼全取	水E	卜Y	卜Y		汴
火	甲 三碼全取	火F				火
煬	丙 1E 12E	火F	日A	一M	竹H	炀
焊	乙 二三取碼	火F	日A	一M	十J	焊
燜	乙 二三取碼 複	火F	日A	弓N	心P	焖 複

字	類別	倉頡碼				異體／簡體
爛	丙 1E 12E 複包殊	火F	日A	弓N	田W	烂
焜	乙 二三取碼	火F	日A	心P	心P	焜
爆	丙 1E 12E	火F	日A	廿T	水E	爆
煋	乙 二三取碼	火F	日A	卜Y	廿T	煋
肖	甲 三碼全取	火F	月B			肖
燃	丁 1E 1E E	火F	月B	大K	火F	燃
削	乙 二三取碼	火F	月B	中L	弓N	削
煖	丙 1E 12E	火F	月B	一M	水E	暖
敝	乙 二三取碼 包	火F	月B	人O	大K	敝
敞	乙 二三取碼 包	火F	月B	人O	大K	敞
尚	甲 三碼全取	火F	月B	口R		尚
烔	甲 三碼全取	火F	月B	口R		烔

殊：特殊字　字首　次字首

包：包含替代　1＝頭碼　E＝尾碼

複：複合字　甲乙丙丁：見461頁

字	類別	碼	異體／簡體
賞	丙 1E 12E 複	火F 月B 口R 月B 金C	赏
棠	乙 二三取碼	火F 月B 口R 木D	棠
堂	乙 二三取碼	火F 月B 口R 土G	堂
常	乙 二三取碼	火F 月B 口R 中L 月B	常
嘗	乙 二三取碼	火F 月B 口R 心P 日A	尝
掌	乙 二三取碼	火F 月B 口R 手Q	掌
當	乙 二三取碼	火F 月B 口R 田W	当
黨	丙 1E 12E	火F 月B 口R 田W 火F	党
裳	丙 1E 12E	火F 月B 口R 卜Y 女V	裳
脊	甲 三碼全取	火F 金C 月B	脊
米	甲 三碼全取	火F 木D	米
糧	丙 1E 12E	火F 木D 日A 一M 土G	粮

字	類別	取碼					異體／簡體
粗	乙 二三取碼	火F	木D	月B	一M		粗
粉	乙 二三取碼	火F	木D	金C	尸S	竹H	粉
粕	乙 二三取碼	火F	木D	竹H	日A		粕
糝	丙 1E 12E	火F	木D	戈I	戈I	竹H	糁
糠	乙 二三取碼	火F	木D	戈I	中L	水E	糠
糖	乙 二三取碼	火F	木D	戈I	中L	口R	糖
粽	丙 1E 12E	火F	木D	十J	一M	火F	粽
糊	乙 二三取碼	火F	木D	十J	口R	月B	糊
糯	丁 1E 1E E 包	火F	木D	一M	月B	月B	糯
粳	丙 1E 12E	火F	木D	一M	中L	大K	粳
籽	乙 二三取碼	火F	木D	弓N	木D		籽
敉	乙 二三取碼	火F	木D	人O	大K		敉

字首
次字首
殊：特殊字
1＝頭碼　E＝尾碼
包：包含替代
甲乙丙丁：見461頁
複：複合字

字	取碼						異體／簡體
精	乙 二三取碼	火F	木D	手Q	一M	月B	精
糢	乙 二三取碼	火F	木D	廿T	日A	大K	糢
糕	乙 二三取碼	火F	木D	廿T	土G	火F	糕
糟	丁 1E 1E E 包	火F	木D	廿T	田W	日A	糟
煉	乙 二三取碼 殊		火F	木D	田W	火F	炼
糰	丙 1E 12E	火F	木D	田W	十J	戈I	团
糞	乙 二三取碼	火F	木D	田W	廿T	金C	粪
糙	丙 1E 12E	火F	木D	卜Y	竹H	口R	糙
料	乙 二三取碼	火F	木D	卜Y	十J		料
粹	丙 1E 12E	火F	木D	卜Y	人O	十J	粹
粒	乙 二三取碼	火F	木D	卜Y	廿T		粒
炎	甲 三碼全取		火F	火F			炎

字	取碼	倉頡碼					異體／簡體
滎	乙 二三取碼	火F	火F	月B	木D		荣
熒	乙 二三取碼	火F	火F	月B	火F		荧
塋	乙 二三取碼	火F	火F	月B	土G		茔
鶯	丙 1E 12E	火F	火F	月B	竹H	火F	莺
犖	乙 二三取碼	火F	火F	月B	竹H	手Q	荦
勞	乙 二三取碼	火F	火F	月B	大K	尸S	劳
螢	丙 1E 12E	火F	火F	月B	中L	戈I	萤
瑩	丙 1E 12E 包	火F	火F	月B	一M	土G	莹
營	丙 1E 12E	火F	火F	月B	口R	口R	营
縈	丙 1E 12E	火F	火F	月B	女V	火F	萦
燐	丙 1E 12E		火F	火F	木D	手Q	磷
燮	乙 二三取碼	火F	火F	水E			燮

殊：特殊字　字首　次字首

包：包含替代　1＝頭碼　E＝尾碼

複：複合字　甲乙丙丁：見461頁

字	取碼	拆碼	異體／簡體
炒	甲 三碼全取	火F　火F　竹H	炒
灶	甲 三碼全取	火F　土G	灶
燒	丙 1E 12E	火F　土G　土G　山U	烧
少	甲 三碼全取	火F　竹H	少
煌	丙 1E 12E	火F　竹H　日A　土G	煌
燠	丁 1E 1E E 包	火F　竹H　月B　大K	燠
省	乙 二三取碼 複	火F　竹H　月B　山U	省
烽	丙 1E 12E	火F　竹H　水E　十J	烽
烙	乙 二三取碼	火F　竹H　水E　口R	烙
燬	丁 1E 1E E	火F　竹H　土G　水E	毁
燻	丁 1E 1E E	火F　竹H　土G　火F	燻
劣	乙 二三取碼	火F　竹H　大K　尸S	劣

字	取碼	倉頡碼	異體／簡體
炸	甲三碼全取	火F 竹H 尸S	炸
煽	丙1E 12E	火F 竹H 尸S 一M	煽
熄	丁1E 1E E 複	火F 竹H 山U 心P	熄
熔	丙1E 12E	火F 十J 金C 口R	熔
烤	丙1E 12E	火F 十J 大K 尸S	烤
尖	甲三碼全取	火F 大K	尖
瞥	乙二三取碼 複	火F 大K 月B 山U	瞥
燎	丙1E 12E	火F 大K 金C 火F	燎
氅	乙二三取碼	火F 大K 竹H 手Q 山U	氅
烯	丙1E 12E	火F 大K 大K 月B	烯
幣	乙二三取碼	火F 大K 中L 月B	币
類	丙1E 12E 複	火F 大K 一M 月B 金C	类

殊：特殊字　□字首　次字首

包：包含替代　1＝頭碼　E＝尾碼

複：複合字　甲乙丙丁：見461頁

字	取碼	字根					異體／簡體
斃	丁 1E 1E E 包	火F	大K	一M	弓N	心P\	毙
彆	乙 二三取碼	火F	大K	弓N			别
鱉	乙 二三取碼	火F	大K	弓N	田W	火F	鳖
弊	乙 二三取碼	火F	大K	廿T			弊
燼	丙 1E 12E	火F	中L	一M	廿T		烬
燸	丁 1E 1E E 包	火F	一M	月B	月B		燸
煩	丙 1E 12E 複	火F	一M	月B	金C		烦
炳	乙 二三取碼	火F	一M	人O	月B		炳
光	甲 三碼全取	火F	一M	山U			光
煙	丁 1E 1E E	火F	一M	田W	土G		烟
煥	丁 1E 1E E 包	火F	弓N	月B	大K		焕
焰	乙 二三取碼 異	火F	弓N	竹H	難X		焰

異體／簡體

炊 甲三碼全取		火F	弓N	人O		炊
燈 丁1E 1E E		火F	弓N	人O	廿T	灯
雀 乙二三取碼 複		火F	人O	土G		雀
燴 丙1E 12E		火F	人O	一M	日A	烩
灼 甲三碼全取		火F	心P	戈I		灼
炮 乙二三取碼		火F	心P	口R	山U	炮
半 甲三碼全取		火F	手Q			半
眷 乙二三取碼 複 殊	火F	手Q	月B	山U		眷
叛 乙二三取碼	火F	手Q	竹H	水E		叛
判 乙二三取碼	火F	手Q	中L	弓N		判
豢 丙1E 12E 殊	火F	手Q	一M	尸S	人O	豢
鄰 乙二三取碼 複	火F	手Q	弓N	中L		鄰

殊：特殊字　□字首　■次字首

包：包含替代　1＝頭碼　E＝尾碼

複：複合字　甲乙丙丁：見461頁

字	類	碼	異體／簡體
拳	甲 三碼全取 殊	火F 手Q 手Q	拳
券	乙 二三取碼 殊	火F 手Q 尸S 竹H	券
卷	乙 二三取碼 殊	火F 手Q 尸S 山U	卷
燥	丙 1E 12E	火F 口R 口R 木D	燥
煅	丁 1E 1E E	火F 口R 卜Y 水E	煅
炤	乙 二三取碼	火F 尸S 竹H 口R	照
炬	甲 三碼全取	火F 尸S 尸S	炬
烘	甲 三碼全取	火F 廿T 金C	烘
煤	乙 二三取碼	火F 廿T 一M 木D	煤
烊	甲 三碼全取	火F 廿T 手Q	烊
輝	丙 1E 12E	火F 山U 月B 十J 十J	辉
耀	丁 1E 1E E 複	火F 山U 尸S 一M 土G	耀

字	取碼					異體／簡體
爍	丁 1E 1E E	火F	女V	戈I	木D	烁
燭	丁 1E 1E E	火F	田W	中L	戈I	烛
煨	乙 二三取碼	火F	田W	一M	女V	煨
燉	丁 1E 1E E	火F	卜Y	木D	大K	炖
燦	丁 1E 1E E	火F	卜Y	水E	木D	灿
炕	乙 二三取碼	火F	卜Y	竹H	弓N	炕
熾	丁 1E 1E E	火F	卜Y	戈I	日A	炽
爐	丙 1E 12E 複	火F	卜Y	心P	廿T	炉
燧	丙 1E 12E	火F	卜Y	廿T	人O	燧
焙	乙 二三取碼	火F	卜Y	廿T	口R	焙
炫	乙 二三取碼	火F	卜Y	女V	戈I	炫
土	甲 三碼全取	土G				土

字首
次字首
殊：特殊字
1＝頭碼 E＝尾碼
包：包含替代
複：複合字
甲乙丙丁：見461頁

字	取碼	1	2	3	4	異體／簡體
塒	丙 1E 12E	土G	日A	土G	戈I	埘
坦	甲 三碼全取	土G	日A	一M		坦
場	丙 1E 12E	土G	日A	一M	竹H	场
堤	丙 1E 12E	土G	日A	一M	人O	堤
塌	丙 1E 12E	土G	日A	尸S	一M	塌
垠	甲 三碼全取	土G	日A	女V		垠
冉	甲 三碼全取	土G	月B			冉
堝	丁 1E 1E E	土G	月B	月B	口R	埚
壺	丙 1E 12E	土G	月B	中L	一M	壶
塚	丙 1E 12E	土G	月B	一M	人O	冢
壹	丙 1E 12E	土G	月B	一M	廿T	壹
坍	甲 三碼全取	土G	月B	卜Y		坍

字	取碼	字首		字身			異體／簡體
赫	丙 1E 12E	土G	金C	土G	中L	金C	赫
赭	乙 二三取碼	土G	金C	十J	大K	日A	赭
郝	乙 二三取碼 複	土G	金C	弓N	中L		郝
赦	乙 二三取碼	土G	金C	人O	大K		赦
赧	乙 二三取碼	土G	金C	尸S	中L	水E	赧
增	丁 1E 1E E 包		土G	金C	田W	日A	增
坡	乙 二三取碼		土G	木D	竹H	水E	坡
穀	乙 二三取碼	土G	木D	竹H	弓N	水E	谷
寺	甲 三碼全取		土G	木D	戈I		寺
瞽	乙 二三取碼 複	土G	水E	月B	山U		瞽
馨	乙 二三取碼	土G	水E	竹H	木D	日A	馨
鼕	乙 二三取碼	土G	水E	竹H	水E	卜Y	冬

字首　次字首

殊：特殊字

1＝頭碼　E＝尾碼

包：包含替代

甲乙丙丁：見461頁

複：複合字

字	取碼	拆碼	異體／簡體
鼙	丁 1E 1E E	土G 水E 竹H 竹H 十J	鼙
磬	乙 二三取碼	土G 水E 一M 口R	磬
罄	乙 二三取碼	土G 水E 人O 十J 山U	罄
聲	乙 二三取碼	土G 水E 尸S 十J	聲
款	乙 二三取碼	土G 火F 弓N 人O	款
圭	甲 三碼全取	土G 土G	圭
封	乙 二三取碼	土G 土G 木D 戈I	封
堯	丙 1E 12E	土G 土G 土G 山U	尧
卦	甲 三碼全取	土G 土G 卜Y	卦
墦	丁 1E 1E E	土G 竹H 木D 田W	墦
壎	丁 1E 1E E	土G 竹H 土G 火F	埙
埤	丁 1E 1E E	土G 竹H 竹H 十J	埤

		異體／簡體
塊 乙二三取碼 複	土G 竹H 戈I	块
圻 乙二三取碼	土G 竹H 一M 中L	圻
垢 乙二三取碼	土G 竹H 一M 口R	垢
坼 乙二三取碼	土G 竹H 一M 卜Y	坼
塢 丙1E 12E	土G 竹H 口R 火F	坞
埠 丁1E 1E E	土G 竹H 口R 十J	埠
去 甲三碼全取	土G 戈I	去
盍 乙二三取碼	土G 戈I 月B 廿T	盍
熱 乙二三取碼	土G 戈I 火F	热
墊 乙二三取碼	土G 戈I 土G	垫
幫 丙1E 12E	土G 戈I 竹H 日A 月B	帮
城 乙二三取碼	土G 戈I 竹H 尸S	城

字首　殊：特殊字
次字首
1＝頭碼　E＝尾碼　包：包含替代
甲乙丙丁：見461頁　複：複合字

字	取碼	拆碼	異體／簡體
埔	乙二三取碼 異	土G 戈I 十J 月B	埗 埔
劫	乙二三取碼 異	土G 戈I 大K 尸S	刼 劫
勢	乙二三取碼	土G 戈I 大K 尸S	势
塘	乙二三取碼	土G 戈I 中L 口R	塘
埃	乙二三取碼	土G 戈I 人O 大K	埃
摯	乙二三取碼	土G 戈I 手Q	挚
域	乙二三取碼	土G 戈I 口R 一M	域
壙	丙1E 12E	土G 戈I 廿T 金C	圹
塡	丙1E 12E	土G 十J 月B 金C	填
轂	乙二三取碼	土G 十J 竹H 弓N 水E	毂
堵	乙二三取碼	土G 十J 大K 日A	堵
執	乙二三取碼	土G 十J 大K 弓N 戈I	执

							異體／簡體
報 乙二三取碼	土G	十J	尸S	中L	水E		报
墳 丙1E 12E 複		土G	十J	廿T	金C		坟
贅 乙二三取碼 複	土G	大K	月B	山U	金C		赘
熬 乙二三取碼	土G	大K	火F				熬
塽 丙1E 12E		土G	大K	大K	大K		塽
螯 乙二三取碼	土G	大K	中L	一M	戈I		螯
垮 丙1E 12E		土G	大K	一M	尸S		垮
鼇 乙二三取碼	土G	大K	口R	難X	山U		鳌
聱 乙二三取碼	土G	大K	尸S	十J			聱
圳 乙二三取碼		土G	中L	中L	中L		圳
赤 乙二三取碼		土G	中L	弓N	金C		赤
坤 乙二三取碼		土G	中L	田W	中L		坤

殊：特殊字 | 字首 | 次字首 | 包：包含替代 | 1＝頭碼 E＝尾碼 | 複：複合字 | 甲乙丙丁：見461頁

字	取碼	碼					異體／簡體
垣	乙 二三取碼		土G	一M	日A	一M	垣
壩	丁 1E 1E E 包		土G	一M	月B	月B	坝
圩	甲 三碼全取		土G	一M	木D		圩
壢	丁 1E 1E E		土G	一M	木D	一M	坜
坏	甲 三碼全取		土G	一M	火F		坏
坪	乙 二三取碼		土G	一M	火F	十J	坪
埂	丙 1E 12E		土G	一M	中L	大K	埂
圬	丙 1E 12E		土G	一M	一M	尸S	圬
坷	乙 二三取碼		土G	一M	弓N	口R	坷
圾	乙 二三取碼		土G	弓N	竹H	水E	圾
殼	乙 二三取碼	土G	弓N	竹H	弓N	水E	壳
燾	丙 1E 12E		土G	弓N	一M	火F	焘

字	取碼	字首		字身			異體／簡體
壽	丙 1E 12E		土G	弓N	一M	戈I	寿
坎	甲 三碼全取		土G	弓N	人O		坎
趕	乙 二三取碼	土G	人O	日A	一M	十J	赶
趙	乙 二三取碼	土G	人O	火F	月B		赵
趟	乙 二三取碼	土G	人O	火F	月B	口R	趟
堆	乙 二三取碼 複		土G	人O	土G		堆
越	乙 二三取碼	土G	人O	戈I	女V		越
堠	丙 1E 12E		土G	人O	弓N	大K	堠
趁	丙 1E 12E	土G	人O	人O	竹H	竹H	趁
趨	丙 1E 12E	土G	人O	心P	山U	山U	趋
起	乙 二三取碼 異	土G	人O	口R	山U		起 起
超	乙 二三取碼	土G	人O	尸S	竹H	口R	超

字首　殊：特殊字
次字首
1＝頭碼　E＝尾碼　包：包含替代
甲乙丙丁：見461頁　複：複合字

字	取碼	碼	異體／簡體
趣	乙二三取碼	土G 人O 尸S 十J 水E	趣
赳	乙二三取碼	土G 人O 女V 中L	赳
嗇	乙二三取碼	土G 人O 田W 口R	啬
赴	乙二三取碼	土G 人O 卜Y	赴
志	甲三碼全取	土G 心P	志
地	甲三碼全取	土G 心P 木D	地
均	乙二三取碼	土G 心P 戈I 一M	均
吉	甲三碼全取	土G 口R	吉
臺	丙1E 12E	土G 口R 月B 土G	台
袁	乙二三取碼	土G 口R 竹H 女V	袁
頡	丙1E 12E 複	土G 口R 一M 月B 金C	颉
喪	乙二三取碼	土G 口R 口R 女V	丧

字	類別	字根					異體／簡體
熹	丙 1E 12E		土G	口R	廿T	火F	熹
喜	乙 二三取碼		土G	口R	廿T	口R	喜
嘉	丙 1E 12E		土G	口R	廿T	口R	嘉
圯	甲 三碼全取		土G	口R	山U		圯
堰	乙 二三取碼		土G	尸S	日A	女V	堰
敖	乙 二三取碼	土G	尸S	人O	大K		敖
墀	丙 1E 12E		土G	尸S	卜Y	手Q	墀
彭	乙 二三取碼	土G	廿T	竹H	竹H	竹H	彭
懿	丁 1E 1E E	土G	廿T	戈I	人O	心P	懿
幸	甲 三碼全取		土G	廿T	十J		幸
鼓	乙 二三取碼	土G	廿T	十J	水E		鼓
坩	甲 三碼全取		土G	廿T	一M		坩

字首 殊：特殊字
次字首
1=頭碼 E=尾碼 包：包含替代
甲乙丙丁：見461頁 複：複合字

字	取碼	字首	字身			異體／簡體
堪	丙 1E 12E 包	土G	廿T	一M	女V	堪
塔	丙 1E 12E	土G	廿T	人O	口R	塔
翹	丁 1E 1E E	土G 山U	尸S	一M	一M	翹
埋	甲 三碼全取	土G	田W	土G		埋
賣	丁 1E 1E E 複	土G	田W	中L	金C	卖
塭	丙 1E 12E	土G	田W	人O	廿T	塭
墩	丁 1E 1E E	土G	卜Y	木D	大K	墩
坑	乙 二三取碼	土G	卜Y	竹H	弓N	坑
坊	乙 二三取碼	土G	卜Y	竹H	尸S	坊
堉	乙 二三取碼	土G	卜Y	戈I	月B	堉
址	乙 二三取碼	土G	卜Y	中L	一M	址
走	甲 三碼全取	土G	卜Y	人O		走

字	取碼					異體／簡體
墟	丙 1E 12E 複	土G	卜Y	心P	一M	墟
壕	丙 1E 12E	土G	卜Y	口R	人O	壕
壤	丙 1E 12E	土G	卜Y	口R	女V	壤
垃	甲 三碼全取	土G	卜Y	廿T		垃
培	乙 二三取碼	土G	卜Y	廿T	口R	培
境	丙 1E 12E	土G	卜Y	廿T	山U	境
垓	丙 1E 12E	土G	卜Y	女V	人O	垓
壇	丙 1E 12E	土G	卜Y	田W	一M	壇
壞	丙 1E 12E	土G	卜Y	田W	女V	坏
竹	甲 三碼全取	竹H				竹
白	甲 三碼全取	竹H	日A			白
泉	甲 三碼全取	竹H	日A	水E		泉

字首 次字首

1＝頭碼 E＝尾碼

殊：特殊字

包：包含替代

複：複合字

甲乙丙丁：見461頁

字	取碼	倉頡碼	異體／簡體
皈	乙 二三取碼	竹H 日A 竹H 水E	皈
皓	乙 二三取碼	竹H 日A 竹H 土G 口R	皓
魄	乙 二三取碼 複	竹H 日A 竹H 戈I	魄
節	丁 1E 1E E	竹H 日A 戈I 中L	节
皖	丙 1E 12E	竹H 日A 十J 一M 山U	皖
皋	乙 二三取碼	竹H 日A 大K 十J	皋
帛	乙 二三取碼	竹H 日A 中L 月B	帛
皇	乙 二三取碼	竹H 日A 一M 土G	皇
簡	乙 二三取碼 複	竹H 日A 弓N 日A	简
籣	丙 1E 12E 複 殊 包	竹H 日A 弓N 田W	籣
馥	丙 1E 12E	竹H 日A 人O 日A 水E	馥
皂	甲 三碼全取	竹H 日A 心P	皂

字	類別	取碼	異體／簡體
的	乙二三取碼	竹H 日A 心P 戈I	的
笆	甲三碼全取	竹H 日A 山U	笆
皚	丙1E 12E	竹H 日A 山U 一M 廿T	皑
皎	乙二三取碼	竹H 日A 卜Y 金C 大K	皎
臬	丙1E 12E	竹H 日A 卜Y 木D	臬
鳥	丙1E 12E	竹H 日A 卜Y 火F	鸟
島	丙1E 12E	竹H 日A 卜Y 山U	岛
裊	丙1E 12E	竹H 日A 卜Y 女V	袅
覺	丙1E 12E 複	竹H 月B 月B 山U 山U	觉
爨	丙1E 12E	竹H 月B 木D 木D 火F	爨
籐	丙1E 12E 殊	竹H 月B 火F 水E	藤
奧	乙二三取碼 包	竹H 月B 大K	奥

字首
殊：特殊字
次字首
1＝頭碼 E＝尾碼
包：包含替代
甲乙丙丁：見461頁
複：複合字

字	取碼						異體／簡體
筋	乙 二三取碼		竹H	月B	大K	尸S	筋
制	乙 二三取碼	竹H	月B	中L	弓N		制
釁	丁 1E 1E E	竹H	月B	一M	金C	竹H	衅
筒	乙 二三取碼		竹H	月B	一M	口R	筒
學	乙 二三取碼	竹H	月B	弓N	木D		学
鱟	乙 二三取碼	竹H	月B	弓N	田W	火F	鲎
向	甲 三碼全取	竹H	月B	口R			向
箏	乙 二三取碼		竹H	月B	尸S	木D	筝
翩	丁 1E 1E E 包	竹H	月B	尸S	一M	一M	翩 翩
血	甲 三碼全取		竹H	月B	廿T		血
黌	丙 1E 12E	竹H	月B	廿T	一M	金C	黉
自	甲 三碼全取 複		竹H	月B	山U		自

						異體／簡體
纂 丙 1E 12E 複	竹H	月B	山U	火F		纂
篡 丙 1E 12E 複	竹H	月B	山U	戈I		篡
算 乙 二三取碼 複	竹H	月B	山U	廿T		算
筧 丙 1E 12E 複	竹H	月B	山U	山U		笕
舟 乙 二三取碼	竹H	月B	卜Y	戈I		舟
劉 乙 二三取碼	竹H	金C	中L	弓N		刘
歟 乙 二三取碼	竹H	金C	弓N	人O		欤
舉 乙 二三取碼	竹H	金C	手Q			举
譽 丙 1E 12E	竹H	金C	卜Y	一M	口R	誉
禾 甲 三碼全取	竹H	木D				禾
香 甲 三碼全取	竹H	木D	日A			香
稈 乙 二三取碼	竹H	木D	日A	一M	十J	秆

□ 字首　■ 次字首　1＝頭碼　E＝尾碼　甲乙丙丁：見461頁

殊：特殊字　包：包含替代　複：複合字

字	取碼	拆碼	異體／簡體
策	甲三碼全取	竹H 木D 月B	策
稱	乙二三取碼	竹H 木D 月B 土G 月B	称
稠	乙二三取碼	竹H 木D 月B 土G 口R	稠
稻	乙二三取碼	竹H 木D 月B 竹H 難X	稻
租	乙二三取碼	竹H 木D 月B 一M	租
穩	丙1E 12E	竹H 木D 月B 一M 心P	稳
箱	乙二三取碼 複	竹H 木D 月B 山U	箱
稅	丙1E 12E	竹H 木D 金C 口R 山U	税
秣	乙二三取碼 殊	竹H 木D 木D 十J	秣
秋	甲三碼全取	竹H 木D 火F	秋
稍	乙二三取碼	竹H 木D 火F 月B	稍
秒	乙二三取碼	竹H 木D 火F 竹H	秒

字	取碼	1	2	3	4	5	異體／簡體
稜	丙 1E 12E	竹H	木D	土G	金C	水E	稜
穚	丁 1E 1E E 包	竹H	木D	土G	人O	田W	穚
穋	丙 1E 12E	竹H	木D	竹H	日A	竹H	穋
種	丙 1E 12E	竹H	木D	竹H	十J	土G	种
秩	乙 二三取碼	竹H	木D	竹H	手Q	人O	秩
禿	乙 二三取碼	竹H	木D	竹H	山U		秃
私	甲 三碼全取	竹H	木D	戈I			私
稭	丁 1E 1E E	竹H	木D	戈I	山U	日A	稭
嵇	丁 1E 1E E	竹H	木D	戈I	山U	山U	嵇
穗	丁 1E 1E E	竹H	木D	十J	戈I	心P	穗
稼	丙 1E 12E	竹H	木D	十J	一M	人O	稼
稀	丙 1E 12E	竹H	木D	大K	大K	月B	稀

殊：特殊字

字首

次字首

包：包含替代

1＝頭碼　E＝尾碼

複：複合字

甲乙丙丁：見461頁

字	取碼	註	碼	碼	碼	碼	碼	異體／簡體
秉	甲 三碼全取	殊	竹H	木D	中L			秉
秧	乙 二三取碼		竹H	木D	中L	月B	大K	秧
籟	丙 1E 12E	複 殊	竹H	木D	中L	金C		籟
利	乙 二三取碼		竹H	木D	中L	弓N		利
剁	乙 二三取碼		竹H	木D	中L	弓N		剁
簌	丙 1E 12E	殊	竹H	木D	中L	人O		簌
乘	丙 1E 12E		竹H	木D	中L	心P		乘
釉	乙 二三取碼		竹H	木D	中L	田W		釉
笨	甲 三碼全取		竹H	木D	一M			笨
秤	乙 二三取碼		竹H	木D	一M	火F	十J	秤
季	乙 二三取碼		竹H	木D	弓N	木D		季
秀	乙 二三取碼		竹H	木D	弓N	竹H	尸S	秀

字	取碼	第1碼	第2碼	第3碼	第4碼	第5碼	異體／簡體
移	丙 1E 12E 包	竹H	木D	弓N	戈I	弓N	移
黍	乙 二三取碼	竹H	木D	人O	水E		黍
稚	乙 二三取碼 複	竹H	木D	人O	土G		稚
稔	丙 1E 12E	竹H	木D	人O	戈I	心P	稔
悉	乙 二三取碼	竹H	木D	心P			悉
秘	乙 二三取碼	竹H	木D	心P	竹H\		秘
積	丙 1E 12E 複	竹H	木D	手Q	一M	金C	积
和	甲 三碼全取	竹H	木D	口R			和
程	乙 二三取碼	竹H	木D	口R	竹H	土G	程
穋	丁 1E 1EE	竹H	木D	尸S	一M	竹H	穋
穫	丙 1E 12E 複	竹H	木D	廿T	人O	水E	获
穠	丙 1E 12E	竹H	木D	廿T	田W	女V	秾

字	取碼	字根					異體／簡體
私	甲 三碼全取	竹H	木D	山U			秈
委	甲 三碼全取	竹H	木D	女V			委
番	乙 二三取碼	竹H	木D	田W			番
稷	丙 1E 12E	竹H	木D	田W	金C	水E	稷
稞	乙 二三取碼	竹H	木D	田W	木D		稞
釋	丁 1E 1E E	竹H	木D	田W	中L	十J	释
科	乙 二三取碼	竹H	木D	卜Y	十J		科
穢	丁 1E 1E E	竹H	木D	卜Y	一M	竹H	秽
稿	丙 1E 12E 包	竹H	木D	卜Y	口R	月B	稿
反	甲 三碼全取	竹H	水E				反
盤	乙 二三取碼	竹H	水E	月B	廿T		盘
槃	乙 二三取碼	竹H	水E	木D			槃

字	取碼	拆碼	異體	簡體
箔	乙 二三取碼	竹H 水E 竹H 日A		箔
簿	丙 1E 12E	竹H 水E 戈I 戈I		簿
磐	乙 二三取碼	竹H 水E 一M 口R		磐
慇	乙 二三取碼	竹H 水E 心P	慇	慇
各	甲 三碼全取	竹H 水E 口R		各
冬	甲 三碼全取	竹H 水E 卜Y		冬
黏	乙 二三取碼	竹H 水E 卜Y 口R		黏
乎	甲 三碼全取	竹H 火F 木D		乎
采	甲 三碼全取	竹H 火F 木D		采
鴃	乙 二三取碼	竹H 火F 木D 大K		䴗
鴕	乙 二三取碼	竹H 火F 十J 心P		鸵
勳	乙 二三取碼 異	竹H 火F 大K 尸S	勲	勋

殊：特殊字　字首　次字首

包：包含替代　1＝頭碼　E＝尾碼

複：複合字　甲 乙 丙 丁：見461頁

字	取碼	拆碼					異體／簡體
愁	乙 二三取碼	竹H	火F	心P			愁
壬	甲 三碼全取		竹H	土G			壬
等	乙 二三取碼		竹H	土G	木D	戈I	等
毀	乙 二三取碼	竹H	土G	竹H	弓N	水E	毁
先	乙 二三取碼		竹H	土G	竹H	山U	先
丟	甲 三碼全取		竹H	土G	戈I		丢
動	乙 二三取碼	竹H	土G	大K	尸S		动
顧	丙 1E 12E 複	竹H	土G	一M	月B	金C	顾
籌	丙 1E 12E		竹H	土G	弓N	戈I	筹
筠	丙 1E 12E		竹H	土G	心P	一M	筠
告	甲 三碼全取	竹H	土G	口R			告
靠	丙 1E 12E	竹H	土G	口R	中L	卜Y	靠

字	取碼	字根					異體／簡體
篁	丙 1E 12E	竹H	竹H	日A	土G		篁
卿	丁 1E 1E E 異	竹H	竹H	日A	戈I	中L	卿 卿
貿	乙 二三取碼 複	竹H	竹H	月B	山U	金C	贸
射	乙 二三取碼	竹H	竹H	木D	戈I		射
躺	乙 二三取碼	竹H	竹H	火F	月B	口R	躺
箄	丁 1E 1E E	竹H	竹H	竹H	十J		箄
躲	乙 二三取碼	竹H	竹H	竹H	弓N	木D	躲
卑	乙 二三取碼	竹H	竹H	十J			卑
箠	丙 1E 12E	竹H	竹H	十J	一M		棰
笑	甲 三碼全取	竹H	竹H	大K			笑
須	丙 1E 12E	竹H	竹H	一M	月B	金C	须
躬	乙 二三取碼	竹H	竹H	弓N			躬

字首　次字首
殊：特殊字
1＝頭碼　E＝尾碼
包：包含替代
甲乙丙丁：見461頁
複：複合字

字	取碼	分解	異體／簡體
黎	乙 二三取碼	竹H 竹H 人O 水E	黎
笙	乙 二三取碼	竹H 竹H 手Q 一M	笙
篩	丁 1E 1E E	竹H 竹H 口R 月B	筛
笮	甲 三碼全取	竹H 竹H 尸S	笮
篇	丙 1E 12E 包	竹H 竹H 尸S 月B	篇
卯	乙 二三取碼	竹H 竹H 尸S 中L	卯
孵	丁 1E 1E E 包	竹H 竹H 尸S 中L 木D	孵
卵	乙 二三取碼	竹H 竹H 尸S 中L 戈I	卵
軀	丙 1E 12E	竹H 竹H 尸S 口R 口R	躯
留	乙 二三取碼	竹H 竹H 田W	留
篦	丁 1E 1E E 包	竹H 竹H 田W 心P	篦
么	甲 三碼全取	竹H 戈I	么

字	取碼	倉頡碼	異體／簡體
鬼	甲 三碼全取 複	竹H 戈I	鬼
魍	丙 1E 12E 複	竹H 戈I 月B 廿T 女V	魍
鵝	丙 1E 12E	竹H 戈I 竹H 日A 火F	鹅
箴	丙 1E 12E	竹H 戈I 竹H 口R	箴
箋	甲 三碼全取	竹H 戈I 戈I	笺
魅	乙 二三取碼 複	竹H 戈I 十J 木D	魅
魎	丙 1E 12E 包複	竹H 戈I 一M 中L 月B	魉
乏	乙 二三取碼	竹H 戈I 弓N 人O	乏
笞	甲 三碼全取	竹H 戈I 口R	笞
簾	丙 1E 12E	竹H 戈I 廿T 金C	帘
魁	乙 二三取碼 複	竹H 戈I 卜Y 十J	魁
魑	丁 1E 1E E 包複	竹H 戈I 卜Y 山U 月B	魑

殊：特殊字　字首　次字首

包：包含替代　1＝頭碼　E＝尾碼

複：複合字　甲乙丙丁：見461頁

字	取碼	拆碼	異體／簡體
千	甲 三碼全取	竹H　十J	千
盾	乙 二三取碼 複	竹H　十J　月B　山U	盾
朱	甲 三碼全取	竹H　十J　木D	朱
段	乙 二三取碼	竹H　十J　竹H　弓N　水E	段
範	丁 1E 1E E	竹H　十J　十J　山U	范
箸	乙 二三取碼	竹H　十J　大K　日A	箸
乖	丙 1E 12E	竹H　十J　中L　心P	乖
舌	甲 三碼全取 異	竹H　十J　口R	胹　舌
管	丙 1E 12E	竹H　十J　口R　口R	管
翱	丁 1E 1E E	竹H　十J　尸S　一M　一M	翱
垂	乙 二三取碼	竹H　十J　廿T　一M	垂
重	乙 二三取碼	竹H　十J　田W　土G	重

字	取碼	拆碼	異體／簡體
夭	甲 三碼全取	竹H 大K	夭
肈	乙 二三取碼	竹H 大K 中L 手Q	肇 肈
忝	甲 三碼全取	竹H 大K 心P	忝
懲	乙 二三取碼	竹H 大K 心P	惩
呑	甲 三碼全取	竹H 大K 口R	吞
喬	乙 二三取碼	竹H 大K 口R 月B 口R	乔
禹	丙 1E 12E	竹H 中L 月B 戈I	禹
質	乙 二三取碼 複	竹H 中L 月B 山U 金C	质
劓	乙 二三取碼 複	竹H 中L 中L 弓N	劓
簣	丙 1E 12E 複	竹H 中L 一M 金C	篑
鼾	乙 二三取碼 複	竹H 中L 一M 十J	鼾
禦	乙 二三取碼	竹H 中L 一M 一M 火F	禦

殊：特殊字　□ 字首　■ 次字首
包：包含替代　1＝頭碼　E＝尾碼
複：複合字　甲乙丙丁：見461頁

字	取碼					異體／簡體
欣	乙二三取碼	竹H	中L	弓N	人O	欣
爪	甲三碼全取	竹H	中L	人O		爪
筆	甲三碼全取	竹H	中L	手Q		笔
笛	甲三碼全取	竹H	中L	田W		笛
簍	丙1E 12E	竹H	中L	田W	女V	篓
簫	甲三碼全取	竹H	中L	難X		箫
竽	甲三碼全取	竹H	一M	木D		竽
竿	甲三碼全取	竹H	一M	十J		竿
斤	甲三碼全取	竹H	一M	中L		斤
竺	甲三碼全取	竹H	一M	一M		竺
築	丁1E 1E E 包	竹H	一M	弓N	木D	筑
筑	乙二三取碼	竹H	一M	弓N	十J	筑

字	類別	倉頡碼	異體／簡體
邸	乙 二三取碼 複	竹H 一M 弓N 中L	邸
郵	乙 二三取碼 複	竹H 一M 弓N 中L	邮
⿱竹丛	乙 二三取碼	竹H 一M 人O 人O	⿱竹丛
后	甲 三碼全取	竹H 一M 口R	后
歸	丙 1E 12E	竹H 一M 尸S 一M 月B	归
危	乙 二三取碼	竹H 一M 尸S 山U	危
簪	丁 1E 1E E	竹H 一M 山U 日A	簪
甥	乙 二三取碼	竹H 一M 田W 大K 尸S	甥
斥	甲 三碼全取	竹H 一M 卜Y	斥
几	甲 三碼全取	竹H 弓N	几
颺	丙 1E 12E 包	竹H 弓N 日A 一M 竹H	飏
颶	丙 1E 12E 包	竹H 弓N 月B 一M 金C	飓

殊：特殊字　□字首　次字首

包：包含替代　1＝頭碼　E＝尾碼

複：複合字　甲乙丙丁：見461頁

字	取碼	字首		字身			異體	簡體
簷	丁 1E 1E E		竹H	弓N	金C	口R		檐
朵	甲 三碼全取 異	竹H	弓N	木D			朶	朵
梨	乙 二三取碼	竹H	弓N	木D				梨
凰	丙 1E 12E 包	竹H	弓N	竹H	日A	土G		凰
颳	乙 二三取碼 包	竹H	弓N	竹H	十J	口R		刮
風	丙 1E 12E	竹H	弓N	竹H	中L	戈I		风
犁	乙 二三取碼	竹H	弓N	竹H	手Q			犁
颼	丙 1E 12E 包	竹H	弓N	竹H	難X	水E		飕
凡	甲 三碼全取	竹H	弓N	戈I				凡
颱	乙 二三取碼 包	竹H	弓N	戈I	口R			台
筵	丁 1E 1E E		竹H	弓N	大K	一M		筵
第	乙 二三取碼		竹H	弓N	中L	竹H		第

字	取碼	字根					異體／簡體
鳳	丙 1E 12E	竹H	弓N	一M	日A	火F	凤
篛	丁 1E 1E E	竹H	弓N	一M	一M		箬
夙	乙 二三取碼	竹H	弓N	一M	弓N	戈I	夙
愆	乙 二三取碼	竹H	弓N	心P			愆
掣	乙 二三取碼	竹H	弓N	手Q			掣
製	乙 二三取碼	竹H	弓N	卜Y	竹H	女V	制
八	甲 三碼全取	竹H	人O				八
得	丙 1E 12E	竹H	人O	日A	一M	戈I	得
爬	乙 二三取碼	竹H	人O	日A	山U		爬
很	乙 二三取碼	竹H	人O	日A	女V		很
籲	丁 1E 1E E 包 複	竹H	人O	月B	金C		吁
衢	丁 1E 1E E 複	竹H	人O	月B	土G	弓N	衢

□ 字首　■ 次字首　殊：特殊字
1＝頭碼　E＝尾碼　包：包含替代
甲乙丙丁：見461頁　複：複合字

字	取碼	1	2	3	4	5	異體	簡體
銜	丙 1E 12E	竹H	人O	金C	一M	弓N		衔
彼	乙 二三取碼	竹H	人O	木D	竹H	水E		彼
符	乙 二三取碼		竹H	人O	木D	戈I		符
徠	乙 二三取碼	竹H	人O	木D	人O	人O		徕
衛	丁 1E 1E E 異	竹H	人O	木D	手Q	弓N	衞	卫
衍	丙 1E 12E	竹H	人O	水E	一M	弓N		衍
徜	乙 二三取碼	竹H	人O	火F	月B	口R		徜
待	乙 二三取碼	竹H	人O	土G	木D	戈I		待
街	丙 1E 12E	竹H	人O	土G	土G	弓N		街
徒	乙 二三取碼	竹H	人O	土G	卜Y	人O		徒
徨	丙 1E 12E	竹H	人O	竹H	日A	土G		徨
衝	丁 1E 1E E	竹H	人O	竹H	土G	弓N		冲

字	類別	取碼	異體	簡體
循	丙 1E 12E 複	竹H 人O 竹H 十J 山U		循
役	乙 二三取碼	竹H 人O 竹H 弓N 水E		役
筏	甲 三碼全取	竹H 人O 戈I		筏
術	丁 1E 1E E 異	竹H 人O 戈I 金C 弓N	術	术
籖	丁 1E 1E E	竹H 人O 戈I 一M		签
德	丙 1E 12E	竹H 人O 十J 田W 心P		德
篠	丙 1E 12E	竹H 人O 中L 木D		筿
佛	乙 二三取碼	竹H 人O 中L 中L 弓N		佛
徘	丁 1E 1E E	竹H 人O 中L 一M 卜Y		徘
律	乙 二三取碼	竹H 人O 中L 手Q		律
籥	丙 1E 12E 包	竹H 人O 一M 月B		籥
行	乙 二三取碼	竹H 人O 一M 一M 弓N		行

殊：特殊字　字首　次字首

包：包含替代　1＝頭碼　E＝尾碼

複：複合字　甲乙丙丁：見461頁

字	取碼						異體／簡體
簽	丙 1E 12E		竹H	人O	一M	人O	签
答	乙 二三取碼		竹H	人O	一M	口R	答
衕	丁 1E 1E E	竹H	人O	一M	口R	弓N	衕
徑	丙 1E 12E	竹H	人O	一M	女V	一M	径
征	丙 1E 12E	竹H	人O	一M	卜Y	一M	征
篌	丙 1E 12E		竹H	人O	弓N	大K	篌
衡	丁 1E 1E E	竹H	人O	弓N	大K	弓N	衡
復	丙 1E 12E	竹H	人O	人O	日A	水E	复
徐	乙 二三取碼	竹H	人O	人O	一M	木D	徐
御	丁 1E 1E E	竹H	人O	人O	一M	中L	御
從	丙 1E 12E	竹H	人O	人O	人O	人O	从
慫	乙 二三取碼	竹H	人O	心P			怂

字	取碼	倉頡碼	異體／簡體
徇	乙二三取碼	竹H 人O 心P 日A	徇
咎	乙二三取碼	竹H 人O 口R	咎
聳	乙二三取碼	竹H 人O 尸S 十J	耸
徉	乙二三取碼	竹H 人O 廿T 手Q	徉
徽	丁1E 1E E	竹H 人O 山U 火F 大K	徽
黴	丁1E 1E E	竹H 人O 山U 火F 大K	霉
徵	丁1E 1E E	竹H 人O 山U 土G 大K	徵
微	丁1E 1E E	竹H 人O 山U 山U 大K	微
後	丙1E 12E	竹H 人O 女V 戈I 水E	后
徊	乙二三取碼	竹H 人O 田W 口R	徊
徹	丁1E 1E E	竹H 人O 卜Y 月B 大K	彻
徬	丁1E 1E E	竹H 人O 卜Y 月B 尸S	徬

殊：特殊字　□字首　次字首

包：包含替代　1＝頭碼　E＝尾碼

複：複合字　甲乙丙丁：見461頁

字	取碼	拆碼	異體／簡體
往	乙 二三取碼	竹H 人O 卜Y 土G	往
彷	乙 二三取碼	竹H 人O 卜Y 竹H 尸S	彷
徙	丙 1E 12E	竹H 人O 卜Y 中L 人O	徙
昏	乙 二三取碼	竹H 心P 日A	昏
筍	甲 三碼全取	竹H 心P 日A	笋
筷	乙 二三取碼	竹H 心P 木D 大K	筷
剩	乙 二三取碼	竹H 心P 中L 弓N	剩
氏	乙 二三取碼	竹H 心P 一M	氏
印	乙 二三取碼	竹H 心P 尸S 中L	印
牛	甲 三碼全取	竹H 手Q	牛
看	乙 二三取碼 複	竹H 手Q 月B 山U	看
籍	丙 1E 12E	竹H 手Q 木D 日A	籍

字	取碼	字首		字身			異體／簡體
牡	甲 三碼全取	竹H	手Q	土G			牡
特	乙 二三取碼	竹H	手Q	土G	木D	戈I	特
犢	丙 1E 12E 複	竹H	手Q	土G	田W	金C	犊
牴	丁 1E 1E E	竹H	手Q	竹H	心P	一M	抵
牲	乙 二三取碼	竹H	手Q	竹H	手Q	一M	牲
籀	丙 1E 12E		竹H	手Q	竹H	田W	籀
我	甲 三碼全取		竹H	手Q	戈I		我
牯	乙 二三取碼	竹H	手Q	十J	口R		牯
犄	丙 1E 12E	竹H	手Q	大K	一M	口R	犄
生	甲 三碼全取		竹H	手Q	一M		生
拜	乙 二三取碼	竹H	手Q	一M	手Q	十J	拜
失	甲 三碼全取		竹H	手Q	人O		失

殊：特殊字　字首　次字首

包：包含替代　1＝頭碼　E＝尾碼

複：複合字　甲乙丙丁：見461頁

字	取碼						異體／簡體
牧	乙二三取碼	竹H	手Q	人O	大K		牧
牝	甲三碼全取	竹H	手Q	心P			牝
牠	乙二三取碼	竹H	手Q	心P	木D		它
物	乙二三取碼	竹H	手Q	心P	竹H	竹H	物
犧	丙1E 12E	竹H	手Q	廿T	土G	尸S	牺
箝	乙二三取碼		竹H	手Q	廿T	一M	箝
毛	甲三碼全取		竹H	手Q	山U		毛
犒	丙1E 12E 包	竹H	手Q	卜Y	口R	月B	犒
鵠	丙1E 12E	竹H	口R	竹H	日A	火F	鹄
舔	乙二三取碼	竹H	口R	竹H	大K	心P	舔
舐	乙二三取碼	竹H	口R	竹H	女V	心P	舐
阜	乙二三取碼	竹H	口R	十J			阜

字	取碼	1	2	3	4	5	異體	簡體
帥	乙二三取碼	竹H	口R	中L	月B			帅
刮	乙二三取碼	竹H	口R	中L	弓N			刮
師	乙二三取碼	竹H	口R	一M	中L	月B		师
雒	乙二三取碼 複	竹H	口R	人O	土G			雒
啟	乙二三取碼 異	竹H	口R	人O	大K		啟	启
簞	丙1E 12E		竹H	口R	口R	十J		簞
甜	乙二三取碼	竹H	口R	廿T	一M			甜
烏	丙1E 12E		竹H	口R	卜Y	火F		乌
戶	甲三碼全取 異		竹H	尸S			户	户
乍	甲三碼全取		竹H	尸S				乍
肩	甲三碼全取 異	竹H	尸S	月B			肩	肩
扁	乙二三取碼 異	竹H	尸S	月B	廿T		扁	扁

殊：特殊字　字首　次字首

包：包含替代　1＝頭碼　E＝尾碼

複：複合字　甲乙丙丁：見461頁

字	取碼	標記	1	2	3	4	5	異體	簡體
所	乙 二三取碼		竹H	尸S	竹H	一M	中L		所
殷	乙 二三取碼		竹H	尸S	竹H	弓N	水E		殷
戾	乙 二三取碼	異	竹H	尸S	戈I	大K		戾	戾
籃	丁 1E 1E E			竹H	尸S	戈I	廿T		篮
扉	丁 1E 1E E	異	竹H	尸S	中L	一M	卜Y	扉	扉
筐	乙 二三取碼			竹H	尸S	一M	土G		筐
雇	乙 二三取碼	複 異	竹H	尸S	人O	土G		雇	雇
怎	甲 三碼全取		竹H	尸S	心P				怎
篤	丙 1E 12E			竹H	尸S	手Q	火F		笃
扈	乙 二三取碼	異	竹H	尸S	口R	日A	山U	扈	扈
扇	丁 1E 1E E	異	竹H	尸S	尸S	一M	一M	扇	扇
房	乙 二三取碼	異	竹H	尸S	卜Y	竹H	尸S	房	房

字	取碼						異體／簡體
升	甲三碼全取	竹H		廿T			升
箭	丙1E 12E	竹H		廿T	月B	弓N	箭
簸	丁1E 1E E	竹H		廿T	金C	水E	簸
箕	丙1E 12E	竹H		廿T	一M	金C	箕
簧	丙1E 12E	竹H		廿T	一M	金C	簧
卹	乙二三取碼	竹H	廿T	尸S	中L		恤
贊	乙二三取碼 複	竹H	山U	月B	山U	金C	赞
臯	甲三碼全取 複	竹H	山U	木D			皋
毯	乙二三取碼	竹H	山U	火F	火F		毯
毬	乙二三取碼	竹H	山U	戈I	十J	水E	球
臭	乙二三取碼 複	竹H	山U	戈I	大K		臭
頹	丙1E 12E 複	竹H	山U	一M	月B	金C	颓

殊：特殊字　□ 字首　■ 次字首

1＝頭碼　E＝尾碼　包：包含替代

甲乙丙丁：見461頁　複：複合字

字	取碼	拆碼	異體／簡體
毽	丁 1E 1E E	竹H 山U 弓N 大K 手Q	毽
息	乙 二三取碼 複	竹H 山U 心P	息
憩	乙 二三取碼 複	竹H 山U 心P	憩
鼻	乙 二三取碼 異 複	竹H 山U 田W 一M 中L	鼻 鼻
魏	乙 二三取碼 複	竹H 女V 竹H 戈I	魏
兜	丙 1E 12E	竹H 女V 竹H 山U	兜
系	乙 二三取碼	竹H 女V 戈I 火F	系
瓜	乙 二三取碼	竹H 女V 戈I 人O	瓜
鼬	乙 二三取碼	竹H 女V 中L 田W	鼬
鼯	丁 1E 1E E	竹H 女V 一M 一M 口R	鼯
篆	丙 1E 12E	竹H 女V 弓N 人O	篆
氏	甲 三碼全取	竹H 女V 心P	氏

字	取碼	字形拆分					異體／簡體
鼴	乙 二三取碼	竹H	女V	尸S	日A	女V	鼹
箇	乙 二三取碼	竹H	田W	十J	口R		个
囱	乙 二三取碼	竹H	田W	大K	大K		囱
籮	丁 1E 1E E 複	竹H	田W	中L	土G		箩
篾	丁 1E 1E E	竹H	田W	中L	戈I		篾
粵	乙 二三取碼 包	竹H	田W	一M	女V	尸S	粤
鄱	乙 二三取碼 複	竹H	田W	弓N	中L		鄱
翻	丁 1E 1E E	竹H	田W	尸S	一M	一M	翻
臼	甲 三碼全取	竹H	難X				臼
興	丙 1E 12E	竹H	難X	月B	金C		兴
盥	乙 二三取碼	竹H	難X	月B	廿T		盥
身	甲 三碼全取	竹H	難X	竹H			身

殊：特殊字　□字首　■次字首
包：包含替代　1＝頭碼　E＝尾碼
複：複合字　甲乙丙丁：見461頁

字	取碼	倉頡碼	異體／簡體
兒	乙二三取碼	竹H 難X 竹H 山U	儿
輿	丙1E 12E	竹H 難X 十J 金C	輿
叟	乙二三取碼	竹H 難X 中L 水E	叟
臾	甲三碼全取	竹H 難X 人O	臾
鼠	丙1E 12E	竹H 難X 女V 卜Y 女V	鼠
舅	乙二三取碼	竹H 難X 田W 大K 尸S	舅
與	丙1E 12E	竹H 難X 卜Y 金C	与
籬	丁1E 1E E 包 複	竹H 卜Y 月B 土G	篱
籠	丁1E 1E E	竹H 卜Y 月B 心P	笼
船	乙二三取碼 包 異	竹H 卜Y 金C 口R	船 船
舶	乙二三取碼 包	竹H 卜Y 竹H 日A	舶
舨	乙二三取碼 包	竹H 卜Y 竹H 水E	舨

			異體／簡體
篷	丙 1E 12E	竹H ｜ 卜Y 竹H 十J	篷
般	乙 二三取碼 包	竹H 卜Y ｜ 竹H 弓N 水E	般
艘	丙 1E 12E 包	竹H 卜Y ｜ 竹H 難X 水E	艘
舵	乙 二三取碼 包	竹H 卜Y ｜ 十J 心P	舵
艋	丙 1E 12E 包	竹H 卜Y ｜ 弓N 木D 廿T	艋
艇	丁 1E 1E E 包	竹H 卜Y ｜ 弓N 大K 土G	艇
艙	丙 1E 12E 包	竹H 卜Y ｜ 人O 戈I 口R	舱
篙	丙 1E 12E 包	竹H ｜ 卜Y 口R 月B	篙
艦	丁 1E 1E E 包	竹H 卜Y ｜ 尸S 戈I 廿T	舰
簇	丁 1E 1E E	竹H ｜ 卜Y 尸S 大K	簇
笠	甲 三碼全取	竹H ｜ 卜Y 廿T	笠
舢	乙 二三取碼 包	竹H 卜Y ｜ 山U	舢

殊：特殊字
字首
次字首
包：包含替代
1＝頭碼　E＝尾碼
複：複合字
甲乙丙丁：見461頁

字	取碼	標記	分解	異體	簡體
簑	丙 1E 12E		竹H ｜ 卜Y 田W 女V		蓑
航	乙 二三取碼	包	竹H 卜Y ｜ 卜Y 竹H 弓N		航
舫	乙 二三取碼	包	竹H 卜Y ｜ 卜Y 竹H 尸S		舫
舷	乙 二三取碼	包	竹H 卜Y ｜ 卜Y 女V 戈I		舷
戈	甲 三碼全取		戈I		戈
廄	丁 1E 1E E	異	戈I ｜ 日A 戈I 水E	廐	厩
良	甲 三碼全取		戈I ｜ 日A 女V		良
廁	丁 1E 1E E	複 異	戈I ｜ 月B 金C 弓N	厠	厕
鄘	乙 二三取碼	複	戈I 月B ｜ 弓N 中L		鄘
能	乙 二三取碼		戈I 月B ｜ 心P 心P		能
床	甲 三碼全取	異	戈I ｜ 木D	牀	床
廂	乙 二三取碼	複	戈I ｜ 木D 月B 山U		厢

異體／簡體

字	取碼	碼					異體／簡體
糜	乙 二三取碼	戈I	木D	火F	木D		糜
魔	乙 二三取碼 複	戈I	木D	竹H	戈I		魔
麾	乙 二三取碼	戈I	木D	竹H	手Q	山U	麾
靡	丁 1E 1E E	戈I	木D	中L	一M	卜Y	靡
磨	乙 二三取碼	戈I	木D	一M	口R		磨
摩	乙 二三取碼	戈I	木D	手Q			摩
麼	乙 二三取碼	戈I	木D	女V	戈I		么
皺	乙 二三取碼	戈I	水E	木D	竹H	水E	皺
救	乙 二三取碼	戈I	水E	人O	大K		救
裘	乙 二三取碼	戈I	水E	卜Y	竹H	女V	裘
禍	丁 1E 1E E	戈I	火F	月B	月B	口R	祸
廠	丁 1E 1E E 包 異	戈I	火F	月B	大K		厰 厂

日 A
月 B
金 C
木 D
水 E
火 F
土 G
竹 H
戈 I
十 J
大 K
中 L
一 M
弓 N
人 O
心 P
手 Q
口 R
尸 S
廿 T
山 U
女 V
田 W
難 X
卜 Y

竹卜田女～戈火月大
H Y W V ～ I F B K

殊：特殊字 | 字首 | 次字首 | 包：包含替代 | 1＝頭碼 E＝尾碼 | 複：複合字 | 甲乙丙丁：見461頁

字	取碼						異體／簡體
祖	乙二三取碼	戈I	火F	月B	一M		祖
視	丙1E 12E 複	戈I	火F	月B	山U	山U	视
社	乙二三取碼	戈I	火F	土G			社
禱	丙1E 12E	戈I	火F	土G	弓N	戈I	祷
禧	丙1E 12E	戈I	火F	土G	口R	口R	禧
[illegible]	丙1E 12E	戈I	火F	竹H	日A	火F	[illegible]
祈	乙二三取碼	戈I	火F	竹H	一M	中L	祈
祇	丁1E 1E E	戈I	火F	竹H	心P	一M	祇
祚	乙二三取碼	戈I	火F	竹H	尸S		祚
衹	乙二三取碼	戈I	火F	竹H	女V	心P	只
祐	乙二三取碼	戈I	火F	大K	口R		祐
神	乙二三取碼	戈I	火F	中L	田W	中L	神

字	取碼						異體／簡體
祆	乙二三取碼	戈I	火F	一M	大K		祆
福	乙二三取碼	戈I	火F	一M	口R	田W	福
祁	乙二三取碼 複	戈I	火F	弓N	中L		祁
慼	乙二三取碼	戈I	火F	心P			戚
憑	乙二三取碼	戈I	火F	心P			凭
祕	乙二三取碼	戈I	火F	心P	竹H		秘
祝	乙二三取碼	戈I	火F	口R	竹H	山U	祝
禪	丙1E 12E	戈I	火F	口R	口R	十J	禅
祀	乙二三取碼	戈I	火F	口R	山U		祀
蹙	乙二三取碼	戈I	火F	口R	卜Y	人O	蹙
祠	乙二三取碼	戈I	火F	尸S	一M	口R	祠
祺	丙1E 12E	戈I	火F	廿T	一M	金C	祺

異體／簡體

字	取碼		1	2	3	4	5	異體	簡體
祥	乙 二三取碼		戈I	火F	廿T	手Q			祥
禮	丙 1E 12E		戈I	火F	廿T	田W	廿T		礼
祿	丙 1E 12E		戈I	火F	女V	弓N	水E		禄
禎	丙 1E 12E	複	戈I	火F	卜Y	月B	金C		祯
祉	乙 二三取碼		戈I	火F	卜Y	中L	一M		祉
禳	丙 1E 12E		戈I	火F	卜Y	口R	女V		禳
膺	乙 二三取碼	複	戈I	土G	月B				膺
鷹	丙 1E 12E	複	戈I	土G	竹H	日A	火F		鹰
應	乙 二三取碼	複	戈I	土G	心P				应
廚	丁 1E 1E E	異		戈I	土G	廿T	戈I	厨	厨
戊	甲 三碼全取			戈I	竹H				戊
戌	甲 三碼全取		戈I	竹H	戈I				戌

殊：特殊字
字首
次字首
包：包含替代
1＝頭碼 E＝尾碼
複：複合字
甲乙丙丁：見461頁

						異體／簡體
戌 甲三碼全取	戈I	竹H	一M			戌
咸 乙二三取碼	戈I	竹H	一M	口R		咸
威 乙二三取碼	戈I	竹H	一M	女V		威
底 丁1E 1E E 異		戈I	竹H	心P	一M	底 底
牟 甲三碼全取		戈I	竹H	手Q		牟
成 甲三碼全取	戈I	竹H	尸S			成
允 甲三碼全取		戈I	竹H	山U		允
庾 乙二三取碼		戈I	竹H	難X	人O	庾
戚 乙二三取碼	戈I	竹H	卜Y	一M	火F	戚
朗 乙二三取碼	戈I	戈I	月B			朗
盞 乙二三取碼		戈I	戈I	月B	廿T	盏
參 丙1E 12E 異		戈I	戈I	戈I	竹H	叁 参

字首　次字首
殊：特殊字
1＝頭碼　E＝尾碼
包：包含替代
甲 乙 丙 丁：見461頁
複：複合字

							異體／簡體
廊	丁 1E 1E E 複		戈I	戈I	戈I	中L	廊
郎	乙 二三取碼 複	戈I	戈I	弓N	中L		郎
腐	乙 二三取碼	戈I	戈I	人O	月B	人O	腐
戎	甲 三碼全取		戈I	十J			戎
甫	甲 三碼全取		戈I	十J	月B		甫
朮	甲 三碼全取 異		戈I	十J	金C		朩　朮
麻	丙 1E 12E 異		戈I	十J	金C	金C	麻　麻
求	甲 三碼全取		戈I	十J	水E		求
廟	丁 1E 1E E		戈I	十J	十J	月B	庙
庫	乙 二三取碼		戈I	十J	田W	十J	库
犬	甲 三碼全取		戈I	大K			犬
庵	丙 1E 12E		戈I	大K	中L	山U	庵

字	類別	倉頡碼	異體／簡體
為	丙 1E 12E 異	戈I 大K 弓N 火F	爲 为
尤	甲 三碼全取	戈I 大K 山U	尤
畚	甲 三碼全取	戈I 大K 田W	畚
庸	甲 三碼全取	戈I 中L 月B	庸
康	甲 三碼全取	戈I 中L 水E	康
州	丙 1E 12E	戈I 中L 戈I 中L	州
划	甲 三碼全取	戈I 中L 弓N	划
庚	甲 三碼全取	戈I 中L 人O	庚
賡	丙 1E 12E 複	戈I 中L 人O 金C	赓
唐	甲 三碼全取	戈I 中L 口R	唐
凋	乙 二三取碼	戈I 一M 月B 土G 口R	凋
凍	乙 二三取碼 殊	戈I 一M 木D 田W	冻

殊：特殊字　字首　次字首

包：包含替代　1＝頭碼　E＝尾碼

複：複合字　甲乙丙丁：見461頁

字	取碼	拆碼					異體／簡體
冰	甲 三碼全取	戈I	一M	水E			冰
凌	丙 1E 12E	戈I	一M	土G	金C	水E	凌
冶	乙 二三取碼	戈I	一M	戈I	口R		冶
冽	丁 1E 1E E 包	戈I	一M	一M	弓N	弓N	冽
次	乙 二三取碼	戈I	一M	弓N	人O		次
准	乙 二三取碼 複	戈I	一M	人O	土G		准
冷	丙 1E 12E	戈I	一M	人O	戈I	戈I	冷
惑	乙 二三取碼	戈I	一M	心P			惑
凝	丁 1E 1E E	戈I	一M	心P	大K	人O	凝
臧	丙 1E 12E	戈I	一M	尸S	中L	中L	臧
馮	丙 1E 12E	戈I	一M	尸S	手Q	火F	冯
廈	丁 1E 1E E 複 異	戈I	一M	山U	水E		厦 厦

字	碼	拆碼	異體／簡體
凜	丙 1E 12E	戈I 一M 卜Y 田W 木D	凛
永	甲 三碼全取	戈I 弓N 水E	永
序	丙 1E 12E	戈I 弓N 戈I 弓N	序
庭	丁 1E 1E E	戈I 弓N 大K 土G	庭
之	甲 三碼全取	戈I 弓N 人O	之
廢	丁 1E 1E E	戈I 弓N 人O 水E	废
資	乙 二三取碼 複	戈I 人O 月B 山U 金C	资
府	乙 二三取碼	戈I 人O 木D 戈I	府
矣	甲 三碼全取	戈I 人O 大K	矣
瓷	丙 1E 12E 包	戈I 人O 一M 女V 弓N	瓷
座	乙 二三取碼	戈I 人O 人O 土G	座
恣	乙 二三取碼	戈I 人O 心P	恣

殊：特殊字　字首　次字首　包：包含替代　1＝頭碼　E＝尾碼　複：複合字　甲乙丙丁：見461頁

字	取碼						異體／簡體
咨	乙二三取碼	戈I	人O	口R			咨
姿	乙二三取碼	戈I	人O	女V			姿
弋	甲三碼全取		戈I	心P			弋
鏖	乙二三取碼	戈I	心P	金C			鏖
熊	乙二三取碼	戈I	心P	火F			熊
麋	乙二三取碼	戈I	心P	火F	木D		麋
麟	丙1E 12E	戈I	心P	火F	木D	手Q	麟
塵	乙二三取碼	戈I	心P	土G			尘
鳶	丙1E 12E	戈I	心P	竹H	日A	火F	鸢
麝	丁1E 1E E	戈I	心P	竹H	竹H	戈I	麝
麂	乙二三取碼	戈I	心P	竹H	弓N		麂
式	甲三碼全取	戈I	心P	一M			式

異體／簡體

字	類別	取碼	異體	簡體
貳	丙 1E 12E 異 複	戈I 心P 一M 一M 金C	弍	贰
庇	甲 三碼全取	戈I 心P 心P		庇
態	乙 二三取碼	戈I 心P 心P		态
庖	乙 二三取碼	戈I 心P 口R 山U		庖
麒	丙 1E 12E	戈I 心P 廿T 一M 金C		麒
台	甲 三碼全取	戈I 口R		台
或	甲 三碼全取	戈I 口R 一M		或
怠	甲 三碼全取	戈I 口R 心P		怠
感	乙 二三取碼	戈I 口R 心P		感
盛	乙 二三取碼	戈I 尸S 月B 廿T		盛
廳	丁 1E 1E E 異	戈I 尸S 土G 心P	廰	厅
廖	丁 1E 1E E	戈I 尸S 一M 竹H		廖

殊：特殊字　□字首　■次字首
包：包含替代　1＝頭碼　E＝尾碼
複：複合字　甲乙丙丁：見461頁

字	取碼	倉頡碼				異體／簡體
敷	乙 二三取碼	戈I	尸S	人O	大K	敷
弁	甲 三碼全取	戈I	廿T			弁
戒	甲 三碼全取	戈I	廿T			戒
廝	丁 1E 1E E	戈I	廿T	金C	中L	厮
度	甲 三碼全取	戈I	廿T	水E		度
庶	甲 三碼全取	戈I	廿T	火F		庶
席	乙 二三取碼	戈I	廿T	中L	月B	席
廣	丙 1E 12E	戈I	廿T	一M	金C	广
庠	甲 三碼全取	戈I	廿T	手Q		庠
廉	乙 二三取碼	戈I	廿T	難X	金C	廉
慶	甲 三碼全取	戈I	難X	水E		庆
鹿	甲 三碼全取	戈I	難X	心P		鹿

字	碼	拆字	異體	簡體
龐	丁 1E 1E E	戈I 卜Y 月B 心P		庞
廓	丁 1E 1E E 複	戈I 卜Y 木D 中L		廓
廬	丙 1E 12E 複	戈I 卜Y 心P 廿T		庐
店	甲 三碼全取	戈I 卜Y 口R		店
十	甲 三碼全取	十J		十
煮	乙 二三取碼	十J 日A 火F		煮
都	乙 二三取碼 複	十J 日A 弓N 中L		都
宴	甲 三碼全取	十J 日A 女V		宴
宜	甲 三碼全取	十J 月B 一M		宜
真	丙 1E 12E 異	十J 月B 一M 金C	眞	真
直	乙 二三取碼 異	十J 月B 一M 一M	直	直
蠹	丙 1E 12E	十J 月B 一M 口R 戈I		蠹

字	取碼						異體／簡體
孛	乙二三取碼	十J	月B	弓N	木D		孛
察	丁1E 1E E		十J	月B	人O	火F	察
囊	丙1E 12E	十J	月B	口R	口R	女V	囊
南	乙二三取碼		十J	月B	廿T	十J	南
索	乙二三取碼	十J	月B	女V	戈I	火F	索
穴	甲三碼全取		十J	金C			穴
窩	丁1E 1E E	十J	金C	月B	月B	口R	窝
窪	乙二三取碼	十J	金C	水E	土G	土G	洼
竇	丙1E 12E 複	十J	金C	土G	田W	金C	窦
竊	丁1E 1E E 包	十J	金C	竹H	木D	月B	窃
窖	乙二三取碼	十J	金C	竹H	土G	口R	窖
窮	丁1E 1E E	十J	金C	竹H	竹H	弓N	穷

字首
次字首
殊：特殊字
1＝頭碼 E＝尾碼
包：包含替代
甲 乙 丙 丁：見461頁
複：複合字

字	取碼	字首		字身			異體	簡體
							異體／簡體	
窄	乙 二三取碼	十J	金C	竹H	尸S			窄
竅	丁 1E 1E E	十J	金C	竹H	尸S	大K		窍
窗	丙 1E 12E	十J	金C	竹H	田W	大K	窗	窗
竄	丙 1E 12E	十J	金C	竹H	難X	女V		窜
突	乙 二三取碼	十J	金C	戈I	大K			突
究	乙 二三取碼	十J	金C	大K	弓N			究
帘	乙 二三取碼	十J	金C	中L	月B			帘
窕	丁 1E 1E E	十J	金C	中L	一M	人O		窕
空	甲 三碼全取	十J	金C	一M				空
顛	丙 1E 12E 複	十J	金C	一M	月B	金C		颠
窒	乙 二三取碼	十J	金C	一M	戈I	土G		窒
穿	丙 1E 12E	十J	金C	一M	女V	竹H		穿

日A 月B 金C 木D 水E 火F 土G 竹H 戈I 十J 大K 中L 一M 弓N 人O 心P 手Q 口R 尸S 廿T 山U 女V 田W 難X 卜Y

十月弓木～十金一女竹
JBND～JCMVH

殊：特殊字　□字首　■次字首
包：包含替代　1＝頭碼　E＝尾碼
複：複合字　甲乙丙丁：見461頁

字	取碼						異體／簡體
穹	甲 三碼全取	十J	金C	弓N			穹
窿	丙 1E 12E 複	十J	金C	弓N	中L	一M	窿
容	乙 二三取碼	十J	金C	人O	口R		容
窺	丙 1E 12E 複	十J	金C	手Q	人O	山U	窥
窘	乙 二三取碼	十J	金C	尸S	大K	口R	窘
窟	乙 二三取碼	十J	金C	尸S	山U	山U	窟
窯	乙 二三取碼	十J	金C	廿T	土G	火F	窑
窈	丙 1E 12E	十J	金C	女V	戈I	尸S	窈
窠	乙 二三取碼	十J	金C	田W	木D		窠
宋	甲 三碼全取	十J	木D				宋
宋	甲 三碼全取	十J	木D				宋
守	甲 三碼全取	十J	木D	戈I			守

字	取碼						異體／簡體
勃	乙 二三取碼	十J	木D	大K	尸S		勃
教	乙 二三取碼	十J	木D	人O	大K		敎 教
支	甲 三碼全取	十J	水E				支
擊	乙 二三取碼	十J	水E	手Q			击
翅	丁 1E 1E E	十J	水E	尸S	一M	一M	翅
繫	乙 二三取碼	十J	水E	女V	戈I	火F	系
宵	甲 三碼全取	十J	火F	月B			宵
審	丁 1E 1E E	十J	竹H	木D	田W		审
客	乙 二三取碼	十J	竹H	水E	口R		客
宅	甲 三碼全取	十J	竹H	心P			宅
牢	甲 三碼全取	十J	竹H	手Q			牢
寫	丙 1E 12E	十J	竹H	難X	火F		写

□ 字首　▮ 次字首　殊：特殊字
1＝頭碼　E＝尾碼　包：包含替代
甲乙丙丁：見461頁　複：複合字

字	取碼	拆字	異體／簡體
博	丁 1E 1E E	十J 戈I 月B 戈I	博
栽	乙 二三取碼	十J 戈I 木D	栽
專	乙 二三取碼	十J 戈I 木D 戈I	专
載	乙 二三取碼 複	十J 戈I 十J 田W 十J	载
截	乙 二三取碼 複	十J 戈I 人O 土G	截
惠	乙 二三取碼	十J 戈I 心P	惠
哉	乙 二三取碼	十J 戈I 口R	哉
戴	乙 二三取碼	十J 戈I 田W 廿T 金C	戴
裁	乙 二三取碼	十J 戈I 卜Y 竹H 女V	裁
廾	甲 三碼全取	十J 十J	廾
輥	乙 二三取碼	十J 十J 日A 心P 心P	辊
朝	乙 二三取碼	十J 十J 月B	朝

字	取碼	1	2	3	4	5	異體／簡體
輞	丙 1E 12E	十J	十J	月B	廿T	女V	辋
韓	丙 1E 12E	十J	十J	木D	一M	手Q	韩
輟	丙 1E 12E	十J	十J	水E	水E	水E	辍
轔	丙 1E 12E	十J	十J	火F	木D	手Q	辚
轅	丙 1E 12E	十J	十J	土G	口R	女V	辕
轎	丙 1E 12E 包	十J	十J	竹H	大K	月B	轿
斬	乙 二三取碼	十J	十J	竹H	一M	中L	斩
軼	乙 二三取碼	十J	十J	竹H	手Q	人O	轶
戟	乙 二三取碼	十J	十J	戈I			戟
輔	乙 二三取碼	十J	十J	戈I	十J	月B	辅
軾	乙 二三取碼	十J	十J	戈I	心P	一M	轼
轉	丁 1E 1E E	十J	十J	十J	戈I	戈I	转

異體／簡體

字	取碼	1	2	3	4	5	簡體
轟	丁 1E 1E E	十J	十J	十J	十J	十J	轰
轄	丙 1E 12E	十J	十J	十J	手Q	口R	辖
軌	乙 二三取碼	十J	十J	大K	弓N		轨
軸	乙 二三取碼	十J	十J	中L	田W		轴
輊	乙 二三取碼	十J	十J	一M	戈I	土G	轾
軒	乙 二三取碼	十J	十J	一M	十J		轩
輛	丙 1E 12E 包	十J	十J	一M	中L	月B	辆
軻	乙 二三取碼	十J	十J	一M	弓N	口R	轲
輻	乙 二三取碼	十J	十J	一M	口R	田W	辐
軛	乙 二三取碼	十J	十J	一M	尸S	山U	轭
軏	乙 二三取碼	十J	十J	一M	山U		𫐄
輕	丙 1E 12E	十J	十J	一M	女V	一M	轻

殊：特殊字　字首　次字首

1＝頭碼　E＝尾碼
包：包含替代

複：複合字
甲乙丙丁：見461頁

							異體／簡體	
輓 丙 1E 12E	十J	十J	弓N	日A	山U			挽
軟 乙 二三取碼	十J	十J	弓N	人O				软
榦 乙 二三取碼	十J	十J	人O	木D				干
輪 丙 1E 12E 包	十J	十J	人O	一M	月B			轮
幹 乙 二三取碼	十J	十J	人O	一M	十J			干
輸 丙 1E 12E	十J	十J	人O	一M	弓N		輸	输
乾 乙 二三取碼	十J	十J	人O	弓N				乾
翰 丙 1E 12E	十J	十J	人O	尸S	一M			翰
斡 乙 二三取碼	十J	十J	人O	卜Y	十J			斡
輳 丙 1E 12E	十J	十J	手Q	大K	大K			辏
輯 乙 二三取碼	十J	十J	口R	尸S	十J			辑
軔 乙 二三取碼	十J	十J	尸S	竹H	戈I			轫

殊：特殊字　字首　次字首

包：包含替代　1＝頭碼　E＝尾碼

複：複合字　甲乙丙丁：見461頁

字	取碼	字首	次字首	異體／簡體
輒	乙 二三取碼	十J 十J	尸S 十J 山U	辄
輾	乙 二三取碼	十J 十J	尸S 廿T 女V	辗
軋	乙 二三取碼	十J 十J	山U	轧
輜	丁 1E 1E E	十J 十J	女V 女V 田W	辎
轍	丁 1E 1E E	十J 十J	卜Y 月B 大K	辙
較	乙 二三取碼	十J 十J	卜Y 金C 大K	较
丈	甲 三碼全取	十J	大K	丈
者	甲 三碼全取 異	十J	大K 日A	者　者
宥	甲 三碼全取	十J	大K 月B	宥
寮	丙 1E 12E	十J	大K 金C 火F	寮
宏	甲 三碼全取	十J	大K 戈I	宏
犛	乙 二三取碼	十J 大K	一M 竹H 手Q	牦

字	類別	取碼	異體	簡體
寄	丙 1E 12E	十J 大K 一M 口R		寄
釐	乙 二三取碼	十J 大K 一M 田W 土G		厘
孝	乙 二三取碼	十J 大K 弓N 木D		孝
老	甲 三碼全取	十J 大K 心P		老
協	丙 1E 12E 異	十J 大K 尸S 尸S	恊	协
考	乙 二三取碼	十J 大K 卜Y 尸S		考
暫	乙 二三取碼	十J 中L 日A		暂
鏨	乙 二三取碼	十J 中L 金C		錾
塹	乙 二三取碼	十J 中L 土G		堑
吏	甲 三碼全取	十J 中L 大K		吏
事	乙 二三取碼	十J 中L 中L 弓N		事
妻	甲 三碼全取	十J 中L 女V		妻

字首　次字首
殊：特殊字
1＝頭碼　E＝尾碼
包：包含替代
甲乙丙丁：見461頁
複：複合字

字	取碼	拆碼	異體／簡體
宙	甲三碼全取	十J 中L 田W	宙
士	甲三碼全取	十J 一M	士
宣	乙二三取碼	十J 一M 日A 一M	宣
寡	丁1E 1E E	十J 一M 金C 竹H	寡
宇	甲三碼全取	十J 一M 木D	宇
賓	丁1E 1E E 複	十J 一M 竹H 金C	宾
室	乙二三取碼	十J 一M 戈I 土G	室
矗	丁1E 1E E	十J 一M 十J 一M 一M	矗
寅	丙1E 12E	十J 一M 中L 金C	寅
宗	乙二三取碼	十J 一M 一M 火F	宗
完	乙二三取碼	十J 一M 一M 山U	完
宸	丙1E 12E	十J 一M 一M 女V	宸

字	取碼	分解					異體	簡體
富	乙 二三取碼	十J	一M	口R	田W			富
家	丙 1E 12E	十J	一M	尸S	人O			家
寶	丁 1E 1E E 複	十J	一M	山U	金C			宝
寇	丁 1E 1E E	十J	一M	山U	水E			寇
定	乙 二三取碼	十J	一M	卜Y	人O			定
字	甲 三碼全取	十J	弓N	木D				字
宛	丙 1E 12E	十J	弓N	戈I	山U			宛
麪	丙 1E 12E 異包	十J	弓N	一M	田W	中L	麫	面
麴	乙 二三取碼	十J	弓N	心P	火F	木D		麹
麩	乙 二三取碼	十J	弓N	手Q	人O			麸
宿	乙 二三取碼	十J	人O	一M	日A			宿
麥	乙 二三取碼	十J	人O	弓N	戈I			麦

殊：特殊字　□字首　■次字首

包：包含替代　1＝頭碼　E＝尾碼

複：複合字　甲乙丙丁：見461頁

字	取碼	拆字	異體／簡體
它	甲三碼全取	十J 心P	它
耆	乙二三取碼	十J 心P 日A	耆
寧	丙1E 12E	十J 心P 月B 弓N	宁
蜜	丙1E 12E	十J 心P 竹H 戈I	蜜
耄	乙二三取碼	十J 心P 竹H 手Q 山U	耄
密	乙二三取碼	十J 心P 竹H 山U	密
耋	乙二三取碼	十J 心P 一M 戈I 土G	耋
憲	丙1E 12E	十J 手Q 一M 心P	宪
害	乙二三取碼	十J 手Q 一M 口R	害
古	甲三碼全取	十J 口R	古
胡	甲三碼全取	十J 口R 月B	胡
豁	乙二三取碼	十J 口R 金C 人O 口R	豁

字	取碼	碼	碼	碼	碼	碼	異體／簡體
鴣	丙 1E 12E	十J	口R	竹H	日A	火F	鸪
宮	乙 二三取碼		十J	口R	竹H	口R	宫
克	乙 二三取碼		十J	口R	竹H	山U	克
割	乙 二三取碼	十J	口R	中L	弓N		割
官	乙 二三取碼		十J	口R	中L	口R	官
額	丙 1E 12E 複	十J	口R	一M	月B	金C	额
故	乙 二三取碼	十J	口R	人O	大K		故
辜	乙 二三取碼	十J	口R	卜Y	廿T	十J	辜
宧	丙 1E 12E		十J	尸S	中L	中L	宧
寥	丁 1E 1E E		十J	尸S	一M	竹H	寥
卉	甲 三碼全取		十J	廿T			卉
寞	乙 二三取碼		十J	廿T	日A	大K	寞

字首 次字首
殊：特殊字
1＝頭碼 E＝尾碼
包：包含替代
甲乙丙丁：見461頁
複：複合字

			異體／簡體
賁	丙 1E 12E 複	十J ／ 廿T 月B 金C	贲
寬	丙 1E 12E 複	十J ／ 廿T 月B 戈I	宽
賽	丁 1E 1E E 複	十J ／ 廿T 金C 金C	赛
寨	丁 1E 1E E	十J ／ 廿T 金C 木D	寨
騫	丁 1E 1E E	十J ／ 廿T 金C 火F	骞
塞	丁 1E 1E E	十J ／ 廿T 金C 土G	塞
搴	丁 1E 1E E	十J ／ 廿T 金C 手Q	搴
寒	丁 1E 1E E	十J ／ 廿T 金C 卜Y	寒
七	甲 三碼全取	十J ／ 山U	七
兢	丙 1E 12E	十J 山U ／ 十J 口R 山U	兢
剋	乙 二三取碼	十J 山U ／ 中L 弓N	克
剜	乙 二三取碼	十J 山U ／ 中L 弓N	剜

字	說明	1	2	3	4	異體／簡體
安	甲三碼全取	十J	女V			安
案	甲三碼全取	十J	女V	木D		案
寐	丁1E 1E E	十J	女V	一M	木D	寐
寢	丁1E 1E E	十J	女V	一M	水E	寝
寤	丁1E 1E E	十J	女V	一M	口R	寤
車	甲三碼全取	十J	田W	十J		车
實	丙1E 12E 複	十J	田W	十J	金C	实
寓	丙1E 12E 包	十J	田W	中L	月B	寓
寰	丁1E 1E E	十J	田W	中L	女V	寰
寵	丁1E 1E E	十J	卜Y	月B	心P	宠
寂	丁1E 1E E	十J	卜Y	火F	水E	寂
宰	乙二三取碼	十J	卜Y	廿T	十J	宰

字首　殊：特殊字
次字首
1＝頭碼　E＝尾碼　包：包含替代
甲乙丙丁：見461頁　複：複合字

字	取碼	倉頡碼	異體／簡體
大	甲三碼全取	大K	大
疸	甲三碼全取	大K 日A 一M	疸
瘍	丙1E 12E	大K 日A 一M 竹H	疡
疤	甲三碼全取	大K 日A 山U	疤
痕	甲三碼全取	大K 日A 女V	痕
有	甲三碼全取	大K 月B	有
疽	甲三碼全取	大K 月B 一M	疽
郁	乙二三取碼 複	大K 月B 弓N 中L	郁
殺	乙二三取碼 異	大K 金C 竹H 弓N 水E	杀
弒	乙二三取碼 異	大K 金C 戈I 心P 一M	弑
剎	乙二三取碼 異	大K 金C 中L 弓N	刹
痳	甲三碼全取	大K 木D 木D	淋

字	取碼	倉頡碼	異體／簡體
疲	乙二三取碼	大K 木D 竹H 水E	疲
癩	丙1E 12E 複殊	大K 木D 中L 金C	癞
友	甲三碼全取	大K 水E	友
灰	甲三碼全取	大K 火F	灰
疢	甲三碼全取	大K 火F	疢
盔	乙二三取碼	大K 火F 月B 廿T	盔
瘠	乙二三取碼	大K 火F 金C 月B	瘠
痰	甲三碼全取	大K 火F 火F	痰
癆	丙1E 12E	大K 火F 火F 尸S	痨
痔	乙二三取碼	大K 土G 木D 戈I	痔
奎	甲三碼全取	大K 土G 土G	奎
痣	甲三碼全取	大K 土G 心P	痣

殊：特殊字　字首　次字首
1＝頭碼　E＝尾碼
包：包含替代
複：複合字　甲乙丙丁：見461頁

字	取碼	字首		次字首			異體／簡體
猖	乙二三取碼	大K	竹H	日A	日A		猖
猩	丙1E12E	大K	竹H	日A	竹H	一M	猩
狠	乙二三取碼	大K	竹H	日A	女V		狠
猾	丁1E 1E E	大K	竹H	月B	月B	月B	猾
狙	乙二三取碼	大K	竹H	月B	一M		狙
猙	乙二三取碼	大K	竹H	月B	尸S	木D	狰
狽	乙二三取碼 複	大K	竹H	月B	山U	金C	狈
獺	丙1E 12E 複 殊	大K	竹H	木D	中L	金C	獭
瘌	丙1E 12E		大K	竹H	木D	弓N	瘌
瘻	乙二三取碼		大K	竹H	木D	女V	瘘
疼	乙二三取碼		大K	竹H	水E	卜Y	疼
狄	乙二三取碼	大K	竹H	火F			狄

字	取碼						異體／簡體
猿	丙 1E 12E	大K	竹H	土G	口R	女V	猿
痺	丁 1E 1E E		大K	竹H	竹H	十J	痹
獅	丁 1E 1E E	大K	竹H	竹H	口R	月B	狮
狐	丙 1E 12E	大K	竹H	竹H	女V	人O	狐
瘤	丁 1E 1E E		大K	竹H	竹H	田W	瘤
狼	乙 二三取碼	大K	竹H	戈I	日A	女V	狼
獷	丙 1E 12E	大K	竹H	戈I	廿T	金C	犷
狩	乙 二三取碼	大K	竹H	十J	木D	戈I	狩
獰	丙 1E 12E	大K	竹H	十J	心P	弓N	狞
狹	乙 二三取碼	大K	竹H	大K	人O	人O	狭
狂	乙 二三取碼	大K	竹H	一M	土G		狂
獗	丙 1E 12E	大K	竹H	一M	廿T	人O	獗

□ 字首　■ 次字首　殊：特殊字
1＝頭碼　E＝尾碼　包：包含替代
甲乙丙丁：見461頁　複：複合字

字	類別	取碼	異體／簡體
猛	丙 1E 12E	大K 竹H 弓N 木D 廿T	猛
疫	乙 二三取碼	大K 竹H 弓N 水E	疫
瘋	丙 1E 12E	大K 竹H 弓N 戈I	疯
癥	丙 1E 12E	大K 竹H 人O 大K	症
猴	丙 1E 12E	大K 竹H 人O 弓N 大K	猴
狗	乙 二三取碼	大K 竹H 心P 口R	狗
猜	乙 二三取碼	大K 竹H 手Q 一M 月B	猜
狷	乙 二三取碼	大K 竹H 口R 月B	狷
犯	乙 二三取碼	大K 竹H 尸S 山U	犯
猶	丙 1E 12E 包	大K 竹H 廿T 金C 田W	犹
獲	丙 1E 12E 複	大K 竹H 廿T 人O 水E	获
癟	丁 1E 1E E 複 包	大K 竹H 山U 月B	瘪

字	碼	1	2	3	4	5	異體／簡體
獵	丁 1E 1E E	大K	竹H	女V	女V	女V	猎
猓	乙 二三取碼	大K	竹H	田W	木D		猓
狸	乙 二三取碼	大K	竹H	田W	土G		狸
狎	乙 二三取碼	大K	竹H	田W	中L		狎
玀	丁 1E 1E E 複	大K	竹H	田W	中L	土G	猡
獨	丁 1E 1E E	大K	竹H	田W	中L	戈I	独
猥	乙 二三取碼	大K	竹H	田W	一M	女V	猥
瘦	丙 1E 12E 包	大K	竹H	難X	水E		瘦
狡	乙 二三取碼	大K	竹H	卜Y	金C	大K	狡
瘢	丁 1E 1E E 包	大K	竹H	卜Y	水E		瘢
獄	丁 1E 1E E	大K	竹H	卜Y	口R	大K	狱
獐	丙 1E 12E	大K	竹H	卜Y	廿T	十J	獐

□ 字首 ■ 次字首
殊：特殊字
1＝頭碼 E＝尾碼
包：包含替代
甲乙丙丁：見461頁
複：複合字

字	取碼					異體／簡體
太	甲 三碼全取		大K	戈I		太
瘦	丙 1E 12E		大K	戈I	金C 水E	瘦
疣	乙 二三取碼		大K	戈I	大K 山U	疣
雄	乙 二三取碼 複	大K	戈I	人O	土G	雄
痳	丙 1E 12E		大K	十J	金C 金C	痳
癲	丁 1E 1E E 複		大K	十J	金C 金C	癲
奢	乙 二三取碼		大K	十J	大K 日A	奢
奔	甲 三碼全取		大K	十J	廿T	奔
爻	甲 三碼全取		大K	大K		爻
肴	甲 三碼全取		大K	大K	月B	肴
療	丙 1E 12E		大K	大K	金C 火F	疗
爽	丙 1E 12E		大K	大K	大K 大K	爽

字	取碼	拆碼				異體／簡體
希	乙 二三取碼	大K	大K	中L	月B	希
痍	甲 三碼全取	大K	大K	弓N		痍
瘸	丁 1E 1E E 包	大K	大K	口R	月B	瘸
痂	乙 二三取碼	大K	大K	尸S	口R	痂
布	甲 三碼全取	大K	中L	月B		布
在	甲 三碼全取	大K	中L	土G		在
痱	丁 1E 1E E	大K	中L	一M	卜Y	痱
刈	甲 三碼全取	大K	中L	弓N		刈
存	乙 二三取碼	大K	中L	弓N	木D	存
奄	乙 二三取碼	大K	中L	田W	山U	奄
左	甲 三碼全取	大K	一M			左
奭	丙 1E 12E	大K	一M	日A	日A	奭

字首 殊：特殊字

次字首

1＝頭碼 E＝尾碼 包：包含替代

甲乙丙丁：見461頁 複：複合字

字	取碼	碼				異體／簡體
痞	乙二三取碼	大K	一M	火F	口R	痞
奈	乙二三取碼	大K	一M	一M	火F	奈
夸	丙1E 12E	大K	一M	一M	尸S	夸
奇	乙二三取碼	大K	一M	弓N	口R	奇
病	乙二三取碼	大K	一M	人O	月B	病
痘	乙二三取碼	大K	一M	口R	廿T	痘
痙	丙1E 12E	大K	一M	女V	一M	痉
症	丙1E 12E	大K	一M	卜Y	一M	症
九	甲三碼全取	大K	弓N			九
夷	甲三碼全取	大K	弓N			夷
旭	甲三碼全取	大K	弓N	日A		旭
瘓	丁1E 1E E 包	大K	弓N	月B	大K	痪

字	類別		倉頡碼					異體／簡體
癬	丁 1E 1E E			大K	弓N	火F	手Q	癣
鳩	丙 1E 12E		大K	弓N	竹H	日A	火F	鸠
丸	甲 三碼全取			大K	弓N	戈I		丸
痛	丙 1E 12E	包		大K	弓N	戈I	月B	痛
癮	丙 1E 12E	複		大K	弓N	中L	心P	瘾
疚	甲 三碼全取			大K	弓N	人O		疚
奪	丙 1E 12E	複		大K	人O	土G	戈I	夺
奮	乙 二三取碼	複		大K	人O	土G	田W	奋
疹	丙 1E 12E			大K	人O	竹H	竹H	疹
瘡	丙 1E 12E			大K	人O	戈I	口R	疮
疾	甲 三碼全取			大K	人O	大K		疾
痴	乙 二三取碼			大K	人O	大K	口R	痴

字首　次字首　1＝頭碼　E＝尾碼
殊：特殊字　包：包含替代　複：複合字
甲 乙 丙 丁：見461頁

字	類別	取碼	異體／簡體
疥	乙 二三取碼	大K 人O 中L 中L	疥
頰	丙 1E 12E 複	大K 人O 一M 月B 金C	颊
痤	乙 二三取碼	大K 人O 一M 土G	痤
瘉	丙 1E 12E	大K 人O 一M 弓N	愈
癒	丙 1E 12E	大K 人O 一M 心P	愈
疙	甲 三碼全取	大K 人O 弓N	疙
夾	甲 三碼全取	大K 人O 人O	夹
帶	乙 二三取碼	大K 心P 月B 中L 月B	带
癡	丁 1E 1E E	大K 心P 大K 人O	痴
右	甲 三碼全取	大K 口R	右
賀	乙 二三取碼 複	大K 口R 月B 山U 金C	贺
架	乙 二三取碼	大K 口R 木D	架

字	取碼	碼					異體／簡體
癌	丙 1E 12E		大K	口R	口R	山U	癌
駕	丙 1E 12E	大K	口R	尸S	手Q	火F	驾
袈	乙 二三取碼	大K	口R	卜Y	竹H	女V	袈
力	甲 三碼全取		大K	尸S			力
瓠	丙 1E 12E	大K	尸S	竹H	女V	人O	瓠
脅	丁 1E 1E E	大K	尸S	大K	尸S	月B	胁
瘺	丙 1E 12E 包		大K	尸S	一M	月B	瘺
套	乙 二三取碼		大K	尸S	一M	戈I	套
匏	乙 二三取碼	大K	尸S	心P	口R	山U	匏
加	甲 三碼全取	大K	尸S	口R			加
癖	丙 1E 12E		大K	尸S	口R	十J	癖
奩	丙 1E 12E		大K	尸S	口R	口R	奁

字	取碼	碼					異體／簡體
勰	乙 二三取碼	大K	尸S	田W	心P		勰
疳	甲 三碼全取	大K	廿T	一M			疳
癱	丁 1E 1E E 複	大K	廿T	人O	土G		瘫
瘩	丙 1E 12E	大K	廿T	人O	口R		瘩
癢	丁 1E 1E E	大K	廿T	人O	女V		痒
癘	丙 1E 12E 包	大K	廿T	田W	月B		疠
尢	甲 三碼全取	大K	山U				尢
疝	甲 三碼全取	大K	山U				疝
鵪	丙 1E 12E	大K	山U	竹H	日A	火F	鹌
尬	乙 二三取碼	大K	山U	人O	中L	中L	尬
尷	丁 1E 1E E 異	大K	山U	尸S	戈I	廿T	尴
瘟	丙 1E 12E	大K	田W	人O	廿T		瘟

字首　次字首

1 = 頭碼　E = 尾碼

甲 乙 丙 丁：見461頁

殊：特殊字

包：包含替代

複：複合字

字	取碼						異體／簡體
疵	丁 1E 1E E		大K	卜Y	一M	心P	疵
瘁	丙 1E 12E		大K	卜Y	人O	十J	瘁
瘧	丙 1E 12E 複		大K	卜Y	心P	一M	疟
瘵	丁 1E 1E E		大K	卜Y	尸S	卜Y	瘵
瘴	丙 1E 12E		大K	卜Y	廿T	十J	瘴
中	甲 三碼全取		中L				中
衵	甲 三碼全取		中L	日A	一M		衵
裼	丙 1E 12E 包		中L	日A	心P	女V	裼
巾	甲 三碼全取		中L	月B			巾
帽	乙 二三取碼 複	中L	月B	日A	月B	山U	帽
幌	丙 1E 12E	中L	月B	日A	火F	山U	幌
幔	丙 1E 12E	中L	月B	日A	田W	水E	幔

字首　次字首　1＝頭碼　E＝尾碼
殊：特殊字　包：包含替代　複：複合字
甲乙丙丁：見461頁

字	取碼	倉頡碼					異體／簡體
幃	丙 1E 12E	中L	月B	木D	一M	手Q	帏
裯	乙 二三取碼		中L	月B	土G	口R	裯
帕	乙 二三取碼	中L	月B	竹H	日A		帕
幡	丁 1E 1E E	中L	月B	竹H	木D	田W	幡
帆	乙 二三取碼	中L	月B	竹H	弓N	戈I	帆
央	甲 三碼全取		中L	月B	大K		央
幅	乙 二三取碼	中L	月B	一M	口R	田W	幅
帷	乙 二三取碼 複	中L	月B	人O	土G		帷
帳	乙 二三取碼	中L	月B	尸S	一M	女V	帐
盅	甲 三碼全取		中L	月B	廿T		盅
幗	丙 1E 12E	中L	月B	田W	戈I	一M	帼
幀	丙 1E 12E 複	中L	月B	卜Y	月B	金C	帧

字	取碼	拆字	異體／簡體
幟	丁 1E 1E E	中L 月B 卜Y 戈I 日A	帜
帖	乙 二三取碼	中L 月B 卜Y 口R	帖
幢	丙 1E 12E	中L 月B 卜Y 廿T 土G	幢
幛	丙 1E 12E	中L 月B 卜Y 廿T 十J	幛
裕	乙 二三取碼	中L 金C 人O 口R	裕
襟	丙 1E 12E	中L 木D 木D 火F	襟
被	乙 二三取碼	中L 木D 竹H 水E	被
袂	甲 三碼全取	中L 木D 大K	袂
襠	丙 1E 12E	中L 火F 月B 田W	裆
書	甲 三碼全取	中L 土G 日A	书
晝	乙 二三取碼	中L 土G 日A 一M	昼
褂	乙 二三取碼	中L 土G 土G 卜Y	褂

殊：特殊字　字首　次字首
1＝頭碼　E＝尾碼
包：包含替代
甲乙丙丁：見461頁
複：複合字

字	取碼	字首		次字首			異體／簡體
畫	乙 二三取碼	中L	土G	田W	一M		画
襖	丁 1E 1E E 包		中L	竹H	月B	大K	袄
衽	甲 三碼全取		中L	竹H	土G		衽
衫	乙 二三取碼		中L	竹H	竹H	竹H	衫
裨	丁 1E 1E E		中L	竹H	竹H	十J	裨
褊	丙 1E 12E 包		中L	竹H	尸S	月B	褊
衹	乙 二三取碼		中L	竹H	女V	心P	只
褫	丙 1E 12E 複		中L	竹H	卜Y	山U	褫
蜴	丙 1E 12E	中L	戈I	日A	心P	竹H	蜴
蠍	丁 1E 1E E 包	中L	戈I	日A	女V	人O	蝎
螟	丙 1E 12E	中L	戈I	月B	日A	金C	螟
蝸	丁 1E 1E E	中L	戈I	月B	月B	口R	蜗

字	取碼	1	2	3	4	5	異體／簡體
蜩	乙 二三取碼	中L	戈I	月B	土G	口R	蜩
蛆	乙 二三取碼	中L	戈I	月B	一M		蛆
蜆	丙 1E 12E 複	中L	戈I	月B	山U	山U	蚬
蚣	乙 二三取碼	中L	戈I	金C	戈I		蚣
蜺	丙 1E 12E	中L	戈I	金C	口R	山U	蜺
蜥	丙 1E 12E	中L	戈I	木D	竹H	中L	蜥
螳	丙 1E 12E	中L	戈I	火F	月B	土G	螳
蜷	丙 1E 12E 殊	中L	戈I	火F	手Q	山U	蜷
蛙	乙 二三取碼	中L	戈I	土G	土G		蛙
蟯	丙 1E 12E	中L	戈I	土G	土G	山U	蛲
蝗	丙 1E 12E	中L	戈I	竹H	日A	土G	蝗
蝌	丙 1E 12E	中L	戈I	竹H	木D	十J	蝌

殊：特殊字 □字首 ■次字首

包：包含替代 1＝頭碼 E＝尾碼

複：複合字 甲乙丙丁：見461頁

字	取碼						異體／簡體
蜊	丙 1E 12E	中L	戈I	竹H	木D	弓N	蜊
蟋	丁 1E 1E E	中L	戈I	竹H	木D	心P	蟋
蟠	丁 1E 1E E	中L	戈I	竹H	木D	田W	蟠
蜂	丙 1E 12E	中L	戈I	竹H	水E	十J	蜂
蛛	乙 二三取碼	中L	戈I	竹H	十J	木D	蛛
蛞	乙 二三取碼	中L	戈I	竹H	十J	口R	蛞
蛾	乙 二三取碼	中L	戈I	竹H	手Q	戈I	蛾
蚱	乙 二三取碼	中L	戈I	竹H	尸S		蚱
蝙	丙 1E 12E 包	中L	戈I	竹H	尸S	月B	蝙
螂	丁 1E 1E E 複	中L	戈I	戈I	戈I	中L	螂
補	乙 二三取碼		中L	戈I	十J	月B	补
褲	丙 1E 12E		中L	戈I	十J	十J	裤

字	取碼	倉頡碼					異體	簡體
蜿	丙 1E 12E	中L	戈I	十J	弓N	山U		蜿
蛇	乙 二三取碼	中L	戈I	十J	心P			蛇
蛄	乙 二三取碼	中L	戈I	十J	口R			蛄
蝴	乙 二三取碼	中L	戈I	十J	口R	月B		蝴
蟲	丁 1E 1E E	中L	戈I	中L	戈I	戈I		虫
蠱	丁 1E 1E E	中L	戈I	中L	戈I	廿T		蛊
螻	丙 1E 12E	中L	戈I	中L	田W	女V	螻	蝼
虹	乙 二三取碼	中L	戈I	一M				虹
蠕	丁 1E 1E E 包	中L	戈I	一M	月B	月B		蠕
蛭	乙 二三取碼	中L	戈I	一M	戈I	土G		蛭
蚵	乙 二三取碼	中L	戈I	一M	弓N	口R		蚵
蝠	乙 二三取碼	中L	戈I	一M	口R	田W		蝠

		異體／簡體
蠣 丙 1E 12E 包	中L 戈I 一M 廿T 月B	蛎
蚜 丙 1E 12E	中L 戈I 一M 女V 竹H	蚜
蟾 丁 1E 1E E	中L 戈I 弓N 金C 口R	蟾
蜢 丙 1E 12E	中L 戈I 弓N 木D 廿T	蜢
蛹 丙 1E 12E 包	中L 戈I 弓N 戈I 月B	蛹
蜓 丁 1E 1E E	中L 戈I 弓N 大K 土G	蜓
蚓 乙 二三取碼	中L 戈I 弓N 中L	蚓
蛉 丙 1E 12E	中L 戈I 人O 戈I 戈I	蛉
蜘 乙 二三取碼	中L 戈I 人O 大K 口R	蜘
蚯 乙 二三取碼	中L 戈I 人O 一M	蚯
蝓 丙 1E 12E	中L 戈I 人O 一M 弓N	蝓
蛤 乙 二三取碼	中L 戈I 人O 一M 口R	蛤

字首
次字首
1＝頭碼 E＝尾碼
殊：特殊字
包：包含替代
複：複合字
甲乙丙丁：見461頁

							異體／簡體
蝶	乙二三取碼	中L	戈I	心P	廿T	木D	蝶
蚌	乙二三取碼	中L	戈I	手Q	十J		蚌
蜻	乙二三取碼	中L	戈I	手Q	一M	月B	蜻
蟬	丙1E 12E	中L	戈I	口R	口R	十J	蝉
蜈	丙1E 12E	中L	戈I	口R	女V	大K	蜈
蠅	乙二三取碼	中L	戈I	口R	難X	山U	蝇
蝦	丁1E 1E E	中L	戈I	口R	卜Y	水E	虾
螞	丙1E 12E	中L	戈I	尸S	手Q	火F	蚂
蟆	乙二三取碼	中L	戈I	廿T	日A	大K	蟆
蟻	丙1E 12E	中L	戈I	廿T	土G	戈I	蚁
蟒	丙1E 12E	中L	戈I	廿T	戈I	廿T	蟒
蚶	乙二三取碼	中L	戈I	廿T	一M		蚶

字首
次字首
1＝頭碼　E＝尾碼
殊：特殊字
包：包含替代
複：複合字
甲乙丙丁：見461頁

字	取碼						異體／簡體
蚰	乙 二三取碼	中L	戈I	廿T	田W		蚰
蠟	丁 1E 1E E	中L	戈I	女V	女V	女V	蜡
蟈	丙 1E 12E	中L	戈I	田W	戈I	一M	蝈
蛔	乙 二三取碼	中L	戈I	田W	口R		蛔
螺	丙 1E 12E	中L	戈I	田W	女V	火F	螺
螃	丁 1E 1E E	中L	戈I	卜Y	月B	尸S	螃
蛟	乙 二三取碼	中L	戈I	卜Y	金C	大K	蛟
蛀	乙 二三取碼	中L	戈I	卜Y	土G		蛀
蟀	丙 1E 12E	中L	戈I	卜Y	戈I	十J	蟀
蚪	乙 二三取碼	中L	戈I	卜Y	十J		蚪
蚊	乙 二三取碼	中L	戈I	卜Y	大K		蚊
蠔	丙 1E 12E	中L	戈I	卜Y	口R	人O	蚝

字	取碼						異體／簡體
蟑	丙 1E 12E	中L	戈I	卜Y	廿T	十J	蟑
虻	乙 二三取碼	中L	戈I	卜Y	女V		虻
褚	乙 二三取碼		中L	十J	大K	日A	褚
史	甲 三碼全取		中L	大K			史
盎	乙 二三取碼	中L	大K	月B	廿T		盎
鴦	丙 1E 12E	中L	大K	竹H	日A	火F	鸯
串	甲 三碼全取		中L	中L			串
暢	丙 1E 12E	中L	中L	日A	一M	竹H	畅
牘	丙 1E 12E 複	中L	中L	土G	田W	金C	牍
版	乙 二三取碼	中L	中L	竹H	水E		版
牌	丁 1E 1E E	中L	中L	竹H	竹H	十J	牌
牖	丙 1E 12E	中L	中L	竹H	尸S	月B	牖

字首　次字首

1＝頭碼　E＝尾碼

殊：特殊字　包：包含替代　複：複合字

甲乙丙丁：見461頁

字	取碼	拆碼	異體／簡體
川	甲 三碼全取	中L　中L　中L	川
順	丙 1E 12E 複	中L　中L　中L　金C	顺
片	丙 1E 12E 異	中L　中L　一M　中L	片
弗	甲 三碼全取	中L　中L　弓N	弗
患	甲 三碼全取	中L　中L　心P	患
牒	乙 二三取碼	中L　中L　心P　廿T　木D	牒
袖	甲 三碼全取	中L　中L　田W	袖
褸	丙 1E 12E	中L　中L　田W　女V	褸　褛
貴	乙 二三取碼 複	中L　一M　月B　山U　金C	贵
盡	乙 二三取碼	中L　一M　火F　月B　廿T	尽
虫	甲 三碼全取	中L　一M　戈I	虫
劃	乙 二三取碼	中L　一M　中L　弓N	划

字	類別	取碼	異體／簡體
韭	丙 1E 12E	中L 一M 一M 一M	韭
北	乙 二三取碼	中L 一M 心P	北
邶	乙 二三取碼 複	中L 一M 心P 弓N 中L	邶
兆	乙 二三取碼	中L 一M 山U 人O	兆
頫	丙 1E 12E 複	中L 一M 山U 人O 金C	俯
覜	丙 1E 12E 複	中L 一M 山U 人O 山U	眺
褥	丁 1E 1E E	中L 一M 女V 戈I	褥
芈	乙 二三取碼	中L 一M 卜Y 手Q	芈
非	乙 二三取碼	中L 一M 卜Y 卜Y 卜Y	非
鬥	甲 三碼全取 複	中L 弓N	斗
費	乙 二三取碼 複	中L 弓N 月B 山U 金C	费
鬨	乙 二三取碼 複	中L 弓N 廿T 金C	哄

字首　次字首　1＝頭碼　E＝尾碼　甲乙丙丁：見461頁

殊：特殊字　包：包含替代　複：複合字

字	取碼	字首	次字首	異體／簡體
鬧	乙二三取碼 複	中L 弓N	卜Y 中L 月B	闹
複	丙1E 12E	中L	人O 日A 水E	复
袱	乙二三取碼	中L	人O 戈I 大K	袱
褕	丙1E 12E	中L	人O 一M 弓N	褕
褓	乙二三取碼	中L	人O 口R 木D	褓
忠	甲三碼全取	中L	心P	忠
背	乙二三取碼	中L 心P	月B	背
袍	乙二三取碼	中L	心P 口R 山U	袍
冀	乙二三取碼	中L 心P	田W 廿T 金C	冀
聿	甲三碼全取	中L	手Q	聿
初	甲三碼全取	中L	尸S 竹H	初
襤	丁1E 1E E	中L	尸S 戈I 廿T	褴

字	取碼	倉頡碼	異體／簡體
裙	乙 二三取碼	中L 尸S 大K 口R	裙
褶	丁 1E 1E E	中L 尸S 一M 日A	褶
褡	丙 1E 12E	中L 廿T 人O 口R	褡
襪	丙 1E 12E	中L 廿T 田W 戈I	袜
儿	甲 三碼全取	中L 山U	儿
鳧	丙 1E 12E	中L 山U 竹H 日A 火F	鳧
胤	丁 1E 1E E	中L 女V 月B 山U	胤
數	乙 二三取碼	中L 女V 人O 大K	數 数
由	甲 三碼全取	中L 田W	由
冑	甲 三碼全取	中L 田W 月B	冑
胄	甲 三碼全取	中L 田W 月B	胄
裸	甲 三碼全取	中L 田W 木D	裸

□ 字首　殊：特殊字
▇ 次字首
1＝頭碼　E＝尾碼　包：包含替代
甲 乙 丙 丁：見461頁　複：複合字

字	取碼	分解	異體／簡體
裡	甲 三碼全取 異	中L 田W 土G	里
申	甲 三碼全取	中L 田W 中L	申
襬	丁 1E 1E E	中L 田W 中L 心P	摆
婁	乙 二三取碼 異	中L 田W 中L 女V	婁 娄
曳	甲 三碼全取	中L 田W 心P	曳
肅	甲 三碼全取	中L 難X	肃
褪	乙 二三取碼	中L 卜Y 日A 女V	褪
襯	丁 1E 1E E 複	中L 卜Y 木D 山U	衬
輩	乙 二三取碼	中L 卜Y 十J 田W 十J	辈
悲	乙 二三取碼	中L 卜Y 心P	悲
翡	丁 1E 1E E	中L 卜Y 尸S 一M 一M	翡
裴	乙 二三取碼	中L 卜Y 卜Y 竹H 女V	裴

斐	乙二三取碼	中L	卜Y	卜Y	大K		斐
一	甲三碼全取		一M				一
百	甲三碼全取		一M	日A			百
厭	丙1E 12E		一M	日A	月B	大K	厌
碧	乙二三取碼	一M	日A	一M	口R		碧
厚	乙二三取碼		一M	日A	弓N	木D	厚
霾	丁1E 1E E 包	一M	月B	月B	竹H	土G	霾
霜	乙二三取碼 複 包	一M	月B	木D	月B	山U	霜
霖	乙二三取碼 包	一M	月B	木D	木D		霖
耐	乙二三取碼 包	一M	月B	木D	戈I		耐
霪	丙1E 12E 包	一M	月B	水E	月B	土G	霪
霑	乙二三取碼 包	一M	月B	水E	卜Y	口R	沾

字	取碼	字首		次字首			異體／簡體
霄	乙 二三取碼 包	一M	月B	火F	月B		霄
霤	丁 1E 1EE 包	一M	月B	竹H	竹H	田W	霤
霓	丙 1E 12E 包	一M	月B	竹H	難X	山U	霓
勵	乙 二三取碼 包	一M	月B	大K	尸S		励
而	乙 二三取碼		一M	月B	中L	中L	而
融	乙 二三取碼 包	一M	月B	中L	一M	戈I	融
霏	丁 1E 1EE 包	一M	月B	中L	一M	卜Y	霏
亙	甲 三碼全取 包		一M	月B	一M		亘
需	丙 1E 12E 包	一M	月B	一M	月B	中L	需
靂	丁 1E 1EE 包	一M	月B	一M	木D	一M	雳
璽	乙 二三取碼 包	一M	月B	一M	土G	戈I	玺
雲	乙 二三取碼 包	一M	月B	一M	一M	戈I	云

殊：特殊字
字首
次字首
1＝頭碼 E＝尾碼
包：包含替代
複：複合字
甲乙丙丁：見461頁

字	類別	1	2	3	4	5	異體／簡體
雩	丙 1E 12E 包	一M	月B	一M	一M	尸S	雩
震	丙 1E 12E 包	一M	月B	一M	一M	女V	震
霧	丁 1E 1E E 包	一M	月B	弓N	竹H	尸S	雾
霆	丁 1E 1E E 包	一M	月B	弓N	大K	土G	霆
霍	乙 二三取碼 複 包	一M	月B	人O	土G		霍
零	丙 1E 12E 包	一M	月B	人O	戈I	戈I	零
霉	丙 1E 12E 包	一M	月B	人O	田W	卜Y	霉
憂	乙 二三取碼	一M	月B	心P	竹H	水E	忧
雹	乙 二三取碼 包	一M	月B	心P	口R	山U	雹
露	丁 1E 1E E 包	一M	月B	口R	一M	口R	露
靈	丁 1E 1E E 包	一M	月B	口R	口R	一M	灵
霞	丁 1E 1E E 包	一M	月B	口R	卜Y	水E	霞

字首 殊：特殊字
次字首
1=頭碼 E=尾碼
包：包含替代
甲乙丙丁：見461頁
複：複合字

字	類別	取碼					異體／簡體
雪	乙 二三取碼 包	一M	月B	尸S	一M		雪
翮	丁 1E 1E E 包	一M	月B	尸S	一M	一M	翮
霹	丙 1E 12E 包	一M	月B	尸S	口R	十J	霹
霰	丙 1E 12E 包	一M	月B	廿T	月B	大K	霰
霸	丁 1E 1E E 包	一M	月B	廿T	十J	月B	霸
頁	乙 二三取碼 複		一M	月B	山U	金C	页
貢	乙 二三取碼 複		一M	月B	山U	金C	贡
耍	乙 二三取碼 包	一M	月B	女V			耍
雷	乙 二三取碼 包	一M	月B	田W			雷
電	乙 二三取碼 包	一M	月B	田W	山U		电
雯	乙 二三取碼 包	一M	月B	卜Y	大K		雯
靄	丁 1E 1E E 包	一M	月B	卜Y	口R	女V	靄

字	取碼	碼	異體／簡體
霎	乙二三取碼 包	一M 月B 卜Y 廿T 女V	霎
霽	乙二三取碼 包	一M 月B 卜Y 難X	霁
西	甲三碼全取	一M 金C 田W	西
酉	乙二三取碼	一M 金C 田W 一M	酉
于	甲三碼全取	一M 木D	于
曆	乙二三取碼	一M 木D 日A	历
盂	乙二三取碼	一M 木D 月B 廿T	盂
五	甲三碼全取	一M 木D 一M	五
歷	乙二三取碼	一M 木D 卜Y 中L 一M	历
汞	甲三碼全取	一M 水E	汞
亟	乙二三取碼	一M 水E 一M	亟
不	甲三碼全取	一M 火F	不

殊：特殊字
字首
次字首
包：包含替代
1＝頭碼　E＝尾碼
複：複合字
甲乙丙丁：見461頁

字	取碼						異體／簡體
爾	丙 1E 12E		一M	火F	月B	大K	尒
甭	乙 二三取碼	一M	火F	月B	手Q		甭
盃	乙 二三取碼	一M	火F	月B	廿T		杯
贋	乙 二三取碼 複	一M	火F	月B	山U	金C	赝
飄	丙 1E 12E	一M	火F	竹H	弓N	戈I	飘
瓢	丙 1E 12E	一M	火F	竹H	女V	人O	瓢
平	甲 三碼全取		一M	火F	十J		平
剽	乙 二三取碼	一M	火F	中L	弓N		剽
丕	甲 三碼全取	一M	火F	一M			丕
願	丙 1E 12E 複	一M	火F	一M	月B	金C	愿
歪	丙 1E 12E	一M	火F	一M	卜Y	一M	歪
愿	乙 二三取碼	一M	火F	心P			愿

字	取碼	倉頡碼	異體／簡體
否	甲 三碼全取	一M 火F 口R	否
王	甲 三碼全取	一M 土G	王
瑁	乙 二三取碼 複	一M 土G 日A 月B 山U	瑁
琨	乙 二三取碼	一M 土G 日A 心P 心P	琨
琶	乙 二三取碼	一M 土G 日A 山U	琶
璟	丙 1E 12E	一M 土G 日A 卜Y 火F	璟
再	甲 三碼全取	一M 土G 月B	再
玥	甲 三碼全取	一M 土G 月B	玥
璦	丙 1E 12E	一M 土G 月B 月B 水E	瑷
琛	乙 二三取碼	一M 土G 月B 金C 木D	琛
瓔	丁 1E 1EE 複	一M 土G 月B 金C 女V	璎
琿	丙 1E 12E	一M 土G 月B 十J 十J	珲

殊：特殊字 | 字首 | 次字首

包：包含替代 | 1＝頭碼 E＝尾碼

複：複合字 | 甲 乙 丙 丁：見461頁

字	類別						異體／簡體
瑤	丙 1E 12E	一M	土G	月B	人O	山U	瑶
珊	乙 二三取碼 異	一M	土G	月B	廿T		珊 珊
現	丙 1E 12E 複	一M	土G	月B	山U	山U	现
琳	乙 二三取碼	一M	土G	木D	木D		琳
玻	乙 二三取碼	一M	土G	木D	竹H	水E	玻
珐	乙 二三取碼	一M	土G	水E	土G	戈I	珐
瑣	丙 1E 12E 複	一M	土G	火F	月B	金C	琐
璘	丙 1E 12E	一M	土G	火F	木D	手Q	璘
珪	乙 二三取碼	一M	土G	土G	土G		珪
珀	乙 二三取碼	一M	土G	竹H	日A		珀
琍	丙 1E 12E	一M	土G	竹H	木D	弓N	璃
珞	乙 二三取碼	一M	土G	竹H	水E	口R	珞

字	取碼	倉頡碼	異體／簡體
瑰	乙 二三取碼 複	一M 土G 竹H 戈I	瑰
珠	乙 二三取碼	一M 土G 竹H 十J 木D	珠
珮	丙 1E 12E	一M 土G 竹H 弓N 月B	珮
瓚	丁 1E 1E E 複	一M 土G 竹H 山U 金C	瓒
玉	甲 三碼全取	一M 土G 戈I	玉
琅	乙 二三取碼	一M 土G 戈I 日A 女V	琅
瑯	丁 1E 1E E 複	一M 土G 戈I 戈I 中L	琅
球	乙 二三取碼	一M 土G 戈I 十J 水E	球
班	丙 1E 12E	一M 土G 戈I 中L 土G	班
瑭	乙 二三取碼	一M 土G 戈I 中L 口R	瑭
瑚	乙 二三取碼	一M 土G 十J 口R 月B	瑚
琯	丙 1E 12E	一M 土G 十J 口R 口R	琯

字首
次字首
1＝頭碼 E＝尾碼
殊：特殊字
包：包含替代
複：複合字
甲 乙 丙 丁：見461頁

								異體／簡體
琦	丙 1E 12E		一M	土G	大K	一M	口R	琦
到	乙 二三取碼		一M	土G	中L	弓N		到
項	丙 1E 12E	複	一M	土G	一M	月B	金C	项
珏	乙 二三取碼		一M	土G	一M	土G		珏
琊	丁 1E 1E E	複	一M	土G	一M	竹H	中L	琊
玩	乙 二三取碼		一M	土G	一M	一M	山U	玩
琢	丙 1E 12E		一M	土G	一M	尸S	人O	琢
甄	丙 1E 12E	包	一M	土G	一M	女V	弓N	甄
瓊	丁 1E 1E E	複 包 異	一M	土G	弓N	月B	水E	琼 琼
玖	乙 二三取碼		一M	土G	弓N	人O		玖
珍	丙 1E 12E		一M	土G	人O	竹H	竹H	珍
玲	丙 1E 12E		一M	土G	人O	戈I	戈I	玲

異體／簡體

字	取碼	1	2	3	4	5	異體／簡體
琴	乙 二三取碼	一M	土G	人O	戈I	弓N	琴
珖	乙 二三取碼	一M	土G	人O	戈I	心P	珖
玫	乙 二三取碼	一M	土G	人O	大K		玫
致	乙 二三取碼	一M	土G	人O	大K		致
瑜	丙 1E 12E	一M	土G	人O	一M	弓N	瑜
瑟	乙 二三取碼	一M	土G	心P	竹H		瑟
琵	乙 二三取碼	一M	土G	心P	心P		琵
臻	丙 1E 12E	一M	土G	手Q	大K	木D	臻
噩	丙 1E 12E		一M	土G	口R	口R	噩
瑕	丁 1E 1E E	一M	土G	口R	卜Y	水E	瑕
瑪	丙 1E 12E	一M	土G	尸S	手Q	火F	玛
弄	甲 三碼全取	一M	土G	廿T			弄

字首 殊：特殊字
次字首
1＝頭碼 E＝尾碼 包：包含替代
甲乙丙丁：見461頁 複：複合字

字	取碼		1	2	3	4	5	異體／簡體
璞	丙 1E 12E		一M	土G	廿T	金C	人O	璞
瑛	丙 1E 12E		一M	土G	廿T	中L	大K	瑛
瑾	丙 1E 12E		一M	土G	廿T	中L	一M	瑾
琪	丙 1E 12E		一M	土G	廿T	一M	金C	琪
璜	丙 1E 12E		一M	土G	廿T	一M	金C	璜
瑞	丙 1E 12E	包	一M	土G	山U	一M	月B	瑞
璀	乙 二三取碼	複	一M	土G	山U	人O	土G	璀
璣	丙 1E 12E	複	一M	土G	女V	戈I	戈I	玑
瑙	丁 1E 1E E	包	一M	土G	女V	女V	田W	瑙
理	乙 二三取碼		一M	土G	田W	土G		理
環	丁 1E 1E E		一M	土G	田W	中L	女V	环
瓏	丁 1E 1E E		一M	土G	卜Y	月B	心P	珑

						異體／簡體
璿 丙1E 12E 複	一M	土G	卜Y	月B	山U	璇
璨 丁1E 1E E	一M	土G	卜Y	水E	木D	璨
琉 丙1E 12E	一M	土G	卜Y	戈I	山U	琉
玟 乙二三取碼	一M	土G	卜Y	大K		玟
斑 丙1E 12E	一M	土G	卜Y	大K	土G	斑
璩 丙1E 12E 複	一M	土G	卜Y	心P	人O	璩
琥 丙1E 12E 複	一M	土G	卜Y	心P	山U	琥
玷 乙二三取碼	一M	土G	卜Y	口R		玷
瓖 丙1E 12E	一M	土G	卜Y	口R	女V	瓖
璋 丙1E 12E	一M	土G	卜Y	廿T	十J	璋
璃 丁1E 1E E 包	一M	土G	卜Y	山U	月B	璃
原 乙二三取碼		一M	竹H	日A	火F	原

字	取碼	倉頡碼	異體／簡體
鴉	丙 1E 12E	一M 竹H 竹H 日A 火F	鸦
邪	乙 二三取碼 複	一M 竹H 弓N 中L	邪
雅	乙 二三取碼 複	一M 竹H 人O 土G	雅
餮	丙 1E 12E	一M 竹H 人O 戈I 女V	餮
至	甲 三碼全取	一M 戈I 土G	至
魂	乙 二三取碼 複	一M 戈I 竹H 戈I	魂
晉	丙 1E 12E	一M 戈I 戈I 日A	晋
干	甲 三碼全取	一M 十J	干
刊	乙 二三取碼 異	一M 十J 中L 弓N	刋 刊
敢	乙 二三取碼	一M 十J 人O 大K	敢
天	甲 三碼全取	一M 大K	天
壓	乙 二三取碼	一M 大K 土G	压

字首
次字首
1＝頭碼 E＝尾碼
甲乙丙丁：見461頁
殊：特殊字
包：包含替代
複：複合字

字	取碼	拆碼	異體	簡體
魘	乙二三取碼 複	一M 大K 竹H 戈I		魇
甦	乙二三取碼	一M 大K 竹H 手Q 一M		苏
靨	丙1E 12E	一M 大K 一M 田W 中L		靥
饜	丙1E 12E	一M 大K 人O 戈I 女V		餍
功	甲三碼全取	一M 大K 尸S		功
兩	丙1E 12E 異	一M 中L 月B 人O	両	两
雨	丙1E 12E	一M 中L 月B 卜Y		雨
亞	丙1E 12E	一M 中L 中L 一M		亚
工	甲三碼全取	一M 中L 一M		工
更	乙二三取碼	一M 中L 田W 大K		更
二	甲三碼全取	一M 一M		二
麗	丁1E 1E E 包	一M 一M 月B 月B 心P		丽

字	取碼						異體／簡體
項	丙 1E 12E 複		一M	一M	月B	金C	项
示	甲 三碼全取		一M	一M	火F		示
巠	乙 二三取碼	一M	一M	土G			巠
鵡	丙 1E 12E	一M	一M	竹H	日A	火F	鹉
云	甲 三碼全取		一M	一M	戈I		云
勁	乙 二三取碼	一M	一M	大K	尸S		劲
三	甲 三碼全取		一M	一M	一M		三
頸	丙 1E 12E 複	一M	一M	一M	月B	金C	颈
辰	乙 二三取碼		一M	一M	一M	女V	辰
政	乙 二三取碼	一M	一M	人O	大K		政
惡	乙 二三取碼	一M	一M	心P			恶
吾	乙 二三取碼	一M	一M	口R			吾

字首 殊：特殊字
次字首
1＝頭碼 E＝尾碼 包：包含替代
甲乙丙丁：見461頁 複：複合字

字	類別	首碼	次碼	異體／簡體
元	甲 三碼全取	一M	一M 山U	元
巧	乙 二三取碼	一M	一M 女V 尸S	巧
丁	甲 三碼全取	一M	弓N	丁
烈	乙 二三取碼	一M 弓N	火F	烈
型	乙 二三取碼	一M 弓N	土G	型
殊	乙 二三取碼 包	一M 弓N	竹H 十J 木D	殊
歹	甲 三碼全取	一M	弓N 戈I	歹
殘	乙 二三取碼 包	一M 弓N	戈I 戈I	残
殆	乙 二三取碼 包	一M 弓N	戈I 口R	殆
殖	丙 1E 12E 包	一M 弓N	十J 月B 一M	殖
殯	丙 1E 12E 複 包	一M 弓N	十J 一M 金C	殡
殃	乙 二三取碼 包	一M 弓N	中L 月B 大K	殃

字首
殊：特殊字
次字首
1＝頭碼 E＝尾碼
包：包含替代
甲乙丙丁：見461頁
複：複合字

字	取碼		字首		次字首			異體／簡體
列	乙二三取碼	包	一M	弓N	中L	弓N		列
頂	丙1E 12E	複	一M	弓N	一M	月B	金C	顶
歿	乙二三取碼	包	一M	弓N	弓N	水E		殁
殤	丙1E 12E	包	一M	弓N	人O	日A	竹H	殇
殲	丁1E 1E E	包	一M	弓N	人O	戈I	一M	歼
殮	丙1E 12E	包	一M	弓N	人O	一M	人O	殓
死	乙二三取碼	包	一M	弓N	心P			死
恐	乙二三取碼	包	一M	弓N	心P			恐
殉	乙二三取碼	包	一M	弓N	心P	日A		殉
可	甲三碼全取		一M	弓N	口R			可
鞏	乙二三取碼	包	一M	弓N	廿T	中L	十J	巩
裂	乙二三取碼		一M	弓N	卜Y	竹H	女V	裂

							異體/簡體
仄	甲 三碼全取		一M	人O			仄
丙	甲 三碼全取		一M	人O	月B		丙
豬	乙 二三取碼	一M	人O	十J	大K	日A	猪
攻	甲 三碼全取		一M	人O	大K		攻
⿰⿸厂从刂	乙 二三取碼	一M	人O	中L	弓N		⿰⿸厂从刂
巫	甲 三碼全取		一M	人O	人O		巫
雁	乙 二三取碼 複		一M	人O	人O	土G	雁
豭	丁 1E 1E E	一M	人O	口R	卜Y	水E	豭
酈	乙 二三取碼 複	一M	心P	弓N	中L		郦
武	乙 二三取碼	一M	心P	卜Y	中L	一M	武
石	甲 三碼全取		一M	口R			石
碣	丙 1E 12E 包	一M	口R	日A	心P	女V	碣

殊：特殊字　□字首　次字首　1＝頭碼　E＝尾碼　包：包含替代　甲乙丙丁：見461頁　複：複合字

字	取碼	1	2	3	4	5	異體／簡體
硼	乙二三取碼	一M	口R	月B	月B		硼
碉	乙二三取碼	一M	口R	月B	土G	口R	碉
鬲	丙1E 12E		一M	口R	月B	中L	鬲
砠	乙二三取碼	一M	口R	月B	一M		砠
硯	丙1E 12E 複	一M	口R	月B	山U	山U	砚
礎	丙1E 12E	一M	口R	木D	木D	人O	础
破	乙二三取碼	一M	口R	木D	竹H	水E	破
泵	甲三碼全取	一M	口R	水E			泵
硝	乙二三取碼	一M	口R	火F	月B		硝
磷	丙1E 12E	一M	口R	火F	木D	手Q	磷
砂	乙二三取碼	一M	口R	火F	竹H		砂
砝	乙二三取碼	一M	口R	土G	戈I		砝

							異體／簡體
磕	丙 1E 12E	一M	口R	土G	戈I	廿T	磕
碑	丁 1E 1E E	一M	口R	竹H	竹H	十J	碑
砭	丙 1E 12E	一M	口R	竹H	戈I	人O	砭
硃	乙 二三取碼	一M	口R	竹H	十J	木D	朱
斫	乙 二三取碼	一M	口R	竹H	一M	中L	斫
砥	丁 1E 1E E	一M	口R	竹H	心P	一M	砥
砟	乙 二三取碼	一M	口R	竹H	尸S		砟
礦	丙 1E 12E	一M	口R	戈I	廿T	金C	矿
硿	乙 二三取碼	一M	口R	十J	金C	一M	硿
磚	丁 1E 1E E	一M	口R	十J	戈I	戈I	砖
碗	丙 1E 12E	一M	口R	十J	弓N	山U	碗
砷	乙 二三取碼	一M	口R	中L	田W	中L	砷

字	碼		取碼					異體／簡體
碩	丙 1E 12E	複	一M	口R	一M	月B	金C	硕
砰	乙 二三取碼		一M	口R	一M	火F	十J	砰
硬	丙 1E 12E		一M	口R	一M	中L	大K	硬
磊	丙 1E 12E		一M	口R	一M	口R	口R	磊
研	乙 二三取碼	異	一M	口R	一M	廿T		硏 研
礪	丙 1E 12E	包	一M	口R	一M	廿T	月B	砺
硎	丙 1E 12E		一M	口R	一M	廿T	弓N	硎
矽	乙 二三取碼		一M	口R	弓N	戈I		矽
砍	乙 二三取碼		一M	口R	弓N	人O		砍
歌	乙 二三取碼		一M	口R	弓N	人O		歌
磴	丁 1E 1E E		一M	口R	弓N	人O	廿T	磴
哥	乙 二三取碼			一M	口R	弓N	口R	哥

殊：特殊字　□ 字首　■ 次字首

包：包含替代　1＝頭碼　E＝尾碼

複：複合字　甲 乙 丙 丁：見461頁

							異體／簡體
確	丙1E 12E 複	一M	口R	人O	月B	土G	确
碓	乙二三取碼 複	一M	口R	人O	土G		碓
礁	乙二三取碼 複	一M	口R	人O	土G	火F	礁
敔	乙二三取碼	一M	口R	人O	大K		敔
礙	丁1E 1E E	一M	口R	心P	大K	人O	碍
砲	乙二三取碼	一M	口R	心P	口R	山U	炮
砌	乙二三取碼	一M	口R	心P	尸S	竹H	砌
碟	乙二三取碼	一M	口R	心P	廿T	木D	碟
磧	丙1E 12E 複	一M	口R	手Q	一M	金C	碛
砸	乙二三取碼	一M	口R	尸S	中L	月B	砸
碼	丙1E 12E	一M	口R	尸S	手Q	火F	码
碾	乙二三取碼	一M	口R	尸S	廿T	女V	碾

字	取碼	1	2	3	4	5	異體／簡體
豆	甲 三碼全取 複	一M	口R	廿T			豆
碘	乙 二三取碼	一M	口R	廿T	月B	金C	碘
磺	丙 1E 12E	一M	口R	廿T	一M	金C	磺
磋	乙 二三取碼	一M	口R	廿T	手Q	一M	磋
碰	乙 二三取碼	一M	口R	廿T	廿T	金C	碰
磁	丙 1E 12E	一M	口R	廿T	女V	戈I	磁
碳	乙 二三取碼	一M	口R	山U	一M	火F	碳
礫	丁 1E 1E E	一M	口R	女V	戈I	木D	砾
磯	丙 1E 12E 複	一M	口R	女V	戈I	戈I	矶
碌	丙 1E 12E	一M	口R	女V	弓N	水E	碌
磅	丁 1E 1E E	一M	口R	卜Y	月B	尸S	磅
硫	丙 1E 12E	一M	口R	卜Y	戈I	山U	硫

字首
殊：特殊字
次字首
1＝頭碼 E＝尾碼
包：包含替代
甲乙丙丁：見461頁
複：複合字

字	類別	取碼	異體／簡體
碎	丙 1E 12E	一M 口R 卜Y 人O 十J	碎
砧	乙 二三取碼	一M 口R 卜Y 口R	砧
豖	丙 1E 12E	一M 尸S 竹H 人O	豖
厄	甲 三碼全取	一M 尸S 山U	厄
暦	甲 三碼全取	一M 廿T 日A	暦
形	乙 二三取碼	一M 廿T 竹H 竹H 竹H	形
豉	乙 二三取碼	一M 廿T 十J 水E	豉
豌	丙 1E 12E	一M 廿T 十J 弓N 山U	豌
刑	乙 二三取碼	一M 廿T 中L 弓N	刑
頭	丙 1E 12E 複	一M 廿T 一M 月B 金C	头
邢	乙 二三取碼 複	一M 廿T 弓N 中L	邢
厥	丙 1E 12E	一M 廿T 山U 人O	厥

殊：特殊字
字首
次字首
1＝頭碼 E＝尾碼
包：包含替代
甲乙丙丁：見461頁
複：複合字

異體／簡體

字	類別	標記	字首		次字首			異體／簡體
厲	丙 1E 12E	包		一M	廿T	田W	月B	厉
兀	甲 三碼全取			一M	山U			兀
蠶	丙 1E 12E		一M	山U	日A	中L	戈I	蚕
夏	乙 二三取碼	複	一M	山U	竹H	水E		夏
戛	乙 二三取碼	複	一M	山U	戈I			戛
虺	乙 二三取碼		一M	山U	中L	一M	戈I	虺
頑	丙 1E 12E	複	一M	山U	一M	月B	金C	顽
脣	乙 二三取碼		一M	女V	月B			唇
牙	乙 二三取碼			一M	女V	木D	竹H	牙
辱	乙 二三取碼		一M	女V	木D	戈I		辱
蜃	乙 二三取碼		一M	女V	中L	一M	戈I	蜃
瓦	乙 二三取碼			一M	女V	弓N	戈I	瓦

字	類別	取碼					異體／簡體
互	乙 二三取碼	一M	女V	弓N	一M		互
唇	乙 二三取碼	一M	女V	口R			唇
醒	丙 1E 12E 包	一M	田W	日A	竹H	一M	醒
覃	乙 二三取碼	一M	田W	日A	十J		覃
賈	乙 二三取碼 複	一M	田W	月B	山U	金C	贾
靦	丙 1E 12E 複	一M	田W	月B	山U	山U	靦
栗	乙 二三取碼	一M	田W	木D			栗
粟	乙 二三取碼	一M	田W	火F	木D		粟
酥	乙 二三取碼 包	一M	田W	竹H	木D		酥
酪	乙 二三取碼 包	一M	田W	竹H	水E	口R	酪
醺	丁 1E 1E E 包	一M	田W	竹H	土G	火F	醺
酷	乙 二三取碼 包	一M	田W	竹H	土G	口R	酷

字	取碼		倉頡碼					異體／簡體
醜	乙 二三取碼	複 包	一M	田W	竹H	戈I		丑
覆	丙 1E 12E		一M	田W	竹H	人O	水E	覆
酸	丙 1E 12E	包	一M	田W	戈I	金C	水E	酸
酬	丙 1E 12E	包	一M	田W	戈I	中L	中L	酬
醣	乙 二三取碼	包	一M	田W	戈I	中L	口R	醣
酵	丙 1E 12E	包	一M	田W	十J	大K	木D	酵
醃	丙 1E 12E	包	一M	田W	大K	中L	山U	腌
副	乙 二三取碼		一M	田W	中L	弓N		副
票	乙 二三取碼		一M	田W	一M	一M	火F	票
酊	乙 二三取碼	包	一M	田W	一M	弓N		酊
酩	乙 二三取碼	包	一M	田W	弓N	戈I	口R	酩
醱	丁 1E 1E E	包	一M	田W	弓N	人O	水E	酦

字首　殊：特殊字
次字首
1＝頭碼　E＝尾碼　包：包含替代
甲乙丙丁：見461頁　複：複合字

字	取碼	倉頡碼	異體／簡體
醮	乙 二三取碼 複 包	一M 田W 人O 土G 火F	醮
酴	乙 二三取碼 包	一M 田W 人O 一M 木D	酴
酌	乙 二三取碼 包	一M 田W 心P 戈I	酌
釅	丙 1E 12E 包	一M 田W 口R 口R 大K	酽
配	乙 二三取碼 包	一M 田W 尸S 山U	配
醋	乙 二三取碼 包	一M 田W 廿T 日A	醋
酣	乙 二三取碼 包	一M 田W 廿T 一M	酣
醴	丙 1E 12E 包	一M 田W 廿T 田W 廿T	醴
酗	乙 二三取碼 包	一M 田W 山U 大K	酗
要	乙 二三取碼	一M 田W 女V	要
醞	丙 1E 12E 包	一M 田W 田W 人O 廿T	酝
面	丙 1E 12E	一M 田W 卜Y 中L	面

殊：特殊字　字首　次字首　包：包含替代　1＝頭碼　E＝尾碼　複：複合字　甲乙丙丁：見461頁

異體／簡體

字	取碼						異體／簡體
醉	丙 1E 12E 包	一M	田W	卜Y	人O	十J	醉
醇	丙 1E 12E 包	一M	田W	卜Y	口R	木D	醇
釀	丙 1E 12E 包	一M	田W	卜Y	口R	女V	酿
下	甲 三碼全取		一M	卜Y			下
焉	丙 1E 12E		一M	卜Y	中L	火F	焉
正	乙 二三取碼		一M	卜Y	中L	一M	正
丐	乙 二三取碼		一M	卜Y	女V	尸S	丐
弓	甲 三碼全取		弓N				弓
免	乙 二三取碼		弓N	日A	竹H	山U	免
象	丙 1E 12E		弓N	日A	心P	人O	象
色	甲 三碼全取		弓N	日A	山U		色
角	甲 三碼全取		弓N	月B	土G		角

字	取碼	類	倉頡碼	異體／簡體
墮	乙 二三取碼	複	弓N 月B 土G	堕
奐	乙 二三取碼	包	弓N 月B 大K	奂
勇	乙 二三取碼	包	弓N 月B 大K 尸S	勇
觔	乙 二三取碼	包	弓N 月B 大K 尸S	斤
觼	丁 1E 1E E	包	弓N 月B 弓N 月B 水E	觼
觴	丁 1E 1E E	包	弓N 月B 人O 日A 竹H	觞
恿	乙 二三取碼	包	弓N 月B 心P	恿
解	丙 1E 12E	包	弓N 月B 尸S 竹H 手Q	解
負	乙 二三取碼	複	弓N 月B 山U 金C	负
觸	丁 1E 1E E	包	弓N 月B 田W 中L 戈I	触
斛	乙 二三取碼	包	弓N 月B 卜Y 十J	斛
小	甲 三碼全取		弓N 金C	小

殊：特殊字　字首　次字首

1＝頭碼　E＝尾碼

包：包含替代

甲乙丙丁：見461頁

複：複合字

字	取碼	碼					異體／簡體
詹	丙 1E 12E	弓N	金C	卜Y	一M	口R	詹
子	甲 三碼全取		弓N	木D			子
孟	乙 二三取碼	弓N	木D	月B	廿T		孟
孫	丙 1E 12E	弓N	木D	竹H	女V	火F	孙
孤	丙 1E 12E	弓N	木D	竹H	女V	人O	孤
孺	丁 1E 1E E 包	弓N	木D	一M	月B	月B	孺
孜	乙 二三取碼	弓N	木D	人O	大K		孜
孔	甲 三碼全取	弓N	木D	山U			孔
孩	丙 1E 12E	弓N	木D	卜Y	女V	人O	孩
丞	甲 三碼全取	弓N	水E	一M			丞
鯧	乙 二三取碼	弓N	火F	日A	日A		鲳
鯽	丁 1E 1E E	弓N	火F	日A	戈I	中L	鲫

字	取碼	字首		字身			異體／簡體
鰻	丙 1E 12E	弓N	火F	日A	田W	水E	鳗
鯛	乙 二三取碼	弓N	火F	月B	土G	口R	鲷
粥	乙 二三取碼		弓N	火F	木D	弓N	粥
鱗	丙 1E 12E	弓N	火F	火F	木D	手Q	鳞
鮭	乙 二三取碼	弓N	火F	土G	土G		鲑
穌	乙 二三取碼	弓N	火F	竹H	木D		稣
鰍	乙 二三取碼	弓N	火F	竹H	木D	火F	鳅
鯀	丙 1E 12E	弓N	火F	竹H	女V	火F	鲧
魷	乙 二三取碼	弓N	火F	戈I	大K	山U	鱿
鰭	丁 1E 1E E	弓N	火F	十J	心P	日A	鳍
鮪	乙 二三取碼	弓N	火F	大K	月B		鲔
鱷	丙 1E 12E	弓N	火F	一M	土G	口R	鳄

殊：特殊字 | ▢ 字首 | ▢ 次字首 | 包：包含替代 | 1＝頭碼 E＝尾碼 | 複：複合字 | 甲乙丙丁：見461頁

字	取碼						異體／簡體
鱖	丙 1E 12E	弓N	火F	一M	廿T	人O	鳜
鰾	丁 1E 1E E	弓N	火F	一M	田W	火F	鳔
鮑	乙 二三取碼	弓N	火F	心P	口R	山U	鲍
鯖	乙 二三取碼	弓N	火F	手Q	一M	月B	鲭
鱔	丙 1E 12E	弓N	火F	廿T	土G	口R	鳝
鮮	乙 二三取碼	弓N	火F	廿T	手Q		鲜
鯉	乙 二三取碼	弓N	火F	田W	土G		鲤
鰥	丁 1E 1E E	弓N	火F	田W	中L	水E	鳏
鰓	乙 二三取碼	弓N	火F	田W	心P		鳃
鮫	乙 二三取碼	弓N	火F	卜Y	金C	大K	鲛
鰱	丙 1E 12E	弓N	火F	卜Y	十J	十J	鲢
鱸	丙 1E 12E 複	弓N	火F	卜Y	心P	廿T	鲈

字	取碼	碼					異體／簡體
鯨	乙二三取碼	弓N	火F	卜Y	口R	火F	鲸
丑	甲三碼全取		弓N	土G			丑
疆	丙1E 12E	弓N	土G	一M	田W	一M	疆
柔	乙二三取碼	弓N	竹H	木D			柔
及	甲三碼全取		弓N	竹H	水E		及
虱	丙1E 12E		弓N	竹H	中L	戈I	虱
矜	乙二三取碼	弓N	竹H	人O	戈I	弓N	矜
務	丙1E 12E	弓N	竹H	人O	大K	尸S	务
乃	甲三碼全取		弓N	竹H	尸S		乃
弧	丙1E 12E		弓N	竹H	女V	人O	弧
夕	甲三碼全取		弓N	戈I			夕
弘	甲三碼全取		弓N	戈I			弘

字首　殊：特殊字

次字首

1＝頭碼　E＝尾碼　包：包含替代

甲乙丙丁：見461頁　複：複合字

異體／簡體

字	取碼	倉頡碼	異體	簡體
甬	乙 二三取碼	弓N 戈I 月B 手Q		甬
夤	丙 1E 12E	弓N 戈I 十J 一M 金C		夤
強	丙 1E 12E	弓N 戈I 中L 戈I		强
矛	丙 1E 12E	弓N 戈I 弓N 竹H		矛
多	乙 二三取碼	弓N 戈I 弓N 戈I		多
予	乙 二三取碼	弓N 戈I 弓N 弓N		予
飧	丙 1E 12E	弓N 戈I 人O 戈I 女V		飧
舛	甲 三碼全取	弓N 戈I 手Q		舛
名	甲 三碼全取	弓N 戈I 口R		名
外	甲 三碼全取	弓N 戈I 卜Y		外
蝨	丁 1E 1E E	弓N 十J 中L 戈I 戈I	蝨	虱
又	甲 三碼全取	弓N 大K		又

字	取碼	複			倉頡碼			異體／簡體
煞	乙 二三取碼		弓N	大K	火F			煞
廷	乙 二三取碼		弓N	大K	竹H	土G		廷
延	丙 1E 12E		弓N	大K	竹H	卜Y	一M	延
建	乙 二三取碼		弓N	大K	中L	手Q		建
鶩	丙 1E 12E		弓N	大K	尸S	手Q	火F	鹜
弔	甲 三碼全取			弓N	中L			吊
引	甲 三碼全取			弓N	中L			引
陽	丙 1E 12E	複	弓N	中L	日A	一M	竹H	阳
隄	丙 1E 12E	複	弓N	中L	日A	一M	人O	堤
限	乙 二三取碼	複	弓N	中L	日A	女V		限
阻	乙 二三取碼	複	弓N	中L	月B	一M		阻
隱	丙 1E 12E	複	弓N	中L	月B	一M	心P	隐

殊：特殊字　字首　次字首
包：包含替代　1＝頭碼　E＝尾碼
複：複合字　甲乙丙丁：見461頁

字	類	取碼	標記	1	2	3	4	5	異體／簡體
際	丁	1E 1E E	複	弓N	中L	月B	人O	火F	际
陂	乙	二三取碼	複	弓N	中L	木D	竹H	水E	陂
陳	乙	二三取碼	複 殊	弓N	中L	木D	田W		陈
隙	丙	1E 12E	複	弓N	中L	火F	竹H	火F	隙
陵	丙	1E 12E	複	弓N	中L	土G	金C	水E	陵
陸	乙	二三取碼	複	弓N	中L	土G	金C	土G	陆
陡	乙	二三取碼	複	弓N	中L	土G	卜Y	人O	陡
隍	丙	1E 12E	複	弓N	中L	竹H	日A	土G	隍
阪	乙	二三取碼	複	弓N	中L	竹H	水E		阪
隆	丙	1E 12E	複	弓N	中L	竹H	水E	一M	隆
降	乙	二三取碼	複	弓N	中L	竹H	水E	手Q	降
陴	丁	1E 1E E	複	弓N	中L	竹H	竹H	十J	陴

字	取碼		1	2	3	4	5	異體／簡體
阡	乙二三取碼	複	弓N	中L	竹H	十J		阡
陲	丙1E 12E	複	弓N	中L	竹H	十J	一M	陲
陞	乙二三取碼	複	弓N	中L	竹H	廿T	土G	升
院	丙1E 12E	複	弓N	中L	十J	一M	山U	院
陀	乙二三取碼	複	弓N	中L	十J	心P		陀
陣	乙二三取碼	複	弓N	中L	十J	田W	十	阵
陏	乙二三取碼	複	弓N	中L	大K	一M	月B	陏
陜	乙二三取碼	複	弓N	中L	大K	人O	人O	陕
陌	乙二三取碼	複	弓N	中L	一M	日A		陌
陋	丁1E 1E E	複	弓N	中L	一M	月B	女V	陋
阢	乙二三取碼	複	弓N	中L	一M	一M	山U	阢
阿	乙二三取碼	複	弓N	中L	一M	弓N	口R	阿

殊：特殊字
字首
次字首
包：包含替代
1＝頭碼　E＝尾碼
複：複合字
甲乙丙丁：見461頁

字	取碼	類別						異體／簡體
隔	丙 1E 12E	複 包	弓N	中L	一M	口R	月B	隔
陘	丙 1E 12E	複	弓N	中L	一M	女V	一M	陉
陷	乙 二三取碼	複	弓N	中L	弓N	竹H	難X	陷
附	乙 二三取碼	複	弓N	中L	人O	木D	戈I	附
陰	丙 1E 12E	複	弓N	中L	人O	戈I	戈I	阴
除	乙 二三取碼	複	弓N	中L	人O	一M	木D	除
險	丙 1E 12E	複	弓N	中L	人O	一M	人O	险
陶	丙 1E 12E	複	弓N	中L	心P	人O	山U	陶
階	丙 1E 12E	複	弓N	中L	心P	心P	日A	阶
陛	乙 二三取碼	複	弓N	中L	心P	心P	土G	陛
隕	丙 1E 12E	複	弓N	中L	口R	月B	金C	陨
陬	乙 二三取碼	複	弓N	中L	尸S	十J	水E	陬

字	類別		1	2	3	4	5	異體／簡體
隘	丙 1E 12E	複	弓N	中L	廿T	金C	廿T	隘
隊	丙 1E 12E	複	弓N	中L	廿T	心P	人O	队
阱	乙 二三取碼	複	弓N	中L	廿T	廿T		阱
隅	丙 1E 12E	複 包	弓N	中L	田W	中L	月B	隅
隴	丁 1E 1E E	複	弓N	中L	卜Y	月B	心P	陇
阬	乙 二三取碼	複	弓N	中L	卜Y	竹H	弓N	阬
防	乙 二三取碼	複	弓N	中L	卜Y	竹H	尸S	防
隨	丙 1E 12E	複	弓N	中L	卜Y	大K	月B	随
障	丙 1E 12E	複	弓N	中L	卜Y	廿T	十J	障
隧	丙 1E 12E	複	弓N	中L	卜Y	廿T	人O	隧
陪	乙 二三取碼	複	弓N	中L	卜Y	廿T	口R	陪
弼	乙 二三取碼			弓N	一M	日A	弓N	弼

字	碼						異體／簡體
彌	丙 1E 12E 包		弓N	一M	火F	月B	弥
弱	乙 二三取碼	弓N	一M	弓N	戈I	一M	弱
鶸	丁 1E 1E E	弓N	一M	弓N	一M	火F	𫛳
危	乙 二三取碼	弓N	一M	尸S	山U		危
彊	丙 1E 12E		弓N	一M	田W	一M	强
疏	丙 1E 12E	弓N	一M	卜Y	戈I	山U	疏
了	甲 三碼全取		弓N	弓N			了
孑	甲 三碼全取		弓N	弓N	一M		孑
預	丙 1E 12E 複	弓N	弓N	一M	月B	金C	预
豫	丙 1E 12E	弓N	弓N	弓N	日A	人O	豫
予	甲 三碼全取		弓N	弓N	人O		予
夠	乙 二三取碼 包	弓N	弓N	心P	口R		够

字首　次字首
殊：特殊字
1＝頭碼　E＝尾碼
包：包含替代
甲 乙 丙 丁：見461頁
複：複合字

字	取碼	倉頡碼	異體／簡體
承	丙 1E 12E	弓N	弓N 手Q 人O	承
久	甲 三碼全取	弓N 人O	久
欠	甲 三碼全取	弓N 人O	欠
胥	乙 二三取碼	弓N 人O 月B	胥
灸	甲 三碼全取	弓N 人O 火F	灸
墜	乙 二三取碼 複	弓N 人O 土G	坠
飛	丙 1E 12E	弓N 人O 竹H 廿T 人O	飞
蛋	乙 二三取碼	弓N 人O 中L 一M 戈I	蛋
癸	乙 二三取碼	弓N 人O 一M 大K	癸
凳	丙 1E 12E	弓N 人O 一M 口R 弓N	凳
登	乙 二三取碼	弓N 人O 一M 口R 廿T	登
發	丙 1E 12E	弓N 人O 弓N 竹H 水E	发

殊：特殊字　字首　次字首

包：包含替代　1＝頭碼　E＝尾碼

複：複合字　甲乙丙丁：見461頁

字	取碼	碼					異體／簡體
弛	甲 三碼全取		弓N	心P	木D		弛
桀	乙 二三取碼	弓N	手Q	木D			桀
蟹	乙 二三取碼	弓N	手Q	中L	一M	戈I	蟹
毚	丙 1E 12E	弓N	口R	心P	心P	戈I	毚
彈	丙 1E 12E		弓N	口R	口R	十J	弹
盈	乙 二三取碼 包	弓N	尸S	月B	廿T		盈
弭	甲 三碼全取		弓N	尸S	十J		弭
張	乙 二三取碼		弓N	尸S	一M	女V	张
孕	乙 二三取碼	弓N	尸S	弓N	木D		孕
急	乙 二三取碼 包	弓N	尸S	心P			急
鄧	乙 二三取碼 複	弓N	廿T	弓N	中L		邓
乙	甲 三碼全取		弓N	山U			乙

		異體／簡體
函 甲三碼全取	弓N 山U 水E	函
鴛 丙1E 12E	弓N 山U 竹H 日A 火F	鸳
兔 乙二三取碼	弓N 山U 戈I	兔
勉 乙二三取碼	弓N 山U 大K 尸S	勉
怨 乙二三取碼	弓N 山U 心P	怨
魚 甲三碼全取	弓N 田W 火F	鱼
魯 乙二三取碼	弓N 田W 火F 日A	鲁
燄 乙二三取碼	弓N 難X 火F 火F	焰
龜 甲三碼全取	弓N 難X 山U	龟
疋 甲三碼全取	弓N 卜Y 人O	疋
弦 乙二三取碼	弓N 卜Y 女V 戈I	弦
人 甲三碼全取	人O	人

殊：特殊字 | 字首 | 次字首 | 包：包含替代 | 1＝頭碼 E＝尾碼 | 複：複合字 | 甲乙丙丁：見461頁

							異體／簡體
倡	甲三碼全取		人O	日A	日A		倡
劊	乙二三取碼	人O	日A	中L	弓N		刽
但	甲三碼全取		人O	日A	一M		但
們	甲三碼全取 複		人O	日A	弓N		们
僩	乙二三取碼 複		人O	日A	弓N	月B	僩
內	甲三碼全取		人O	月B			内
側	丁1E 1E E 複		人O	月B	金C	弓N	侧
俱	丙1E 12E		人O	月B	一M	金C	俱
俘	乙二三取碼		人O	月B	弓N	木D	俘
肉	甲三碼全取		人O	月B	人O		肉
傯	乙二三取碼 包	人O	月B	心P			偬
佣	甲三碼全取		人O	月B	手Q		佣

異體／簡體

字	取碼	字形分解	異體	簡體
佾	甲 三碼全取	人O 金C 月B		佾
俗	乙 二三取碼	人O 金C 人O 口R		俗
份	乙 二三取碼	人O 金C 尸S 竹H		份
僧	丁 1E 1E E 包	人O 金C 田W 日A		僧
休	甲 三碼全取	人O 木D		休
⿱休土	乙 二三取碼	人O 木D 土G		⿱休土
付	甲 三碼全取	人O 木D 戈I		付
偉	丙 1E 12E	人O 木D 一M 手Q		伟
敘	乙 二三取碼 異	人O 木D 人O 大K	敍	叙
斜	乙 二三取碼	人O 木D 卜Y 十J		斜
伙	甲 三碼全取	人O 火F		伙
俏	甲 三碼全取	人O 火F 月B		俏

殊：特殊字　字首　次字首
包：包含替代　1＝頭碼　E＝尾碼
複：複合字　甲乙丙丁：見461頁

字	取碼	倉頡碼	異體／簡體
償	丙 1E 12E 複	人O 火F 月B 金C	偿 複
儻	丙 1E 12E	人O 火F 月B 火F	傥
倘	乙 二三取碼	人O 火F 月B 口R	倘
儅	丙 1E 12E	人O 火F 月B 田W	𫢸
您	乙 二三取碼	人O 火F 心P	您
伴	甲 三碼全取	人O 火F 手Q	伴
倦	丙 1E 12E 殊	人O 火F 手Q 山U	倦
仕	甲 三碼全取	人O 土G	仕
隹	甲 三碼全取 複	人O 土G	隹
賃	乙 二三取碼 複	人O 土G 月B 山U 金C	赁
集	甲 三碼全取 複	人O 土G 木D	集
侍	乙 二三取碼	人O 土G 木D 戈I	侍

字	取碼	拆字	異體／簡體
隻	甲 三碼全取 複	人O 土G 水E	只
雙	乙 二三取碼 複	人O 土G 水E	双
焦	甲 三碼全取 複	人O 土G 火F	焦
佳	甲 三碼全取	人O 土G 土G	佳
僥	丙 1E 12E	人O 土G 土G 山U	侥
鶴	丙 1E 12E 複	人O 土G 竹H 日A 火F	鹤
雋	丙 1E 12E 複	人O 土G 中L 一M 尸S	隽
儔	丙 1E 12E	人O 土G 弓N 戈I	俦
售	甲 三碼全取 複	人O 土G 口R	售
僖	丙 1E 12E	人O 土G 口R 口R	僖
傲	丁 1E 1E E 異	人O 土G 尸S 大K	傲 傲
倖	乙 二三取碼	人O 土G 廿T 十J	幸

殊：特殊字 ▢字首 ▢次字首 1＝頭碼 E＝尾碼 包：包含替代 複：複合字 甲乙丙丁：見461頁

字	取碼					異體／簡體
入 甲三碼全取	入 人O	入 竹H				入
伯 甲三碼全取	伯 人O	伯 竹H	伯 日A			伯
傻 丁1E 1E E 異	傻 人O	傻 竹H	傻 金C	傻 水E	儍	傻
俐 丙1E 12E	俐 人O	俐 竹H	俐 木D	俐 弓N		俐
倭 乙二三取碼	倭 人O	倭 竹H	倭 木D	倭 女V		倭
任 甲三碼全取	任 人O	任 竹H	任 土G			任
俾 丁1E 1E E	俾 人O	俾 竹H	俾 竹H	俾 十J		俾
傀 甲三碼全取 複	傀 人O	傀 竹H	傀 戈I			傀
仟 甲三碼全取	仟 人O	仟 竹H	仟 十J			仟
侏 乙二三取碼	侏 人O	侏 竹H	侏 十J	侏 木D		侏
僑 丙1E 12E 包	僑 人O	僑 竹H	僑 大K	僑 月B		侨
佩 丙1E 12E	佩 人O	佩 竹H	佩 弓N	佩 月B		佩

						異體／簡體
偺	丁 1E 1E E	人O	竹H	人O	日A	咱
低	丁 1E 1E E	人O	竹H	心P	一M	低
件	甲 三碼全取	人O	竹H	手Q		件
俄	乙 二三取碼	人O	竹H	手Q	戈I	俄
佚	乙 二三取碼	人O	竹H	手Q	人O	佚
作	甲 三碼全取	人O	竹H	尸S		作
偏	丙 1E 12E 包	人O	竹H	尸S	月B	偏
僱	丙 1E 12E 複	人O	竹H	尸S	土G	僱 雇
係	丙 1E 12E	人O	竹H	女V	火F	系
仰	丙 1E 12E	人O	竹H	女V	中L	仰
偬	丁 1E 1E E 包	人O	竹H	田W	心P	偬
倪	丙 1E 12E	人O	竹H	難X	山U	倪

殊：特殊字　字首　次字首
1＝頭碼　E＝尾碼
包：包含替代
甲乙丙丁：見461頁
複：複合字

字	取碼	拆碼	異體／簡體
伐	甲 三碼全取	人O 戈I	伐
餛	乙 二三取碼	人O 戈I 日A 心P 心P	馄
倉	丙 1E 12E	人O 戈I 日A 口R	仓
食	乙 二三取碼	人O 戈I 日A 女V	食
饅	丙 1E 12E	人O 戈I 日A 田W 水E	馒
傅	丁 1E 1E E	人O 戈I 月B 戈I	傅
餒	乙 二三取碼	人O 戈I 月B 女V	馁
俊	丙 1E 12E	人O 戈I 金C 水E	俊
饒	丙 1E 12E	人O 戈I 土G 土G 山U	饶
鴒	丙 1E 12E	人O 戈I 竹H 日A 火F	鸰
餉	乙 二三取碼	人O 戈I 竹H 月B 口R	饷
飯	乙 二三取碼	人O 戈I 竹H 水E	饭

		異體／簡體
飪 乙二三取碼	人O 戈I 竹H 土G	饪
餾 丁1E 1E E	人O 戈I 竹H 竹H 田W	馏
餽 乙二三取碼 複	人O 戈I 竹H 戈I	馈
飢 乙二三取碼	人O 戈I 竹H 弓N	饥
餓 乙二三取碼	人O 戈I 竹H 手Q 戈I	饿
餿 丙1E 12E 包	人O 戈I 竹H 難X 水E	馊
餞 乙二三取碼	人O 戈I 戈I 戈I	饯
飴 乙二三取碼	人O 戈I 戈I 口R	饴
館 丙1E 12E	人O 戈I 十J 口R 口R	馆
伏 甲三碼全取	人O 戈I 大K	伏
偽 丙1E 12E	人O 戈I 大K 火F	伪
餚 乙二三取碼	人O 戈I 大K 大K 月B	肴

殊：特殊字
字首
次字首
1＝頭碼　E＝尾碼
包：包含替代
複：複合字
甲乙丙丁：見461頁

字	取碼						異體／簡體
傭	乙二三取碼		人O	戈I	中L	月B	佣
蝕	乙二三取碼	人O	戈I	中L	一M	戈I	蚀
領	丙1E 12E 複	人O	戈I	一M	月B	金C	领
今	甲三碼全取		人O	戈I	弓N		今
貪	丙1E 12E 複		人O	戈I	弓N	金C	贪
餡	乙二三取碼	人O	戈I	弓N	竹H	難X	馅
令	乙二三取碼		人O	戈I	弓N	戈I	令
飲	乙二三取碼	人O	戈I	弓N	人O		饮
念	乙二三取碼		人O	戈I	弓N	心P	念
含	乙二三取碼		人O	戈I	弓N	口R	含
饞	丙1E 12E	人O	戈I	弓N	口R	戈I	馋
俯	丙1E 12E		人O	戈I	人O	戈I	俯

字	取碼	字首	字身	異體／簡體
俟	乙 二三取碼	人O	戈I 人O 大K	俟
飭	乙 二三取碼	人O 戈I	人O 大K 尸S	饬
飾	乙 二三取碼	人O 戈I	人O 中L 月B	饰
餘	乙 二三取碼	人O 戈I	人O 一M 木D	馀
代	甲 三碼全取	人O	戈I 心P	代
飽	乙 二三取碼	人O 戈I	心P 口R 山U	饱
飩	乙 二三取碼	人O 戈I	心P 山U	饨
餌	乙 二三取碼	人O 戈I	尸S 十J	饵
翎	丁 1E 1E E	人O 戈I	尸S 一M 一M	翎
飼	乙 二三取碼	人O 戈I	尸S 一M 口R	饲
饉	丙 1E 12E	人O 戈I	廿T 中L 一M	馑
餅	乙 二三取碼	人O 戈I	廿T 廿T	饼

殊：特殊字　字首　次字首
1＝頭碼　E＝尾碼　包：包含替代
甲乙丙丁：見461頁　複：複合字

字	取碼	分解	異體／簡體
饑	丙 1E 12E 複	人O 戈I 女V 戈I 戈I	饥
餵	乙 二三取碼	人O 戈I 田W 一M 女V	喂
餃	乙 二三取碼	人O 戈I 卜Y 金C 大K	饺
什	甲 三碼全取	人O 十J	什
午	甲 三碼全取	人O 十J	午
值	丙 1E 12E	人O 十J 月B 一M	值
倥	乙 二三取碼	人O 十J 金C 一M	倥
傳	丁 1E 1E E	人O 十J 戈I 戈I	传
仗	甲 三碼全取	人O 十J 大K	仗
佬	乙 二三取碼	人O 十J 大K 心P	佬
使	乙 二三取碼	人O 十J 中L 大K	使
儐	丙 1E 12E 複	人O 十J 一M 金C	傧

異體／簡體

							異體／簡體
佇	乙二三取碼		人O	十J	一M	弓N	伫
傢	丙1E 12E		人O	十J	一M	人O	家
佗	甲三碼全取		人O	十J	心P		佗
估	甲三碼全取		人O	十J	口R		估
做	丙1E 12E		人O	十J	口R	大K	做
倌	丙1E 12E		人O	十J	口R	口R	倌
缶	甲三碼全取		人O	十J	山U		缶
矢	甲三碼全取		人O	大K			矢
侑	甲三碼全取		人O	大K	月B		侑
僚	丙1E 12E		人O	大K	金C	火F	僚
矮	乙二三取碼	人O	大K	竹H	木D	女V	矮
矯	丙1E 12E 包	人O	大K	竹H	大K	月B	矫

殊：特殊字　字首　次字首

包：包含替代　1＝頭碼　E＝尾碼

複：複合字　甲乙丙丁：見461頁

字	取碼	拆碼	異體／簡體
佈	乙 二三取碼	人O 大K 中L 月B	布
俺	丙 1E 12E	人O 大K 中L 山U	俺
佐	甲 三碼全取	人O 大K 一M	佐
倚	丙 1E 12E	人O 大K 一M 口R	倚
短	乙 二三取碼	人O 大K 一M 口R 廿T	短
仇	甲 三碼全取	人O 大K 弓N	仇
雉	乙 二三取碼 複	人O 大K 人O 土G	雉
俠	乙 二三取碼	人O 大K 人O 人O	侠
悠	乙 二三取碼	人O 大K 心P	悠
佑	甲 三碼全取	人O 大K 口R	佑
知	甲 三碼全取	人O 大K 口R	知
伽	乙 二三取碼	人O 大K 尸S 口R	伽

字	取碼	拆碼	異體／簡體
矩	乙 二三取碼	人O 大K 尸S 尸S	矩
繁	乙 二三取碼	人O 大K 女V 戈I 火F	繁
仲	甲 三碼全取	人O 中L	仲
介	甲 三碼全取	人O 中L 中L	介
佛	乙 二三取碼	人O 中L 中L 弓N	佛
佻	丁 1E 1E E	人O 中L 一M 人O	佻
儘	丙 1E 12E	人O 中L 一M 廿T	尽
俳	丁 1E 1E E	人O 中L 一M 卜Y	俳
候	丙 1E 12E	人O 中L 弓N 大K	候
脩	丙 1E 12E	人O 中L 人O 月B	修
條	丙 1E 12E	人O 中L 人O 木D	条
絛	丙 1E 12E	人O 中L 人O 火F	绦

殊：特殊字　□字首　■次字首

包：包含替代　1＝頭碼　E＝尾碼

複：複合字　甲乙丙丁：見461頁

字	取碼	拆字				異體／簡體
倐	丙 1E 12E	人O	中L	人O	火F	倐
修	丙 1E 12E	人O	中L	人O	竹H	修
攸	乙 二三取碼	人O	中L	人O	大K	攸
倏	丙 1E 12E	人O	中L	人O	大K	倏
伸	乙 二三取碼	人O	中L	田W	中L	伸
丘	甲 三碼全取	人O	一M			丘
佰	甲 三碼全取	人O	一M	日A		佰
儒	丁 1E 1E E 包	人O	一M	月B	月B	儒
優	丁 1E 1E E	人O	一M	月B	水E	优
俞	丙 1E 12E	人O	一M	月B	弓N	俞
愈	丙 1E 12E	人O	一M	月B	心P	愈
侖	乙 二三取碼	人O	一M	月B	廿T	仑

字	取碼	倉頡碼	異體／簡體
兵	甲三碼全取	人O 一M 金C	兵
余	甲三碼全取	人O 一M 木D	余
伍	乙二三取碼	人O 一M 木D 一M	伍
全	甲三碼全取 異	人O 一M 土G	全 全
倒	丁1E 1E E	人O 一M 土G 弓N	倒
乒	甲三碼全取	人O 一M 竹H	乒
乓	甲三碼全取 異	人O 一M 戈I	乓
舍	乙二三取碼	人O 一M 十J 口R	舍
倆	丙1E 12E 包	人O 一M 中L 月B	俩
便	丙1E 12E	人O 一M 中L 大K	便
仁	甲三碼全取	人O 一M 一M	仁
儷	丙1E 12E	人O 一M 一M 心P	俪

殊：特殊字
字首
次字首
包：包含替代
1＝頭碼 E＝尾碼
複：複合字
甲 乙 丙 丁：見461頁

字	取碼	倉頡碼	異體／簡體
侫	乙 二三取碼	人O 一M 一M 女V	侫
仃	甲 三碼全取	人O 一M 弓N	仃
邱	乙 二三取碼 複	人O 一M 弓N 中L	邱
例	丁 1E 1E E 包	人O 一M 弓N 弓N	例
歙	乙 二三取碼	人O 一M 弓N 人O	歙
何	乙 二三取碼	人O 一M 弓N 口R	何
合	甲 三碼全取	人O 一M 口R	合
命	丙 1E 12E	人O 一M 口R 中L	命
翕	丙 1E 12E	人O 一M 口R 一M	翕
拿	乙 二三取碼	人O 一M 口R 手Q	拿
盒	丙 1E 12E	人O 一M 口R 廿T	盒
卸	乙 二三取碼	人O 一M 尸S 中L	卸

異體／簡體

字	取碼	倉頡碼	異體／簡體
岳	甲三碼全取	人O 一M 山U	岳
僭	丁1E 1E E	人O 一M 山U 日A	僭
會	丙1E 12E	人O 一M 田W 日A	会
價	丁1E 1E E 複	人O 一M 田W 金C	价
偭	丙1E 12E	人O 一M 田W 中L	偭
僵	丙1E 12E	人O 一M 田W 一M	僵
乞	甲三碼全取	人O 弓N	乞
像	丙1E 12E	人O 弓N 日A 人O	像
覦	丙1E 12E 複	人O 弓N 月B 山U 山U	覦
氛	乙二三取碼	人O 弓N 金C 尸S 竹H	氛
仔	甲三碼全取	人O 弓N 木D	仔
你	甲三碼全取	人O 弓N 火F	你

殊：特殊字　字首　次字首

包：包含替代　1＝頭碼　E＝尾碼

複：複合字　甲乙丙丁：見461頁

字	取碼	字首		次字首			異體／簡體
氣	乙 二三取碼	人O	弓N	火F	木D		气
氮	乙 二三取碼	人O	弓N	火F	火F		氮
伋	乙 二三取碼		人O	弓N	竹H	水E	伋
仍	乙 二三取碼		人O	弓N	竹H	尸S	仍
俑	丙 1E 12E 包		人O	弓N	戈I	月B	俑
侈	丙 1E 12E 包		人O	弓N	戈I	弓N	侈
氨	乙 二三取碼	人O	弓N	十J	女V		氨
健	丁 1E 1E E		人O	弓N	大K	手Q	健
氟	乙 二三取碼	人O	弓N	中L	中L	弓N	氟
候	丙 1E 12E		人O	弓N	一M	大K	候
氬	丙 1E 12E	人O	弓N	一M	中L	一M	氩
氫	丙 1E 12E	人O	弓N	一M	女V	一M	氢

字	取碼	碼					異體／簡體
氖	乙 二三取碼	人O	弓N	弓N	竹H	尸S	氖
傑	丁 1E 1E E	人O	弓N	手Q	木D		杰
儳	丙 1E 12E	人O	弓N	口R	戈I		儳
氧	乙 二三取碼	人O	弓N	廿T	手Q		氧
氯	丙 1E 12E	人O	弓N	女V	弓N	水E	氯
氤	乙 二三取碼	人O	弓N	田W	大K		氤
氳	丙 1E 12E 異	人O	弓N	田W	人O	廿T 氲	氲
氮	丙 1E 12E	人O	弓N	卜Y	女V	人O	氮
傷	丙 1E 12E	人O	人O	日A	竹H		伤
俎	乙 二三取碼	人O	人O	月B	一M		俎
坐	甲 三碼全取	人O	人O	土G			坐
伶	丙 1E 12E	人O	人O	戈I	戈I		伶

殊：特殊字　字首　次字首
包：包含替代　1＝頭碼　E＝尾碼
複：複合字　甲乙丙丁：見461頁

字	類別	取碼	異體／簡體
傖	丙 1E 12E	人O ｜ 人O 戈I 口R	伧
劍	乙 二三取碼	人O 人O ｜ 中L 弓N	剑
儈	丙 1E 12E	人O ｜ 人O 一M 日A	侩
倫	丙 1E 12E 包	人O ｜ 人O 一M 月B	伦 包
佺	乙 二三取碼	人O ｜ 人O 一M 土G	佺
偷	丙 1E 12E	人O ｜ 人O 一M 弓N	偷
儉	丙 1E 12E	人O ｜ 人O 一M 人O	俭
傘	丙 1E 12E	人O ｜ 人O 人O 十J	伞
斂	乙 二三取碼	人O 人O ｜ 人O 大K	敛
侮	丙 1E 12E 包	人O ｜ 人O 田W 卜Y	侮
化	甲 三碼全取	人O ｜ 心P	化
貨	乙 二三取碼 複	人O 心P ｜ 月B 山U 金C	货

		異體／簡體
貸 乙二三取碼 複	人O 心P 月B 山U 金C	贷
他 甲三碼全取	人O 心P 木D	他
傾 丙1E 12E 複	人O 心P 一M 金C	倾
仳 甲三碼全取	人O 心P 心P	仳
偕 丙1E 12E	人O 心P 心P 日A	偕
侚 甲三碼全取	人O 心P 口R	侚
岱 乙二三取碼	人O 心P 山U	岱
黛 丁1E 1E E	人O 心P 田W 土G 火F	黛
袋 乙二三取碼	人O 心P 卜Y 竹H 女V	袋
年 甲三碼全取	人O 手Q	年
俸 乙二三取碼	人O 手Q 大K 手Q	俸
倩 乙二三取碼	人O 手Q 一M 月B	倩

殊：特殊字　字首　次字首

包：包含替代　1＝頭碼　E＝尾碼

複：複合字　甲乙丙丁：見461頁

字	取碼	字首		次字首			異體／簡體
債	丙 1E 12E 複		人O	手Q	一M	金C	债
佚	甲 三碼全取		人O	手Q	人O		佚
智	乙 二三取碼	人O	口R	日A			智
保	甲 三碼全取		人O	口R	木D		保
鴿	丙 1E 12E	人O	口R	竹H	日A	火F	鸽
侶	乙 二三取碼		人O	口R	竹H	口R	侣
侃	丙 1E 12E		人O	口R	竹H	山U	侃
創	乙 二三取碼	人O	口R	中L	弓N		创
頜	丙 1E 12E 複	人O	口R	一M	月B	金C	颌
頷	丙 1E 12E 複	人O	口R	一M	月B	金C	颔
舒	丙 1E 12E	人O	口R	弓N	戈I	弓N	舒
郃	乙 二三取碼 複	人O	口R	弓N	中L		郃

						異體／簡體
儼	丙 1E 12E	人O	口R	口R	大K	俨
僎	丁 1E 1E E	人O	口R	山U	金C	僎
假	丁 1E 1E E	人O	口R	卜Y	水E	假
促	乙 二三取碼	人O	口R	卜Y	人O	促
偃	乙 二三取碼	人O	尸S	日A	女V	偃
仞	乙 二三取碼	人O	尸S	竹H	戈I	仞
倨	乙 二三取碼	人O	尸S	十J	口R	倨
伊	甲 三碼全取	人O	尸S	大K		伊
侵	丙 1E 12E	人O	尸S	一M	水E	侵
僇	丁 1E 1E E	人O	尸S	一M	竹H	僇
伺	乙 二三取碼	人O	尸S	一M	口R	伺
倀	乙 二三取碼	人O	尸S	一M	女V	伥

殊：特殊字　字首　次字首

包：包含替代　1＝頭碼　E＝尾碼

複：複合字　甲乙丙丁：見461頁

字	取碼	碼					異體／簡體
僻	丙 1E 12E	人O	尸S	口R	十J		僻
侷	乙 二三取碼	人O	尸S	尸S	口R		局
倔	乙 二三取碼	人O	尸S	山U	山U		倔
借	甲 三碼全取	人O	廿T	日A			借
供	甲 三碼全取	人O	廿T	金C			供
僕	丙 1E 12E	人O	廿T	金C	人O		仆
無	乙 二三取碼	人O	廿T	火F			无
儀	丙 1E 12E	人O	廿T	土G	戈I		仪
備	丙 1E 12E 包	人O	廿T	竹H	月B		备
偌	乙 二三取碼	人O	廿T	大K	口R		偌
僅	丙 1E 12E	人O	廿T	中L	一M		仅
舞	乙 二三取碼	人O	廿T	弓N	戈I	手Q	舞

字	取碼	拆碼	異體／簡體
佯	甲 三碼全取	人O 廿T 手Q	佯
併	甲 三碼全取	人O 廿T 廿T	并
儂	丙 1E 12E	人O 廿T 田W 女V	侬
仙	甲 三碼全取	人O 山U	仙
缺	乙 二三取碼	人O 山U 木D 大K	缺
缽	乙 二三取碼	人O 山U 木D 一M	钵
缸	乙 二三取碼	人O 山U 一M	缸
罈	丁 1E 1E E	人O 山U 一M 田W 十J	坛
催	乙 二三取碼 複	人O 山U 人O 土G	催
罐	丙 1E 12E 複	人O 山U 廿T 口R 土G	罐
似	乙 二三取碼	人O 女V 戈I 人O	似
佃	甲 三碼全取	人O 田W	佃

殊：特殊字　□字首　■次字首
包：包含替代　1＝頭碼　E＝尾碼
複：複合字　甲乙丙丁：見461頁

字	取碼	1	2	3	4	異體／簡體
俚	甲 三碼全取	人O	田W	土G		俚
個	乙 二三取碼	人O	田W	十J	口R	个
偶	丙 1E 12E 包	人O	田W	中L	月B	偶
儸	丁 1E 1E E 複	人O	田W	中L	土G	㑩
偎	乙 二三取碼	人O	田W	一M	女V	偎
偪	乙 二三取碼	人O	田W	田W	田W	偪
每	乙 二三取碼	人O	田W	卜Y	戈I	每
仆	甲 三碼全取	人O	卜Y			仆
偵	丙 1E 12E 複	人O	卜Y	月B	金C	侦
傍	丁 1E 1E E	人O	卜Y	月B	尸S	傍
住	甲 三碼全取	人O	卜Y	土G		住
伉	乙 二三取碼	人O	卜Y	竹H	弓N	伉

字	取碼	倉頡碼	異體／簡體
仿	乙 二三取碼	人O 卜Y 竹H 尸S	仿
依	乙 二三取碼	人O 卜Y 竹H 女V	依
傚	丁 1E 1E E	人O 卜Y 大K 大K	效
企	乙 二三取碼	人O 卜Y 中L 一M	企
信	丙 1E 12E	人O 卜Y 一M 口R	信
敏	乙 二三取碼 包	人O 卜Y 人O 大K	敏
佔	甲 三碼全取	人O 卜Y 口R	占
儲	丁 1E 1E E	人O 卜Y 口R 日A	储
停	丙 1E 12E	人O 卜Y 口R 弓N	停
偯	丙 1E 12E	人O 卜Y 口R 女V	偯
倣	丁 1E 1E E	人O 卜Y 尸S 大K	仿
位	甲 三碼全取	人O 卜Y 廿T	位

殊：特殊字　字首　次字首

1 = 頭碼　E = 尾碼

包：包含替代

複：複合字　甲乙丙丁：見461頁

字	類別	倉頡碼	異體／簡體
僮	丙 1E 12E	人O 卜Y 廿T 土G	僮
億	丙 1E 12E	人O 卜Y 廿T 心P	亿
倍	乙 二三取碼	人O 卜Y 廿T 口R	倍
禽	丁 1E 1E E 包	人O 卜Y 山U 月B	禽
儕	甲 三碼全取	人O 卜Y 難X	侪
毓	丙 1E 12E 包	人O 卜Y 卜Y 戈I 山U	毓
心	甲 三碼全取	心P	心
旨	甲 三碼全取	心P 日A	旨
旬	甲 三碼全取	心P 日A	旬
惺	丙 1E 12E	心P 日A 竹H 一M	惺
慨	丁 1E 1E E	心P 日A 戈I 山U	慨
怛	甲 三碼全取	心P 日A 一M	怛

字	取碼					異體／簡體
悍	乙 二三取碼	心P	日A	一M	十J	悍
憫	丙 1E 12E 複	心P	日A	弓N	大K	悯
惕	丙 1E 12E	心P	日A	心P	竹H	惕
愒	丙 1E 12E 包	心P	日A	心P	女V	愒
恨	甲 三碼全取	心P	日A	女V		恨
慢	丙 1E 12E	心P	日A	田W	水E	慢
憬	丙 1E 12E	心P	日A	卜Y	火F	憬
惻	丁 1E 1E E 複	心P	月B	金C	弓N	恻
惆	乙 二三取碼	心P	月B	土G	口R	惆
恫	乙 二三取碼	心P	月B	一M	口R	恫
惘	丙 1E 12E	心P	月B	廿T	女V	惘
懼	丁 1E 1E E 複	心P	月B	山U	土G	惧

殊：特殊字 字首 次字首
包：包含替代 1＝頭碼 E＝尾碼
複：複合字 甲乙丙丁：見461頁

異體／簡體

字	取碼							異體／簡體
忪	甲 三碼全取			心P	金C	戈I		忪
悌	丙 1E 12E			心P	金C	弓N	竹H	悌
悅	丙 1E 12E			心P	金C	口R	山U	悦
憎	丁 1E 1E E	包		心P	金C	田W	日A	憎
也	甲 三碼全取			心P	木D			也
忖	甲 三碼全取			心P	木D	戈I		忖
快	甲 三碼全取			心P	木D	大K		快
悚	甲 三碼全取	殊		心P	木D	中L		悚
懶	丙 1E 12E	複 殊		心P	木D	中L	金C	懒
穎	丙 1E 12E	複 異	心P	木D	一M	月B	金C	頴 颖
怪	甲 三碼全取			心P	水E	土G		怪
悄	甲 三碼全取			心P	火F	月B		悄

						異體／簡體
憐	丙 1E 12E	心P	火F	木D	手Q	怜
恍	乙 二三取碼	心P	火F	一M	山U	恍
恃	乙 二三取碼	心P	土G	木D	戈I	恃
怯	甲 三碼全取	心P	土G	戈I		怯
悻	乙 二三取碼	心P	土G	廿T	十J	悻
必	甲 三碼全取	心P	竹H			必
怕	甲 三碼全取	心P	竹H	日A		怕
惶	丙 1E 12E	心P	竹H	日A	土G	惶
懊	丁 1E 1E E 包	心P	竹H	月B	大K	懊
恤	乙 二三取碼	心P	竹H	月B	廿T	恤
悖	丙 1E 12E	心P	竹H	木D	木D	悖
愀	乙 二三取碼	心P	竹H	木D	火F	愀

						異體／簡體
恪	乙 二三取碼	心P	竹H	水E	口R	恪
慟	丁 1E 1E E	心P	竹H	土G	尸S	恸
勿	甲 三碼全取	心P	竹H	竹H		勿
愧	甲 三碼全取 複	心P	竹H	戈I		愧
恬	乙 二三取碼	心P	竹H	十J	口R	恬
刎	乙 二三取碼	心P	竹H	中L	弓N	刎
忽	乙 二三取碼	心P	竹H	心P		忽
性	乙 二三取碼	心P	竹H	手Q	一M	性
勺	甲 三碼全取	心P	戈I			勺
勾	甲 三碼全取	心P	戈I			勾
慘	丙 1E 12E	心P	戈I	戈I	竹H	惨
匍	乙 二三取碼	心P	戈I	十J	月B	匍

字	取碼	第一碼	第二碼	第三碼	第四碼	異體／簡體
怵	乙 二三取碼	心P	戈I	十J	金C	怵
慵	乙 二三取碼	心P	戈I	中L	月B	慵
慷	乙 二三取碼	心P	戈I	中L	水E	慷
匀	甲 三碼全取	心P	戈I	一M		匀
怡	甲 三碼全取	心P	戈I	口R		怡
憾	丁 1E 1E E	心P	戈I	口R	心P	憾
惦	乙 二三取碼	心P	戈I	卜Y	口R	惦
慎	丙 1E 12E	心P	十J	月B	金C	慎
悖	丙 1E 12E	心P	十J	月B	木D	悖
慚	丁 1E 1E E	心P	十J	十J	中L	惭
悽	乙 二三取碼	心P	十J	中L	女V	凄
惋	丙 1E 12E	心P	十J	弓N	山U	惋

字	取碼	字根	異體／簡體
憤	丙 1E 12E 複	心P 十J 廿T 金C	愤
恢	甲 三碼全取	心P 大K 火F	恢
匆	甲 三碼全取	心P 大K 大K	匆
怖	乙 二三取碼	心P 大K 中L 月B	怖
肄	乙 二三取碼	心P 大K 中L 手Q	肄
惰	乙 二三取碼	心P 大K 一M 月B	惰
疑	丙 1E 12E	心P 大K 弓N 戈I 人O	疑
快	乙 二三取碼	心P 中L 月B 大K	快
忱	乙 二三取碼	心P 中L 月B 山U	忱
怫	乙 二三取碼	心P 中L 中L 弓N	怫
懦	丁 1E 1E E 包	心P 一M 月B 月B	懦
頊	丙 1E 12E 複	心P 一M 月B 金C	顼

字首　殊：特殊字
次字首　包：包含替代
1＝頭碼　E＝尾碼
複：複合字
甲乙丙丁：見461頁

						異體／簡體
恆	乙 二三取碼 異	心P	一M	月B	一M	恒 恒
悟	丁 1E 1E E	心P	一M	一M	口R	悟
匐	乙 二三取碼	心P	一M	口R	田W	匐
慄	丁 1E 1E E	心P	一M	田W	木D	栗
怔	丙 1E 12E	心P	一M	卜Y	一M	怔
懈	丁 1E 1E E 包	心P	弓N	月B	手Q	懈
忸	甲 三碼全取	心P	弓N	土G		忸
愎	丙 1E 12E	心P	人O	日A	水E	愎
惟	甲 三碼全取 複	心P	人O	土G		惟
憔	乙 二三取碼 複	心P	人O	土G	火F	憔
懺	丁 1E 1E E	心P	人O	戈I	一M	忏
愴	丙 1E 12E	心P	人O	戈I	口R	怆

殊：特殊字　字首　次字首

1＝頭碼　E＝尾碼

包：包含替代

複：複合字

甲乙丙丁：見461頁

字	取碼	拆碼	異體／簡體
愉	丙 1E 12E	心P 人O 一M 弓N	愉
恰	乙 二三取碼	心P 人O 一M 口R	恰
愾	丁 1E 1E E	心P 人O 弓N 木D	愾
憮	丁 1E 1E E	心P 人O 廿T 火F	怃
悔	丙 1E 12E 包	心P 人O 田W 卜Y	悔
比	甲 三碼全取	心P 心P	比
皆	乙 二三取碼	心P 心P 竹H 日A	皆
惚	丁 1E 1E E	心P 心P 竹H 心P	惚
情	乙 二三取碼	心P 手Q 一M 月B	情
句	甲 三碼全取	心P 口R	句
劬	乙 二三取碼	心P 口R 大K 尸S	劬
雊	乙 二三取碼 複	心P 口R 人O 土G	雊

字	取碼	1	2	3	4	異體／簡體
憚	丙 1E 12E	心P	口R	口R	十J	惮
愕	丙 1E 12E	心P	口R	口R	尸S	愕
包	甲 三碼全取	心P	口R	山U		包
切	甲 三碼全取	心P	尸S	竹H		切
懾	丙 1E 12E	心P	尸S	十J	十J	慑
愜	丙 1E 12E	心P	尸S	大K	人O	惬
悵	乙 二三取碼	心P	尸S	一M	女V	怅
怩	甲 三碼全取	心P	尸S	心P		怩
世	甲 三碼全取	心P	廿T			世
惜	甲 三碼全取	心P	廿T	日A		惜
懂	丙 1E 12E	心P	廿T	竹H	土G	懂
懵	丙 1E 12E 複	心P	廿T	田W	山U	懵

殊：特殊字　字首　次字首

1＝頭碼　E＝尾碼　包：包含替代

甲乙丙丁：見461頁　複：複合字

字	取碼						異體／簡體
慌	丙 1E 12E			心P	廿T	卜Y	山U	慌
屯	甲 三碼全取			心P	山U			屯
皺	乙 二三取碼		心P	山U	木D	竹H	水E	皱
匈	甲 三碼全取			心P	山U	大K		匈
刨	乙 二三取碼		心P	山U	中L	弓N		刨
惴	丙 1E 12E	包		心P	山U	一M	月B	惴
頓	丙 1E 12E	複	心P	山U	一M	月B	金C	顿
愷	丙 1E 12E			心P	山U	一M	廿T	恺
鄒	乙 二三取碼	複	心P	山U	弓N	中L		邹
雛	乙 二三取碼	複	心P	山U	人O	土G		雏
芻	乙 二三取碼		心P	山U	心P	山U		刍
惱	丁 1E 1E E	包		心P	女V	女V	田W	恼

						異體／簡體
甸	甲 三碼全取	心P	田W			甸
慣	丙 1E 12E 複	心P	田W	十J	金C	惯
愣	丁 1E 1E E	心P	田W	中L	尸S	愣
慍	丙 1E 12E	心P	田W	人O	廿T	愠
悼	乙 二三取碼	心P	卜Y	日A	十J	悼
悴	丙 1E 12E	心P	卜Y	人O	十J	悴
惇	丙 1E 12E	心P	卜Y	口R	木D	惇
憧	丙 1E 12E	心P	卜Y	廿T	土G	憧
憶	丙 1E 12E	心P	卜Y	廿T	心P	忆
忙	甲 三碼全取	心P	卜Y	女V		忙
懍	丙 1E 12E	心P	卜Y	田W	木D	懔
懷	丙 1E 12E	心P	卜Y	田W	女V	怀

字首 殊：特殊字
次字首
1＝頭碼 E＝尾碼 包：包含替代
甲乙丙丁：見461頁 複：複合字

字	取碼	備註	拆碼					異體／簡體
手	甲三碼全取		手Q					手
揚	丙1E 12E		手Q	日A	一M	竹H		扬
捍	乙二三取碼		手Q	日A	一M	十J		捍
提	丙1E 12E		手Q	日A	一M	人O		提
捫	甲三碼全取	複	手Q	日A	弓N			扪
擱	丙1E 12E	複	手Q	日A	弓N	口R		搁
攔	丙1E 12E	複 包 殊	手Q	日A	弓N	田W		拦
揭	丙1E 12E	包	手Q	日A	心P	女V		揭
撮	丙1E 12E		手Q	日A	尸S	水E		撮
把	甲三碼全取		手Q	日A	山U			把
授	乙二三取碼		手Q	月B	月B	水E		授
靜	乙二三取碼		手Q	月B	月B	尸S	木D	静

字	取碼	拆字	異體／簡體
探	乙 二三取碼	手Q 月B 金C 木D	探
採	甲 三碼全取	手Q 月B 木D	采
揮	丙 1E 12E	手Q 月B 十J 十J	挥
靛	丙 1E 12E	手Q 月B 十J 一M 人O	靛
撚	丁 1E 1E E	手Q 月B 大K 火F	拈
援	丙 1E 12E	手Q 月B 一M 水E	援
搖	丙 1E 12E	手Q 月B 人O 山U	摇
掙	乙 二三取碼	手Q 月B 尸S 木D	挣
攫	丁 1E 1E E 複	手Q 月B 山U 水E	攫
扒	甲 三碼全取	手Q 金C	扒
勣	乙 二三取碼 複	手Q 金C 大K 尸S	绩
撳	乙 二三取碼	手Q 金C 弓N 人O	揿

殊：特殊字　□字首　■次字首

包：包含替代　1＝頭碼　E＝尾碼

複：複合字　甲乙丙丁：見461頁

字	取碼	字首		次字首			異體／簡體
扮	乙 二三取碼		手Q	金C	尸S	竹H	扮
耒	甲 三碼全取		手Q	木D			耒
耙	乙 二三取碼	手Q	木D	日A	山U		耙
披	乙 二三取碼		手Q	木D	竹H	水E	披
耗	乙 二三取碼	手Q	木D	竹H	手Q	山U	耗
抹	甲 三碼全取 殊		手Q	木D	十J		抹
抉	甲 三碼全取		手Q	木D	大K		抉
耘	乙 二三取碼	手Q	木D	一M	一M	戈I	耘
耨	丁 1E 1E E	手Q	木D	一M	女V	戈I	耨
耜	乙 二三取碼	手Q	木D	口R	中L	口R	耜
耕	乙 二三取碼	手Q	木D	廿T	廿T		耕
揀	乙 二三取碼 殊		手Q	木D	田W	火F	拣

							異體／簡體
耦 丙 1E 12E 包	手Q	木D	田W	中L	月B		耦
搔 丁 1E 1E E		手Q	水E	戈I	戈I		搔
捎 甲 三碼全取		手Q	火F	月B			捎
撇 丁 1E 1E E 包		手Q	火F	月B	大K		撇
撐 丙 1E 12E 異		手Q	火F	月B	手Q		撑
擋 丙 1E 12E		手Q	火F	月B	田W		挡
撈 丙 1E 12E		手Q	火F	火F	尸S		捞
抄 甲 三碼全取		手Q	火F	竹H			抄
拌 甲 三碼全取		手Q	火F	手Q			拌
捲 丙 1E 12E 殊		手Q	火F	手Q	山U		卷
持 乙 二三取碼		手Q	土G	木D	戈I		持
挂 甲 三碼全取		手Q	土G	土G			挂

□ 字首　■ 次字首　殊：特殊字

1＝頭碼　E＝尾碼　包：包含替代

甲乙丙丁：見461頁　複：複合字

						異體／簡體
撓	丙 1E 12E	手Q	土G	土G	山U	挠
掛	乙 二三取碼	手Q	土G	土G	卜Y	挂
拮	甲 三碼全取	手Q	土G	口R		拮
擷	丙 1E 12E 複	手Q	土G	口R	金C	撷
拍	甲 三碼全取	手Q	竹H	日A		拍
搗	丙 1E 12E	手Q	竹H	日A	山U	捣
攪	丁 1E 1E E 複	手Q	竹H	月B	山U	搅
揪	乙 二三取碼	手Q	竹H	木D	火F	揪
播	丁 1E 1E E	手Q	竹H	木D	田W	播
扳	甲 三碼全取	手Q	竹H	水E		扳
捶	丙 1E 12E	手Q	竹H	十J	一M	捶
括	乙 二三取碼	手Q	竹H	十J	口R	括

字	類別	取碼	異體／簡體
插	丙 1E 12E	手Q 竹H 十J 難X	插
契	乙 二三取碼	手Q 竹H 大K	契
抓	乙 二三取碼	手Q 竹H 中L 人O	抓
掀	丁 1E 1E E	手Q 竹H 中L 人O	掀
折	乙 二三取碼	手Q 竹H 一M 中L	折
拆	乙 二三取碼	手Q 竹H 一M 卜Y	拆
投	乙 二三取碼	手Q 竹H 弓N 水E	投
托	甲 三碼全取	手Q 竹H 心P	托
抵	丁 1E 1E E	手Q 竹H 心P 一M	抵
挈	乙 二三取碼	手Q 竹H 手Q	挈
捩	丙 1E 12E	手Q 竹H 尸S 大K	捩
撬	丁 1E 1E E	手Q 竹H 山U 山U	撬

字首　殊：特殊字
次字首
1＝頭碼　E＝尾碼　包：包含替代
甲乙丙丁：見461頁　複：複合字

							異體／簡體
抑	丙 1E 12E	手Q	竹H	女V	中L		抑
搜	丙 1E 12E	手Q	竹H	難X	水E		搜
揑	乙 二三取碼	手Q	竹H	難X	一M		捏　捏
搬	丁 1E 1E E 包	手Q	竹H	卜Y	水E		搬
齧	丁 1E 1E E 包	手Q	竹H	卜Y	一M	山U	啮
找	甲 三碼全取	手Q	戈I				找
搏	丁 1E 1E E	手Q	戈I	月B	戈I		搏
摻	丙 1E 12E	手Q	戈I	戈I	竹H		掺
捕	乙 二三取碼	手Q	戈I	十J	月B		捕
拔	乙 二三取碼	手Q	戈I	大K	大K		拔
搪	乙 二三取碼	手Q	戈I	中L	口R		搪
挨	乙 二三取碼	手Q	戈I	人O	大K		挨

字	取碼	1	2	3	4	異體／簡體
拭	乙二三取碼	手Q	戈I	心P	一M	拭
抬	甲三碼全取	手Q	戈I	口R		抬
撼	丁1E 1E E	手Q	戈I	口R	心P	撼
拚	甲三碼全取	手Q	戈I	廿T		拚
擴	丙1E 12E	手Q	戈I	廿T	金C	扩
摭	乙二三取碼	手Q	戈I	廿T	火F	摭
丰	甲三碼全取	手Q	十J			丰
擦	丙1E 12E	手Q	十J	月B	火F	擦
控	乙二三取碼	手Q	十J	金C	一M	控
挖	乙二三取碼	手Q	十J	金C	弓N	挖
搾	丙1E 12E	手Q	十J	金C	尸S	榨
技	甲三碼全取	手Q	十J	水E		技

字	取碼	字根	異體／簡體
拷	丙 1E 12E	手Q 十J 大K 尸S	拷
捷	丙 1E 12E	手Q 十J 中L 人O	捷
邦	乙 二三取碼 複	手Q 十J 弓N 中L	邦
擰	丙 1E 12E	手Q 十J 心P 弓N	拧
彗	乙 二三取碼	手Q 十J 尸S 一M	彗
慧	乙 二三取碼	手Q 十J 尸S 一M 心P	慧
按	甲 三碼全取	手Q 十J 女V	按
春	甲 三碼全取	手Q 大K 日A	春
蠢	丙 1E 12E	手Q 大K 日A 中L 戈I	蠢
撩	丙 1E 12E	手Q 大K 金C 火F	撩
泰	甲 三碼全取	手Q 大K 水E	泰
秦	乙 二三取碼	手Q 大K 竹H 木D	秦

字首

次字首

1＝頭碼　E＝尾碼

甲乙丙丁：見461頁

殊：特殊字

包：包含替代

複：複合字

字	類別	字首		字身			異體／簡體
奏	乙 二三取碼	手Q	大K	竹H	大K		奏
春	乙 二三取碼	手Q	大K	竹H	難X		春
掩	丙 1E 12E		手Q	大K	中L	山U	掩
捺	丙 1E 12E		手Q	大K	一M	火F	捺
挾	乙 二三取碼		手Q	大K	人O	人O	挟
奉	甲 三碼全取	手Q	大K	手Q			奉
拋	丙 1E 12E		手Q	大K	山U	尸S	抛
蜇	乙 二三取碼	手Q	中L	中L	一M	戈I	蜇
拂	乙 二三取碼		手Q	中L	中L	弓N	拂
挑	丁 1E 1E E		手Q	中L	一M	人O	挑
排	丁 1E 1E E		手Q	中L	一M	卜Y	排
揹	丁 1E 1E E		手Q	中L	心P	月B	背

殊：特殊字　字首　次字首
1＝頭碼　E＝尾碼
包：包含替代
複：複合字　甲乙丙丁：見461頁

字	取碼	碼					異體／簡體
哲	乙 二三取碼	手Q	中L	口R			哲
擻	丁 1E 1E E		手Q	中L	女V	大K	擞
抽	甲 三碼全取		手Q	中L	田W		抽
拽	乙 二三取碼		手Q	中L	田W	心P	拽
摟	丙 1E 12E		手Q	中L	田W	女V	搂
誓	丙 1E 12E	手Q	中L	卜Y	一M	口R	誓
扛	甲 三碼全取		手Q	一M			扛
青	甲 三碼全取	手Q	一M	月B			青
擾	丁 1E 1E E		手Q	一M	月B	水E	扰
責	乙 二三取碼 複	手Q	一M	月B	山U	金C	责
擂	丁 1E 1E E 包		手Q	一M	月B	田W	擂
抨	乙 二三取碼		手Q	一M	火F	十J	抨

							異體／簡體
捱	乙二三取碼	手Q	一M	土G	土G		捱
捂	丁1E 1E E	手Q	一M	一M	口R		捂
振	丙1E 12E	手Q	一M	一M	女V		振
打	甲三碼全取	手Q	一M	弓N			打
拓	甲三碼全取	手Q	一M	口R			拓
扼	乙二三取碼	手Q	一M	尸S	山U		扼
表	甲三碼全取	手Q	一M	女V			表
素	乙二三取碼	手Q	一M	女V	戈I	火F	素
撣	丁1E 1E E	手Q	一M	田W	十J		撣
毒	乙二三取碼	手Q	一M	田W	卜Y	戈I	毒
挽	丙1E 12E	手Q	弓N	日A	山U		挽
換	丁1E 1EE 包	手Q	弓N	月B	大K		換

						異體／簡體
擔	丁 1E 1E E	手Q	弓N	金C	口R	担
拯	乙 二三取碼	手Q	弓N	水E	一M	拯
扭	甲 三碼全取	手Q	弓N	土G		扭
揉	丁 1E 1E E	手Q	弓N	竹H	木D	揉
扔	乙 二三取碼	手Q	弓N	竹H	尸S	扔
抒	丙 1E 12E	手Q	弓N	戈I	弓N	抒
挺	丁 1E 1E E	手Q	弓N	大K	土G	挺
撥	丁 1E 1E E	手Q	弓N	人O	水E	拨
揆	丁 1E 1E E	手Q	弓N	人O	大K	揆
攙	丙 1E 12E	手Q	弓N	口R	戈I	搀
夫	甲 三碼全取	手Q	人O			夫
替	乙 二三取碼	手Q	人O	日A		替

字首
次字首
1＝頭碼　E＝尾碼
甲乙丙丁：見461頁
殊：特殊字
包：包含替代
複：複合字

字	類別	取碼					異體／簡體
規	丙 1E 12E 複	手Q	人O	月B	山U	山U	规
推	甲 三碼全取 複		手Q	人O	土G		推
拎	丙 1E 12E		手Q	人O	戈I	戈I	拎
捻	丙 1E 12E		手Q	人O	戈I	心P	捻
搶	丙 1E 12E		手Q	人O	戈I	口R	抢
輦	乙 二三取碼	手Q	人O	十J	田W	十J	辇
掄	丙 1E 12E 包		手Q	人O	一M	月B	抡
拴	乙 二三取碼		手Q	人O	一M	土G	拴
撿	丙 1E 12E		手Q	人O	一M	人O	捡
拾	乙 二三取碼		手Q	人O	一M	口R	拾
捨	丙 1E 12E		手Q	人O	一M	口R	舍
挫	乙 二三取碼		手Q	人O	人O	土G	挫

字首
次字首
1＝頭碼 E＝尾碼
殊：特殊字
包：包含替代
複：複合字
甲乙丙丁：見461頁

字	取碼					異體／簡體
拖	乙 二三取碼	手Q	人O	心P	木D	拖
撫	丁 1E 1E E	手Q	人O	廿T	火F	抚
擒	丙 1E 12E 包	手Q	人O	卜Y	月B	擒
指	甲 三碼全取	手Q	心P	日A		指
掬	乙 二三取碼	手Q	心P	火F	木D	掬
擬	丁 1E 1E E	手Q	心P	大K	人O	拟
掏	丙 1E 12E	手Q	心P	人O	山U	掏
批	甲 三碼全取	手Q	心P	心P		批
揩	丙 1E 12E	手Q	心P	心P	日A	揩
拘	甲 三碼全取	手Q	心P	口R		拘
抱	乙 二三取碼	手Q	心P	口R	山U	抱
揍	丙 1E 12E	手Q	手Q	大K	大K	揍

字	取碼	字首	字身			異體	簡體
捧 乙二三取碼		手Q	手Q	大K	手Q		捧
扶 甲三碼全取		手Q	手Q	人O			扶
攆 丁1E 1E E		手Q	手Q	人O	十J		攆
扣 甲三碼全取		手Q	口R				扣
捐 甲三碼全取		手Q	口R	月B			捐
損 丙1E 12E	複	手Q	口R	月B	金C		损
操 丙1E 12E		手Q	口R	口R	木D		操
拐 乙二三取碼	異	手Q	口R	尸S	竹H	拐	拐
揖 乙二三取碼		手Q	口R	尸S	十J		揖
捌 丁1E 1E E		手Q	口R	尸S	弓N		捌
撰 丁1E 1E E		手Q	口R	山U	金C		撰
抿 乙二三取碼		手Q	口R	女V	心P		抿

□ 字首　■ 次字首　1＝頭碼　E＝尾碼　甲乙丙丁：見461頁

殊：特殊字　包：包含替代　複：複合字

字	取碼					異體／簡體
捉	乙二三取碼	手Q	口R	卜Y	人O	捉
招	乙二三取碼	手Q	尸S	竹H	口R	招
攝	丙1E 12E	手Q	尸S	十J	十J	摄
摺	丁1E 1E E	手Q	尸S	一M	日A	摺
掃	丙1E 12E	手Q	尸S	一M	月B	扫
握	丙1E 12E	手Q	尸S	一M	土G	握
擢	丁1E 1E E 複	手Q	尸S	一M	土G	擢
挪	丙1E 12E 複	手Q	尸S	手Q	中L	挪
拒	甲三碼全取	手Q	尸S	尸S		拒
摒	乙二三取碼	手Q	尸S	廿T	廿T	摒
掘	乙二三取碼	手Q	尸S	山U	山U	掘
攬	丁1E 1E E 複 包	手Q	尸S	田W	山U	揽

字	取碼	字形拆分				異體／簡體
措	甲 三碼全取	手Q	廿T	日A		措
摸	乙 二三取碼	手Q	廿T	日A	大K	摸
撒	丙 1E 12E	手Q	廿T	月B	大K	撒
拱	甲 三碼全取	手Q	廿T	金C		拱
撕	丁 1E 1E E	手Q	廿T	金C	中L	撕
撲	丙 1E 12E	手Q	廿T	金C	人O	扑
擲	丁 1E 1E E 複	手Q	廿T	大K	中L	掷
搽	乙 二三取碼	手Q	廿T	人O	木D	搽
擭	丙 1E 12E 複	手Q	廿T	人O	水E	擭
攤	丁 1E 1E E 複	手Q	廿T	人O	土G	摊
搭	丙 1E 12E	手Q	廿T	人O	口R	搭
搓	乙 二三取碼	手Q	廿T	手Q	一M	搓

字首　次字首　殊：特殊字
1＝頭碼　E＝尾碼　包：包含替代
甲乙丙丁：見461頁　複：複合字

字	取碼	1	2	3	4	異體／簡體
拼	甲 三碼全取	手Q	廿T	廿T		拼
搆	丙 1E 12E	手Q	廿T	廿T	月B	构
描	甲 三碼全取	手Q	廿T	田W		描
搏	丁 1E 1E E 包	手Q	廿T	田W	戈I	搏
扎	甲 三碼全取	手Q	山U			扎
揣	丙 1E 12E 包	手Q	山U	一M	月B	揣
攜	丙 1E 12E 複 包	手Q	山U	人O	月B	携
摧	乙 二三取碼 複	手Q	山U	人O	土G	摧
拙	甲 三碼全取	手Q	山U	山U		拙
拗	丙 1E 12E	手Q	女V	戈I	尸S	拗
捆	甲 三碼全取	手Q	田W	木D		捆
摑	丙 1E 12E	手Q	田W	戈I	一M	掴

						異體／簡體
押	甲 三碼全取	手Q	田W	中L		押
擇	丁 1E 1E E	手Q	田W	中L	十J	择
擺	丁 1E 1E E	手Q	田W	中L	心P	摆
拇	乙 二三取碼	手Q	田W	卜Y	戈I	拇
扑	甲 三碼全取	手Q	卜Y			扑
掉	乙 二三取碼	手Q	卜Y	日A	十J	掉
撾	丙 1E 12E 包	手Q	卜Y	月B	月B	挝
撤	丁 1E 1E E	手Q	卜Y	月B	大K	撤
攏	丁 1E 1E E	手Q	卜Y	月B	心P	拢
摘	丙 1E 12E 包	手Q	卜Y	金C	月B	摘
拄	甲 三碼全取	手Q	卜Y	土G		拄
撻	丙 1E 12E	手Q	卜Y	土G	手Q	挞

字首 ｜ 次字首 ｜ 1＝頭碼 E＝尾碼 ｜ 甲乙丙丁：見461頁

殊：特殊字 ｜ 包：包含替代 ｜ 複：複合字

字	取碼	拆碼				異體／簡體
抗	乙 二三取碼	手Q	卜Y	竹H	弓N	抗
摔	丙 1E 12E	手Q	卜Y	戈I	十J	摔
抖	甲 三碼全取	手Q	卜Y	十J		抖
抆	甲 三碼全取	手Q	卜Y	大K		抆
扯	乙 二三取碼	手Q	卜Y	中L	一M	扯
掖	丙 1E 12E 包	手Q	卜Y	人O	大K	掖
據	丙 1E 12E 複	手Q	卜Y	心P	人O	据
擄	丙 1E 12E 複	手Q	卜Y	心P	尸S	掳
拈	甲 三碼全取	手Q	卜Y	口R		拈
搞	丙 1E 12E 包	手Q	卜Y	口R	月B	搞
掠	乙 二三取碼	手Q	卜Y	口R	火F	掠
攘	丙 1E 12E	手Q	卜Y	口R	女V	攘

						異體／簡體
拉	甲三碼全取	手Q	卜Y	廿T		拉
撞	丙1E 12E	手Q	卜Y	廿T	土G	撞
接	乙二三取碼	手Q	卜Y	廿T	女V	接
擁	丙1E 12E 複	手Q	卜Y	女V	土G	拥
擅	丙1E 12E	手Q	卜Y	田W	一M	擅
擠	甲三碼全取	手Q	卜Y	難X		挤
口	甲三碼全取	口R				口
唱	甲三碼全取	口R	日A	日A		唱
啣	丁1E 1E E	口R	日A	戈I	中L	啣
喝	丙1E 12E 包	口R	日A	心P	女V	喝
吧	甲三碼全取	口R	日A	山U		吧
邑	甲三碼全取	口R	日A	山U		邑

字	取碼	倉頡碼	異體／簡體
噯	丙 1E 12E	口R 月B 月B 水E	嗳
嚶	丁 1E 1E E 複	口R 月B 金C 女V	嘤
啁	乙 二三取碼	口R 月B 土G 口R	啁
鵑	丙 1E 12E	口R 月B 竹H 日A 火F	鹃
咀	甲 三碼全取	口R 月B 一M	咀
嗣	乙 二三取碼 包	口R 月B 尸S 一M 口R	嗣
員	乙 二三取碼 複	口R 月B 山U 金C	员
嚼	丙 1E 12E	口R 月B 田W 戈I	嚼
只	甲 三碼全取	口R 金C	只
叭	甲 三碼全取	口R 金C	叭
嗡	丙 1E 12E	口R 金C 戈I 一M	嗡
勛	乙 二三取碼 複	口R 金C 大K 尸S	勋

字	取碼					異體／簡體
吩	乙 二三取碼	口R	金C	尸S	竹H	吩
呆	甲 三碼全取	口R	木D			呆
喳	乙 二三取碼	口R	木D	日A	一M	喳
噤	丙 1E 12E	口R	木D	木D	火F	噤
吋	甲 三碼全取	口R	木D	戈I		吋
喇	丙 1E 12E 殊	口R	木D	中L	弓N	喇
嗽	丙 1E 12E 殊	口R	木D	中L	人O	嗽
嗓	丙 1E 12E	口R	水E	水E	木D	嗓
啜	丙 1E 12E	口R	水E	水E	水E	啜
嗨	丙 1E 12E 包	口R	水E	人O	卜Y	嗨
哨	甲 三碼全取	口R	火F	月B		哨
嚐	丙 1E 12E	口R	火F	月B	日A	尝

殊：特殊字 字首 次字首
包：包含替代 1＝頭碼 E＝尾碼
複：複合字 甲乙丙丁：見461頁

字	取碼規則	拆碼	異體／簡體
噹	丙 1E 12E	口R 火F 月B 田W	当
咪	甲 三碼全取	口R 火F 木D	咪
啖	甲 三碼全取	口R 火F 火F	啖
嘮	丙 1E 12E	口R 火F 火F 尸S	唠
吵	甲 三碼全取	口R 火F 竹H	吵
吐	甲 三碼全取	口R 土G	吐
噎	丙 1E 12E	口R 土G 月B 廿T	噎
嚇	丁 1E 1E E	口R 土G 金C 金C	吓
哇	甲 三碼全取	口R 土G 土G	哇
嗑	丙 1E 12E	口R 土G 戈I 廿T	嗑
郢	乙 二三取碼 複	口R 土G 弓N 中L	郢
嘻	丙 1E 12E	口R 土G 口R 口R	嘻

字	取碼	1	2	3	4	異體／簡體
噭	丁 1E 1E E	口R	土G	尸S	大K	噭
嗚	丙 1E 12E	口R	竹H	日A	火F	呜
嘷	丙 1E 12E	口R	竹H	日A	十J	嘷
噢	丁 1E 1E E 包	口R	竹H	月B	大K	噢
咱	乙 二三取碼 複	口R	竹H	月B	山U	咱
啾	乙 二三取碼	口R	竹H	木D	火F	啾
咯	乙 二三取碼	口R	竹H	水E	口R	咯
咚	乙 二三取碼	口R	竹H	水E	卜Y	咚
呼	乙 二三取碼	口R	竹H	火F	木D	呼
呈	甲 三碼全取	口R	竹H	土G		呈
啤	丁 1E 1E E	口R	竹H	竹H	十J	啤
唾	丙 1E 12E	口R	竹H	十J	一M	唾

字首　次字首
1＝頭碼　E＝尾碼
甲乙丙丁：見461頁
殊：特殊字
包：包含替代
複：複合字

字	取碼	1	2	3	4	異體／簡體
听	乙 二三取碼	口R	竹H	一M	中L	听
噬	丙 1E 12E	口R	竹H	一M	人O	噬
吒	甲 三碼全取	口R	竹H	心P		吒
哦	乙 二三取碼	口R	竹H	手Q	戈I	哦
呂	甲 三碼全取	口R	竹H	口R		吕
嗚	丙 1E 12E	口R	竹H	口R	火F	呜
咋	甲 三碼全取	口R	竹H	尸S		咋
喉	丙 1E 12E	口R	竹H	尸S	大K	喉
兄	甲 三碼全取	口R	竹H	山U		兄
嗅	丁 1E 1E E 複	口R	竹H	山U	大K	嗅
呱	丙 1E 12E	口R	竹H	女V	人O	呱
唆	丙 1E 12E	口R	戈I	金C	水E	唆

字	取碼	倉頡碼	異體／簡體
喊	丙 1E 12E	口R 戈I 竹H 口R	喊
吮	乙 二三取碼	口R 戈I 竹H 山U	吮
哺	乙 二三取碼	口R 戈I 十J 月B	哺
嘛	丙 1E 12E	口R 戈I 十J 金C	嘛
吠	甲 三碼全取	口R 戈I 大K	吠
雖	乙 二三取碼 複	口R 戈I 人O 土G	虽
唉	乙 二三取碼	口R 戈I 人O 大K	唉
嘟	丁 1E 1E E 複	口R 十J 日A 中L	嘟
嗦	丙 1E 12E	口R 十J 月B 火F	嗦
喃	丙 1E 12E	口R 十J 月B 十J	喃
噠	丙 1E 12E	口R 十J 月B 人O	噠
味	甲 三碼全取	口R 十J 木D	味

異體／簡體

吱	甲三碼全取	口R	十J	水E		吱
喀	丙1E 12E	口R	十J	竹H	口R	喀
戢	乙二三取碼	口R	十J	戈I		戢
戰	乙二三取碼	口R	十J	戈I		战
嘲	丁1E 1E E	口R	十J	十J	月B	嘲
囀	丁1E 1E E	口R	十J	十J	戈I	啭
哮	丙1E 12E	口R	十J	大K	木D	哮
喧	丙1E 12E	口R	十J	一M	一M	喧
嗜	丁1E 1E E	口R	十J	心P	日A	嗜
嚀	丙1E 12E	口R	十J	心P	弓N	咛
咕	甲三碼全取	口R	十J	口R		咕
噴	丙1E 12E 複	口R	十J	廿T	金C	喷

字首
次字首
1＝頭碼 E＝尾碼
甲乙丙丁：見461頁
殊：特殊字
包：包含替代
複：複合字

						異體／簡體
嘹 丙 1E 12E		口R	大K	金C	火F	嘹
唏 丙 1E 12E		口R	大K	大K	月B	唏
咦 甲 三碼全取		口R	大K	弓N		咦
愍 乙 二三取碼	口R	大K	心P			愍
另 甲 三碼全取		口R	大K	尸S		另
叻 甲 三碼全取		口R	大K	尸S		叻
咖 乙 二三取碼		口R	大K	尸S	口R	咖
吊 甲 三碼全取		口R	中L	月B		吊
啡 丁 1E 1E E		口R	中L	一M	卜Y	啡
呻 乙 二三取碼		口R	中L	田W	中L	呻
嘍 丙 1E 12E		口R	中L	田W	女V	喽
嘯 甲 三碼全取		口R	中L	難X		啸

□ 字首　■ 次字首　殊：特殊字
1＝頭碼　E＝尾碼　包：包含替代
甲乙丙丁：見461頁　複：複合字

字	取碼	倉頡碼	異體／簡體
踢	丙 1E 12E	口R 一M 日A 心P 竹H	踢
蹋	丙 1E 12E	口R 一M 日A 尸S 一M	蹋
跟	乙 二三取碼	口R 一M 日A 女V	跟
嚅	丁 1E 1E E 包	口R 一M 月B 月B	嚅
踩	乙 二三取碼	口R 一M 月B 木D	踩
蹈	乙 二三取碼	口R 一M 月B 竹H 難X	蹈
跚	乙 二三取碼	口R 一M 月B 廿T	跚
蹊	丙 1E 12E	口R 一M 月B 女V 大K	蹊
趴	乙 二三取碼	口R 一M 金C	趴
哂	乙 二三取碼	口R 一M 金C 田W	哂
吁	甲 三碼全取	口R 一M 木D	吁
跛	乙 二三取碼	口R 一M 木D 竹H 水E	跛

字	取碼	碼	異體／簡體
踏	乙二三取碼	口R 一M 水E 日A	踏
呸	乙二三取碼	口R 一M 火F 一M	呸
踡	丙1E 12E 殊	口R 一M 火F 手Q 山U	踡
蹺	丙1E 12E	口R 一M 土G 土G 山U	跷
躊	丙1E 12E	口R 一M 土G 弓N 戈I	踌
路	乙二三取碼	口R 一M 竹H 水E 口R	路
跦	乙二三取碼	口R 一M 竹H 十J 木D	跦
踵	丙1E 12E	口R 一M 竹H 十J 土G	踵
躓	丁1E 1E E 複	口R 一M 竹H 中L 金C	踬
跺	乙二三取碼	口R 一M 竹H 弓N 木D	跺
蹤	丙1E 12E 異	口R 一M 竹H 人O 人O	踪
跌	乙二三取碼	口R 一M 竹H 手Q 人O	跌

殊：特殊字 字首 次字首

包：包含替代 1＝頭碼 E＝尾碼

複：複合字 甲乙丙丁：見461頁

字	取碼						異體／簡體
踐	乙二三取碼	口R	一M	戈I	戈I		践
跋	乙二三取碼	口R	一M	戈I	大K	大K	跋
跆	乙二三取碼	口R	一M	戈I	口R		跆
踱	乙二三取碼	口R	一M	戈I	廿T	水E	踱
跎	乙二三取碼	口R	一M	十J	心P		跎
跨	丙1E 12E	口R	一M	大K	一M	尸S	跨
哽	丙1E 12E		口R	一M	中L	大K	哽
啞	丙1E 12E		口R	一M	中L	一M	哑
跳	丁1E 1E E	口R	一M	中L	一M	人O	跳
唔	丁1E 1E E		口R	一M	一M	口R	唔
蹶	丙1E 12E	口R	一M	一M	廿T	人O	蹶
叮	甲三碼全取		口R	一M	弓N		叮

							異體／簡體
踴	丁 1E 1E E 包	口R	一M	弓N	月B	尸S	踊
蹂	丁 1E 1E E	口R	一M	弓N	竹H	木D	蹂
跪	丙 1E 12E	口R	一M	弓N	一M	山U	跪
咧	丁 1E 1E E 包		口R	一M	弓N	弓N	咧
蹬	丁 1E 1E E	口R	一M	弓N	人O	廿T	蹬
呵	乙 二三取碼		口R	一M	弓N	口R	呵
踟	乙 二三取碼	口R	一M	人O	大K	口R	踟
跑	乙 二三取碼	口R	一M	心P	口R	山U	跑
蹟	丙 1E 12E 複	口R	一M	手Q	一M	金C	迹
趺	乙 二三取碼	口R	一M	手Q	人O		趺
躁	丙 1E 12E	口R	一M	口R	口R	木D	躁
躡	丙 1E 12E	口R	一M	尸S	十J	十J	蹑

字首 次字首 1=頭碼 E=尾碼 甲乙丙丁：見461頁
殊：特殊字 包：包含替代 複：複合字

字	類別						異體／簡體
踞	乙 二三取碼	口R	一M	尸S	十J	口R	踞
躍	丁 1E 1E E 複	口R	一M	尸S	一M	土G	跃
啄	丙 1E 12E		口R	一M	尸S	人O	啄
距	乙 二三取碼	口R	一M	尸S	尸S		距
跼	乙 二三取碼	口R	一M	尸S	尸S	口R	局
呃	乙 二三取碼		口R	一M	尸S	山U	呃
躪	丙 1E 12E 複	口R	一M	廿T	日A	土G	躏
蹼	丙 1E 12E	口R	一M	廿T	金C	人O	蹼
躇	丙 1E 12E	口R	一M	廿T	十J	日A	躇
躑	丁 1E 1E E 複	口R	一M	廿T	大K	中L	踯
蹣	丙 1E 12E 包	口R	一M	廿T	中L	月B	蹒
蹉	乙 二三取碼	口R	一M	廿T	手Q	一M	蹉

							異體／簡體
踫	乙二三取碼	口R	一M	廿T	廿T	金C	碰
蹲	丁 1E 1E E 包	口R	一M	廿T	田W	戈I	蹲
蹦	乙二三取碼	口R	一M	山U	月B	月B	蹦
嘎	丁 1E 1E E 複		口R	一M	山U	戈I	嘎
踹	丙 1E 12E 包	口R	一M	山U	一M	月B	踹
呀	丙 1E 12E		口R	一M	女V	竹H	呀
踝	乙二三取碼	口R	一M	田W	木D		踝
啞	乙二三取碼		口R	一M	田W	土G	哑
躅	丁 1E 1E E	口R	一M	田W	中L	戈I	躅
蹕	乙二三取碼	口R	一M	田W	廿T	十J	跸
蹄	丁 1E 1E E	口R	一M	卜Y	月B	月B	蹄
跤	乙二三取碼	口R	一M	卜Y	金C	大K	跤

殊：特殊字 | 字首 | 次字首 | 1＝頭碼 E＝尾碼 | 包：包含替代 | 複：複合字 | 甲 乙 丙 丁：見461頁

字	取碼	倉頡碼					異體／簡體
蹴	丁 1E 1E E	口R	一M	卜Y	火F	山U	蹴
躂	丙 1E 12E	口R	一M	卜Y	土G	手Q	跶
跡	丙 1E 12E	口R	一M	卜Y	中L	金C	迹
趾	乙 二三取碼	口R	一M	卜Y	中L	一M	趾
躋	乙 二三取碼	口R	一M	卜Y	難X		跻
喚	丁 1E 1E E 包	口R	弓N	月B	大K		唤
吼	乙 二三取碼	口R	弓N	木D	山U		吼
吸	乙 二三取碼	口R	弓N	竹H	水E		吸
啗	乙 二三取碼	口R	弓N	竹H	難X		啖
啊	丙 1E 12E 複	口R	弓N	中L	口R		啊
吹	甲 三碼全取	口R	弓N	人O			吹
嚕	丙 1E 12E	口R	弓N	田W	日A		噜

字	類別	第1碼	第2碼	第3碼	第4碼	異體／簡體
吶	甲三碼全取	口R	人O	月B		呐
咻	甲三碼全取	口R	人O	木D		咻
咐	乙二三取碼	口R	人O	木D	戈I	咐
唯	甲三碼全取 複	口R	人O	土G		唯
吟	乙二三取碼	口R	人O	戈I	弓N	吟
唸	丙1E 12E	口R	人O	戈I	心P	念
嗆	丙1E 12E	口R	人O	戈I	口R	呛
啣	丁1E 1E E	口R	人O	一M	中L	衔
喻	丙1E 12E	口R	人O	一M	弓N	喻
哈	乙二三取碼	口R	人O	一M	口R	哈
吃	甲三碼全取	口R	人O	弓N		吃
喉	丙1E 12E	口R	人O	弓N	大K	喉

殊：特殊字
字首
次字首
包：包含替代
1＝頭碼 E＝尾碼
複：複合字
甲乙丙丁：見461頁

字	取碼	1	2	3	4	異體／簡體
咿	乙 二三取碼	口R	人O	尸S	大K	咿
噙	丙 1E 12E	口R	人O	卜Y	月B	噙
叱	甲 三碼全取	口R	心P			叱
吻	乙 二三取碼	口R	心P	竹H	竹H	吻
啕	丙 1E 12E	口R	心P	人O	山U	啕
咆	乙 二三取碼	口R	心P	口R	山U	咆
喋	乙 二三取碼	口R	心P	廿T	木D	喋
噸	丙 1E 12E 複	口R	心P	山U	金C	吨
啪	乙 二三取碼	口R	手Q	竹H	日A	啪
喫	丁 1E 1E E	口R	手Q	竹H	大K	吃
嘖	丙 1E 12E 複	口R	手Q	一M	金C	啧
嗉	丙 1E 12E	口R	手Q	一M	火F	嗉

							異體／簡體
啦 乙 二三取碼		口R	手Q	卜Y	廿T		啦
鷺 丙 1E 12E	口R	口R	竹H	日A	火F		鹭
咒 乙 二三取碼	口R	口R	竹H	弓N			咒
哭 乙 二三取碼	口R	口R	戈I	大K			哭
獸 乙 二三取碼	口R	口R	戈I	大K			兽
器 丙 1E 12E	口R	口R	戈I	大K	口R		器
囂 丁 1E 1E E 複	口R	口R	一M	金C	口R		嚣
嚴 丙 1E 12E	口R	口R	一M	一M	大K		严
品 甲 三碼全取		口R	口R	口R			品
噪 丙 1E 12E		口R	口R	口R	木D		噪
單 乙 二三取碼	口R	口R	田W	十J			单
叨 甲 三碼全取		口R	尸S	竹H			叨

字首 殊：特殊字
次字首
1＝頭碼 E＝尾碼 包：包含替代
甲乙丙丁：見461頁 複：複合字

異體／簡體

字	取碼						異體／簡體
囁	丙 1E 12E		口R	尸S	十J	十J	嗫
叩	甲 三碼全取		口R	尸S	中L		叩
別	乙 二三取碼 異	口R	尸S	中L	弓N		别 别
叼	甲 三碼全取		口R	尸S	一M		叼
噩頁	丙 1E 12E 複	口R	尸S	一M	月B	金C	颚
喔	丙 1E 12E		口R	尸S	一M	土G	喔
嘐	丁 1E 1E E		口R	尸S	一M	竹H	嘐
鄂	乙 二三取碼 複	口R	尸S	弓N	中L		鄂
呎	甲 三碼全取		口R	尸S	人O		呎
呢	甲 三碼全取		口R	尸S	心P		呢
嗎	丙 1E 12E		口R	尸S	手Q	火F	吗
哪	丙 1E 12E 複		口R	尸S	手Q	中L	哪

字	取碼							異體／簡體
嘔	丙 1E 12E			口R	尸S	口R	口R	呕
嚗	丙 1E 12E			口R	尸S	卜Y	戈I	嘱
號	丙 1E 12E	複	口R	尸S	卜Y	心P	山U	号
噶	丙 1E 12E	包		口R	廿T	日A	女V	噶
哄	甲 三碼全取			口R	廿T	金C		哄
嘶	丁 1E 1E E			口R	廿T	金C	中L	嘶
噗	丙 1E 12E			口R	廿T	金C	人O	噗
囈	丙 1E 12E			口R	廿T	土G	戈I	呓
哎	甲 三碼全取			口R	廿T	大K		哎
嚥	丙 1E 12E			口R	廿T	中L	火F	咽
嘆	丙 1E 12E			口R	廿T	中L	人O	叹
嘩	丙 1E 12E			口R	廿T	一M	十J	哗

□ 字首　■ 次字首
殊：特殊字
1＝頭碼　E＝尾碼
包：包含替代
甲乙丙丁：見461頁
複：複合字

字	取碼	拆碼	異體／簡體
囌	丙 1E 12E	口R 廿T 弓N 木D	苏
咩	甲 三碼全取	口R 廿T 手Q	咩
嗟	乙 二三取碼	口R 廿T 手Q 一M	嗟
嘈	丁 1E 1E E 包	口R 廿T 田W 日A	嘈
噥	丙 1E 12E	口R 廿T 田W 女V	哝
巴	甲 三碼全取	口R 山U	巴
喘	丙 1E 12E 包	口R 山U 一M 月B	喘
嗤	丙 1E 12E	口R 山U 一M 戈I	嗤
饕	丙 1E 12E 複	口R 山U 人O 戈I 女V	饕
巽	乙 二三取碼	口R 山U 廿T 金C	巽
咄	甲 三碼全取	口R 山U 山U	咄
呶	甲 三碼全取	口R 女V 水E	呶

字	取碼					異體／簡體
喲	丁 1E 1E E	口R	女V	火F	戈I	哟
吆	甲 三碼全取	口R	女V	戈I		吆
嘰	丙 1E 12E 複	口R	女V	戈I	戈I	叽
叫	甲 三碼全取	口R	女V	中L		叫
吳	乙 二三取碼	口R	女V	弓N	大K	吴
喙	丙 1E 12E	口R	女V	弓N	人O	喙
民	甲 三碼全取	口R	女V	心P		民
喟	甲 三碼全取	口R	田W	月B		喟
哩	甲 三碼全取	口R	田W	土G		哩
嘿	丁 1E 1E E	口R	田W	土G	火F	嘿
咽	甲 三碼全取	口R	田W	大K		咽
嗯	乙 二三取碼	口R	田W	大K	心P	嗯

□ 字首　殊：特殊字
■ 次字首
1＝頭碼　E＝尾碼　包：包含替代
甲乙丙丁：見461頁　複：複合字

字	取碼	1	2	3	4	5	異體／簡體
呷	甲 三碼全取		口R	田W	中L		呷
囉	丁 1E 1E E 複		口R	田W	中L	土G	罗
喂	乙 二三取碼		口R	田W	一M	女V	喂
鄙	乙 二三取碼 複 包	口R	田W	弓N	中L		鄙
嗶	乙 二三取碼		口R	田W	廿T	十J	哔
啼	丁 1E 1E E		口R	卜Y	月B	月B	啼
嚨	丁 1E 1E E		口R	卜Y	月B	心P	咙
嘀	丙 1E 12E 包		口R	卜Y	金C	月B	嘀
咬	乙 二三取碼		口R	卜Y	金C	大K	咬
吭	乙 二三取碼		口R	卜Y	竹H	弓N	吭
唷	乙 二三取碼		口R	卜Y	戈I	月B	唷
啃	丁 1E 1E E		口R	卜Y	一M	月B	啃

字		1	2	3	4	異體／簡體
唁	丙 1E 12E	口R	卜Y	一M	口R	唁
足	甲 三碼全取	口R	卜Y	人O		足
嘴	丁 1E 1E E 包	口R	卜Y	心P	月B	嘴
嘘	丙 1E 12E 複	口R	卜Y	心P	一M	嘘
噱	丙 1E 12E 複	口R	卜Y	心P	人O	噱
唬	丙 1E 12E 複	口R	卜Y	心P	山U	唬
哼	丙 1E 12E	口R	卜Y	口R	弓N	哼
嚎	丙 1E 12E	口R	卜Y	口R	人O	嚎
嚷	丙 1E 12E	口R	卜Y	口R	女V	嚷
嗾	丁 1E 1E E	口R	卜Y	尸S	大K	嗾
噫	丙 1E 12E	口R	卜Y	廿T	心P	噫
咳	丙 1E 12E	口R	卜Y	女V	人O	咳

殊：特殊字
字首
次字首
包：包含替代
1＝頭碼 E＝尾碼
複：複合字
甲乙丙丁：見461頁

字	取碼	分解	異體／簡體
尸	甲 三碼全取	尸S	尸
刷	乙 二三取碼	尸S 月B 中L 弓N	刷
匹	甲 三碼全取	尸S 金C	匹
殿	乙 二三取碼	尸S 金C 竹H 弓N 水E	殿
層	丁 1E 1E E 包	尸S 金C 田W 日A	层
屎	甲 三碼全取	尸S 水E	屎
腎	乙 二三取碼	尸S 水E 月B	肾
臀	乙 二三取碼	尸S 水E 月B	臀
賢	乙 二三取碼 複	尸S 水E 月B 山U 金C	贤
堅	乙 二三取碼	尸S 水E 土G	坚
醫	丙 1E 12E 包	尸S 水E 一M 金C 田W	医
豎	乙 二三取碼	尸S 水E 一M 口R 廿T	竖

異體／簡體

匯 乙二三取碼 複		尸S	水E	人O	土G		汇
聚 乙二三取碼	尸S	水E	人O	人O	人O		聚
翳 丁1E 1E E	尸S	水E	尸S	一M	一M		翳
娶 乙二三取碼	尸S	水E	女V				娶
緊 乙二三取碼	尸S	水E	女V	戈I	火F		紧
肩 甲三碼全取		尸S	火F	月B			肩
屎 甲三碼全取		尸S	火F	木D			屎
尉 乙二三取碼	尸S	火F	木D	戈I			尉
馭 乙二三取碼	尸S	火F	水E				驭
騷 丁1E 1E E	尸S	火F	水E	戈I	戈I		骚
驍 丙1E 12E	尸S	火F	土G	土G	山U		骁
駱 乙二三取碼	尸S	火F	竹H	水E	口R		骆

殊：特殊字
字首
次字首
1＝頭碼　E＝尾碼
包：包含替代
複：複合字
甲乙丙丁：見461頁

			異體／簡體
驕	丙 1E 12E 包	尸S 火F 竹H 大K 月B	骄
騙	丙 1E 12E	尸S 火F 竹H 尸S 月B	骗
駿	丙 1E 12E	尸S 火F 戈I 金C 水E	骏
駝	乙 二三取碼	尸S 火F 十J 心P	驼
駄	乙 二三取碼	尸S 火F 大K	驮
駮	乙 二三取碼	尸S 火F 大K 大K	驳
騎	丙 1E 12E	尸S 火F 大K 一M 口R	骑
駛	乙 二三取碼	尸S 火F 中L 大K	驶
馴	乙 二三取碼	尸S 火F 中L 中L 中L	驯
驥	丁 1E 1E E	尸S 火F 中L 心P 金C	骥
騁	丙 1E 12E	尸S 火F 中L 田W 尸S	骋
騵	丙 1E 12E	尸S 火F 一M 竹H 火F	𫘪

							異體／簡體
驪	丙 1E 12E	尸S	火F	一M	一M	心P	骊
驃	丁 1E 1E E	尸S	火F	一M	田W	火F	骠
駙	乙 二三取碼	尸S	火F	人O	木D	戈I	驸
驗	丙 1E 12E	尸S	火F	人O	一M	人O	验
馳	乙 二三取碼	尸S	火F	心P	木D		驰
駒	乙 二三取碼	尸S	火F	心P	口R		驹
驟	丁 1E 1E E	尸S	火F	尸S	水E	人O	骤
驅	丙 1E 12E	尸S	火F	尸S	口R	口R	驱
駢	乙 二三取碼	尸S	火F	廿T	廿T		骈
駟	乙 二三取碼	尸S	火F	田W	金C		驷
驛	丁 1E 1E E	尸S	火F	田W	中L	十J	驿
騾	丙 1E 12E	尸S	火F	田W	女V	火F	骡

字首　次字首

殊：特殊字

1＝頭碼　E＝尾碼

包：包含替代

複：複合字

甲乙丙丁：見461頁

字	取碼	1	2	3	4	5	異體／簡體
駐	乙 二三取碼	尸S	火F	卜Y	土G		驻
驢	丙 1E 12E 複	尸S	火F	卜Y	心P	廿T	驴
駭	丙 1E 12E	尸S	火F	卜Y	女V	人O	骇
戳	乙 二三取碼	尸S	土G	戈I			戳
聽	丁 1E 1E E 包	尸S	土G	十J	田W	心P	听
勗	乙 二三取碼	尸S	土G	大K	尸S		勗
刀	甲 三碼全取		尸S	竹H			刀
鬆	乙 二三取碼	尸S	竹H	木D	金C	戈I	松
髯	乙 二三取碼	尸S	竹H	土G	月B		髯
髻	乙 二三取碼	尸S	竹H	土G	口R		髻
鬚	丁 1E 1E E 複	尸S	竹H	竹H	竹H	金C	须
髦	乙 二三取碼	尸S	竹H	竹H	手Q	山U	髦

字	取碼						異體／簡體
刃	甲 三碼全取		尸S	竹H	戈I		刃
戮	乙 二三取碼	尸S	竹H	戈I			戮
髮	乙 二三取碼	尸S	竹H	戈I	大K	大K	发
鬢	丙 1E 12E 複	尸S	竹H	十J	一M	金C	鬓
鬃	丙 1E 12E	尸S	竹H	十J	一M	火F	鬃
鬍	乙 二三取碼	尸S	竹H	十J	口R	月B	胡
匠	乙 二三取碼		尸S	竹H	一M	中L	匠
髡	乙 二三取碼	尸S	竹H	一M	山U		髡
屐	丙 1E 12E		尸S	竹H	人O	水E	屐
履	丙 1E 12E		尸S	竹H	人O	水E	履
屜	丙 1E 12E		尸S	竹H	人O	廿T	屉
屨	丙 1E 12E		尸S	竹H	人O	女V	屦

字	取碼	碼	異體／簡體
尾	乙 二三取碼	尸S 竹H 手Q 山U	尾
召	甲 三碼全取	尸S 竹H 口R	召
匾	丙 1E 12E 包	尸S 竹H 尸S 月B	匾
鬣	丁 1E 1E E	尸S 竹H 女V 女V 女V	鬣
髭	丁 1E 1E E	尸S 竹H 卜Y 一M 心P	髭
監	乙 二三取碼	尸S 戈I 月B 廿T	监
熨	乙 二三取碼	尸S 戈I 火F	熨
肆	乙 二三取碼	尸S 戈I 中L 手Q	肆
忍	乙 二三取碼	尸S 戈I 心P	忍
慰	乙 二三取碼	尸S 戈I 心P	慰
褽	乙 二三取碼	尸S 戈I 卜Y 竹H 女V	褽
耳	甲 三碼全取	尸S 十J	耳

字首
次字首
殊：特殊字
1＝頭碼 E＝尾碼
包：包含替代
甲乙丙丁：見461頁
複：複合字

							異體／簡體
臂	乙 二三取碼	尸S	十J	月B			臂
檗	乙 二三取碼	尸S	十J	木D			檗
取	甲 三碼全取	尸S	十J	水E			取
耿	甲 三碼全取	尸S	十J	火F			耿
壁	乙 二三取碼	尸S	十J	土G			壁
聊	丁 1E 1E E	尸S	十J	竹H	竹H	中L	聊
聒	乙 二三取碼	尸S	十J	竹H	十J	口R	聒
聰	丁 1E 1E E 包	尸S	十J	竹H	田W	心P	聪
屠	乙 二三取碼		尸S	十J	大K	日A	屠
耽	乙 二三取碼	尸S	十J	中L	月B	山U	耽
聘	丙 1E 12E	尸S	十J	中L	田W	尸S	聘
甓	乙 二三取碼	尸S	十J	一M	土G	戈I	甓

異體／簡體

字	取碼	字形分解					異體／簡體
耶	乙 二三取碼 複	尸S	十J	弓N	中L		耶
聆	丙 1E 12E	尸S	十J	人O	戈I	戈I	聆
恥	甲 三碼全取	尸S	十J	心P			擘
擘	乙 二三取碼	尸S	十J	手Q			擘
居	甲 三碼全取		尸S	十J	口R		居
劈	乙 二三取碼	尸S	十J	尸S	竹H		劈
聶	丙 1E 12E	尸S	十J	尸S	十J	十J	聶
聯	丁 1E 1E E	尸S	十J	女V	戈I	廿T	联
襞	乙 二三取碼	尸S	十J	卜Y	竹H	女V	襞
職	丁 1E 1E E	尸S	十J	卜Y	戈I	日A	职
譬	丙 1E 12E	尸S	十J	卜Y	一M	口R	譬
尹	甲 三碼全取		尸S	大K			尹

殊：特殊字　字首　次字首

1＝頭碼　E＝尾碼

包：包含替代

複：複合字

甲乙丙丁：見461頁

字	取碼	字形分解	異體／簡體
君	甲 三碼全取	尸S 大K 口R	君
匝	甲 三碼全取	尸S 中L 月B	匝
頤	丙 1E 12E 複	尸S 中L 一M 月B 金C	颐
匱	丙 1E 12E 複	尸S 中L 一M 金C	匮
匪	丁 1E 1E E	尸S 中L 一M 卜Y	匪
屝	丁 1E 1E E	尸S 中L 一M 卜Y	屝
臥	乙 二三取碼	尸S 中L 人O	卧
臨	丙 1E 12E	尸S 中L 人O 口R 口R	临
臣	乙 二三取碼	尸S 中L 尸S 中L	臣
屢	丙 1E 12E	尸S 中L 田W 女V	屡
刁	甲 三碼全取	尸S 一M	刁
帚	乙 二三取碼	尸S 一M 月B 中L 月B	帚

字首　殊：特殊字

次字首

1＝頭碼　E＝尾碼　包：包含替代

甲乙丙丁：見461頁　複：複合字

字	取碼	字首	次字首	異體	簡體
匩	甲三碼全取	尸S	一M 土G		匩
習	乙二三取碼	尸S 一M	竹H 日A		习
屋	乙二三取碼	尸S	一M 戈I 土G		屋
尋	丙1E 12E	尸S 一M	一M 口R 戈I		寻
屍	丁1E 1E E 包	尸S	一M 弓N 心P		尸
翟	乙二三取碼 複	尸S 一M	人O 土G		翟
司	甲三碼全取	尸S	一M 口R		司
羽	乙二三取碼 異	尸S 一M	尸S 戈I 一M	羽	羽
羿	乙二三取碼	尸S 一M	廿T		羿
長	甲三碼全取	尸S	一M 女V		长
翼	乙二三取碼	尸S 一M	田W 廿T 金C		翼
翠	丙1E 12E	尸S 一M	卜Y 人O 十J		翠

字	取碼	字形拆分	異體／簡體
翌	乙二三取碼	尸S 一M 卜Y 廿T	翌
孱	丙1E 12E	尸S 弓N 木D 木D	孱
尺	甲三碼全取	尸S 人O	尺
鄹	乙二三取碼 複	尸S 人O 弓N 中L	鄹
咫	乙二三取碼	尸S 人O 口R 金C	咫
尼	甲三碼全取	尸S 心P	尼
屁	甲三碼全取	尸S 心P 心P	屁
那	乙二三取碼 複	尸S 手Q 弓N 中L	那
馬	乙二三取碼	尸S 手Q 尸S 火F	马
叵	甲三碼全取	尸S 口R	叵
鷗	丙1E 12E	尸S 口R 竹H 日A 火F	鸥
聖	乙二三取碼	尸S 口R 竹H 土G	圣

字首　次字首　殊：特殊字
1＝頭碼　E＝尾碼　包：包含替代
甲乙丙丁：見461頁　複：複合字

字	取碼						異體／簡體
毆	乙二三取碼	尸S	口R	竹H	弓N	水E	殴
甌	丙1E 12E 包	尸S	口R	一M	女V	弓N	瓯
邵	乙二三取碼 複	尸S	口R	弓N	中L		邵
郡	乙二三取碼 複	尸S	口R	弓N	中L		郡
歐	乙二三取碼	尸S	口R	弓N	人O		欧
慝	乙二三取碼	尸S	口R	心P			慝
區	乙二三取碼		尸S	口R	口R	口R	区
群	乙二三取碼	尸S	口R	廿T	手Q		群
辟	乙二三取碼	尸S	口R	卜Y	廿T	十J	辟
巨	甲三碼全取		尸S	尸S			巨
局	甲三碼全取		尸S	尸S	口R		局
凹	甲三碼全取		尸S	尸S	山U		凹

字	取碼	倉頡碼	異體／簡體
匿	乙 二三取碼	尸S 廿T 大K 口R	匿
羼	丙 1E 12E	尸S 廿T 手Q 手Q	羼
屏	甲 三碼全取	尸S 廿T 廿T	屏
展	甲 三碼全取	尸S 廿T 女V	展
己	甲 三碼全取	尸S 山U	己
已	甲 三碼全取	尸S 山U	已
熙	乙 二三取碼	尸S 山U 火F	熙
屆	甲 三碼全取	尸S 山U 土G	届
兕	乙 二三取碼	尸S 山U 竹H 山U	兕
[illegible]	乙 二三取碼	尸S 山U 弓N 木D	[illegible]
改	乙 二三取碼	尸S 山U 人O 大K	改
忌	甲 三碼全取	尸S 山U 心P	忌

殊：特殊字　字首　次字首

包：包含替代　1＝頭碼　E＝尾碼

複：複合字　甲乙丙丁：見461頁

字	取碼						異體／簡體
屈	甲 三碼全取		尸S	山U	山U		屈
郾	乙 二三取碼 複	尸S	女V	弓N	中L		郾
鹽	乙 二三取碼 包	尸S	田W	月B	廿T		盐
覽	丙 1E 12E 複 包	尸S	田W	月B	山U	山U	览
鑒	乙 二三取碼 包	尸S	田W	金C			鉴
匣	甲 三碼全取		尸S	田W	中L		匣
屬	丁 1E 1E E		尸S	卜Y	卜Y	戈I	属
犀	丁 1E 1E E		尸S	卜Y	卜Y	手Q	犀
廿	甲 三碼全取		廿T				廿
昔	甲 三碼全取		廿T	日A			昔
萌	甲 三碼全取		廿T	日A	月B		萌
鶓	丙 1E 12E	廿T	日A	竹H	日A	火F	鹋

字	取碼		第一碼	第二碼	第三碼	第四碼	異體／簡體
草	甲 三碼全取		廿T	日A	十J		草
莫	甲 三碼全取		廿T	日A	大K		莫
暮	乙 二三取碼		廿T	日A	大K	日A	暮
幕	丙 1E 12E		廿T	日A	大K	月B	幕
驀	丙 1E 12E		廿T	日A	大K	火F	蓦
墓	乙 二三取碼		廿T	日A	大K	土G	墓
慕	乙 二三取碼		廿T	日A	大K	心P	慕
摹	乙 二三取碼		廿T	日A	大K	手Q	摹
募	丙 1E 12E		廿T	日A	大K	尸S	募
藺	丙 1E 12E	複	廿T	日A	弓N	土G	蔺
蘭	丙 1E 12E	複 包 殊	廿T	日A	弓N	田W	兰
葛	丙 1E 12E	包	廿T	日A	心P	女V	葛

殊：特殊字　字首　次字首

1＝頭碼　E＝尾碼　包：包含替代

複：複合字　甲乙丙丁：見461頁

字	取碼	拆碼				異體／簡體
蕞	丙 1E 12E	廿T	日A	尸S	水E	蕞
芭	甲 三碼全取	廿T	日A	山U		芭
蔓	丙 1E 12E	廿T	日A	田W	水E	蔓
萵	丁 1E 1E E	廿T	月B	月B	口R	萵
典	甲 三碼全取	廿T	月B	金C		典
菜	甲 三碼全取	廿T	月B	木D		菜
藤	丙 1E 12E 殊	廿T	月B	火F	水E	藤
塑	乙 二三取碼	廿T	月B	土G		塑
藐	丁 1E 1E E	廿T	月B	竹H	山U	藐
葷	丙 1E 12E	廿T	月B	十J	十J	荤
繭	丙 1E 12E 異	廿T	月B	中L	戈I	茧
前	乙 二三取碼	廿T	月B	中L	弓N	前

						異體／簡體
蒙 丙1E 12E		廿T	月B	一M	人O	蒙
煎 丁1E 1E E		廿T	月B	弓N	火F	煎
剪 丁1E 1E E		廿T	月B	弓N	竹H	剪
蔡 丁1E 1E E		廿T	月B	人O	火F	蔡
散 乙二三取碼	廿T	月B	人O	大K		散
菔 丙1E 12E		廿T	月B	尸S	水E	菔
苜 甲三碼全取 複		廿T	月B	山U		苜
莧 丙1E 12E 複		廿T	月B	山U	山U	苋
共 甲三碼全取		廿T	金C			共
普 乙二三取碼	廿T	金C	日A			普
期 乙二三取碼	廿T	金C	月B			期
益 乙二三取碼	廿T	金C	月B	廿T		益

殊：特殊字　□字首　■次字首

包：包含替代　1＝頭碼　E＝尾碼

複：複合字　甲乙丙丁：見461頁

異體／簡體

字	取碼						異體／簡體
基	乙二三取碼	廿T	金C	土G			基
夔	乙二三取碼	廿T	金C	竹H	水E		夔
斯	乙二三取碼	廿T	金C	竹H	一M	中L	斯
蓊	丙1E 12E		廿T	金C	戈I	一M	蓊
欺	乙二三取碼	廿T	金C	弓N	人O		欺
歁	乙二三取碼	廿T	金C	弓N	人O		歁
恭	乙二三取碼	廿T	金C	心P			恭
巷	乙二三取碼	廿T	金C	口R	山U		巷
菜	丙1E 12E		廿T	金C	尸S	木D	菜
芬	乙二三取碼		廿T	金C	尸S	竹H	芬
業	丙1E 12E		廿T	金C	廿T	木D	业
叢	丙1E 12E		廿T	金C	廿T	水E	丛

						異體／簡體
茜 乙二三取碼		廿T	金C	田W	一M	茜
茉 甲三碼全取 殊		廿T	木D	十J		茉
苯 甲三碼全取		廿T	木D	一M		苯
葦 丙1E 12E		廿T	木D	一M	手Q	苇
鄴 乙二三取碼 複	廿T	木D	弓N	中L		邺
萊 乙二三取碼		廿T	木D	人O	人O	莱
蕩 丙1E 12E		廿T	水E	日A	竹H	荡
鑿 乙二三取碼	廿T	水E	金C			凿
菠 丙1E 12E		廿T	水E	木D	水E	菠
莎 乙二三取碼		廿T	水E	火F	竹H	莎
蔆 丙1E 12E		廿T	水E	土G	水E	菱
落 丙1E 12E		廿T	水E	竹H	口R	落

字首
次字首
殊：特殊字
1＝頭碼　E＝尾碼
包：包含替代
甲乙丙丁：見461頁
複：複合字

字	取碼	拆碼					異體／簡體
藩	丙 1E 12E		廿T	水E	竹H	田W	藩
蒲	丙 1E 12E		廿T	水E	戈I	月B	蒲
薄	丙 1E 12E		廿T	水E	戈I	戈I	薄
萍	丙 1E 12E		廿T	水E	一M	十J	萍
蒞	丙 1E 12E		廿T	水E	人O	廿T	莅
藻	丙 1E 12E		廿T	水E	口R	木D	藻
范	乙 二三取碼		廿T	水E	尸S	山U	范
茫	乙 二三取碼		廿T	水E	卜Y	女V	茫
蔽	丁 1E 1E E 包		廿T	火F	月B	大K	蔽
苒	甲 三碼全取		廿T	土G	月B		苒
觀	丙 1E 12E 複	廿T	土G	月B	山U	山U	观
菱	丙 1E 12E		廿T	土G	金C	水E	菱

字	取碼	倉頡碼	異體／簡體
對	乙二三取碼	廿T 土G 木D 戈I	对
羨	乙二三取碼	廿T 土G 水E 弓N 人O	羡
羔	甲三碼全取	廿T 土G 火F	羔
羹	丙1E 12E	廿T 土G 火F 廿T 大K	羹
鸛	丙1E 12E 複	廿T 土G 竹H 日A 火F	鹳
羲	丙1E 12E	廿T 土G 竹H 木D 尸S	羲
義	乙二三取碼	廿T 土G 竹H 手Q 戈I	义
羌	乙二三取碼	廿T 土G 竹H 山U	羌
藝	丁1E 1E E	廿T 土G 戈I 戈I	艺
蓋	丙1E 12E	廿T 土G 戈I 廿T	盖
美	甲三碼全取	廿T 土G 大K	美
勸	乙二三取碼 複	廿T 土G 大K 尸S	劝

□ 字首　■ 次字首　1＝頭碼　E＝尾碼　甲乙丙丁：見461頁

殊：特殊字　包：包含替代　複：複合字

字	取碼					異體／簡體
歡	乙 二三取碼 複	廿T	土G	弓N	人O	欢
薔	丁 1E 1E E 包	廿T	土G	人O	田W	蔷
恙	甲 三碼全取	廿T	土G	心P		恙
薹	丙 1E 12E	廿T	土G	口R	土G	薹
善	乙 二三取碼	廿T	土G	廿T	口R	善
姜	甲 三碼全取	廿T	土G	女V		姜
葩	丙 1E 12E	廿T	竹H	日A	山U	葩
首	乙 二三取碼 複	廿T	竹H	月B	山U	首
莉	丙 1E 12E	廿T	竹H	木D	弓N	莉
莠	丙 1E 12E	廿T	竹H	木D	尸S	莠
萎	乙 二三取碼	廿T	竹H	木D	女V	萎
蕃	丁 1E 1E E	廿T	竹H	木D	田W	蕃

						異體／簡體
薰 丁 1E 1E E	廿T	竹H	土G	火F		薰
茆 丁 1E 1E E	廿T	竹H	竹H	中L		茆
蒐 甲 三碼全取 複	廿T	竹H	戈I			蒐
蘖 丁 1E 1E E	廿T	竹H	十J	木D		蘖
茱 乙 二三取碼	廿T	竹H	十J	木D		茱
董 丙 1E 12E	廿T	竹H	十J	土G		董
芹 乙 二三取碼	廿T	竹H	一M	中L		芹
茇 乙 二三取碼	廿T	竹H	弓N	水E		茇
薇 丙 1E 12E	廿T	竹H	人O	大K		薇
薜 丁 1E 1E E	廿T	竹H	口R	十J		薜
蔥 丁 1E 1E E 包 異	廿T	竹H	田W	心P	葱	蔥
萸 乙 二三取碼	廿T	竹H	難X	人O		萸

□ 字首
■ 次字首
殊：特殊字
1＝頭碼　E＝尾碼
包：包含替代
複：複合字
甲乙丙丁：見461頁

字	取碼	拆碼				異體／簡體
蘑	丁 1E 1E E	廿T	戈I	木D	口R	蘑
茂	甲 三碼全取	廿T	戈I	竹H		茂
莆	乙 二三取碼	廿T	戈I	十J	月B	莆
莽	乙 二三取碼	廿T	戈I	大K	廿T	莽
茨	丙 1E 12E	廿T	戈I	一M	人O	茨
藏	丁 1E 1E E 包	廿T	戈I	一M	尸S	藏
芝	乙 二三取碼	廿T	戈I	弓N	人O	芝
苔	甲 三碼全取	廿T	戈I	口R		苔
蓆	丙 1E 12E	廿T	戈I	廿T	月B	席
蔗	乙 二三取碼	廿T	戈I	廿T	火F	蔗
薦	乙 二三取碼	廿T	戈I	難X	火F	荐
卅	甲 三碼全取	廿T	十J			卅

字	取碼	倉頡碼	異體／簡體
靼	乙二三取碼	廿T 十J 日A 一M	靼
靶	乙二三取碼	廿T 十J 日A 山U	靶
芾	甲三碼全取	廿T 十J 月B	芾
荸	丙1E 12E	廿T 十J 月B 木D	荸
蓉	丙1E 12E	廿T 十J 金C 口R	蓉
芰	甲三碼全取	廿T 十J 水E	芰
鞘	乙二三取碼	廿T 十J 火F 月B	鞘
鞋	乙二三取碼	廿T 十J 土G 土G	鞋
鞦	乙二三取碼	廿T 十J 竹H 木D 火F	秋
蕙	丁1E 1E E	廿T 十J 戈I 心P	蕙
鞍	乙二三取碼	廿T 十J 十J 女V	鞍
著	乙二三取碼	廿T 十J 大K 日A	著

字首　次字首
殊：特殊字
1＝頭碼　E＝尾碼
包：包含替代
甲乙丙丁：見461頁
複：複合字

字	取碼	拆碼	異體／簡體
勒	乙 二三取碼	廿T 十J 大K 尸S	勒
鞅	乙 二三取碼	廿T 十J 中L 月B 大K	鞅
萋	乙 二三取碼	廿T 十J 中L 女V	萋
萱	丙 1E 12E	廿T 十J 一M 一M	萱
苧	乙 二三取碼	廿T 十J 一M 弓N	苎
莞	丙 1E 12E	廿T 十J 一M 山U	莞
韁	丙 1E 12E	廿T 十J 一M 田W 一M	缰
鞣	丁 1E 1E E	廿T 十J 弓N 竹H 木D	鞣
蓿	丙 1E 12E	廿T 十J 人O 日A	蓿
鞭	丙 1E 12E	廿T 十J 人O 一M 大K	鞭
靴	乙 二三取碼	廿T 十J 人O 心P	靴
鞠	乙 二三取碼	廿T 十J 心P 火F 木D	鞠

字	取碼	倉頡碼	異體／簡體
苦	甲 三碼全取	廿T 十J 口R	苦
葫	乙 二三取碼	廿T 十J 口R 月B	葫
菅	丙 1E 12E	廿T 十J 口R 口R	菅
韉	丙 1E 12E	廿T 十J 廿T 戈I 火F	鞯
韃	丙 1E 12E	廿T 十J 卜Y 土G 手Q	鞑
韆	丙 1E 12E	廿T 十J 卜Y 一M 山U	千
艾	甲 三碼全取	廿T 大K	艾
蘂	乙 二三取碼	廿T 大K 木D	蘂
荻	丁 1E 1E E	廿T 大K 竹H 火F	荻
荐	丙 1E 12E	廿T 大K 中L 木D	荐
菴	丙 1E 12E	廿T 大K 中L 山U	庵
鄭	乙 二三取碼 複	廿T 大K 弓N 中L	郑

字	取碼						異體／簡體
莢	乙 二三取碼		廿T	大K	人O	人O	荚
擎	乙 二三取碼	廿T	大K	手Q			擎
若	甲 三碼全取		廿T	大K	口R		若
惹	乙 二三取碼		廿T	大K	口R	心P	惹
驚	丙 1E 12E	廿T	大K	尸S	手Q	火F	惊
茄	乙 二三取碼		廿T	大K	尸S	口R	茄
荔	丙 1E 12E 異		廿T	大K	尸S	尸S	茘 荔
警	丙 1E 12E	廿T	大K	卜Y	一M	口R	警
英	乙 二三取碼		廿T	中L	月B	大K	英
革	甲 三碼全取		廿T	中L	十J		革
菲	丁 1E 1E E		廿T	中L	一M	卜Y	菲
燕	丁 1E 1E E		廿T	中L	心P	火F	燕

							異體／簡體
藪	丁 1E 1E E		廿T	中L	女V	大K	薮
蕭	甲 三碼全取		廿T	中L	難X		萧
甘	甲 三碼全取		廿T	一M			甘
覲	丙 1E 12E 複	廿T	一M	月B	山U	山U	觐
蕾	丁 1E 1E E 包		廿T	一M	月B	田W	蕾
芋	甲 三碼全取		廿T	一M	木D		芋
某	甲 三碼全取		廿T	一M	木D		某
茉	甲 三碼全取		廿T	一M	火F		茉
蒜	丁 1E 1E E		廿T	一M	火F	火F	蒜
蘸	丁 1E 1E E 複		廿T	一M	土G	火F	蘸
勤	乙 二三取碼	廿T	一M	大K	尸S		勤
其	乙 二三取碼		廿T	一M	一M	金C	其

□字首 ■次字首
殊：特殊字
1＝頭碼 E＝尾碼
包：包含替代
甲乙丙丁：見461頁
複：複合字

字	取碼					異體／簡體
芸	乙二三取碼	廿T	一M	一M	戈I	芸
甚	丙1E 12E 包	廿T	一M	一M	女V	甚
鄞	乙二三取碼 複	廿T	一M	弓N	中L	鄞
苛	乙二三取碼	廿T	一M	弓N	口R	苛
葬	丁1E 1E E	廿T	一M	心P	廿T	葬
華	乙二三取碼	廿T	一M	廿T	十J	华
荆	丙1E 12E	廿T	一M	廿T	弓N	荆
蕨	丙1E 12E	廿T	一M	廿T	人O	蕨
芽	丙1E 12E	廿T	一M	女V	竹H	芽
莖	丙1E 12E	廿T	一M	女V	一M	茎
黃	丁1E 1E E	廿T	一M	田W	金C	黄
蕈	丁1E 1E E	廿T	一M	田W	十J	蕈

字	取碼	1	2	3	4	異體／簡體
薑	丙 1E 12E	廿T	一M	田W	一M	姜
蓀	丙 1E 12E	廿T	弓N	木D	火F	荪
菰	丙 1E 12E	廿T	弓N	木D	人O	菰
蒸	丙 1E 12E	廿T	弓N	水E	火F	蒸
蘇	丁 1E 1E E	廿T	弓N	火F	木D	苏
薊	丁 1E 1E E	廿T	弓N	火F	弓N	蓟
蘚	丁 1E 1E E	廿T	弓N	火F	手Q	藓
茅	丙 1E 12E	廿T	弓N	戈I	竹H	茅
茗	乙 二三取碼	廿T	弓N	戈I	口R	茗
苑	丙 1E 12E	廿T	弓N	戈I	山U	苑
蔭	丙 1E 12E 複	廿T	弓N	中L	戈I	荫
薩	丙 1E 12E 複	廿T	弓N	中L	一M	萨

殊：特殊字　□字首　■次字首
包：包含替代　1＝頭碼　E＝尾碼
複：複合字　甲乙丙丁：見461頁

							異體／簡體
蔬	丁 1E 1E E		廿T	弓N	一M	山U	蔬
葵	丁 1E 1E E		廿T	弓N	人O	大K	葵
菟	丁 1E 1E E		廿T	弓N	山U	戈I	菟
艱	乙 二三取碼	廿T	人O	日A	女V		艰
茶	甲 三碼全取		廿T	人O	木D		茶
蕉	乙 二三取碼 複		廿T	人O	土G	火F	蕉
舊	丙 1E 12E 複		廿T	人O	土G	難X	旧
荏	乙 二三取碼		廿T	人O	竹H	土G	荏
養	乙 二三取碼	廿T	人O	戈I	日A	女V	养
苓	丙 1E 12E		廿T	人O	戈I	戈I	苓
蒼	丙 1E 12E		廿T	人O	戈I	口R	苍
芥	乙 二三取碼		廿T	人O	中L	中L	芥

字	取碼	倉頡碼				異體／簡體
荼	乙二三取碼	廿T	人O	一M	木D	荼
荃	乙二三取碼	廿T	人O	一M	土G	荃
荷	丙1E 12E	廿T	人O	一M	口R	荷
歎	乙二三取碼	廿T	人O	弓N	人O	叹
難	乙二三取碼 複	廿T	人O	人O	土G	难
花	甲三碼全取	廿T	人O	心P		花
葆	乙二三取碼	廿T	人O	口R	木D	葆
蕪	丁1E 1E E	廿T	人O	廿T	火F	芜
莓	丙1E 12E 包	廿T	人O	田W	卜Y	莓
蓓	丙1E 12E	廿T	人O	卜Y	口R	蓓
芯	甲三碼全取	廿T	心P			芯
萄	甲三碼全取	廿T	心P	日A		萄

字首 殊：特殊字

次字首

1＝頭碼 E＝尾碼 包：包含替代

甲乙丙丁：見461頁 複：複合字

字	取碼	字根	異體／簡體
菊	乙 二三取碼	廿T 心P 火F 木D	菊
芍	甲 三碼全取	廿T 心P 戈I	芍
莆	丙 1E 12E	廿T 心P 戈I 月B	莆
蔔	丙 1E 12E	廿T 心P 一M 田W	卜
萄	丙 1E 12E	廿T 心P 人O 山U	萄
蕊	乙 二三取碼	廿T 心P 心P 心P	蕊
苟	甲 三碼全取	廿T 心P 口R	苟
苞	乙 二三取碼	廿T 心P 口R 山U	苞
葉	乙 二三取碼	廿T 心P 廿T 木D	叶
羊	甲 三碼全取	廿T 手Q	羊
羯	丙 1E 12E 包	廿T 手Q 日A 心P 女V	羯
藉	丙 1E 12E	廿T 手Q 木D 日A	藉

字	取碼	拆碼	異體／簡體
藕	丙 1E 12E 包	廿T 手Q 木D 月B	藕
差	甲 三碼全取	廿T 手Q 一M	差
菁	乙 二三取碼	廿T 手Q 一M 月B	菁
羞	乙 二三取碼	廿T 手Q 弓N 土G	羞
芺	甲 三碼全取	廿T 手Q 人O	芺
羚	丙 1E 12E	廿T 手Q 人O 戈I 戈I	羚
翔	丁 1E 1E E	廿T 手Q 尸S 一M 一M	翔
羶	丙 1E 12E	廿T 手Q 卜Y 田W 一M	膻
莒	乙 二三取碼	廿T 口R 竹H 口R	莒
敬	乙 二三取碼	廿T 口R 人O 大K	敬
萼	丙 1E 12E	廿T 口R 口R 尸S	萼
葭	丁 1E 1E E	廿T 口R 卜Y 水E	葭

字首 殊：特殊字
次字首
1＝頭碼 E＝尾碼 包：包含替代
甲乙丙丁：見461頁 複：複合字

異體／簡體

蔚	丁 1E 1E E	廿T	尸S	火F	戈I		蔚
藍	丁 1E 1E E	廿T	尸S	戈I	廿T		蓝
茸	甲 三碼全取	廿T	尸S	十J			茸
蘖	丁 1E 1E E	廿T	尸S	十J	木D		蘖
萇	乙 二三取碼	廿T	尸S	一M	女V		苌
薜	丙 1E 12E	廿T	尸S	口R	十J		薜
苣	甲 三碼全取	廿T	尸S	尸S			苣
井	甲 三碼全取	廿T	廿T				井
幷	甲 三碼全取	廿T	廿T				并
並	甲 三碼全取	廿T	廿T	金C			并
瓶	丙 1E 12E 包	廿T	廿T	一M	女V	弓N	瓶
朔	甲 三碼全取	廿T	山U	月B			朔

						異體／簡體
茁	甲 三碼全取	廿T	山U	山U		茁
蘊	丁 1E 1E E	廿T	女V	火F	廿T	蕴
戡	乙 二三取碼 包	廿T	女V	戈I		戡
孼	丁 1E 1E E	廿T	女V	戈I	木D	孼
藥	丁 1E 1E E	廿T	女V	戈I	木D	药
茲	丙 1E 12E	廿T	女V	戈I	戈I	兹
慈	丁 1E 1E E	廿T	女V	戈I	心P	慈
勘	乙 二三取碼	廿T	女V	大K	尸S	勘
莊	丁 1E 1E E	廿T	女V	一M	土G	庄
蔣	丁 1E 1E E	廿T	女V	一M	戈I	蒋
茹	甲 三碼全取	廿T	女V	口R		茹
斟	乙 二三取碼 包	廿T	女V	卜Y	十J	斟

□ 字首　■ 次字首　殊：特殊字
1＝頭碼　E＝尾碼　包：包含替代
甲乙丙丁：見461頁　複：複合字

字	取碼	拆碼	異體／簡體
曲	甲 三碼全取	廿T 田W	曲
苗	甲 三碼全取	廿T 田W	苗
曹	乙 二三取碼 包	廿T 田W 日A	曹
疐	丁 1E 1E E 包	廿T 田W 月B 人O	疐
尊	乙 二三取碼 包	廿T 田W 木D 戈I	尊
菌	乙 二三取碼	廿T 田W 竹H 木D	菌
猷	乙 二三取碼 包	廿T 田W 戈I 大K	猷
茵	甲 三碼全取	廿T 田W 大K	茵
奠	乙 二三取碼 包	廿T 田W 大K	奠
薯	丁 1E 1E E	廿T 田W 中L 日A	薯
萬	丙 1E 12E 包	廿T 田W 中L 月B	万
蘿	丁 1E 1E E 複	廿T 田W 中L 土G	萝

字	取碼	1	2	3	4	5	異體／簡體
蔑	丁 1E 1E E	廿T	田W	中L	戈I		蔑
夢	丁 1E 1E E 包	廿T	田W	中L	弓N		梦
甍	丁 1E 1E E 包	廿T	田W	中L	弓N		甍
薨	丁 1E 1E E	廿T	田W	中L	心P		薨
農	丙 1E 12E	廿T	田W	一M	一M	女V	农
茴	甲 三碼全取	廿T	田W	口R			茴
兼	甲 三碼全取	廿T	難X	金C			兼
蒂	丁 1E 1E E	廿T	卜Y	月B	月B		蒂
薪	丁 1E 1E E	廿T	卜Y	木D	中L		薪
菽	丁 1E 1E E	廿T	卜Y	火F	水E		菽
蘋	丁 1E 1E E 複	廿T	卜Y	竹H	金C		苹
蓬	丙 1E 12E	廿T	卜Y	竹H	十J		蓬

字	取碼					異體／簡體
芳	乙 二三取碼	廿T	卜Y	竹H	尸S	芳
蓮	丙 1E 12E	廿T	卜Y	十J	十J	莲
茳	乙 二三取碼	廿T	卜Y	中L	一M	茳
萃	丙 1E 12E	廿T	卜Y	人O	十J	萃
蘆	丙 1E 12E 複	廿T	卜Y	心P	廿T	芦
藷	丁 1E 1E E	廿T	卜Y	口R	日A	薯
蒿	丙 1E 12E 包	廿T	卜Y	口R	月B	蒿
藹	丁 1E 1E E 包	廿T	卜Y	口R	女V	蔼
菸	丁 1E 1E E	廿T	卜Y	尸S	卜Y	菸
莘	乙 二三取碼	廿T	卜Y	廿T	十J	莘
菩	乙 二三取碼	廿T	卜Y	廿T	口R	菩
芒	甲 三碼全取	廿T	卜Y	女V		芒

字首　次字首
1＝頭碼　E＝尾碼
甲乙丙丁：見461頁
殊：特殊字
包：包含替代
複：複合字

字	取碼	分解	異體／簡體
荒	丙 1E 12E	廿T 卜Y 女V 山U	荒
蓄	丙 1E 12E	廿T 卜Y 女V 田W	蓄
蓑	丙 1E 12E	廿T 卜Y 田W 女V	蓑
薺	甲 三碼全取	廿T 卜Y 難X	荠
山	甲 三碼全取	山U	山
崑	乙 二三取碼	山U 日A 心P 心P	昆
崩	甲 三碼全取	山U 月B 月B	崩
巔	丙 1E 12E 複包	山U 月B 一M 月B 金C	巅
峒	乙 二三取碼	山U 月B 一M 口R	峒
崢	乙 二三取碼	山U 月B 尸S 木D	峥
崗	乙 二三取碼	山U 月B 廿T 山U	岗
峴	丙 1E 12E 複	山U 月B 山U 山U	岘

殊：特殊字　□字首　■次字首
包：包含替代　1＝頭碼　E＝尾碼
複：複合字　甲乙丙丁：見461頁

						異體／簡體
嶔	乙 二三取碼	山U	金C	弓N	人O	嶔
峪	乙 二三取碼	山U	金C	人O	口R	峪
崧	乙 二三取碼	山U	木D	金C	戈I	崧
峭	甲 三碼全取	山U	火F	月B		峭
嶸	丙 1E 12E	山U	火F	火F	木D	嵘
峙	乙 二三取碼	山U	土G	木D	戈I	峙
崁	乙 二三取碼	山U	土G	弓N	人O	崁
匕	甲 三碼全取	山U	竹H			匕
峰	丙 1E 12E	山U	竹H	水E	十J	峰
嵐	丙 1E 12E	山U	竹H	弓N	戈I	岚
峨	乙 二三取碼	山U	竹H	手Q	戈I	峨
巍	丁 1E 1E E 複	山U	竹H	女V	戈I	巍

異體／簡體

字	取碼	拆碼	異體／簡體
嶼	丙 1E 12E	山U 竹H 難X 金C	屿
峻	丙 1E 12E	山U 戈I 金C 水E	峻
嵗	丙 1E 12E	山U 戈I 竹H 女V	歲
巔	丁 1E 1E E 複	山U 十J 金C 金C	巅
崆	乙 二三取碼	山U 十J 金C 一M	崆
岐	甲 三碼全取	山U 十J 水E	岐
嶄	丁 1E 1E E	山U 十J 十J 中L	崭
崇	丙 1E 12E	山U 十J 一M 火F	崇
豐	乙 二三取碼	山U 十J 一M 口R 廿T	丰
凶	甲 三碼全取	山U 大K	凶
嶽	丁 1E 1E E	山U 大K 竹H 大K	岳
兇	乙 二三取碼	山U 大K 竹H 山U	凶

殊：特殊字 ▢ 字首 ▢ 次字首

包：包含替代 1＝頭碼 E＝尾碼

複：複合字 甲乙丙丁：見461頁

字	取碼	1	2	3	4	異體／簡體
崤	乙 二三取碼	山U	大K	大K	月B	崤
崎	丙 1E 12E	山U	大K	一M	口R	崎
峽	乙 二三取碼	山U	大K	人O	人O	峡
岫	甲 三碼全取	山U	中L	田W		岫
耑	丙 1E 12E	山U	一M	月B	中L	专
炭	甲 三碼全取	山U	一M	火F		炭
崖	乙 二三取碼	山U	一M	土G	土G	崖
蚩	丙 1E 12E	山U	一M	中L	戈I	蚩
岸	乙 二三取碼	山U	一M	一M	十J	岸
豳	丁 1E 1E E	山U	一M	人O	人O	豳
岩	甲 三碼全取	山U	一M	口R		岩
豈	乙 二三取碼	山U	一M	口R	廿T	岂

字	取碼					異體／簡體
岌	乙 二三取碼	山U	弓N	竹H	水E	岌
嶝	丁 1E 1E E	山U	弓N	人O	廿T	嶝
巉	丙 1E 12E	山U	弓N	口R	戈I	巉
崔	甲 三碼全取 複	山U	人O	土G		崔
嶺	丁 1E 1E E 複	山U	人O	戈I	金C	岭
岑	乙 二三取碼	山U	人O	戈I	弓N	岑
崙	丙 1E 12E 包	山U	人O	一M	月B	仑
屹	甲 三碼全取	山U	人O	弓N		屹
巖	丙 1E 12E	山U	口R	口R	大K	岩
岷	乙 二三取碼	山U	口R	女V	心P	岷
嶇	丙 1E 12E	山U	尸S	口R	口R	岖
崛	乙 二三取碼	山U	尸S	山U	山U	崛

殊：特殊字　□字首　■次字首　包：包含替代　1＝頭碼　E＝尾碼　複：複合字　甲乙丙丁：見461頁

異體／簡體

字	類別	標記	取碼	異體／簡體
覬	丙 1E 12E	複	山U 廿T 月B 山U 山U	觊
豔	丙 1E 12E		山U 廿T 土G 戈I 廿T	艳
凱	乙 二三取碼		山U 廿T 竹H 弓N	凯
剴	乙 二三取碼		山U 廿T 中L 弓N	剀
嵌	丙 1E 12E		山U 廿T 一M 人O	嵌
艷	乙 二三取碼		山U 廿T 弓N 日A 山U	艳
嵯	乙 二三取碼		山U 廿T 手Q 一M	嵯
出	甲 三碼全取		山U 山U	出
祟	乙 二三取碼		山U 山U 一M 一M 火F	祟
幽	丙 1E 12E		山U 女V 戈I 戈I	幽
嵩	丙 1E 12E	包	山U 卜Y 口R 月B	嵩
女	甲 三碼全取		女V	女

字	取碼	倉頡碼	異體	簡體
娼	甲 三碼全取	女V 日A 日A		娼
媢	丙 1E 12E 複	女V 日A 竹H 山U		媢
嫻	乙 二三取碼 複	女V 日A 弓N 木D		娴
媧	丁 1E 1E E	女V 月B 月B 口R		娲
姐	甲 三碼全取	女V 月B 一M		姐
媛	丙 1E 12E	女V 月B 一M 水E		媛
姍	甲 三碼全取 異	女V 月B 廿T	姗	姗
娣	丙 1E 12E	女V 金C 弓N 竹H		娣
勦	乙 二三取碼	女V 木D 大K 尸S		剿
嫩	丙 1E 12E 殊	女V 木D 中L 大K		嫩
剿	乙 二三取碼	女V 木D 中L 弓N		剿
奴	甲 三碼全取	女V 水E		奴

殊：特殊字　字首　次字首

1＝頭碼　E＝尾碼

包：包含替代

甲乙丙丁：見461頁

複：複合字

字	取碼	字首		次字首			異體／簡體
努	乙 二三取碼	女V	水E	大K	尸S		努
帑	乙 二三取碼	女V	水E	中L	月B		帑
剝	乙 二三取碼	女V	水E	中L	弓N		剥
弩	甲 三碼全取	女V	水E	弓N			弩
怒	甲 三碼全取	女V	水E	心P			怒
駑	丙 1E 12E	女V	水E	尸S	手Q	火F	驽
緹	丙 1E 12E	女V	火F	日A	一M	人O	缇
縵	丙 1E 12E	女V	火F	日A	田W	水E	缦
嫦	丙 1E 12E		女V	火F	月B	月B	嫦
綬	乙 二三取碼	女V	火F	月B	月B	水E	绶
纓	丁 1E 1E E 複	女V	火F	月B	金C	女V	缨
綵	乙 二三取碼	女V	火F	月B	木D		彩

							異體／簡體
綢 乙二三取碼	女V	火F	月B	土G	口R		绸
組 乙二三取碼	女V	火F	月B	一M			组
緩 丙1E 12E	女V	火F	月B	一M	水E		缓
綱 乙二三取碼	女V	火F	月B	廿T	山U		纲
網 丙1E 12E	女V	火F	月B	廿T	女V		网
緲 丙1E 12E 複	女V	火F	月B	山U	竹H		缈
綏 乙二三取碼	女V	火F	月B	女V			绥
鑾 乙二三取碼	女V	火F	金C				銮
紛 乙二三取碼	女V	火F	金C	尸S	竹H		纷
繒 丁1E 1E E 包	女V	火F	金C	田W	日A		缯
紂 乙二三取碼	女V	火F	木D	戈I			纣
緯 丙1E 12E	女V	火F	木D	一M	手Q		纬

字	取碼							異體／簡體
練	乙 二三取碼 殊	女V	火F	木D	田W	火F	练
綴	丙 1E 12E	女V	火F	水E	水E	水E	缀
紗	乙 二三取碼	女V	火F	火F	竹H		纱
絆	乙 二三取碼	女V	火F	火F	手Q		绊
綾	丙 1E 12E	女V	火F	土G	金C	水E	绫
繞	丙 1E 12E	女V	火F	土G	土G	山U	绕
結	乙 二三取碼	女V	火F	土G	口R		结
續	丙 1E 12E 複	女V	火F	土G	田W	金C	续
妙	甲 三碼全取		女V	火F	竹H		妙
綿	丙 1E 12E	女V	火F	竹H	日A	月B	绵
線	乙 二三取碼	女V	火F	竹H	日A	水E	线
鷥	丙 1E 12E	女V	火F	竹H	日A	火F	鸶

殊：特殊字
字首
次字首
1＝頭碼 E＝尾碼
包：包含替代
複：複合字
甲乙丙丁：見461頁

							異體／簡體
鸞	丙 1E 12E	女V	火F	竹H	日A	火F	鸾
繙	丁 1E 1E E	女V	火F	竹H	木D	田W	翻
絳	乙 二三取碼	女V	火F	竹H	水E	手Q	绛
絡	乙 二三取碼	女V	火F	竹H	水E	口R	络
終	乙 二三取碼	女V	火F	竹H	水E	卜Y	终
緞	丁 1E 1E E	女V	火F	竹H	十J	水E	缎
綞	丙 1E 12E	女V	火F	竹H	十J	一M	缍
縱	丙 1E 12E	女V	火F	竹H	人O	人O	纵
編	丙 1E 12E 包	女V	火F	竹H	尸S	月B	编
繳	丁 1E 1E E	女V	火F	竹H	尸S	大K	缴
紙	乙 二三取碼	女V	火F	竹H	女V	心P	纸
總	丁 1E 1E E 包	女V	火F	竹H	田W	心P	总

殊：特殊字　字首　次字首

包：包含替代　1＝頭碼　E＝尾碼

複：複合字　甲乙丙丁：見461頁

字	取碼	1	2	3	4	5	異體／簡體
縛	丁 1E 1E E	女V	火F	戈I	月B	戈I	缚
緘	丙 1E 12E	女V	火F	戈I	竹H	口R	缄
縿	丙 1E 12E	女V	火F	戈I	戈I	竹H	𦈸
絨	乙 二三取碼	女V	火F	戈I	十J		绒
紱	乙 二三取碼	女V	火F	戈I	大K	大K	绂
纏	丙 1E 12E	女V	火F	戈I	田W	土G	缠
縝	丙 1E 12E	女V	火F	十J	月B	金C	缜
緒	乙 二三取碼	女V	火F	十J	大K	日A	绪
縯	丙 1E 12E	女V	火F	十J	一M	金C	𬙞
繽	丙 1E 12E 複	女V	火F	十J	一M	金C	缤
綜	丙 1E 12E	女V	火F	十J	一M	火F	综
綻	丙 1E 12E	女V	火F	十J	一M	人O	绽

字	取碼	字首		字身			異體／簡體
縮	丙1E 12E	女V	火F	十J	人O	日A	缩
綰	丙1E 12E	女V	火F	十J	口R	口R	绾
繚	丙1E 12E	女V	火F	大K	金C	火F	缭
綺	丙1E 12E	女V	火F	大K	一M	口R	绮
紼	乙二三取碼	女V	火F	中L	中L	弓N	绋
蠻	乙二三取碼	女V	火F	中L	一M	戈I	蛮
紳	乙二三取碼	女V	火F	中L	田W	中L	绅
縷	丙1E 12E	女V	火F	中L	田W	女V	缕
繡	乙二三取碼	女V	火F	中L	難X		绣
紅	乙二三取碼	女V	火F	一M			红
紆	乙二三取碼	女V	火F	一M	木D		纡
緻	丁1E 1E E	女V	火F	一M	土G	大K	致

殊：特殊字　字首　次字首
包：包含替代　1＝頭碼　E＝尾碼
複：複合字　甲 乙 丙 丁：見461頁

異體／簡體

字	取碼	1	2	3	4	5	異體／簡體
縉	丙 1E 12E	女V	火F	一M	戈I	日A	缙
絰	乙 二三取碼	女V	火F	一M	戈I	土G	绖
紜	乙 二三取碼	女V	火F	一M	一M	戈I	纭
經	丙 1E 12E	女V	火F	一M	女V	一M	经
縹	丁 1E1E E	女V	火F	一M	田W	火F	缥
緬	丙 1E 12E	女V	火F	一M	田W	中L	缅
彎	乙 二三取碼	女V	火F	弓N			弯
孿	乙 二三取碼	女V	火F	弓N	木D		孪
紐	乙 二三取碼	女V	火F	弓N	土G		纽
級	乙 二三取碼	女V	火F	弓N	竹H	水E	级
繈	丙 1E 12E	女V	火F	弓N	戈I	戈I	襁
纔	丙 1E 12E	女V	火F	弓N	口R	戈I	才

字	取碼	1	2	3	4	5	異體／簡體
納	乙二三取碼	女V	火F	人O	月B		纳
維	乙二三取碼 複	女V	火F	人O	土G		维
纖	丁1E 1E E	女V	火F	人O	戈I	一M	纤
變	乙二三取碼	女V	火F	人O	大K		变
繪	丙1E 12E	女V	火F	人O	一M	日A	绘
綸	丙1E 12E 包	女V	火F	人O	一M	月B	纶
給	乙二三取碼	女V	火F	人O	一M	口R	给
紇	乙二三取碼	女V	火F	人O	弓N		纥
戀	乙二三取碼	女V	火F	心P			恋
絢	乙二三取碼	女V	火F	心P	日A		绚
約	乙二三取碼	女V	火F	心P	戈I		约
紕	乙二三取碼	女V	火F	心P	心P		纰

異體／簡體

字	取碼	分解	異體／簡體
紲	乙 二三取碼	女V 火F 心P 廿T	绁
純	乙 二三取碼	女V 火F 心P 山U	纯
縐	丙 1E 12E	女V 火F 心P 山U 山U	绉
姅	甲 三碼全取	女V 火F 手Q	姅
孿	乙 二三取碼	女V 火F 手Q	孪
綁	丙 1E 12E 複	女V 火F 手Q 十J 中L	绑
績	丙 1E 12E 複	女V 火F 手Q 一M 金C	绩
轡	乙 二三取碼	女V 火F 口R	辔
絹	乙 二三取碼	女V 火F 口R 月B	绢
緝	乙 二三取碼	女V 火F 口R 尸S 十J	缉
繩	乙 二三取碼	女V 火F 口R 難X 山U	绳
紉	乙 二三取碼	女V 火F 尸S 竹H 戈I	纫

殊：特殊字
字首
次字首
包：包含替代
1＝頭碼 E＝尾碼
複：複合字
甲 乙 丙 丁：見461頁

字	取碼	第一碼	第二碼	第三碼	第四碼	第五碼	異體	簡體
紹	乙 二三取碼	女V	火F	尸S	竹H	口R		绍
絕	丙 1E 12E 異	女V	火F	尸S	竹H	山U	绝	绝
繆	丁 1E 1E E	女V	火F	尸S	一M	竹H		缪
紀	乙 二三取碼	女V	火F	尸S	山U			纪
纜	丁 1E 1E E 包複	女V	火F	尸S	田W	山U		缆
縊	丙 1E 12E	女V	火F	廿T	金C	廿T		缢
繕	丙 1E 12E	女V	火F	廿T	土G	口R		缮
緯	乙 二三取碼	女V	火F	廿T	中L	十J		纬
縑	乙 二三取碼	女V	火F	廿T	難X	金C		缣
巒	乙 二三取碼	女V	火F	山U				峦
繃	乙 二三取碼	女V	火F	山U	月B	月B		绷
絀	乙 二三取碼	女V	火F	山U	山U			绌

殊：特殊字 字首
次字首
包：包含替代 1＝頭碼 E＝尾碼
複：複合字 甲乙丙丁：見461頁

異體／簡體

字	取碼	拆碼	異體／簡體
絲	乙 二三取碼	女V 火F ｜ 女V 戈I 火F	丝
糾	乙 二三取碼	女V 火F ｜ 女V 中L	纠
綠	丙 1E 12E	女V 火F ｜ 女V 弓N 水E	绿
緣	丙 1E 12E	女V 火F ｜ 女V 弓N 人O	缘
繅	丁 1E 1E E	女V 火F ｜ 女V 女V 木D	缫
繼	丙 1E 12E	女V 火F ｜ 女V 女V 戈I	继
緇	丁 1E 1E E	女V 火F ｜ 女V 女V 田W	缁
細	乙 二三取碼	女V 火F ｜ 田W	细
綑	乙 二三取碼	女V 火F ｜ 田W 木D	捆
繹	丁 1E 1E E	女V 火F ｜ 田W 中L 十J	绎
縲	丙 1E 12E	女V 火F ｜ 田W 女V 火F	缧
綽	乙 二三取碼	女V 火F ｜ 卜Y 日A 十J	绰

							異體／簡體
締 丁 1E 1E E	女V	火F	卜Y	月B	月B		缔
絞 乙 二三取碼	女V	火F	卜Y	金C	大K		绞
縫 丙 1E 12E	女V	火F	卜Y	竹H	十J		缝
紡 乙 二三取碼	女V	火F	卜Y	竹H	尸S		纺
織 丁 1E 1E E	女V	火F	卜Y	戈I	日A		织
統 丙 1E 12E	女V	火F	卜Y	戈I	山U		统
紋 乙 二三取碼	女V	火F	卜Y	大K			纹
縞 丙 1E 12E 包	女V	火F	卜Y	口R	月B		缟
絃 乙 二三取碼	女V	火F	卜Y	女V	戈I		弦
縴 丙 1E 12E	女V	火F	卜Y	女V	手Q		纤
娃 甲 三碼全取		女V	土G	土G			娃
嬈 丙 1E 12E		女V	土G	土G	山U		娆

字首
次字首
殊：特殊字
1＝頭碼　E＝尾碼
包：包含替代
甲乙丙丁：見461頁
複：複合字

字	取碼	碼					異體／簡體
奘	乙 二三取碼	女V	土G	大K			奘
嬉	丙 1E 12E	女V	土G	口R	口R		嬉
裝	乙 二三取碼	女V	土G	卜Y	竹H	女V	装
嬝	丙 1E 12E	女V	竹H	日A	女V		袅
姙	甲 三碼全取	女V	竹H	土G			妊
婢	丁 1E 1E E	女V	竹H	竹H	十J		婢
鄉	丁 1E 1E E 複	女V	竹H	戈I	戈I	中L	乡
妖	甲 三碼全取	女V	竹H	大K			妖
嬌	丙 1E 12E 包	女V	竹H	大K	月B		娇
婚	丁 1E 1E E	女V	竹H	心P	日A		婚
娥	乙 二三取碼	女V	竹H	手Q	戈I		娥
姓	乙 二三取碼	女V	竹H	手Q	一M		姓

			異體／簡體
妒 甲 三碼全取	女V	竹H 尸S	妒
媳 丁 1E 1E E 複	女V	竹H 山U 心P	媳
媲 丁 1E 1E E 包	女V	竹H 田W 心P	媲
嫂 丙 1E 12E	女V	竹H 難X 水E	嫂
娘 乙 二三取碼	女V	戈I 日A 女V	娘
槳 乙 二三取碼	女V 戈I	木D	桨
樂 乙 二三取碼	女V 戈I	木D	乐
嬤 丁 1E 1E E	女V	戈I 木D 戈I	嬷
漿 乙 二三取碼	女V 戈I	水E	浆
糸 甲 三碼全取	女V	戈I 火F	糸
幾 乙 二三取碼 複	女V 戈I	竹H 戈I	几
斷 乙 二三取碼	女V 戈I	竹H 一M 中L	断

殊：特殊字 | 字首 | 次字首
包：包含替代 | 1＝頭碼 E＝尾碼
複：複合字 | 甲乙丙丁：見461頁

字	取碼	字首		次字首			異體／簡體
獎	乙 二三取碼 異	女V	戈I	戈I	大K		奖
幼	乙 二三取碼	女V	戈I	大K	尸S		幼
醬	丙 1E 12E 包	女V	戈I	一M	金C	田W	酱
以	甲 三碼全取		女V	戈I	人O		以
始	甲 三碼全取		女V	戈I	口R		始
幻	甲 三碼全取	女V	戈I	尸S			幻
畿	乙 二三取碼 複	女V	戈I	田W			畿
妹	甲 三碼全取		女V	十J	木D		妹
妓	甲 三碼全取		女V	十J	水E		妓
嬸	丙 1E 12E		女V	十J	竹H	田W	婶
姥	乙 二三取碼		女V	十J	大K	心P	姥
嬪	丙 1E 12E 複		女V	十J	一M	金C	嫔

字	取碼	拆字	異體／簡體
嫁	丙 1E 12E	女V 十J 一M 人O	嫁
婉	丙 1E 12E	女V 十J 弓N 山U	婉
姑	甲 三碼全取	女V 十J 口R	姑
姨	甲 三碼全取	女V 大K 弓N	姨
嫉	乙 二三取碼	女V 大K 人O 大K	嫉
嚮	乙 二三取碼 複	女V 中L 竹H 月B 口R	向
姚	丁 1E 1E E	女V 中L 一M 人O	姚
饗	丙 1E 12E 複	女V 中L 人O 戈I 女V	飨
收	乙 二三取碼	女V 中L 人O 大K	收
妯	甲 三碼全取	女V 中L 田W	妯
娉	丙 1E 12E	女V 中L 田W 尸S	娉
姊	乙 二三取碼	女V 中L 難X 竹H	姊

字首　次字首　殊：特殊字
1＝頭碼　E＝尾碼　包：包含替代
甲乙丙丁：見461頁　複：複合字

字	取碼	1	2	3	4	5	異體／簡體
響	乙二三取碼 複	女V	中L	卜Y	廿T		响
將	乙二三取碼	女V	一M	月B	木D	戈I	将
嬬	丁1E 1E E 複 包		女V	一M	月B	山U	嬬
彙	乙二三取碼	女V	一M	月B	田W	木D	汇
彝	丁1E 1E E	女V	一M	火F	火F	廿T	彝
壯	乙二三取碼	女V	一M	土G			壮
牆	丁1E 1E E 包	女V	一M	土G	人O	田W	墙
戕	乙二三取碼	女V	一M	戈I			戕
姪	乙二三取碼		女V	一M	戈I	土G	侄
狀	乙二三取碼	女V	一M	戈I	大K		状
奸	甲三碼全取		女V	一M	十J		奸
娠	丙1E 12E		女V	一M	一M	女V	娠

		異體／簡體
姸 甲三碼全取	女V 一M 廿T	姸
妝 乙二三取碼	女V 一M 女V	妆
嫖 丁1E 1E E	女V 一M 田W 火F	嫖
嫣 丙1E 12E	女V 一M 卜Y 火F	嫣
娩 丙1E 12E	女V 弓N 日A 山U	娩
好 甲三碼全取	女V 弓N 木D	好
妳 甲三碼全取	女V 弓N 火F	你
妞 甲三碼全取	女V 弓N 土G	妞
奶 乙二三取碼	女V 弓N 竹H 尸S	奶
妤 丙1E 12E	女V 弓N 戈I 弓N	妤
婀 丙1E 12E 複	女V 弓N 中L 口R	婀
婿 丁1E 1E E	女V 弓N 人O 月B	婿

殊：特殊字　字首　次字首

包：包含替代　1＝頭碼　E＝尾碼

複：複合字　甲乙丙丁：見461頁

字	取碼	分解	異體／簡體
蠡	丁 1E 1E E	女V 人O 中L 戈I 戈I	蠡
嫵	丁 1E 1E E	女V 人O 廿T 火F	妩
她	甲 三碼全取	女V 心P 木D	她
妁	甲 三碼全取	女V 心P 戈I	妁
妣	甲 三碼全取	女V 心P 心P	妣
婊	乙 二三取碼	女V 手Q 一M 女V	婊
如	甲 三碼全取	女V 口R	如
娟	甲 三碼全取	女V 口R 月B	娟
恕	甲 三碼全取	女V 口R 心P	恕
嬋	丙 1E 12E	女V 口R 口R 十J	婵
絮	乙 二三取碼	女V 口R 女V 戈I 火F	絮
娛	丙 1E 12E	女V 口R 女V 大K	娱

字	類別	1	2	3	4	異體／簡體
娓	丙 1E 12E	女V	尸S	竹H	山U	娓
姬	丙 1E 12E	女V	尸S	中L	中L	姬
婦	丙 1E 12E	女V	尸S	一M	月B	妇
妮	甲 三碼全取	女V	尸S	心P		妮
媽	丙 1E 12E	女V	尸S	手Q	火F	妈
娜	丙 1E 12E 複	女V	尸S	手Q	中L	娜
嫗	丙 1E 12E	女V	尸S	口R	口R	妪
妃	甲 三碼全取	女V	尸S	山U		妃
媒	乙 二三取碼	女V	廿T	一M	木D	媒
姘	甲 三碼全取	女V	廿T	廿T		姘
媾	丙 1E 12E	女V	廿T	廿T	月B	媾
嫌	乙 二三取碼	女V	廿T	難X	金C	嫌

殊：特殊字　字首　次字首
1＝頭碼　E＝尾碼
包：包含替代
甲乙丙丁：見461頁
複：複合字

字	取碼	字首		次字首			異體／簡體
災	乙 二三取碼	女V	女V	火F			灾
娰	乙 二三取碼		女V	女V	戈I	人O	姒
邕	乙 二三取碼	女V	女V	口R	日A	山U	邕
姦	甲 三碼全取		女V	女V	女V		奸
巢	乙 二三取碼	女V	女V	田W	木D		巢
娌	甲 三碼全取		女V	田W	土G		娌
姻	甲 三碼全取		女V	田W	大K		姻
媼	丙 1E 12E		女V	田W	人O	廿T	媪
嫘	丙 1E 12E		女V	田W	女V	火F	嫘
姆	乙 二三取碼		女V	田W	卜Y	戈I	姆
嫡	丙 1E 12E 包		女V	卜Y	金C	月B	嫡
姣	乙 二三取碼		女V	卜Y	金C	大K	姣

				異體／簡體
妨	乙 二三取碼	女V	卜Y 竹H 尸S	妨
婷	丙 1E 12E	女V	卜Y 口R 弓N	婷
孃	丙 1E 12E	女V	卜Y 口R 女V	娘
田	甲 三碼全取	田W		田
胃	甲 三碼全取	田W	月B	胃
愚	乙 二三取碼 包	田W 月B	心P	愚
四	甲 三碼全取	田W	金C	四
困	甲 三碼全取	田W	木D	困
果	甲 三碼全取	田W	木D	果
顆	丙 1E 12E 複	田W 木D	一M 月B 金C	颗
圍	丙 1E 12E	田W	木D 一M 手Q	围
夥	丙 1E 12E 包	田W 木D	弓N 戈I 弓N	夥

殊：特殊字　□ 字首　■ 次字首
包：包含替代　1＝頭碼　E＝尾碼
複：複合字　甲乙丙丁：見461頁

字	取碼	碼 1	碼 2	碼 3	碼 4	碼 5	異體／簡體
黠	乙 二三取碼	田W	火F	土G	口R		黠
黷	丙 1E 12E 複	田W	火F	土G	田W	金C	黩
默	乙 二三取碼	田W	火F	戈I	大K		默
黔	乙 二三取碼	田W	火F	人O	戈I	弓N	黔
畔	甲 三碼全取	田W	火F	手Q			畔
圈	丙 1E 12E 殊	田W	火F	手Q	山U		圈
黜	乙 二三取碼	田W	火F	山U	山U		黜
黝	丙 1E 12E	田W	火F	女V	戈I	尸S	黝
點	乙 二三取碼	田W	火F	卜Y	口R		点
黯	乙 二三取碼	田W	火F	卜Y	廿T	日A	黯
里	甲 三碼全取	田W	土G				里
黑	乙 二三取碼	田W	土G	火F			黑

			異體／簡體
墨	乙 二三取碼	田W 土G 火F 土G	墨
畦	甲 三碼全取	田W 土G 土G	畦
疇	丙 1E 12E	田W 土G 弓N 戈I	畴
野	丙 1E 12E	田W 土G 弓N 戈I 弓N	野
園	丙 1E 12E	田W 土G 口R 女V	园
圍	乙 二三取碼	田W 土G 廿T 十J	围
略	乙 二三取碼	田W 竹H 水E 口R	略
圃	乙 二三取碼	田W 戈I 十J 月B	圃
畎	甲 三碼全取	田W 戈I 大K	畎
歜	乙 二三取碼	田W 戈I 弓N 人O	歜
國	乙 二三取碼	田W 戈I 口R 一M	国
毋	甲 三碼全取	田W 十J	毋

殊：特殊字　字首　次字首

包：包含替代　1＝頭碼　E＝尾碼

複：複合字　甲乙丙丁：見461頁

字	取碼	碼					異體／簡體
貫	乙 二三取碼 複	田W	十J	月B	山U	金C	贯
團	丁 1E 1E E		田W	十J	戈I	戈I	团
固	甲 三碼全取		田W	十J	口R		固
因	甲 三碼全取		田W	大K			因
囿	甲 三碼全取		田W	大K	月B		囿
畸	丙 1E 12E		田W	大K	一M	口R	畸
恩	甲 三碼全取	田W	大K	心P			恩
男	甲 三碼全取		田W	大K	尸S		男
甲	甲 三碼全取		田W	中L			甲
禺	丙 1E 12E		田W	中L	月B	戈I	禺
買	乙 二三取碼 複	田W	中L	月B	山U	金C	买
睪	乙 二三取碼	田W	中L	土G	廿T	十J	睪

異體／簡體

							異體／簡體
鴨	丙 1E 12E	田W	中L	竹H	日A	火F	鸭
罷	丙 1E 12E	田W	中L	戈I	月B	心P	罢
置	丙 1E 12E	田W	中L	十J	月B	一M	置
署	乙 二三取碼	田W	中L	十J	大K	日A	署
罟	乙 二三取碼	田W	中L	十J	口R		罟
甽	乙 二三取碼		田W	中L	中L	中L	甽
罪	丁 1E 1E E	田W	中L	中L	一M	卜Y	罪
眾	乙 二三取碼	田W	中L	人O	人O	人O	众
蜀	丙 1E 12E	田W	中L	心P	中L	戈I	蜀
罹	乙 二三取碼 複	田W	中L	心P	人O	土G	罹
罵	丙 1E 12E	田W	中L	尸S	手Q	火F	骂
羈	丁 1E 1E E	田W	中L	廿T	十J	火F	羁

殊：特殊字　□ 字首　■ 次字首

包：包含替代　1＝頭碼　E＝尾碼

複：複合字　甲乙丙丁：見461頁

字	取碼	拆碼					異體／簡體
羅	丁 1E 1E E 複	田W	中L	女V	火F	土G	罗
罩	乙 二三取碼	田W	中L	卜Y	日A	十J	罩
罰	丁 1E 1E E	田W	中L	卜Y	口R	弓N	罚
圄	丁 1E 1E E	田W	一M	一M	口R		圄
畏	甲 三碼全取	田W	一M	女V			畏
囝	甲 三碼全取	田W	弓N	木D			囝
墅	乙 二三取碼	田W	弓N	土G			墅
囚	甲 三碼全取	田W	人O				囚
畋	甲 三碼全取	田W	人O	大K			畋
界	乙 二三取碼	田W	人O	中L	中L		界
思	甲 三碼全取	田W	心P				思
囫	乙 二三取碼	田W	心P	竹H	竹H		囫

字	取碼	拆字				異體／簡體
毗 甲三碼全取		田W	心P	心P		毗
囤 甲三碼全取		田W	心P	山U		囤
回 甲三碼全取		田W	口R			回
圓 丙1E 12E	複	田W	口R	月B	金C	圆
圖 丙1E 12E	包	田W	口R	卜Y	田W	图
異 甲三碼全取		田W	廿T	金C		异
畢 甲三碼全取		田W	廿T	十J		毕
累 乙二三取碼		田W	女V	戈I	火F	累
壘 乙二三取碼		田W	田W	田W	土G	垒
疊 丙1E 12E		田W	田W	田W	一M	叠
毋 甲三碼全取		田W	卜Y	戈I		毋
卜 甲三碼全取		卜Y				卜

殊：特殊字　字首　次字首
包：包含替代　1＝頭碼　E＝尾碼
複：複合字　甲乙丙丁：見461頁

字	取碼	碼	碼	碼	碼	碼	異體／簡體
桌	甲 三碼全取		卜Y	日A	木D		桌
韹	丙 1E 12E	卜Y	日A	竹H	日A	土G	韹
卓	甲 三碼全取		卜Y	日A	十J		卓
遲	乙 二三取碼 複		卜Y	日A	人O	土G	遲
遏	丙 1E 12E 包		卜Y	日A	心P	女V	遏
韻	丙 1E 12E 複	卜Y	日A	口R	月B	金C	韵
韶	乙 二三取碼	卜Y	日A	尸S	竹H	口R	韶
遢	丙 1E 12E		卜Y	日A	尸S	一M	遢
退	甲 三碼全取		卜Y	日A	女V		退
過	丁 1E 1E E		卜Y	月B	月B	口R	过
週	乙 二三取碼		卜Y	月B	土G	口R	周
望	乙 二三取碼	卜Y	月B	竹H	土G		望

字	取碼	字形分解	異體／簡體
邈	丁 1E 1E E	卜Y 月B 竹H 山U	邈
獻	乙 二三取碼 包	卜Y 月B 戈I 大K	献
運	丙 1E 12E	卜Y 月B 十J 十J	运
帝	乙 二三取碼	卜Y 月B 中L 月B	帝
啻	乙 二三取碼	卜Y 月B 中L 月B 口R	啻
睿	丙 1E 12E 複	卜Y 月B 一M 金C 山U	睿
鄗	乙 二三取碼 複 包	卜Y 月B 弓N 中L	鄗
離	乙 二三取碼 複 包	卜Y 月B 人O 土G	离
敵	乙 二三取碼 包	卜Y 月B 人O 大K	敌
遙	丙 1E 12E	卜Y 月B 人O 山U	遥
迵	甲 三碼全取	卜Y 月B 口R	迵
貞	乙 二三取碼 複	卜Y 月B 山U 金C	贞

字首　次字首

殊：特殊字　包：包含替代　1＝頭碼　E＝尾碼　複：複合字　甲乙丙丁：見461頁

字	取碼	字首碼	次字首碼	異體／簡體
敲	乙 二三取碼 包	卜Y 月B	卜Y 水E	敲
旁	乙 二三取碼	卜Y 月B	卜Y 竹H 尸S	旁
龍	丙 1E 12E	卜Y 月B	卜Y 尸S 心P	龙
六	甲 三碼全取	卜Y	金C	六
商	丙 1E 12E	卜Y	金C 月B 口R	商
[illegible]	丁 1E 1E E 複	卜Y 金C	竹H 竹H 十J	[illegible]
交	甲 三碼全取	卜Y 金C	大K	交
奕	乙 二三取碼	卜Y 金C	大K	奕
帟	乙 二三取碼	卜Y 金C	中L 月B	帟
兗	乙 二三取碼	卜Y 金C	口R 竹H 山U	兗
衮	乙 二三取碼	卜Y 金C	口R 竹H 女V	衮
弈	乙 二三取碼	卜Y 金C	廿T	弈

異體／簡體

			異體／簡體
親	丙 1E 12E 複	卜Y 木D 月B 山U 山U	亲
鶉	丙 1E 12E	卜Y 木D 竹H 日A 火F	鹑
新	乙 二三取碼	卜Y 木D 竹H 一M 中L	新
孰	乙 二三取碼	卜Y 木D 大K 弓N 戈I	孰
速	甲 三碼全取 殊	卜Y 木D 中L	速
違	丙 1E 12E	卜Y 木D 一M 手Q	违
郭	乙 二三取碼 複	卜Y 木D 弓N 中L	郭
雜	乙 二三取碼 複	卜Y 木D 人O 土G	杂
敦	乙 二三取碼	卜Y 木D 人O 大K	敦
督	乙 二三取碼 複	卜Y 水E 月B 山U	督
壑	乙 二三取碼	卜Y 水E 土G	壑
餐	丙 1E 12E	卜Y 水E 人O 戈I 女V	餐

異體／簡體

							異體／簡體
逍	甲 三碼全取		卜Y	火F	月B		逍
迷	甲 三碼全取		卜Y	火F	木D		迷
遴	丙 1E 12E		卜Y	火F	木D	手Q	遴
叔	乙 二三取碼	卜Y	火F	水E			叔
就	乙 二三取碼	卜Y	火F	戈I	大K	山U	就
主	甲 三碼全取		卜Y	土G			主
逵	乙 二三取碼		卜Y	土G	金C	土G	逵
褻	丁 1E 1E E		卜Y	土G	戈I	女V	亵
虧	丙 1E 12E 複	卜Y	土G	一M	一M	尸S	亏
遠	丙 1E 12E		卜Y	土G	口R	女V	远
遨	丁 1E 1E E		卜Y	土G	尸S	大K	遨
達	乙 二三取碼		卜Y	土G	廿T	手Q	达

字	類別						異體／簡體	
迫	甲 三碼全取		卜Y	竹H	日A			迫
遑	丙 1E 12E		卜Y	竹H	日A	土G		遑
透	丙 1E 12E		卜Y	竹H	木D	尸S		透
逶	乙 二三取碼		卜Y	竹H	木D	女V		逶
返	甲 三碼全取		卜Y	竹H	水E			返
逢	丙 1E 12E		卜Y	竹H	水E	十J		逢
造	乙 二三取碼		卜Y	竹H	土G	口R		造
彥	乙 二三取碼 異	卜Y	竹H	竹H	竹H	竹H	彦	彦
產	乙 二三取碼 異	卜Y	竹H	竹H	手Q	一M	産	产
遛	丁 1E 1E E		卜Y	竹H	竹H	田W		遛
遁	丙 1E 12E 複		卜Y	竹H	十J	山U		遁
頻	丙 1E 12E 複	卜Y	竹H	一M	月B	金C		频

字首　次字首　殊：特殊字　1＝頭碼　E＝尾碼　包：包含替代　甲乙丙丁：見461頁　複：複合字

				異體／簡體
顏	丙 1E 12E	複 異	卜Y 竹H 一M 月B 金C	顔 颜
近	乙 二三取碼		卜Y 竹H 一M 中L	近
逅	乙 二三取碼		卜Y 竹H 一M 口R	逅
亢	甲 三碼全取		卜Y 竹H 弓N	亢
迭	乙 二三取碼		卜Y 竹H 手Q 人O	迭
追	丙 1E 12E		卜Y 竹H 口R 口R	追
方	甲 三碼全取		卜Y 竹H 尸S	方
遍	丙 1E 12E	包	卜Y 竹H 尸S 月B	遍
邀	丁 1E 1E E		卜Y 竹H 尸S 大K	邀
邊	丁 1E 1E E	複	卜Y 竹H 山U 尸S	边
衣	甲 三碼全取		卜Y 竹H 女V	衣
迎	丙 1E 12E		卜Y 竹H 女V 中L	迎

		異體／簡體
裒 丙 1E 12E	卜Y 竹H 難X 女V	裒
遞 丙 1E 12E 複	卜Y 竹H 卜Y 山U	递
育 甲 三碼全取	卜Y 戈I 月B	育
熟 乙 二三取碼	卜Y 戈I 火F	熟
塾 乙 二三取碼	卜Y 戈I 土G	塾
充 乙 二三取碼	卜Y 戈I 竹H 山U	充
述 乙 二三取碼	卜Y 戈I 十J 金C	述
率 丁 1E 1E E	卜Y 戈I 人O 十J	率
迨 甲 三碼全取	卜Y 戈I 口R	迨
棄 乙 二三取碼	卜Y 戈I 廿T 木D	弃
遮 乙 二三取碼	卜Y 戈I 廿T 火F	遮
玆 乙 二三取碼	卜Y 戈I 卜Y 女V 戈I	玆

殊：特殊字
字首
次字首
包：包含替代
1＝頭碼 E＝尾碼
複：複合字
甲乙丙丁：見461頁

字	取碼						異體／簡體
斗	甲 三碼全取		卜Y	十J			斗
邃	丙 1E 12E		卜Y	十J	金C	人O	邃
辣	乙 二三取碼 殊	卜Y	十J	木D	中L		辣
贛	丙 1E 12E 複	卜Y	十J	竹H	水E	金C	赣
彰	乙 二三取碼	卜Y	十J	竹H	竹H	竹H	彰
瓣	丁 1E 1E E	卜Y	十J	竹H	人O	十J	瓣
辨	丙 1E 12E	卜Y	十J	戈I	中L	十J	辨
辦	丙 1E 12E	卜Y	十J	大K	尸S	十J	办
辮	丁 1E 1E E	卜Y	十J	女V	火F	十J	辫
連	乙 二三取碼		卜Y	十J	田W	十J	连
辯	丁 1E 1E E	卜Y	十J	卜Y	口R	十J	辩
文	甲 三碼全取		卜Y	大K			文

字	取碼	倉頡碼	異體／簡體
斕	丙 1E 12E 複 殊	卜Y 大K 日A 弓N 田W	斓
遼	丙 1E 12E	卜Y 大K 金C 火F	辽
逖	丁 1E 1E E	卜Y 大K 竹H 火F	逖
逛	丁 1E 1E E	卜Y 大K 竹H 土G	逛
郊	乙 二三取碼 複	卜Y 大K 弓N 中L	郊
效	乙 二三取碼	卜Y 大K 人O 大K	效
吝	甲 三碼全取	卜Y 大K 口R	吝
迦	乙 二三取碼	卜Y 大K 尸S 口R	迦
紊	乙 二三取碼	卜Y 大K 女V 戈I 火F	紊
市	甲 三碼全取	卜Y 中L 月B	市
逮	甲 三碼全取	卜Y 中L 水E	逮
衷	乙 二三取碼	卜Y 中L 竹H 女V	衷

字首 殊：特殊字

次字首

1＝頭碼 E＝尾碼 包：包含替代

甲乙丙丁：見461頁 複：複合字

			異體／簡體
止	甲 三碼全取	卜Y 中L 一M	止
遺	丙 1E 12E 複	卜Y 中L 一M 金C	遗
步	丙 1E 12E	卜Y 中L 一M 竹H	步
逃	丁 1E 1E E	卜Y 中L 一M 人O	逃
遣	丙 1E 12E	卜Y 中L 一M 口R	遣
亦	乙 二三取碼	卜Y 中L 弓N 金C	亦
迪	甲 三碼全取	卜Y 中L 田W	迪
上	甲 三碼全取	卜Y 一M	上
肯	乙 二三取碼	卜Y 一M 月B	肯
迺	乙 二三取碼	卜Y 一M 金C 田W	乃
迂	甲 三碼全取	卜Y 一M 木D	迂
邇	丙 1E 12E 包	卜Y 一M 火F 月B	迩

字	類別	取碼	異體／簡體
氈	乙二三取碼	卜Y 一M 竹H 手Q 山U	毡
歲	丙1E 12E	卜Y M一 戈I 竹H 竹H	岁
歧	乙二三取碼	卜Y 一M 十J 水E	歧
剷	乙二三取碼	卜Y 一M 中L 弓N	铲
顫	丙1E 12E 複	卜Y 一M 一M 月B 金C	颤
邐	丙1E 12E	卜Y 一M 一M 心P	逦
言	乙二三取碼	卜Y 一M 一M 口R	言
此	乙二三取碼	卜Y 一M 心P	此
雌	乙二三取碼 複	卜Y 一M 心P 人O 土G	雌
逗	乙二三取碼	卜Y 一M 口R 廿T	逗
逼	乙二三取碼	卜Y 一M 口R 田W	逼
逐	丙1E 12E	卜Y 一M 尸S 人O	逐

殊：特殊字

□ 字首　■ 次字首

1＝頭碼　E＝尾碼

包：包含替代

複：複合字

甲乙丙丁：見461頁

字	取碼						異體／簡體
齒	丙 1E 12E	卜Y	一M	山U	人O	人O	齿
逕	丙 1E 12E		卜Y	一M	女V	一M	迳
遷	丁 1E 1E E		卜Y	一M	田W	山U	迁
卡	甲 三碼全取		卜Y	一M	卜Y		卡
邂	丁 1E 1E E 包		卜Y	弓N	月B	手Q	邂
遜	丙 1E 12E		卜Y	弓N	木D	火F	逊
通	丙 1E 12E 包		卜Y	弓N	戈I	月B	通
迅	甲 三碼全取 異		卜Y	弓N	十J		迅 迅
逸	丁 1E 1E E		卜Y	弓N	山U	戈I	逸
褒	丁 1E 1E E		卜Y	人O	木D	女V	褒
進	甲 三碼全取 複		卜Y	人O	土G		进
毅	乙 二三取碼	卜Y	人O	竹H	弓N	水E	毅

字	取碼	倉頡碼	異體／簡體
劾	乙 二三取碼	卜Y 人O 大K 尸S	劾
刻	乙 二三取碼	卜Y 人O 中L 弓N	刻
劇	乙 二三取碼 複	卜Y 人O 中L 弓N	剧
途	乙 二三取碼	卜Y 人O 一M 木D	途
逾	丙 1E 12E	卜Y 人O 一M 弓N	逾
迄	甲 三碼全取	卜Y 人O 弓N	迄
夜	丙 1E 12E 包	卜Y 人O 弓N 大K	夜
卒	乙 二三取碼	卜Y 人O 人O 十J	卒
迤	乙 二三取碼	卜Y 人O 心P 木D	迤
貲	乙 二三取碼 複	卜Y 心P 月B 山U 金C	赀
迆	甲 三碼全取	卜Y 心P 木D	迆
柴	乙 二三取碼	卜Y 心P 木D	柴

字首　次字首　殊：特殊字
1＝頭碼　E＝尾碼　包：包含替代
甲乙丙丁：見461頁　複：複合字

								異體／簡體
壟	乙二三取碼		卜Y	心P	土G			垄
處	丙1E 12E	複	卜Y	心P	竹H	水E	弓N	处
虎	乙二三取碼	複	卜Y	心P	竹H	山U		虎
些	乙二三取碼		卜Y	心P	一M	一M		些
虞	丙1E 12E	複	卜Y	心P	口R	女V	大K	虞
聾	乙二三取碼		卜Y	心P	尸S	十J		聋
虐	乙二三取碼	複	卜Y	心P	尸S	一M		虐
龔	乙二三取碼		卜Y	心P	廿T	金C		龚
虛	乙二三取碼	複	卜Y	心P	廿T	一M		虚
紫	乙二三取碼		卜Y	心P	女V	戈I	火F	紫
膚	乙二三取碼	複	卜Y	心P	田W	月B		肤
盧	乙二三取碼	複	卜Y	心P	田W	月B	廿T	卢

							異體／簡體
虜	乙二三取碼 複	卜Y	心P	田W	大K	尸S	虏
慮	乙二三取碼 複	卜Y	心P	田W	心P		虑
襲	乙二三取碼	卜Y	心P	卜Y	竹H	女V	袭
虔	乙二三取碼 複	卜Y	心P	卜Y	大K		虔
訾	丙1E 12E	卜Y	心P	卜Y	一M	口R	訾
逝	丙1E 12E		卜Y	手Q	竹H	中L	逝
占	甲三碼全取		卜Y	口R			占
謁	丙1E 12E 包	卜Y	口R	日A	心P	女V	谒
膏	丙1E 12E		卜Y	口R	月B	月B	膏
羸	丙1E 12E 複 包	卜Y	口R	月B	月B	弓N	羸
調	乙二三取碼	卜Y	口R	月B	土G	口R	调
詛	乙二三取碼	卜Y	口R	月B	一M		诅

殊：特殊字
字首
次字首
1＝頭碼 E＝尾碼
包：包含替代
甲乙丙丁：見461頁
複：複合字

字	碼							異體／簡體
諼	丙 1E 12E		卜Y	口R	月B	一M	水E	谖
亭	丙 1E 12E			卜Y	口R	月B	弓N	亭
豪	丙 1E 12E			卜Y	口R	月B	人O	豪
謠	丙 1E 12E		卜Y	口R	月B	人O	山U	谣
亳	丙 1E 12E			卜Y	口R	月B	心P	亳
高	乙 二三取碼			卜Y	口R	月B	口R	高
諍	乙 二三取碼		卜Y	口R	月B	尸S	木D	诤
羸	丙 1E 12E	複 包	卜Y	口R	月B	廿T	弓N	羸
亮	丙 1E 12E			卜Y	口R	月B	山U	亮
毫	丙 1E 12E			卜Y	口R	月B	山U	毫
嬴	丙 1E 12E	複 包	卜Y	口R	月B	女V	弓N	嬴
訟	乙 二三取碼		卜Y	口R	金C	戈I		讼

			異體／簡體
説	丙 1E 12E	卜Y 口R 金C 口R 山U	说
詖	乙 二三取碼	卜Y 口R 木D 竹H 水E	诐
討	乙 二三取碼	卜Y 口R 木D 戈I	讨
訣	乙 二三取碼	卜Y 口R 木D 大K	诀
諱	丙 1E 12E	卜Y 口R 木D 一M 手Q	讳
諫	乙 二三取碼 殊	卜Y 口R 木D 田W 火F	谏
京	甲 三碼全取	卜Y 口R 火F	京
誚	乙 二三取碼	卜Y 口R 火F 月B	诮
讜	丙 1E 12E	卜Y 口R 火F 月B 火F	谠
談	乙 二三取碼	卜Y 口R 火F 火F	谈
詩	乙 二三取碼	卜Y 口R 土G 木D 戈I	诗
誌	乙 二三取碼	卜Y 口R 土G 心P	志

殊：特殊字　字首　次字首
1＝頭碼　E＝尾碼
包：包含替代
甲乙丙丁：見461頁
複：複合字

字	取碼						異體／簡體
詰	乙 二三取碼	卜Y	口R	土G	口R		诘
譆	丙 1E 12E	卜Y	口R	土G	口R	口R	嘻
讀	丙 1E 12E 複	卜Y	口R	土G	田W	金C	读
誘	丙 1E 12E	卜Y	口R	竹H	木D	尸S	诱
諉	乙 二三取碼	卜Y	口R	竹H	木D	女V	诿
詻	乙 二三取碼	卜Y	口R	竹H	水E	口R	𫍢
逞	乙 二三取碼		卜Y	口R	竹H	土G	逞
誥	乙 二三取碼	卜Y	口R	竹H	土G	口R	诰
謝	丁 1E 1E E	卜Y	口R	竹H	竹H	戈I	谢
誅	乙 二三取碼	卜Y	口R	竹H	十J	木D	诛
話	乙 二三取碼	卜Y	口R	竹H	十J	口R	话
訢	乙 二三取碼	卜Y	口R	竹H	一M	中L	䜣

字	取碼	字首		字身			異體／簡體
詬	乙二三取碼	卜Y	口R	竹H	一M	口R	诟
訴	乙二三取碼	卜Y	口R	竹H	一M	卜Y	诉
設	乙二三取碼	卜Y	口R	竹H	弓N	水E	设
諷	丙 1E 12E	卜Y	口R	竹H	弓N	戈I	讽
託	乙二三取碼	卜Y	口R	竹H	心P		托
詆	丁 1E 1E E	卜Y	口R	竹H	心P	一M	诋
詐	乙二三取碼	卜Y	口R	竹H	尸S		诈
讚	丁 1E 1E E 複	卜Y	口R	竹H	山U	金C	赞
哀	乙二三取碼		卜Y	口R	竹H	女V	哀
諛	乙二三取碼	卜Y	口R	竹H	難X	人O	谀
誠	乙二三取碼	卜Y	口R	戈I	竹H	尸S	诚
誧	乙二三取碼	卜Y	口R	戈I	十J	月B	诪

殊：特殊字　字首　次字首

包：包含替代　1＝頭碼　E＝尾碼

複：複合字　甲乙丙丁：見461頁

字	取碼	1	2	3	4	5	異體／簡體
詠	乙二三取碼	卜Y	口R	戈I	弓N	水E	咏
諮	丁1E 1E E	卜Y	口R	戈I	人O	口R	谘
試	乙二三取碼	卜Y	口R	戈I	心P	一M	试
誡	乙二三取碼	卜Y	口R	戈I	廿T		诫
計	乙二三取碼	卜Y	口R	十J			计
誼	乙二三取碼	卜Y	口R	十J	月B	一M	谊
詫	乙二三取碼	卜Y	口R	十J	竹H	心P	诧
諸	乙二三取碼	卜Y	口R	十J	大K	日A	诸
詁	乙二三取碼	卜Y	口R	十J	口R		诂
詼	乙二三取碼	卜Y	口R	大K	火F		诙
誑	丁1E 1E E	卜Y	口R	大K	竹H	土G	诳
誇	丙1E 12E	卜Y	口R	大K	一M	尸S	夸

字	取碼	倉頡碼	異體／簡體
訓	乙 二三取碼	卜Y 口R 中L 中L 中L	训
誹	丁 1E 1E E	卜Y 口R 中L 一M 卜Y	诽
剖	乙 二三取碼	卜Y 口R 中L 弓N	剖
訌	乙 二三取碼	卜Y 口R 一M	讧
訏	乙 二三取碼	卜Y 口R 一M 木D	𬣙
評	乙 二三取碼	卜Y 口R 一M 火F 十J	评
訐	乙 二三取碼	卜Y 口R 一M 十J	讦
語	丁 1E 1E E	卜Y 口R 一M 一M 口R	语
訂	乙 二三取碼	卜Y 口R 一M 弓N	订
訶	乙 二三取碼	卜Y 口R 一M 弓N 口R	诃
誣	乙 二三取碼	卜Y 口R 一M 人O 人O	诬
訝	丙 1E 12E	卜Y 口R 一M 女V 竹H	讶

殊：特殊字　　字首　　次字首
包：包含替代　　1＝頭碼　E＝尾碼
複：複合字　　甲乙丙丁：見461頁

字	類別	取碼					異體／簡體
譚	丁 1E 1E E	卜Y	口R	一M	田W	十J	谭
証	丙 1E 12E	卜Y	口R	一M	卜Y	一M	证
譫	丁 1E 1E E	卜Y	口R	弓N	金C	口R	谵
享	乙 二三取碼		卜Y	口R	弓N	木D	享
烹	丙 1E 12E		卜Y	口R	弓N	火F	烹
譎	丁 1E 1E E 包	卜Y	口R	弓N	竹H	月B	谲
諂	乙 二三取碼	卜Y	口R	弓N	竹H	難X	谄
誦	丙 1E 12E 包	卜Y	口R	弓N	戈I	月B	诵
訊	乙 二三取碼 異	卜Y	口R	弓N	十J		訙　讯
誕	丁 1E 1E E	卜Y	口R	弓N	大K	一M	诞
部	乙 二三取碼 複	卜Y	口R	弓N	中L		部
詭	丙 1E 12E	卜Y	口R	弓N	一M	山U	诡

字	取碼	拆碼	異體／簡體
亨	乙 二三取碼	卜Y 口R 弓N 弓N	亨
證	丁 1E 1E E	卜Y 口R 弓N 人O 廿T	证
讒	丙 1E 12E	卜Y 口R 弓N 口R 戈I	谗
訥	乙 二三取碼	卜Y 口R 人O 月B	讷
誰	乙 二三取碼 複	卜Y 口R 人O 土G	谁
譙	乙 二三取碼 複	卜Y 口R 人O 土G 火F	谯
診	丙 1E 12E	卜Y 口R 人O 竹H 竹H	诊
讖	丁 1E 1E E	卜Y 口R 人O 戈I 一M	谶
許	乙 二三取碼	卜Y 口R 人O 十J	许
論	丙 1E 12E 包	卜Y 口R 人O 一M 月B	论
詮	乙 二三取碼	卜Y 口R 人O 一M 土G	诠
諭	丙 1E 12E	卜Y 口R 人O 一M 弓N	谕

殊：特殊字　字首　次字首

1＝頭碼　E＝尾碼　包：包含替代

甲乙丙丁：見461頁　複：複合字

字	取碼	字首		次字首			異體／簡體
訖	乙 二三取碼	卜Y	口R	人O	弓N		讫
訛	乙 二三取碼	卜Y	口R	人O	心P		讹
誨	丙 1E 12E 包	卜Y	口R	人O	田W	卜Y	诲
詣	乙 二三取碼	卜Y	口R	心P	日A		诣
詢	乙 二三取碼	卜Y	口R	心P	日A		询
訑	乙 二三取碼	卜Y	口R	心P	木D		𬣙
謚	丙 1E 12E	卜Y	口R	心P	竹H	廿T	谥
諧	丙 1E 12E	卜Y	口R	心P	心P	日A	谐
諜	乙 二三取碼	卜Y	口R	心P	廿T	木D	谍
請	乙 二三取碼	卜Y	口R	手Q	一M	月B	请
譟	丙 1E 12E	卜Y	口R	口R	口R	木D	噪
襄	丙 1E 12E		卜Y	口R	口R	女V	襄

							異體／簡體
誤 丙 1E 12E	卜Y	口R	口R	女V	大K		误
詔 乙 二三取碼	卜Y	口R	尸S	竹H	口R		诏
認 丁 1E 1E E	卜Y	口R	尸S	戈I	心P		认
謬 丁 1E 1E E	卜Y	口R	尸S	一M	竹H		谬
詞 乙 二三取碼	卜Y	口R	尸S	一M	口R		词
記 乙 二三取碼	卜Y	口R	尸S	山U			记
謨 乙 二三取碼	卜Y	口R	廿T	日A	大K		谟
譜 丁 1E 1E E	卜Y	口R	廿T	金C	日A		谱
議 丙 1E 12E	卜Y	口R	廿T	土G	戈I		议
諾 乙 二三取碼	卜Y	口R	廿T	大K	口R		诺
謹 丙 1E 12E	卜Y	口R	廿T	中L	一M		谨
謀 乙 二三取碼	卜Y	口R	廿T	一M	木D		谋

殊：特殊字
□ 字首
■ 次字首
包：包含替代
1＝頭碼 E＝尾碼
複：複合字
甲乙丙丁：見461頁

							異體／簡體
譁	丙1E 12E	卜Y	口R	廿T	一M	十J	哗
諶	丙1E 12E 包	卜Y	口R	廿T	一M	女V	谌
護	丙1E 12E 複	卜Y	口R	廿T	人O	水E	护
詳	乙二三取碼	卜Y	口R	廿T	手Q		详
講	丙1E 12E	卜Y	口R	廿T	廿T	月B	讲
謙	乙二三取碼	卜Y	口R	廿T	難X	金C	谦
謊	丙1E 12E	卜Y	口R	廿T	卜Y	山U	谎
乩	甲三碼全取	卜Y	口R	山U			乩
訕	乙二三取碼	卜Y	口R	山U			讪
選	丁1E 1E E		卜Y	口R	山U	金C	选
譏	丙1E 12E 複	卜Y	口R	女V	戈I	戈I	讥
謂	乙二三取碼	卜Y	口R	田W	月B		谓

							異體／簡體
課	乙 二三取碼	卜Y	口R	田W	木D		课
譯	丁 1E 1E E	卜Y	口R	田W	中L	十J	译
訃	乙 二三取碼	卜Y	口R	卜Y			讣
諦	丁 1E 1E E	卜Y	口R	卜Y	月B	月B	谛
謗	丁 1E 1E E	卜Y	口R	卜Y	月B	尸S	谤
譎	丙 1E 12E 包	卜Y	口R	卜Y	金C	月B	谲
詨	乙 二三取碼	卜Y	口R	卜Y	金C	大K	𫍲
遐	丁 1E 1E E		卜Y	口R	卜Y	水E	遐
謎	乙 二三取碼	卜Y	口R	卜Y	火F	木D	谜
註	乙 二三取碼	卜Y	口R	卜Y	土G		注
諺	丁 1E 1E E	卜Y	口R	卜Y	竹H	竹H	谚
訪	乙 二三取碼	卜Y	口R	卜Y	竹H	尸S	访

殊：特殊字
字首
次字首
包：包含替代
1＝頭碼 E＝尾碼
複：複合字
甲乙丙丁：見461頁

字	類別						異體／簡體
識	丁 1E 1E E	卜Y	口R	卜Y	戈I	日A	识
譴	丙 1E 12E	卜Y	口R	卜Y	中L	口R	谴
誶	丙 1E 12E	卜Y	口R	卜Y	人O	十J	谇
諄	丙 1E 12E	卜Y	口R	卜Y	口R	木D	谆
諒	乙 二三取碼	卜Y	口R	卜Y	口R	火F	谅
讓	丙 1E 12E	卜Y	口R	卜Y	口R	女V	让
諳	乙 二三取碼	卜Y	口R	卜Y	廿T	日A	谙
該	丙 1E 12E	卜Y	口R	卜Y	女V	人O	该
迢	乙 二三取碼		卜Y	尸S	竹H	口R	迢
旌	丙 1E 12E	卜Y	尸S	人O	竹H	一M	旌
旅	乙 二三取碼	卜Y	尸S	人O	竹H	女V	旅
放	乙 二三取碼	卜Y	尸S	人O	大K		放

字	取碼	倉頡碼	異體／簡體
旖	丙 1E 12E	卜Y 尸S 人O 大K 口R	旖
旋	丙 1E 12E	卜Y 尸S 人O 弓N 人O	旋
族	乙 二三取碼	卜Y 尸S 人O 人O 大K	族
施	乙 二三取碼	卜Y 尸S 人O 心P 木D	施
旎	乙 二三取碼	卜Y 尸S 人O 尸S 心P	旎
旗	丙 1E 12E	卜Y 尸S 人O 廿T 金C	旗
於	乙 二三取碼	卜Y 尸S 人O 卜Y	于
避	丙 1E 12E	卜Y 尸S 口R 十J	避
遲	丙 1E 12E	卜Y 尸S 卜Y 手Q	迟
立	甲 三碼全取	卜Y 廿T	立
音	甲 三碼全取	卜Y 廿T 日A	音
竟	乙 二三取碼	卜Y 廿T 日A 竹H 山U	竟

字首　殊：特殊字
次字首
1＝頭碼　E＝尾碼　包：包含替代
甲乙丙丁：見461頁　複：複合字

字	取碼		第一碼	第二碼	第三碼	第四碼	第五碼	異體／簡體
章	乙 二三取碼		卜Y	廿T	日A	十J		章
意	乙 二三取碼		卜Y	廿T	日A	心P		意
竭	丙 1E 12E	包	卜Y	廿T	日A	心P	女V	竭
颯	丙 1E 12E		卜Y	廿T	竹H	弓N	戈I	飒
道	丙 1E 12E	複		卜Y	廿T	竹H	山U	道
戲	乙 二三取碼	複	卜Y	廿T	戈I			戏
竣	丙 1E 12E		卜Y	廿T	戈I	金C	水E	竣
辛	甲 三碼全取			卜Y	廿T	十J		辛
送	甲 三碼全取			卜Y	廿T	大K		送
顱	丙 1E 12E	複	卜Y	廿T	一M	月B	金C	颅
遂	丙 1E 12E			卜Y	廿T	心P	人O	遂
靖	乙 二三取碼		卜Y	廿T	手Q	一M	月B	靖

			異體／簡體
逬	甲 三碼全取	卜Y ｜ 廿T 廿T	逬
遘	丙 1E 12E	卜Y ｜ 廿T 廿T 月B	遘
逆	甲 三碼全取	卜Y ｜ 廿T 山U	逆
端	丙 1E 12E 包	卜Y 廿T ｜ 山U 一M 月B	端
妾	甲 三碼全取	卜Y ｜ 廿T 女V	妾
遭	丁 1E 1E E 包	卜Y ｜ 廿T 田W 日A	遭
邁	丙 1E 12E 包	卜Y ｜ 廿T 田W 月B	迈
童	乙 二三取碼	卜Y 廿T ｜ 田W 土G	童
遵	丁 1E 1E E 包	卜Y ｜ 廿T 田W 戈I	遵
站	乙 二三取碼	卜Y 廿T ｜ 卜Y 口R	站
齦	乙 二三取碼 包	卜Y 山U ｜ 日A 女V	齦
齟	乙 二三取碼 包	卜Y 山U ｜ 月B 一M	齟

字首 次字首
殊：特殊字
1＝頭碼 E＝尾碼
包：包含替代
甲乙丙丁：見461頁
複：複合字

字	取碼		倉頡碼					異體／簡體
導	乙 二三取碼	複	卜Y	山U	木D	戈I		导
彪	乙 二三取碼	複	卜Y	山U	竹H	竹H	竹H	彪
齲	丙 1E 12E	包	卜Y	山U	竹H	中L	月B	龋
齬	丁 1E 1E E	包	卜Y	山U	一M	一M	口R	龉
齡	丙 1E 12E	包	卜Y	山U	人O	戈I	戈I	龄
齣	乙 二三取碼	包	卜Y	山U	心P	口R		出
齪	乙 二三取碼	包	卜Y	山U	口R	卜Y	人O	龊
齷	丙 1E 12E	包	卜Y	山U	尸S	一M	土G	龌
齜	丁 1E 1E E	包	卜Y	山U	卜Y	一M	心P	龇
競	丙 1E 12E		卜Y	山U	卜Y	廿T	山U	竞
亡	甲 三碼全取			卜Y	女V			亡
肓	甲 三碼全取		卜Y	女V	月B			肓

字	取碼	拆碼	異體／簡體
[illegible]	乙 二三取碼	卜Y 女V 月B	[illegible]
裔	乙 二三取碼	卜Y 女V 月B 金C 口R	裔
牽	丁 1E 1E E	卜Y 女V 月B 手Q	牽
肓	乙 二三取碼 複	卜Y 女V 月B 山U	肓
[illegible]	甲 三碼全取	卜Y 女V 木D	[illegible]
壅	丁 1E 1E E 複	卜Y 女V 土G 土G	壅
甕	丁 1E 1E E 複 包	卜Y 女V 土G 弓N	瓮
雍	丁 1E 1E E 複	卜Y 女V 竹H 土G	雍
亥	乙 二三取碼	卜Y 女V 竹H 人O	亥
瓤	丙 1E 12E	卜Y 女V 竹H 女V 人O	瓤
玄	甲 三碼全取	卜Y 女V 戈I	玄
畜	乙 二三取碼	卜Y 女V 戈I 田W	畜

殊：特殊字　字首　次字首

包：包含替代　1＝頭碼　E＝尾碼

複：複合字　甲乙丙丁：見461頁

字	取碼	拆碼					異體／簡體
忘	甲 三碼全取	卜Y	女V	心P			忘
氓	乙 二三取碼	卜Y	女V	口R	女V	心P	氓
妄	甲 三碼全取	卜Y	女V	女V			妄
巡	乙 二三取碼	卜Y	女V	女V	女V		巡
邋	丁 1E 1E E	卜Y	女V	女V	女V		邋
裹	丙 1E 12E	卜Y	田W	木D	女V		裹
鹹	丙 1E 12E 包	卜Y	田W	戈I	竹H	口R	咸
鹵	丙 1E 12E	卜Y	田W	戈I	戈I		卤
遇	丙 1E 12E 包	卜Y	田W	中L	月B		遇
遝	丁 1E 1E E	卜Y	田W	中L	水E		遝
邏	丁 1E 1E E 複	卜Y	田W	中L	土G		逻
還	丁 1E 1E E	卜Y	田W	中L	女V		还

		異體／簡體
衰 丙 1E 12E	卜Y 田W 一M 女V	衰
畝 乙 二三取碼	卜Y 田W 弓N 人O	亩
鹼 丙 1E 12E 包	卜Y 田W 人O 一M 人O	硷
迴 甲 三碼全取	卜Y 田W 口R	回
稟 丙 1E 12E	卜Y 田W 口R 木D	禀
齊 甲 三碼全取	卜Y 難X	齐
齋 甲 三碼全取	卜Y 難X 火F	斋
劑 乙 二三取碼	卜Y 難X 中L 弓N	剂
卞 甲 三碼全取	卜Y 卜Y	卞
適 丙 1E 12E 包	卜Y 卜Y 金C 月B	适
這 丙 1E 12E	卜Y 卜Y 一M 口R	这
遽 丙 1E 12E 複	卜Y 卜Y 心P 人O	遽

殊：特殊字 字首 次字首

包：包含替代 1＝頭碼 E＝尾碼

複：複合字 甲 乙 丙 丁：見461頁

異體／簡體

遨	遨	遨	遨	遨	游
丁 1E 1E E	卜Y	卜Y	尸S	木D	

筆劃索引

481

筆劃　字　倉頡碼

字　倉頡碼

一劃

字	倉頡碼
一	M
乙	NU

二劃

字	倉頡碼
丁	MN
七	JU
乃	NHS
九	KN

...

三劃

字	倉頡碼
三	MMM
丈	JK
丫	CL

四劃

字	倉頡碼
丑	NG
卅	TJ
丰	QJ
牙	MVDH

...

六劃

字	倉頡碼
同	BMR

筆劃索引

部首索引

501

部首　字　倉頡碼

字　倉頡碼

丶部

字	倉頡碼
丸	KNI
丹	BY
主	YG

一部

字	倉頡碼
一	M
丁	MN
七	JU

丨部

字	倉頡碼
丫	CL
中	L
丰	QJ
串	LL

肉部

字	倉頡碼
臀	SEB
腑	BIOI
膠	BSMH

言部

字	倉頡碼
言	YMMR
訂	YRMN
記	YRSU
諦	YRYBB
認	YRSIP
語	YRMMR
諮	YRIOR
讚	YRHUC
讜	YRFBF

部首索引

漢拼索引

523

漢語拼音　字　倉頡碼

字　倉頡碼

a

字	倉頡碼
啊	RNLR
阿	NLMNR
腌	BKLU

ai

字	倉頡碼
艾	TK

bo

字	倉頡碼
波	EDHE
伯	OHA
駁	SFKK

fo

字	倉頡碼
佛	OLLN

ma

字	倉頡碼
馬	SQSF
嗎	RSQF
媽	VSQF

mao

字	倉頡碼
矛	NINH
貓	BHTW
懋	DDP

mo

字	倉頡碼
摩	IDQ

po

字	倉頡碼
婆	EEV

漢拼索引

粵拼索引

546

廣東拼音　字　倉頡碼

字　倉頡碼

aai

字	倉頡碼
挨	QIOK
唉	RIOK
艾	TK

but

字	倉頡碼
不	MF
弼	NMAN
筆	HLQ

chan

字	倉頡碼
陳	NLDW
診	YROHH
趁	GOOHH
塵	IPG
親	YDBUU

ma

字	倉頡碼
馬	SQSF
媽	VSQF
麻	IJCC

nga

字	倉頡碼
牙	MVDH
雅	MHOG

ngai

字	倉頡碼
倪	OHXU
偽	OIKF

wong

字	倉頡碼
黃	TMWC
凰	HNHAG

粵拼索引

《全圖傳意式

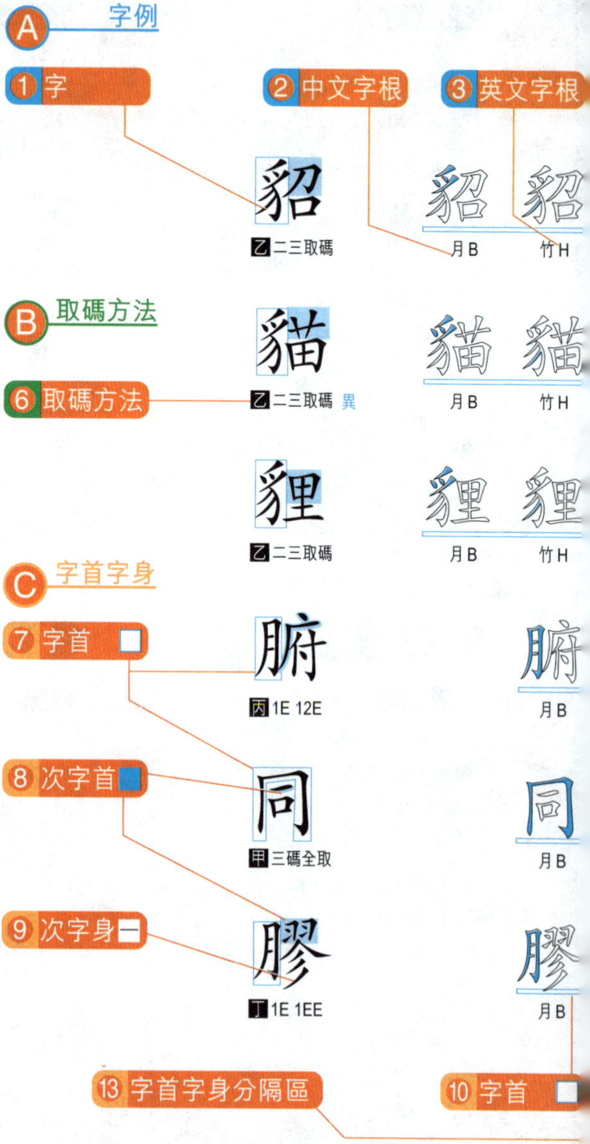
A 字例
1 字
2 中文字根
3 英文字根
貂
乙 二三取碼
月B
竹H
B 取碼方法
貓
6 取碼方法
乙 二三取碼 異
月B
竹H
貍
乙 二三取碼
月B
竹H
C 字首字身
7 字首
腑
丙 1E 12E
月B
8 次字首
同
甲 三碼全取
月B
9 次字身
膠
丁 1E 1EE
月B
13 字首字身分隔區
10 字首

碼字典》圖例

4 輔助形　　5 異體 / 簡體

召	貂	貂	貂
尸S	竹H	口R	
苗	貓		猫
廿T	田W		
里	貍		狸
田W	土G		
府	腑	腑	腑
戈I	人O	戈I	
同	同		同
一M	口R		
翏	膠	膠	胶
尸S	一M	竹H	

11 次字首　　12 次字身

21

D 排序

日 A
月 B
金 C
木 D
水 E
火 F
土 G
竹 H
戈 I
十 J
大 K
中 L
一 M
弓 N
人 O
心 P
手 Q
口 R
尸 S
廿 T
山 U
女 V
田 W
難 X
卜 Y

14 本頁首碼

15 倉頡排序

BHSHR~BSMH

16 本頁首字

BHSHR 貂
~
BSMH 膠

17 本頁尾字

拆碼原則

原則一：精簡原則 當一個字有多種拆碼方法時，以「最精簡」(最少碼) 為正確

主

選擇	拆　碼	倉頡碼	取捨
A	主主	卜土 正確	✔
B	主主主	戈一土 不夠精簡(放棄)	✘
C	主主主主	戈一十一 不夠精簡(放棄)	✘
D	主主主主主	戈一中一一 不夠精簡(放棄)	✘

原則二：先繁後簡 在拆字的時候，如果2種方法有相同的拆碼數目，『精簡原則』就無法選擇。在這樣情況下，便得運用『原則二：先繁後簡』，先拆出較「繁」的碼後剩下較「簡」的碼。

青

選擇	拆　碼	倉頡碼	取捨
A	青青青青	十十一月 不夠精簡(放棄)	✘
B	青青青	十土月 先取『十』比『丰』簡	✘
C	青青青	手一月 先取『丰』比『十』繁	✔

原則三：字形特徵 當一個字有多種拆碼方法時，則以保留最多「字形特徵」的方法為正確。

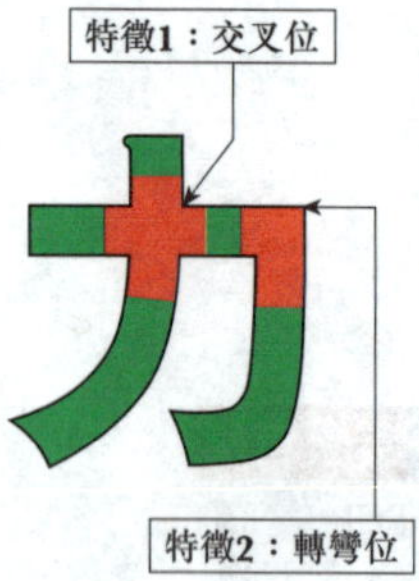

「力」字有兩個重要特徵：1.交叉位，2.轉彎位。

選擇	拆　碼	倉頡碼	取捨
A	力力	竹尸 交叉分割：喪失特徵1交叉位	✘
B	力力	大弓 轉彎分割：喪失特徵2轉彎位	✘
C	力力	大尸 直線分割：保留特徵1,2	✔

直線分割 優於 > 轉彎分割 優於 > 交叉分割

字首及字身

一個字體可作「上下、左右、外內」分離，我們將選取其最「上」、「左」、「外」部份
字首。字首的其餘部份則稱為「字身」。

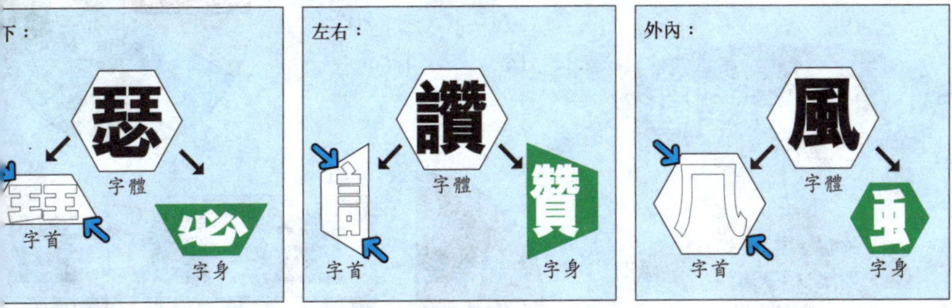

體字：

字形上下、左右、外內均筆劃相連，或無法分離者，我們稱這些字為『連體字』。由於『連
字』不能直接劃分『字首』及『字身』出來，為了方便取碼，所有連體字的第一個碼便稱
『字首』，其餘字形則稱為『字身』。

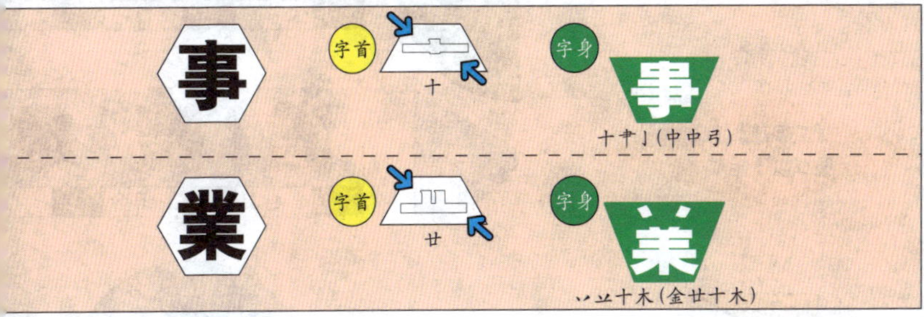

層字首：

有不同方法可分割「字首」時，以首細身大為原則。

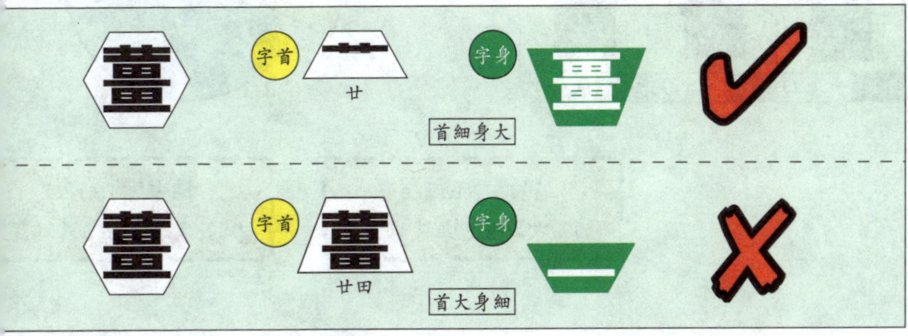

倉頡取碼流程圖

1. 三碼全取　(甲) 25%
2. 二三取碼　(乙) 50%
3. 1e, 12e　(丙) 20%
4. 1e, 1ee　(丁) 5%

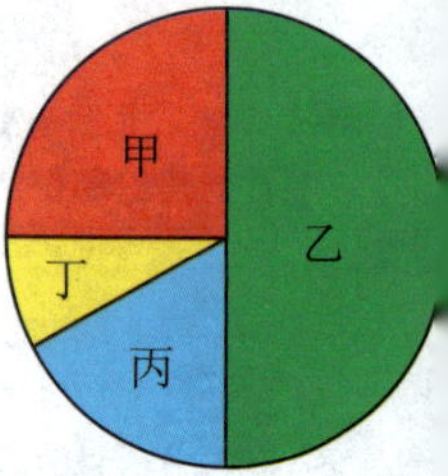

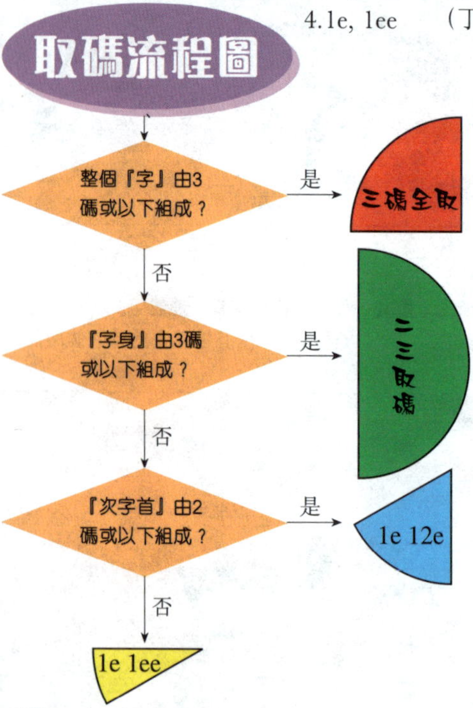

甲組

金	肚	查
金	月土	木日一

乙組

彎	瑟	詩
女火弓	一土心竹	卜口土木

丙組

諧	續	象
卜口心心日	女火土田金	弓日心

丁組

語	繳	剪
卜口一一口	女火一土大	廿月弓竹

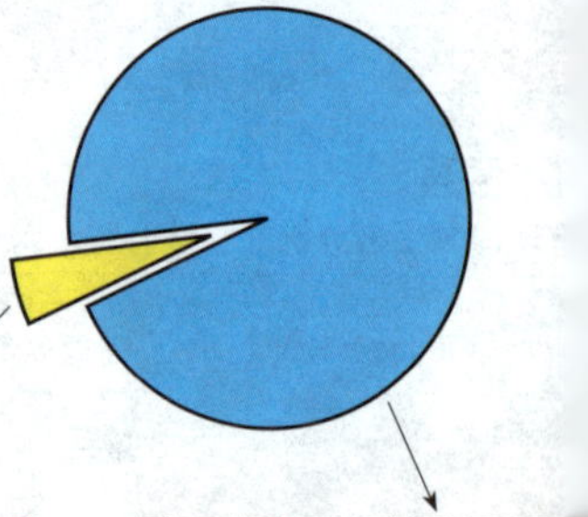

特別字 1e 1ee
5%次字首3碼或以上

標準字 1e 12e
95%次字首2碼或以下

例外處理

特殊字和複合字：

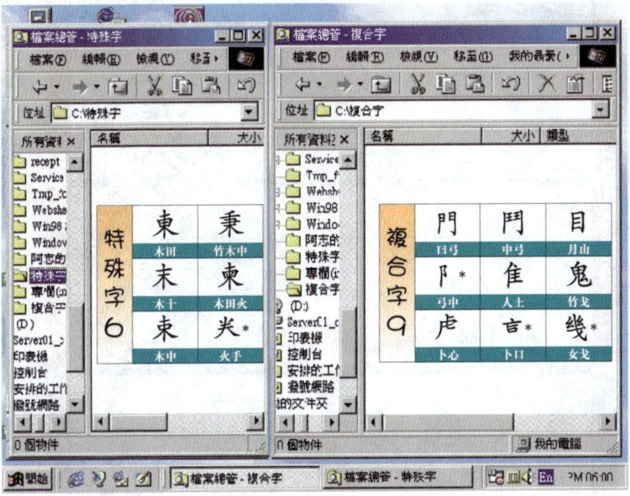

難字：

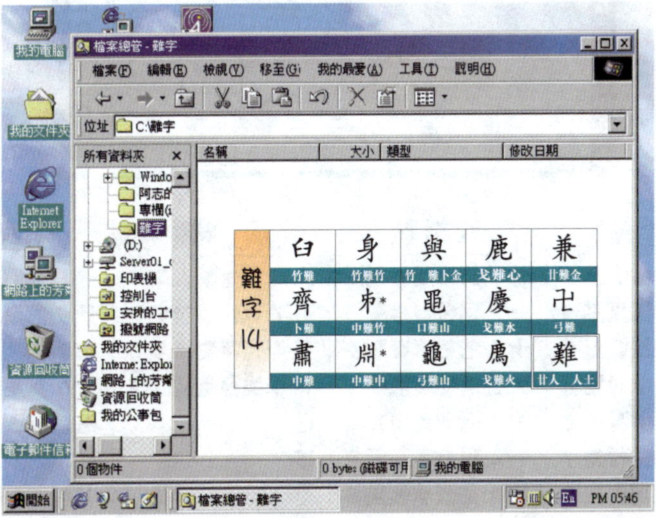

倉頡中文字母表

	直↓	橫→	↙斜↘↗	點•	丿折乚乙		
日	日 罒 日					日	A
月	冂		夕 彑 爫 月	冖		月	B
金			儿 金	八 丷		金	C
木		寸 木			ナ	木	D
水				氵	又 氺 水	水	E
火	丷			灬 灬 火	小	火	F
土		士 土				土	G
竹			丿 ㇒ ⺮ 竹			斜	H
戈		戈		丶 广	厶	點	I
十		十		宀		交	J
大		ナ 大	乂	疒		叉	K
中	丨 丿 中			衤	肀	縱	L
一		丆 厂 工 一	㇀			橫	M
弓			⺈ ク		亅 乛 乙 弓	鈎	N
人			𠂉 𠆢 乀 乀			人	O
			亻 人				
心		弋 七	勹 亇	忄 心	⺗ 匕	心	P
手		龵 牛 扌 扌	手			手	Q
口	口				礎 基 是	口	R
尸		匚 ⺂			コ ㇆ ㇁ 尸	側	S
廿	丄	丗 艹 廿		丷	丱	並	T
山	山				凵 乚 屮	仰	U
女					㇛ 乚 ㇂	紐	V
					㇄ 以 女		
田	囚 田				ㄢ	方	W
難						難	X
卜	⺊ 卜			亠 ⺀ 辶		卜	Y

哲理類

日 2:眉烏唱晚景 7
月 5:雞骨贈愛貓 8
金 3:四弟買鐵船 5
木 2:五子爭村地 6
水 3:最愛游夏泳 6
火 4:炒魚當粉絲 7
土 1:現在賣吉屋 5

筆劃類

竹 3:狗爪反竹籮 5
戈 3:城台射雄鷹 5
十 1:老爺車賽事 6
大 3:痛快更加爽 9
中 4:順利買唐衫 8
一 4:項羽得石頭 8
弓 4:強烈季候風 6

人體類

人 6:似是故人來 7
心 7:世代添情意 5
手 4:青年看牛羊 5
口 0:追踏跑跳躂 7
是
基
礎

字型類

尸 5:長刀切巨
廿 5:剪棄舊對
山 3:逆境已出
女 5:農民網鼠
田 2:罪囚思因
難
卜 4:正料迎新

取碼原則說明

一. 字首與次字首

若一個字體可作『上下、左右、外內』分離，我們將選取其最「上」、「左」、「外」部份為『字首』。字首以外的其餘部份為『字身』。

「榮」字的『字首』是《火火》；『字身』是《冖木》。
「張」字的『字首』是《弓》；『字身』是《長》。
「國」字的『字首』是《口》；『字身』是《或》。

『大原則確定了，字首取 1-2 碼，字身取 1-3 碼；一個完整的字形，則是 1 碼至 5 碼。』

字首取碼

字首	字身

張		國		榮	
弓	尸一女	田	戈口一	火火	月木

字首取碼

頭　尾

1　e　　　e = end

由於倉頡取碼依從『小明』遊戲的規則，即『上下左右外內』，因此

『頭碼』1 都會在『左上』方

『尾碼』e 都會在『右下』方

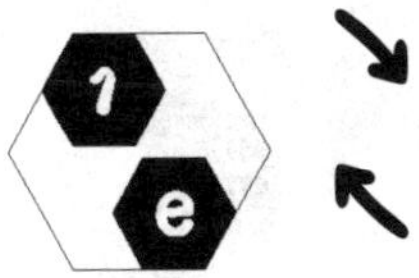

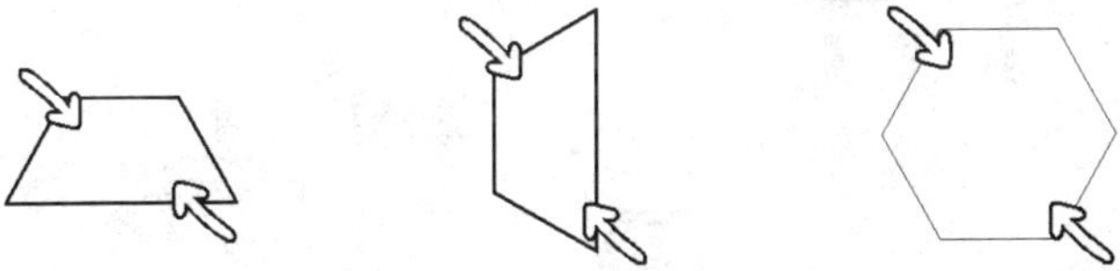

上下

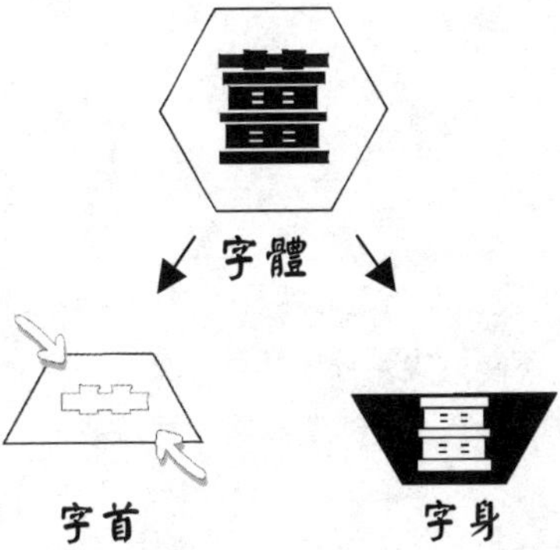

【倉頡】字首取碼

廿	

「薑」的『字首』取碼為《廿》。

<u>左右</u>

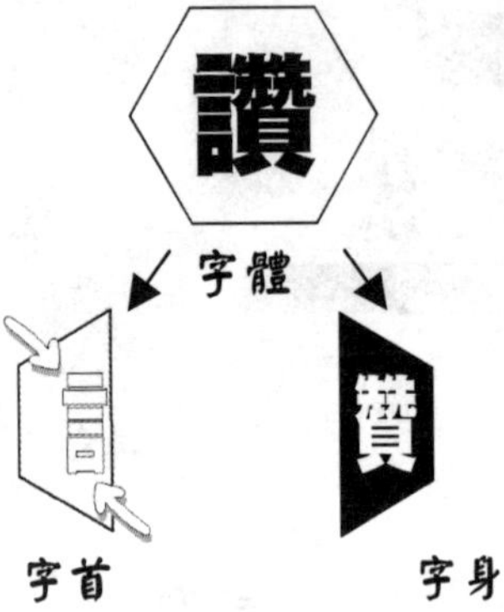

【倉頡】 字首取碼

卜口

「讚」的『字首』取碼為《卜口》。

<u>外內</u>

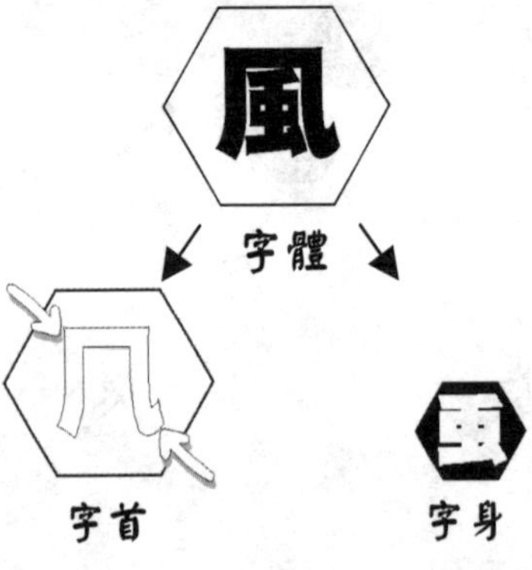

【倉頡】 字首取碼

竹弓

「風」的『字首』取碼為《竹弓》。

連體字

若字形上下、左右、外內均筆劃相連，或無法分離者，我們稱這些字為『連體字』。由於『連體字』不能直接劃分『字首』及『字身』出來，為了方便取碼，所有連體字的第一個碼便稱為『字首』，其餘字形則稱為『字身』。

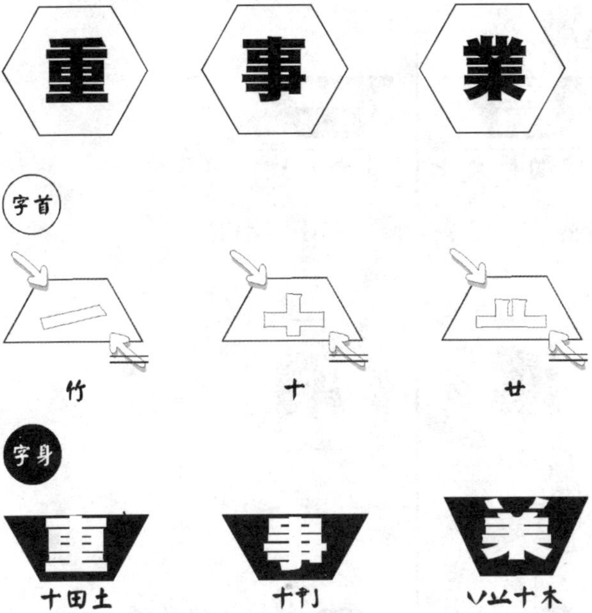

「重」字的『字首』是《丿》，只取單碼《竹》。

「事」字的『字首』是《十》，只取單碼《十》。

「業」字的『字首』是《业》，只取單碼《廿》。

多層結構

當有不同方法可分割『字首』時，以『首細身大』為原則。

例一：

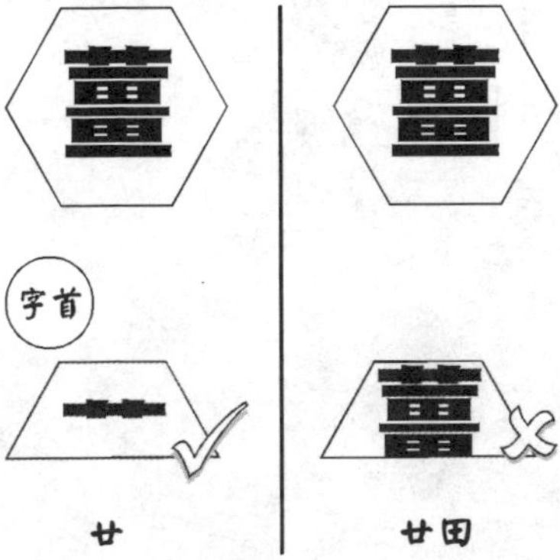

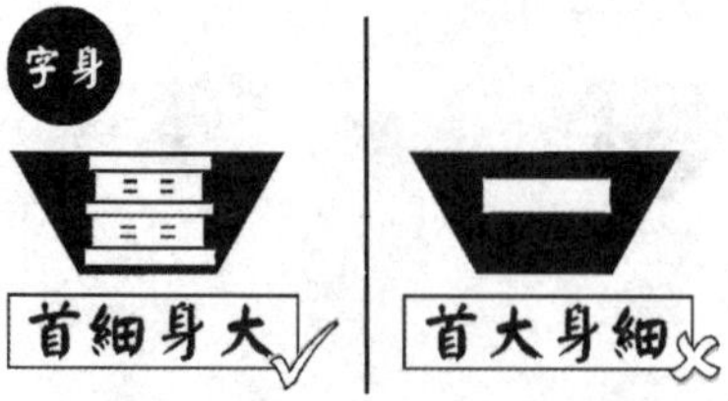

「薑」字的『字首』是《廿》，而不是《廿田》。

例二：

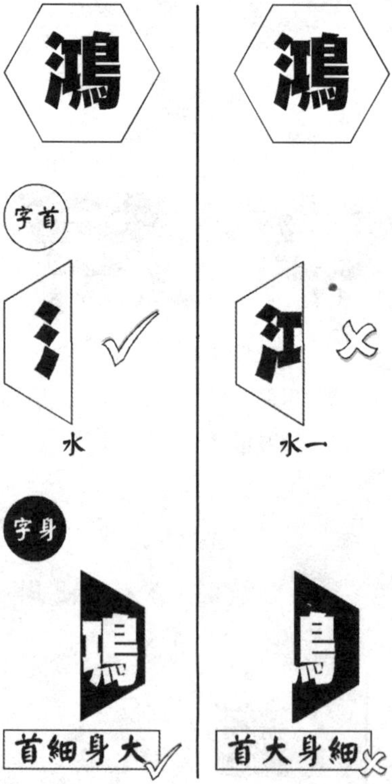

「鴻」字的『字首』是《氵》，而不是《江》。

次字首

當字體分成「字首」及「字身」以後，可以繼續將「字身」細分為「次字首」及「次字身」。

例如：

藝術

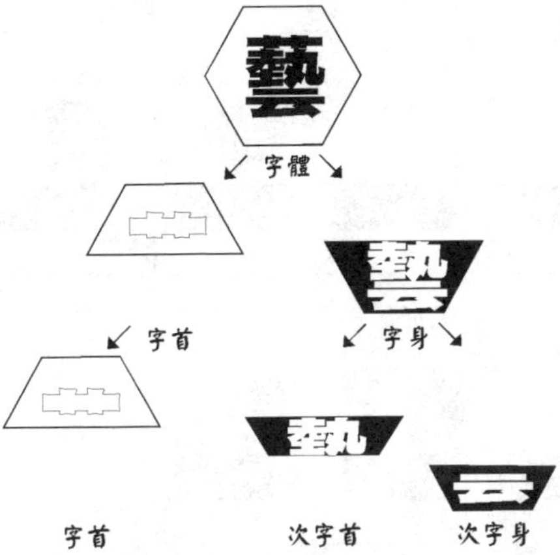

【簡易】 1 Z e

廿 Z 戈

【簡頡】 1e 1De

廿土D戈

【倉頡】丁：1e 1ee

廿土戈戈

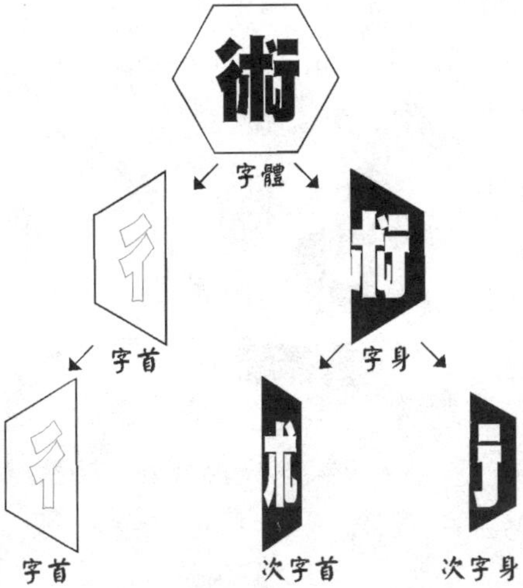

【簡易】 1 Z e

竹 Z 弓

【簡頡】 1e 1De

竹人戈D弓

【倉頡】丁：1e 1ee

竹人戈金弓

二. 包含替代

倉頡重視快速輸入，『包含替代』原則考慮到中國字的特色，主要為配合取碼習慣，可大大加強輸入效率。

四面包圍或三面包圍的情況，稱為『包含』:

酉	而	鹵	齒	風
一金田一	一月中中	卜田戈戈	卜一山人人	竹弓竹中戈
乙	乙	丙	丙	丙

角	多	舟	每	雨
弓月土	弓戈弓戈	竹月卜戈	人田卜戈	一中月卜
甲	乙	乙	乙	丙

「內」、「巾」、「丹」、「母」等字由於部份突出，並不算作『包含』:

內	巾	丹	母
人月	中月	月卜	田卜戈
甲	甲	甲	甲

字首替代

由於倉頡使用「由上到下、由左到右、由外到內」的取碼順序，真正『尾碼』可能被外在字型『包含』著。為加快輸入速度，被『包含』的尾碼將被『替代』:

醉	
一一卜人十	✗
丙	

醉	
一田卜人十	✓
丙　包	

雖然「酉」字取《一金田一》，頭尾碼為《一一》，但為了方便大家一看便能夠取碼，故「醉」字『字首』取《一田》，「一」被「田」包含，稱為『包含替代』。

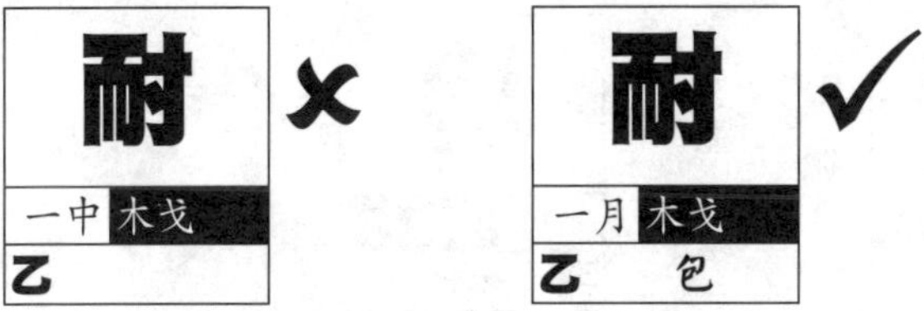

「而」字取《一月中中》，頭尾碼為《一中》，被『包含替代』後字首取碼為《一月》。

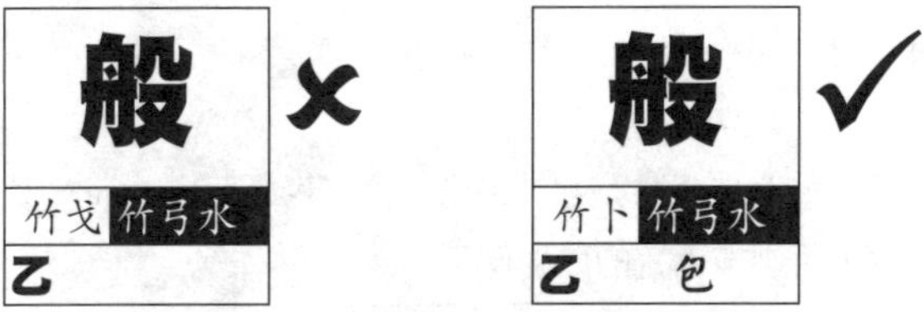

「般」字的「卜」由於突出，未被包含，因此不用替代，『字首頭尾』取《竹卜》，大家要格外小心。

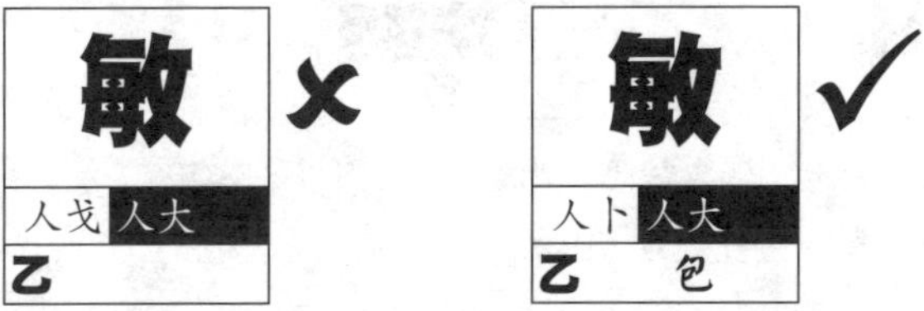

同一道理，「敏」字的「卜」也是突出，未被包含，也不用替代，故『字首頭尾』取《人卜》而非《人田》。

字身替代

與『字首』情況相似，如果『字身』尾碼被包含，同樣會被『替代』。

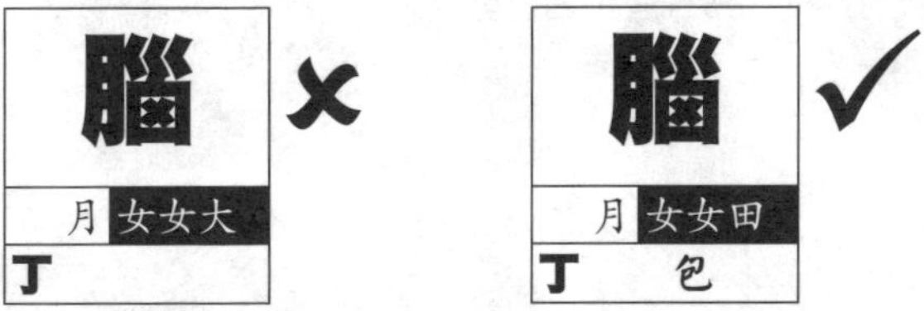

雖然「腦」字尾碼為「乂」，但「腦」字尾碼取《田》，稱為『包含替代』。

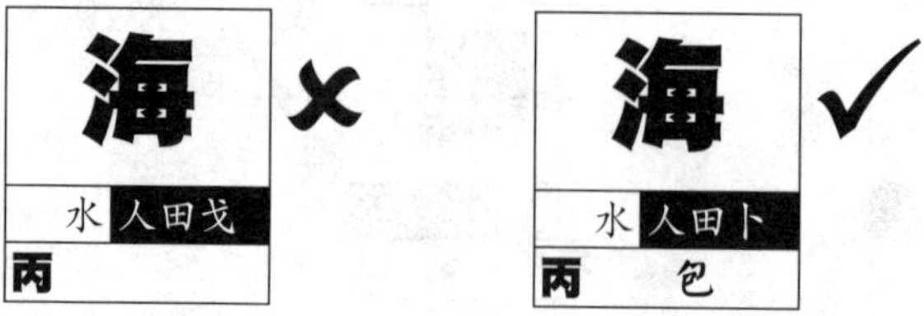

雖然「海」字尾碼為「、」，但「、」被「田」包含，而「卜」因為突出，未被包含。故「海」字尾碼取「卜」。

替代條件

『包含替代』進行的必要條件是被『包含』的字形，要有其他字形替代，才可進行，否則按傳統的取碼便可。

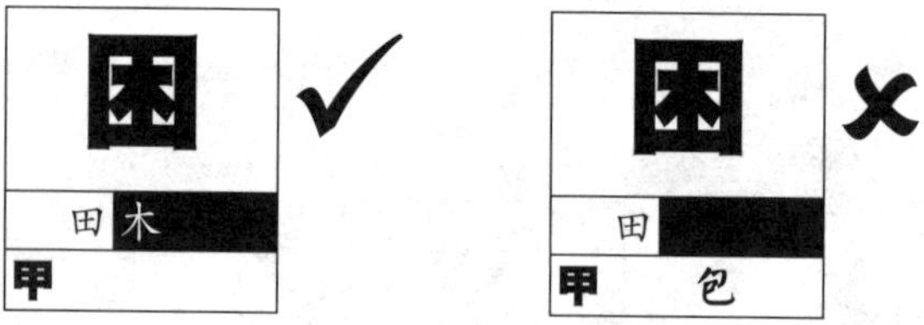

「困」取《田木》，但『包含替代』則取《田》。但少了一個碼「木」，沒有其他字形代替，因此仍取《田木》。

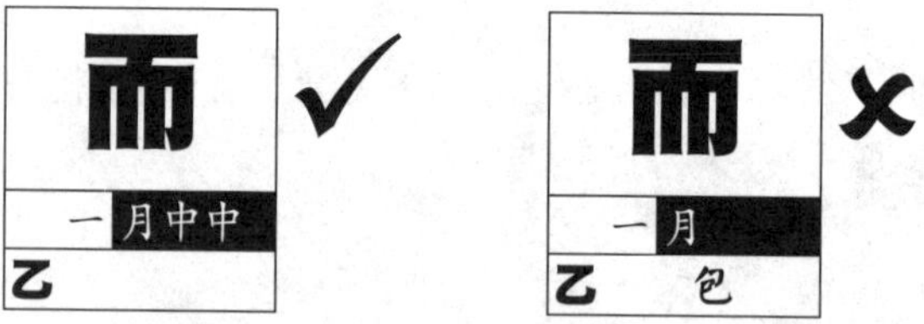

「而」取《一月中中》，但『包含替代』則取《一月》。但少了兩個碼「中中」，沒有其他字形代替，因此仍取《一月中中》。

三. 特殊字

特殊字－5 木 1 火

倉頡輸入法在設計時，為了避免「未」、「末」等形似的字產生重碼，故採取了一種特殊的取碼方式。這些字共有六個，稱為『特殊字』。

『特殊字』的取碼特徵，在於字形中間重疊的一小「棟」(直劃)。

東

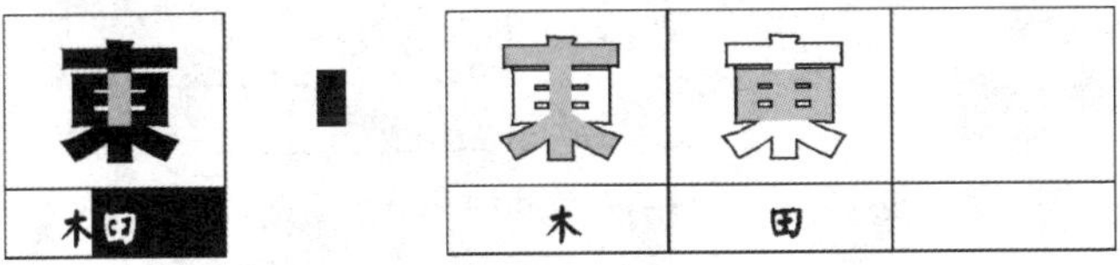

留意「木」和「田」中間重疊的一小「棟」。

取碼《木田》而非《木日》，可避免與「杳」字重碼。

末

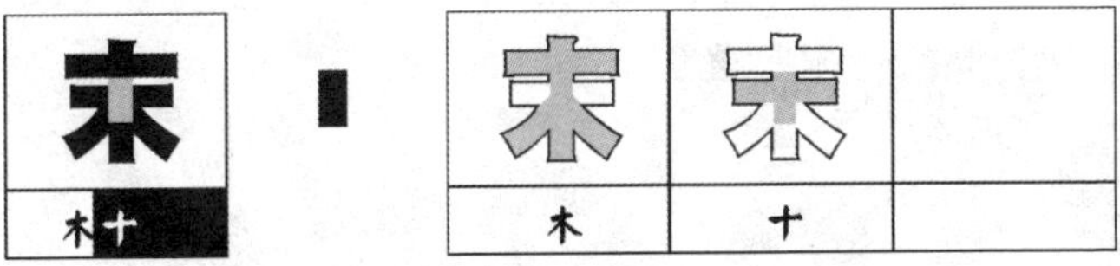

留意「木」和「十」中間重疊的一小「棟」。

這亦避免了「末」字與「未」字(十木)取相同的碼。於是「沫」取碼《水木十》，「沬」取碼《水十木》。

束

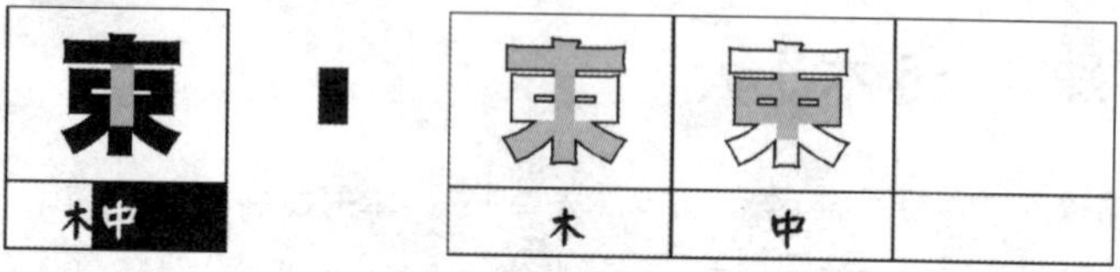

留意「木」和「中」中間重疊的一小「棟」。

取碼《木中》而非《木口》，可避免與「杏」字重碼。

秉

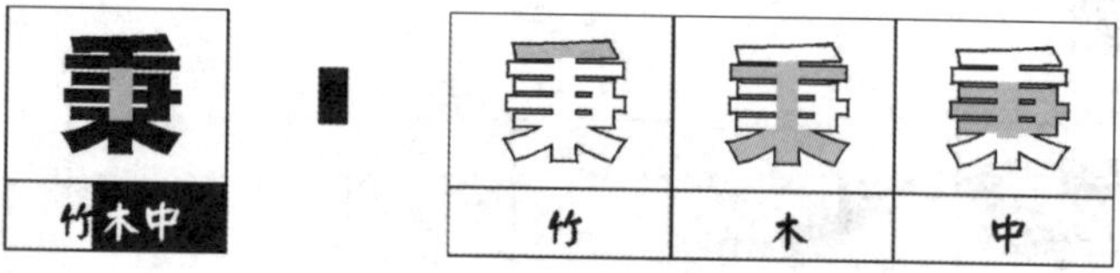

留意「木」和「⺻」中間重疊的一小「棟」。

柬

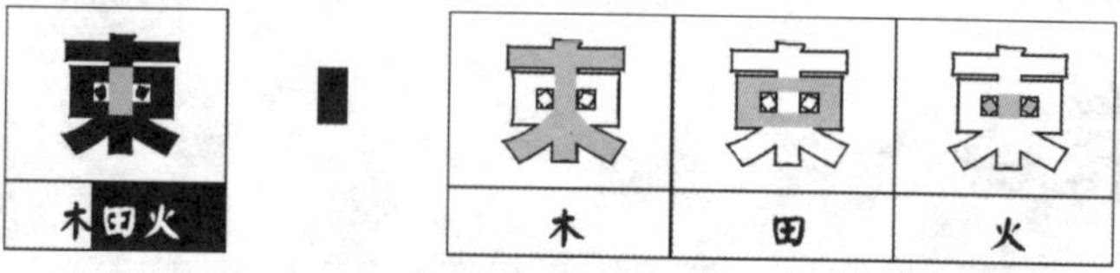

留意「木」和「⺌」中間重疊的一小「棟」。

拳

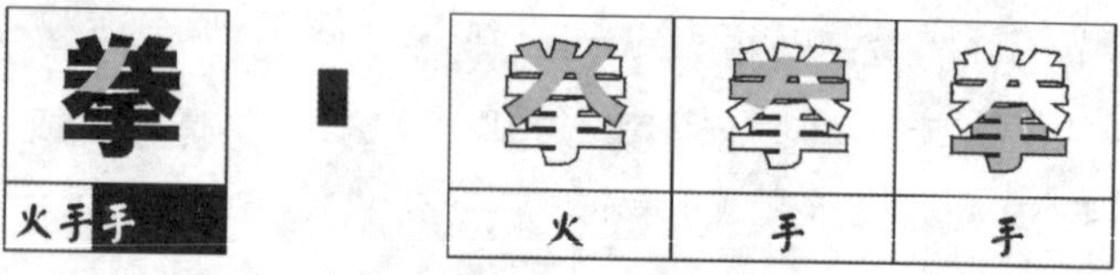

留意「火」和「龵」中間重疊的一小「棟」。

6個『特殊字』及其字例

特殊字	字例		
東	陳	凍	棟
木 田	弓中 木田	戈一 木田	木 木田
末	沫	抹	茉
木 十	水 木十	手 木十	廿 木十
束	速	敕	辣
木 中	卜 木中	木中 人大	卜十 木中
秉	秉		
竹 木中	竹 木中		
柬	練	鍊	闌
木 田火	女火 木田火	金 木田火	日弓 木田火
龹	拳	眷	卷
火 手	火手 手	火手 月山	火手 尸山

複合字

由於「門」字體概念上是一體，分開處理反會造成極大不便，故設定「門」字必定取碼《日弓》。

『複合字』共有 9 個。

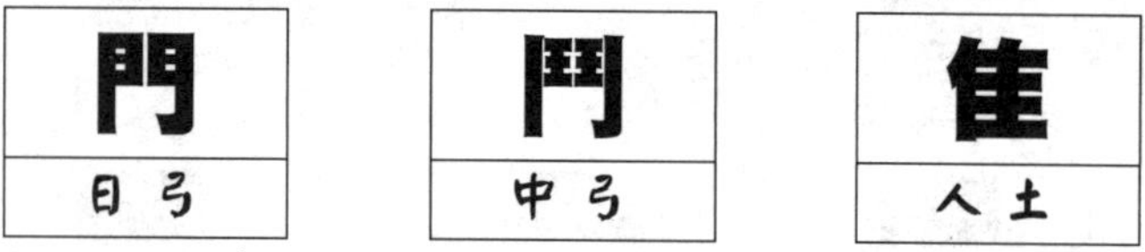

門口鬥雞

劉邦見鬼

贏老虎機

*必須配合其餘字形，不可單獨輸入。

難字

由於部份字形極少使用，為了避免增加輔助形的數目，故此將這些字集中於「難」鍵(X)輸入。取碼及順序均完全按照一般原則。

臼			
竹 難			
兒	寫	插	舊

兒童齊肅靜

齊			
卜 難			
齋	擠	劑	濟

肅			
中 難			
蕭	瀟	簫	嘯

身			
竹 難 竹			
射	謝	躬	窮

姊妹窮深淵

𠂔			
中 難 竹 *			
姊	笫		

𣶒			
中 難 中 *			
淵	棩		

黽			
口 難 山			
蠅	繩	澠	譝

鳥蠅與烏龜

與			
竹 難 卜 金			
輿	興	盥	

龜			
弓 難 山			
龜			

鹿			
戈 難 心			
蔍	麓	塵	麟

高慶薦鹿茸

慶			
戈 難 水			
慶			

廌			
戈 難 火			
廌	薦		

兼			
廿 難 金			
廉	謙		

兼職卍佛寺

卍			
弓 難			

難			
廿 人 人 土			

取碼方式

在【倉頡】輸入法中，『取碼方法』強調快速輸入，不同的分組主要是為了方便大家逐步學習，由淺入深。

看看下表：

甲組字：(字體三碼或以下)	【三碼全取】	25%
乙組字：(字身三碼或以下)	【二三取碼】	50%
丙組字：(次字首一或二碼)	【1e 12e】	20%
丁組字：(次字首三碼或以上)	【1e 1e e】	5%

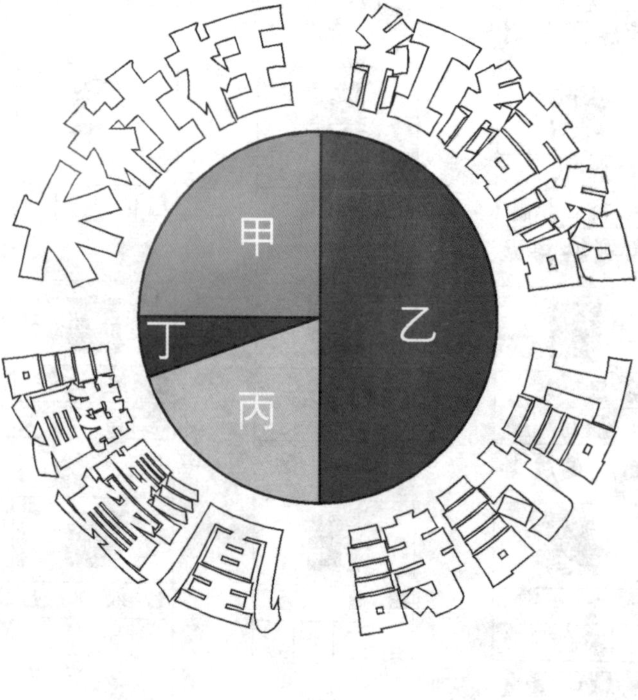

例：

今頁領嶺

甲組： 字體3碼或以下(三碼全取)

【倉頡】 **甲** 三碼全取

人	戈	弓

『今』:

「字體」:『今』3 碼，屬**甲**組全取。

【倉頡】三碼全取　　　取《人戈弓》

乙組： 字身3碼或以下(二三取碼)

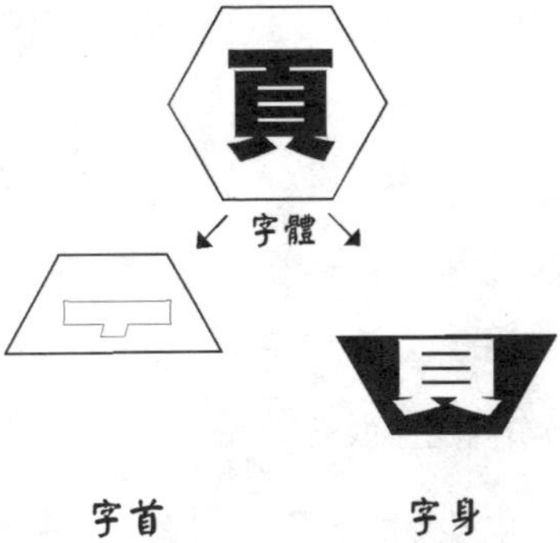

【簡易】 1 Z e

一	Z	金

【倉頡】 **乙** 二三取碼

一	月	山	金

『頁』:

「字體」:『頁』多於3碼，不能全取。

【簡易】1Ze　　　取《一　z　金》

「字身」:『貝』3 碼，屬**乙**組。

【倉頡】二三取碼　　　取《一　月山金》

丙組： 次字首 2 碼或以下(1e,12e)

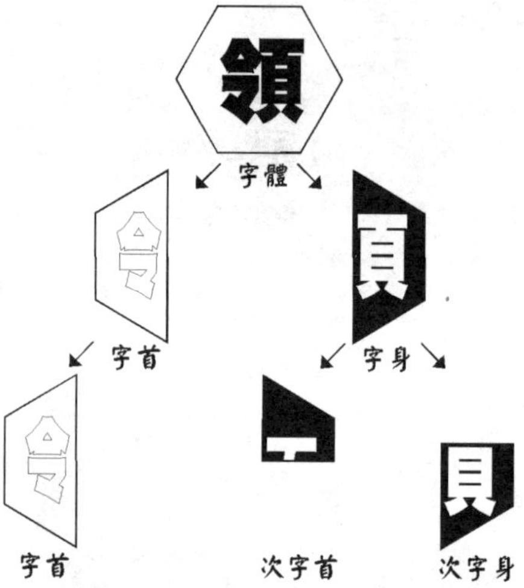

【簡易】 1 Z e

人 Z 金

【簡頡】 1e 1De

人戈一D金

【倉頡】丙：1e 12e

人戈一月金

『領』：

「字體」：『領』多於 3 碼，不能全取。

【簡易】1Ze 取《人 z 金》

「字身」：『頁』4 碼(多於 3 碼)，不能二三取碼。

【簡頡】1e 1De 取《人戈 一D 金》

「次字首」：『ㄒ』1 碼(2 碼或以下)，屬丙組。

【倉頡】1e 12e 取《人戈 一月金》

丁組： 次字首 3 碼或以上(1e 1ee)

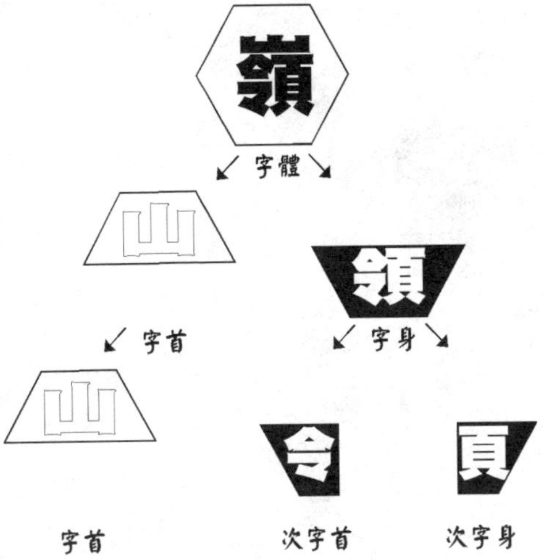

【簡易】 1 Z e

山 Z 金

【簡頡】 1e 1De

山人D金

【倉頡】 丁 : 1e 1ee

山人戈金

『嶺』:

「字體」:『嶺』多於 3 碼，不能全取。

【簡易】1Ze　　取《山 z 金》

「字身」:『領』多於 3 碼，不能二三取碼。

【簡頡】1e 1De　取《山 人 D 金》

「次字首」:『令』4 碼(3 碼或以上)，屬丁組。

【倉頡】1e 1ee　取《山 人戈金》

索引

筆劃索引

字 倉頡碼

一劃

一 M
乙 NU

二劃

丁 MN
七 JU
乃 NHS
九 KN
了 NN
二 MM
人 O
儿 LU
入 OH
八 HO
几 HN
刀 SH
刁 SM
力 KS
匕 UH
十 J
卜 Y
又 NK

三劃

三 MMM
下 MY
丈 JK
上 YM
丫 CL
丸 KNI
凡 HNI
久 NO
么 HI
也 PD
乞 ON
于 MD
亡 YV
兀 MU
刃 SHI
勺 PI
千 HJ
叉 EI
口 R
土 G
士 JM
夕 NI
大 K
女 V
子 ND
孑 NNM
孓 NNO
寸 DI
小 NC
尢 KU
尸 S
山 U
川 LLL
工 MLM
己 SU
已 SU
巳 RU
巾 LB
干 MJ
廾 JJ
弋 IP
弓 N
才 DH

四劃

丑 NG
丏 MYVS
不 MF
中 L
丰 QJ
丹 BY
之 INO
尹 SK
予 NINN
云 MMI
井 TT
互 MVNM
五 MDM
亢 YHN
仁 OMM
什 OJ
仃 OMN
仆 OY
仇 OKN
仍 ONHS
今 OIN
介 OLL
仄 MO
元 MMU
允 IHU
內 OB
六 YC
兮 CMVS
公 CI
冗 BHN
凶 UK
分 CSH
切 PSH
刈 KLN
勻 PIM
勾 PI
勿 PHH
化 OP
匹 SC
午 OJ
升 HT
卅 TJ
卞 YY
厄 MSU
友 KE
及 NHE
反 HE
壬 HG
天 MK
夫 QO
太 KI
夭 HK
孔 NDU
少 FH
尤 IKU
尺 SO
屯 PU
巴 AU
幻 VIS
廿 T
弔 NL
引 NL
心 P
戈 I
戶 HS
手 Q
扎 QU
支 JE
文 YK
斗 YJ
斤 HML
方 YHS
日 A
曰 A
月 B
木 D
欠 NO
止 YLM
歹 MNI
毋 WJ
比 PP
毛 HQU
氏 HVP
水 E
火 F
爪 HLO
父 CK
爻 KK
片 LLML
牙 MVDH
牛 HQ
犬 IK
王 MG

五劃

丙 MOB
世 PT
丕 MFM
且 BM
丘 OM
主 YG
乍 HS
乏 HINO
乎 HFD
以 VIO
付 ODI
仔 OND
仕 OG
他 OPD
仗 OJK
代 OIP
令 OINI
仙 OU
仞 OSHI
充 YIHU
兄 RHU
冉 GB
冊 BT
冬 HEY
凹 SSU
出 UU
凸 BSS
刊 MJLN
加 KSR
功 MKS
包 PRU
匆 PKK
北 LMP
匝 SLB
仟 OHJ
半 FQ
卉 JT
卡 YMY
占 YR
卯 HHSL
卮 HMSU
去 GI
可 MNR
古 JR
右 KR
召 SHR
叮 RMN
叩 RSL
叨 RSH
叼 RSM
司 SMR
叵 SR
叫 RVL
另 RKS
只 RC
史 LK
叱 RP
台 IR
句 PR
叭 RC
叻 RKS
四 WC
囚 WO
外 NIY
央 LBK
失 HQO
奴 VE
奶 VNHS
孕 NSND
它 JP
尼 SP
巨 SS
巧 MMVS
左 KM
市 YLB
布 KLB
平 MFJ
幼 VIKS
弁 IT
弘 NI
弗 LLN
必 PH
戊 IH
打 QMN
扔 QNHS
扒 QC
扑 QY
斥 HMY
旦 AM
朮 IJC
本 DM
未 JD
末 DJ
札 DU
正 MYLM
母 WYI
民 RVP
氐 HPM
永 INE
汁 EJ

汀 EMN
汜 ESU
犯 KHSU
玄 YVI
玉 MGI
瓜 HVIO
瓦 MVNI
甘 TM
生 HQM
用 BQ
甩 BQU
田 W
由 LW
甲 WL
申 LWL
疋 NYO
白 HA
皮 DHE
皿 BT
目 BU
矛 NINH
矢 OK
石 MR
示 MMF
禾 HD
穴 JC
立 YT

六劃

丞 NEM
丟 HGI
乒 OMH
乓 OMI
乩 YRU
亙 MBM
交 YCK
亦 YLNC
亥 YVHO
仿 OYHS
伉 OYHN
伙 OF
伊 OSK
伕 OQO
伍 OMDM
伐 OI
休 OD
伏 OIK
仲 OL
件 OHQ
任 OHG
仰 OHVL
仳 OPP
份 OCSH
企 OYLM
伋 ONHE
光 FMU
兇 UKHU
兆 LMUO
先 HGHU
全 OMG
共 TC
再 MGB
冰 IME
列 MNLN
刑 MTLN
划 ILN
刎 PHLN
刖 BLN
劣 FHKS
匈 PUK
匡 SMG
匠 SHML
印 HPSL
危 NMSU
吉 GR
吏 JLK
同 BMR
吊 RLB
吐 RG
吁 RMD
吋 RDI
各 HER
向 HBR
名 NIR
合 OMR
吃 RON
后 HMR
吆 RVI
吒 RHP
因 WK
回 WR
囝 WND
圳 GLLL
地 GPD
在 KLG
圭 GG
圬 GMMS
圯 GRU
圩 GMD
夙 HNMNI
多 NINI
夷 KN
夸 KMMS
妄 YVV
奸 VMJ
妃 VSU
好 VND
她 VPD
如 VR
妁 VPI
字 JND
存 KLND
宇 JMD
守 JDI
宅 JHP
安 JV
寺 GDI
尖 FK
屹 UON
州 ILIL
帆 LBHNI
并 TT
年 OQ
式 IPM
弛 NPD
忙 PYV
忖 PDI
戎 IJ
戌 IHM
戍 IHI
成 IHS
扣 QR
扛 QM
托 QHP
收 VLOK
早 AJ
旨 PA
旬 PA
旭 KNA
曲 TW
曳 LWP
有 KB
朽 DMVS
朴 DY
朱 HJD
朵 HND
次 IMNO
此 YMP
死 MNP
氖 ONNHS
汝 EV
汗 EMJ
汙 EMD
江 EM
池 EPD
汐 ENI
汕 EU
污 EMMS
汛 ENJ
汍 EKNI
汎 EHNI
灰 KF
牟 IHQ
牝 HQP
百 MA
竹 H
米 FD
糸 VIF
缶 OJU
羊 TQ
羽 SMSIM
老 JKP
考 JKYS
而 MBLL
耒 QD
耳 SJ
聿 LQ
肉 OBO
肋 BKS
肌 BHN
臣 SLSL
自 HBU
至 MIG
臼 HX
舌 HJR
舛 NIQ
舟 HBYI
艮 AV
色 NAU
艾 TK
虫 LMI
血 HBT
行 HOMMN
衣 YHV
西 MCW
阡 NLHJ

七劃

串 LL
亨 YRNN
位 OYT
住 OYG
佇 OJMN
佗 OJP
佞 OMMV
伴 OFQ
佛 OLLN
何 OMNR
估 OJR
佐 OKM
佑 OKR
伽 OKSR
伺 OSMR
伸 OLWL
佃 OW
佔 OYR
似 OVIO
但 OAM
佣 OBQ
作 OHS
你 ONF
伯 OHA
低 OHPM
伶 OOII
余 OMD
佝 OPR
佈 OKLB
佚 OHQO
兌 CRHU
克 JRHU
免 NAHU
兵 OMC
冶 IMIR
冷 IMOII
別 RSLN
判 FQLN
利 HDLN
刪 BTLN
刨 PULN
劫 GIKS
助 BMKS
努 VEKS
劬 PRKS
匣 SWL
即 AISL
卵 HHSLI
吝 YKR
吭 RYHN
吞 HKR
吾 MMR
否 MFR
呎 RSO
吧 RAU
呆 RD
呃 RMSU
吳 RVNK
呈 RHG
呂 RHR
君 SKR
吩 RCSH
告 HGR
吹 RNO
吻 RPHH
吸 RNHE
吮 RIHU
吵 RFH
吶 ROB
吠 RIK
吼 RNDU
呀 RMVH
吱 RJE
含 OINR
吟 ROIN
听 RHML
囪 HWKK
困 WD

囤 WPU
囫 WPHH
坊 GYHS
坑 GYHN
址 GYLM
坍 GBY
均 GPIM
坎 GNO
坂 GNHE
坐 OOG
坏 GMF
圻 GHML
壯 VMG
夾 KOO
妝 VMV
妒 VHS
妨 VYHS
妞 VNG
妣 VPP
妙 VFH
妖 VHK
妍 VMT
妤 VNIN
妓 VJE
妊 VHG
妥 BV
孝 JKND
孜 NDOK
孚 BND
孛 JBND
完 JMMU
宋 JD
宏 JKI
尬 KUOLL
局 SSR
屁 SPP
尿 SE
尾 SHQU
岐 UJE
岑 UOIN
岔 CSHU
岌 UNHE
巫 MOO
希 KKLB
序 ININ
庇 IPP
床 ID
廷 NKHG
弄 MGT
弟 CNLH
彤 BYHHH
形 MTHHH
彷 HOYHS
役 HOHNE
忘 YVP
忌 SUP
志 GP
忍 SIP
忱 PLBU
快 PDK
忸 PNG
忪 PCI
戒 IT
我 HQI
抄 QFH
抗 QYHN
抖 QYJ
技 QJE
扶 QQO
抉 QDK
扭 QNG
把 QAU
扼 QMSU
找 QI
批 QPP
扳 QHE
抒 QNIN
扯 QYLM
折 QHML
扮 QCSH
投 QHNE
抓 QHLO
抑 QHVL
抆 QYK
改 SUOK
攻 MOK
攸 OLOK
旱 AMJ
更 MLWK
束 DL
李 DND
杏 DR
材 DDH
村 DDI
杜 DG
杖 DJK
杞 DSU
杉 DHHH
杆 DMJ
杠 DM
杓 DPI
杗 YVD
步 YLMH
每 OWYI
求 IJE
汞 ME
沙 EFH
沁 EP
沈 ELBU
沉 EBHU
沅 EMMU
沛 EJB
汪 EMG
決 EDK
沐 ED
汰 EKI
沌 EPU
汨 EA
沖 EL
沒 ENE
汽 EOMN
沃 EHK
汲 ENHE
汾 ECSH
汴 EYY
沆 EYHN
汶 EYK
沍 EMVM
沔 EMLS
沘 EPP
沂 EHML
灶 FG
灼 FPI
災 VVF
灸 NOF
牢 JHQ
牡 HQG
牠 HQPD
狄 KHF
狂 KHMG
玖 MGNO
甬 NIBQ
甫 IJB
男 WKS
甸 PW
皂 HAP
盯 BUMN
矣 IOK
私 HDI
秀 HDNHS
禿 HDHU
究 JCKN
系 HVIF
罕 BCMJ
肖 FB
肓 YVB
肝 BMJ
肘 BDI
肛 BM
肚 BG
育 YIB
良 IAV
芒 TYV
芋 TMD
芍 TPI
見 BUHU
角 NBG
言 YMMR
谷 COR
豆 MRT
豕 MSHO
貝 BUC
赤 GLNC
走 GYO
足 RYO
身 HXH
車 JWJ
辛 YTJ
辰 MMMV
迂 YMD
迆 YPD
迅 YNJ
迄 YON
巡 YVVV
邑 RAU
邢 MTNL
邪 MHNL
邦 QJNL
那 SQNL
酉 MCWM
采 HFD
里 WG
防 NLYHS
阮 NLMMU
阱 NLTT
阪 NLHE
阬 NLYHN

八劃

並 TTC
乖 HJLP
乳 BDU
事 JLLN
些 YPMM
亞 MLLM
享 YRND
京 YRF
佯 OTQ
依 OYHV
侍 OGDI
佳 OGG
使 OJLK
佬 OJKP
供 OTC
例 OMNN
來 DOO
侃 ORHU
佰 OMA
併 OTT
侈 ONIN
佩 OHNB
佻 OLMO
侖 OMBT
佾 OCB
侏 OHJD
侑 OKB
佺 OOMG
兔 NUI
兒 HXHU
兕 SUHU
兩 MLBO
具 BMMC
其 TMMC
典 TBC
冽 IMMNN
函 NUE
刻 YOLN
券 FQSH
刷 SBLN
刺 DBLN
到 MGLN
刮 HRLN
制 HBLN
剁 HDLN
劾 YOKS
劻 SGKS
卒 YOOJ
協 JKSS
卓 YAJ
卑 HHJ
卦 GGY
卷 FQSU
卸 OMSL
卹 HTSL
取 SJE
叔 YFE
受 BBE
味 RJD
呵 RMNR
咖 RKSR
呸 RMFM
咕 RJR
咀 RBM
呻 RLWL
呷 RWL
咄 RUU
咒 RRHN
咆 RPRU
呼 RHFD
咐 RODI
呱 RHVO
呶 RVE
和 HDR
咚 RHEY
呢 RSP
周 BGR

咋	RHS	屆	SUG	戕	VMI	昕	AHML	泓	ENI	盲	YVBU
命	OMRL	岷	URVP	房	HSYHS	昊	AMK	沸	ELLN	直	JBMM
咎	HOR	岡	BTU	戾	HSIK	昇	AHT	泄	EPT	知	OKR
固	WJR	岸	UMMJ	所	HSHML	服	BSLE	油	ELW	矽	MRNI
垃	GYT	岩	UMR	承	NNQO	朋	BB	況	ERHU	社	IFG
坷	GMNR	岫	ULW	拉	QYT	杭	DYHN	沮	EBM	祀	IFRU
坪	GMFJ	岱	OPU	拌	QFQ	枋	DYHS	泗	EWC	祁	IFNL
坩	GTM	岳	OMU	拄	QYG	枕	DLBU	泅	EWO	秉	HDL
坡	GDHE	帘	JCLB	抿	QRVP	東	DW	泱	ELBK	秈	HDU
坦	GAM	帚	SMBLB	拂	QLLN	果	WD	沿	ECR	空	JCM
坤	GLWL	帖	LBYR	抹	QDJ	杳	DA	治	EIR	穹	JCN
坼	GHMY	帕	LBHA	拒	QSS	杷	DAU	泡	EPRU	竺	HMM
夜	YONK	帛	HALB	招	QSHR	枇	DPP	泛	EHIO	糾	VFVL
奉	QKQ	帑	VELB	披	QDHE	枝	DJE	泊	EHA	罔	BTYV
奇	KMNR	幸	GTJ	拓	QMR	林	DD	沬	EJD	羌	TGHU
奈	KMMF	庚	ILO	拔	QIKK	杯	DMF	泯	ERVP	芈	LMYQ
奄	KLWU	店	IYR	拋	QKUS	杰	DF	泜	EHPM	者	JKA
奔	KJT	府	IODI	拈	QYR	板	DHE	泖	EHHL	肺	BJB
妾	YTV	底	IHPM	抨	QMFJ	枉	DMG	泠	EOII	肥	BAU
妻	JLV	庖	IPRU	抽	QLW	松	DCI	炕	FYHN	肢	BJE
委	HDV	延	NKHYM	押	QWL	析	DHML	炎	FF	肱	BKI
妹	VJD	弦	NYVI	拐	QRSH	杵	DOJ	炒	FFH	股	BHNE
妮	VSP	弧	NHVO	拙	QUU	枚	DOK	炊	FNO	肫	BPU
姑	VJR	弩	VEN	拇	QWYI	料	DYJ	炙	BF	肩	HSB
姆	VWYI	往	HOYG	拍	QHA	杼	DNIN	爬	HOAU	肴	KKB
姐	VBM	征	HOMYM	抵	QHPM	杪	DFH	爭	BSD	肪	BYHS
姍	VBT	彿	HOLLN	拚	QIT	杲	AD	爸	CKAU	肯	YMB
始	VIR	彼	HODHE	抱	QPRU	欣	HLNO	版	LLHE	臥	SLO
姓	VHQM	忝	HKP	拘	QPR	武	MPYLM	牧	HQOK	臾	HXO
姊	VLXH	忠	LP	拖	QOPD	歧	YMJE	物	HQPHH	舍	OMJR
妯	VLW	忽	PHP	拗	QVIS	歿	MNNE	狀	VMIK	芳	TYHS
妳	VNF	念	OINP	拆	QHMY	氓	YVRVP	狎	KHWL	芝	TINO
姒	VVIO	忿	CSHP	抬	QIR	氛	ONCSH	狙	KHBM	芙	TQO
姘	VFQ	怏	PLBK	拎	QOII	泣	EYT	狗	KHPR	芭	TAU
孟	NDBT	怔	PMYM	放	YSOK	注	EYG	狐	KHHVO	芽	TMVH
孤	NDHVO	怯	PGI	斧	CKHML	泳	EINE	玩	MGMMU	芟	THNE
季	HDND	怵	PIJC	於	YSOY	沱	EJP	玨	MGMG	芹	THML
宗	JMMF	怖	PKLB	旺	AMG	泌	EPH	玟	MGYK	花	TOP
定	JMYO	怪	PEG	昔	TA	泥	ESP	玫	MGOK	芬	TCSH
官	JRLR	怕	PHA	易	APHH	河	EMNR	玥	MGB	芥	TOLL
宜	JBM	怡	PIR	昌	AA	沽	EJR	甽	WLLL	芯	TP
宙	JLW	性	PHQM	昆	APP	沾	EYR	疝	KU	芸	TMMI
宛	JNIU	怩	PSP	昂	AHVL	沼	ESHR	疙	KON	芣	TMF
尚	FBR	怫	PLLN	明	AB	波	EDHE	疚	KNO	芰	TJE
屈	SUU	怛	PAM	昀	APIM	沫	EDJ	的	HAPI	芾	TJB
居	SJR	或	IRM	昏	HPA	法	EGI	盂	MDBT	芷	TYLM

虎 YPHU
虱 NHLI
初 LSH
表 QMV
軋 JJU
迎 YHVL
返 YHE
近 YHML
邵 SRNL
邸 HMNL
邱 OMNL
邶 LMPNL
采 BD
金 C
長 SMV
門 AN
阜 HRJ
陀 NLJP
阿 NLMNR
阻 NLBM
附 NLODI
陂 NLDHE
佳 OG
雨 MLBY
青 QMB
非 LMYYY

九劃

亟 MEM
亭 YRBN
亮 YRBU
信 OYMR
侵 OSME
侯 ONMK
便 OMLK
俠 OKOO
俑 ONIB
俏 OFB
保 ORD
促 ORYO
侶 ORHR
俘 OBND
俟 OIOK
俊 OICE
俗 OCOR
侮 OOWY
俐 OHDN
俄 OHQI
係 OHVF
俚 OWG
俎 OOBM
俞 OMBN
侷 OSSR
兗 YCRHU
冒 ABU
冑 LWB
冠 BMUI
剎 KCLN
剃 CHLN
削 FBLN
前 TBLN
刺 DLLN
剋 JULN
則 BCLN
勇 NBKS
勉 NUKS
勃 JDKS
勁 MMKS
匍 PIJB
南 JBTJ
卻 CRSL
厚 MAND
叛 FQHE
咬 RYCK
哀 YRHV
咨 IOR
哎 RTK
哉 JIR
咸 IHMR
咦 RKN
咳 RYVO
哇 RGG
哂 RMCW
咽 RWK
咪 RFD
品 RRR
哄 RTC
哈 ROMR
咯 RHER
咫 SORC
咱 RHBU
咻 ROD
咩 RTQ
咧 RMNN
咿 ROSK
囿 WKB
垂 HJTM
型 MNG
垠 GAV
垣 GMAM
垢 GHMR
城 GIHS
垮 GKMS
垓 GYVO
奕 YCK
契 QHK
奏 QKHK
奎 KGG
奐 NBK
姜 TGV
姘 VTT
姿 IOV
姣 VYCK
姨 VKN
娃 VGG
姥 VJKP
姪 VMIG
姚 VLMO
姦 VVV
威 IHMV
姻 VWK
孩 NDYVO
宣 JMAM
宦 JSLL
室 JMIG
客 JHER
宥 JKB
封 GGDI
屎 SFD
屏 STT
屍 SMNP
屋 SMIG
峙 UGDI
峒 UBMR
巷 TCRU
帝 YBLB
帥 HRLB
帟 YCLB
幽 UVII
庠 ITQ
度 ITE
建 NKLQ
弈 YCT
弭 NSJ
彥 YHHHH
很 HOAV
待 HOGDI
徊 HOWR
律 HOLQ
徇 HOPA
後 HOVIE
徉 HOTQ
怒 VEP
思 WP
怠 IRP
急 NSP
怎 HSP
怨 NUP
恍 PFMU
恰 POMR
恨 PAV
恢 PKF
恆 PMBM
恃 PGDI
恬 PHJR
恫 PBMR
恪 PHER
恤 PHBT
扁 HSBT
拜 HQMQJ
挖 QJCN
按 QJV
拼 QTT
拭 QIPM
持 QGDI
拮 QGR
拽 QLWP
指 QPA
拱 QTC
拷 QJKS
拯 QNEM
括 QHJR
拾 QOMR
拴 QOMG
挑 QLMO
挂 QGG
政 MMOK
故 JROK
斫 MRHML
施 YSOPD
既 AIMVU
春 QKA
昭 ASHR
映 ALBK
昧 AJD
是 AMYO
星 AHQM
昨 AHS
昱 AYT
昤 AOII
曷 APVO
柿 DYLB
染 END
柱 DYG
柔 NHD
某 TMD
柬 DWF
架 KRD
枯 DJR
柵 DBT
柩 DSNO
柯 DMNR
柄 DMOB
柑 DTM
枴 DRSH
柚 DLW
查 DAM
枸 DPR
柏 DHA
柞 DHS
柳 DHHL
枰 DMFJ
柙 DWL
柢 DHPM
柝 DHMY
柒 EPD
歪 MFMYM
殃 MNLBK
殆 MNIR
段 HJHNE
毒 QMWYI
毗 WPP
氟 ONLLN
泉 HAE
洋 ETQ
洲 EILL
洪 ETC
流 EYIU
津 ELQ
洌 EMNN
洱 ESJ
洞 EBMR
洗 EHGU
活 EHJR
洽 EOMR
派 EHHV
洶 EPUK
洛 EHER
泵 MRE
洹 EMAM
洧 EKB
洸 EFMU
洩 ELWP
洮 ELMO
洵 EPA
洎 EHBU
洫 EHBT
炫 FYVI
為 IKNF
炳 FMOB
炬 FSS
炯 FBR
炭 UMF
炸 FHS
炮 FPRU
炤 FSHR
爰 BMKE
牲 HQHQM
牯 HQJR
牴 HQHPM
狩 KHJDI
狠 KHAV
狡 KHYCK
玷 MGYR
珊 MGBT
玻 MGDHE

玲 MGOII
珍 MGOHH
珀 MGHA
玳 MGOIP
甚 TMMV
甭 MFBQ
畏 WMV
界 WOLL
畎 WIK
畋 WOK
疫 KHNE
疤 KAU
疥 KOLL
疢 KF
疣 KIKU
癸 NOMK
皆 PPHA
皇 HAMG
皈 HAHE
盈 NSBT
盆 CSHT
盃 MFBT
盅 LBT
省 FHBU
盹 BUPU
相 DBU
眉 AHBU
看 HQBU
盾 HJBU
盼 BUCSH
眇 BUFH
矜 NHOIN
砂 MRFH
研 MRMT
砌 MRPSH
砍 MRNO
祆 IFMK
祉 IFYLM
祈 IFHML
祇 IFHVP
禹 HLBI
禺 WLBI
科 HDYJ
秒 HDFH
秋 HDF
穿 JCMVH
突 JCIK
竿 HMJ
竽 HMD
籽 FDND
紂 VFDI
紅 VFM
紀 VFSU
紉 VFSHI
紇 VFON
約 VFPI
紆 VFMD
缸 OUM
美 TGK
羿 SMT
耄 JPHQU
耐 MBDI
耍 MBV
耑 UMBL
耶 SJNL
胖 BFQ
胥 NOB
胚 BMFM
胃 WB
胄 LWB
背 LPB
胡 JRB
胛 BWL
胎 BIR
胞 BPRU
胤 LVBU
胝 BHPM
致 MGOK
舢 HYU
苧 TJMN
范 TESU
茅 TNIH
苣 TSS
苛 TMNR
苦 TJR
茄 TKSR
若 TKR
茂 TIH
茉 TDJ
苒 TGB
苗 TW
英 TLBK
茁 TUU
苜 TBU
苔 TIR
苑 TNIU
苞 TPRU
苓 TOII
苟 TPR
苯 TDM
茆 THHL
虐 YPSM
虹 LIM
虻 LIYV
虺 MULMI
衍 HOEMN
衫 LHHH
要 MWV
觔 NBKS
計 YRJ
訂 YRMN
訃 YRY
貞 YBUC
負 NBUC
赴 GOY
赳 GOVL
趴 RMC
軍 BJWJ
軌 JJKN
述 YIJC
迦 YKSR
迢 YSHR
迪 YLW
迥 YBR
迭 YHQO
迫 YHA
迤 YOPD
迨 YIR
郊 YKNL
郎 IINL
郁 KBNL
郃 ORNL
酋 TCWM
酊 MWMN
重 HJWG
閂 ANM
限 NLAV
陋 NLMBV
陌 NLMA
降 NLHEQ
面 MWYL
革 TLJ
韋 DMRQ
韭 LMMM
音 YTA
頁 MBUC
風 HNHLI
飛 NOHTO
食 OIAV
首 THBU
香 HDA

十劃

乘 HDLP
亳 YRBP
倌 OJRR
倍 OYTR
倣 OYSK
俯 OIOI
倦 OFQU
倥 OJCM
俸 OQKQ
倩 OQMB
倖 OGTJ
倆 OMLB
值 OJBM
借 OTA
倚 OKMR
倒 OMGN
們 OAN
俺 OKLU
倀 OSMV
倔 OSUU
倨 OSJR
俱 OBMC
倡 OAA
個 OWJR
候 OLNK
倘 OFBR
俳 OLMY
修 OLOH
倭 OHDV
倪 OHXU
俾 OHHJ
倫 OOMB
倉 OIAR
兼 TXC
冤 BNUI
冥 BAYC
冢 BMMO
凍 IMDW
凌 IMGCE
准 IMOG
凋 IMBGR
剖 YRLN
剜 JULN
剔 AHLN
剛 BULN
剝 VELN
匪 SLMY
卿 HHAIL
原 MHAF
厝 MTA
叟 HXLE
哨 RFB
唐 ILR
唁 RYMR
唷 RYIB
哼 RYRN
哥 MRNR
哲 QLR
唆 RICE
哺 RIJB
唔 RMMR
哩 RWG
哭 RRIK
員 RBUC
唉 RIOK
哮 RJKD
哪 RSQL
哦 RHQI
唧 RAIL
唇 MVR
哽 RMLK
唏 RKKB
圃 WIJB
圄 WMMR
埂 GMLK
埔 GIJB
埋 GWG
埃 GIOK
堉 GYIB
夏 MUHE
套 KSMI
奘 VGK
奚 BVIK
娑 EHV
娘 VIAV
娜 VSQL
娟 VRB
娛 VRVK
娓 VSHU
姬 VSLL
娠 VMMV
娣 VCNH
娩 VNAU
娥 VHQI
娌 VWG
娉 VLWS
孫 NDHVF
屘 SUND
宰 JYTJ
害 JQMR
家 JMSO
宴 JAV
宮 JRHR
宵 JFB
容 JCOR
宸 JMMV
射 HHDI
屑 SFB
展 STV
屐 SHOE
峭 UFB
峽 UKOO
峻 UICE
峪 UCOR
峨 UHQI
峰 UHEJ
島 HAYU
崁 UGNO
峴 UBUU
差 TQM
席 ITLB
師 HRMLB
庫 IJWJ

庭 INKG
座 IOOG
弱 NMNIM
徒 HOGYO
徑 HOMVM
徐 HOOMD
恙 TGP
恣 IOP
恥 SJP
恐 MNP
恕 VRP
恭 TCP
恩 WKP
息 HUP
悄 PFB
悟 PMMR
悚 PDL
悍 PAMJ
悔 POWY
悌 PCNH
悅 PCRU
悖 PJBD
扇 HSSMM
拳 FQQ
挈 QHQ
拿 OMRQ
捎 QFB
挾 QKOO
振 QMMV
捕 QIJB
捂 QMMR
捆 QWD
捏 QHXM
捉 QRYO
挺 QNKG
捐 QRB
挽 QNAU
挪 QSQL
挫 QOOG
挨 QIOK
捍 QAMJ
捌 QRSN
效 YKOK
敉 FDOK
料 FDYJ
旁 YBYHS

旅 YSOHV
時 AGDI
晉 MIIA
晏 AJV
晃 AFMU
晒 AMCW
晌 AHBR
晅 AMAM
晁 ALMO
書 LGA
朔 TUB
朕 BTK
朗 IIB
校 DYCK
核 DYVO
案 JVD
框 DSMG
桓 DMAM
根 DAV
桂 DGG
桔 DGR
栩 DSMM
梳 DYIU
栗 MWD
桌 YAD
桑 EEED
栽 JID
柴 YPD
桐 DBMR
桀 NQD
格 DHER
桃 DLMO
株 DHJD
桅 DNMU
栓 DOMG
栘 DNIN
桁 DHON
殊 MNHJD
殉 MNPA
殷 HSHNE
氣 ONFD
氧 ONTQ
氨 ONJV
氦 ONYVO
氤 ONWK
泰 QKE

浪 EIAV
涕 ECNH
消 EFB
涇 EMVM
浦 EIJB
浸 ESME
海 EOWY
浙 EQHL
涓 ERB
浬 EWG
涉 EYLH
浮 EBND
浚 EICE
浴 ECOR
浩 EHGR
涌 ENIB
涊 ESIP
浹 EKOO
涅 EAG
浥 ERAU
涔 EUON
烊 FTQ
烘 FTC
烤 FJKS
烙 FHER
烈 MNF
烏 HRYF
爹 CKNIN
特 HQGDI
狼 KHIAV
狹 KHKOO
狽 KHBUC
狸 KHWG
狷 KHRB
玆 YIYVI
班 MGILG
琉 MGYIU
珮 MGHNB
珠 MGHJD
珪 MGGG
珞 MGHER
畔 WFQ
畝 YWNO
畜 YVIW
畚 IKW
留 HHW

疾 KOK
病 KMOB
症 KMYM
疲 KDHE
疳 KTM
疽 KBM
疼 KHEY
疹 KOHH
痂 KKSR
疸 KAM
皋 HAKJ
皰 DEPRU
益 TCBT
盍 GIBT
盎 LKBT
眩 BUYVI
真 JBMC
眠 BURVP
眨 BUHIO
矩 OKSS
砰 MRMFJ
砧 MRYR
砸 MRSLB
砝 MRGI
破 MRDHE
砷 MRLWL
砥 MRHPM
砭 MRHIO
砠 MRBM
砟 MRHS
砲 MRPRU
祕 IFPH
祐 IFKR
祠 IFSMR
祟 UUMMF
祖 IFBM
神 IFLWL
祝 IFRHU
祇 IFHPM
祚 IFHS
秤 HDMFJ
秣 HDDJ
秧 HDLBK
租 HDBM
秦 QKHD
秩 HDHQO

秘 HDPH
窄 JCHS
窈 JCVIS
站 YTYR
笆 HAU
笑 HHK
粉 FDCSH
紡 VFYHS
紗 VFFH
紋 VFYK
紊 YKVIF
素 QMVIF
索 JBVIF
純 VFPU
紐 VFNG
紕 VFPP
級 VFNHE
紜 VFMMI
納 VFOB
紙 VFHVP
紛 VFCSH
缺 OUDK
罟 WLJR
羔 TGF
翅 JESMM
翁 CISM
耆 JPA
耘 QDMMI
耕 QDTT
耙 QDAU
耗 QDHQU
耽 SJLBU
耿 SJF
胱 BFMU
脂 BPA
胰 BKN
脅 KSKSB
胭 BWK
胴 BBMR
脆 BNMU
胸 BPUK
胳 BHER
脈 BHHV
能 IBPP
脊 FCB
胼 BTT

胯 BKMS
臭 HUIK
臬 HUD
舀 BHX
舐 HRHVP
航 HYYHN
舫 HYYHS
舨 HYHE
般 HYHNE
芻 PUPU
茫 TEYV
荒 TYVU
荔 TKSS
荊 TMTN
茸 TSJ
荐 TKLD
草 TAJ
茵 TWK
茴 TWR
荏 TOHG
茲 TVII
茹 TVR
茶 TOD
茗 TNIR
荀 TPA
茱 THJD
茨 TIMO
荃 TOMG
虔 YPYK
蚊 LIYK
蚪 LIYJ
蚓 LINL
蚤 EILMI
蚩 UMLI
蚌 LIQJ
蚣 LICI
蚜 LIMVH
衰 YWMV
衷 YLHV
袁 GRHV
袂 LDK
衽 LHG
衹 LHVP
記 YRSU
訐 YRMJ
討 YRDI

訌 YRM
訕 YRU
訊 YRNJ
託 YRHP
訓 YRLLL
訖 YRON
訏 YRMD
訑 YRPD
豈 UMRT
豺 BHDH
豹 BHPI
財 BCDH
貢 MBUC
起 GORU
躬 HHN
軒 JJMJ
軔 JJSHI
軏 JJMU
辱 MVDI
送 YTK
逆 YTU
迷 YFD
退 YAV
逎 YMCW
迴 YWR
逃 YLMO
追 YHRR
逅 YHMR
迸 YTT
邕 VVRAU
郡 SRNL
郝 GCNL
郢 RGNL
酒 EMCW
配 MWSU
酌 MWPI
釘 CMN
針 CJ
釗 CLN
釜 CKMGC
釙 CY
閃 ANO
院 NLJMU
陣 NLJWJ
陡 NLGYO
陛 NLPPG
陝 NLKOO
除 NLOMD
陘 NLMVM
陞 NLHTG
隻 OGE
飢 OIHN
馬 SQSF
骨 BBB
高 YRBR
鬥 LN
鬲 MRBL
鬼 HI
庸 ILB

十一劃

乾 JJON
偺 OHOA
偽 OIKF
停 OYRN
假 ORYE
偃 OSAV
偌 OTKR
做 OJRK
偉 ODMQ
健 ONKQ
偶 OWLB
偎 OWMV
偕 OPPA
偵 OYBC
側 OBCN
偷 OOMN
偏 OHSB
倏 OLOK
偯 OYRV
偭 OMWL
兜 HVHU
冕 ANAU
凰 HNHAG
剪 TBNH
副 MWLN
勒 TJKS
務 NHOKS
勘 TVKS
動 HGKS
匐 PMRW
匏 KSPRU
匙 AOP
匿 STKR
區 SRRR
匾 SHSB
參 IIIH
曼 AWLE
商 YCBR
啪 RQHA
啦 RQYT
啄 RMSO
啞 RMLM
啡 RLMY
啃 RYMB
啊 RNLR
唱 RAA
啖 RFF
問 ANR
啕 RPOU
唯 ROG
啤 RHHJ
唸 ROIP
售 OGR
啜 REEE
唬 RYPU
啣 ROML
唳 RHSK
啁 RBGR
啗 RNHX
圈 WFQU
國 WIRM
圉 WGTJ
域 GIRM
堅 SEG
堊 MMG
堆 GOG
埠 GHRJ
埤 GHHJ
基 TCG
堂 FBRG
堵 GJKA
執 GJKNI
培 GYTR
夠 NNPR
奢 KJKA
娶 SEV
婁 LWLV
婉 VJNU
婦 VSMB
婪 DDV
婀 VNLR
娼 VAA
婢 VHHJ
婚 VHPA
婆 EEV
婊 VQMV
孰 YDKNI
寇 JMUE
寅 JMLC
寄 JKMR
寂 JYFE
宿 JOMA
密 JPHU
尉 SFDI
專 JIDI
將 VMBDI
屠 SJKA
屜 SHOT
屏 SLMY
崇 UJMF
崆 UJCM
崎 UKMR
崛 USUU
崖 UMGG
崢 UBSD
崑 UAPP
崩 UBB
崔 UOG
崙 UOMB
崤 UKKB
崧 UDCI
崗 UBTU
巢 VVWD
常 FBRLB
帶 KPBLB
帳 LBSMV
帷 LBOG
康 ILE
庶 ITF
庵 IKLU
庾 IHXO
張 NSMV
強 NILI
彗 QJSM
彬 DDHH
彩 BDHHH
彫 BRHHH
得 HOAMI
徙 HOYLO
從 HOOOO
徘 HOLMY
御 HOOML
徠 HODOO
徜 HOFBR
恿 NBP
患 LLP
悉 HDP
悠 OKP
您 OFP
惋 PJNU
悴 PYOJ
惦 PIYR
悽 PJLV
情 PQMB
悻 PGTJ
悵 PSMV
惜 PTA
悼 PYAJ
惘 PBTV
惕 PAPH
惆 PBGR
惟 POG
悸 PHDD
惚 PPHP
惇 PYRD
戚 IHYMF
戛 MUI
扈 HSRAU
掠 QYRF
控 QJCM
捲 QFQU
掖 QYOK
探 QBCD
接 QYTV
捷 QJLO
捧 QQKQ
掘 QSUU
措 QTA
捱 QMGG
掩 QKLU
掉 QYAJ
掃 QSMB
掛 QGGY
捫 QAN
推 QOG
掄 QOMB
授 QBBE
掙 QBSD
採 QBD
掬 QPFD
排 QLMY
掏 QPOU
掀 QHLO
捻 QOIP
捩 QHSK
捨 QOMR
捺 QKMF
敝 FBOK
敖 GSOK
救 IEOK
教 JDOK
敗 BCOK
啟 HROK
敏 OYOK
敘 ODOK
敕 DLOK
敔 MROK
斜 ODYJ
斛 NBYJ
斬 JJHML
族 YSOOK
旋 YSONO
旌 YSOHM
旎 YSOSP
晝 LGAM
晚 ANAU
晤 AMMR
晨 AMMV
晦 AOWY
晞 AKKB
曹 TWA
勗 ABMS
望 YBHG
梁 EID
梯 DCNH

梢 DFB
梓 DYTJ
梵 DDHNI
桿 DAMJ
桶 DNIB
梱 DWD
梧 DMMR
梗 DMLK
械 DIT
梃 DNKG
棄 YITD
梭 DICE
梆 DQJL
梅 DOWY
梔 DHMU
條 OLOD
梨 HND
梟 HAYD
梡 DJMU
梂 DIJE
欲 CRNO
殺 KCHNE
毫 YRBU
毬 HUIJE
氫 ONMVM
涎 ENKM
涼 EYRF
淳 EYRD
淙 EJMF
液 EYOK
淡 EFF
淌 EFBR
淤 EYSY
添 EHKP
淺 EII
清 EQMB
淇 ETMC
淋 EDD
涯 EMGG
淑 EYFE
涮 ESBN
淞 EDCI
淹 EKLU
涸 EWJR
混 EAPP
淵 ELXL

淅 EDHL
淒 EJLV
渚 EJKA
涵 ENUE
淚 EHSK
淫 EBHG
淘 EPOU
淪 EOMB
深 EBCD
淮 EOG
淨 EBSD
淆 EKKB
淄 EVVW
涪 EYTR
淬 EYOJ
涿 EMSO
淦 EC
烹 YRNF
焉 MYLF
焊 FAMJ
烽 FHEJ
烯 FKKB
爽 KKKK
牽 YVBQ
犁 HNHQ
猜 KHQMB
猛 KHNDT
猖 KHAA
猓 KHWD
猙 KHBSD
率 YIOJ
琅 MGIAV
琊 MGMHL
球 MGIJE
理 MGWG
現 MGBUU
琍 MGHDN
瓠 KSHVO
瓶 TTMVN
瓷 IOMVN
甜 HRTM
產 YHHQM
略 WHER
畦 WGG
畢 WTJ
異 WTC

疏 NMYIU
痔 KGDI
痕 KAV
疵 KYMP
痊 KOMG
痍 KKN
皎 HAYCK
盔 KFBT
盒 OMRT
盛 ISBT
眷 FQBU
眾 WLOOO
眼 BUAV
眶 BUSMG
眸 BUIHQ
眺 BULMO
硫 MRYIU
硃 MRHJD
硎 MRMTN
祥 IFTQ
票 MWMMF
祭 BOMMF
移 HDNIN
窒 JCMIG
窕 JCLMO
笠 HYT
笨 HDM
笛 HLW
第 HNLH
符 HODI
笙 HHQM
笞 HIR
笮 HHS
粒 FDYT
粗 FDBM
粕 FDHA
絆 VFFQ
絃 VFYVI
統 VFYIU
紮 DUVIF
紹 VFSHR
紼 VFLLN
絀 VFUU
細 VFW
紳 VFLWL
組 VFBM

累 WVIF
終 VFHEY
紲 VFPT
紱 VFIKK
缽 OUDM
羞 TQNG
羚 TQOII
翌 SMYT
翎 OISMM
習 SMHA
耜 QDRLR
聊 SJHHL
聆 SJOII
脯 BIJB
脖 BJBD
脣 MVB
脫 BCRU
脩 OLOB
脰 BMRT
脤 BMMV
舂 QKHX
舵 HYJP
舷 HYYVI
舶 HYHA
船 HYCR
莎 TEFH
莞 TJMU
莘 TYTJ
莩 TJBD
莢 TKOO
莖 TMVM
莽 TIKT
莫 TAK
莒 TRHR
莊 TVMG
莓 TOWY
莉 THDN
莠 THDS
荷 TOMR
荻 TKHF
荼 TOMD
莆 TIJB
莧 TBUU
處 YPHEN
彪 YUHHH
蛇 LIJP

蛀 LIYG
蚶 LITM
蛄 LIJR
蚵 LIMNR
蛆 LIBM
蛋 NOLMI
蚱 LIHS
蚯 LIOM
蛉 LIOII
術 HOICN
袞 YCRHV
袈 KRYHV
被 LDHE
袒 LAM
袖 LLW
袍 LPRU
袋 OPYHV
覓 BBUU
規 QOBUU
訪 YRYHS
訝 YRMVH
訣 YRDK
訥 YROB
許 YROJ
設 YRHNE
訟 YRCI
訛 YROP
訢 YRHML
豉 MTJE
豚 BMSO
販 BCHE
責 QMBUC
貫 WJBUC
貨 OPBUC
貪 OINC
貧 CSHC
赧 GCSLE
赦 GCOK
趾 RMYLM
趺 RMQO
軛 JJMSU
軟 JJNO
這 YYMR
逍 YFB
通 YNIB
逗 YMRT

連 YJWJ
速 YDL
逝 YQHL
逐 YMSO
逕 YMVM
逞 YRHG
造 YHGR
透 YHDS
逢 YHEJ
逖 YKHF
逛 YKHG
途 YOMD
部 YRNL
郭 YDNL
都 JANL
酗 MWUK
野 WGNIN
釵 CEI
釦 CR
釣 CPI
釧 CLLL
釭 CM
釩 CHNI
閉 ANDH
陪 NLYTR
陵 NLGCE
陳 NLDW
陸 NLGCG
陰 NLOII
陴 NLHHJ
陶 NLPOU
陷 NLNHX
陬 NLSJE
雀 FOG
雪 MBSM
雩 MBMMS
章 YTAJ
竟 YTAHU
頂 MNMBC
頃 PMBC
魚 NWF
鳥 HAYF
鹵 YWII
鹿 IXP
麥 JONI
麻 IJCC

十二劃

傢 OJMO
傍 OYBS
傅 OIBI
備 OTHB
傑 ONQD
傀 OHI
傖 OOIR
傘 OOOJ
傚 OYKK
最 ASJE
凱 UTHN
割 JRLN
剴 UTLN
創 ORLN
剩 HPLN
勞 FFBKS
勝 BFQS
勛 RCKS
博 JIBI
厥 MTUO
啻 YBLBR
喀 RJHR
喧 RJMM
啼 RYBB
喊 RIHR
喝 RAPV
喘 RUMB
喂 RWMV
喜 GRTR
喪 GRRV
喔 RSMG
喇 RDLN
喋 RPTD
喃 RJBJ
喳 RDAM
單 RRWJ
喟 RWB
唾 RHJM
喲 RVFI
喚 RNBK
喻 ROMN
喬 HKRBR
喱 RMWG
啾 RHDF
喉 RONK
喫 RQHK
喙 RVNO
圍 WDMQ
堯 GGGU
堪 GTMV
場 GAMH
堤 GAMO
堰 GSAV
報 GJSLE
堡 ODG
堝 GBBR
堠 GONK
壹 GBMT
壺 GBLM
奠 TWK
婷 VYRN
媚 VAHU
婿 VNOB
媒 VTMD
媛 VBME
媧 VBBR
孳 TVID
孱 SNDD
寒 JTCY
富 JMRW
寓 JWLB
寐 JVMD
尊 TWDI
尋 SMMRI
就 YFIKU
嵌 UTMO
嵐 UHNI
崴 UIHV
嵇 HDIUU
巽 RUTC
幅 LBMRW
帽 LBABU
幀 LBYBC
幃 LBDMQ
幾 VIHI
廊 IIIL
廁 IBCN
廂 IDBU
廄 IAIE
弼 NMAN
彭 GTHHH
復 HOOAE
循 HOHJU
徨 HOHAG
惑 IMP
惡 MMP
悲 LYP
悶 ANP
惠 JIP
愜 PSKO
愣 PWLS
惺 PAHM
愕 PRRS
惰 PKMB
惻 PBCN
惴 PUMB
慨 PAIU
惱 PVVW
愎 POAE
惶 PHAG
愉 POMN
愀 PHDF
愒 PAPV
戟 JJI
扉 HSLMY
掣 HNQ
掌 FBRQ
描 QTW
揀 QDWF
揩 QPPA
揉 QNHD
揆 QNOK
揍 QQKK
插 QHJX
揣 QUMB
提 QAMO
握 QSMG
揖 QRSJ
揭 QAPV
揮 QBJJ
捶 QHJM
援 QBME
揪 QHDF
換 QNBK
摒 QSTT
揚 QAMH
揹 QLPB
敞 FBOK
敦 YDOK
敢 MJOK
散 TBOK
斑 MGYKG
斐 LYYK
斯 TCHML
普 TCA
晰 ADHL
晴 AQMB
晶 AAA
景 AYRF
暑 AJKA
智 ORA
晾 AYRF
晷 AHOR
曾 CWA
替 QOA
期 TCB
朝 JJB
棺 DJRR
棕 DJMF
棠 FBRD
棘 DBDB
棗 DBDB
椅 DKMR
棟 DDW
棵 DWD
森 DDD
棧 DII
棹 DYAJ
棒 DQKQ
棲 DJLV
棣 DLE
棋 DTMC
棍 DAPP
植 DJBM
椒 DYFE
椎 DOG
棉 DHAB
棚 DBB
楮 DJKA
棻 TCSD
款 GFNO
欺 TCNO
欽 CNO
殘 MNII
殖 MNJBM
殼 GNHNE
毯 HUFF
氮 ONFF
氯 ONVNE
氬 ONMLM
港 ETCU
游 EYSD
湔 ETBN
渡 EITE
渲 EJMM
湧 ENBS
湊 EQKK
渠 ESD
渥 ESMG
渣 EDAM
減 EIHR
湛 ETMV
湘 EDBU
渤 EJDS
湖 EJRB
湮 EMWG
渭 EWB
渦 EBBR
湯 EAMH
渴 EAPV
湍 EUMB
渺 EBUH
測 EBCN
湃 EHQJ
渝 EOMN
渾 EBJJ
滋 ETVI
溉 EAIU
渙 ENBK
湎 EMWL
湣 ERPA
湄 EAHU
湲 EBME
湩 EHJG
湟 EHAG
焙 FYTR
焚 DDF
焦 OGF
焰 FNHX
無 OTF
然 BKF
煮 JAF
焜 FAPP
牌 LLHHJ
犄 HQKMR
犀 SYYQ
猶 KHTCW
猥 KHWMV
猴 KHONK
猩 KHAHM
琺 MGEGI
琪 MGTMC
琳 MGDD
琢 MGMSO
琥 MGYPU
琵 MGPP
琶 MGAU
琴 MGOIN
琯 MGJRR
琛 MGBCD
琦 MGKMR
琨 MGAPP
甥 HMWKS
甦 MKHQM
畫 LGWM
番 HDW
痢 KHDN
痛 KNIB
痣 KGP
痙 KMVM
痘 KMRT
痞 KMFR
痠 KICE
登 NOMRT
發 NONHE
皖 HAJMU
皓 HAHGR
皴 IEDHE
盜 EOBT
睏 BUWD
短 OKMRT
硝 MRFB
硬 MRMLK
硯 MRBUU

稍 HDFB
稈 HDAMJ
程 HDRHG
稅 HDCRU
稀 HDKKB
窘 JCSKR
窗 JCHWK
窖 JCHGR
童 YTWG
竣 YTICE
等 HGDI
策 HDB
筆 HLQ
筐 HSMG
筒 HBMR
答 HOMR
筍 HPA
筋 HBKS
筏 HOI
筑 HMNJ
粟 MWFD
粥 NFDN
絞 VFYCK
結 VFGR
絨 VFIJ
絕 VFSHU
紫 YPVIF
絮 VRVIF
絲 VFVIF
絡 VFHER
給 VFOMR
絢 VFPA
絰 VFMIG
絳 VFHEQ
善 TGTR
翔 TQSMM
翕 OMRM
耋 JPMIG
聒 SJHJR
肅 LX
腕 BJNU
腔 BJCM
腋 BYOK
腑 BIOI
腎 SEB
脹 BSMV
腆 BTBC
脾 BHHJ
腌 BKLU
腓 BLMY
腴 BHXO
舒 ORNIN
舜 BBNQ
菩 TYTR
萃 TYOJ
菸 TYSY
萍 TEMJ
菠 TEDE
菅 TJRR
萋 TJLV
菁 TQMB
華 TMTJ
菱 TGCE
菴 TKLU
著 TJKA
萊 TDOO
菰 TNDO
萌 TAB
菌 TWHD
菽 TYFE
菲 TLMY
菊 TPFD
萸 THXO
萎 THDV
萄 TPOU
菜 TBD
萇 TSMV
菔 TBSE
菟 TNUI
虛 YPTM
蛟 LIYCK
蛙 LIGG
蛭 LIMIG
蛔 LIWR
蛛 LIHJD
蛤 LIOMR
蛐 LITW
蛞 LIHJR
街 HOGGN
裁 JIYHV
裂 MNYHV
袱 LOIK
覃 MWAJ
視 IFBUU
註 YRYG
詠 YRINE
評 YRMFJ
詞 YRSMR
証 YRMYM
詁 YRJR
詔 YRSHR
詛 YRBM
詐 YRHS
詆 YRHPM
訴 YRHMY
診 YROHH
訶 YRMNR
詖 YRDHE
象 NAPO
貂 BHSHR
貯 BCJMN
貼 BCYR
貳 IPMMC
貽 BCIR
賁 JTBC
費 LNBUC
賀 KRBRC
貴 LMBUC
買 WLBUC
貶 BCHIO
貿 HHBUC
貸 OPBUC
越 GOIV
超 GOSHR
趁 GOOHH
跎 RMJP
距 RMSS
跋 RMIKK
跚 RMBT
跑 RMPRU
跌 RMHQO
跛 RMDHE
跆 RMIR
軻 JJMNR
軸 JJLW
軼 JJHQO
辜 JRYTJ
逮 YLE
逵 YGCG
週 YBGR
逸 YNUI
進 YOG
逶 YHDV
鄂 RSNL
郵 HMNL
鄉 VHIIL
郾 SVNL
酣 MWTM
酥 MWHD
量 AMWG
鈔 CFH
鈕 CNG
鈣 CMYS
鈉 COB
鈞 CPIM
鈍 CPU
鈐 COIN
鈇 CQO
鈑 CHE
閔 ANYK
閏 ANMG
開 ANMT
閑 AND
間 ANA
閒 ANB
閎 ANKI
隊 NLTPO
階 NLPPA
隋 NLKMB
陽 NLAMH
隅 NLWLB
隆 NLHEM
隍 NLHAG
陲 NLHJM
隄 NLAMO
雁 MOOG
雅 MHOG
雄 KIOG
集 OGD
雇 HSOG
雯 MBYK
雲 MBMMI
韌 DQSHI
項 MMBC
順 LLLC
須 HHMBC
飧 NIOIV
飪 OIHG
飯 OIHE
飩 OIPU
飲 OINO
飭 OIOKS
馮 IMSQF
馭 SFE
黃 TMWC
黍 HDOE
黑 WGF

十三劃

亂 BBU
傭 OILB
債 OQMC
傲 OGSK
傳 OJII
僅 OTLM
傾 OPMC
催 OUOG
傷 OOAH
傻 OHCE
傯 OHWP
僇 OSMH
剿 VDLN
剷 YMLN
剽 MFLN
募 TAKS
勦 VDKS
勤 TMKS
勢 GIKS
勣 QCKS
匯 SEOG
嗟 RTQM
嗨 REOY
嗓 REED
嗦 RJBF
嗎 RSQF
嗜 RJPA
嗇 GOWR
嗑 RGIT
嗣 RBSMR
嗤 RUMI
嗯 RWKP
嗚 RHRF
嗡 RCIM
嗅 RHUK
嗆 ROIR
嗥 RHAJ
嗉 RQMF
園 WGRV
圓 WRBC
塞 JTCG
塑 TBG
塘 GILR
塗 EDG
塚 GBMO
塔 GTOR
填 GJBC
塌 GASM
塭 GWOT
塊 GHI
塢 GHRF
塒 GAGI
塋 FFBG
奧 HBK
嫁 VJMO
嫉 VKOK
嫌 VTXC
媾 VTTB
媽 VSQF
媼 VWOT
媳 VHUP
嫂 VHXE
媲 VHWP
嵩 UYRB
嵯 UTQM
幌 LBAFU
幹 JJOMJ
廉 ITXC
廈 IMUE
弒 KCIPM
彙 VMBWD
徬 HOYBS
微 HOUUK
愚 WBP
意 YTAP
慈 TVIP
感 IRP

想 DUP
愛 BBPE
惹 TKRP
愁 HFP
愈 OMBP
慎 PJBC
慌 PTYU
慄 PMWD
慍 PWOT
愾 POND
愴 POIR
愧 PHI
愍 RKP
愆 HNP
愷 PUMT
戡 TVI
戢 RJI
搓 QTQM
搾 QJCS
搞 QYRB
搪 QILR
搭 QTOR
搽 QTOD
搬 QHYE
搏 QIBI
搜 QHXE
搔 QEII
損 QRBC
搶 QOIR
搖 QBOU
搗 QHAU
搆 QTTB
敬 TROK
斟 TVYJ
新 YDHML
暗 AYTA
暉 ABJJ
暇 ARYE
暈 ABJJ
暖 ABME
暄 AJMM
暘 AAMH
暍 AAPV
會 OMWA
榔 DIIL
業 TCTD
楚 DDNYO
楷 DPPA
楠 DJBJ
楔 DQHK
極 DMEM
椰 DSJL
概 DAIU
楊 DAMH
楨 DYBC
楫 DRSJ
楞 DWLS
楓 DHNI
楹 DNST
榆 DOMN
楝 DDWF
楣 DAHU
楛 DTJR
歇 AVNO
歲 YMIHH
毀 HGHNE
殿 SCHNE
毓 OYYIU
毽 HUNKQ
溢 ETCT
溯 ETUB
滓 EJYJ
溶 EJCR
滂 EYBS
源 EMHF
溝 ETTB
滇 EJBC
滅 EIHF
溥 EIBI
溘 EGIT
溼 EMVG
溺 ENMM
溫 EWOT
滑 EBBB
準 EGJ
溜 EHHW
滄 EOIR
滔 EBHX
溪 EBVK
溧 EMWD
溴 EHUK
煎 TBNF
煙 FMWG
煩 FMBC
煤 FTMD
煉 FDWF
照 ARF
煜 FAYT
煬 FAMH
煦 ARF
煌 FHAG
煥 FNBK
煞 NKF
煆 FRYE
煨 FWMV
煖 FBME
爺 CKSJL
牒 LLPTD
猷 TWIK
獅 KHHRB
猿 KHGRV
猾 KHBBB
瑯 MGIIL
瑚 MGJRB
瑕 MGRYE
瑟 MGPH
瑞 MGUMB
瑁 MGABU
琿 MGBJJ
瑙 MGVVW
瑛 MGTLK
瑜 MGOMN
當 FBRW
畸 WKMR
瘀 KYSY
痰 KFF
瘁 KYOJ
痲 KJCC
痱 KLMY
痺 KHHJ
痿 KHDV
痴 KOKR
痳 KDD
盞 IIBT
盟 ABBT
睛 BUQMB
睫 BUJLO
睦 BUGCG
睞 BUDOO
督 YEBU
睹 BUJKA
罣 WLGTJ
睬 BUBD
睜 BUBSD
睥 BUHHJ
睨 BUHXU
睢 BUOG
矮 OKHDV
碎 MRYOJ
碰 MRTTC
碗 MRJNU
碘 MRTBC
碌 MRVNE
碉 MRBGR
硼 MRBB
碑 MRHHJ
碓 MROG
硿 MRJCM
祺 IFTMC
祿 IFVNE
禁 DDMMF
萬 TWLB
禽 OYUB
稜 HDGCE
稚 HDOG
稠 HDBGR
稔 HDOIP
稟 YWRD
稞 HDWD
窟 JCSUU
窠 JCWD
筷 HPDK
節 HAIL
筠 HGPM
筮 HMOO
筧 HBUU
粱 EIFD
粳 FDMLK
粵 HWMVS
經 VFMVM
絹 VFRB
綑 VFWD
綁 VFQJL
綏 VFBV
條 OLOF
置 WLJBM
罩 WLYAJ
罪 WLLMY
署 WLJKA
義 TGHQI
羨 TGENO
群 SRTQ
聖 SRHG
聘 SJLWS
肆 SILQ
肄 PKLQ
腱 BNKQ
腰 BMWV
腸 BAMH
腥 BAHM
腮 BWP
腳 BCRL
腫 BHJG
腹 BOAE
腺 BHAE
腦 BVVW
舅 HXWKS
艇 HYNKG
蒂 TYBB
葷 TBJJ
落 TEHR
萱 TJMM
葵 TNOK
葦 TDMQ
葫 TJRB
葉 TPTD
葬 TMPT
葛 TAPV
萼 TRRS
萵 TBBR
葡 TPIB
董 THJG
葩 THAU
葭 TRYE
葆 TORD
虞 YPRVK
虜 YPWKS
號 RSYPU
蛹 LINIB
蜓 LINKG
蜈 LIRVK
蜇 QLLMI
蜀 WLPLI
蛾 LIHQI
蛻 LICRU
蜂 LIHEJ
蜃 MVLMI
蜆 LIBUU
蜊 LIHDN
衙 HOMRN
裟 EHYHV
裔 YVBCR
裙 LSKR
補 LIJB
裘 IEYHV
裝 VGYHV
裡 LWG
裊 HAYV
裕 LCOR
裒 YHXV
覜 LMUOU
解 NBSHQ
詫 YRJHP
該 YRYVO
詳 YRTQ
試 YRIPM
詩 YRGDI
詰 YRGR
誇 YRKMS
詼 YRKF
詣 YRPA
誠 YRIHS
話 YRHJR
誅 YRHJD
詭 YRNMU
詢 YRPA
詮 YROMG
詬 YRHMR
詹 NCYMR
詻 YRHER
訾 YPYMR
詨 YRYCK
豢 FQMSO
貊 BHMA
貉 BHHER
賊 BCIJ

資 IOBUC
賈 MWBUC
賄 BCKB
貲 YPBUC
賃 OGBUC
賂 BCHER
賅 BCYVO
跡 RMYLC
跟 RMAV
跨 RMKMS
路 RMHER
跳 RMLMO
跺 RMHND
跪 RMNMU
跤 RMYCK
跦 RMHJD
躲 HHHND
較 JJYCK
載 JIJWJ
軾 JJIPM
輊 JJMIG
辟 SRYTJ
農 TWMMV
運 YBJJ
遊 YYSD
道 YTHU
遂 YTPO
達 YGTQ
逼 YMRW
違 YDMQ
遐 YRYE
遇 YWLB
遏 YAPV
過 YBBR
遍 YHSB
遑 YHAG
逾 YOMN
遁 YHJU
鄒 PUNL
鄗 YBNL
酬 MWILL
酪 MWHER
酩 MWNIR
釉 HDLW
鈷 CJR
鉗 CTM

鉞 CIKK
鉓 CKLB
鉀 CWL
鈾 CLW
鉛 CCR
鉋 CPRU
鉤 CPR
鉑 CHA
鈴 COII
鉉 CYVI
鉍 CPH
鉅 CSS
鈹 CDHE
鈿 CW
鉚 CHHL
閘 ANWL
隘 NLTCT
隔 NLMRB
隕 NLRBC
雍 YVHG
雋 OGLMS
雉 OKOG
雊 PROG
雷 MBW
電 MBWU
雹 MBPRU
零 MBOII
靖 YTQMB
靴 TJOP
靶 TJAU
預 NNMBC
頑 MUMBC
頓 PUMBC
頊 MGMBC
頒 CHMBC
頌 CIMBC
飼 OISMR
飴 OIIR
飽 OIPRU
飾 OIOLB
馳 SFPD
馱 SFK
馴 SFLLL
髡 SHMU
鳩 KNHAF
麂 IPHN

鼎 BUVML
鼓 GTJE
鼠 HXVYV

十四劃

僧 OCWA
僮 OYTG
僥 OGGU
僖 OGRR
僭 OMUA
僚 OKCF
僕 OTCO
像 ONAO
僑 OHKB
僱 OHSG
僎 ORUC
僩 OANB
兢 JUJRU
凳 NOMRN
劃 LMLN
劂 MOLN
匱 SLMC
厭 MABK
嗾 RYSK
嘀 RYCB
嘛 RIJC
嘗 FBRPA
嗽 RDLO
嘔 RSRR
嘆 RTLO
嘉 GRTR
嘍 RLWV
嘎 RMUI
嗷 RGSK
嘖 RQMC
嘟 RJAL
嘈 RTWA
嘐 RSMH
嘩 RWTJ
團 WJII
圖 WRYW
塵 IPG
塾 YIG
境 GYTU
墓 TAKG
墊 GIG

塹 JLG
墅 WNG
埉 GKKK
壽 GNMI
夥 WDNIN
夢 TWLN
夤 NIJMC
奪 KOGI
奩 KSRR
嫡 VYCB
嫦 VFBB
嫩 VDLK
嫗 VSRR
嫖 VMWF
嫘 VWVF
嫣 VMYF
孵 HHSLD
寞 JTAK
寧 JPBN
寡 JMCH
寥 JSMH
實 JWJC
寨 JTCD
寢 JVME
寤 JVMR
察 JBOF
對 TGDI
屢 SLWV
嶄 UJJL
嶇 USRR
幛 LBYTJ
幣 FKLB
幕 TAKB
幗 LBWIM
幔 LBAWE
廓 IYDL
廖 ISMH
弊 FKT
彆 FKN
彰 YJHHH
徹 HOYBK
愨 HEP
愿 MFP
態 IPP
慷 PILE
慢 PAWE

慣 PWJC
慟 PHGS
慚 PJJL
慘 PIIH
慵 PILB
截 JIOG
撇 QFBK
摘 QYCB
摔 QYIJ
撤 QYBK
摸 QTAK
摟 QLWV
摺 QSMA
摑 QWIM
摧 QUOG
搴 JTCQ
摭 QITF
摻 QIIH
敲 YBYE
斡 JJOYJ
旗 YSOTC
旖 YSOKR
暢 LLAMH
暨 AUAM
暝 ABAC
榜 DYBS
榨 DJCS
榕 DJCR
槁 DYRB
榮 FFBD
槙 DMBC
構 DTTB
榛 DQKD
榷 DOBG
榻 DASM
榫 DOGJ
榴 DHHW
槐 DHI
槍 DOIR
榭 DHHI
槌 DYHR
榦 JJOD
槊 HED
榣 DBOU
歉 TCNO
歌 MRNO

氳 ONWOT
漳 EYTJ
演 EJMC
滾 EYCV
漓 EYUB
滴 EYCB
漩 EYSO
漾 ETGE
漠 ETAK
漬 EQMC
漏 ESMB
漂 EMWF
漢 ETLO
滿 ETLB
滯 EKPB
漆 EDOE
漱 EDLO
漸 EJJL
漲 ENSV
漣 EYJJ
漕 ETWA
漫 EAWE
漯 EWVF
澈 EYBK
漪 EKHR
滬 EHSU
漁 ENWF
滲 EIIH
滌 EOLD
滷 EYWI
熔 FJCR
熙 SUF
煽 FHSM
熊 IPF
熄 FHUP
熒 FFBF
爾 MFBK
犒 HQYRB
犖 FFBHQ
獄 KHYRK
獐 KHYTJ
瑤 MGBOU
瑣 MGFBC
瑪 MGSQF
瑰 MGHI
瑭 MGILR

甄 MGMVN
疑 PKNIO
瘧 KYPM
瘍 KAMH
瘋 KHNI
瘉 KOMN
瘓 KNBK
盡 LMFBT
監 SIBT
瞄 BUTW
睽 BUNOK
睿 YBMCU
睡 BUHJM
磁 MRTVI
碟 MRPTD
碧 MAMR
碳 MRUMF
碩 MRMBC
碣 MRAPV
禎 IFYBC
福 IFMRW
禍 IFBBR
種 HDHJG
稱 HDBGB
窪 JCEGG
窩 JCBBR
竭 YTAPV
端 YTUMB
管 HJRR
箕 HTMC
箋 HII
筵 HNKM
算 HBUT
箝 HQTM
箔 HEHA
箏 HBSD
箸 HJKA
箇 HWJR
箄 HHHJ
粹 FDYOJ
粽 FDJMF
精 FDQMB
綻 VFJMO
綰 VFJRR
綜 VFJMC
綽 VFYAJ
綾 VFGCE
綠 VFVNE
緊 SEVIF
綴 VFEEE
網 VFBTV
綱 VFBTU
綺 VFKMR
綢 VFBGR
綿 VFHAB
綵 VFBD
綸 VFOMB
維 VFOG
緒 VFJKA
緇 VFVVW
綬 VFBBE
罰 WLYRN
翠 SMYOJ
翡 LYSMM
翟 SMOG
聞 ANSJ
聚 SEOOO
肇 HKLQ
腐 IOBO
膀 BYBS
膏 YRBB
膈 BMRB
膊 BIBI
腿 BYAV
膂 YVB
臧 IMSLL
臺 GRBG
與 HXYC
舔 HRHKP
舞 OTNIQ
艋 HYNDT
蓉 TJCR
蒿 TYRB
蓆 TITB
蓄 TYVW
蒙 TBMO
蒞 TEOT
蒲 TEIB
蒜 TMFF
蓋 TGIT
蒸 TNEF
蓀 TNDF
蓓 TOYR
蒐 THI
蒼 TOIR
蓑 TYWV
蓊 TCIM
蜿 LIJNU
蜜 JPHI
蜻 LIQMB
蜢 LINDT
蜥 LIDHL
蜴 LIAPH
蜘 LIOKR
蝕 OILMI
蜷 LIFQU
蜩 LIBGR
裳 FBRYV
褂 LGGY
裴 LYYHV
裹 YWDV
裸 LWD
製 HNYHV
裨 LHHJ
褚 LJKA
裯 LBGR
誦 YRNIB
誌 YRGP
語 YRMMR
誣 YRMOO
認 YRSIP
誡 YRIT
誓 QLYMR
誤 YRRVK
說 YRCRU
誥 YRHGR
誨 YROWY
誘 YRHDS
誑 YRKHG
誚 YRFB
誧 YRIJB
豪 YRBO
貍 BHWG
貌 BHHAU
賓 JMHC
賑 BCMMV
賒 BCOMF
赫 GCGLC
趙 GOFB
趕 GOAMJ
跼 RMSSR
輔 JJIJB
輒 JJSJU
輕 JJMVM
輓 JJNAU
辣 YJDL
遠 YGRV
遘 YTTB
遜 YNDF
遣 YLMR
遙 YBOU
遞 YHYU
遢 YASM
遝 YWLE
遛 YHHW
鄙 RWNL
鄘 IBNL
鄞 TMNL
酵 MWJKD
酸 MWICE
酷 MWHGR
酴 MWOMD
鉸 CYCK
銀 CAV
銅 CBMR
銘 CNIR
銖 CHJD
鉻 CHER
銓 COMG
銜 HOCMN
銨 CJV
鉼 CTT
銑 CHGU
閡 ANYVO
閨 ANGG
閩 ANLMI
閣 ANHER
閥 ANOI
閤 ANOMR
隙 NLFHF
障 NLYTJ
際 NLBOF
雌 YMPOG
雒 HROG
需 MBMBL
靼 TJAM
鞅 TJLBK
韶 YASHR
頗 DEMBC
領 OIMBC
颯 YTHNI
颱 HNIR
餃 OIYCK
餅 OITT
餌 OISJ
餉 OIHBR
駁 SFKK
骯 BBYHN
骰 BBHNE
髦 SHHQU
魁 HIYJ
魂 MIHI
鳴 RHAF
鳶 IPHAF
鳳 HNMAF
麼 IDVI
鼻 HUWML

十五劃

齊 YX
億 OYTP
儀 OTGI
僻 OSRJ
僵 OMWM
價 OMWC
儂 OTWV
儈 OOMA
儉 OOMO
儅 OFBW
凜 IMYWD
劇 YOLN
劈 SJSH
劉 HCLN
劍 OOLN
劊 OALN
勰 KSWP
厲 MTWB
嘮 RFFS
嘻 RGRR
嘹 RKCF
嘲 RJJB
嘿 RWGF
嘴 RYPB
嘩 RTMJ
噓 RYPM
噎 RGBT
噗 RTCO
噴 RJTC
嘶 RTCL
嘯 RLX
嘰 RVII
墀 GSYQ
墟 GYPM
增 GCWA
墳 GJTC
墜 NOG
墮 NBG
墩 GYDK
墦 GHDW
奭 KMAA
嬉 VGRR
嫻 VAND
嬋 VRRJ
嫵 VOTF
嬌 VHKB
嬈 VGGU
寮 JKCF
寬 JTBI
審 JHDW
寫 JHXF
層 SCWA
履 SHOE
嶝 UNOT
嶔 UCNO
幢 LBYTG
幟 LBYIA
幡 LBHDW
廢 INOE
廚 IGTI
廟 IJJB
廝 ITCL
廣 ITMC
廠 IFBK
彈 NRRJ
影 AFHHH
德 HOJWP

徵	HOUGK
慶	IXE
慧	QJSMP
慮	YPWP
慝	SRP
慕	TAKP
憂	MBPHE
慼	IFP
慰	SIP
慫	HOP
慾	COP
憧	PYTG
憐	PFDQ
憫	PANK
憎	PCWA
憬	PAYF
憚	PRRJ
憤	PJTC
憔	POGF
憮	POTF
戮	SHI
摩	IDQ
摯	GIQ
摹	TAKQ
撞	QYTG
撲	QTCO
撈	QFFS
撐	QFBQ
撰	QRUC
撥	QNOE
撓	QGGU
撕	QTCL
撩	QKCF
撒	QTBK
撮	QASE
播	QHDW
撫	QOTF
撚	QBKF
撬	QHUU
撙	QTWI
撣	QMWJ
撳	QCNO
敵	YBOK
敷	ISOK
數	LVOK
暮	TAKA

暫	JLA
暴	ATCE
暱	ASTR
樣	DTGE
樟	DYTJ
槨	DYDL
椿	DQKX
樞	DSRR
標	DMWF
槽	DTWA
模	DTAK
樓	DLWV
樊	DDK
槳	VID
樂	VID
樅	DHOO
槭	DIHF
樑	DEID
歐	SRNO
歎	TONO
殤	MNOAH
毅	YOHNE
毆	SRHNE
漿	VIE
潼	EYTG
澄	ENOT
潑	ENOE
潦	EKCF
潔	EQHF
澆	EGGU
潭	EMWJ
潛	EMUA
潸	EJCB
潮	EJJB
澎	EGTH
潺	ESND
潰	ELMC
潤	EANG
澗	EANA
潘	EHDW
滕	BFQE
潯	ESMI
潠	ERUC
潟	EHXF
熟	YIF
熬	GKF

熱	GIF
熨	SIF
牖	LLHSB
犛	JKMHQ
獎	VIIK
獗	KHMTO
瑩	FFBMG
璋	MGYTJ
璃	MGYUB
瑾	MGTLM
璀	MGUOG
畿	VIW
瘠	KFCB
瘩	KTOR
瘟	KWOT
瘤	KHHW
瘦	KHXE
瘡	KOIR
瘢	KHYE
皚	HAUMT
皺	PUDHE
盤	HEBT
瞎	BUJQR
瞇	BUYFD
瞌	BUGIT
瞑	BUBAC
瞋	BUJBC
磋	MRTQM
磅	MRYBS
確	MROBG
磊	MRMRR
碾	MRSTV
磕	MRGIT
碼	MRSQF
磐	HEMR
稿	HDYRB
稼	HDJMO
穀	GDHNE
稽	HDIUA
稷	HDWCE
稻	HDBHX
窯	JCTGF
窮	JCHHN
箭	HTBN
箱	HDBU
範	HJJU

箴	HIHR
篆	HVNO
篇	HHSB
篁	HHAG
箠	HHJM
篌	HONK
糊	FDJRB
締	VFYBB
練	VFDWF
緯	VFDMQ
緻	VFMGK
緘	VFIHR
緬	VFMWL
緝	VFRSJ
編	VFHSB
緣	VFVNO
線	VFHAE
緞	VFHJE
緩	VFBME
綞	VFHJM
緙	VFTLJ
緲	VFBUH
緹	VFAMO
罵	WLSQF
罷	WLIBP
羯	TQAPV
翩	HBSMM
耦	QDWLB
膛	BFBG
膜	BTAK
膝	BDOE
膠	BSMH
膚	YPWB
膘	BMWF
蔗	TITF
蔽	TFBK
蔚	TSFI
蓮	TYJJ
蔬	TNMU
蔭	TNLI
蔓	TAWE
蔑	TWLI
蔣	TVMI
蔡	TBOF
蔔	TPMW
蓬	TYHJ

蔥	THWP
蓿	TJOA
蔆	TEGE
螂	LIIIL
蝴	LIJRB
蝶	LIPTD
蝠	LIMRW
蝦	LIRYE
蝸	LIBBR
蝨	NJLII
蝙	LIHSB
蝗	LIHAG
蝌	LIHDJ
蝓	LIOMN
衛	HODQN
衝	HOHGN
褐	LAPV
複	LOAE
褒	YODV
褓	LORD
褕	LOMN
褊	LHSB
誼	YRJBM
諒	YRYRF
談	YRFF
諄	YRYRD
誕	YRNKM
請	YRQMB
諸	YRJKA
課	YRWD
諉	YRHDV
諂	YRNHX
調	YRBGR
誰	YROG
論	YROMB
諍	YRBSD
誶	YRYOJ
誹	YRLMY
諛	YRHXO
豌	MTJNU
豎	SEMRT
豬	MOJKA
賠	BCYTR
賞	FBRBC
賦	BCMPM
賤	BCII

賬	BCSMV
賭	BCJKA
賢	SEBUC
賣	GWLC
賜	BCAPH
質	HLBUC
賡	ILOC
赭	GCJKA
趟	GOFBR
趣	GOSJE
踨	RMTTC
踐	RMII
踝	RMWD
踢	RMAPH
踏	RMEA
踩	RMBD
踟	RMOKR
踡	RMFQU
踞	RMSJR
躺	HHFBR
輝	FUBJJ
輛	JJMLB
輟	JJEEE
輩	LYJWJ
輦	QOJWJ
輪	JJOMB
輜	JJVVW
輞	JJBTV
輥	JJAPP
適	YYCB
遮	YITF
遨	YGSK
遭	YTWA
遷	YMWU
鄰	FQNL
鄭	TKNL
鄧	NTNL
鄱	HWNL
醇	MWYRD
醉	MWYOJ
醋	MWTA
醃	MWKLU
鋅	CYTJ
銻	CCNH
銷	CFB
鋪	CIJB

銬 CJKS
鋤 CBMS
鋁 CRHR
銳 CCRU
銼 COOG
鋒 CHEJ
鋇 CBUC
鋰 CWG
銲 CAMJ
閭 ANRHR
閱 ANCRU
霄 MBFB
霆 MBNKG
震 MBMMV
霉 MBOWY
靠 HGRLY
鞍 TJJV
鞋 TJGG
鞏 MNTLJ
頡 GRMBC
頫 LMUOC
頜 ORMBC
颳 HNHJR
養 TOIAV
餓 OIHQI
餒 OIBV
餘 OIOMD
駝 SFJP
駐 SFYG
駟 SFWC
駛 SFLK
鴛 VESQF
駕 KRSQF
駒 SFPR
駙 SFODI
骷 BBJR
髮 SHIKK
髯 SHGB
鬧 LNYLB
魅 HIJD
魄 HAHI
魷 NFIKU
魯 NWFA
鴆 LUHAF
鴉 MHHAF
缺 HFDK
麩 JNQO
麾 IDHQU
黎 HHOE
墨 WGFG
齒 YMUOO

十六劃

儒 OMBB
儘 OLMT
儔 OGNI
儐 OJMC
儕 OYX
冀 LPWTC
冪 BTAB
凝 IMPKO
劑 YXLN
劓 HLLN
勳 HFKS
噙 ROYB
噫 RYTP
噹 RFBW
噩 MGRR
噤 RDDF
噸 RPUC
噪 RRRD
器 RRIKR
噥 RTWV
噱 RYPO
噯 RBBE
噬 RHMO
噢 RHBK
噶 RTAV
壁 SJG
墾 BVG
壇 GYWM
壅 YVGG
奮 KOGW
嬝 VHAV
嬴 YRBVN
學 HBND
寰 JWLV
導 YUDI
彊 NMWM
憲 JQMP
憑 IFP
憩 HUP
憊 OBP
懍 PYWD
憶 PYTP
憾 PIRP
懊 PHBK
懈 PNBQ
戰 RJI
擅 QYWM
擁 QYVG
擋 QFBW
撻 QYGQ
撼 QIRP
據 QYPO
擄 QYPS
擇 QWLJ
擂 QMBW
操 QRRD
撿 QOMO
擒 QOYB
擔 QNCR
撾 QYBB
整 DKMYM
曆 MDA
曉 AGG
暹 YAOG
曄 ATMJ
曇 AMBI
暸 AKCF
樽 DTWI
樸 DTCO
樺 DTMJ
橙 DNOT
橫 DTMC
橘 DNHB
樹 DGTI
橄 DMJK
橢 DNLB
橡 DNAO
橋 DHKB
橇 DHUU
樵 DOGF
機 DVII
橈 DGGU
歙 OMNO
歷 MDYLM
氅 FKHQU
濂 EITC
澱 ESCE
澡 ERRD
濃 ETWV
澤 EWLJ
濁 EWLI
澧 ETWT
澳 EHBK
激 EHSK
澹 ENCR
澶 EYWM
澦 ENNC
澠 ERXU
澴 EWLV
熾 FYIA
燉 FYDK
燐 FFDQ
燒 FGGU
燈 FNOT
燕 TLPF
熹 GRTF
燎 FKCF
燙 EHF
燜 FANP
燃 FBKF
燄 NXFF
獨 KHWLI
璜 MGTMC
璣 MGVII
璘 MGFDQ
璟 MGAYF
璞 MGTCO
瓢 MFHVO
甌 SRMVN
甍 TWLN
瘴 KYTJ
瘸 KKRB
瘺 KSMB
盧 YPWBT
盥 HXBT
瞠 BUFBG
瞞 BUTLB
瞟 BUMWF
瞥 FKBU
磨 IDMR
磚 MRJII
磬 GEMR
磧 MRQMC
禦 HLMMF
積 HDQMC
穎 PDMBC
穆 HDHAH
穌 NFHD
穋 HDSMH
窺 JCQOU
篙 HYRB
簑 HYWV
築 HMND
篤 HSQF
篛 HNMM
篡 HBUI
篩 HHRB
篦 HHWP
糕 FDTGF
糖 FDILR
縊 VFTCT
縑 VFTXC
縈 FFBVF
縛 VFIBI
縣 BFHVF
縞 VFYRB
縝 VFJBC
縉 VFMIA
縐 VFPUU
罹 WLPOG
羲 TGHDS
翰 JJOSM
翱 HJSMM
翮 MBSMM
耨 QDMVI
膳 BTGR
膩 BIPC
膨 BGTH
臻 MGQKD
興 HXBC
艘 HYHXE
艙 HYOIR
蕊 TPPP
蕙 TJIP
蕈 TMWJ
蕨 TMTO
蕩 TEAH
蕃 THDW
蕉 TOGF
蕭 TLX
蕪 TOTF
蕞 TASE
螃 LIYBS
螟 LIBAC
螞 LISQF
螢 FFBLI
融 MBLMI
衡 HONKN
褪 LYAV
褲 LIJJ
褥 LMVI
褫 LHYU
褡 LTOR
親 YDBUU
覦 ONBUU
諦 YRYBB
諺 YRYHH
諫 YRDWF
諱 YRDMQ
謀 YRTMD
諜 YRPTD
諧 YRPPA
諮 YRIOR
諾 YRTKR
謁 YRAPV
謂 YRWB
諷 YRHNI
諭 YROMN
諳 YRYTA
諶 YRTMV
諼 YRBME
豫 NNNAO
豭 MORYE
貓 BHTW
賴 DLSHC
蹄 RMYBB
踱 RMITE
踴 RMNBS
蹂 RMNHD
踹 RMUMB
踵 RMHJG
輻 JJMRW
輯 JJRSJ

輸 JJOMN
輳 JJQKK
辨 YJILJ
辦 YJKSJ
遵 YTWI
遴 YFDQ
選 YRUC
遲 YSYQ
遼 YKCF
遺 YLMC
鄰 TDNL
醒 MWAHM
錠 CJMO
錶 CQMV
鋸 CSJR
錳 CNDT
錯 CTA
錢 CII
鋼 CBTU
錫 CAPH
錄 CVNE
錚 CBSD
錐 COG
錦 CHAB
錡 CKMR
錕 CAPP
錮 CWJR
錙 CVVW
閻 ANNHX
隧 NLYTO
隨 NLYKB
險 NLOMO
雕 BROG
霎 MBYTV
霑 MBEYR
霖 MBDD
霍 MBOG
霓 MBHXU
霏 MBLMY
靛 QBJMO
靜 QBBSD
靦 MWBUU
鞘 TJFB
頰 KOMBC
頸 MMMBC
頻 YHMBC
頷 ORMBC
頭 MTMBC
頹 HUMBC
頤 SLMBC
餐 YEOIV
館 OIJRR
餞 OIII
餛 OIAPP
餡 OINHX
餚 OIKKB
駭 SFYVO
駢 SFTT
駱 SFHER
骸 BBYVO
骼 BBHER
髻 SHGR
髭 SHYMP
鬨 LNTC
鮑 NFPRU
鴕 HFJP
鴣 JRHAF
鴦 LKHAF
鴨 WLHAF
鴒 OIHAF
鴛 NUHAF
默 WFIK
黔 WFOIN
龍 YBYSP
龜 NXU

十七劃

優 OMBE
償 OFBC
儡 OWWW
儲 OYRA
勵 MBKS
嚎 RYRO
嚀 RJPN
嚐 RFBA
嚅 RMBB
嚇 RGCC
嚏 RJBO
壕 GYRO
壓 MKG
壑 YEG
壎 GHGF
嬰 BCV
嬪 VJMC
嬤 VIDI
孺 NDMBB
尷 KUSIT
屨 SHOV
嶼 UHXC
嶺 UOIC
嶽 UKHK
嶸 UFFD
幫 GIHAB
彌 NMFB
徽 HOUFK
應 IGP
懂 PTHG
懇 BVP
懦 PMBB
懋 DDP
戲 YTI
戴 JIWTC
擎 TKQ
擊 JEQ
擘 SJQ
擠 QYX
擰 QJPN
擦 QJBF
擬 QPKO
擱 QANR
擢 QSMG
擭 QTOE
斂 OOOK
斃 FKMNP
曙 AWLA
曖 ABBE
檀 DYWM
檔 DFBW
檄 DHSK
檢 DOMO
檜 DOMA
櫛 DHAL
檣 DGOW
橾 DRRD
檗 SJD
檐 DNCR
檠 TKD
歜 WINO
殮 MNOMO
毚 NRPPI
氈 YMHQU
濘 EJPN
濱 EJMC
濟 EYX
濠 EYRO
濛 ETBO
濤 EGNI
濫 ESIT
濯 ESMG
澀 ESIM
濬 EYBU
濡 EMBB
濩 ETOE
濕 EAVF
濮 EOTO
濰 EVFG
燧 FYTO
營 FFBRR
燮 FFE
燦 FYED
燥 FRRD
燭 FWLI
燬 FHGE
燴 FOMA
燠 FHBK
爵 BWLI
牆 VMGOW
獰 KHJPN
獲 KHTOE
璩 MGYPO
環 MGWLV
璦 MGBBE
璨 MGYED
癆 KFFS
療 KKCF
癌 KRRU
盪 EHBT
瞳 BUYTG
瞪 BUNOT
瞰 BUMJK
瞬 BUBBQ
瞧 BUOGF
瞭 BUKCF
矯 OKHKB
磷 MRFDQ
磺 MRTMC
磴 MRNOT
磯 MRVII
礁 MROGF
禧 IFGRR
禪 IFRRJ
穗 HDJIP
窿 JCNLM
簇 HYSK
簍 HLWV
篾 HWLI
篷 HYHJ
簌 HDLO
篠 HOLD
糠 FDILE
糜 IDFD
糞 FDWTC
糢 FDTAK
糟 FDTWA
糙 FDYHR
糝 FDIIH
縮 VFJOA
績 VFQMC
繆 VFSMH
縷 VFLWV
縲 VFWVF
繃 VFUBB
縫 VFYHJ
總 VFHWP
縱 VFHOO
繅 VFVVD
繁 OKVIF
縴 VFYVQ
縹 VFMWF
繈 VFNII
縵 VFAWE
縿 VFIIH
縯 VFJMC
罄 GEOJU
翳 SESMM
翼 SMWTC
聱 GKSJ
聲 GESJ
聰 SJHWP
聯 SJVIT
聳 HOSJ
臆 BYTP
臃 BYVG
膺 IGB
臂 SJB
臀 SEB
膿 BTWV
膽 BNCR
臉 BOMO
膾 BOMA
臨 SLORR
舉 HCQ
艱 TOAV
薪 TYDL
薄 TEII
蕾 TMBW
薜 TSRJ
薑 TMWM
薔 TGOW
薯 TWLA
薛 THRJ
薇 THOK
薨 TWLP
薊 TNFN
虧 YGMMS
蟀 LIYIJ
蟑 LIYTJ
螳 LIFBG
蟒 LITIT
蟆 LITAK
螯 GKLMI
螻 LILWV
螺 LIWVF
蟈 LIWIM
蟋 LIHDP
褻 YGIV
褶 LSMA
襄 YRRV
褸 LLWV
褽 SIYHV
覬 UTBUU
謎 YRYFD
謗 YRYBS
謙 YRTXC
講 YRTTB
謊 YRTYU

謠 YRBOU
謝 YRHHI
謄 BFQR
謐 YRPHT
豁 JRCOR
谿 BKCOR
豳 UMOO
賺 BCTXC
賽 JTCC
購 BCTTB
賸 BFQC
賻 BCIBI
趨 GOPUU
蹉 RMTQM
蹋 RMASM
蹈 RMBHX
蹊 RMBVK
轄 JJJQR
輾 JJSTV
轂 GJHNE
轅 JJGRV
輿 HXJC
避 YSRJ
遽 YYPO
還 YWLV
邁 YTWB
邂 YNBQ
邀 YHSK
鄹 SONL
醣 MWILR
醞 MWWOT
醜 MWHI
鍍 CITE
鎂 CTGK
錨 CTW
鍵 CNKQ
鍊 CDWF
鍥 CQHK
鍋 CBBR
錘 CHJM
鍾 CHJG
鍬 CHDF
鍛 CHJE
鍰 CBME
鍚 CAMH
鍔 CRRS

闊 ANEHR
闋 ANNOK
闌 ANDWF
闈 ANDMQ
闆 ANRRR
隱 NLBMP
隸 DFLE
雖 RIOG
霜 MBDBU
霞 MBRYE
鞠 TJPFD
韓 JJDMQ
顆 WDMBC
颶 HNBMC
餵 OIWMV
騁 SFLWS
駿 SFICE
鮮 NFTQ
鮫 NFYCK
鮪 NFKB
鮭 NFGG
鴻 EMHF
鴿 ORHAF
麋 IPFD
黏 HEYR
點 WFYR
黜 WFUU
黝 WFVIS
黛 OPWGF
鼾 HLMJ
齋 YXF

十八劃

叢 TCTE
嚕 RNWA
嚮 VLHBR
壙 GITC
壘 WWWG
嬸 VJHW
彝 VMFFT
懣 EBP
戳 SGI
擴 QITC
擲 QTKL
擾 QMBE
攆 QQOJ

擺 QWLP
擻 QLVK
擷 QGRC
斷 VIHML
曜 ASMG
朦 BTBO
檳 DJMC
檬 DTBO
櫃 DSLC
檻 DSIT
檸 DJPN
櫂 DSMG
檮 DGNI
檯 DGRG
歟 HCNO
歸 HMSMB
殯 MNJMC
瀉 EJHF
瀋 EJHW
濾 EYPP
瀆 EGWC
濺 EBCI
瀑 EATE
瀏 EHCN
燻 FHGF
燼 FLMT
燾 GNMF
燸 FMBB
獷 KHITC
獵 KHVVV
璧 SJMGI
璿 MGYBU
甕 YVGN
癖 KSRJ
癘 KTWB
癒 KOMP
瞽 GEBU
瞿 BUOG
瞻 BUNCR
瞼 BUOMO
礎 MRDDO
禮 IFTWT
穡 HDGOW
穢 HDYMH
穠 HDTWV
竄 JCHXV

竅 JCHSK
簫 HLX
簧 HTMC
簪 HMUA
簞 HRRJ
簣 HLMC
簡 HANA
糧 FDAMG
織 VFYIA
繕 VFTGR
繞 VFGGU
繚 VFKCF
繡 VFLX
繒 VFCWA
繙 VFHDW
罈 OUMWJ
翹 GUSMM
翻 HWSMM
職 SJYIA
聶 SJSJJ
臍 BYX
臏 BJMC
舊 TOGX
藏 TIMS
薩 TNLM
藍 TSIT
藐 TBHU
藉 TQDA
薰 THGF
薺 TYX
薹 TGRG
薦 TIXF
蟯 LIGGU
蟬 LIRRJ
蟲 LILII
蟠 LIHDW
覆 MWHOE
覲 TMBUU
觴 NBOAH
謨 YRTAK
謹 YRTLM
謬 YRSMH
謫 YRYCB
豐 UJMRT
贅 GKBUC
蹙 IFRYO

蹣 RMTLB
蹦 RMUBB
蹤 RMHOO
蹟 RMQMC
蹕 RMWTJ
軀 HHSRR
轉 JJJII
轍 JJYBK
邇 YMFB
邃 YJCO
邈 YBHU
醫 SEMCW
醬 VIMCW
釐 JKMWG
鎔 CJCR
鎊 CYBS
鎖 CFBC
鎢 CHRF
鎳 CHUD
鎮 CJBC
鎬 CYRB
鎰 CTCT
鎘 CMRB
鎚 CYHR
鎗 COIR
闔 ANGIT
闖 ANSQF
闐 ANJBC
闕 ANTUO
離 YBOG
雜 YDOG
雙 OGE
雛 PUOG
雞 BKOG
霤 MBHHW
鞣 TJNHD
鞦 TJHDF
鞭 TJOMK
韹 YAHAG
額 JRMBC
顏 YHMBC
題 AOMBC
顎 RSMBC
顓 UBMBC
颺 HNAMH
餾 OIHHW

餿 OIHXE
餽 OIHI
餮 MHOIV
馥 HAOAE
騎 SFKMR
髁 BBWD
鬃 SHJMF
鬆 SHDCI
魏 HVHI
魎 HIMLB
魍 HIBTV
鯊 EHNWF
鯉 NFWG
鯽 NFAIL
儵 OLOF
鯀 NFHVF
鵑 RBHAF
鵝 HIHAF
鵠 HRHAF
黠 WFGR
鼕 GEHEY
鼬 HVLW

十九劃

儳 ONRI
嚥 RTLF
壞 GYWV
壟 YPG
壢 GMDM
寵 JYBP
龐 IYBP
廬 IYPT
徵 HKP
懷 PYWV
懶 PDLC
懵 PTWU
攀 DDKQ
攏 QYBP
曠 AITC
曝 AATE
櫥 DIGI
櫝 DGWC
櫚 DANR
櫓 DNWA
瀛 EYRN
瀟 ETLX

瀨 EDLC
瀚 EJJM
瀝 EMDM
瀕 EYHC
瀘 EYPT
爆 FATE
爍 FVID
牘 LLGWC
犢 HQGWC
獸 RRIK
獺 KHDLC
璽 MBMGI
瓊 MGNBE
瓣 YJHOJ
疇 WGNI
疆 NGMWM
癟 KHUB
癡 KPKO
矇 BUTBO
礙 MRPKO
禱 IFGNI
穫 HDTOE
穩 HDBMP
簾 HITC
簿 HEII
簸 HTCE
簽 HOMO
簷 HNCR
籀 HQHW
繫 JEVIF
繭 TBLI
繹 VFWLJ
繩 VFRXU
繪 VFOMA
羅 WLVFG
繳 VFHSK
羶 TQYWM
羹 TGFTK
羸 YRBTN
臘 BVVV
藩 TEHW
藝 TGII
藪 TLVK
藕 TQDB
藤 TBFE
藥 TVID
藷 TYRA
蟻 LITGI
蠅 LIRXU
蠍 LIAVO
蟹 NQLMI
蟾 LINCR
襠 LFBW
襟 LDDF
襖 LHBK
襞 SJYHV
譁 YRTMJ
譜 YRTCA
識 YRYIA
證 YRNOT
譚 YRMWJ
譎 YRNHB
譏 YRVII
譆 YRGRR
譙 YROGF
贈 BCCWA
贊 HUBUC
蹼 RMTCO
蹲 RMTWI
躇 RMTJA
蹶 RMMTO
蹬 RMNOT
蹺 RMGGU
蹴 RMYFU
轔 JJFDQ
轎 JJHKB
辭 BBYTJ
邊 YHUS
邋 YVVV
醱 MWNOE
醮 MWOGF
鏡 CYTU
鏑 CYCB
鏟 CYHM
鏃 CYSK
鏈 CYJJ
鏜 CFBG
鏝 CAWE
鏖 IPC
鏢 CMWF
鏍 CWVF
鏘 CVMI
鏤 CLWV
鏗 CSEG
鏨 JLC
關 ANVIT
隴 NLYBP
難 TOOG
霪 MBEBG
霧 MBNHS
靡 IDLMY
韜 DQBHX
韻 YARBC
類 FKMBC
願 MFMBC
顛 JCMBC
颼 HNHXE
饅 OIAWE
饉 OITLM
鶩 NKSQF
騙 SFHSB
鬍 SHJRB
鯨 NFYRF
鯧 NFAA
鯖 NFQMB
鯛 NFBGR
鶉 YDHAF
鵡 MMHAF
鵲 TAHAF
鵪 KUHAF
鵬 BBHF
麒 IPTMC
麗 MMBBP
麓 DDIXP
麴 JNPFD

二十劃

勸 TGKS
嚨 RYBP
嚷 RYRV
嚶 RBCV
嚴 RRMMK
嚼 RBWI
壤 GYRV
孀 VMBU
孃 VYRV
孽 THJD
寶 JMUC
巉 UNRI
懸 BFP
懺 POIM
攘 QYRV
攔 QANW
攙 QNRI
曦 ATGS
朧 BYBP
櫬 DYDU
瀾 EANW
瀰 ENMB
瀲 EOOK
爐 FYPT
獻 YBIK
瓏 MGYBP
癢 KTOV
癥 KHOK
礦 MRITC
礪 MRMTB
礬 DDKMR
礫 MRVID
竇 JCGWC
競 YUYTU
籌 HGNI
籃 HSIT
籍 HQDA
糯 FDMBB
糰 FDWJI
辮 YJVFJ
繽 VFJMC
繼 VFVVI
纂 HBUF
罌 BCOJU
耀 FUSMG
臚 BYPT
艦 HYSIT
藻 TERD
藹 TYRV
蘑 TIDR
藺 TANG
蘆 TYPT
蘋 TYHC
蘇 TNFD
蘊 TVFT
蠔 LIYRO
蠕 LIMBB
襤 LSIT
覺 HBBUU
觸 NBWLI
議 YRTGI
譬 SJYMR
警 TKYMR
譯 YRWLJ
譟 YRRRD
譫 YRNCR
贏 YRBBN
贍 BCNCR
躉 TWBO
躁 RMRRD
躅 RMWLI
躂 RMYGQ
醴 MWTWT
釋 HDWLJ
鐘 CYTG
鐃 CGGU
鏽 CLX
闡 ANRRJ
霰 MBTBK
飄 MFHNI
饒 OIGGU
饑 OIVII
馨 GEHDA
騫 JTCF
騰 BFQF
騷 SFEII
騵 SFMHF
鰓 NFWP
鰍 NFHDF
鹹 YWIHR
麵 JNMWL
黨 FBRWF
鼯 HVMMR
齟 YUBM
齣 YUPR
齡 YUOII

二十一劃

儷 OMMP
儸 OWLG
囁 RSJJ
囀 RJJI
囂 RRMCR
夔 TCHE
屬 SYYI
巍 UHVI
懼 PBUG
懾 PSJJ
攝 QSJJ
攜 QUOB
斕 YKANW
曩 AYRV
櫻 DBCV
欄 DANW
櫺 DMBR
殲 MNOIM
灌 ETRG
爛 FANW
犧 HQTGS
瓖 MGYRV
瓔 MGBCV
癩 KDLC
矓 BUYBP
籐 HBFE
纏 VFIWG
續 VFGWC
羼 STQQ
蘖 TSJD
蘭 TANW
蘚 TNFQ
蠣 LIMTB
蠢 QKALI
蠡 VOLII
蠟 LIVVV
襪 LTWI
襬 LWLP
覽 SWBUU
譴 YRYLR
護 YRTOE
譽 HCYMR
贓 BCIMS
躊 RMGNI
躍 RMSMG
躋 RMYX
轟 JJJJ
辯 YJYRJ
醺 MWHGF
鐮 CITC
鐳 CMBW

鐵 CJIG
鐺 CFBW
鐸 CWLJ
鐲 CWLI
鐫 COGS
闢 ANSRJ
霸 MBTJB
霹 MBSRJ
露 MBRMR
響 VLYTA
顧 HGMBC
顥 AFMBC
饗 VLOIV
驅 SFSRR
驃 SFMWF
驀 TAKF
騾 SFWVF
髏 BBLWV
魔 IDHI
魑 HIYUB
鰭 NFJPA
鰥 NFWLE
鶯 FFBHF
鶴 OGHAF
鷂 BUHAF
鶸 NMNMF
麝 IPHHI
黯 WFYTA
鼙 GEHHJ
齜 YUYMP
齦 YUAV
齧 QHYMU

二十二劃

儼 ORRK
儻 OFBF
囈 RTGI
囊 JBRRV
囉 RWLG
孿 VFND
巔 UJCC
巒 VFU
彎 VFN
懿 GTIOP
攤 QTOG
權 DTRG
歡 TGNO
灑 EMMP
灘 ETOG
玀 KHWLG
甗 YVHVO
疊 WWWM
癮 KNLP
癬 KNFQ
禳 IFYRV
籠 HYBP
籟 HDLC
聾 YPSJ
聽 SGJWP
臟 BTIS
襲 YPYHV
襯 LYDU
艘 NBNBE
讀 YRGWC
贖 BCGWC
贗 MFBUC
躕 RMTKL
躓 RMHLC
轡 VFR
酈 MPNL
鑄 CGNI
鑑 CSIT
鑒 SWC
霽 MBYX
霾 MBBHG
韃 TJYGQ
韁 TJMWM
顫 YMMBC
饕 RUOIV
驕 SFHKB
驍 SFGGU
髒 BBTMT
鬚 SHHHC
鱉 FKNWF
鰱 NFYJJ
鰾 NFMWF
鰻 NFAWE
鷓 IFHAF
鷗 SRHAF
鼴 HVSAV
齬 YUMMR
齪 YURYO
龔 YPTC

二十三劃

囌 RTND
巖 URRK
戀 VFP
攣 VFQ
攫 QBUE
攪 QHBU
曬 AMMP
欐 DMMP
瓚 MGHUC
竊 JCHDB
籤 HOIM
籣 HANW
籥 HOMB
纓 VFBCV
纖 VFOIM
纔 VFNRI
臢 BHUC
蘸 TMGF
蘿 TWLG
蠱 LILIT
變 VFOK
邐 YMMP
邏 YWLG
鑣 CIPF
鑠 CVID
鑤 CATE
靨 MKMWL
顯 AFMBC
饜 MKOIV
驚 TKSQF
驛 SFWLJ
驗 SFOMO
髓 BBYKB
體 BBTWT
髑 BBWLI
鱔 NFTGR
鱗 NFFDQ
鱖 NFMTO
鷥 VFHAF
麟 IPFDQ

二十四劃

黴 HOUFK
囑 RSYI
壩 GMBB
攬 QSWU
灞 EMBB
癱 KTOG
癲 KJCC
矗 JMJMM
罐 OUTRG
羈 WLTJF
蠶 MUALI
蠹 JBMRI
衢 HOBGN
讓 YRYRV
讒 YRNRI
讖 YROIM
艷 UTNAU
贛 YJHEC
釀 MWYRV
鑪 CYPT
靂 MBMDM
靈 MBRRM
靄 MBYRV
韆 TJYMU
顰 YCHHJ
驟 SFSEO
鬢 SHJMC
魘 MKHI
黌 HBNWF
鷹 IGHAF
鷺 RRHAF
鹼 YWOMO
鹽 SWBT
鼇 GKRXU
齷 YUSMG
齲 YUHLB

二十五劃

廳 ISGP
欖 DSWU
灣 EVFN
籬 HYBG
籮 HWLG
蠻 VFLMI
觀 TGBUU
躡 RMSJJ
釁 HBMCH
鑲 CYRV
鑰 COMB
顱 YTMBC
髖 BBJTI
鬣 SHVVV
舋 HBTMC

二十六劃

饞 OINRI
灤 EVFD
矚 BUSYI
讚 YRHUC
鑷 CSJJ
韉 TJTIF
驢 SFYPT

二十七劃

驥 SFLPC
纜 VFSWU
讜 YRFBF
躪 RMTAG
釅 MWRRK
鑽 CHUC
鑾 VFC
鑼 CWLG
鱷 NFMGR
鱸 NFYPT
黷 WFGWC

二十八劃

豔 UTGIT
鑿 TEC
鸚 BVHAF
爨 HBDDF
驪 SFMMP

二十九劃

鬱 DDBUH
鸛 TGHAF

三十劃

鸞 VFHAF

三十二劃

籲 HOBC

部首索引

字倉頡碼

丶部

丸 KNI
丹 BY
主 YG
乓 OMI

一部

一 M
丁 MN
七 JU
三 MMM
下 MY
丈 JK
上 YM
丑 NG
丏 MYVS
不 MF
丙 MOB
世 PT
丕 MFM
且 BM
丘 OM
丞 NEM
丟 HGI
並 TTC

丨部

丫 CL
中 L
丰 QJ
串 LL

丿部

乃 NHS
久 NO
么 HI
之 INO
乍 HS
乏 HINO
乎 HFD
乒 OMH
乖 HJLP
乘 HDLP

乙部

乙 NU
九 KN
也 PD
乞 ON
乩 YRU
乳 BDU

亅部

亂 BBU
了 NN
予 NINN
事 JLLN

二部

二 MM
于 MD
云 MMI
井 TT
互 MVNM
五 MDM
亙 MBM
些 YPMM
亞 MLLM
亟 MEM

亠部

亡 YV
亢 YHN
交 YCK
亦 YLNC
亥 YVHO
亨 YRNN
享 YRND
京 YRF
亭 YRBN
亮 YRBU
亳 YRBP
商 YCBR
齊 YX

人部

人 O
仁 OMM
什 OJ
仃 OMN
仆 OY
仇 OKN
仍 ONHS
今 OIN
介 OLL
仄 MO
以 VIO
付 ODI
仔 OND
仕 OG
他 OPD
仗 OJK
代 OIP
令 OINI
仙 OU
仞 OSHI
仟 OHJ
仿 OYHS
伉 OYHN
伙 OF
伊 OSK
伕 OQO
伍 OMDM
伐 OI
休 OD
伏 OIK
仲 OL
件 OHQ
任 OHG
仰 OHVL
仳 OPP
份 OCSH
企 OYLM
伋 ONHE
位 OYT
住 OYG
佇 OJMN
佗 OJP
佞 OMMV
伴 OFQ
佛 OLLN
何 OMNR
估 OJR
佐 OKM
佑 OKR
伽 OKSR
伺 OSMR
伸 OLWL
佃 OW
佔 OYR
似 OVIO
但 OAM
佣 OBQ
作 OHS
你 ONF
伯 OHA
低 OHPM
伶 OOII
余 OMD
佝 OPR
佈 OKLB
佚 OHQO
佯 OTQ
依 OYHV
侍 OGDI
佳 OGG
使 OJLK
佬 OJKP
供 OTC
例 OMNN
來 DOO
侃 ORHU
佰 OMA
併 OTT
侈 ONIN
佩 OHNB
佻 OLMO
侖 OMBT
佾 OCB
侏 OHJD
侑 OKB
佺 OOMG
信 OYMR
侵 OSME
侯 ONMK
便 OMLK
俠 OKOO
俑 ONIB
俏 OFB
保 ORD
促 ORYO
侶 ORHR
俘 OBND
俟 OIOK
俊 OICE
俗 OCOR
侮 OOWY
俐 OHDN
俄 OHQI
係 OHVF
俚 OWG
俎 OOBM
俞 OMBN
侷 OSSR
倌 OJRR
倍 OYTR
倣 OYSK
俯 OIOI
倦 OFQU
倥 OJCM
俸 OQKQ
倩 OQMB
倖 OGTJ
倆 OMLB
值 OJBM
借 OTA
倚 OKMR
倒 OMGN
們 OAN
俺 OKLU
倀 OSMV
倔 OSUU
倨 OSJR
俱 OBMC
倡 OAA
個 OWJR
候 OLNK
倘 OFBR
俳 OLMY
修 OLOH
倭 OHDV
倪 OHXU
俾 OHHJ
倫 OOMB
倉 OIAR
偺 OHOA
偽 OIKF
停 OYRN
假 ORYE
偃 OSAV
偌 OTKR
做 OJRK
偉 ODMQ
健 ONKQ
偶 OWLB
偎 OWMV
偕 OPPA
偵 OYBC
側 OBCN
偷 OOMN
偏 OHSB
倏 OLOK
偯 OYRV
偭 OMWL
傢 OJMO
傍 OYBS
傅 OIBI
備 OTHB
傑 ONQD
傀 OHI
傖 OOIR
傘 OOOJ
傚 OYKK
傭 OILB
債 OQMC
傲 OGSK
傳 OJII
僅 OTLM
傾 OPMC
催 OUOG
傷 OOAH
傻 OHCE
傯 OHWP
僇 OSMH
僧 OCWA

僮 OYTG
僥 OGGU
僖 OGRR
僭 OMUA
僚 OKCF
僕 OTCO
像 ONAO
僑 OHKB
僱 OHSG
僎 ORUC
僩 OANB
億 OYTP
儀 OTGI
僻 OSRJ
僵 OMWM
價 OMWC
儂 OTWV
儈 OOMA
儉 OOMO
儻 OFBW
儒 OMBB
儘 OLMT
儔 OGNI
儐 OJMC
儕 OYX
優 OMBE
償 OFBC
儡 OWWW
儲 OYRA
儳 ONRI
儷 OMMP
儸 OWLG
儹 PSJJ
儼 ORRK
儻 OFBF

儿部

儿 LU
兀 MU
元 MMU
允 IHU
充 YIHU
兄 RHU
光 FMU
兇 UKHU
兆 LMUO
先 HGHU
兑 CRHU
克 JRHU
免 NAHU
兔 NUI
兒 HXHU
兕 SUHU
兗 YCRHU
兜 HVHU
冕 ANAU

入部

入 OH
內 OB
全 OMG
兩 MLBO

八部

八 HO
六 YC
兮 CMVS
公 CI
共 TC
兵 OMC
具 BMMC
其 TMMC
典 TBC
兼 TXC
冀 LPWTC

冂部

冉 GB
冊 BT
再 MGB
冒 ABU
冑 LWB

冖部

冗 BHN
冠 BMUI
冤 BNUI
冥 BAYC
冢 BMMO
冪 BTAB

冫部

冬 HEY
冰 IME
冶 IMIR
冷 IMOII
冽 IMMNN
凍 IMDW
凌 IMGCE
准 IMOG
凋 IMBGR
凜 IMYWD
凝 IMPKO

几部

几 HN
凡 HNI
凰 HNHAG
凱 UTHN
凳 NOMRN

凵部

凶 UK
凹 SSU
出 UU
凸 BSS
函 NUE

刀部

刀 SH
刁 SM
刃 SHI
分 CSH
切 PSH
刈 KLN
刊 MJLN
列 MNLN
刑 MTLN
划 ILN
刎 PHLN
刖 BLN
別 RSLN
判 FQLN
利 HDLN
刪 BTLN
刨 PULN
刻 YOLN
券 FQSH
刷 SBLN
刺 DBLN
到 MGLN
刮 HRLN
制 HBLN
剁 HDLN
剎 KCLN
剃 CHLN
削 FBLN
前 TBLN
剌 DLLN
剋 JULN
則 BCLN
剖 YRLN
剜 JULN
剔 AHLN
剛 BULN
剝 VELN
剪 TBNH
副 MWLN
割 JRLN
剴 UTLN
創 ORLN
剩 HPLN
剿 VDLN
劃 YMLN
剽 MFLN
劃 LMLN
劂 MOLN
劇 YOLN
劈 SJSH
劉 HCLN
劍 OOLN
劊 OALN
劑 YXLN
劓 HLLN

力部

力 KS
加 KSR
功 MKS
劣 FHKS
劫 GIKS
助 BMKS
努 VEKS
劬 PRKS
劾 YOKS
勔 SGKS
勇 NBKS
勉 NUKS
勃 JDKS
勁 MMKS
勒 TJKS
務 NHOKS
勘 TVKS
動 HGKS
勞 FFBKS
勝 BFQS
勛 RCKS
募 TAKS
勦 VDKS
勤 TMKS
勢 GIKS
勣 QCKS
勰 KSWP
厲 MTWB
勳 HFKS
勵 MBKS
勸 TGKS

勹部

勺 PI
勻 PIM
勾 PI
勿 PHH
包 PRU
匆 PKK
匈 PUK
匍 PIJB
匐 PMRW
匏 KSPRU
匕 UH

匕部

化 OP
北 LMP
匙 AOP

匚部

匝 SLB
匡 SMG
匠 SHML
匣 SWL
匪 SLMY
匯 SEOG
匱 SLMC

匸部

匹 SC
匿 STKR
區 SRRR
匾 SHSB

十部

十 J
千 HJ
午 OJ
升 HT
卅 TJ
半 FQ
卉 JT
卒 YOOJ
協 JKSS
卓 YAJ
卑 HHJ
南 JBTJ
乾 JJON
博 JIBI
兢 JUJRU

卜部

卜 Y
卞 YY
卡 YMY
占 YR
卦 GGY

卩部

卯 HHSL
卮 HMSU
印 HPSL
危 NMSU
即 AISL
卵 HHSLI
卷 FQSU
卸 OMSL
卹 HTSL
郤 CRSL

卿 HHAIL

厂部

厄 MSU
厚 MAND
原 MHAF
厝 MTA
厥 MTUO
厭 MABK

厶部

去 GI
參 IIIH

又部

又 NK
叉 EI
友 KE
及 NHE
反 HE
取 SJE
叔 YFE
受 BBE
叛 FQHE
叟 HXLE
曼 AWLE
叢 TCTE

口部

口 R
可 MNR
古 JR
右 KR
召 SHR
叮 RMN
叩 RSL
叨 RSH
叼 RSM
司 SMR
叵 SR
叫 RVL
另 RKS
只 RC
史 LK
叱 RP
台 IR
句 PR
叭 RC
叻 RKS
吉 GR
吏 JLK
同 BMR
吊 RLB
吐 RG
吁 RMD
吋 RDI
各 HER
向 HBR
名 NIR
合 OMR
吃 RON
后 HMR
吆 RVI
吒 RHP
吝 YKR
吭 RYHN
吞 HKR
吾 MMR
否 MFR
呎 RSO
吧 RAU
呆 RD
呃 RMSU
吴 RVNK
呈 RHG
呂 RHR
君 SKR
吩 RCSH
告 HGR
吹 RNO
吻 RPHH
吸 RNHE
吮 RIHU
吵 RFH
吶 ROB
吠 RIK
吼 RNDU
呀 RMVH
吱 RJE
含 OINR
吟 ROIN
听 RHML
味 RJD
呵 RMNR
咖 RKSR
呸 RMFM
咕 RJR
咀 RBM
呻 RLWL
呷 RWL
咄 RUU
咒 RRHN
咆 RPRU
呼 RHFD
咐 RODI
呱 RHVO
呶 RVE
和 HDR
咚 RHEY
呢 RSP
周 BGR
咋 RHS
命 OMRL
咎 HOR
咬 RYCK
哀 YRHV
咨 IOR
哎 RTK
哉 JIR
咸 IHMR
咦 RKN
咳 RYVO
哇 RGG
哂 RMCW
咽 RWK
咪 RFD
品 RRR
哄 RTC
哈 ROMR
咯 RHER
咫 SORC
咱 RHBU
咻 ROD
咩 RTQ
咧 RMNN
咿 ROSK
哨 RFB
唐 ILR
唁 RYMR
唷 RYIB
哼 RYRN
哥 MRNR
哲 QLR
唆 RICE
哺 RIJB
唔 RMMR
哩 RWG
哭 RRIK
員 RBUC
唉 RIOK
哮 RJKD
哪 RSQL
哦 RHQI
唧 RAIL
唇 MVR
哽 RMLK
唏 RKKB
啪 RQHA
啦 RQYT
啄 RMSO
啞 RMLM
啡 RLMY
啃 RYMB
啊 RNLR
唱 RAA
啖 RFF
問 ANR
啕 RPOU
唯 ROG
啤 RHHJ
唸 ROIP
售 OGR
啜 REEE
唬 RYPU
啣 ROML
唳 RHSK
啁 RBGR
啗 RNHX
啻 YBLBR
喀 RJHR
喧 RJMM
啼 RYBB
喊 RIHR
喝 RAPV
喘 RUMB
喂 RWMV
喜 GRTR
喪 GRRV
喔 RSMG
喇 RDLN
喋 RPTD
喃 RJBJ
喳 RDAM
單 RRWJ
喟 RWB
唾 RHJM
喲 RVFI
喚 RNBK
喻 ROMN
喬 HKRBR
喱 RMWG
啾 RHDF
喉 RONK
喫 RQHK
喙 RVNO
嗟 RTQM
嗨 REOY
嗓 REED
嗦 RJBF
嗎 RSQF
嗜 RJPA
嗇 GOWR
嗑 RGIT
嗣 RBSMR
嗤 RUMI
嗯 RWKP
嗚 RHRF
嗡 RCIM
嗅 RHUK
嗆 ROIR
嗥 RHAJ
嗉 RQMF
嗾 RYSK
嘀 RYCB
嘛 RIJC
嘗 FBRPA
嗽 RDLO
嘔 RSRR
嘆 RTLO
嘉 GRTR
嘍 RLWV
嘎 RMUI
嗷 RGSK
嘖 RQMC
嘟 RJAL
嘈 RTWA
嘐 RSMH
嗶 RWTJ
嘮 RFFS
嘻 RGRR
嘹 RKCF
嘲 RJJB
嘿 RWGF
嘴 RYPB
嘩 RTMJ
噓 RYPM
噎 RGBT
噗 RTCO
噴 RJTC
嘶 RTCL
嘯 RLX
嘰 RVII
噙 ROYB
噫 RYTP
噹 RFBW
噩 MGRR
噤 RDDF
噸 RPUC
噪 RRRD
器 RRIKR
噥 RTWV
噱 RYPO
噯 RBBE
噬 RHMO
噢 RHBK
噶 RTAV
嚎 RYRO
嚀 RJPN
嚐 RFBA
嚅 RMBB
嚇 RGCC
嚏 RJBO
嚕 RNWA
嚮 VLHBR
嚥 RTLF
嚨 RYBP

嚷 RYRV
嚶 RBCV
嚴 RRMMK
嚼 RBWI
囁 RSJJ
囀 RJJI
囂 RRMCR
囈 RTGI
囊 JBRRV
囉 RWLG
囌 RTND
囑 RSYI

口部

四 WC
囚 WO
因 WK
回 WR
囝 WND
囪 HWKK
困 WD
囤 WPU
囫 WPHH
固 WJR
囿 WKB
圃 WIJB
圄 WMMR
圈 WFQU
國 WIRM
圉 WGTJ
圍 WDMQ
園 WGRV
圓 WRBC
團 WJII
圖 WRYW

土部

土 G
圳 GLLL
地 GPD
在 KLG
圭 GG
圬 GMMS
圯 GRU
圩 GMD
坊 GYHS
坑 GYHN
址 GYLM
坍 GBY
均 GPIM
坎 GNO
圾 GNHE
坐 OOG
坏 GMF
圻 GHML
壯 VMG
垃 GYT
坷 GMNR
坪 GMFJ
坩 GTM
坡 GDHE
坦 GAM
坤 GLWL
坼 GHMY
垂 HJTM
型 MNG
垠 GAV
垣 GMAM
垢 GHMR
城 GIHS
垮 GKMS
垓 GYVO
埂 GMLK
埔 GIJB
埋 GWG
埃 GIOK
堉 GYIB
域 GIRM
堅 SEG
堊 MMG
堆 GOG
埠 GHRJ
埤 GHHJ
基 TCG
堂 FBRG
堵 GJKA
執 GJKNI
培 GYTR
堯 GGGU
堪 GTMV
場 GAMH
堤 GAMO
堰 GSAV
報 GJSLE
堡 ODG
堝 GBBR
堠 GONK
壹 GBMT
壺 GBLM
塞 JTCG
塑 TBG
塘 GILR
塗 EDG
塚 GBMO
塔 GTOR
填 GJBC
塌 GASM
塭 GWOT
塊 GHI
塢 GHRF
塒 GAGI
塋 FFBG
塵 IPG
塾 YIG
境 GYTU
墓 TAKG
墊 GIG
塹 JLG
墅 WNG
塽 GKKK
壽 GNMI
墀 GSYQ
墟 GYPM
增 GCWA
墳 GJTC
墜 NOG
墮 NBG
墩 GYDK
墦 GHDW
壁 SJG
墾 BVG
壇 GYWM
壅 YVGG
壕 GYRO
壓 MKG
壑 YEG
壎 GHGF
壙 GITC
壘 WWWG
壞 GYWV
壟 YPG
壢 GMDM
壤 GYRV
壩 GMBB

士部

士 JM
壬 HG

夂部

夏 MUHE
夔 TCHE

夕部

夕 NI
外 NIY
夙 HNMNI
多 NINI
夜 YONK
夠 NNPR
夥 WDNIN
夢 TWLN
夤 NIJMC

大部

大 K
天 MK
夫 QO
太 KI
夭 HK
央 LBK
失 HQO
夷 KN
夸 KMMS
夾 KOO
奉 QKQ
奇 KMNR
奈 KMMF
奄 KLWU
奔 KJT
奕 YCK
契 QHK
奏 QKHK
奎 KGG
奐 NBK
套 KSMI
奘 VGK
奚 BVIK
奢 KJKA
奠 TWK
奧 HBK
奪 KOGI
奩 KSRR
奭 KMAA
奮 KOGW

女部

女 V
奴 VE
奶 VNHS
妄 YVV
奸 VMJ
妃 VSU
好 VND
她 VPD
如 VR
妁 VPI
妝 VMV
妒 VHS
妨 VYHS
妞 VNG
妣 VPP
妙 VFH
妖 VHK
妍 VMT
妤 VNIN
妓 VJE
妊 VHG
妥 BV
妾 YTV
妻 JLV
委 HDV
妹 VJD
妮 VSP
姑 VJR
姆 VWYI
姐 VBM
姍 VBT
始 VIR
姓 VHQM
姊 VLXH
妯 VLW
妳 VNF
姒 VVIO
姅 VFQ
姜 TGV
姘 VTT
姿 IOV
姣 VYCK
姨 VKN
娃 VGG
姥 VJKP
姪 VMIG
姚 VLMO
姦 VVV
威 IHMV
姻 VWK
娑 EHV
娘 VIAV
娜 VSQL
娟 VRB
娛 VRVK
娓 VSHU
姬 VSLL
娠 VMMV
娣 VCNH
娩 VNAU
娥 VHQI
娌 VWG
娉 VLWS
娶 SEV
婁 LWLV
婉 VJNU
婦 VSMB
婪 DDV
婀 VNLR
娼 VAA
婢 VHHJ
婚 VHPA
婆 EEV
婊 VQMV
婷 VYRN
媚 VAHU
婿 VNOB
媒 VTMD
媛 VBME

媧 VBBR
嫁 VJMO
嫉 VKOK
嫌 VTXC
媾 VTTB
媽 VSQF
媼 VWOT
媳 VHUP
嫂 VHXE
媿 VHWP
嫡 VYCB
嫦 VFBB
嫩 VDLK
嫗 VSRR
嫖 VMWF
嫘 VWVF
嫣 VMYF
嬉 VGRR
嫻 VAND
嬋 VRRJ
嫵 VOTF
嬌 VHKB
嬈 VGGU
嬝 VHAV
嬴 YRBVN
嬰 BCV
嬪 VJMC
嬤 VIDI
嬸 VJHW
嬬 VMBU
孃 VYRV

子部

子 ND
孑 NNM
孓 NNO
孔 NDU
孕 NSND
字 JND
存 KLND
孝 JKND
孜 NDOK
孚 BND
孛 JBND
孟 NDBT
孤 NDHVO
季 HDND
孩 NDYVO
孫 NDHVF
屘 SUND
孰 YDKNI
孳 TVID
孱 SNDD
孵 HHSLD
學 HBND
孺 NDMBB
孽 THJD
孿 VFND

宀部

它 JP
宇 JMD
守 JDI
宅 JHP
安 JV
完 JMMU
宋 JD
宏 JKI
宗 JMMF
定 JMYO
官 JRLR
宜 JBM
宙 JLW
宛 JNIU
宣 JMAM
宦 JSLL
室 JMIG
客 JHER
宥 JKB
宰 JYTJ
害 JQMR
家 JMSO
宴 JAV
宮 JRHR
宵 JFB
容 JCOR
宸 JMMV
寇 JMUE
寅 JMLC
寄 JKMR
寂 JYFE
宿 JOMA
密 JPHU
寒 JTCY
富 JMRW
寓 JWLB
寐 JVMD
寞 JTAK
寧 JPBN
寡 JMCH
寥 JSMH
實 JWJC
寨 JTCD
寢 JVME
寤 JVMR
察 JBOF
寮 JKCF
寬 JTBI
審 JHDW
寫 JHXF
寰 JWLV
寵 JYBP
龐 IYBP
廬 IYPT
寶 JMUC

寸部

寸 DI
寺 GDI
封 GGDI
射 HHDI
尉 SFDI
專 JIDI
將 VMBDI
尊 TWDI
尋 SMMRI
對 TGDI
導 YUD

小部

小 NC
少 FH
尖 FK
尚 FBR

尢部

尢 KU
尤 IKU
尬 KUOLL
就 YFIKU
尷 KUSIT

尸部

尸 S
尹 SK
尺 SO
尼 SP
局 SSR
屁 SPP
尿 SE
尾 SHQU
屈 SUU
居 SJR
屆 SUG
屎 SFD
屏 STT
屍 SMNP
屋 SMIG
屑 SFB
展 STV
屐 SHOE
屠 SJKA
屜 SHOT
屝 SLMY
屢 SLWV
層 SCWA
履 SHOE
屨 SHOV
屬 SYYI

屮部

屯 PU

山部

山 U
屹 UON
岐 UJE
岑 UOIN
岔 CSHU
岌 UNHE
岷 URVP
岡 BTU
岸 UMMJ
岩 UMR
岫 ULW
岱 OPU
岳 OMU
峙 UGDI
峒 UBMR
幽 UVII
峭 UFB
峽 UKOO
峻 UICE
峪 UCOR
峨 UHQI
峰 UHEJ
島 HAYU
崁 UGNO
峴 UBUU
崇 UJMF
崆 UJCM
崎 UKMR
崛 USUU
崖 UMGG
崢 UBSD
崑 UAPP
崩 UBB
崔 UOG
崙 UOMB
崤 UKKB
崧 UDCI
崗 UBTU
嵌 UTMO
嵐 UHNI
崴 UIHV
嵇 HDIUU
嵩 UYRB
嵯 UTQM
嶄 UJJL
嶇 USRR
嶝 UNOT
嶔 UCNO
嶼 UHXC
嶺 UOIC
嶽 UKHK
嶸 UFFD
巉 UNRI
巍 UHVI
巔 UJCC
巒 VFU
巖 URRK

巛部

川 LLL
州 ILIL
巢 VVWD

工部

工 MLM
巨 SS
巧 MMVS
左 KM
巫 MOO
差 TQM

己部

己 SU
已 SU
巳 RU
巴 AU
巷 TCRU
巽 RUTC

巾部

巾 LB
市 YLB
布 KLB
帆 LBHNI
希 KKLB
帘 JCLB
帚 SMBLB
帖 LBYR
帕 LBHA
帛 HALB
帑 VELB
帝 YBLB
帥 HRLB
帟 YCLB
席 ITLB
師 HRMLB
常 FBRLB
帶 KPBLB
帳 LBSMV
帷 LBOG
幅 LBMRW
帽 LBABU

幀 LBYBC
幃 LBDMQ
幌 LBAFU
幛 LBYTJ
幣 FKLB
幕 TAKB
幗 LBWIM
幔 LBAWE
幢 LBYTG
幟 LBYIA
幡 LBHDW
幫 GIHAB

干部

干 MJ
平 MFJ
并 TT
年 OQ
旱 AMJ
幸 GTJ
幹 JJOMJ

幺部

幻 VIS
幼 VIKS
幾 VIHI

广部

序 ININ
庇 IPP
床 ID
庚 ILO
店 IYR
府 IODI
底 IHPM
庖 IPRU
庠 ITQ
度 ITE
庫 IJWJ
庭 INKG
座 IOOG
康 ILE
庸 ILB
庶 ITF
庵 IKLU
庾 IHXO
廊 IIIL
廁 IBCN
廂 IDBU
廄 IAIE
廉 ITXC
廈 IMUE
廓 IYDL
廖 ISMH
廢 INOE
廚 IGTI
廟 IJJB
廝 ITCL
廣 ITMC
廠 IFBK
廳 ISGP

廴部

廷 NKHG
延 NKHYM
建 NKLQ

廾部

廾 JJ
廿 T
弁 IT
弄 MGT
弈 YCT
弊 FKT
彝 VMFFT

弋部

弋 IP
式 IPM
弒 KCIPM

弓部

弓 N
弔 NL
引 NL
弘 NI
弗 LLN
弛 NPD
弟 CNLH
弦 NYVI
弧 NHVO
弩 VEN
弭 NSJ
弱 NMNIM
張 NSMV
強 NILI
弼 NMAN
彆 FKN
彈 NRRJ
彊 NMWM
彌 NMFB
彎 VFN

彐部

彗 QJSM
彙 VMBWD

彡部

彤 BYHHH
形 MTHHH
彥 YHHHH
彬 DDHH
彩 BDHHH
彫 BRHHH
彭 GTHHH
彰 YJHHH
影 AFHHH

彳部

彷 HOYHS
役 HOHNE
往 HOYG
征 HOMYM
彿 HOLLN
彼 HODHE
很 HOAV
待 HOGDI
徊 HOWR
律 HOLQ
徇 HOPA
後 HOVIE
徉 HOTQ
徒 HOGYO
徑 HOMVM
徐 HOOMD
得 HOAMI
徙 HOYLO
從 HOOOO
徘 HOLMY
御 HOOML
徠 HODOO
徜 HOFBR
復 HOOAE
循 HOHJU
徨 HOHAG
徬 HOYBS
微 HOUUK
徹 HOYBK
德 HOJWP
徵 HOUGK
徽 HOUFK
黴 HOUFK

心部

心 P
必 PH
忙 PYV
忖 PDI
忘 YVP
忌 SUP
志 GP
忍 SIP
忱 PLBU
快 PDK
忸 PNG
忪 PCI
忝 HKP
忠 LP
忽 PHP
念 OINP
忿 CSHP
怏 PLBK
怔 PMYM
怯 PGI
怵 PIJC
怖 PKLB
怪 PEG
怕 PHA
怡 PIR
性 PHQM
怩 PSP
怫 PLLN
怛 PAM
怒 VEP
思 WP
怠 IRP
急 NSP
怎 HSP
怨 NUP
恍 PFMU
恰 POMR
恨 PAV
恢 PKF
恆 PMBM
恃 PGDI
恬 PHJR
恫 PBMR
恪 PHER
恤 PHBT
恙 TGP
恣 IOP
恥 SJP
恐 MNP
恕 VRP
恭 TCP
恩 WKP
息 HUP
悄 PFB
悟 PMMR
悚 PDL
悍 PAMJ
悔 POWY
悌 PCNH
悅 PCRU
悖 PJBD
恿 NBP
患 LLP
悉 HDP
悠 OKP
您 OFP
惋 PJNU
悴 PYOJ
惦 PIYR
悽 PJLV
情 PQMB
悻 PGTJ
悵 PSMV
惜 PTA
悼 PYAJ
惘 PBTV
惕 PAPH
惆 PBGR
惟 POG
悸 PHDD
惚 PPHP
惇 PYRD
惑 IMP
惡 MMP
悲 LYP
悶 ANP
惠 JIP
愜 PSKO
愣 PWLS
惺 PAHM
愕 PRRS
惰 PKMB
惻 PBCN
惴 PUMB
慨 PAIU
惱 PVVW
愎 POAE
惶 PHAG
愉 POMN
愀 PHDF
愒 PAPV
愚 WBP
意 YTAP
慈 TVIP
感 IRP
想 DUP
愛 BBPE
惹 TKRP
愁 HFP
愈 OMBP
慎 PJBC
慌 PTYU
慄 PMWD
慍 PWOT
愾 POND
愴 POIR
愧 PHI
愍 RKP
愆 HNP
愷 PUMT
慇 HEP
愿 MFP

態 IPP
慷 PILE
慢 PAWE
慣 PWJC
慟 PHGS
慚 PJJL
慘 PIIH
慵 PILB
慶 IXE
慧 QJSMP
慮 YPWP
慝 SRP
慕 TAKP
憂 MBPHE
慼 IFP
慰 SIP
慫 HOP
慾 COP
憧 PYTG
憐 PFDQ
憫 PANK
憎 PCWA
憬 PAYF
憚 PRRJ
憤 PJTC
憔 POGF
憮 POTF
憲 JQMP
憑 IFP
憩 HUP
憊 OBP
懍 PYWD
憶 PYTP
憾 PIRP
懊 PHBK
懈 PNBQ
應 IGP
懂 PTHG
懇 BVP
懦 PMBB
懋 DDP
懣 EBP
懲 HKP
懷 PYWV
懶 PDLC
懵 PTWU
懸 BFP
懺 POIM
懼 PBUG
懿 GTIOP
戀 VFP

戈部

戈 I
戊 IH
戎 IJ
戌 IHM
戍 IHI
成 IHS
戒 IT
我 HQI
或 IRM
戕 VMI
戚 IHYMF
戛 MUI
戟 JJI
戡 TVI
戢 RJI
截 JIOG
戮 SHI
戰 RJI
戲 YTI
戴 JIWTC
戳 SGI

戶部

戶 HS
房 HSYHS
戾 HSIK
所 HSHML
扁 HSBT
扇 HSSMM
扈 HSRAU
扉 HSLMY

手部

才 DH
手 Q
扎 QU
打 QMN
扔 QNHS
扒 QC
扑 QY
扣 QR
扛 QM
托 QHP
抄 QFH
抗 QYHN
抖 QYJ
技 QJE
扶 QQO
抉 QDK
扭 QNG
把 QAU
扼 QMSU
找 QI
批 QPP
扳 QHE
抒 QNIN
扯 QYLM
折 QHML
扮 QCSH
投 QHNE
抓 QHLO
抑 QHVL
抆 QYK
承 NNQO
拉 QYT
拌 QFQ
拄 QYG
抿 QRVP
拂 QLLN
抹 QDJ
拒 QSS
招 QSHR
披 QDHE
拓 QMR
拔 QIKK
拋 QKUS
拈 QYR
抨 QMFJ
抽 QLW
押 QWL
拐 QRSH
拙 QUU
拇 QWYI
拍 QHA
抵 QHPM
拚 QIT
抱 QPRU
拘 QPR
拖 QOPD
拗 QVIS
拆 QHMY
抬 QIR
拎 QOII
拜 HQMQJ
挖 QJCN
按 QJV
拼 QTT
拭 QIPM
持 QGDI
拮 QGR
拽 QLWP
指 QPA
拱 QTC
拷 QJKS
拯 QNEM
括 QHJR
拾 QOMR
拴 QOMG
挑 QLMO
挂 QGG
拳 FQQ
挈 QHQ
拿 OMRQ
捎 QFB
挾 QKOO
振 QMMV
捕 QIJB
捂 QMMR
捆 QWD
捏 QHXM
捉 QRYO
挺 QNKG
捐 QRB
挽 QNAU
挪 QSQL
挫 QOOG
挨 QIOK
捍 QAMJ
捌 QRSN
掠 QYRF
控 QJCM
捲 QFQU
掖 QYOK
探 QBCD
接 QYTV
捷 QJLO
捧 QQKQ
掘 QSUU
措 QTA
捱 QMGG
掩 QKLU
掉 QYAJ
掃 QSMB
掛 QGGY
捫 QAN
推 QOG
掄 QOMB
授 QBBE
掙 QBSD
採 QBD
掬 QPFD
排 QLMY
掏 QPOU
掀 QHLO
捻 QOIP
捩 QHSK
捨 QOMR
捺 QKMF
掣 HNQ
掌 FBRQ
描 QTW
揀 QDWF
揩 QPPA
揉 QNHD
揆 QNOK
揍 QQKK
插 QHJX
揣 QUMB
提 QAMO
握 QSMG
揖 QRSJ
揭 QAPV
揮 QBJJ
捶 QHJM
援 QBME
揪 QHDF
換 QNBK
摒 QSTT
揚 QAMH
揹 QLPB
搓 QTQM
搾 QJCS
搞 QYRB
搪 QILR
搭 QTOR
搽 QTOD
搬 QHYE
搏 QIBI
搜 QHXE
搔 QEII
損 QRBC
搶 QOIR
搖 QBOU
搗 QHAU
搆 QTTB
撇 QFBK
摘 QYCB
摔 QYIJ
撤 QYBK
摸 QTAK
摟 QLWV
摺 QSMA
摑 QWIM
摧 QUOG
搴 JTCQ
摭 QITF
摻 QIIH
摩 IDQ
摯 GIQ
摹 TAKQ
撞 QYTG
撲 QTCO
撈 QFFS
撐 QFBQ
撰 QRUC
撥 QNOE
撓 QGGU
撕 QTCL
撩 QKCF
撒 QTBK
撮 QASE
播 QHDW
撫 QOTF

撚 QBKF
撬 QHUU
撙 QTWI
撢 QMWJ
撳 QCNO
擅 QYWM
擁 QYVG
擋 QFBW
撻 QYGQ
撼 QIRP
據 QYPO
擄 QYPS
擇 QWLJ
擂 QMBW
操 QRRD
撿 QOMO
擒 QOYB
擔 QNCR
撾 QYBB
擎 TKQ
擊 JEQ
擘 SJQ
擠 QYX
擰 QJPN
擦 QJBF
擬 QPKO
擱 QANR
擢 QSMG
擭 QTOE
擴 QITC
擲 QTKL
擾 QMBE
攆 QQOJ
擺 QWLP
擻 QLVK
擷 QGRC
攀 DDKQ
攏 QYBP
攘 QYRV
攔 QANW
攙 QNRI
攝 QSJJ
攜 QUOB
攤 QTOG
攣 VFQ
攫 QBUE
攪 QHBU
攬 QSWU

支部

支 JE

攴部

收 VLOK
改 SUOK
攻 MOK
攸 OLOK
放 YSOK
政 MMOK
故 JROK
效 YKOK
敉 FDOK
敝 FBOK
敖 GSOK
救 IEOK
教 JDOK
敗 BCOK
啟 HROK
敏 OYOK
敘 ODOK
敕 DLOK
敔 MROK
敞 FBOK
敦 YDOK
敢 MJOK
散 TBOK
敬 TROK
敲 YBYE
敵 YBOK
敷 ISOK
數 LVOK
整 DKMYM
斂 OOOK
斃 FKMNP

文部

文 YK
斑 MGYKG
斐 LYYK
斕 YKANW

斗部

斗 YJ
料 FDYJ
斜 ODYJ
斛 NBYJ
斟 TVYJ
斡 JJOYJ

斤部

斤 HML
斥 HMY
斧 CKHML
斫 MRHML
斬 JJHML
斯 TCHML
新 YDHML
斷 VIHML

方部

方 YHS
於 YSOY
施 YSOPD
旁 YBYHS
旅 YSOHV
族 YSOOK
旋 YSONO
旌 YSOHM
旎 YSOSP
旗 YSOTC
旖 YSOKR

日部

日 A
旦 AM
早 AJ
旨 PA
旬 PA
旭 KNA
旺 AMG
昔 TA
易 APHH
昌 AA
昆 APP
昂 AHVL
明 AB
昀 APIM
昏 HPA
昕 AHML
昊 AMK
昇 AHT
既 AIMVU
春 QKA
昭 ASHR
映 ALBK
昧 AJD
是 AMYO
星 AHQM
昨 AHS
昱 AYT
昤 AOII
曷 APVO
時 AGDI
晉 MIIA
晏 AJV
晃 AFMU
晒 AMCW
晌 AHBR
晅 AMAM
晁 ALMO
書 LGA
晝 LGAM
晚 ANAU
晤 AMMR
晨 AMMV
晦 AOWY
晞 AKKB
曹 TWA
勗 ABMS
普 TCA
晰 ADHL
晴 AQMB
晶 AAA
景 AYRF
暑 AJKA
智 ORA
晾 AYRF
晷 AHOR
曾 CWA
替 QOA
暗 AYTA
暉 ABJJ
暇 ARYE
暈 ABJJ
暖 ABME
暄 AJMM
暘 AAMH
暍 AAPV
會 OMWA
暢 LLAMH
暨 AUAM
暝 ABAC
暮 TAKA
暫 JLA
暴 ATCE
暱 ASTR
曆 MDA
曉 AGGU
暹 YAOG
曄 ATMJ
曇 AMBI
暸 AKCF
曙 AWLA
曖 ABBE
曜 ASMG
曠 AITC
曝 AATE
曦 ATGS
曩 AYRV
曬 AMMP

曰部

曰 A
曲 TW
曳 LWP
更 MLWK
最 ASJE

月部

月 B
有 KB
服 BSLE
朋 BB
朔 TUB
朕 BTK
朗 IIB
望 YBHG
期 TCB
朝 JJB
朦 BTBO
朧 BYBP

木部

木 D
朮 IJC
本 DM
未 JD
末 DJ
札 DU
朽 DMVS
朴 DY
朱 HJD
朵 HND
束 DL
李 DND
杏 DR
材 DDH
村 DDI
杜 DG
杖 DJK
杞 DSU
杉 DHHH
杆 DMJ
杠 DM
杓 DPI
宋 YVD
杭 DYHN
枋 DYHS
枕 DLBU
東 DW
果 WD
杳 DA
杷 DAU
枇 DPP
枝 DJE
林 DD
杯 DMF
杰 DF
板 DHE
枉 DMG
松 DCI
析 DHML
杵 DOJ
枚 DOK
枓 DYJ
杼 DNIN

杪 DFH
杲 AD
柿 DYLB
染 END
柱 DYG
柔 NHD
某 TMD
柬 DWF
架 KRD
枯 DJR
柵 DBT
柩 DSNO
柯 DMNR
柄 DMOB
柑 DTM
枴 DRSH
柚 DLW
查 DAM
枸 DPR
柏 DHA
柞 DHS
柳 DHHL
枰 DMFJ
柙 DWL
柢 DHPM
柝 DHMY
柒 EPD
校 DYCK
核 DYVO
案 JVD
框 DSMG
桓 DMAM
根 DAV
桂 DGG
桔 DGR
栩 DSMM
梳 DYIU
栗 MWD
桌 YAD
桑 EEED
栽 JID
柴 YPD
桐 DBMR
桀 NQD
格 DHER
桃 DLMO
株 DHJD
桅 DNMU
栓 DOMG
栘 DNIN
桁 DHON
梁 EID
梯 DCNH
梢 DFB
梓 DYTJ
梵 DDHNI
桿 DAMJ
桶 DNIB
梱 DWD
梧 DMMR
梗 DMLK
械 DIT
梃 DNKG
棄 YITD
梭 DICE
梆 DQJL
梅 DOWY
梔 DHMU
條 OLOD
梨 HND
梟 HAYD
梡 DJMU
梂 DIJE
棺 DJRR
棕 DJMF
棠 FBRD
棘 DBDB
棗 DBDB
椅 DKMR
棟 DDW
棵 DWD
森 DDD
棧 DII
棹 DYAJ
棒 DQKQ
棲 DJLV
棣 DLE
棋 DTMC
棍 DAPP
植 DJBM
椒 DYFE
椎 DOG
棉 DHAB
棚 DBB
楮 DJKA
棻 TCSD
榔 DIIL
業 TCTD
楚 DDNYO
楷 DPPA
楠 DJBJ
楔 DQHK
極 DMEM
椰 DSJL
概 DAIU
楊 DAMH
楨 DYBC
楫 DRSJ
楞 DWLS
楓 DHNI
楹 DNST
榆 DOMN
楝 DDWF
楣 DAHU
楛 DTJR
榜 DYBS
榨 DJCS
榕 DJCR
槁 DYRB
榮 FFBD
槙 DMBC
構 DTTB
榛 DQKD
榷 DOBG
榻 DASM
榫 DOGJ
榴 DHHW
槐 DHI
槍 DOIR
榭 DHHI
槌 DYHR
榦 JJOD
槃 HED
榣 DBOU
樣 DTGE
樟 DYTJ
槨 DYDL
樁 DQKX
樞 DSRR
標 DMWF
槽 DTWA
模 DTAK
樓 DLWV
樊 DDK
槳 VID
樂 VID
樅 DHOO
槭 DIHF
樑 DEID
樽 DTWI
樸 DTCO
樺 DTMJ
橙 DNOT
橫 DTMC
橘 DNHB
樹 DGTI
橄 DMJK
橢 DNLB
橡 DNAO
橋 DHKB
橇 DHUU
樵 DOGF
機 DVII
橈 DGGU
檀 DYWM
檔 DFBW
檄 DHSK
檢 DOMO
檜 DOMA
櫛 DHAL
檣 DGOW
橾 DRRD
檗 SJD
檐 DNCR
檠 TKD
檳 DJMC
檬 DTBO
櫃 DSLC
檻 DSIT
檸 DJPN
櫂 DSMG
檮 DGNI
檯 DGRG
櫥 DIGI
櫝 DGWC
櫚 DANR
櫓 DNWA
櫬 DYDU
櫻 DBCV
欄 DANW
櫺 DMBR
權 DTRG
欐 DMMP
欖 DSWU

欠部

欠 NO
次 IMNO
欣 HLNO
欲 CRNO
款 GFNO
欺 TCNO
欽 CNO
歇 AVNO
歉 TCNO
歌 MRNO
歐 SRNO
歎 TONO
歙 OMNO
歜 WINO
歟 HCNO
歡 TGNO

止部

止 YLM
正 MYLM
此 YMP
步 YLMH
武 MPYLM
歧 YMJE
歪 MFMYM
歲 YMIHH
歷 MDYLM
歸 HMSMB

歹部

歹 MNI
死 MNP
歿 MNNE
殃 MNLBK
殆 MNIR
殊 MNHJD
殉 MNPA
殘 MNII
殖 MNJBM
殤 MNOAH
殮 MNOMO
殯 MNJMC
殲 MNOIM

殳部

段 HJHNE
殷 HSHNE
殺 KCHNE
殼 GNHNE
毀 HGHNE
殿 SCHNE
毅 YOHNE
毆 SRHNE

毋部

毋 WJ
母 WYI
每 OWYI
毒 QMWYI
毓 OYYIU

比部

比 PP
毗 WPP
毚 NRPPI

毛部

毛 HQU
毫 YRBU
毬 HUIJE
毯 HUFF
毽 HUNKQ
氂 FKHQU
氈 YMHQU

氏部

氏 HVP
民 RVP
氐 HPM
氓 YVRVP

气部

氖 ONNHS
氛 ONCSH
氟 ONLLN
氣 ONFD
氧 ONTQ
氨 ONJV
氦 ONYVO
氤 ONWK
氫 ONMVM
氮 ONFF
氯 ONVNE
氬 ONMLM
氳 ONWOT

水部

水 E
永 INE
汁 EJ
汀 EMN
氾 ESU
汝 EV
汗 EMJ
汙 EMD
江 EM
池 EPD
汐 ENI
汕 EU
污 EMMS
汛 ENJ
汍 EKNI
汎 EHNI
求 IJE
汞 ME
沙 EFH
沁 EP
沈 ELBU
沉 EBHU
沅 EMMU
沛 EJB
汪 EMG
決 EDK
沐 ED
汰 EKI
沌 EPU
汨 EA
沖 EL
沒 ENE
汽 EOMN
沃 EHK
汲 ENHE
汾 ECSH
汴 EYY
沆 EYHN
汶 EYK
沍 EMVM
沔 EMLS
沘 EPP
沂 EHML
泣 EYT
注 EYG
泳 EINE
沱 EJP
泌 EPH
泥 ESP
河 EMNR
沽 EJR
沾 EYR
沼 ESHR
波 EDHE
沫 EDJ
法 EGI
泓 ENI
沸 ELLN
泄 EPT
油 ELW
況 ERHU
沮 EBM
泗 EWC
泅 EWO
泱 ELBK
沿 ECR
治 EIR
泡 EPRU
泛 EHIO
泊 EHA
沬 EJD
泯 ERVP
泜 EHPM
泖 EHHL
泠 EOII
泉 HAE
洋 ETQ
洲 EILL
洪 ETC
流 EYIU
津 ELQ
洌 EMNN
洱 ESJ
洞 EBMR
洗 EHGU
活 EHJR
洽 EOMR
派 EHHV
洶 EPUK
洛 EHER
泵 MRE
洹 EMAM
洧 EKB
洸 EFMU
洩 ELWP
洮 ELMO
洵 EPA
洎 EHBU
洫 EHBT
炫 FYVI
泰 QKE
浪 EIAV
涕 ECNH
消 EFB
涇 EMVM
浦 EIJB
浸 ESME
海 EOWY
浙 EQHL
涓 ERB
浬 EWG
涉 EYLH
浮 EBND
浚 EICE
浴 ECOR
浩 EHGR
涌 ENIB
涊 ESIP
浹 EKOO
涅 EAG
浥 ERAU
涔 EUON
涎 ENKM
涼 EYRF
淳 EYRD
淙 EJMF
液 EYOK
淡 EFF
淌 EFBR
淤 EYSY
添 EHKP
淺 EII
清 EQMB
淇 ETMC
淋 EDD
涯 EMGG
淑 EYFE
涮 ESBN
淞 EDCI
淹 EKLU
涸 EWJR
混 EAPP
淵 ELXL
淅 EDHL
淒 EJLV
渚 EJKA
涵 ENUE
淚 EHSK
淫 EBHG
淘 EPOU
淪 EOMB
深 EBCD
淮 EOG
淨 EBSD
淆 EKKB
淄 EVVW
涪 EYTR
淬 EYOJ
涿 EMSO
淦 EC
港 ETCU
游 EYSD
湔 ETBN
渡 EITE
渲 EJMM
湧 ENBS
湊 EQKK
渠 ESD
渥 ESMG
渣 EDAM
減 EIHR
湛 ETMV
湘 EDBU
渤 EJDS
湖 EJRB
湮 EMWG
渭 EWB
渦 EBBR
湯 EAMH
渴 EAPV
湍 EUMB
渺 EBUH
測 EBCN
湃 EHQJ
渝 EOMN
渾 EBJJ
滋 ETVI
溉 EAIU
渙 ENBK
湎 EMWL
湣 ERPA
湄 EAHU
湲 EBME
湩 EHJG
湟 EHAG
溢 ETCT
溯 ETUB
滓 EJYJ
溶 EJCR
滂 EYBS
源 EMHF
溝 ETTB
滇 EJBC
滅 EIHF
溥 EIBI
溘 EGIT
溼 EMVG
溺 ENMM
溫 EWOT
滑 EBBB
準 EGJ
溜 EHHW
滄 EOIR
滔 EBHX
溪 EBVK
溧 EMWD
溴 EHUK
煎 TBNF
漳 EYTJ
演 EJMC
滾 EYCV
漓 EYUB
滴 EYCB
漩 EYSO
漾 ETGE
漠 ETAK
漬 EQMC
漏 ESMB
漂 EMWF
漢 ETLO
滿 ETLB
滯 EKPB
漆 EDOE
漱 EDLO
漸 EJJL
漲 ENSV
漣 EYJJ
漕 ETWA
漫 EAWE
漯 EWVF
澈 EYBK
漪 EKHR
滬 EHSU
漁 ENWF
滲 EIIH
滌 EOLD
滷 EYWI
漿 VIE
潼 EYTG
澄 ENOT
潑 ENOE
潦 EKCF
潔 EQHF
澆 EGGU
潭 EMWJ
潛 EMUA
潸 EJCB
潮 EJJB
澎 EGTH

潺 ESND
潰 ELMC
潤 EANG
澗 EANA
潘 EHDW
滕 BFQE
潯 ESMI
潠 ERUC
潟 EHXF
濂 EITC
溵 ESCE
澡 ERRD
濃 ETWV
澤 EWLJ
濁 EWLI
澧 ETWT
澳 EHBK
激 EHSK
澹 ENCR
澶 EYWM
澦 ENNC
澠 ERXU
澴 EWLV
濘 EJPN
濱 EJMC
濟 EYX
濠 EYRO
濛 ETBO
濤 EGNI
濫 ESIT
濯 ESMG
澀 ESIM
濬 EYBU
濡 EMBB
濩 ETOE
濕 EAVF
濮 EOTO
濰 EVFG
瀉 EJHF
瀋 EJHW
濾 EYPP
瀆 EGWC
濺 EBCI
瀑 EATE
瀏 EHCN
瀛 EYRN
瀟 ETLX
瀨 EDLC
瀚 EJJM
瀝 EMDM
瀕 EYHC
瀘 EYPT
瀾 EANW
瀰 ENMB
瀲 EOOK
灌 ETRG
灑 EMMP
灘 ETOG
灞 EMBB
灣 EVFN
灤 EVFD

火部

火 F
灰 KF
灶 FG
灼 FPI
災 VVF
灸 NOF
炕 FYHN
炎 FF
炒 FFH
炊 FNO
炙 BF
為 IKNF
炳 FMOB
炬 FSS
炯 FBR
炭 UMF
炸 FHS
炮 FPRU
炤 FSHR
烊 FTQ
烘 FTC
烤 FJKS
烙 FHER
烈 MNF
烏 HRYF
烹 YRNF
焉 MYLF
焊 FAMJ
烽 FHEJ
烯 FKKB
焙 FYTR
焚 DDF
焦 OGF
焰 FNHX
無 OTF
然 BKFI
煮 JAF
焜 FAPP
煙 FMWG
煩 FMBC
煤 FTMD
煉 FDWF
照 ARF
煜 FAYT
煬 FAMH
煦 ARF
煌 FHAG
煥 FNBK
煞 NKF
煆 FRYE
煨 FWMV
煖 FBME
熔 FJCR
熙 SUF
煽 FHSM
熊 IPF
熄 FHUP
熒 FFBF
熟 YIF
熬 GKF
熱 GIF
熨 SIF
熾 FYIA
燉 FYDK
燐 FFDQ
燒 FGGU
燈 FNOT
燕 TLPF
熹 GRTF
燎 FKCF
燙 EHF
燜 FANP
燃 FBKF
燄 NXFF
獨 KHWLI
璜 MGTMC
璣 MGVII
璘 MGFDQ
璟 MGAYF
璞 MGTCO
瓢 MFHVO
甌 SRMVN
甍 TWLN
瘴 KYTJ
瘸 KKRB
瘺 KSMB
盧 YPWBT
盥 HXBT
瞠 BUFBG
瞞 BUTLB
瞟 BUMWF
瞥 FKBU
磨 IDMR
磚 MRJII
磬 GEMR
磧 MRQMC
禦 HLMMF
積 HDQMC
穎 PDMBC
穆 HDHAH
穌 NFHD
穋 HDSMH
窺 JCQOU
篙 HYRB
簑 HYWV
築 HMND
篤 HSQF
篛 HNMM
篡 HBUI
篩 HHRB
篦 HHWP
糕 FDTGF
糖 FDILR
縊 VFTCT
縑 VFTXC
縈 FFBVF
縛 VFIBI
縣 BFHVF
縞 VFYRB
縝 VFJBC
縉 VFMIA
縐 VFPUU
罹 WLPOG
羲 TGHDS
翰 JJOSM
翱 HJSMM
翮 MBSMM
耨 QDMVI
膳 BTGR
膩 BIPC
膨 BGTH
臻 MGQKD
興 HXBC
艘 HYHXE
艙 HYOIR
蕊 TPPP
蕙 TJIP
蕈 TMWJ
蕨 TMTO
蕩 TEAH
蕃 THDW
蕉 TOGF
蕭 TLX
蕪 TOTF
蕞 TASE
螃 LIYBS
螟 LIBAC
螞 LISQF
螢 FFBLI
燧 FYTO
營 FFBRR
燮 FFE
燦 FYED
燥 FRRD
燭 FWLI
燬 FHGE
燴 FOMA
燠 FHBK
燻 FHGF
燼 FLMT
燾 GNMF
燸 FMBB
爆 FATE
爍 FVID
爐 FYPT
爛 FANW
爨 HBDDF

爪部

爪 HLO
爬 HOAU
爭 BSD
爰 BMKE
爵 BWLI

父部

父 CK
爸 CKAU
爹 CKNIN
爺 CKSJL

爻部

爻 KK
爽 KKKK
爾 MFBK

爿部

牆 VMGOW

片部

片 LLML
版 LLHE
牌 LLHHJ
牒 LLPTD
牖 LLHSB
牘 LLGWC

牙部

牙 MVDH

牛部

牛 HQ
牟 IHQ
牝 HQP
牢 JHQ
牡 HQG
牠 HQPD
狄 KHF
狂 KHMG
牧 HQOK
物 HQPHH
牲 HQHQM
牯 HQJR
牴 HQHPM

特 HQGDI
牽 YVBQ
犁 HNHQ
犄 HQKMR
犀 SYYQ
犒 HQYRB
犖 FFBHQ
犛 JKMHQ
犢 HQGWC
犧 HQTGS

犬部

犬 IK
犯 KHSU
狀 VMIK
狎 KHWL
狙 KHBM
狗 KHPR
狐 KHHVO
狩 KHJDI
狠 KHAV
狡 KHYCK
狼 KHIAV
狹 KHKOO
狽 KHBUC
狸 KHWG
狷 KHRB
猜 KHQMB
猛 KHNDT
猖 KHAA
猓 KHWD
猙 KHBSD
猶 KHTCW
猥 KHWMV
猴 KHONK
猩 KHAHM
猷 TWIK
獅 KHHRB
猿 KHGRV
猾 KHBBB
獄 KHYRK
獐 KHYTJ
獎 VIIK
獗 KHMTO
獰 KHJPN
獲 KHTOE
獷 KHITC
獵 KHVVV
獸 RRIK
獺 KHDLC
獻 YBIK
玀 KHWLG

玄部

玄 YVI
率 YIOJ

玉部

王 MG
玉 MGI
玖 MGNO
玩 MGMMU
玨 MGMG
玟 MGYK
玫 MGOK
玥 MGB
玷 MGYR
珊 MGBT
玻 MGDHE
玲 MGOII
珍 MGOHH
珀 MGHA
玳 MGOIP
班 MGILG
琉 MGYIU
珮 MGHNB
珠 MGHJD
珪 MGGG
珞 MGHER
琅 MGIAV
琊 MGMHL
球 MGIJE
理 MGWG
現 MGBUU
琍 MGHDN
琺 MGEGI
琪 MGTMC
琳 MGDD
琢 MGMSO
琥 MGYPU
琵 MGPP
琶 MGAU
琴 MGOIN
琯 MGJRR
琛 MGBCD
琦 MGKMR
琨 MGAPP
瑯 MGIIL
瑚 MGJRB
瑕 MGRYE
瑟 MGPH
瑞 MGUMB
瑁 MGABU
琿 MGBJJ
瑙 MGVVW
瑛 MGTLK
瑜 MGOMN
瑤 MGBOU
瑣 MGFBC
瑪 MGSQF
瑰 MGHI
瑭 MGILR
瑩 FFBMG
璋 MGYTJ
璃 MGYUB
瑾 MGTLM
璀 MGUOG
璩 MGYPO
環 MGWLV
璦 MGBBE
璨 MGYED
璧 SJMGI
璿 MGYBU
璽 MBMGI
瓊 MGNBE
瓏 MGYBP
瓖 MGYRV
瓔 MGBCV
瓚 MGHUC

瓜部

瓜 HVIO
瓠 KSHVO
瓣 YJHOJ
瓤 YVHVO

瓦部

瓦 MVNI
瓶 TTMVN
瓷 IOMVN
甄 MGMVN
甕 YVGN

甘部

甘 TM
甚 TMMV
甜 HRTM

生部

生 HQM
產 YHHQM
甥 HMWKS
甦 MKHQM

用部

用 BQ
甩 BQU
甬 NIBQ
甫 IJB
甭 MFBQ

田部

田 W
由 LW
甲 WL
申 LWL
男 WKS
甸 PW
甽 WLLL
畏 WMV
界 WOLL
畎 WIK
畋 WOK
畔 WFQ
畝 YWNO
畜 YVIW
畚 IKW
留 HHW
略 WHER
畦 WGG
畢 WTJ
異 WTC
畫 LGWM
番 HDW
當 FBRW
畸 WKMR
畿 VIW
疇 WGNI
疆 NGMWM
疊 WWWM

疋部

疋 NYO
疏 NMYIU
疑 PKNIO

疒部

疝 KU
疙 KON
疚 KNO
疫 KHNE
疤 KAU
疥 KOLL
疢 KF
疣 KIKU
疾 KOK
病 KMOB
症 KMYM
疲 KDHE
疳 KTM
疽 KBM
疼 KHEY
疹 KOHH
痂 KKSR
疸 KAM
痔 KGDI
痕 KAV
疵 KYMP
痊 KOMG
痍 KKN
痢 KHDN
痛 KNIB
痣 KGP
痙 KMVM
痘 KMRT
痞 KMFR
痠 KICE
瘀 KYSY
痰 KFF
瘁 KYOJ
痲 KJCC
痱 KLMY
痺 KHHJ
痿 KHDV
痴 KOKR
痳 KDD
瘧 KYPM
瘍 KAMH
瘋 KHNI
瘉 KOMN
瘓 KNBK
瘠 KFCB
瘩 KTOR
瘟 KWOT
瘤 KHHW
瘦 KHXE
瘡 KOIR
瘢 KHYE
癆 KFFS
療 KKCF
癌 KRRU
癖 KSRJ
癘 KTWB
癒 KOMP
癟 KHUB
癡 KPKO
癢 KTOV
癥 KHOK
癩 KDLC
癮 KNLP
癬 KNFQ
癱 KTOG
癲 KJCC

癶部

癸 NOMK
登 NOMRT
發 NONHE

白部

白 HA
百 MA
皂 HAP
的 HAPI
皆 PPHA
皇 HAMG

皈 HAHE
皋 HAKJ
皎 HAYCK
皖 HAJMU
皓 HAHGR
皚 HAUMT

皮部

皮 DHE
皰 DEPRU
皴 IEDHE
皺 PUDHE

皿部

皿 BT
盂 MDBT
盈 NSBT
盆 CSHT
盃 MFBT
盅 LBT
益 TCBT
盍 GIBT
盎 LKBT
盔 KFBT
盒 OMRT
盛 ISBT
盜 EOBT
盞 IIBT
盟 ABBT
盡 LMFBT
監 SIBT
盤 HEBT
盪 EHBT
蠱 LILIT

目部

目 BU
盯 BUMN
盲 YVBU
直 JBMM
省 FHBU
盹 BUPU
相 DBU
眉 AHBU
看 HQBU
盾 HJBU
盼 BUCSH
眇 BUFH
眩 BUYVI
真 JBMC
眠 BURVP
眨 BUHIO
眷 FQBU
眾 WLOOO
眼 BUAV
眶 BUSMG
眸 BUIHQ
眺 BULMO
睏 BUWD
睛 BUQMB
睫 BUJLO
睦 BUGCG
睞 BUDOO
督 YEBU
睹 BUJKA
睪 WLGTJ
睬 BUBD
睜 BUBSD
睥 BUHHJ
睨 BUHXU
睢 BUOG
瞄 BUTW
睽 BUNOK
睿 YBMCU
睡 BUHJM
瞎 BUJQR
瞇 BUYFD
瞌 BUGIT
瞑 BUBAC
瞋 BUJBC
瞳 BUYTG
瞪 BUNOT
瞰 BUMJK
瞬 BUBBQ
瞧 BUOGF
瞭 BUKCF
瞽 GEBU
瞿 BUOG
瞻 BUNCR
瞼 BUOMO
矇 BUTBO
矓 BUYBP
矗 JMJMM
矚 BUSYI

矛部

矛 NINH
矜 NHOIN

矢部

矢 OK
矣 IOK
知 OKR
矩 OKSS
短 OKMRT
矮 OKHDV
矯 OKHKB

石部

石 MR
矽 MRNI
砂 MRFH
研 MRMT
砌 MRPSH
砍 MRNO
砰 MRMFJ
砧 MRYR
砸 MRSLB
砝 MRGI
破 MRDHE
砷 MRLWL
砥 MRHPM
砭 MRHIO
砠 MRBM
砟 MRHS
砲 MRPRU
硫 MRYIU
硃 MRHJD
硎 MRMTN
硝 MRFB
硬 MRMLK
硯 MRBUU
碎 MRYOJ
碰 MRTTC
碗 MRJNU
碘 MRTBC
碌 MRVNE
碉 MRBGR
硼 MRBB
碑 MRHHJ
碓 MROG
硿 MRJCM
磁 MRTVI
碟 MRPTD
碧 MAMR
碳 MRUMF
碩 MRMBC
碣 MRAPV
磋 MRTQM
磅 MRYBS
確 MROBG
磊 MRMRR
碾 MRSTV
磕 MRGIT
碼 MRSQF
磐 HEMR
磷 MRFDQ
磺 MRTMC
磴 MRNOT
磯 MRVII
礁 MROGF
礎 MRDDO
礙 MRPKO
礦 MRITC
礪 MRMTB
礬 DDKMR
礫 MRVID

示部

示 MMF
社 IFG
祀 IFRU
祁 IFNL
祆 IFMK
祉 IFYLM
祈 IFHML
祇 IFHVP
祕 IFPH
祐 IFKR
祠 IFSMR
祟 UUMMF
祖 IFBM
神 IFLWL
祝 IFRHU
祗 IFHPM
祚 IFHS
祥 IFTQ
票 MWMMF
祭 BOMMF
視 IFBUU
祺 IFTMC
祿 IFVNE
禁 DDMMF
禎 IFYBC
福 IFMRW
禍 IFBBR
禧 IFGRR
禪 IFRRJ
禮 IFTWT
禱 IFGNI
禳 IFYRV

禸部

禹 HLBI
禺 WLBI
萬 TWLB
禽 OYUB

禾部

禾 HD
私 HDI
秀 HDNHS
禿 HDHU
秉 HDL
秈 HDU
科 HDYJ
秒 HDFH
秋 HDF
秤 HDMFJ
秣 HDDJ
秧 HDLBK
租 HDBM
秦 QKHD
秩 HDHQO
秘 HDPH
移 HDNIN
稍 HDFB
稈 HDAMJ
程 HDRHG
稅 HDCRU
稀 HDKKB
稜 HDGCE
稚 HDOG
稠 HDBGR
稔 HDOIP
稟 YWRD
稞 HDWD
種 HDHJG
稱 HDBGB
稿 HDYRB
稼 HDJMO
穀 GDHNE
稽 HDIUA
稷 HDWCE
稻 HDBHX
穗 HDJIP
穡 HDGOW
穢 HDYMH
穠 HDTWV
穫 HDTOE
穩 HDBMP

穴部

穴 JC
究 JCKN
空 JCM
穹 JCN
穿 JCMVH
突 JCIK
窄 JCHS
窈 JCVIS
窒 JCMIG
窕 JCLMO
窘 JCSKR
窗 JCHWK
窖 JCHGR
窟 JCSUU
窠 JCWD
窪 JCEGG
窩 JCBBR
窯 JCTGF
窮 JCHHN
窿 JCNLM
竄 JCHXV
竅 JCHSK
竇 JCGWC

竊 JCHDB

立部

立 YT
站 YTYR
童 YTWG
竣 YTICE
竭 YTAPV
端 YTUMB
競 YUYTU

竹部

竹 H
竺 HMM
竿 HMJ
竽 HMD
笆 HAU
笑 HHK
笠 HYT
笨 HDM
笛 HLW
第 HNLH
符 HODI
笙 HHQM
笞 HIR
笮 HHS
等 HGDI
策 HDB
筆 HLQ
筐 HSMG
筒 HBMR
答 HOMR
筍 HPA
筋 HBKS
筏 HOI
筑 HMNJ
筷 HPDK
節 HAIL
筠 HGPM
筮 HMOO
筧 HBUU
管 HJRR
箕 HTMC
箋 HII
筵 HNKM
算 HBUT
箝 HQTM
箔 HEHA
箏 HBSD
箸 HJKA
箇 HWJR
箄 HHHJ
箭 HTBN
箱 HDBU
範 HJJU
箴 HIHR
篆 HVNO
篇 HHSB
篁 HHAG
箠 HHJM
篌 HONK
簇 HYSK
簍 HLWV
篾 HWLI
篷 HYHJ
簌 HDLO
篠 HOLD
簫 HLX
簧 HTMC
簪 HMUA
簞 HRRJ
簣 HLMC
簡 HANA
簾 HITC
簿 HEII
簸 HTCE
簽 HOMO
簷 HNCR
籀 HQHW
籌 HGNI
籃 HSIT
籍 HQDA
籐 HBFE
籠 HYBP
籟 HDLC
籤 HOIM
籣 HANW
籥 HOMB
籬 HYBG
籮 HWLG
籲 HOBC

米部

米 FD
籽 FDND
粉 FDCSH
粒 FDYT
粗 FDBM
粕 FDHA
粟 MWFD
粥 NFDN
粱 EIFD
粳 FDMLK
粵 HWMVS
粹 FDYOJ
粽 FDJMF
精 FDQMB
糊 FDJRB
糠 FDILE
糜 IDFD
糞 FDWTC
糢 FDTAK
糟 FDTWA
糙 FDYHR
糝 FDIIH
糧 FDAMG
糯 FDMBB
糰 FDWJI

系部

糸 VIF
系 HVIF
糾 VFVL
紂 VFDI
紅 VFM
紀 VFSU
紉 VFSHI
紇 VFON
約 VFPI
紆 VFMD
紡 VFYHS
紗 VFFH
紋 VFYK
紊 YKVIF
素 QMVIF
索 JBVIF
純 VFPU
紐 VFNG
紕 VFPP
級 VFNHE
紜 VFMMI
納 VFOB
紙 VFHVP
紛 VFCSH
絆 VFFQ
絃 VFYVI
統 VFYIU
紮 DUVIF
紹 VFSHR
紼 VFLLN
絀 VFUU
細 VFW
紳 VFLWL
組 VFBM
累 WVIF
終 VFHEY
紲 VFPT
紱 VFIKK
絞 VFYCK
結 VFGR
絨 VFIJ
絕 VFSHU
紫 YPVIF
絮 VRVIF
絲 VFVIF
絡 VFHER
給 VFOMR
絢 VFPA
絰 VFMIG
絳 VFHEQ
經 VFMVM
絹 VFRB
綑 VFWD
綁 VFQJL
綏 VFBV
絛 OLOF
綻 VFJMO
綰 VFJRR
綜 VFJMC
綽 VFYAJ
綾 VFGCE
綠 VFVNE
緊 SEVIF
綴 VFEEE
網 VFBTV
綱 VFBTU
綺 VFKMR
綢 VFBGR
綿 VFHAB
綵 VFBD
綸 VFOMB
維 VFOG
緒 VFJKA
緇 VFVVW
綬 VFBBE
締 VFYBB
練 VFDWF
緯 VFDMQ
緻 VFMGK
緘 VFIHR
緬 VFMWL
緝 VFRSJ
編 VFHSB
緣 VFVNO
線 VFHAE
緞 VFHJE
緩 VFBME
綞 VFHJM
緙 VFTLJ
緲 VFBUH
緹 VFAMO
縮 VFJOA
績 VFQMC
繆 VFSMH
縷 VFLWV
縲 VFWVF
繃 VFUBB
縫 VFYHJ
總 VFHWP
縱 VFHOO
繅 VFVVD
繁 OKVIF
縴 VFYVQ
縹 VFMWF
繈 VFNII
縵 VFAWE
縿 VFIIH
縯 VFJMC
織 VFYIA
繕 VFTGR
繞 VFGGU
繚 VFKCF
繡 VFLX
繒 VFCWA
繙 VFHDW
繫 JEVIF
繭 TBLI
繹 VFWLJ
繩 VFRXU
繪 VFOMA
羅 WLVFG
繳 VFHSK
辮 YJVFJ
繽 VFJMC
繼 VFVVI
纂 HBUF
纏 VFIWG
續 VFGWC
纓 VFBCV
纖 VFOIM
纔 VFNRI
纜 VFSWU

缶部

缶 OJU
缸 OUM
缺 OUDK
缽 OUDM
罄 GEOJU
罈 OUMWJ
罌 BCOJU
罐 OUTRG

网部

罕 BCMJ
罔 BTYV
罟 WLJR
置 WLJBM
罩 WLYAJ
罪 WLLMY
署 WLJKA
罰 WLYRN
罵 WLSQF
罷 WLIBP
羈 WLTJF

羊部

羊 TQ
羌 TGHU
芈 LMYQ
美 TGK
羔 TGF
羞 TQNG
羚 TQOII
善 TGTR
翔 TQSMM
義 TGHQI
羨 TGENO
群 SRTQ
羯 TQAPV
羶 TQYWM
羹 TGFTK
羸 YRBTN
羼 STQQ

羽部

羽 SMSIM
羿 SMT
翅 JESMM
翁 CISM
翌 SMYT
翎 OISMM
習 SMHA
翕 OMRM
翠 SMYOJ
翡 LYSMM
翟 SMOG
翩 HBSMM
翳 SESMM
翼 SMWTC
翹 GUSMM
翻 HWSMM
耀 FUSMG

老部

老 JKP
考 JKYS
者 JKA
耄 JPHQU
耆 JPA
耋 JPMIG

而部

而 MBLL
耐 MBDI
耍 MBV
耑 UMBL

耒部

耒 QD
耘 QDMMI
耕 QDTT
耙 QDAU
耗 QDHQU
耜 QDRLR
耦 QDWLB

耳部

耳 SJ
耶 SJNL
耽 SJLBU
耿 SJF
聊 SJHHL
聆 SJOII
聒 SJHJR
聖 SRHG
聘 SJLWS
聚 SEOOO
聱 GKSJ
聲 GESJ
聰 SJHWP
聯 SJVIT
聳 HOSJ
職 SJYIA
聶 SJSJJ
聾 YPSJ
聽 SGJWP

聿部

聿 LQ
肅 LX
肆 SILQ
肄 PKLQ
肇 HKLQ

肉部

肉 OBO
肋 BKS
肌 BHN
肖 FB
肓 YVB
肝 BMJ
肘 BDI
肛 BM
肚 BG
育 YIB
肺 BJB
肥 BAU
肢 BJE
肱 BKI
股 BHNE
肫 BPU
肩 HSB
肴 KKB
肪 BYHS
肯 YMB
胖 BFQ
胥 NOB
胚 BMFM
胃 WB
胄 LWB
背 LPB
胡 JRB
胛 BWL
胎 BIR
胞 BPRU
胤 LVBU
胝 BHPM
胱 BFMU
脂 BPA
胰 BKN
脅 KSKSB
胭 BWK
胴 BBMR
脆 BNMU
胸 BPUK
胳 BHER
脈 BHHV
能 IBPP
脊 FCB
胼 BTT
胯 BKMS
脯 BIJB
脖 BJBD
脣 MVB
脫 BCRU
脩 OLOB
脰 BMRT
脤 BMMV
腕 BJNU
腔 BJCM
腋 BYOK
腑 BIOI
腎 SEB
脹 BSMV
腆 BTBC
脾 BHHJ
腌 BKLU
腓 BLMY
腴 BHXO
腱 BNKQ
腰 BMWV
腸 BAMH
腥 BAHM
腮 BWP
腳 BCRL
腫 BHJG
腹 BOAE
腺 BHAE
腦 BVVW
腐 IIOBO
膀 BYBS
膏 YRBB
膈 BMRB
膊 BIBI
腿 BYAV
膂 YVB
膛 BFBG
膜 BTAK
膝 BDOE
膠 BSMH
膚 YPWB
膘 BMWF
臆 BYTP
臃 BYVG
膺 IGB
臂 SJB
臀 SEB
膿 BTWV
膽 BNCR
臉 BOMO
膾 BOMA
臍 BYX
臏 BJMC
臘 BVVV
臚 BYPT
臟 BTIS
臢 BHUC

臣部

臣 SLSL
臥 SLO
臧 IMSLL
臨 SLORR

自部

自 HBU
臭 HUIK
臬 HUD

至部

至 MIG
致 MGOK
臺 GRBG

臼部

臼 HX
臾 HXO
舀 BHX
舂 QKHX
舅 HXWKS
與 HXYC
舉 HCQ

舌部

舌 HJR
舍 OMJR
舐 HRHVP
舒 ORNIN
舔 HRHKP

舛部

舛 NIQ
舜 BBNQ
舞 OTNIQ

舟部

舟 HBYI
舢 HYU
航 HYYHN
舫 HYYHS
舨 HYHE
般 HYHNE
舵 HYJP
舷 HYYVI
舶 HYHA
船 HYCR
艇 HYNKG
艋 HYNDT
艦 HYSIT

艮部

艮 AV
良 IAV
艱 TOAV

色部

色 NAU

艸部

艾 TK
芒 TYV
芋 TMD
芍 TPI
芳 TYHS
芝 TINO
芙 TQO
芭 TAU
芽 TMVH
芟 THNE
芹 THML
花 TOP
芬 TCSH
芥 TOLL
芯 TP
芸 TMMI
芣 TMF
芰 TJE
芾 TJB
芷 TYLM
苧 TJMN

范 TESU
茅 TNIH
苣 TSS
苛 TMNR
苦 TJR
茄 TKSR
若 TKR
茂 TIH
茉 TDJ
苒 TGB
苗 TW
英 TLBK
茁 TUU
苜 TBU
苔 TIR
苑 TNIU
苞 TPRU
苓 TOII
苟 TPR
苯 TDM
茆 THHL
玆 YIYVI
芻 PUPU
茫 TEYV
荒 TYVU
荔 TKSS
荊 TMTN
茸 TSJ
荐 TKLD
草 TAJ
茵 TWK
茴 TWR
荏 TOHG
茲 TVII
茹 TVR
茶 TOD
茗 TNIR
荀 TPA
茱 THJD
茨 TIMO
荃 TOMG
莎 TEFH
莞 TJMU
莘 TYTJ
荸 TJBD
莢 TKOO
莖 TMVM
莽 TIKT
莫 TAK
莒 TRHR
莊 TVMG
莓 TOWY
莉 THDN
莠 THDS
荷 TOMR
荻 TKHF
荼 TOMD
莆 TIJB
莧 TBUU
菩 TYTR
萃 TYOJ
菸 TYSY
萍 TEMJ
菠 TEDE
菅 TJRR
萋 TJLV
菁 TQMB
華 TMTJ
菱 TGCE
菴 TKLU
著 TJKA
萊 TDOO
菰 TNDO
萌 TAB
菌 TWHD
菽 TYFE
菲 TLMY
菊 TPFD
萸 THXO
萎 THDV
萄 TPOU
菜 TBD
萇 TSMV
菔 TBSE
菟 TNUI
蒂 TYBB
葷 TBJJ
落 TEHR
萱 TJMM
葵 TNOK
葦 TDMQ
葫 TJRB
葉 TPTD
葬 TMPT
葛 TAPV
萼 TRRS
萵 TBBR
葡 TPIB
董 THJG
葩 THAU
葭 TRYE
葆 TORD
蓉 TJCR
蒿 TYRB
蓆 TITB
蓄 TYVW
蒙 TBMO
蒞 TEOT
蒲 TEIB
蒜 TMFF
蓋 TGIT
蒸 TNEF
蓀 TNDF
蓓 TOYR
蒐 THI
蒼 TOIR
蓑 TYWV
蓊 TCIM
蔗 TITF
蔽 TFBK
蔚 TSFI
蓮 TYJJ
蔬 TNMU
蔭 TNLI
蔓 TAWE
蔑 TWLI
蔣 TVMI
蔡 TBOF
蔔 TPMW
蓬 TYHJ
蔥 THWP
蓿 TJOA
蔆 TEGE
薪 TYDL
薄 TEII
蕾 TMBW
薜 TSRJ
薑 TMWM
薔 TGOW
薯 TWLA
薛 THRJ
薇 THOK
薨 TWLP
薊 TNFN
舊 TOGX
藏 TIMS
薩 TNLM
藍 TSIT
藐 TBHU
藉 TQDA
薰 THGF
薺 TYX
薹 TGRG
薦 TIXF
藩 TEHW
藝 TGII
藪 TLVK
藕 TQDB
藤 TBFE
藥 TVID
藷 TYRA
藻 TERD
藹 TYRV
蘑 TIDR
藺 TANG
蘆 TYPT
蘋 TYHC
蘇 TNFD
蘊 TVFT
蘗 TSJD
蘭 TANW
蘚 TNFQ
蘸 TMGF
蘿 TWLG

虍部

虎 YPHU
虐 YPSM
虔 YPYK
處 YPHEN
彪 YUHHH
虛 YPTM
虞 YPRVK
虜 YPWKS
號 RSYPU
虧 YGMMS

虫部

虫 LMI
虱 NHLI
虹 LIM
虻 LIYV
虺 MULMI
蚊 LIYK
蚪 LIYJ
蚓 LINL
蚤 EILMI
蚩 UMLI
蚌 LIQJ
蚣 LICI
蚜 LIMVH
蛇 LIJP
蛀 LIYG
蚶 LITM
蛄 LIJR
蚵 LIMNR
蛆 LIBM
蛋 NOLMI
蚱 LIHS
蚯 LIOM
蛉 LIOII
蛟 LIYCK
蛙 LIGG
蛭 LIMIG
蛔 LIWR
蛛 LIHJD
蛤 LIOMR
蛐 LITW
蛞 LIHJR
蛹 LINIB
蜓 LINKG
蜈 LIRVK
蜇 QLLMI
蜀 WLPLI
蛾 LIHQI
蛻 LICRU
蜂 LIHEJ
蜃 MVLMI
蜆 LIBUU
蜊 LIHDN
蜿 LIJNU
蜜 JPHI
蜻 LIQMB
蜢 LINDT
蜥 LIDHL
蜴 LIAPH
蜘 LIOKR
蝕 OILMI
蜷 LIFQU
蜩 LIBGR
螂 LIIIL
蝴 LIJRB
蝶 LIPTD
蝠 LIMRW
蝦 LIRYE
蝸 LIBBR
蝨 NJLII
蝙 LIHSB
蝗 LIHAG
蝌 LIHDJ
蝓 LIOMN
融 MBLMI
蟀 LIYIJ
蟑 LIYTJ
螳 LIFBG
蟒 LITIT
蟆 LITAK
螫 GKLMI
螻 LILWV
螺 LIWVF
蟈 LIWIM
蟋 LIHDP
蟯 LIGGU
蟬 LIRRJ
蟲 LILII
蟠 LIHDW
蟻 LITGI
蠅 LIRXU
蠍 LIAVO
蟹 NQLMI
蟾 LINCR
蠔 LIYRO
蠕 LIMBB
蠣 LIMTB
蠢 QKALI
蠡 VOLII

蠟 LIVVV
蠶 MUALI
蠹 JBMRI
蠻 VFLMI

血部

血 HBT

行部

行 HOMMN
衍 HOEMN
術 HOICN
街 HOGGN
衙 HOMRN
衛 HODQN
衝 HOHGN
衡 HONKN
衢 HOBGN

衣部

衣 YHV
初 LSH
表 QMV
衫 LHHH
衰 YWMV
衷 YLHV
袁 GRHV
袂 LDK
衽 LHG
衹 LHVP
袞 YCRHV
袈 KRYHV
被 LDHE
袒 LAM
袖 LLW
袍 LPRU
袋 OPYHV
裁 JIYHV
裂 MNYHV
袱 LOIK
裟 EHYHV
裔 YVBCR
裙 LSKR
補 LIJB
裘 IEYHV
裝 VGYHV
裡 LWG
裊 HAYV
裕 LCOR
裒 YHXV
裳 FBRYV
褂 LGGY
裴 LYYHV
裹 YWDV
裸 LWD
製 HNYHV
裨 LHHJ
褚 LJKA
裯 LBGR
褐 LAPV
複 LOAE
褒 YODV
褓 LORD
褕 LOMN
褊 LHSB
褪 LYAV
褲 LIJJ
褥 LMVI
褫 LHYU
褡 LTOR
褻 YGIV
褶 LSMA
襄 YRRV
褸 LLWV
褽 SIYHV
襠 LFBW
襟 LDDF
襖 LHBK
襞 SJYHV
襤 LSIT
襪 LTWI
襬 LWLP
襲 YPYHV
襯 LYDU

襾部

西 MCW
要 MWV
覃 MWAJ
覆 MWHOE

見部

見 BUHU
覓 BBUU
規 QOBUU
覜 LMUOU
親 YDBUU
覦 ONBUU
覬 UTBUU
覲 TMBUU
覺 HBBUU
覽 SWBUU
觀 TGBUU

角部

角 NBG
觔 NBKS
解 NBSHQ
觴 NBOAH
觸 NBWLI
觼 NBNBE

言部

言 YMMR
計 YRJ
訂 YRMN
訃 YRY
記 YRSU
訐 YRMJ
討 YRDI
訌 YRM
訕 YRU
訊 YRNJ
託 YRHP
訓 YRLLL
訖 YRON
訏 YRMD
訑 YRPD
訪 YRYHS
訝 YRMVH
訣 YRDK
訥 YROB
許 YROJ
設 YRHNE
訟 YRCI
訛 YROP
訢 YRHML
註 YRYG
詠 YRINE
評 YRMFJ
詞 YRSMR
証 YRMYM
詁 YRJR
詔 YRSHR
詛 YRBM
詐 YRHS
詆 YRHPM
訴 YRHMY
診 YROHH
訶 YRMNR
詖 YRDHE
詑 YRJHP
該 YRYVO
詳 YRTQ
試 YRIPM
詩 YRGDI
詰 YRGR
誇 YRKMS
詼 YRKF
詣 YRPA
誠 YRIHS
話 YRHJR
誅 YRHJD
詭 YRNMU
詢 YRPA
詮 YROMG
詬 YRHMR
詹 NCYMR
詻 YRHER
訾 YPYMR
詨 YRYCK
誦 YRNIB
誌 YRGP
語 YRMMR
誣 YRMOO
認 YRSIP
誡 YRIT
誓 QLYMR
誤 YRRVK
說 YRCRU
誥 YRHGR
誨 YROWY
誘 YRHDS
誑 YRKHG
誚 YRFB
誧 YRIJB
誼 YRJBM
諒 YRYRF
談 YRFF
諄 YRYRD
誕 YRNKM
請 YRQMB
諸 YRJKA
課 YRWD
諉 YRHDV
諂 YRNHX
調 YRBGR
誰 YROG
論 YROMB
諍 YRBSD
誶 YRYOJ
誹 YRLMY
諛 YRHXO
諦 YRYBB
諺 YRYHH
諫 YRDWF
諱 YRDMQ
謀 YRTMD
諜 YRPTD
諧 YRPPA
諮 YRIOR
諾 YRTKR
謁 YRAPV
謂 YRWB
諷 YRHNI
諭 YROMN
諳 YRYTA
諶 YRTMV
諼 YRBME
謎 YRYFD
謗 YRYBS
謙 YRTXC
講 YRTTB
謊 YRTYU
謠 YRBOU
謝 YRHHI
謄 BFQR
謐 YRPHT
謨 YRTAK
謹 YRTLM
謬 YRSMH
謫 YRYCB
譁 YRTMJ
譜 YRTCA
識 YRYIA
證 YRNOT
譚 YRMWJ
譎 YRNHB
譏 YRVII
譆 YRGRR
譙 YROGF
議 YRTGI
譬 SJYMR
警 TKYMR
譯 YRWLJ
譟 YRRRD
譫 YRNCR
譴 YRYLR
護 YRTOE
譽 HCYMR
辯 YJYRJ
讀 YRGWC
變 VFOK
讓 YRYRV
讒 YRNRI
讖 YROIM
讚 YRHUC
讜 YRFBF

谷部

谷 COR
豁 JRCOR
谿 BKCOR

豆部

豆 MRT
豈 UMRT
豉 MTJE
豌 MTJNU
豎 SEMRT
豐 UJMRT
艷 UTNAU
豔 UTGIT

豕部

豕 MSHO

豚 BMSO
象 NAPO
豢 FQMSO
豪 YRBO
豬 MOJKA
豫 NNNAO
豭 MORYE
豳 UMOO

豸部

豺 BHDH
豹 BHPI
貂 BHSHR
貊 BHMA
貉 BHHER
貍 BHWG
貌 BHHAU
貓 BHTW

貝部

貝 BUC
貞 YBUC
負 NBUC
財 BCDH
貢 MBUC
販 BCHE
責 QMBUC
貫 WJBUC
貨 OPBUC
貪 OINC
貧 CSHC
貯 BCJMN
貼 BCYR
貳 IPMMC
貽 BCIR
賁 JTBC
費 LNBUC
賀 KRBRC
貴 LMBUC
買 WLBUC
貶 BCHIO
貿 HHBUC
貸 OPBUC
賊 BCIJ
資 IOBUC
賈 MWBUC
賄 BCKB
貲 YPBUC
賃 OGBUC
賂 BCHER
賅 BCYVO
賓 JMHC
賑 BCMMV
賒 BCOMF
賠 BCYTR
賞 FBRBC
賦 BCMPM
賤 BCII
賬 BCSMV
賭 BCJKA
賢 SEBUC
賣 GWLC
賜 BCAPH
質 HLBUC
賡 ILOC
賴 DLSHC
賺 BCTXC
賽 JTCC
購 BCTTB
賸 BFQC
賻 BCIBI
贅 GKBUC
贈 BCCWA
贊 HUBUC
贏 YRBBN
贍 BCNCR
贓 BCIMS
贖 BCGWC
贗 MFBUC
贛 YJHEC

赤部

赤 GLNC
赧 GCSLE
赦 GCOK
赫 GCGLC
赭 GCJKA

走部

走 GYO
赴 GOY
赳 GOVL
起 GORU
越 GOIV
超 GOSHR
趁 GOOHH
趙 GOFB
趕 GOAMJ
趟 GOFBR
趣 GOSJE
趨 GOPUU

足部

足 RYO
趴 RMC
趾 RMYLM
趺 RMQO
跎 RMJP
距 RMSS
跋 RMIKK
跚 RMBT
跑 RMPRU
跌 RMHQO
跛 RMDHE
跆 RMIR
跡 RMYLC
跟 RMAV
跨 RMKMS
路 RMHER
跳 RMLMO
跺 RMHND
跪 RMNMU
跤 RMYCK
跦 RMHJD
跼 RMSSR
踫 RMTTC
踐 RMII
踝 RMWD
踢 RMAPH
踏 RMEA
踩 RMBD
踟 RMOKR
踡 RMFQU
踞 RMSJR
蹄 RMYBB
踱 RMITE
踴 RMNBS
蹂 RMNHD
踹 RMUMB
踵 RMHJG
蹉 RMTQM
蹋 RMASM
蹈 RMBHX
蹊 RMBVK
蹩 IFRYO
蹣 RMTLB
蹦 RMUBB
蹤 RMHOO
蹟 RMQMC
蹕 RMWTJ
蹼 RMTCO
蹲 RMTWI
蹠 RMTJA
蹶 RMMTO
蹬 RMNOT
蹺 RMGGU
蹴 RMYFU
躉 TWBO
躁 RMRRD
躅 RMWLI
躂 RMYGQ
躊 RMGNI
躍 RMSMG
躋 RMYX
躑 RMTKL
躓 RMHLC
躡 RMSJJ
躪 RMTAG

身部

身 HXH
躬 HHN
躲 HHHND
躺 HHFBR
軀 HHSRR

車部

車 JWJ
軋 JJU
軍 BJWJ
軌 JJKN
軒 JJMJ
軔 JJSHI
軏 JJMU
軛 JJMSU
軟 JJNO
軻 JJMNR
軸 JJLW
軼 JJHQO
較 JJYCK
載 JIJWJ
軾 JJIPM
輊 JJMIG
輔 JJIJB
輒 JJSJU
輕 JJMVM
輓 JJNAU
輝 FUBJJ
輛 JJMLB
輟 JJEEE
輩 LYJWJ
輦 QOJWJ
輪 JJOMB
輜 JJVVW
輞 JJBTV
輥 JJAPP
輻 JJMRW
輯 JJRSJ
輸 JJOMN
輳 JJQKK
轄 JJJQR
輾 JJSTV
轂 GJHNE
轅 JJGRV
輿 HXJC
轉 JJJII
轍 JJYBK
轔 JJFDQ
轎 JJHKB
轟 JJJJ
轡 VFR

辛部

辛 YTJ
辜 JRYTJ
辟 SRYTJ
辣 YJDL
辨 YJILJ
辦 YJKSJ
辭 BBYTJ

辰部

辰 MMMV
辱 MVDI
農 TWMMV

辵部

迂 YMD
迆 YPD
迅 YNJ
迄 YON
巡 YVVV
迎 YHVL
返 YHE
近 YHML
述 YIJC
迦 YKSR
迢 YSHR
迪 YLW
迥 YBR
迭 YHQO
迫 YHA
迤 YOPD
迨 YIR
送 YTK
逆 YTU
迷 YFD
退 YAV
迺 YMCW
迴 YWR
逃 YLMO
追 YHRR
逅 YHMR
迸 YTT
這 YYMR
逍 YFB
通 YNIB
逗 YMRT
連 YJWJ
速 YDL
逝 YQHL
逐 YMSO
逕 YMVM
逞 YRHG
造 YHGR
透 YHDS

逢 YHEJ
逖 YKHF
逛 YKHG
途 YOMD
逮 YLE
逵 YGCG
週 YBGR
逸 YNUI
進 YOG
逶 YHDV
運 YBJJ
遊 YYSD
道 YTHU
遂 YTPO
達 YGTQ
逼 YMRW
違 YDMQ
遐 YRYE
遇 YWLB
遏 YAPV
過 YBBR
遍 YHSB
遑 YHAG
逾 YOMN
遁 YHJU
遠 YGRV
遘 YTTB
遜 YNDF
遣 YLMR
遙 YBOU
遞 YHYU
遢 YASM
遝 YWLE
遛 YHHW
適 YYCB
遮 YITF
遨 YGSK
遭 YTWA
遷 YMWU
遵 YTWI
遴 YFDQ
選 YRUC
遲 YSYQ
遼 YKCF
遺 YLMC
避 YSRJ
遽 YYPO
還 YWLV
邁 YTWB
邂 YNBQ
邀 YHSK
邇 YMFB
邃 YJCO
邈 YBHU
邊 YHUS
邋 YVVV
邐 YMMP
邏 YWLG

邑部

邑 RAU
邢 MTNL
邪 MHNL
邦 QJNL
那 SQNL
邵 SRNL
邸 HMNL
邱 OMNL
邶 LMPNL
郊 YKNL
郎 IINL
郁 KBNL
郃 ORNL
邕 VVRAU
郡 SRNL
郝 GCNL
郢 RGNL
部 YRNL
郭 YDNL
都 JANL
鄂 RSNL
郵 HMNL
鄉 VHIIL
郾 SVNL
鄒 PUNL
鄗 YBNL
鄙 RWNL
鄘 IBNL
鄞 TMNL
鄰 FQNL
鄭 TKNL
鄧 NTNL
鄱 HWNL
鄴 TDNL
鄹 SONL
酈 MPNL

酉部

酉 MCWM
酋 TCWM
酊 MWMN
酒 EMCW
配 MWSU
酌 MWPI
酗 MWUK
酣 MWTM
酥 MWHD
酬 MWILL
酪 MWHER
酩 MWNIR
酵 MWJKD
酸 MWICE
酷 MWHGR
酴 MWOMD
醇 MWYRD
醉 MWYOJ
醋 MWTA
醃 MWKLU
醒 MWAHM
醣 MWILR
醞 MWWOT
醜 MWHI
醫 SEMCW
醬 VIMCW
醱 MWNOE
醮 MWOGF
醴 MWTWT
醺 MWHGF
釀 MWYRV
釁 HBMCH
釅 MWRRK

采部

采 HFD
釆 BD
釉 HDLW
釋 HDWLJ

里部

里 WG
重 HJWG
野 WGNIN
量 AMWG
釐 JKMWG

金部

金 C
釘 CMN
針 CJ
釗 CLN
釜 CKMGC
釙 CY
釵 CEI
釦 CR
釣 CPI
釧 CLLL
釭 CM
釩 CHNI
鈔 CFH
鈕 CNG
鈣 CMYS
鈉 COB
鈞 CPIM
鈍 CPU
鈐 COIN
鈇 CQO
鈑 CHE
鈷 CJR
鉗 CTM
鉞 CIKK
鈽 CKLB
鉀 CWL
鈾 CLW
鉛 CCR
鉋 CPRU
鉤 CPR
鉑 CHA
鈴 COII
鉉 CYVI
鉍 CPH
鉅 CSS
鈹 CDHE
鈿 CW
鉚 CHHL
鉸 CYCK
銀 CAV
銅 CBMR
銘 CNIR
銖 CHJD
鉻 CHER
銓 COMG
銜 HOCMN
銨 CJV
鉼 CTT
銑 CHGU
鋅 CYTJ
銻 CCNH
銷 CFB
鋪 CIJB
銬 CJKS
鋤 CBMS
鋁 CRHR
銳 CCRU
銼 COOG
鋒 CHEJ
鋇 CBUC
鋰 CWG
銲 CAMJ
錠 CJMO
錶 CQMV
鋸 CSJR
錳 CNDT
錯 CTA
錢 CII
鋼 CBTU
錫 CAPH
錄 CVNE
錚 CBSD
錐 COG
錦 CHAB
錡 CKMR
錕 CAPP
錮 CWJR
錙 CVVW
鍍 CITE
鎂 CTGK
錨 CTW
鍵 CNKQ
鍊 CDWF
鍥 CQHK
鍋 CBBR
錘 CHJM
鍾 CHJG
鍬 CHDF
鍛 CHJE
鍰 CBME
鍚 CAMH
鍔 CRRS
鎔 CJCR
鎊 CYBS
鎖 CFBC
鎢 CHRF
鎳 CHUD
鎮 CJBC
鎬 CYRB
鎰 CTCT
鎘 CMRB
鎚 CYHR
鎗 COIR
鏡 CYTU
鏑 CYCB
鏟 CYHM
鏃 CYSK
鏈 CYJJ
鏜 CFBG
鏝 CAWE
鏖 IPC
鏢 CMWF
鏍 CWVF
鏘 CVMI
鏤 CLWV
鏗 CSEG
鏨 JLC
鐘 CYTG
鐃 CGGU
鏽 CLX
鐮 CITC
鐳 CMBW
鐵 CJIG
鐺 CFBW
鐸 CWLJ
鐲 CWLI
鐫 COGS
鑄 CGNI
鑑 CSIT

鑒 SWC
鑣 CIPF
鑠 CVID
鑤 CATE
鑪 CYPT
鑲 CYRV
鑰 COMB
鑷 CSJJ
鑽 CHUC
鑾 VFC
鑼 CWLG
鑿 TEC

長部

長 SMV

門部

門 AN
閂 ANM
閃 ANO
閉 ANDH
閔 ANYK
閏 ANMG
開 ANMT
閑 AND
間 ANA
閒 ANB
閎 ANKI
閘 ANWL
聞 ANSJ
閡 ANYVO
閨 ANGG
閩 ANLMI
閣 ANHER
閥 ANOI
閤 ANOMR
閭 ANRHR
閱 ANCRU
閻 ANNHX
闊 ANEHR
闋 ANNOK
闌 ANDWF
闈 ANDMQ
闆 ANRRR
闔 ANGIT
闖 ANSQF
闐 ANJBC
闕 ANTUO
關 ANVIT
闡 ANRRJ
闢 ANSRJ
阡 NLHJ
防 NLYHS
阮 NLMMU
阱 NLTT
阪 NLHE
阬 NLYHN

阜部

阜 HRJ
陀 NLJP
阿 NLMNR
阻 NLBM
附 NLODI
陂 NLDHE
限 NLAV
陋 NLMBV
陌 NLMA
降 NLHEQ
院 NLJMU
陣 NLJWJ
陡 NLGYO
陛 NLPPG
陝 NLKOO
除 NLOMD
陘 NLMVM
陞 NLHTG
陪 NLYTR
陵 NLGCE
陳 NLDW
陸 NLGCG
陰 NLOII
陴 NLHHJ
陶 NLPOU
陷 NLNHX
陬 NLSJE
隊 NLTPO
階 NLPPA
隋 NLKMB
陽 NLAMH
隅 NLWLB
隆 NLHEM
隍 NLHAG
陲 NLHJM
隄 NLAMO
隘 NLTCT
隔 NLMRB
隕 NLRBC
隙 NLFHF
障 NLYTJ
際 NLBOF
隧 NLYTO
隨 NLYKB
險 NLOMO
隱 NLBMP
隴 NLYBP

隶部

隸 DFLE

隹部

隹 OG
隻 OGE
雀 FOG
雁 MOOG
雅 MHOG
雄 KIOG
集 OGD
雇 HSOG
雍 YVHG
雋 OGLMS
雉 OKOG
雊 PROG
雌 YMPOG
雒 HROG
雕 BROG
雖 RIOG
離 YBOG
雜 YDOG
雙 OGE
雛 PUOG
雞 BKOG
難 TOOG

雨部

雨 MLBY
雪 MBSM
雩 MBMMS
雯 MBYK
雲 MBMMI
雷 MBW
電 MBWU
雹 MBPRU
零 MBOII
需 MBMBL
霄 MBFB
霆 MBNKG
震 MBMMV
霉 MBOWY
霎 MBYTV
霑 MBEYR
霖 MBDD
霍 MBOG
霓 MBHXU
霏 MBLMY
霜 MBDBU
霞 MBRYE
霤 MBHHW
霪 MBEBG
霧 MBNHS
霰 MBTBK
霸 MBTJB
霹 MBSRJ
露 MBRMR
霽 MBYX
霾 MBBHG
靂 MBMDM
靈 MBRRM
靄 MBYRV

青部

青 QMB
靖 YTQMB
靛 QBJMO
靜 QBBSD

非部

非 LMYYY
韭 LMMM
靠 HGRLY
靡 IDLMY

面部

面 MWYL
靦 MWBUU
靨 MKMWL

革部

革 TLJ
靴 TJOP
靶 TJAU
靼 TJAM
鞅 TJLBK
鞍 TJJV
鞋 TJGG
鞏 MNTLJ
鞘 TJFB
鞠 TJPFD
鞣 TJNHD
鞦 TJHDF
鞭 TJOMK
韃 TJYGQ
韁 TJMWM
韆 TJYMU
韉 TJTIF

韋部

韋 DMRQ
韌 DQSHI
韓 JJDMQ
韜 DQBHX

音部

音 YTA
章 YTAJ
竟 YTAHU
韶 YASHR
韹 YAHAG
韻 YARBC
響 VLYTA

頁部

頁 MBUC
頂 MNMBC
頃 PMBC
項 MMBC
順 LLLC
須 HHMBC
預 NNMBC
頑 MUMBC
頓 PUMBC
頊 MGMBC
頌 CHMBC
頒 CIMBC
頗 DEMBC
領 OIMBC
頡 GRMBC
頫 LMUOC
頜 ORMBC
頰 KOMBC
頸 MMMBC
頻 YHMBC
頷 ORMBC
頭 MTMBC
頹 HUMBC
頤 SLMBC
顆 WDMBC
額 JRMBC
顏 YHMBC
題 AOMBC
顎 RSMBC
顓 UBMBC
類 FKMBC
願 MFMBC
顛 JCMBC
顧 HGMBC
顥 AFMBC
顫 YMMBC
顯 AFMBC
顰 YCHHJ
顱 YTMBC

風部

風 HNHLI
颯 YTHNI
颱 HNIR
颳 HNHJR
颶 HNBMC
颺 HNAMH
颼 HNHXE
飄 MFHNI

飛部

飛 NOHTO

食部

食 OIAV
飢 OIHN
飧 NIOIV
飪 OIHG
飯 OIHE
飩 OIPU
飲 OINO
飭 OIOKS
飼 OISMR
飴 OIIR
飽 OIPRU
飾 OIOLB
餃 OIYCK
餅 OITT
餌 OISJ
餉 OIHBR
養 TOIAV
餓 OIHQI
餒 OIBV
餘 OIOMD
餐 YEOIV
館 OIJRR
餞 OIII
餛 OIAPP
餡 OINHX
餚 OIKKB
餵 OIWMV
餾 OIHHW
餿 OIHXE
餽 OIHI
餮 MHOIV
饅 OIAWE
饉 OITLM
饒 OIGGU
饑 OIVII
饗 VLOIV
饕 RUOIV
饜 MKOIV
饞 OINRI

首部

首 THBU

香部

香 HDA
馥 HAOAE
馨 GEHDA

馬部

馬 SQSF
馮 IMSQF
馭 SFE
馳 SFPD
馱 SFK
馴 SFLLL
駁 SFKK
駝 SFJP
駐 SFYG
駟 SFWC
駛 SFLK
駑 VESQF
駕 KRSQF
駒 SFPR
駙 SFODI
駭 SFYVO
駢 SFTT
駱 SFHER
騁 SFLWS
駿 SFICE
騎 SFKMR
騖 NKSQF
騙 SFHSB
騫 JTCF
騰 BFQF
騷 SFEII
騵 SFMHF
驅 SFSRR
驃 SFMWF
驀 TAKF
騾 SFWVF
驕 SFHKB
驍 SFGGU
驚 TKSQF
驛 SFWLJ
驗 SFOMO
驟 SFSEO
驢 SFYPT
驥 SFLPC
驪 SFMMP

骨部

骨 BBB
骯 BBYHN
骰 BBHNE
骷 BBJR
骸 BBYVO
骼 BBHER
髁 BBWD
髏 BBLWV
髒 BBTMT
髓 BBYKB
體 BBTWT
髑 BBWLI
髖 BBJTI

高部

高 YRBR

髟部

髡 SHMU
髦 SHHQU
髮 SHIKK
髯 SHGB
髻 SHGR
髭 SHYMP
鬃 SHJMF
鬆 SHDCI
鬍 SHJRB
鬚 SHHHC
鬢 SHJMC
鬣 SHVVV

鬥部

鬥 LN
鬧 LNYLB
鬨 LNTC

鬯部

鬱 DDBUH

鬲部

鬲 MRBL

鬼部

鬼 HI
魁 HIYJ
魂 MIHI
魅 HIJD
魄 HAHI
魏 HVHI
魎 HIMLB
魍 HIBTV
魔 IDHI
魑 HIYUB
魘 MKHI

魚部

魚 NWF
魷 NFIKU
魯 NWFA
鮑 NFPRU
鮮 NFTQ
鮫 NFYCK
鮪 NFKB
鮭 NFGG
鯊 EHNWF
鯉 NFWG
鯽 NFAIL
鯈 OLOF
鯀 NFHVF
鯨 NFYRF
鯧 NFAA
鯖 NFQMB
鯛 NFBGR
鰓 NFWP
鰍 NFHDF
鰭 NFJPA
鰥 NFWLE
鱉 FKNWF
鰱 NFYJJ
鰾 NFMWF
鰻 NFAWE
鱔 NFTGR
鱗 NFFDQ
鱖 NFMTO
鱟 HBNWF
鱷 NFMGR
鱸 NFYPT

鳥部

鳥 HAYF
鳩 KNHAF
鳴 RHAF
鳶 IPHAF
鳳 HNMAF
鴆 LUHAF
鴉 MHHAF
鴃 HFDK
鴕 HFJP
鴣 JRHAF
鴦 LKHAF
鴨 WLHAF
鴒 OIHAF
鴛 NUHAF
鴻 EMHF
鴿 ORHAF
鵑 RBHAF
鵝 HIHAF
鵠 HRHAF
鶉 YDHAF
鵡 MMHAF
鵲 TAHAF
鵪 KUHAF
鵬 BBHF
鶯 FFBHF
鶴 OGHAF
鷂 BUHAF
鶸 NMNMF
鷓 IFHAF
鷗 SRHAF
鷥 VFHAF
鷹 IGHAF
鷺 RRHAF
鸚 BVHAF
鸛 TGHAF
鸞 VFHAF

鹵部

鹵 YWII
鹹 YWIHR
鹼 YWOMO
鹽 SWBT

鹿部

鹿 IXP
麂 IPHN
麋 IPFD
麒 IPTMC
麗 MMBBP
麓 DDIXP
麝 IPHHI
麟 IPFDQ

麥部

麥 JONI
麩 JNQO
麴 JNPFD
麵 JNMWL

麻部

麻 IJCC
麼 IDVI
麾 IDHQU

黃部

黃 TMWC
黌 HBTMC

黍部

黍 HDOE
黎 HHOE
黏 HEYR

黑部

黑 WGF
墨 WGFG
默 WFIK
黔 WFOIN
點 WFYR
黜 WFUU
黝 WFVIS
黛 OPWGF
黠 WFGR
黨 FBRWF
黯 WFYTA
黷 WFGWC

黽部

鼇 GKRXU

鼎部

鼎 BUVML

鼓部

鼓 GTJE
鼕 GEHEY

聾 GEHHJ

鼠部

鼠 HXVYV
鼬 HVLW
鼯 HVMMR
鼴 HVSAV

鼻部

鼻 HUWML
鼾 HLMJ

齊部

齋 YXF

齒部

齒 YMUOO
齟 YUBM
齣 YUPR
齡 YUOII
齜 YUYMP
齦 YUAV
齧 QHYMU
齬 YUMMR
齪 YURYO
齷 YUSMG
齲 YUHLB

龍部

龍 YBYSP
龔 YPTC

龜部

龜 NXU

漢拼索引

字 倉頡碼

a
阿 NLMNR
啊 RNLR
腌 BKLU

ai
艾 TK
哀 YRHV
哎 RTK
唉 RIOK
埃 GIOK
挨 QIOK
捱 QMGG
愛 BBPE
矮 OKHDV
隘 NLTCT
皚 HAUMT
噯 RBBE
曖 ABBE
璦 MGBBE
癌 KRRU
礙 MRPKO
藹 TYRV
靄 MBYRV

an
安 JV
岸 UMMJ
按 QJV
俺 OKLU
案 JVD
氨 ONJV
庵 IKLU
菴 TKLU
暗 AYTA
銨 CJV
鞍 TJJV
諳 YRYTA
鵪 KUHAF
黯 WFYTA

ang
昂 AHVL
盎 LKBT
骯 BBYHN

ao
凹 SSU
拗 QVIS
敖 GSOK
傲 OGSK
奧 HBK
媼 VWOT
嗷 RGSK
熬 GKF
遨 YGSK
噢 RHBK
懊 PHBK
澳 EHBK
翱 HJSMM
聱 GKSJ
襖 LHBK
鏖 IPC
鼇 GKRXU

ba
八 HO
巴 AU
叭 RC
扒 QC
吧 RAU
把 QAU
拔 QIKK
杷 DAU
爸 CKAU
芭 TAU
疤 KAU
捌 QRSN
笆 HAU
跋 RMIKK
靶 TJAU
罷 WLIBP
霸 MBTJB
壩 GMBB
灞 EMBB

bai
白 HA
百 MA
佰 OMA
拜 HQMQJ
柏 DHA
敗 BCOK
擺 QWLP
襬 LWLP

ban
半 FQ
伴 OFQ
扳 QHE
扮 QCSH
阪 NLHE
姅 VFQ
拌 QFQ
板 DHE
版 LLHE
班 MGILG
舨 HYHE
般 HYHNE
絆 VFFQ
斑 MGYKG
鈑 CHE
搬 QHYE
頒 CHMBC
瘢 KHYE
辦 YJKSJ
闆 ANRRR
瓣 YJHOJ

bang
邦 QJNL
蚌 LIQJ
梆 DQJL
傍 OYBS
棒 DQKQ
綁 VFQJL
榜 DYBS
膀 BYBS
幫 GIHAB
謗 YRYBS
鎊 CYBS

bao
包 PRU
刨 PULN
抱 QPRU
保 ORD
胞 BPRU
苞 TPRU
豹 BHPI
報 GJSLE
堡 ODG
葆 TORD
鉋 CPRU
雹 MBPRU
飽 OIPRU
暴 ATCE
褒 YODV
褓 LORD
鮑 NFPRU
曝 AATE
爆 FATE
寶 JMUC
鑤 CATE

bei
北 LMP
孛 JBND
貝 BUC
卑 HHJ
杯 DMF
邶 LMPNL
盃 MFBT
背 LPB
倍 OYTR
悖 PJBD
狽 KHBUC
被 LDHE
備 OTHB
悲 LYP
揹 QLPB
焙 FYTR
碑 MRHHJ
蓓 TOYR
輩 LYJWJ
鋇 CBUC
憊 OBP

ben
本 DM
奔 KJT
苯 TDM
畚 IKW
笨 HDM
賁 JTBC

beng
泵 MRE
甭 MFBQ
迸 YTT
崩 UBB
繃 VFUBB
蹦 RMUBB

bi
匕 UH
比 PP
必 PH
妣 VPP
庇 IPP
沘 EPP
彼 HODHE
俾 OHHJ
陛 NLPPG
婢 VHHJ
敝 FBOK
畢 WTJ
荸 TJBD
閉 ANDH
弼 NMAN
愎 POAE
筆 HLQ
詖 YRDHE
痺 KHHJ
逼 YMRW
鉍 CPH
嗶 RWTJ
幣 FKLB
弊 FKT
碧 MAMR
箅 HHHJ
裨 LHHJ
鄙 RWNL
鼻 HUWML
蔽 TFBK
壁 SJG
篦 HHWP
斃 FKMNP
臂 SJB
薜 TSRJ
避 YSRJ
璧 SJMGI
蹕 RMWTJ
襞 SJYHV

bian
卞 YY
弁 IT
汴 EYY
便 OMLK
扁 HSBT
砭 MRHIO
匾 SHSB
貶 BCHIO
遍 YHSB
編 VFHSB
蝙 LIHSB
辨 YJILJ
鞭 TJOMK
邊 YHUS
辮 YJVFJ
辯 YJYRJ
變 VFOK

biao
表 QMV
婊 VQMV
彪 YUHHH
標 DMWF
膘 BMWF
錶 CQMV
鏢 CMWF
鰾 NFMWF
鑣 CIPF

bie

別 RSLN
彆 FKN
癟 KHUB
鱉 FKNWF

bin

彬 DDHH
摒 QSTT
賓 JMHC
儐 OJMC
嬪 VJMC
濱 EJMC
豳 UMOO
檳 DJMC
殯 MNJMC
臏 BJMC
瀕 EYHC
繽 VFJMC
鬢 SHJMC

bing

丙 MOB
冰 IME
并 TT
兵 OMC
並 TTC
併 OTT
秉 HDL
柄 DMOB
炳 FMOB
病 KMOB
稟 YWRD
鉼 CTT
餅 OITT

bo

伯 OHA
帛 HALB
波 EDHE
泊 EHA
勃 JDKS
玻 MGDHE
亳 YRBP
剝 VELN
脖 BJBD
渤 EJDS
菠 TEDE
跛 RMDHE
搏 QIBI
鈸 CIKK
鉑 CHA
箔 HEHA
膊 BIBI
駁 SFKK
撥 QNOE
播 QHDW
蔔 TPMW
鄱 HWNL
擘 SJQ
檗 SJD
薄 TEII
賻 BCIBI
簸 HTCE
蘗 TSJD

bu

卜 Y
不 MF
布 KLB
佈 OKLB
步 YLMH
怖 PKLB
哺 RIJB
捕 QIJB
部 YRNL
補 LIJB
鈽 CKLB
誧 YRIJB
簿 HEII

buo

缽 OUDM
舶 HYHA
博 JIBI

ca

擦 QJBF

cai

才 DH
材 DDH
采 HFD
采 BD
財 BCDH
彩 BDHHH
採 QBD
猜 KHQMB
菜 TBD
裁 JIYHV
睬 BUBD
綵 VFBD
蔡 TBOF
踩 RMBD
纔 VFNRI

can

參 IIIH
殘 MNII
慚 PJJL
慘 PIIH
餐 YEOIV
燦 FYED
璨 MGYED
蠶 MUALI

cang

倉 OIAR
傖 OOIR
滄 EOIR
蒼 TOIR
艙 HYOIR
藏 TIMS

cao

草 TAJ
曹 TWA
嘈 RTWA
漕 ETWA
槽 DTWA
操 QRRD
糙 FDYHR

ce

冊 BT
側 OBCN
廁 IBCN
惻 PBCN
測 EBCN
策 HDB

cen

岑 UOIN

ceng

曾 CWA
層 SCWA

cha

叉 EI
岔 CSHU
查 DAM
差 TQM
茶 TOD
插 QHJX
搽 QTOD
詫 YRJHP
察 JBOF

chai

拆 QHMY
柴 YPD
豺 BHDH
釵 CEI

chan

產 YHHQM
孱 SNDD
剷 YMLN
摻 QIIH
嬋 VRRJ
潺 ESND
澶 EYWM
毚 NRPPI
禪 IFRRJ
蟬 LIRRJ
儳 ONRI
蟾 LINCR
鏟 CYHM
巉 UNRI
懺 POIM
攙 QNRI
闡 ANRRJ
纏 VFIWG
羼 STQQ
顫 YMMBC
讒 YRNRI
饞 OINRI

chang

昌 AA
長 SMV
倀 OSMV
倡 OAA
唱 RAA
娼 VAA
常 FBRLB
徜 HOFBR
悵 PSMV
猖 KHAA
場 GAMH
敞 FBOK
萇 TSMV
腸 BAMH
嘗 FBRPA
嫦 VFBB
暢 LLAMH
廠 IFBK
氅 FKHQU
償 OFBC
嚐 RFBA
鯧 NFAA

chao

吵 RFH
抄 QFH
炒 FFH
晁 ALMO
巢 VVWD
朝 JJB
超 GOSHR
鈔 CFH
窠 JCWD
嘲 RJJB
潮 EJJB

che

扯 QYLM
車 JWJ
坼 GHMY
掣 HNQ
徹 HOYBK
撤 QYBK
澈 EYBK

chen

臣 SLSL
忱 PLBU
沉 EBHU
辰 MMMV
疢 KF
宸 JMMV
涔 EUON
晨 AMMV
陳 NLDW
琛 MGBCD
趁 GOOHH
塵 IPG
瞋 BUJBC
諶 YRTMV
櫬 DYDU
襯 LYDU
讖 YROIM

cheng

丞 NEM
成 IHS
呈 RHG
承 NNQO
城 GIHS
乘 HDLP
秤 HDMFJ
逞 YRHG
程 HDRHG
誠 YRIHS
稱 HDBGB
撐 QFBQ
澄 ENOT
橙 DNOT
瞠 BUFBG
騁 SFLWS
懲 HKP
鐺 CFBW

chi

尺 SO
叱 RP
斥 HMY
吃 RON
弛 NPD
池 EPD
呎 RSO
赤 GLNC
侈 ONIN
持 QGDI
恥 SJP
翅 JESMM
蚩 UMLI
匙 AOP
敕 DLOK
笞 HIR
豉 MTJE
啻 YBLBR
喫 RQHK
飭 OIOKS
嗤 RUMI
痴 KOKR
馳 SFPD
墀 GSYQ
踟 RMOKR
齒 YMUOO
熾 FYIA
褫 LHYU
遲 YSYQ
癡 KPKO
魑 HIYUB

chong

充 YIHU
虫 LMI
沖 EL
崇 UJMF
舂 QKHX
憧 PYTG
衝 HOHGN
蟲 LILII
寵 JYBP

chou

丑 NG
抽 QLW
臭 HUIK
惆 PBGR
愁 HFP
稠 HDBGR
酬 MWILL
綢 VFBGR
裯 LBGR
儔 OGNI
醜 MWHI
疇 WGNI
籌 HGNI
躊 RMGNI

chu

出 UU
怵 PIJC
杵 DOJ
初 LSH
畜 YVIW
芻 PUPU
除 NLOMD
絀 VFUU
處 YPHEN
楮 DJKA
楚 DDNYO
廚 IGTI
鋤 CBMS
儲 OYRA
歜 WINO
黜 WFUU
礎 MRDDO
雛 PUOG
櫥 DIGI
躇 RMTJA
觸 NBWLI
齣 YUPR
矗 JMJMM

chuai

揣 QUMB
踹 RMUMB

chuan

川 LLL
舛 NIQ
串 LL
穿 JCMVH
船 HYCR
釧 CLLL
喘 RUMB
傳 OJII

chuang

床 ID
創 ORLN
窗 JCHWK
愴 POIR
瘡 KOIR
闖 ANSQF

chui

吹 RNO
炊 FNO
垂 HJTM
捶 QHJM
陲 NLHJM
槌 DYHR
箠 HHJM
錘 CHJM
鎚 CYHR

chun

春 QKA
唇 MVR
純 VFPU
淳 EYRD
脣 MVB
醇 MWYRD
鶉 YDHAF
蠢 QKALI

chuo

啜 REEE
綽 VFYAJ
輟 JJEEE
戳 SGI
齪 YURYO

ci

次 IMNO
此 YMP
刺 DBLN
祠 IFSMR
茨 TIMO
瓷 IOMVN
疵 KYMP
詞 YRSMR
慈 TVIP
磁 MRTVI
雌 YMPOG
辭 BBYTJ

cong

匆 PKK
囪 HWKK
從 HOOOO
淙 EJMF
樅 DHOO
蔥 THWP
聰 SJHWP
叢 TCTE

cou

湊 EQKK
輳 JJQKK

cu

促 ORYO
粗 FDBM
醋 MWTA
簇 HYSK
蹙 IFRYO
蹴 RMYFU

cuan

篡 HBUI
竄 JCHXV
爨 HBDDF

cui

脆 BNMU
崔 UOG
悴 PYOJ
淬 EYOJ
萃 TYOJ
催 OUOG
瘁 KYOJ
摧 QUOG
粹 FDYOJ
翠 SMYOJ
璀 MGUOG

cun

寸 DI
吋 RDI
存 KLND
忖 PDI
村 DDI
皴 IEDHE

cuo

厝 MTA
挫 QOOG
措 QTA
嵯 UTQM
搓 QTQM
撮 QASE
磋 MRTQM
銼 COOG
錯 CTA
蹉 RMTQM

da

大 K
打 QMN
怛 PAM
答 HOMR
搭 QTOR
達 YGTQ
靼 TJAM
瘩 KTOR
褡 LTOR
躂 RMYGQ
韃 TJYGQ

dai

歹 MNI
代 OIP
呆 RD
岱 OPU
待 HOGDI
怠 IRP
殆 MNIR
玳 MGOIP
迨 YIR
帶 KPBLB
袋 OPYHV
貸 OPBUC
逮 YLE
戴 JIWTC
黛 OPWGF

dan

丹 BY
旦 AM
但 OAM
疸 KAM
耽 SJLBU
訑 YRPD
啖 RFF
啗 RNHX
淡 EFF
蛋 NOLMI
單 RRWJ
氮 ONFF
憚 PRRJ
撢 QMWJ
誕 YRNKM
擔 QNCR
澹 ENCR
膽 BNCR
簞 HRRJ

dang

當 FBRW
儅 OFBW
噹 RFBW
擋 QFBW
蕩 TEAH
檔 DFBW
盪 EHBT
襠 LFBW
黨 FBRWF
讜 YRFBF

dao

刀 SH
叨 RSH
到 MGLN
倒 OMGN

島 HAYU
悼 PYAJ
盜 EOBT
搗 QHAU
道 YTHU
稻 HDBHX
導 YUDI
蹈 RMBHX
禱 IFGNI

de

的 HAPI
得 HOAMI
德 HOJWP

deng

登 NOMRT
等 HGDI
凳 NOMRN
嶝 UNOT
鄧 NTNL
燈 FNOT
瞪 BUNOT
磴 MRNOT
蹬 RMNOT

di

氐 HPM
地 GPD
低 OHPM
弟 CNLH
狄 KHF
底 IHPM
抵 QHPM
邸 HMNL
帝 YBLB
柢 DHPM
牴 HQHPM
迪 YLW
娣 VCNH
砥 MRHPM
笛 HLW
第 HNLH
荻 TKHF
堤 GAMO
棣 DLE
詆 YRHPM
隄 NLAMO
蒂 TYBB
嘀 RYCB
嫡 VYCB
滴 EYCB
滌 EOLD
遞 YHYU
敵 YBOK
締 VFYBB
諦 YRYBB
鏑 CYCB

dian

佃 OW
甸 PW
典 TBC
店 IYR
玷 MGYR
惦 PIYR
奠 TWK
殿 SCHNE
滇 EJBC
碘 MRTBC
鈿 CW
電 MBWU
墊 GIG
澱 ESCE
靛 QBJMO
點 WFYR
顛 JCMBC
巔 UJCC
癲 KJCC

diao

刁 SM
弔 NL
叼 RSM
吊 RLB
凋 IMBGR
彫 BRHHH
掉 QYAJ
釣 CPI
貂 BHSHR
碉 MRBGR
調 YRBGR
雕 BROG
鯛 NFBGR

die

迭 YHQO
爹 CKNIN
喋 RPTD
絰 VFMIG
耋 JPMIG
跌 RMHQO
牒 LLPTD
碟 MRPTD
蝶 LIPTD
諜 YRPTD
疊 WWWM

ding

丁 MN
仃 OMN
叮 RMN
汀 EMN
盯 BUMN
定 JMYO
訂 YRMN
酊 MWMN
釘 CMN
頂 MNMBC
鼎 BUVML
綻 VFJMO
錠 CJMO

diu

丟 HGI

dong

冬 HEY
咚 RHEY
東 DW
峒 UBMR
恫 PBMR
洞 EBMR
凍 IMDW
動 HGKS
棟 DDW
湩 EHJG
董 THJG
懂 PTHG
鼕 GEHEY

dou

斗 YJ
抖 QYJ
豆 MRT
枓 DYJ
蚪 LIYJ
陡 NLGYO
鬥 LN
兜 HVHU
脰 BMRT
逗 YMRT
痘 KMRT
鬨 LNTC
竇 JCGWC

du

妒 VHS
杜 DG
肚 BG
度 ITE
毒 QMWYI
堵 GJKA
都 JANL
渡 EITE
督 YEBU
睹 BUJKA
嘟 RJAL
賭 BCJKA
獨 KHWLI
篤 HSQF
鍍 CITE
瀆 EGWC
櫝 DGWC
牘 LLGWC
犢 HQGWC
讀 YRGWC
髑 BBWLI
蠹 JBMRI
黷 WFGWC

duam

鍛 CHJE

duan

段 HJHNE
耑 UMBL
短 OKMRT
端 YTUMB
緞 VFHJE
斷 VIHML

dui

兌 CRHU
堆 GOG
隊 NLTPO
碓 MROG
對 TGDI

dun

囤 WPU
沌 EPU
盹 BUPU
盾 HJBU
惇 PYRD
敦 YDOK
鈍 CPU
遁 YHJU
頓 PUMBC
墩 GYDK
噸 RPUC
燉 FYDK
蹲 RMTWI
躉 TWBO

duo

多 NINI
朵 HND
剁 HDLN
咄 RUU
舵 HYJP
惰 PKMB
跺 RMHND
奪 KOGI
墮 NBG
綞 VFHJM
踱 RMITE
鐸 CWLJ

e

厄 MSU
呃 RMSU
扼 QMSU
俄 OHQI
哦 RHQI
娥 VHQI
峨 UHQI
堊 MMG
婀 VNLR
訛 YROP
軛 JJMSU
惡 MMP
愕 PRRS
鄂 RSNL
蕚 TRRS
蛾 LIHQI
詻 YRHER
遏 YAPV
餓 OIHQI
噩 MGRR
鍔 CRRS
額 JRMBC
顎 RSMBC
鵝 HIHAF
鱷 NFMGR

en

恩 WKP

er

二 MM
而 MBLL
耳 SJ
兒 HXHU
洱 ESJ
貳 IPMMC
爾 MFBK
餌 OISJ
邇 YMFB

fa

乏 HINO
伐 OI
法 EGI

砝 MRGI
珐 MGEGI
發 NONHE
筏 HOI
罰 WLYRN
閥 ANOI
髮 SHIKK
醱 MWNOE

fan

凡 HNI
反 HE
氾 ESU
犯 KHSU
帆 LBHNI
汎 EHNI
泛 EHIO
返 YHE
范 TESU
梵 DDHNI
販 BCHE
釩 CHNI
番 HDW
飯 OIHE
煩 FMBC
墦 GHDW
樊 DDK
範 HJJU
蕃 THDW
繁 OKVIF
繙 VFHDW
翻 HWSMM
藩 TEHW
礬 DDKMR

fang

方 YHS
仿 OYHS
坊 GYHS
妨 VYHS
彷 HOYHS
防 NLYHS
房 HSYHS
放 YSOK
枋 DYHS
肪 BYHS
芳 TYHS
倣 OYSK
紡 VFYHS
舫 HYYHS
訪 YRYHS
幡 LBHDW

fei

妃 VSU
吠 RIK
沸 ELLN
肺 BJB
肥 BAU
非 LMYYY
飛 NOHTO
匪 SLMY
啡 RLMY
屝 SLMY
扉 HSLMY
斐 LYYK
腓 BLMY
菲 TLMY
費 LNBUC
痱 KLMY
翡 LYSMM
廢 INOE
誹 YRLMY
霏 MBLMY

fen

分 CSH
份 OCSH
吩 RCSH
汾 ECSH
忿 CSHP
氛 ONCSH
芬 TCSH
粉 FDCSH
紛 VFCSH
棻 TCSD
焚 DDF
墳 GJTC
憤 PJTC
奮 KOGW
糞 FDWTC

feng

丰 QJ
奉 QKQ
封 GGDI
風 HNHLI
俸 OQKQ
峰 UHEJ
烽 FHEJ
逢 YHEJ
馮 IMSQF
楓 DHNI
蜂 LIHEJ
瘋 KHNI
鳳 HNMAF
鋒 CHEJ
灃 ETWT
諷 YRHNI
縫 VFYHJ
豐 UJMRT

fo

佛 OLLN

fou

缶 OJU
否 MFR

fu

夫 QO
父 CK
付 ODI
弗 LLN
伕 OQO
伏 OIK
孚 BND
扶 QQO
咐 RODI
府 IODI
彿 HOLLN
怫 PLLN
拂 QLLN
斧 CKHML
服 BSLE
芙 TQO
芣 TMF
芾 TJB
阜 HRJ
附 NLODI
俘 OBND
氟 ONLLN
訃 YRY
負 NBUC
赴 GOY
俯 OIOI
浮 EBND
釜 CKMGC
副 MWLN
匐 PMRW
埠 GHRJ
婦 VSMB
涪 EYTR
符 HODI
紼 VFLLN
紱 VFIKK
趺 RMQO
傅 OIBI
富 JMRW
幅 LBMRW
復 HOOAE
腑 BIOI
菔 TBSE
袱 LOIK
鈇 CQO
腹 BOAE
孵 HHSLD
福 IFMRW
腐 IIOBO
輔 JJIJB
撫 QOTF
敷 ISOK
膚 YPWB
蝠 LIMRW
複 LOAE
賦 BCMPM
頫 LMUOC
駙 SFODI
麩 JNQO
縛 VFIBI
輻 JJMRW
覆 MWHOE
馥 HAOAE

ga

尬 KUOLL
嘎 RMUI
噶 RTAV

gai

丐 MYVS
改 SUOK
垓 GYVO
溉 EAIU
鈣 CMYS
概 DAIU
該 YRYVO
賅 BCYVO
蓋 TGIT

gan

干 MJ
甘 TM
杆 DMJ
肝 BMJ
坩 GTM
柑 DTM
竿 HMJ
疳 KTM
乾 JJON
桿 DAMJ
淦 EC
敢 MJOK
稈 HDAMJ
幹 JJOMJ
感 IRP
榦 JJOD
趕 GOAMJ
橄 DMJK
尷 KUSIT
贛 YJHEC

gang

杠 DM
肛 BM
岡 BTU
缸 OUM
剛 BULN
崗 UBTU
港 ETCU
槓 DMBC
綱 VFBTU
鋼 CBTU

gao

告 HGR
杲 AD
皋 HAKJ
羔 TGF
高 YRBR
搞 QYRB
睾 WLGTJ
槁 DYRB
膏 YRBB
誥 YRHGR
稿 HDYRB
篙 HYRB
糕 FDTGF
縞 VFYRB
鎬 CYRB

ge

戈 I
各 HER
疙 KON
咯 RHER
紇 VFON
革 TLJ
個 OWJR
哥 MRNR
格 DHER
胳 BHER
鬲 MRBL
割 JRLN
葛 TAPV
隔 NLMRB
歌 MRNO
箇 HWJR
膈 BMRB
鉻 CHER
閣 ANHER
骼 BBHER
擱 QANR
鴿 ORHAF
鎘 CMRB

gei

給 VFOMR

gen

亙 MBM
艮 AV
根 DAV
跟 RMAV

geng

更 MLWK
庚 ILO
哽 RMLK
埂 GMLK
耕 QDTT
耿 SJF
梗 DMLK
粳 FDMLK
賡 ILOC
羹 TGFTK

gong

工 MLM
廾 JJ
弓 N
公 CI
功 MKS
共 TC
攻 MOK
汞 ME
供 OTC
拱 QTC
宮 JRHR
恭 TCP
蚣 LICI
貢 MBUC
躬 HHN
鞏 MNTLJ
龔 YPTC

gou

勾 PI
佝 OPR
狗 KHPR
垢 GHMR
枸 DPR
苟 TPR
夠 NNPR
媾 VTTB
搆 QTTB
溝 ETTB
詬 YRHMR
鉤 CPR
雊 PROG
構 DTTB
遘 YTTB
購 BCTTB

gu

古 JR
估 OJR
谷 COR
咕 RJR
固 WJR
姑 VJR
孤 NDHVO
沽 EJR
股 BHNE
故 JROK
牯 HQJR
罟 WLJR
骨 BBB
蛄 LIJR
菰 TNDO
詁 YRJR
辜 JRYTJ
雇 HSOG
鈷 CJR
鼓 GTJE
僱 OHSG
穀 GDHNE
錮 CWJR
鴣 JRHAF
轂 GJHNE
瞽 GEBU
顧 HGMBC
蠱 LILIT

gua

瓜 HVIO
刮 HRLN
卦 GGY
呱 RHVO
挂 QGG
掛 QGGY
寡 JMCH
褂 LGGY
颳 HNHJR

guai

乖 HJLP
怪 PEG
拐 QRSH
枴 DRSH

guan

官 JRLR
冠 BMUI
倌 OJRR
莞 TJMU
貫 WJBUC
棺 DJRR
琯 MGJRR
慣 PWJC
管 HJRR
盥 HXBT
館 OIJRR
關 ANVIT
灌 ETRG
鰥 NFWLE
罐 OUTRG
觀 TGBUU

guang

光 FMU
洸 EFMU
胱 BFMU
逛 YKHG
廣 ITMC

gui

圭 GG
皈 HAHE
軌 JJKN
桂 DGG
珪 MGGG
鬼 HI
規 QOBUU
晷 AHOR
貴 LMBUC
詭 YRNMU
跪 RMNMU
瑰 MGHI
閨 ANGG
龜 NXU
檜 DOMA
鮭 NFGG
櫃 DSLC
歸 HMSMB
袞 YCRHV
棍 DAPP
滾 EYCV
輥 JJAPP
鯀 NFHVF

guo

果 WD
國 WIRM
猓 KHWD
郭 YDNL
堝 GBBR
聒 SJHJR
躲 HHHND
過 YBBR
幗 LBWIM
摑 QWIM
裹 YWDV
槨 DYDL
蟈 LIWIM
鍋 CBBR

ha

哈 ROMR
蛤 LIOMR

hai

亥 YVHO
孩 NDYVO
害 JQMR
氦 ONYVO
海 EOWY
嗨 REOY
駭 SFYVO
骸 BBYVO

han

汗 EMJ
含 OINR
旱 AMJ
罕 BCMJ
函 NUE
悍 PAMJ
捍 QAMJ
涵 ENUE
焊 FAMJ
蚶 LITM
喊 RIHR
寒 JTCY
酣 MWTM
漢 ETLO
銲 CAMJ
憾 PIRP
撼 QIRP
翰 JJOSM
頷 ORMBC
韓 JJDMQ
鼾 HLMJ
瀚 EJJM

hang

沆 EYHN
杭 DYHN
航 HYYHN

hao

好 VND
昊 AMK
浩 EHGR
耗 QDHQU
郝 GCNL
毫 YRBU
皓 HAHGR
嗥 RHAJ
號 RSYPU
鄗 YBNL
蒿 TYRB
豪 YRBO
嚎 RYRO
壕 GYRO
濠 EYRO
蠔 LIYRO
顥 AFMBC

he

禾 HD
合 OMR
何 OMNR
劾 YOKS
呵 RMNR
和 HDR
河 EMNR
曷 APVO
郃 ORNL
核 DYVO
盍 GIBT
涸 EWJR
盒 OMRT
荷 TOMR
蚵 LIMNR
喝 RAPV
訶 YRMNR
賀 KRBRC
貉 BHHER
赫 GCGLC
閡 ANYVO
閤 ANOMR
褐 LAPV
頜 ORMBC
翮 MBSMM
嚇 RGCC
壑 YEG
闔 ANGIT
鶴 OGHAF

hei

黑 WGF
嘿 RWGF

hen

很 HOAV
恨 PAV
狠 KHAV
痕 KAV

heng

亨 YRNN
恆 PMBM
哼 RYRN
桁 DHON
橫 DTMC
衡 HONKN

hong

弘 NI
宏 JKI
泓 ENI
肱 BKI
哄 RTC
洪 ETC
紅 VFM
虹 LIM
烘 FTC
訌 YRM
閎 ANKI
薨 TWLP
鴻 EMHF
轟 JJJJ
黌 HBTMC

hou

后 HMR
吼 RNDU
侯 ONMK
厚 MAND
後 HOVIE
候 OLNK
逅 YHMR
喉 RONK
堠 GONK
猴 KHONK
篌 HONK
鱟 HBNWF

hu

互 MVNM
戶 HS
乎 HFD
囫 WPHH
沍 EMVM
呼 RHFD
弧 NHVO
忽 PHP
狐 KHHVO
虎 YPHU
胡 JRB
唬 RYPU
惚 PPHP
扈 HSRAU
斛 NBYJ
瓠 KSHVO
壺 GBLM
湖 EJRB
琥 MGYPU
瑚 MGJRB
葫 TJRB
滬 EHSU
糊 FDJRB
蝴 LIJRB
鵠 HRHAF
鬍 SHJRB
護 YRTOE

hua

化 OP
划 ILN
花 TOP
畫 LGWM
華 TMTJ
滑 EBBB
猾 KHBBB
話 YRHJR
劃 LMLN
嘩 RTMJ
樺 DTMJ
譁 YRTMJ

huai

坏 GMF
徊 HOWR
淮 EOG
槐 DHI
踝 RMWD
壞 GYWV
懷 PYWV

huan

幻 VIS
奐 NBK
宦 JSLL
洹 EMAM
患 LLP
喚 RNBK
換 QNBK
渙 ENBK
煥 FNBK
豢 FQMSO
瘓 KNBK
緩 VFBME
寰 JWLV
澴 EWLV
環 MGWLV
還 YWLV
鍰 CBME
歡 TGNO
鸛 TGHAF

huang

肓 YVB
恍 PFMU
皇 HAMG
晃 AFMU
桓 DMAM
荒 TYVU
凰 HNHAG
徨 HOHAG
惶 PHAG
湟 EHAG
隍 NLHAG
黃 TMWC
幌 LBAFU
慌 PTYU
煌 FHAG
遑 YHAG
篁 HHAG
蝗 LIHAG
璜 MGTMC
磺 MRTMC
謊 YRTYU
簧 HTMC
韹 YAHAG

hui

卉 JT
回 WR
灰 KF
恢 PKF
虺 MULMI
悔 POWY
茴 TWR
迴 YWR
彗 QJSM
晦 AOWY
喙 RVNO
惠 JIP
揮 QBJJ
蛔 LIWR
匯 SEOG
彙 VMBWD
暉 ABJJ
會 OMWA
毀 HGHNE
詼 YRKF
賄 BCKB
誨 YROWY
慧 QJSMP
輝 FUBJJ
麾 IDHQU
蕙 TJIP
諱 YRDMQ
徽 HOUFK
燬 FHGE
燴 FOMA
穢 HDYMH
繒 VFCWA
繪 VFOMA

hun

昏 HPA
婚 VHPA
混 EAPP
渾 EBJJ
琿 MGBJJ
葷 TBJJ
魂 MIHI
餛 OIAPP

huo

火 F
伙 OF
或 IRM
活 EHJR
貨 OPBUC
惑 IMP
夥 WDNIN
禍 IFBBR
霍 MBOG
擭 QTOE
濩 ETOE
獲 KHTOE
豁 JRCOR
穫 HDTOE

ji

几 HN
己 SU
及 NHE
乩 YRU
伋 ONHE
吉 GR
肌 BHN
即 AISL
圾 GNHE
妓 VJE
岌 UNHE
忌 SUP
技 QJE
汲 ENHE
季 HDND
芰 TJE
亟 MEM
急 NSP
既 AIMVU
洎 EHBU
紀 VFSU
計 YRJ
唧 RAIL
姬 VSLL
屐 SHOE
疾 KOK
級 VFNHE
脊 FCB
記 YRSU
飢 OIHN
基 TCG
寄 JKMR
寂 JYFE
悸 PHDD
祭 BOMMF
嵇 HDIUU
幾 VIHI
戟 JJI
棘 DBDB
犄 HQKMR
集 OGD
勣 QCKS
嫉 VKOK
戢 RJI
極 DMEM
楫 DRSJ
畸 WKMR
詰 YRGR
跡 RMYLC
麂 IPHN
暨 AUAM
箕 HTMC
際 NLBOF
嘰 RVII
畿 VIW
瘠 KFCB
稽 HDIUA
稷 HDWCE
緝 VFRSJ
儕 OYX
冀 LPWTC
劑 YXLN
機 DVII
激 EHSK
璣 MGVII
積 HDQMC
輯 JJRSJ
髻 SHGR
擊 JEQ
擠 QYX
濟 EYX
磯 MRVII
績 VFQMC
薊 TNFN
覬 UTBUU
藉 TQDA
蹟 RMQMC
雞 BKOG

鯽 NFAIL
繫 JEVIF
譏 YRVII
籍 HQDA
繼 VFVVI
饑 OIVII
躋 RMYX
霽 MBYX
羈 WLTJF
驥 SFLPC

jia

加 KSR
甲 WL
伽 OKSR
夾 KOO
佳 OGG
架 KRD
胛 BWL
迦 YKSR
家 JMSO
浹 EKOO
痂 KKSR
假 ORYE
戛 MUI
莢 TKOO
袈 KRYHV
傢 OJMO
嫁 VJMO
賈 MWBUC
鉀 CWL
嘉 GRTR
價 OMWC
稼 HDJMO
駕 KRSQF
豭 MORYE
頰 KOMBC

jian

件 OHQ
奸 VMJ
尖 FK
見 BUHU
肩 HSB
姦 VVV
建 NKLQ
柬 DWF
兼 TXC
荐 TKLD
健 ONKQ
剪 TBNH
堅 SEG
揀 QDWF
湔 ETBN
減 EIHR
菅 TJRR
間 ANA
毽 HUNKQ
煎 TBNF
腱 BNKQ
漸 EJJL
監 SIBT
箋 HII
儉 OOMO
劍 OOLN
澗 EANA
箭 HTBN
緘 VFIHR
賤 BCII
踐 RMII
撿 QOMO
縑 VFTXC
諫 YRDWF
餞 OIII
檢 DOMO
艱 TOAV
鍵 CNKQ
檻 DSIT
濺 EBCI
瞼 BUOMO
簡 HANA
薦 TIXF
繭 TBLI
艦 HYSIT
殲 MNOIM
鑑 CSIT
鑒 SWC
鹼 YWOMO
韉 TJTIF
僭 OMUA

jiang

匠 SHML
江 EM
姜 TGV
降 NLHEQ
將 VMBDI
釭 CM
絳 VFHEQ
僵 OMWM
槳 VID
漿 VIE
獎 VIIK
蔣 TVMI
彊 NMWM
薑 TMWM
講 YRTTB
醬 VIMCW
疆 NGMWM
韁 TJMWM

jiao

叫 RVL
交 YCK
角 NBG
姣 VYCK
狡 KHYCK
郊 YKNL
教 JDOK
皎 HAYCK
椒 DYFE
焦 OGF
窖 JCHGR
絞 VFYCK
蛟 LIYCK
剿 VDLN
勦 VDKS
腳 BCRL
詨 YRYCK
跤 RMYCK
較 JJYCK
僥 OGGU
酵 MWJKD
鉸 CYCK
餃 OIYCK
嬌 VHKB
澆 EGGU
膠 BSMH
蕉 TOGF
矯 OKHKB
礁 MROGF
鮫 NFYCK
繳 VFHSK
轎 JJHKB
醮 MWOGF
嚼 RBWI
覺 HBBUU
驕 SFHKB
攪 QHBU

jie

孑 NNM
介 OLL
劫 GIKS
戒 IT
姐 VBM
屆 SUG
杰 DF
芥 TOLL
拮 QGR
界 WOLL
疥 KOLL
皆 PPHA
借 OTA
桀 NQD
訐 YRMJ
接 QYTV
捷 QJLO
傑 ONQD
揭 QAPV
結 VFGR
街 HOGGN
階 NLPPA
睫 BUJLO
節 HAIL
解 NBSHQ
截 JIOG
碣 MRAPV
竭 YTAPV
誡 YRIT
潔 EQHF
羯 TQAPV
頡 GRMBC

jin

巾 LB
今 OIN
斤 HML
近 YHML
金 C
勁 MMKS
津 ELQ
矜 NHOIN
觔 NBKS
晉 MIIA
浸 ESME
筋 HBKS
進 YOG
僅 OTLM
禁 DDMMF
盡 LMFBT
緊 SEVIF
鄞 TMNL
瑾 MGTLM
儘 OLMT
噤 RDDF
縉 VFMIA
錦 CHAB
燼 FLMT
覲 TMBUU
謹 YRTLM
襟 LDDF
饉 OITLM

jing

井 TT
阱 NLTT
京 YRF
徑 HOMVM
涇 EMVM
荊 TMTN
旌 YSOHM
淨 EBSD
莖 TMVM
逕 YMVM
竟 YTAHU
晶 AAA
景 AYRF
痙 KMVM
菁 TQMB
敬 TROK
睛 BUQMB
經 VFMVM
靖 YTQMB
兢 JUJRU
境 GYTU
精 FDQMB
憬 PAYF
璟 MGAYF
靜 QBBSD
頸 MMMBC
鏡 CYTU
鯨 NFYRF
競 YUYTU
警 TKYMR
驚 TKSQF

jiong

炯 FBR
迥 YBR

jiu

九 KN
久 NO
臼 HX
灸 NOF
玖 MGNO
究 JCKN
咎 HOR
疚 KNO
糾 VFVL
柩 DSNO
赳 GOVL
韭 LMMM
酒 EMCW
救 IEOK
啾 RHDF
就 YFIKU
廄 IAIE
揪 QHDF
舅 HXWKS
鳩 KNHAF
舊 TOGX

ju

句 PR
巨 SS
局 SSR
具 BMMC
居 SJR
拒 QSS
拘 QPR
沮 EBM
狙 KHBM
侷 OSSR
炬 FSS
苣 TSS
倨 OSJR
俱 OBMC
桔 DGR
矩 OKSS
掬 QPFD
莒 TRHR
菊 TPFD
距 RMSS
鉅 CSS
聚 SEOOO
跼 RMSSR
劇 YOLN
踞 RMSJR
駒 SFPR
據 QYPO
橘 DNHB
鋸 CSJR
璩 MGYPO
舉 HCQ
遽 YYPO
鞠 TJPFD
颶 HNBMC
麴 JNPFD
懼 PBUG
屨 SHOV

juan

卷 FQSU
倦 OFQU
娟 VRB
捐 QRB
涓 ERB
狷 KHRB
捲 QFQU
眷 FQBU
絹 VFRB
鵑 RBHAF
鐫 COGS

jue

孓 NNO
抉 QDK
決 EDK
玨 MGMG
倔 OSUU
崛 USUU
掘 QSUU
訣 YRDK
厥 MTUO
絕 VFSHU
嗟 RTQM
劂 MOLN
獗 KHMTO
觖 HFDK
噱 RYPO
蕨 TMTO
爵 BWLI
譎 YRNHB
蹶 RMMTO
觼 NBNBE
攫 QBUE
鱖 NFMTO

jun

君 SKR
均 GPIM
俊 OICE
軍 BJWJ
峻 UICE
浚 EICE
郡 SRNL
窘 JCSKR
竣 YTICE
菌 TWHD
鈞 CPIM
筠 HGPM
雋 OGLMS
濬 EYBU
駿 SFICE

ka

卡 YMY
咖 RKSR
喀 RJHR

kai

凱 UTHN
剴 UTLN
慨 PAIU
愒 PAPV
揩 QPPA
開 ANMT
愾 POND
愷 PUMT
楷 DPPA

kan

刊 MJLN
坎 GNO
侃 ORHU
看 HQBU
砍 MRNO
崁 UGNO
勘 TVKS
堪 GTMV
戡 TVI
瞰 BUMJK

kang

亢 YHN
伉 OYHN
扛 QM
抗 QYHN
炕 FYHN
康 ILE
慷 PILE
糠 FDILE

kao

考 JKYS
拷 QJKS
烤 FJKS
犒 HQYRB
銬 CJKS
靠 HGRLY

ke

可 MNR
克 JRHU
刻 YOLN
坷 GMNR
剋 JULN
咳 RYVO
客 JHER
恪 PHER
柯 DMNR
科 HDYJ
苛 TMNR
棵 DWD
殼 GNHNE
渴 EAPV
軻 JJMNR
嗑 RGIT
溘 EGIT
稞 HDWD
瞌 BUGIT
磕 MRGIT
緙 VFTLJ
蝌 LIHDJ
課 YRWD
顆 WDMBC
髁 BBWD

ken

肯 YMB
啃 RYMB
墾 BVG
懇 BVP
吭 RYHN
坑 GYHN
阬 NLYHN
鏗 CSEG
孔 NDU
空 JCM
倥 OJCM
恐 MNP
崆 UJCM
控 QJCM
硿 MRJCM

kou

口 R
叩 RSL
扣 QR
寇 JMUE
釦 CR

ku

枯 DJR
苦 TJR
哭 RRIK
庫 IJWJ
楛 DTJR
窟 JCSUU
酷 MWHGR
骷 BBJR
褲 LIJJ

kua

夸 KMMS
垮 GKMS
胯 BKMS
誇 YRKMS
跨 RMKMS

kuai

快 PDK
塊 GHI
儈 OOMA
劊 OALN
膾 BOMA

kuan

梡 DJMU
款 GFNO
筷 HPDK
寬 JTBI
髖 BBJTI

kuang

匡 SMG
狂 KHMG
劻 SGKS
拄 QYG
況 ERHU
框 DSMG
眶 BUSMG
筐 HSMG
誑 YRKHG
壙 GITC
獷 KHITC
曠 AITC
礦 MRITC

kui

奎 KGG
癸 NOMK
盔 KFBT
傀 OHI
喟 RWB
揆 QNOK
逵 YGCG
愧 PHI
葵 TNOK
匱 SLMC
睽 BUNOK
魁 HIYJ
潰 ELMC
窺 JCQOU
虧 YGMMS
簣 HLMC
餽 OIHI
夔 TCHE

kun

困 WD
坤 GLWL
昆 APP
捆 QWD
崑 UAPP
梱 DWD
焜 FAPP
琨 MGAPP
睏 BUWD
綑 VFWD
髡 SHMU
錕 CAPP

kuo

括 QHJR
蛞 LIHJR
廓 IYDL
闊 ANEHR

擴 QITC

la

垃 GYT
拉 QYT
剌 DLLN
啦 RQYT
喇 RDLN
辣 YJDL
臘 BVVV
邋 YVVV
蠟 LIVVV

lai

來 DOO
徠 HODOO
萊 TDOO
睞 BUDOO
賴 DLSHC
瀨 EDLC
癩 KDLC
籟 HDLC

lan

婪 DDV
嵐 UHNI
濫 ESIT
闌 ANDWF
藍 TSIT
懶 PDLC
攔 QANW
瀾 EANW
籃 HSIT
襤 LSIT
斕 YKANW
欄 DANW
爛 FANW
蘭 TANW
覽 SWBUU
籣 HANW
攬 QSWU
欖 DSWU
纜 VFSWU

lang

郎 IINL
朗 IIB
浪 EIAV
狼 KHIAV
琅 MGIAV
廊 IIIL
榔 DIIL
瑯 MGIIL
螂 LIIIL

lao

老 JKP
牢 JHQ
佬 OJKP
姥 VJKP
烙 FHER
勞 FFBKS
酪 MWHER
嘮 RFFS
撈 QFFS
癆 KFFS

le

勒 TJKS
樂 VID

lei

耒 QD
肋 BKS
淚 EHSK
累 WVIF
雷 MBW
嫘 VWVF
磊 MRMRR
擂 QMBW
儡 OWWW
蕾 TMBW
壘 WWWG
羸 YRBTN
類 FKMBC
鐳 CMBW

leng

冷 IMOII
愣 PWLS
楞 DWLS
稜 HDGCE

li

力 KS
叻 RKS
立 YT
吏 JLK
利 HDLN
李 DND
里 WG
例 OMNN
戾 HSIK
俐 OHDN
俚 OWG
哩 RWG
娌 VWG
栗 MWD
浬 EWG
狸 KHWG
荔 TKSS
唳 RHSK
梨 HND
犁 HNHQ
理 MGWG
琍 MGHDN
笠 HYT
粒 FDYT
莉 THDN
喱 RMWG
痢 KHDN
慄 PMWD
溧 EMWD
蜊 LIHDN
裡 LWG
漓 EYUB
蒞 TEOT
貍 BHWG
厲 MTWB
犛 JKMHQ
璃 MGYUB
黎 HHOE
曆 MDA
歷 MDYLM
罹 WLPOG
勵 MBKS
隸 DFLE
癘 KTWB
禮 IFTWT
釐 JKMWG
離 YBOG
鯉 NFWG
壢 GMDM
瀝 EMDM
麗 MMBBP
礪 MRMTB
礫 MRVID
醴 MWTWT
儷 OMMP
蠣 LIMTB
蠡 VOLII
酈 MPNL
霾 MBBHG
欐 DMMP
邐 YMMP
靂 MBMDM
籬 HYBG
驪 SFMMP

lia

倆 OMLB

lian

帘 JCLB
連 YJWJ
廉 ITXC
楝 DDWF
煉 FDWF
粱 EIFD
奩 KSRR
漣 EYJJ
憐 PFDQ
練 VFDWF
蓮 TYJJ
濂 EITC
斂 OOOK
殮 MNOMO
聯 SJVIT
臉 BOMO
鍊 CDWF
簾 HITC
鏈 CYJJ
瀲 EOOK
鐮 CITC
鰱 NFYJJ
戀 VFP

liang

良 IAV
兩 MLBO
亮 YRBU
梁 EID
涼 EYRF
晾 AYRF
量 AMWG
樑 DEID
諒 YRYRF
輛 JJMLB
糧 FDAMG
魎 HIMLB

liao

了 NN
料 FDYJ
聊 SJHHL
僚 OKCF
寥 JSMH
廖 ISMH
嘹 RKCF
寮 JKCF
撩 QKCF
潦 EKCF
暸 AKCF
燎 FKCF
遼 YKCF
療 KKCF
瞭 BUKCF
繚 VFKCF

lie

列 MNLN
劣 FHKS
冽 IMMNN
咧 RMNN
洌 EMNN
烈 MNF
捩 QHSK
裂 MNYHV
獵 KHVVV
鬣 SHVVV

lin

吝 YKR
林 DD
淋 EDD
琳 MGDD
痳 KDD
賃 OGBUC
凜 IMYWD
鄰 FQNL
燐 FFDQ
璘 MGFDQ
遴 YFDQ
霖 MBDD
磷 MRFDQ
臨 SLORR
轔 JJFDQ
藺 TANG
鱗 NFFDQ
麟 IPFDQ
躪 RMTAG

ling

令 OINI
另 RKS
伶 OOII
拎 QOII
泠 EOII
昤 AOII
玲 MGOII
苓 TOII
凌 IMGCE
羚 TQOII
翎 OISMM
聆 SJOII
蛉 LIOII
陵 NLGCE
菱 TGCE
鈴 COII
零 MBOII
綾 VFGCE
領 OIMBC
蔆 TEGE
懍 PYWD
鴒 OIHAF
嶺 UOIC

齡 YUOII
櫺 DMBR
靈 MBRRM

liu

六 YC
柳 DHHL
流 EYIU
琉 MGYIU
留 HHW
硫 MRYIU
溜 EHHW
榴 DHHW
遛 YHHW
劉 HCLN
瘤 KHHW
瀏 EHCN
霤 MBHHW
餾 OIHHW

long

隆 NLHEM
龍 YBYSP
窿 JCNLM
壟 YPG
攏 QYBP
隴 NLYBP
嚨 RYBP
朧 BYBP
瓏 MGYBP
矓 BUYBP
籠 HYBP
聾 YPSJ

lou

陋 NLMBV
婁 LWLV
嘍 RLWV
摟 QLWV
漏 ESMB
樓 DLWV
瘺 KSMB
簍 HLWV
螻 LILWV
褸 LLWV
鏤 CLWV
髏 BBLWV

lu

呂 RHR
侶 ORHR
律 HOLQ
旅 YSOHV
陸 NLGCG
鹵 YWII
鹿 IXP
氯 ONVNE
僇 OSMH
碌 MRVNE
祿 IFVNE
虜 YPWKS
賂 BCHER
路 RMHER
屢 SLWV
滷 EYWI
綠 VFVNE
膂 YVB
履 SHOE
慮 YPWP
戮 SHI
鋁 CRHR
鋰 CWG
閭 ANRHR
魯 NWFA
擄 QYPS
盧 YPWBT
穋 HDSMH
錄 CVNE
縷 VFLWV
嚕 RNWA
濾 EYPP
廬 IYPT
櫚 DANR
櫓 DNWA
瀘 EYPT
麓 DDIXP
爐 FYPT
臚 BYPT
蘆 TYPT
露 MBRMR
鑪 CYPT
鷺 RRHAF
顱 YTMBC
驢 SFYPT
鱸 NFYPT

luan

卵 HHSLI
亂 BBU
孿 VFND
巒 VFU
攣 VFQ
灤 EVFD
鑾 VFC
鸞 VFHAF

lue

掠 QYRF
略 WHER

lun

侖 OMBT
倫 OOMB
崙 UOMB
掄 QOMB
淪 EOMB
綸 VFOMB
論 YROMB
輪 JJOMB

luo

洛 EHER
珞 MGHER
絡 VFHER
落 TEHR
漯 EWVF
犖 FFBHQ
裸 LWD
雒 HROG
駱 SFHER
縲 VFWVF
螺 LIWVF
羅 WLVFG
鏍 CWVF
儸 OWLG
騾 SFWVF
囉 RWLG
玀 KHWLG
蘿 TWLG
邏 YWLG
籮 HWLG
鑼 CWLG

ma

抹 QDJ
馬 SQSF
麻 IJCC
嗎 RSQF
媽 VSQF
痲 KJCC
嘛 RIJC
瑪 MGSQF
碼 MRSQF
罵 WLSQF
螞 LISQF
嬤 VIDI
蟆 LITAK

mai

埋 GWG
脈 BHHV
麥 JONI
買 WLBUC
賣 GWLC
邁 YTWB

man

屘 SUND
曼 AWLE
幔 LBAWE
慢 PAWE
滿 ETLB
漫 EAWE
蔓 TAWE
瞞 BUTLB
縵 VFAWE
懣 EBP
鏝 CAWE
饅 OIAWE
鰻 NFAWE
蠻 VFLMI

mang

忙 PYV
杗 YVD
芒 TYV
氓 YVRVP
盲 YVBU
茫 TEYV
莽 TIKT
蟒 LITIT

mao

毛 HQU
卯 HHSL
矛 NINH
泖 EHHL
冒 ABU
耄 JPHQU
茅 TNIH
茂 TIH
茆 THHL
帽 LBABU
貿 HHBUC
瑁 MGABU
鉚 CHHL
貌 BHHAU
髦 SHHQU
貓 BHTW
懋 DDP
錨 CTW

me

麼 IDVI
默 WFIK
蘑 TIDR

mei

每 OWYI
沒 ENE
妹 VJD
枚 DOK
沫 EDJ
玫 MGOK
昧 AJD
眉 AHBU
美 TGK
袂 LDK
梅 DOWY
莓 TOWY
媚 VAHU
媒 VTMD
寐 JVMD
湄 EAHU
楣 DAHU
煤 FTMD
霉 MBOWY
魅 HIJD
鎂 CTGK
黴 HOUFK

men

門 AN
們 OAN
捫 QAN
悶 ANP
燜 FANP

meng

孟 NDBT
虻 LIYV
猛 KHNDT
萌 TAB
盟 ABBT
夢 TWLN
艋 HYNDT
蒙 TBMO
蜢 LINDT
甍 TWLN
錳 CNDT
濛 ETBO
朦 BTBO
檬 DTBO
懵 PTWU
矇 BUTBO

mi

米 FD
糸 VIF
泌 EPH
芈 LMYQ
咪 RFD
弭 NSJ
敉 FDOK
祕 IFPH
秘 HDPH

迷 YFD
密 JPHU
覓 BBUU
蜜 JPHI
瞇 BUYFD
獼 NMFB
篾 HWLI
糜 IDFD
謎 YRYFD
謐 YRPHT
麋 IPFD
靡 IDLMY
瀰 ENMB

mian

免 NAHU
沔 EMLS
勉 NUKS
面 MWYL
娩 VNAU
眠 BURVP
偭 OMWL
冕 ANAU
棉 DHAB
湎 EMWL
綿 VFHAB
緬 VFMWL
澠 ERXU
靦 MWBUU
麵 JNMWL

miao

妙 VFH
杪 DFH
眇 BUFH
秒 HDFH
苗 TW
描 QTW
渺 EBUH
瞄 BUTW
廟 IJJB
緲 VFBUH
藐 TBHU
邈 YBHU

mie

咩 RTQ
滅 EIHF
蔑 TWLI

min

民 RVP
皿 BT
汨 EA
岷 URVP
抿 QRVP
泯 ERVP
敏 OYOK
湣 ERPA
閔 ANYK
愍 RKP
閩 ANLMI
憫 PANK

ming

名 NIR
命 OMRL
明 AB
冥 BAYC
茗 TNIR
酩 MWNIR
暝 ABAC
銘 CNIR
鳴 RHAF
瞑 BUBAC
螟 LIBAC

miu

繆 VFSMH
謬 YRSMH

mo

末 DJ
歿 MNNE
沫 EJD
茉 TDJ
陌 NLMA
秣 HDDJ
莫 TAK
貊 BHMA
寞 JTAK
摸 QTAK

漠 ETAK
摩 IDQ
摹 TAKQ
模 DTAK
膜 BTAK
墨 WGFG
磨 IDMR
糢 FDTAK
謨 YRTAK
驀 TAKF
魔 IDHI

mou

某 TMD
眸 BUIHQ
謀 YRTMD

mu

木 D
母 WYI
目 BU
牟 IHQ
沐 ED
牡 HQG
姆 VWYI
拇 QWYI
牧 HQOK
苜 TBU
畝 YWNO
募 TAKS
睦 BUGCG
墓 TAKG
幕 TAKB
慕 TAKP
暮 TAKA
冪 BTAB
穆 HDHAH

na

吶 ROB
那 SQNL
哪 RSQL
娜 VSQL
拿 OMRQ
納 VFOB
捺 QKMF

鈉 COB

nai

乃 NHS
奶 VNHS
氖 ONNHS
奈 KMMF
耐 MBDI
迺 YMCW

nan

囝 WND
男 WKS
南 JBTJ
訥 YROB
赧 GCSLE
喃 RJBJ
楠 DJBJ
難 TOOG

nang

曩 AYRV
囊 JBRRV

nao

惱 PVVW
瑙 MGVVW
腦 BVVW
撓 QGGU
鬧 LNYLB
蟯 LIGGU
鐃 CGGU

ne

呢 RSP

nei

內 OB
餒 OIBV

nen

嫩 VDLK

neng

能 IBPP

ng

嗯 RWKP

ni

尼 SP
你 ONF
妮 VSP
妳 VNF
怩 PSP
泥 ESP
倪 OHXU
逆 YTU
匿 STKR
旎 YSOSP
溺 ENMM
睨 BUHXU
昵 SRP
暱 ASTR
膩 BIPC
霓 MBHXU
擬 QPKO

nian

廿 T
年 OQ
念 OINP
拈 QYR
淰 ESIP
唸 ROIP
捻 QOIP
撚 QBKF
碾 MRSTV
輦 QOJWJ
輾 JJSTV
黏 HEYR
攆 QQOJ

niang

娘 VIAV
孃 VYRV
釀 MWYRV

niao

尿 SE
鳥 HAYF

裊 HAYV
嬝 VHAV

nie

捏 QHXM
涅 EAG
臬 HUD
孽 TVID
聶 SJSJ
鎳 CHUD
蘖 THJD
囁 RSJJ
齧 QHYMU
躡 RMSJJ
鑷 CSJJ

nin

您 OFP

ning

佞 OMMV
苧 TJMN
寧 JPBN
凝 IMPKO
嚀 RJPN
擰 QJPN
濘 EJPN
獰 KHJPN
檸 DJPN

niu

牛 HQ
妞 VNG
忸 PNG
扭 QNG
紐 VFNG
鈕 CNG

nong

農 TWMMV
儂 OTWV
噥 RTWV
濃 ETWV
膿 BTWV
穠 HDTWV
弄 MGT

nou

耨 QDMVI

nu

女 V
奴 VE
努 VEKS
呶 RVE
弩 VEN
怒 VEP

nuan

暖 ABME
煖 FBME

nue

虐 YPSM
瘧 KYPM

nuo

挪 QSQL
諾 YRTKR
懦 PMBB
糯 FDMBB

ou

偶 OWLB
嘔 RSRR
歐 SRNO
毆 SRHNE
耦 QDWLB
甌 SRMVN
藕 TQDB
鷗 SRHAF

pa

帕 LBHA
怕 PHA
爬 HOAU
趴 RMC
耙 QDAU
啪 RQHA
琶 MGAU
葩 THAU

pai

拍 QHA
派 EHHV
俳 OLMY
徘 HOLMY
排 QLMY
湃 EHQJ
牌 LLHHJ

pan

判 FQLN
叛 FQHE
盼 BUCSH
畔 WFQ
槃 HED
潘 EHDW
盤 HEBT
磐 HEMR
蟠 LIHDW
蹣 RMTLB
攀 DDKQ

pang

乓 OMI
胖 BFQ
旁 YBYHS
徬 HOYBS
滂 EYBS
磅 MRYBS
螃 LIYBS
龐 IYBP

pao

咆 RPRU
庖 IPRU
拋 QKUS
泡 EPRU
炮 FPRU
剖 YRLN
皰 DEPRU
砲 MRPRU
匏 KSPRU
袍 LPRU
跑 RMPRU

pei

沛 EJB
佩 OHNB
呸 RMFM
胚 BMFM
珮 MGHNB
配 MWSU
培 GYTR
陪 NLYTR
裴 LYYHV
賠 BCYTR
轡 VFR

pen

盆 CSHT
噴 RJTC

peng

抨 QMFJ
朋 BB
砰 MRMFJ
捧 QQKQ
烹 YRNF
彭 GTHHH
棚 DBB
碰 MRTTC
硼 MRBB
澎 EGTH
蓬 TYHJ
踫 RMTTC
膨 BGTH
篷 HYHJ
鵬 BBHF

pi

匹 SC
丕 MFM
疋 NYO
皮 DHE
仳 OPP
屁 SPP
批 QPP
披 QDHE
枇 DPP
毗 WPP
疲 KDHE
紕 VFPP
啤 RHHJ
埤 GHHJ
陴 NLHHJ
琵 MGPP
痞 KMFR
脾 BHHJ
媲 VHWP
髀 BUHHJ
辟 SRYTJ
鈹 CDHE
僻 OSRJ
劈 SJSH
癖 KSRJ
譬 SJYMR
闢 ANSRJ
霹 MBSRJ
鼙 GEHHJ

pian

片 LLML
胼 BTT
偏 OHSB
篇 HHSB
翩 HBSMM
褊 LHSB
駢 SFTT
騙 SFHSB

piao

票 MWMMF
剽 MFLN
嫖 VMWF
漂 EMWF
瓢 MFHVO
瞟 BUMWF
縹 VFMWF
飄 MFHNI
驃 SFMWF

pie

撇 QFBK
瞥 FKBU

pin

牝 HQP
拚 QIT
品 RRR
姘 VTT
拼 QTT
娉 VLWS
貧 CSHC
聘 SJLWS
頻 YHMBC
顰 YCHHJ

ping

平 MFJ
乒 OMH
坪 GMFJ
屏 STT
枰 DMFJ
瓶 TTMVN
萍 TEMJ
評 YRMFJ
憑 IFP
蘋 TYHC

po

叵 SR
坡 GDHE
陂 NLDHE
珀 MGHA
迫 YHA
破 MRDHE
釙 CY
婆 EEV
粕 FDHA
頗 DEMBC
魄 HAHI

pou

裒 YHXV

pu

仆 OY
扑 QY
朴 DY
甫 IJB
匍 PIJB
圃 WIJB
埔 GIJB
浦 EIJB
脯 BIJB
莆 TIJB
普 TCA
菩 TYTR
溥 EIBI
葡 TPIB
僕 OTCO
蒲 TEIB
噗 RTCO
撲 QTCO
鋪 CIJB
樸 DTCO
璞 MGTCO
濮 EOTO
瀑 EATE
譜 YRTCA
蹼 RMTCO

puo

潑 ENOE

qi

七 JU
乞 ON
企 OYLM
圻 GHML
岐 UJE
杞 DSU
汽 EOMN
迄 YON
其 TMMC
奇 KMNR
妻 JLV
歧 YMJE
泣 EYT
祁 IFNL
契 QHK
柒 EPD
砌 MRPSH
祈 IFHML
氣 ONFD
耆 JPA
訖 YRON
豈 UMRT

起 GORU
崎 UKMR
悽 PJLV
戚 IHYMF
啟 HROK
棄 YITD
淇 ETMC
淒 EJLV
畦 WGG
期 TCB
棲 DJLV
棋 DTMC
欺 TCNO
琪 MGTMC
琦 MGKMR
萋 TJLV
祺 IFTMC
旗 YSOTC
漆 EDOE
綺 VFKMR
齊 YX
慼 IFP
槭 DIHF
器 RRIKR
磧 MRQMC
錡 CKMR
臍 BYX
薺 TYX
騎 SFKMR
麒 IPTMC
鰭 NFJPA

qia

恰 POMR
洽 EOMR

qian

千 HJ
欠 NO
仟 OHJ
阡 NLHJ
前 TBLN
倩 OQMB
虔 YPYK
淺 EII
牽 YVBQ
嵌 UTMO
鈐 COIN
愆 HNP
鉗 CTM
鉛 CCR
塹 JLG
搴 JTCQ
歉 TCNO
箝 HQTM
遣 YLMR
潛 EMUA
遷 YMWU
錢 CII
黔 WFOIN
縴 VFYVQ
謙 YRTXC
簽 HOMO
騫 JTCF
譴 YRYLR
籤 HOIM
韆 TJYMU

qiang

戕 VMI
羌 TGHU
強 NILI
腔 BJCM
嗆 ROIR
搶 QOIR
槍 DOIR
檣 DGOW
牆 VMGOW
繈 VFNII
薔 TGOW
鎗 COIR
鏘 CVMI

qiao

巧 MMVS
俏 OFB
峭 UFB
悄 PFB
喬 HKRBR
愀 PHDF
僑 OHKB
敲 YBYE
誚 YRFB
憔 POGF
撬 QHUU
橋 DHKB
橇 DHUU
樵 DOGF
鞘 TJFB
瞧 BUOGF
鍬 CHDF
竅 JCHSK
翹 GUSMM
譙 YROGF
蹺 RMGGU
鵲 TAHAF

qie

切 PSH
且 BM
妾 YTV
怯 PGI
茄 TKSR
挈 QHQ
愜 PSKO
鍥 CQHK
竊 JCHDB

qin

沁 EP
芹 THML
侵 OSME
秦 QKHD
欽 CNO
琴 MGOIN
勤 TMKS
禽 OYUB
寢 JVME
嶔 UCNO
撳 QCNO
噙 ROYB
擒 QOYB
親 YDBUU

qing

青 QMB
卿 HHAIL
情 PQMB
氫 ONMVM
清 EQMB
頃 PMBC
晴 AQMB
傾 OPMC
蜻 LIQMB
輕 JJMVM
慶 IXE
請 YRQMB
磬 GEMR
擎 TKQ
檠 TKD
罄 GEOJU
鯖 NFQMB

qiong

穹 JCN
窮 JCHHN
瓊 MGNBE

qiu

仇 OKN
丘 OM
囚 WO
求 IJE
泅 EWO
邱 OMNL
秋 HDF
酋 TCWM
梂 DIJE
毬 HUIJE
球 MGIJE
蚯 LIOM
裘 IEYHV
鞦 TJHDF
鰍 NFHDF

qu

去 GI
曲 TW
劬 PRKS
取 SJE
屈 SUU
區 SRRR
娶 SEV
蛆 LIBM
渠 ESD
蛐 LITW
嶇 USRR
趣 GOSJE
趨 GOPUU
瞿 BUOG
軀 HHSRR
驅 SFSRR
衢 HOBGN
麴 YUHLB

quan

犬 IK
全 OMG
佺 OOMG
券 FQSH
泉 HAE
畎 WIK
拳 FQQ
荃 TOMG
圈 WFQU
痊 KOMG
詮 YROMG
蜷 LIFQU
銓 COMG
踡 RMFQU
勸 TGKS
權 DTRG

que

卻 CRSL
缺 OUDK
雀 FOG
榷 DOBG
確 MROBG
瘸 KKRB
闋 ANNOK
闕 ANTUO

qun

群 SRTQ
裙 LSKR

ran

冉 GB
染 END
苒 TGB
然 BKF
髯 SHGB
燃 FBKF

rang

嚷 RYRV
壤 GYRV
攘 QYRV
瓤 YVHVO
禳 IFYRV
讓 YRYRV

rao

橈 DGGU
擾 QMBE
繞 VFGGU
饒 OIGGU

re

惹 TKRP
熱 GIF

ren

人 O
儿 LU
刃 SHI
仁 OMM
壬 HG
仞 OSHI
任 OHG
妊 VHG
忍 SIP
紉 VFSHI
荏 TOHG
衽 LHG
軔 JJSHI
韌 DQSHI
飪 OIHG
稔 HDOIP
認 YRSIP

reng

仍 ONHS
扔 QNHS

ri

日 A

rong

冗 BHN
戎 IJ
容 JCOR
茸 TSJ
絨 VFIJ
溶 EJCR
榕 DJCR
榮 FFBD
熔 FJCR
蓉 TJCR
融 MBLMI
嶸 UFFD
鎔 CJCR

rou

肉 OBO
柔 NHD
揉 QNHD
蹂 RMNHD
鞣 TJNHD

ru

入 OH
如 VR
汝 EV
乳 BDU
茹 TVR
辱 MVDI
儒 OMBB
褥 LMVI
嚅 RMBB
孺 NDMBB
濡 EMBB
蠕 LIMBB

ruan

阮 NLMMU
軟 JJNO

rui

瑞 MGUMB
睿 YBMCU
銳 CCRU
蕊 TPPP

run

閏 ANMG
潤 EANG

ruo

若 TKR
弱 NMNIM
偌 OTKR
篛 HNMM
鶸 NMNMF

sa

卅 TJ
颯 YTHNI
撒 QTBK
薩 TNLM
灑 EMMP

sai

塞 JTCG
腮 BWP
賽 JTCC
鰓 NFWP

san

三 MMM
傘 OOOJ
散 TBOK
糝 FDIIH
霰 MBTBK

sang

桑 EEED
喪 GRRV
嗓 REED

sao

掃 QSMB
嫂 VHXE
搔 QEII
橾 DRRD
繅 VFVVD
騷 SFEII

se

色 NAU
嗇 GOWR
瑟 MGPH
澀 ESIM
穡 HDGOW

sen

森 DDD

seng

僧 OCWA

sha

沙 EFH
剎 KCLN
砂 MRFH
紗 VFFH
殺 KCHNE
莎 TEFH
傻 OHCE
煞 NKF
裟 EHYHV
霎 MBYTV
鯊 EHNWF

shai

晒 AMCW
骰 BBHNE
篩 HHRB
曬 AMMP

shan

山 U
汕 EU
刪 BTLN
杉 DHHH
姍 VBT
疝 KU
芟 THNE
柵 DBT
珊 MGBT
舢 HYU
衫 LHHH
扇 HSSMM
訕 YRU
閃 ANO
陝 NLKOO
善 TGTR
跚 RMBT
煽 FHSM
潸 EJCB
擅 QYWM
膳 BTGR
縿 VFIIH
繕 VFTGR
羶 TQYWM
贍 BCNCR
鱔 NFTGR

shang

上 YM
尚 FBR
晌 AHBR
商 YCBR
傷 OOAH
裳 FBRYV
殤 MNOAH
賞 FBRBC
觴 NBOAH

shao

勺 PI
少 FH
杓 DPI
芍 TPI
邵 SRNL
哨 RFB
捎 QFB
梢 DFB
紹 VFSHR
稍 HDFB
韶 YASHR
燒 FGGU

she

舌 HJR
社 IFG
舍 OMJR
射 HHDI
涉 EYLH
砷 MRLWL
奢 KJKA
捨 QOMR
蛇 LIJP
設 YRHNE
赦 GCOK
賒 BCOMF
歙 OMNO
懾 PSJJ
攝 QSJJ
麝 IPHHI

shen

申 LWL
伸 OLWL
沈 ELBU
身 HXH
呻 RLWL
哂 RMCW
甚 TMMV
娠 VMMV
神 IFLWL
深 EBCD
紳 VFLWL
脤 BMMV
腎 SEB
慎 PJBC
蜃 MVLMI
滲 EIIH
審 JHDW
嬸 VJHW
瀋 EJHW

sheng

升 HT
生 HQM
昇 AHT
牲 HQHQM
省 FHBU
陞 NLHTG
盛 ISBT
笙 HHQM
剩 HPLN
勝 BFQS
甥 HMWKS
聖 SRHG
聲 GESJ
賸 BFQC
繩 VFRXU

shi

十 J
士 JM
尸 S
什 OJ
世 PT
仕 OG
史 LK
失 HQO
市 YLB
矢 OK
石 MR
示 MMF
式 IPM
豕 MSHO
事 JLLN
侍 OGDI
使 OJLK
始 VIR
虱 NHLI
室 JMIG
屎 SFD
屍 SMNP
峙 UGDI
恃 PGDI
拭 QIPM
拾 QOMR
施 YSOPD
是 AMYO
柿 DYLB
食 OIAV
師 HRMLB
時 AGDI
舐 HRHVP
逝 YQHL
視 IFBUU
勢 GIKS
嗜 RJPA
塒 GAGI
弒 KCIPM
溼 EMVG

獅 KHHRB
筮 HMOO
試 YRIPM
詩 YRGDI
軾 JJIPM
飾 OIOLB
實 JWJC
蝕 OILMI
誓 QLYMR
奭 KMAA
螽 NJLII
適 YYCB
駛 SFLK
噬 RHMO
濕 EAVF
識 YRYIA
釋 HDWLJ

shou

手 Q
守 JDI
收 VLOK
受 BBE
狩 KHJDI
首 THBU
售 OGR
授 QBBE
壽 GNMI
綬 VFBBE
瘦 KHXE
獸 RRIK

shu

朮 IJC
戍 IHI
抒 QNIN
束 DL
叔 YFE
述 YIJC
恕 VRP
書 LGA
梳 DYIU
殊 MNHJD
倏 OLOK
孰 YDKNI
庶 ITF
淑 EYFE
疏 NMYIU
術 HOICN
暑 AJKA
舒 ORNIN
菽 TYFE
黍 HDOE
署 WLJKA
蜀 WLPLI
鼠 HXVYV
塾 YIG
墅 WNG
潄 EDLO
數 LVOK
樞 DSRR
熟 YIF
蔬 TNMU
豎 SEMRT
樹 DGTI
輸 JJOMN
曙 AWLA
薯 TWLA
藪 TLVK
屬 SYYI
贖 BCGWC

shua

刷 SBLN
耍 MBV

shuai

甩 BQU
帥 HRLB
衰 YWMV
率 YIOJ
摔 QYIJ
蟀 LIYIJ

shuan

拴 QOMG
閂 ANM
栓 DOMG
涮 ESBN

shuang

爽 KKKK
塽 GKKK
霜 MBDBU
雙 OGE
孀 VMBU

shui

水 E
稅 HDCRU
睡 BUHJM
誰 YROG

shun

吮 RIHU
舜 BBNQ
順 LLLC
瞬 BUBBQ

shuo

妁 VPI
朔 TUB
碩 MRMBC
說 YRCRU
爍 FVID
鑠 CVID

si

巳 RU
司 SMR
四 WC
寺 GDI
死 MNP
伺 OSMR
似 OVIO
私 HDI
兕 SUHU
姒 VVIO
泗 EWC
祀 IFRU
俟 OIOK
思 WP
耜 QDRLR
斯 TCHML
絲 VFVIF
嗣 RBSMR
肆 SILQ
飼 OISMR
嘶 RTCL
廝 ITCL
撕 QTCL
賜 BCAPH
駟 SFWC
鷥 VFHAF

song

宋 JD
忪 PCI
松 DCI
悚 PDL
送 YTK
崧 UDCI
淞 EDCI
訟 YRCI
嵩 UYRB
頌 CIMBC
誦 YRNIB
慫 HOP
聳 HOSJ
鬆 SHDCI

sou

叟 HXLE
搜 QHXE
嗾 RYSK
嗽 RDLO
蒐 THI
艘 HYHXE
擻 QLVK
餿 OIHXE
颼 HNHXE

su

夙 HNMNI
俗 OCOR
素 QMVIF
宿 JOMA
速 YDL
甦 MKHQM
粟 MWFD
肅 LX
訴 YRHMY
酥 MWHD
嗉 RQMF
塑 TBG
溯 ETUB
蓿 TJOA
穌 NFHD
簌 HDLO
蘇 TNFD
囌 RTND

suan

痠 KICE
算 HBUT
蒜 TMFF
酸 MWICE

sui

祟 UUMMF
隋 NLKMB
歲 YMIHH
睢 BUOG
碎 MRYOJ
綏 VFBV
遂 YTPO
誶 YRYOJ
隧 NLYTO
隨 NLYKB
燧 FYTO
穗 HDJIP
雖 RIOG
邃 YJCO
髓 BBYKB

sun

孫 NDHVF
筍 HPA
飧 NIOIV
損 QRBC
榫 DOGJ
蓀 TNDF

suo

所 HSHML
唆 RICE
娑 EHV
索 JBVIF
梭 DICE
嗦 RJBF
瑣 MGFBC
蓑 TYWV
簑 HYWV
縮 VFJOA
鎖 CFBC

ta

他 OPD
它 JP
她 VPD
牠 HQPD
塔 GTOR
塌 GASM
榻 DASM
遢 YASM
遝 YWLE
踏 RMEA
撻 QYGQ
蹋 RMASM
獺 KHDLC

tai

太 KI
台 IR
汰 EKI
抬 QIR
胎 BIR
苔 TIR
泰 QKE
跆 RMIR
態 IPP
臺 GRBG
颱 HNIR
檯 DGRG
薹 TGRG

tan

坍 GBY
坦 GAM
炭 UMF
探 QBCD
袒 LAM
貪 OINC
毯 HUFF
覃 MWAJ
痰 KFF

嘆 RTLO
碳 MRUMF
彈 NRRJ
歎 TONO
潭 EMWJ
談 YRFF
壇 GYWM
曇 AMBI
檀 DYWM
罈 OUMWJ
譚 YRMWJ
攤 QTOG
灘 ETOG
癱 KTOG

tang

帑 VELB
倘 OFBR
唐 ILR
堂 FBRG
淌 EFBR
棠 FBRD
湯 EAMH
塘 GILR
搪 QILR
瑭 MGILR
膛 BFBG
趟 GOFBR
躺 HHFBR
燙 EHF
糖 FDILR
螳 LIFBG
醣 MWILR
鏜 CFBG
儻 OFBF

tao

洮 ELMO
套 KSMI
桃 DLMO
討 YRDI
逃 YLMO
啕 RPOU
掏 QPOU
淘 EPOU
陶 NLPOU
萄 TPOU
滔 EBHX
絛 OLOF
濤 EGNI
檮 DGNI
燾 GNMF
韜 DQBHX
饕 RUOIV

te

特 HQGDI

teng

疼 KHEY
滕 BFQE
謄 BFQR
藤 TBFE
騰 BFQF
籐 HBFE

ti

剃 CHLN
剔 AHLN
悌 PCNH
涕 ECNH
屜 SHOT
惕 PAPH
梯 DCNH
逖 YKHF
啼 RYBB
提 QAMO
替 QOA
緹 VFAMO
踢 RMAPH
銻 CCNH
蹄 RMYBB
嚏 RJBO
題 AOMBC
體 BBTWT

tian

天 MK
田 W
忝 HKP
恬 PHJR
畋 WOK
添 EHKP
甜 HRTM
腆 BTBC
填 GJBC
舔 HRHKP
闐 ANJBC

tiao

佻 OLMO
挑 QLMO
迢 YSHR
條 OLOD
眺 BULMO
窕 JCLMO
覜 LMUOU
跳 RMLMO
蜩 LIBGR
鯈 OLOF

tie

帖 LBYR
貼 BCYR
餮 MHOIV
鐵 CJIG

ting

听 RHML
廷 NKHG
亭 YRBN
庭 INKG
挺 QNKG
停 OYRN
梃 DNKG
婷 VYRN
艇 HYNKG
蜓 LINKG
霆 MBNKG
聽 SGJWP
廳 ISGP

tong

同 BMR
彤 BYHHH
桐 DBMR
胴 BBMR
桶 DNIB
統 VFYIU
通 YNIB
痛 KNIB
童 YTWG
筒 HBMR
僮 OYTG
慟 PHGS
銅 CBMR
潼 EYTG
瞳 BUYTG

tou

投 QHNE
偷 OOMN
透 YHDS
頭 MTMBC

tu

土 G
凸 BSS
吐 RG
禿 HDHU
兔 NUI
突 JCIK
徒 HOGYO
屠 SJKA
荼 TOMD
途 YOMD
菟 TNUI
塗 EDG
圖 WRYW
酴 MWOMD

tuan

湍 EUMB
團 WJII
糰 FDWJI

tui

退 YAV
推 QOG
蛻 LICRU
腿 BYAV
褪 LYAV
頹 HUMBC

tun

屯 PU
吞 HKR
豚 BMSO
飩 OIPU
蕈 TMWJ
臀 SEB

tuo

托 QHP
佗 OJP
妥 BV
拓 QMR
拖 QOPD
沱 EJP
陀 NLJP
柝 DHMY
託 YRHP
脫 BCRU
唾 RHJM
跎 RMJP
馱 SFK
駝 SFJP
橢 DNLB
鴕 HFJP

wa

瓦 MVNI
哇 RGG
娃 VGG
挖 QJCN
媧 VBBR
蛙 LIGG
窪 JCEGG
襪 LTWI

wai

外 NIY
歪 MFMYM
崴 UIHV

wan

丸 KNI
汍 EKNI
完 JMMU
宛 JNIU
玩 MGMMU
剜 JULN
挽 QNAU
婉 VJNU
惋 PJNU
晚 ANAU
皖 HAJMU
腕 BJNU
碗 MRJNU
萬 TWLB
頑 MUMBC
綰 VFJRR
蜿 LIJNU
豌 MTJNU
彎 VFN
灣 EVFN

wang

尢 KU
王 MG
妄 YVV
忘 YVP
汪 EMG
往 HOYG
旺 AMG
枉 DMG
罔 BTYV
惘 PBTV
望 YBHG
網 VFBTV
輓 JJNAU
輞 JJBTV
魍 HIBTV

wei

未 JD
危 NMSU
圩 GMD
位 OYT
尾 SHQU
味 RJD
委 HDV
威 IHMV
洧 EKB
為 IKNF

畏	WMV
胃	WB
韋	DMRQ
娓	VSHU
桅	DNMU
偽	OIKF
偉	ODMQ
偎	OWMV
唯	ROG
尉	SFDI
帷	LBOG
惟	POG
喂	RWMV
圍	WDMQ
幃	LBDMQ
渭	EWB
猥	KHWMV
萎	THDV
透	YHDV
微	HOUUK
煨	FWMV
痿	KHDV
葦	TDMQ
違	YDMQ
維	VFOG
慰	SIP
緯	VFDMQ
蔚	TSFI
衛	HODQN
諉	YRHDV
謂	YRWB
濰	EVFG
薇	THOK
褽	SIYHV
闈	ANDMQ
餵	OIWMV
鮪	NFKB
魏	HVHI
巍	UHVI

wen

文	YK
刎	PHLN
吻	RPHH
抆	QYK
汶	EYK
玟	MGYK
紋	VFYK
紊	YKVIF
蚊	LIYK
問	ANR
雯	MBYK
塭	GWOT
溫	EWOT
聞	ANSJ
瘟	KWOT
穩	HDBMP

weng

翁	CISM
嗡	RCIM
蓊	TCIM
甕	YVGN

wo

我	HQI
沃	EHK
臥	SLO
倭	OHDV
喔	RSMG
握	QSMG
渥	ESMG
渦	EBBR
萵	TBBR
斡	JJOYJ
窩	JCBBR
蝸	LIBBR
撾	QYBB

wu

亡	YV
兀	MU
五	MDM
勿	PHH
午	OJ
毋	WJ
戊	IH
伍	OMDM
圬	GMMS
汙	EMD
污	EMMS
吾	MMR
吳	RVNK
巫	MOO
武	MPYLM
物	HQPHH
侮	OOWY
屋	SMIG
唔	RMMR
悟	PMMR
捂	QMMR
烏	HRYF
務	NHOKS
晤	AMMR
梧	DMMR
無	OTF
嗚	RHRF
塢	GHRF
蜈	LIRVK
寤	JVMR
舞	OTNIQ
誣	YRMOO
誤	YRRVK
嫵	VOTF
憮	POTF
蕪	TOTF
鎢	CHRF
霧	MBNHS
鶩	NKSQF
鵡	MMHAF
鼯	HVMMR
齷	YUSMG

xi

夕	NI
兮	CMVS
汐	ENI
西	MCW
吸	RNHE
希	KKLB
系	HVIF
昔	TA
析	DHML
矽	MRNI
係	OHVF
洗	EHGU
唏	RKKB
奚	BVIK
席	ITLB
息	HUP
徙	HOYLO
悉	HDP
惜	PTA
晞	AKKB
淅	EDHL
烯	FKKB
細	VFW
習	SMHA
喜	GRTR
晰	ADHL
犀	SYYQ
稀	HDKKB
翕	OMRM
媳	VHUP
溪	EBVK
僖	OGRR
熙	SUF
熄	FHUP
蓆	TITB
蜥	LIDHL
銑	CHGU
隙	NLFHF
嘻	RGRR
嬉	VGRR
潟	EHXF
膝	BDOE
憩	HUP
熹	GRTF
羲	TGHDS
錫	CAPH
戲	YTI
檄	DHSK
禧	IFGRR
蟋	LIHDP
谿	BKCOR
蹊	RMBVK
鍚	CAMH
璽	MBMGI
譆	YRGRR
曦	ATGS
犧	HQTGS
襲	YPYHV

xia

下	MY
匣	SWL
呷	RWL
狎	KHWL
俠	OKOO
夏	MUHE
峽	UKOO
狹	KHKOO
廈	IMUE
暇	ARYE
煆	FRYE
瑕	MGRYE
葭	TRYE
遐	YRYE
瞎	BUJQR
蝦	LIRYE
轄	JJJQR
霞	MBRYE
黠	WFGR

xian

仙	OU
先	HGHU
弦	NYVI
秈	HDU
咸	IHMR
祆	IFMK
限	NLAV
峴	UBUU
啣	ROML
掀	QHLO
涎	ENKM
現	MGBUU
絃	VFYVI
舷	HYYVI
莧	TBUU
陷	NLNHX
湘	EDBU
閑	AND
閒	ANB
嫌	VTXC
想	DUP
筧	HBUU
羨	TGENO
腺	BHAE
蜆	LIBUU
僩	OANB
銜	HOCMN
嫻	VAND
線	VFHAE
諂	YRNHX
賢	SEBUC
憲	JQMP
暹	YAOG
險	NLOMO
餡	OINHX
鮮	NFTQ
獻	YBIK
鹹	YWIHR
蘚	TNFQ
纖	VFOIM
顯	AFMBC

xiang

向	HBR
享	YRND
巷	TCRU
庠	ITQ
相	DBU
香	HDA
祥	IFTQ
廂	IDBU
翔	TQSMM
象	NAPO
鄉	VHIIL
項	MMBC
詳	YRTQ
像	ONAO
餉	OIHBR
箱	HDBU
橡	DNAO
襄	YRRV
嚮	VLHBR
瓖	MGYRV
響	VLYTA
饗	VLOIV
鑲	CYRV

xiao

小	NC
孝	JKND
肖	FB

削 FBLN
哮 RJKD
宵 JFB
效 YKOK
校 DYCK
消 EFB
笑 HHK
崤 UKKB
梟 HAYD
逍 YFB
傚 OYKK
硝 MRFB
嘐 RSMH
嘯 RLX
銷 CFB
霄 MBFB
曉 AGGU
蕭 TLX
篠 HOLD
簫 HLX
瀟 ETLX
囂 RRMCR
驍 SFGGU

xie

邪 MHNL
些 YPMM
協 JKSS
卸 OMSL
泄 EPT
洩 ELWP
屑 SFB
挾 QKOO
脅 KSKSB
偕 OPPA
斜 ODYJ
械 DIT
紲 VFPT
楔 DQHK
歇 AVNO
榭 DHHI
勰 KSWP
寫 JHXF
鞋 TJGG
懈 PNBQ
諧 YRPPA
燮 FFE
褻 YGIV
謝 YRHHI
邂 YNBQ
擷 QGRC
瀉 EJHF
蠍 LIAVO
蟹 NQLMI
攜 QUOB

xin

心 P
辛 YTJ
昕 AHML
欣 HLNO
芯 TP
信 OYMR
莘 TYTJ
訢 YRHML
新 YDHML
鋅 CYTJ
薪 TYDL
馨 GEHDA
釁 HBMCH

xing

刑 MTLN
行 HOMMN
形 MTHHH
杏 DR
邢 MTNL
姓 VHQM
幸 GTJ
性 PHQM
型 MNG
星 AHQM
倖 OGTJ
陘 NLMVM
悻 PGTJ
硎 MRMTN
惺 PAHM
猩 KHAHM
腥 BAHM
興 HXBC
醒 MWAHM
凶 UK
兇 UKHU
匈 PUK
洶 EPUK
胸 BPUK
雄 KIOG
熊 IPF
兄 RHU

xiu

休 OD
朽 DMVS
秀 HDNHS
岫 ULW
咻 ROD
修 OLOH
羞 TQNG
脩 OLOB
袖 LLW
嗅 RHUK
溴 EHUK
繡 VFLX
鏽 CLX

xu

吁 RMD
戌 IHM
旭 KNA
序 ININ
卹 HTSL
恤 PHBT
洫 EHBT
胥 NOB
徐 HOOMD
栩 DSMM
訏 YRMD
敘 ODOK
勗 ABMS
許 YROJ
酗 MWUK
婿 VNOB
絮 VRVIF
虛 YPTM
須 HHMBC
煦 ARF
頊 MGMBC
緒 VFJKA
蓄 TYVW
需 MBMBL
噓 RYPM
墟 GYPM
續 VFGWC
鬚 SHHHC

xuan

玄 YVI
宣 JMAM
炫 FYVI
晅 AMAM
眩 BUYVI
軒 JJMJ
旋 YSONO
喧 RJMM
渲 EJMM
絢 VFPA
暄 AJMM
萱 TJMM
鉉 CYVI
漩 EYSO
縣 BFHVF
諼 YRBME
選 YRUC
璿 MGYBU
懸 BFP
癬 KNFQ

xue

穴 JC
血 HBT
雪 MBSM
靴 TJOP
學 HBND
薛 THRJ

xun

旬 PA
汛 ENJ
迅 YNJ
巡 YVVV
徇 HOPA
洵 EPA
殉 MNPA
荀 TPA
訊 YRNJ
訓 YRLLL
勛 RCKS
尋 SMMRI
巽 RUTC
循 HOHJU
詢 YRPA
馴 SFLLL
遜 YNDF
潯 ESMI
潠 ERUC
勳 HFKS
壎 GHGF
燻 FHGF
燸 FMBB
薰 THGF
醺 MWHGF

ya

丫 CL
牙 MVDH
呀 RMVH
亞 MLLM
押 QWL
芽 TMVH
柙 DWL
蚜 LIMVH
啞 RMLM
崖 UMGG
涯 EMGG
琊 MGMHL
訝 YRMVH
氬 ONMLM
雅 MHOG
衙 HOMRN
鴉 MHHAF
鴨 WLHAF
壓 MKG

yan

妍 VMT
言 YMMR
奄 KLWU
岩 UMR
延 NKHYM
沿 ECR
炎 FF
兗 YCRHU
咽 RWK
彥 YHHHH
研 MRMT
衍 HOEMN
唁 RYMR
宴 JAV
晏 AJV
胭 BWK
偃 OSAV
掩 QKLU
淹 EKLU
焉 MYLF
眼 BUAV
堰 GSAV
湮 EMWG
焰 FNHX
硯 MRBUU
菸 TYSY
郾 SVNL
雁 MOOG
煙 FMWG
猿 KHGRV
厭 MABK
嫣 VMYF
演 EJMC
筵 HNKM
醃 MWKLU
燕 TLPF
燄 NXFF
諺 YRYHH
閻 ANNHX
檐 DNCR
縯 VFJMC
顏 YHMBC
嚥 RTLF
簷 HNCR
嚴 RRMMK
儼 ORRK
贗 MFBUC
鼴 HVSAV
巖 URRK
饜 MKOIV
驗 SFOMO
豔 UTNAU

魘 MKHI
鹽 SWBT
釅 MWRRK
豔 UTGIT

yang

央 LBK
仰 OHVL
羊 TQ
佯 OTQ
怏 PLBK
泱 ELBK
徉 HOTQ
殃 MNLBK
洋 ETQ
恙 TGP
氧 ONTQ
烊 FTQ
秧 HDLBK
揚 QAMH
陽 NLAMH
暘 AAMH
楊 DAMH
煬 FAMH
漾 ETGE
瘍 KAMH
鞅 TJLBK
樣 DTGE
養 TOIAV
鴦 LKHAF
颺 HNAMH
癢 KTOV

yao

么 HI
夭 HK
爻 KK
吆 RVI
妖 VHK
杳 DA
肴 KKB
咬 RYCK
姚 VLMO
要 MWV
窈 JCVIS
舀 BHX
淆 EKKB
堯 GGGU
搖 QBOU
腰 BMWV
榣 DBOU
瑤 MGBOU
遙 YBOU
嬈 VGGU
窯 JCTGF
餚 OIKKB
謠 YRBOU
邀 YHSK
曜 ASMG
藥 TVID
耀 FUSMG
鷂 BUHAF
鑰 COMB

ye

也 PD
冶 IMIR
夜 YONK
耶 SJNL
頁 MBUC
野 WGNIN
腋 BYOK
暍 AAPV
椰 DSJL
爺 CKSJL
葉 TPTD
噎 RGBT
曄 ATMJ
謁 YRAPV
鄴 TDNL
靨 MKMWL

yi

一 M
乙 NU
已 SU
弋 IP
刈 KLN
以 VIO
亦 YLNC
伊 OSK
圯 GRU
夷 KN
屹 UON
曳 LWP
衣 YHV
佚 OHQO
役 HOHNE
抑 QHVL
沂 EHML
矣 IOK
迆 YPD
邑 RAU
依 OYHV
佾 OCB
宜 JBM
怡 PIR
易 APHH
咦 RKN
咿 ROSK
奕 YCK
姨 VKN
帟 YCLB
弈 YCT
疫 KHNE
羿 SMT
迤 YOPD
倚 OKMR
栘 DNIN
浥 ERAU
益 TCBT
胰 BKN
偯 OYRV
異 WTC
痍 KKN
移 HDNIN
翌 SMYT
壹 GBMT
揖 QRSJ
椅 DKMR
貽 BCIR
軼 JJHQO
逸 YNUI
意 YTAP
溢 ETCT
義 TGHQI
肄 PKLQ
裔 YVBCR
詣 YRPA
飴 OIIR
夤 NIJMC
旖 YSOKR
漪 EKHR
疑 PKNIO
蜴 LIAPH
億 OYTP
儀 OTGI
毅 YOHNE
誼 YRJBM
劓 HLLN
噫 RYTP
憶 PYTP
縊 VFTCT
遺 YLMC
頤 SLMBC
翳 SESMM
翼 SMWTC
臆 BYTP
彝 VMFFT
醫 SEMCW
鎰 CTCT
繹 VFWLJ
藝 TGII
蟻 LITGI
議 YRTGI
譯 YRWLJ
囈 RTGI
懿 GTIOP
驛 SFWLJ

yie

掖 QYOK
液 EYOK
業 TCTD

yin

尹 SK
引 NL
印 HPSL
因 WK
吟 ROIN
垠 GAV
姻 VWK
胤 LVBU
音 YTA
殷 HSHNE
氤 ONWK
茵 TWK
蚓 LINL
寅 JMLC
淫 EBHG
陰 NLOII
飲 OINO
慇 HEP
銀 CAV
蔭 TNLI
隱 NLBMP
霪 MBEBG
齦 YUAV
癮 KNLP

ying

迎 YHVL
映 ALBK
盈 NSBT
英 TLBK
郢 RGNL
硬 MRMLK
塋 FFBG
楹 DNST
瑛 MGTLK
熒 FFBF
影 AFHHH
瑩 FFBMG
嬴 YRBVN
穎 PDMBC
縈 FFBVF
螢 FFBLI
嬰 BCV
應 IGP
營 FFBRR
膺 IGB
瀛 EYRN
蠅 LIRXU
嚶 RBCV
罌 BCOJU
贏 YRBBN
櫻 DBCV
瓔 MGBCV
鶯 FFBHF
纓 VFBCV
鷹 IGHAF
鸚 BVHAF

yo

唷 RYIB
喲 RVFI

yong

永 INE
用 BQ
佣 OBQ
甬 NIBQ
泳 EINE
俑 ONIB
勇 NBKS
涌 ENIB
邕 VVRAU
庸 ILB
恿 NBP
湧 ENBS
詠 YRINE
傭 OILB
蛹 LINIB
雍 YVHG
慵 PILB
鄘 IBNL
壅 YVGG
擁 QYVG
踴 RMNBS
臃 BYVG

you

又 NK
友 KE
尤 IKU
右 KR
幼 VIKS
由 LW
有 KB
佑 OKR
攸 OLOK
酉 MCWM
侑 OKB
油 ELW
囿 WKB

宥 JKB
幽 UVII
柚 DLW
疣 KIKU
祐 IFKR
悠 OKP
莠 THDS
游 EYSD
猶 KHTCW
郵 HMNL
猷 TWIK
遊 YYSD
釉 HDLW
鈾 CLW
誘 YRHDS
憂 MBPHE
牖 LLHSB
魷 NFIKU
優 OMBE
黝 WFVIS
鼬 HVLW

yu

于 MD
予 NINN
玉 MGI
宇 JMD
羽 SMSIM
聿 LQ
余 OMD
妤 VNIN
育 YIB
芋 TMD
迂 YMD
於 YSOY
盂 MDBT
臾 HXO
雨 MLBY
俞 OMBN
昱 AYT
禹 HLBI
禺 WLBI
竽 HMD
紆 VFMD
郁 KBNL
圄 WMMR
堉 GYIB
娛 VRVK
峪 UCOR
浴 ECOR
圉 WGTJ
域 GIRM
庾 IHXO
御 HOOML
敔 MROK
欲 CRNO
淤 EYSY
雩 MBMMS
魚 NWF
喻 ROMN
寓 JWLB
愉 POMN
渝 EOMN
腴 BHXO
萸 THXO
隅 NLWLB
馭 SFE
愚 WBP
愈 OMBP
榆 DOMN
毓 OYYIU
煜 FAYT
瑜 MGOMN
瘀 KYSY
虞 YPRVK
裕 LCOR
遇 YWLB
逾 YOMN
預 NNMBC
嫗 VSRR
漁 ENWF
獄 KHYRK
瘉 KOMN
與 HXYC
語 YRMMR
慾 COP
蝓 LIOMN
褕 LOMN
諛 YRHXO
餘 OIOMD
鷸 VESQF
澦 ENNC
禦 HLMMF
覦 ONBUU
諭 YROMN
豫 NNNAO
嶼 UHXC
嶽 UKHK
燠 FHBK
輿 HXJC
歟 HCNO
癒 KOMP
齟 YUBM
譽 HCYMR
齬 YUMMR
鬱 DDBUH
籲 HOBC

yuan

元 MMU
沅 EMMU
垣 GMAM
怨 NUP
爰 BMKE
苑 TNIU
冤 BNUI
原 MHAF
員 RBUC
袁 GRHV
院 NLJMU
淵 ELXL
媛 VBME
援 QBME
湲 EBME
園 WGRV
圓 WRBC
源 EMHF
愿 MFP
遠 YGRV
鳶 IPHAF
緣 VFVNO
鴛 NUHAF
轅 JJGRV
願 MFMBC
騵 SFMHF

yue

曰 A
月 B
刖 BLN
岳 OMU
玥 MGB
約 VFPI
悅 PCRU
軏 JJMU
越 GOIV
粵 HWMVS
閱 ANCRU
躍 RMSMG
籥 HOMB

yun

云 MMI
允 IHU
勻 PIM
孕 NSND
昀 APIM
芸 TMMI
紜 VFMMI
耘 QDMMI
雲 MBMMI
慍 PWOT
暈 ABJJ
運 YBJJ
隕 NLRBC
氳 ONWOT
熨 SIF
醞 MWWOT
韻 YARBC
蘊 TVFT

za

匝 SLB
咋 RHS
砸 MRSLB
偺 OHOA
雜 YDOG

zai

再 MGB
在 KLG
災 VVF
哉 JIR
宰 JYTJ
栽 JID
載 JIJWJ

zan

咱 RHBU
暫 JLA
簪 HMUA
贊 HUBUC
鏨 JLC
瓚 MGHUC
讚 YRHUC

zang

奘 VGK
葬 TMPT
臧 IMSLL
贓 BCIMS
臟 BTIS
髒 BBTMT
臢 BHUC

zao

早 AJ
灶 FG
皂 HAP
蚤 EILMI
造 YHGR
棗 DBDB
遭 YTWA
噪 RRRD
澡 ERRD
燥 FRRD
糟 FDTWA
藻 TERD
譟 YRRRD
躁 RMRRD
鑿 TEC

ze

仄 MO
則 BCLN
笮 HHS
責 QMBUC
滓 EJYJ
嘖 RQMC
擇 QWLJ
澤 EWLJ

zei

賊 BCIJ

zen

怎 HSP

zeng

增 GCWA
憎 PCWA
贈 BCCWA

zha

扎 QU
乍 HS
札 DU
吒 RHP
軋 JJU
柞 DHS
炸 FHS
眨 BUHIO
砟 MRHS
紮 DUVIF
蚱 LIHS
喳 RDAM
渣 EDAM
詐 YRHS
搾 QJCS
閘 ANWL
榨 DJCS

zhai

宅 JHP
窄 JCHS
債 OQMC
寨 JTCD
摘 QYCB
翟 SMOG
齋 YXF

zhan

占 YR
佔 OYR
沾 EYR
展 STV

站 YTYR
斬 JJHML
棧 DII
湛 ETMV
盞 IIBT
詹 NCYMR
嶄 UJJL
戰 RJI
霑 MBEYR
氈 YMHQU
瞻 BUNCR
譫 YRNCR
蘸 TMGF

zhang

丈 JK
仗 OJK
杖 DJK
帳 LBSMV
張 NSMV
章 YTAJ
掌 FBRQ
脹 BSMV
幛 LBYTJ
彰 YJHHH
漳 EYTJ
漲 ENSV
獐 KHYTJ
障 NLYTJ
樟 DYTJ
璋 MGYTJ
賬 BCSMV
瘴 KYTJ
蟑 LIYTJ

zhao

爪 HLO
召 SHR
兆 LMUO
找 QI
招 QSHR
沼 ESHR
昭 ASHR
炤 FSHR
釗 CLN
啁 RBGR
棹 DYAJ
詔 YRSHR
照 ARF
罩 WLYAJ
肇 HKLQ
趙 GOFB
櫂 DSMG

zhe

折 QHML
者 JKA
哲 QLR
浙 EQHL
這 YYMR
蜇 QLLMI
摺 QSMA
褚 LJKA
輒 JJSJU
蔗 TITF
赭 GCJKA
遮 YITF
螫 GKLMI
褶 LSMA
謫 YRYCB
轍 JJYBK
鷓 IFHAF

zhen

圳 GLLL
枕 DLBU
甽 WLLL
珍 MGOHH
貞 YBUC
振 QMMV
朕 BTK
疹 KOHH
真 JBMC
砧 MRYR
針 CJ
陣 NLJWJ
偵 OYBC
幀 LBYBC
診 YROHH
斟 TVYJ
楨 DYBC
榛 DQKD
甄 MGMVN
禎 IFYBC
賑 BCMMV
箴 HIHR
震 MBMMV
鴆 LUHAF
縝 VFJBC
臻 MGQKD
鎮 CJBC

zheng

正 MYLM
征 HOMYM
怔 PMYM
爭 BSD
拯 QNEM
政 MMOK
症 KMYM
崢 UBSD
掙 QBSD
猙 KHBSD
証 YRMYM
睜 BUBSD
箏 HBSD
蒸 TNEF
徵 HOUGK
諍 YRBSD
鄭 TKNL
整 DKMYM
錚 CBSD
證 YRNOT
癥 KHOK

zhi

之 INO
支 JE
止 YLM
氏 HVP
卮 HMSU
只 RC
汁 EJ
旨 PA
至 MIG
吱 RJE
址 GYLM
志 GP
制 HBLN
枝 DJE
治 EIR
泜 EHPM
炙 BF
直 JBMM
知 OKR
肢 BJE
芝 TINO
芷 TYLM
咫 SORC
姪 VMIG
指 QPA
祉 IFYLM
祇 IFHVP
胝 BHPM
致 MGOK
值 OJBM
祗 IFHPM
秩 HDHQO
紙 VFHVP
脂 BPA
衹 LHVP
隻 OGE
執 GJKNI
梔 DHMU
痔 KGDI
窒 JCMIG
趾 RMYLM
智 ORA
植 DJBM
殖 MNJBM
痣 KGP
蛭 LIMIG
稚 HDOG
置 WLJBM
輊 JJMIG
雉 OKOG
摭 QITF
滯 EKPB
蜘 LIOKR
製 HNYHV
誌 YRGP
幟 LBYIA
摯 GIQ
緻 VFMGK
質 HLBUC
櫛 DHAL
擲 QTKL
織 VFYIA
職 SJYIA
躑 RMTKL
躓 RMHLC

zhong

中 L
仲 OL
忠 LP
盅 LBT
重 HJWG
冢 BMMO
衷 YLHV
眾 WLOOO
終 VFHEY
塚 GBMO
腫 BHJG
種 HDHJG
踵 RMHJG
鍾 CHJG
鐘 CYTG

zhou

州 ILIL
舟 HBYI
肘 BDI
咒 RRHN
周 BGR
妯 VLW
宙 JLW
帚 SMBLB
冑 LWB
洲 EILL
紂 VFDI
胄 LWB
晝 LGAM
粥 NFDN
軸 JJLW
週 YBGR
皺 PUDHE
縐 VFPUU
籀 HQHW
驟 SFSEO

zhu

主 YG
朱 HJD
竹 H
住 OYG
佇 OJMN
助 BMKS
侏 OHJD
杼 DNIN
注 EYG
竺 HMM
柱 DYG
株 DHJD
珠 MGHJD
祝 IFRHU
茱 THJD
渚 EJKA
硃 MRHJD
蛀 LIYG
逐 YMSO
煮 JAF
筑 HMNJ
著 TJKA
蛛 LIHJD
註 YRYG
貯 BCJMN
誅 YRHJD
跦 RMHJD
箸 HJKA
銖 CHJD
諸 YRJKA
豬 MOJKA
駐 SFYG
築 HMND
燭 FWLI
藷 TYRA
躅 RMWLI
鑄 CGNI
囑 RSYI
矚 BUSYI

zhua

抓 QHLO

zhuai

拽 QLWP

zhuan

專 JIDI
僎 ORUC
撰 QRUC
篆 HVNO
磚 MRJII
賺 BCTXC
轉 JJJII
顓 UBMBC
囀 RJJI

zhuang

壯 VMG
妝 VMV
狀 VMIK
莊 TVMG
裝 VGYHV
幢 LBYTG
撞 QYTG
樁 DQKX

zhui

隹 OG
追 YHRR
惴 PUMB
椎 DOG
綴 VFEEE
墜 NOG
錐 COG
贅 GKBUC

zhun

肫 BPU
准 IMOG
準 EGJ
諄 YRYRD

zhuo

灼 FPI
卓 YAJ
拙 QUU
斫 MRHML
茁 TUU
捉 QRYO
桌 YAD
酌 MWPI
啄 RMSO
涿 EMSO
琢 MGMSO
濁 EWLI
擢 QSMG
濯 ESMG
鐲 CWLI

zi

子 ND
仔 OND
字 JND
自 HBU
孜 NDOK
姊 VLXH
咨 IOR
姿 IOV
籽 FDND
恣 IOP
玆 YIYVI
茲 TVII
梓 DYTJ
淄 EVVW
滋 ETVI
紫 YPVIF
呰 YPYMR
資 IOBUC
貲 YPBUC
漬 EQMC
緇 VFVVW
輜 JJVVW
諮 YRIOR
錙 CVVW
髭 SHYMP
齜 YUYMP

zo

坐 OOG

zong

宗 JMMF
棕 DJMF
傯 OHWP
粽 FDJMF
綜 VFJMC
總 VFHWP
縱 VFHOO
蹤 RMHOO
鬃 SHJMF

zou

走 GYO
奏 QKHK
陬 NLSJE
搊 QQKK
鄒 PUNL
鄹 SONL

zu

足 RYO
卒 YOOJ
阻 NLBM
俎 OOBM
疽 KBM
砠 MRBM
祖 IFBM
租 HDBM
族 YSOOK
組 VFBM
詛 YRBM
鏃 CYSK

zuan

纂 HBUF
鑽 CHUC

zui

咀 RBM
最 ASJE
罪 WLLMY
嘴 RYPB
醉 MWYOJ
蕞 TASE

zun

尊 TWDI
撙 QTWI
樽 DTWI
遵 YTWI

zuo

左 KM
佐 OKM
作 OHS
昨 AHS
座 IOOG
祚 IFHS
做 OJRK

粵拼索引

字倉頡碼

aai
挨 QIOK
唉 RIOK
哎 RTK
艾 TK
埃 GIOK
噯 RBBE

aak
呃 RMSU
軛 JJMSU
厄 MSU
扼 QMSU
喔 RSMG
渥 ESMG
握 QSMG
齷 YUSMG

aan
晏 AJV
俺 OKLU

ah
呀 RMVH
啞 RMLM
啊 RNLR
丫 CL
訝 YRMVH
亞 MLLM
阿 NLMNR
鴉 MHHAF

ai
挨 QIOK
埃 GIOK
唉 RIOK
艾 TK
哎 RTK
噯 RBBE
隘 NLTCT
縊 VFTCT
翳 SESMM
矮 OKHDV

ak
軛 JJMSU
喔 RSMG
呃 RMSU
握 QSMG
渥 ESMG
厄 MSU
扼 QMSU
齷 YUSMG

am
庵 IKLU
奄 KLWU
暗 AYTA
菴 TKLU
鵪 KUHAF
諳 YRYTA
黯 WFYTA

an
俺 OKLU
晏 AJV

ang
鶯 FFBHF
罌 BCOJU

ap
鴨 WLHAF

at
戛 MUI
押 QWL
遏 YAPV
壓 MKG

au
拗 QVIS
凹 SSU
勾 PI
區 SRRR
甌 SRMVN
嘔 RSRR
毆 SRHNE
鷗 SRHAF
歐 SRNO

ba
巴 AU
把 QAU
吧 RAU
疤 KAU
笆 HAU
叭 RC
芭 TAU
爸 CKAU
霸 MBTJB
葩 THAU
罷 WLIBP
灞 EMBB
靶 TJAU
壩 GMBB

baai
敗 BCOK
拜 HQMQJ
湃 EHQJ
擺 QWLP

baak
白 HA
伯 OHA
帛 HALB
迫 YHA
佰 OMA
百 MA
匐 PMRW
蔔 TPMW

baan
扮 QCSH
板 DHE
斑 MGYKG
阪 NLHE
舨 HYHE
班 MGILG
版 LLHE
辦 YJKSJ
頒 CHMBC
闆 ANRRR

baang
崩 UBB
甭 MFBQ
繃 VFUBB
蹦 RMUBB

baat
捌 QRSN
八 HO

baau
苞 TPRU
胞 BPRU
包 PRU
鮑 NFPRU
爆 FVID
飽 OIPRU

bai
閉 ANDH
敝 FBOK
陛 NLPPG
跛 RMDHE
蔽 TFBK
弊 FKT
斃 FKMNP
薜 TSRJ
幣 FKLB

bak
北 LMP

bam
泵 MRE
乓 OMI

ban
彬 DDHH
笨 HDM
奔 KJT
品 RRR
賓 JMHC
濱 EJMC
檳 DJMC
儐 OJMC
臏 BJMC
稟 YWRD
鬢 SHJMC
嬪 VJMC
繽 VFJMC
殯 MNJMC

bark
百 MA
白 HA

bat
弼 NMAN
拔 QIKK
畢 WTJ
不 MF
筆 HLQ
跋 RMIKK
蹕 RMWTJ
鈸 CIKK
嗶 RWTJ

bau
爆 FVID

beah
啤 RHHJ

beh
啤 RHHJ

bei
詖 YRDHE
費 LNBUC
悲 LYP
匕 UH
秘 HDPH
毗 WPP
庇 IPP
泌 EPH
祕 IFPH
埤 GHHJ
俾 OHHJ
比 PP
卑 HHJ
沘 EPP
彼 HODHE
脾 BHHJ
備 OTHB
被 LDHE
妣 VPP
篦 HHWP
裨 LHHJ
憊 OBP
痺 KHHJ
髀 BUHHJ
避 YSRJ
碑 MRHHJ
臂 SJB
鉍 CPH
鼻 HUWML

beng
柄 DMOB
病 KMOB
餅 OITT

bik
迫 YHA
壁 SJG
璧 SJMGI
襞 SJYHV
逼 YMRW
碧 MAMR

bin
便 OMLK
卞 YY
汴 EYY
扁 HSBT
匾 SHSB
貶 BCHIO
弁 IT
鞭 TJOMK
辨 YJILJ

邊 YHUS
變 VFOK
辮 YJVFJ
辯 YJYRJ

bing

秉 HDL
冰 IME
乒 OMH
炳 FMOB
丙 MOB
并 TT
併 OTT
並 TTC
姘 VTT
摒 QSTT
兵 OMC

bit

必 PH
別 RSLN
鱉 FKNWF
癟 KHUB
彆 FKN
鉍 CPH

biu

彪 YUHHH
表 QMV
婊 VQMV
膘 BMWF
鑣 CIPF
標 DMWF
鏢 CMWF
驃 SFMWF
錶 CQMV

bo

捕 QIJB
佈 OKLB
保 ORD
埔 GIJB
報 GJSLE
部 YRNL
哺 RIJB
怖 PKLB
步 YLMH
布 KLB
堡 ODG
寶 JMUC
褓 LORD
曝 AATE
簿 HEII
補 LIJB
褒 YODV
暴 ATCE

boh

菠 TEDE
坡 GDHE
玻 MGDHE
波 EDHE
播 QHDW

bok

扑 QY
搏 QIBI
博 JIBI
舶 HYHA
縛 VFIBI
箔 HEHA
駁 SFKK
膊 BIBI
薄 TEII
雹 MBPRU
鉑 CHA

bong

傍 OYBS
邦 QJNL
鎊 CYBS
榜 DYBS
綁 VFQJL
螃 LIYBS
膀 BYBS
磅 MRYBS
幫 GIHAB

booi

盃 MFBT
背 LPB
狽 KHBUC
貝 BUC
胚 BMFM
杯 DMF
焙 FYTR
鋇 CBUC
輩 LYJWJ

book

卜 Y
僕 OTCO
瀑 EATE

boon

叛 FQHE
畔 WFQ
胖 BFQ
拌 QFQ
半 FQ
本 DM
苯 TDM
伴 OFQ
搬 QHYE
絆 VFFQ
般 HYHNE

boot

勃 JDKS
脖 BJBD
渤 EJDS
缽 OUDM
撥 QNOE

bui

焙 FYTR
盃 MFBT
狽 KHBUC
胚 BMFM
背 LPB
貝 BUC
杯 DMF
鋇 CBUC
輩 LYJWJ

buk

卜 Y
僕 OTCO
瀑 EATE

bun

彬 DDHH
奔 KJT
品 RRR
笨 HDM
檳 DJMC
臏 BJMC
繽 VFJMC
賓 JMHC
濱 EJMC
儐 OJMC
嬪 VJMC
鬢 SHJMC
殯 MNJMC
稟 YWRD

but

不 MF
拔 QIKK
弼 NMAN
筆 HLQ
畢 WTJ
跋 RMIKK
鈸 CIKK
蹕 RMWTJ
嗶 RWTJ

bye

湃 EHQJ
敗 BCOK
拜 HQMQJ
擺 QWLP

card

卡 YMY

cha

差 TQM
查 DAM
叉 EI
茶 TOD
搽 QTOD

chaai

差 TQM
猜 KHQMB
柴 YPD
豺 BHDH
釵 CEI
儕 OYX
踩 RMBD

chaak

冊 BT
惻 PBCN
拆 QHMY
岔 CSHU
測 EBCN
策 HDB
賊 BCIJ
詫 YRJHP

chaam

杉 DHHH
參 IIIH
饞 OINRI
蠶 MUALI
讒 YRNRI
懺 POIM
攙 QNRI
慘 PIIH
慚 PJJL
摻 QIIH

chaan

殘 MNII
產 YHHQM
剷 YMLN
鏟 CYHM
燦 FYED
餐 YEOIV

chaang

倀 OSMV
橙 DNOT
撐 QFBQ

chaap

插 QHJX

chaat

刷 SBLN
察 JBOF
擦 QJBF
獺 KHDLC

chaau

抄 QFH
巢 VVWD
炒 FFH
吵 RFH
鈔 CFH

chai

棲 DJLV
囝 WND
萋 TJLV
切 PSH
砌 MRPSH
悽 PJLV
妻 JLV
霽 MBYX
齊 YX

chak

躑 RMTKL
澤 EWLJ
翟 SMOG

cham

沉 EBHU
參 IIIH
尋 SMMRI
杉 DHHH
侵 OSME
懺 POIM
讖 YROIM
摻 QIIH
慘 PIIH
攙 QNRI
讒 YRNRI
慚 PJJL
蠶 MUALI
饞 OINRI

chan

陳 NLDW
診 YROHH
趁 GOOHH
疹 KOHH
塵 IPG
襯 LYDU
親 YDBUU

chang

曾 CWA
層 SCWA

chap

輯 JJRSJ
緝 VFRSJ

chat

柒 EPD
七 JU
漆 EDOE

chau

仇 OKN
囚 WO
湊 EQKK
丑 NG
秋 HDF
抽 QLW
溴 EHUK
惆 PBGR
臭 HUIK
嗅 RHUK
揪 QHDF
躊 RMGNI
酬 MWILL
綢 VFBGR
儔 OGNI
醜 MWHI
鞦 TJHDF
稠 HDBGR
籌 HGNI
疇 WGNI

chea

奢 KJKA
扯 QYLM
且 BM
車 JWJ
斜 ODYJ
邪 MHNL

cheh

斜 ODYJ
邪 MHNL
車 JWJ
且 BM
扯 QYLM
奢 KJKA

chek

呎 RSO
尺 SO
赤 GLNC

cheng

青 QMB
淨 EBSD
阱 NLTT
井 TT
鄭 TKNL

cheong

倡 OAA
猖 KHAA
窗 JCHWK
唱 RAA
昌 AA
娼 VAA
鎗 COIR
槍 DOIR

cheuk

灼 FPI
芍 TPI
卓 YAJ
桌 YAD
戳 SGI
綽 VFYAJ

cheung

悵 PSMV
昌 AA
翔 TQSMM
將 VMBDI
張 NSMV
囪 HWKK
脹 BSMV
搶 QOIR
祥 IFTQ
章 YTAJ
掌 FBRQ
長 SMV
猖 KHAA
倡 OAA
唱 RAA
窗 JCHWK
象 NAPO
嗆 ROIR
娼 VAA
場 GAMH
像 ONAO
漿 VIE
彰 YJHHH
牆 VMGOW
賬 BCSMV
暢 LLAMH
障 NLYTJ
橡 DNAO
璋 MGYTJ
槍 DOIR
瘴 KYTJ
漳 EYTJ
鏘 CVMI
詳 YRTQ
漲 ENSV
樟 DYTJ
醬 VIMCW
鎗 COIR
腸 BAMH
蟑 LIYTJ
薔 TGOW

chi

紙 VFHVP
巳 RU
支 JE
脂 BPA
嗣 RBSMR
恃 PGDI
翅 JESMM
峙 UGDI
姿 IOV
子 ND
枝 DJE
止 YLM
嗤 RUMI
咫 SORC
矢 OK
志 GP
智 ORA
恥 SJP
弛 NPD
致 MGOK
侈 ONIN
祇 IFHVP
旨 PA
痣 KGP
趾 RMYLM
次 IMNO
刺 DBLN
寺 GDI
此 YMP
池 EPD
字 JND
指 QPA
至 MIG
慈 TVIP
紫 YPVIF
之 INO
始 VIR
滋 ETVI
姊 VLXH
柿 DYLB
茨 TIMO
只 RC
伺 OSMR
祠 IFSMR
持 QGDI
自 HBU
治 EIR
痔 KGDI
址 GYLM
詞 YRSMR
茲 TVII
芝 TINO
疵 KYMP
孜 NDOK
梓 DYTJ
知 OKR
匙 AOP
廁 IBCN
恣 IOP
芷 TYLM
瓷 IOMVN
笞 HIR
肢 BJE
吱 RJE
似 OVIO
仔 OND
賜 BCAPH
熾 FYIA
雌 YMPOG
質 HLBUC
誌 YRGP
踟 RMOKR
磁 MRTVI
諮 YRIOR
墀 GSYQ
癡 KPKO
遲 YSYQ
臍 BYX
蜘 LIOKR
辭 BBYTJ
飼 OISMR
摯 GIQ
錙 CVVW
痴 KOKR
幟 LBYIA
齒 YMUOO
緻 VFMGK
馳 SFPD
魑 HIYUB
資 IOBUC
稚 HDOG
置 WLJBM
褫 LHYU
肆 SILQ

chik

席 ITLB
夕 NI
殖 MNJBM
叱 RP
斥 HMY
值 OJBM
植 DJBM
寂 JYFE
直 JBMM
矽 MRNI
汐 ENI
戚 IHYMF
飭 OIOKS
慼 IFP

chim

籤 HOIM
暹 YAOG
簽 HOMO
潛 EMUA
諂 YRNHX
僭 OMUA
纖 VFOIM
殲 MNOIM

chin

展 STV
前 TBLN
荐 TKLD
千 HJ
淺 EII
仟 OHJ
氈 YMHQU
踐 RMII
濺 EBCI
錢 CII
韆 TJYMU
遷 YMWU
纏 VFIWG

ching

正 MYLM
拯 QNEM
青 QMB

症 KMYM
清 EQMB
淨 EBSD
偵 OYBC
貞 YBUC
逞 YRHG
楨 DYBC
阱 NLTT
程 HDRHG
情 PQMB
呈 RHG
征 HOMYM
秤 HDMFJ
晴 AQMB
怔 PMYM
菁 TQMB
禎 IFYBC
騁 SFLWS
懲 HKP
靖 YTQMB
請 YRQMB
稱 HDBGB
睛 BUQMB
精 FDQMB
靜 QBBSD
澄 ENOT
蜻 LIQMB
蒸 TNEF

chip
妾 YTV

chit
設 YRHNE
切 PSH
澈 EYBK
轍 JJYBK
徹 HOYBK
撤 QYBK

chiu
昭 ASHR
俏 OFB
肖 FB
超 GOSHR
炤 FSHR
釗 CLN
峭 UFB
悄 PFB
朝 JJB
晁 ALMO
憔 POGF
鞘 TJFB
趙 GOFB
潮 EJJB
樵 DOGF
瞧 BUOGF
礁 MROGF

cho
曹 TWA
草 TAJ
措 QTA
粗 FDBM
造 YHGR
躁 RMRRD
醋 MWTA
操 QRRD
漕 ETWA
譟 YRRRD
嘈 RTWA
燥 FRRD
藻 TERD
槽 DTWA
噪 RRRD
澡 ERRD
糙 FDYHR

choh
楚 DDNYO
初 LSH
嵯 UTQM
挫 QOOG
搓 QTQM
蹉 RMTQM
礎 MRDDO
磋 MRTQM
錯 CTA
鋤 CBMS
雛 PUOG
銼 COOG

choi
財 BCDH
採 QBD
菜 TBD
采 BD
彩 BDHHH
塞 JTCG
材 DDH
才 DH
裁 JIYHV
綵 VFBD
蔡 TBOF
賽 JTCC
睬 BUBD

chong
倉 OIAR
床 ID
敞 FBOK
妝 VMV
狀 VMIK
莊 TVMG
傖 OOIR
壯 VMG
創 ORLN
滄 EOIR
藏 TIMS
廠 IFBK
椿 DQKX
蒼 TOIR
闖 ANSQF
裝 VGYHV
艙 HYOIR
臟 BTIS
葬 TMPT
瘡 KOIR
贓 BCIMS
髒 BBTMT

chor
楚 DDNYO
搓 QTQM
嵯 UTQM
挫 QOOG
初 LSH
銼 COOG
錯 CTA
礎 MRDDO
蹉 RMTQM
雛 PUOG
鋤 CBMS
磋 MRTQM

chow
揍 QQKK
舟 HBYI
州 ILIL
洲 EILL
周 BGR
週 YBGR
鄒 PUNL

choy
蔡 TBOF

chu
珠 MGHJD
煮 JAF
侏 OHJD
茱 THJD
注 EYG
註 YRYG
株 DHJD
著 TJKA
住 OYG
蛛 LIHJD
硃 MRHJD
朱 HJD
主 YG
諸 YRJKA
銖 CHJD
鑄 CGNI
廚 IGTI
豬 MOJKA
駐 SFYG
誅 YRHJD
櫥 DIGI

chue
處 YPHEN
貯 BCJMN
苧 TJMN
佇 OJMN
柱 DYG
儲 OYRA
躇 RMTJA
櫥 DIGI
褚 LJKA
曙 AWLA
署 WLJKA
廚 IGTI

chuen
喘 RUMB
忖 PDI
串 LL
村 DDI
傳 OJII
川 LLL
全 OMG
泉 HAE
存 KLND
荃 TOMG
寸 DI
吋 RDI
揣 QUMB
佺 OOMG
痊 KOMG
穿 JCMVH
篡 HBUF
竄 JCHXV
詮 YROMG
銓 COMG

chuet
撮 QASE

chui
捶 QHJM
脆 BNMU
徐 HOOMD
吹 RNO
催 OUOG
炊 FNO
崔 UOG
娶 SEV
取 SJE
除 NLOMD
隋 NLKMB
隨 NLYKB
翠 SMYOJ
趣 GOSJE
趨 GOPUU
櫥 DIGI
橇 DHUU
錘 CHJM
廚 IGTI
鎚 CYHR
摧 QUOG

chuk
畜 YVIW
促 ORYO
速 YDL
束 DL
蓄 TYVW
齪 YURYO
蹙 IFRYO
簇 HYSK
矗 JMJMM

chum
斟 TVYJ
浸 ESME
怎 HSP
針 CJ
覃 MWAJ
枕 DLBU

chun
秦 QKHD
晉 MIIA
春 QKA
准 IMOG
準 EGJ
俊 OICE
進 YOG
峻 UICE
循 HOHJU
竣 YTICE
巡 YVVV
旬 PA
盡 LMFBT

鶉 YDHAF
儘 OLMT
諄 YRYRD
駿 SFICE
燼 FLMT
臻 MGQKD
樽 DTWI
遵 YTWI
蠢 QKALI

chung

囪 HWKK
塚 GBMO
眾 WLOOO
沖 EL
中 L
仲 OL
忠 LP
匆 PKK
從 HOOOO
盅 LBT
虫 LMI
冢 BMMO
重 HJWG
涌 ENIB
春 QKHX
松 DCI
終 VFHEY
衷 YLHV
棕 DJMF
淙 EJMF
充 YIHU
訟 YRCI
宗 JMMF
鬃 SHJMF
寵 JYBP
粽 FDJMF
種 HDHJG
鍾 CHJG
綜 VFJMC
頌 CIMBC
憧 PYTG
鐘 CYTG
腫 BHJG
總 VFHWP
縱 VFHOO

蟲 LILII
聰 SJHWP
蹤 RMHOO
衝 HOHGN
叢 TCTE
誦 YRNIB

chut

出 UU
齣 YUPR

da

打 QMN

daai

呆 RD
歹 MNI
帶 KPBLB
大 K
戴 JIWTC

daam

耽 SJLBU
氮 ONFF
淡 EFF
啖 RFF
膽 BNCR
擔 QNCR
澹 ENCR

daan

丹 BY
單 RRWJ
但 OAM
旦 AM
蛋 NOLMI
憚 PRRJ
誕 YRNKM
彈 NRRJ

daap

搭 QTOR
答 HOMR
瘩 KTOR
踏 RMEA
疊 WWWM

daat

韃 TJYGQ
達 YGTQ
躂 RMYGQ

daau

兜 HVHU

dai

棣 DLE
牴 HQHPM
大 K
帝 YBLB
抵 QHPM
逮 YLE
弟 CNLH
第 HNLH
詆 YRHPM
娣 VCNH
邸 HMNL
底 IHPM
砥 MRHPM
低 OHPM
隸 DFLE
遞 YHYU
締 VFYBB
諦 YRYBB
蒂 TYBB

dak

特 HQGDI
得 HOAMI
德 HOJWP

dan

躉 TWBO
墩 GYDK
燉 FYDK

dang

等 HGDI
登 NOMRT
蹬 RMNOT
瞪 BUNOT
凳 NOMRN

鄧 NTNL
燈 FNOT

dat

突 JCIK
凸 BSS

dau

痘 KMRT
竇 GOVL
逗 YMRT
蚪 LIYJ
抖 QYJ
斜 VFVL
斗 YJ
兜 HVHU
鬥 LN
豆 MRT
陡 NLGYO
竇 JCGWC

deah

爹 CKNIN

deh

爹 CKNIN

dei

地 GPD

dek

笛 HLW

deng

盯 BUMN
訂 YRMN
釘 CMN

deuk

琢 MGMSO
啄 RMSO
涿 EMSO

dik

迪 YLW
荻 TKHF

狄 KHF
的 HAPI
滌 EOLD
敵 YBOK
鏑 CYCB
滴 EYCB
嫡 VYCB
嘀 RYCB

dim

玷 MGYR
惦 PIYR
店 IYR
點 WFYR

din

甸 PW
腆 BTBC
奠 TWK
典 TBC
殿 SCHNE
電 MBWU
靛 QBJMO
巔 UJCC
癲 KJCC
澱 ESCE
錠 CJMO
顛 JCMBC
墊 GIG
碘 MRTBC

ding

汀 EMN
仃 OMN
訂 YRMN
叮 RMN
定 JMYO
盯 BUMN
丁 MN
頂 MNMBC
酊 MWMN
釘 CMN
錠 CJMO
鼎 BUVML

dip

喋 RPTD
諜 YRPTD
碟 MRPTD
蝶 LIPTD
疊 WWWM
牒 LLPTD

dit

秩 HDHQO
跌 RMHQO
迭 YHQO
軼 JJHQO

diu

刁 SM
釣 CPI
吊 RLB
丟 HGI
掉 QYAJ
貂 BHSHR
彫 BRHHH
凋 IMBGR
弔 NL
碉 MRBGR
雕 BROG
調 YRBGR

do

島 HAYU
度 ITE
倒 OMGN
妒 VHS
堵 GJKA
刀 SH
盜 EOBT
渡 EITE
悼 PYAJ
杜 DG
都 JANL
搗 QHAU
到 MGLN
睹 BUJKA
稻 HDBHX
道 YTHU
鍍 CITE
賭 BCJKA

導 YUDI
蹈 RMBHX

doh

惰 PKMB
朵 HND
剁 HDLN
多 NINI
躲 HHHND
跺 RMHND
墮 NBG

doi

代 OIP
玳 MGOIP
袋 OPYHV
待 HOGDI
怠 IRP
岱 OPU
黛 OPWGF

dok

度 ITE
鐸 CWLJ
踱 RMITE

dong

黨 FBRWF
檔 DFBW
當 FBRW
盪 EHBT
鐺 CFBW
噹 RFBW
擋 QFBW
襠 LFBW
蕩 TEAH

dor

剁 HDLN
惰 PKMB
朵 HND
多 NINI
跺 RMHND
墮 NBG
躲 HHHND

duen

段 HJHNE
短 OKMRT
斷 VIHML
端 YTUMB
緞 VFHJE
鍛 CHJE

duet

奪 KOGI

dui

隊 NLTPO
兌 CRHU
堆 GOG
對 TGDI

duk

毒 QMWYI
篤 HSQF
黷 WFGWC
獨 KHWLI
督 YEBU
牘 LLGWC
讀 YRGWC
犢 HQGWC

dun

盹 BUPU
沌 EPU
鈍 CPU
敦 YDOK
墩 GYDK
遁 YHJU
燉 FYDK
頓 PUMBC
噸 RPUC

dung

動 HGKS
洞 EBMR
胴 BBMR
東 DW
冬 HEY
峒 UBMR
凍 IMDW
棟 DDW
慟 PHGS
懂 PTHG
董 THJG

dut

凸 BSS
突 JCIK

fa

花 TOP
化 OP

faai

塊 GHI
快 PDK
傀 OHI
筷 HPDK

fuun

帆 LBHNI
反 HE
飯 OIHE
泛 EHIO
販 BCHE
汎 EHNI
犯 KHSU
返 YHE
范 TESU
凡 HNI
番 HDW
煩 FMBC
梵 DDHNI
蕃 THDW
瓣 YJHOJ
樊 DDK
範 HJJU
藩 TEHW
礬 DDKMR
翻 HWSMM
繁 OKVIF

faat

珐 MGEGI
發 NONHE
法 EGI
砝 MRGI
髮 SHIKK

fai

肺 BJB
吠 RIK
揮 QBJJ
暉 ABJJ
沸 ELLN
傀 OHI
塊 GHI
費 LNBUC
快 PDK
琿 MGBJJ
輝 FUBJJ
筷 HPDK
廢 INOE
徽 HOUFK

fan

汾 ECSH
泛 EHIO
粉 FDCSH
紛 VFCSH
焚 DDF
氛 ONCSH
訓 YRLLL
飯 OIHE
番 HDW
帆 LBHNI
芬 TCSH
煩 FMBC
凡 HNI
婚 VHPA
忿 CSHP
返 YHE
梵 DDHNI
份 OCSH
分 CSH
反 HE
勛 RCKS
吩 RCSH
范 TESU
昏 HPA
勳 HFKS
燻 FHGF
範 HJJU
葷 TBJJ
樊 DDK
礬 DDKMR
薰 THGF
醺 MWHGF
奮 KOGW
糞 FDWTC
憤 PJTC
翻 HWSMM
墳 GJTC
蕃 THDW
繁 OKVIF

fat

伐 OI
囫 WPHH
佛 OLLN
拂 QLLN
忽 PHP
彿 HOLLN
弗 LLN
砝 MRGI
乏 HINO
筏 HOI
氟 ONLLN
發 NONHE
珐 MGEGI
惚 PPHP
法 EGI
髮 SHIKK
窟 JCSUU
罰 WLYRN
閥 ANOI

fau

否 MFR
剖 YRLN
阜 HRJ
浮 EBND
埠 GHRJ

fe

啡 RLMY

feh

啡 RLMY

fei

啡 RLMY
菲 TLMY
扉 HSLMY
妃 VSU
肥 BAU
非 LMYYY
飛 NOHTO
斐 LYYK
匪 SLMY
腓 BLMY
翡 LYSMM
痱 KLMY
誹 YRLMY
霏 MBLMY

feng

番 HDW
凡 HNI
帆 LBHNI
返 YHE
飯 OIHE
范 TESU
汎 EHNI
犯 KHSU
反 HE
煩 FMBC
販 BCHE
泛 EHIO
梵 DDHNI
樊 DDK
繁 OKVIF
範 HJJU
翻 HWSMM
礬 DDKMR
瓣 YJHOJ
藩 TEHW

fo

火 F
科 HDYJ
棵 DWD

貨 OPBUC
伙 OF
夥 WDNIN
蝌 LIHDJ
顆 WDMBC
課 YRWD
稞 HDWD

foh

伙 OF
火 F
科 HDYJ
棵 DWD
貨 OPBUC
顆 WDMBC
稞 HDWD
蝌 LIHDJ
課 YRWD
夥 WDNIN

fok

攫 QBUE
霍 MBOG

fong

妨 VYHS
彷 HOYHS
坊 GYHS
晃 AFMU
防 NLYHS
訪 YRYHS
舫 HYYHS
恍 PFMU
況 ERHU
幌 LBAFU
慌 PTYU
荒 TYVU
仿 OYHS
方 YHS
放 YSOK
芳 TYHS
房 HSYHS
肪 BYHS
紡 VFYHS
謊 YRTYU

foo

扶 QQO
府 IODI
俯 OIOI
芙 TQO
父 CK
赴 GOY
呼 RHFD
負 NBUC
副 MWLN
訃 YRY
苦 TJR
腑 BIOI
甫 IJB
虎 YPHU
乎 HFD
琥 MGYPU
婦 VSMB
仆 OY
富 JMRW
夫 QO
附 NLODI
唬 RYPU
俘 OBND
枯 DJR
傅 OIBI
伕 OQO
付 ODI
釜 CKMGC
庫 IJWJ
斧 CKHML
咐 RODI
符 HODI
孚 BND
腐 IIOBO
膚 YPWB
撫 QOTF
駙 SFODI
敷 ISOK
骷 BBJR
輔 JJIJB
賦 BCMPM
孵 HHSLD
褲 LIJJ

fooi

恢 PKF
灰 KF
悔 POWY
晦 AOWY
奎 KGG
喙 RVNO
魁 HIYJ
詼 YRKF
誨 YROWY

fook

伏 OIK
袱 LOIK
復 HOOAE
服 BSLE
幅 LBMRW
複 LOAE
輻 JJMRW
馥 HAOAE
蝠 LIMRW
覆 MWHOE
腹 BOAE
福 IFMRW

foon

款 GFNO
歡 TGNO
寬 JTBI

foot

闊 ANEHR

fu

扶 QQO
俯 OIOI
乎 HFD
婦 VSMB
伕 OQO
仆 OY
付 ODI
唬 RYPU
甫 IJB
夫 QO
訃 YRY
庫 IJWJ
赴 GOY
苦 TJR
釜 CKMGC
符 HODI
芙 TQO
腑 BIOI
孚 BND
負 NBUC
副 MWLN
父 CK
咐 RODI
附 NLODI
俘 OBND
斧 CKHML
富 JMRW
傅 OIBI
府 IODI
枯 DJR
虎 YPHU
琥 MGYPU
呼 RHFD
骷 BBJR
孵 HHSLD
賦 BCMPM
褲 LIJJ
輔 JJIJB
腐 IIOBO
膚 YPWB
駙 SFODI
撫 QOTF
敷 ISOK

fui

悔 POWY
恢 PKF
喙 RVNO
灰 KF
奎 KGG
晦 AOWY
魁 HIYJ
誨 YROWY
詼 YRKF

fuk

服 BSLE
伏 OIK
幅 LBMRW
復 HOOAE
袱 LOIK
覆 MWHOE
輻 JJMRW
蝠 LIMRW
複 LOAE
馥 HAOAE
腹 BOAE
福 IFMRW

fun

勛 RCKS
粉 FDCSH
紛 VFCSH
汾 ECSH
焚 DDF
忿 CSHP
芬 TCSH
氛 ONCSH
婚 VHPA
訓 YRLLL
分 CSH
憤 PJTC
薰 THGF
醺 MWHGF
糞 FDWTC
奮 KOGW
勳 HFKS
燻 FHGF
葷 TBJJ
墳 GJTC

fung

烽 FHEJ
逢 YHEJ
楓 DHNI
馮 IMSQF
封 GGDI
丰 QJ
風 HNHLI
峰 UHEJ
俸 OQKQ
奉 QKQ
鋒 CHEJ
蜂 LIHEJ
鳳 HNMAF
諷 YRHNI
豐 UJMRT
蓬 TYHJ
篷 HYHJ
瘋 KHNI
縫 VFYHJ

ga

迦 YKSR
傢 OJMO
架 KRD
家 JMSO
伽 OKSR
茄 TKSR
假 ORYE
嫁 VJMO
咖 RKSR
加 KSR
袈 KRYHV
賈 MWBUC
稼 HDJMO
價 OMWC
駕 KRSQF
嘉 GRTR

gaai

界 WOLL
尬 KUOLL
街 HOGGN
芥 TOLL
屆 SUG
皆 PPHA
疥 KOLL
階 NLPPA
偕 OPPA
佳 OGG
戒 IT
楷 DPPA
介 OLL
解 NBSHQ
誡 YRIT

gaak

胳 BHER

格 DHER
革 TLJ
緙 VFTLJ
鎘 CMRB
隔 NLMRB
膈 BMRB

gaam
淦 EC
減 EIHR
鑒 SWC
鑑 CSIT
橄 DMJK
緘 VFIHR
監 SIBT
尷 KUSIT

gaan
奸 VMJ
揀 QDWF
柬 DWF
間 ANA
菅 TJRR
姦 VVV
艱 TOAV
繭 TBLI
諫 YRDWF
鹼 YWOMO
澗 EANA
簡 HANA

gaang
耕 QDTT
更 MLWK

gaap
夾 KOO
蛤 LIOMR
甲 WL
鴿 ORHAF
頰 KOMBC
鉀 CWL

gaau
教 JDOK
蛟 LIYCK
搞 QYRB
交 YCK
郊 YKNL
姣 VYCK
皎 HAYCK
絞 VFYCK
狡 KHYCK
校 DYCK
攪 QHBU
較 JJYCK
跤 RMYCK
鮫 NFYCK
覺 HBBUU
餃 OIYCK
膠 BSMH

gai
計 YRJ
繼 VFVVI
髻 SHGR
薊 TNFN
雞 BKOG

gak
格 DHER
胳 BHER
革 TLJ
緙 VFTLJ
膈 BMRB
鎘 CMRB
隔 NLMRB

gam
甘 TM
淦 EC
感 IRP
敢 MJOK
金 C
今 OIN
柑 DTM
噤 RDDF
禁 DDMMF
錦 CHAB

gan
僅 OTLM
觔 NBKS
根 DAV
筋 HBKS
斤 HML
近 YHML
巾 LB
艱 TOAV
跟 RMAV
瑾 MGTLM
緊 SEVIF
謹 YRTLM

gang
耿 SJF
亙 MBM
梗 DMLK
庚 ILO
哽 RMLK
耕 QDTT
更 MLWK
賡 ILOC
羹 TGFTK

gap
蛤 LIOMR
急 NSP
鴿 ORHAF

gat
訖 YRON
疙 KON
吉 GR
桔 DGR

gau
韭 LMMM
狗 KHPR
救 IEOK
咎 HOR
究 JCKN
苟 TPR
玖 MGNO
疚 KNO
垢 GHMR
九 KN
柩 DSNO
糾 VFVL
枸 DPR
灸 NOF
久 NO
夠 NNPR
詬 YRHMR
舊 TOGX

gei
既 AIMVU
記 YRSU
几 HN
己 SU
肌 BHN
姬 VSLL
杞 DSU
技 QJE
奇 KMNR
乩 YRU
忌 SUP
幾 VIHI
妓 VJE
飢 OIHN
紀 VFSU
基 TCG
寄 JKMR
機 DVII
饑 OIVII
譏 YRVII
磯 MRVII
羈 WLTJF
覬 UTBUU
畿 VIW
璣 MGVII
箕 HTMC
嘰 RVII

geng
鏡 CYTU
驚 TKSQF
頸 MMMBC

geuh
噱 RYPO
鋸 CSJR

geuk
噱 RYPO
腳 BCRL

geung
姜 TGV
薑 TMWM
僵 OMWM
疆 NGMWM
韁 TJMWM

gik
戟 JJI
亟 MEM
棘 DBDB
極 DMEM
激 EHSK
擊 JEQ
兼 TXC
儉 OOMO
撿 QOMO
劍 OOLN
檢 DOMO

ging
痙 KMVM
逕 YMVM
矜 NHOIN
景 AYRF
徑 HOMVM
勁 MMKS
荊 TMTN
涇 EMVM
敬 TROK
京 YRF
竟 YTAHU
兢 JUJRU
璟 MGAYF
經 VFMVM
境 GYTU
憬 PAYF
競 YUYTU
警 TKYMR
驚 TKSQF

gip
劫 GIKS
澀 ESIM

giu
叫 RVL
驕 SFHKB
嬌 VHKB
撬 QHUU
繳 VFHSK
矯 OKHKB

go
高 YRBR
告 HGR
羔 TGF
篙 HYRB
睪 WLGTJ
稿 HDYRB
膏 YRBB
糕 FDTGF

goh
個 OWJR
哥 MRNR
歌 MRNO
箇 HWJR

goi
改 SUOK
蓋 TGIT
該 YRYVO

gok
各 HER
珏 MGMG
角 NBG
覺 HBBUU
擱 QANR
閣 ANHER

gon
干 MJ
竿 HMJ
桿 DAMJ

稈 HDAMJ
杆 DMJ
乾 JJON
幹 JJOMJ
肝 BMJ
趕 GOAMJ
榦 JJOD

gong

剛 BULN
崗 UBTU
港 ETCU
肛 BM
江 EM
岡 BTU
降 NLHEQ
缸 OUM
綱 VFBTU
鋼 CBTU
講 YRTTB

goo

雇 HSOG
辜 JRYTJ
故 JROK
姑 VJR
股 BHNE
固 WJR
菰 TNDO
估 OJR
古 JR
罟 WLJR
牯 HQJR
孤 NDHVO
沽 EJR
蛄 LIJR
咕 RJR
錮 CWJR
蠱 LILIT
鼓 GTJE
僱 OHSG
鴣 JRHAF
鈷 CJR
顧 HGMBC

goon

棺 DJRR
莞 TJMU
貫 WJBUC
官 JRLR
冠 BMUI
倌 OJRR
罐 OUTRG
鸛 TGHAF
灌 ETRG
管 HJRR
觀 TGBUU
館 OIJRR

got

割 JRLN
葛 TAPV
噶 RTAV

gu

牯 HQJR
罟 WLJR
古 JR
股 BHNE
咕 RJR
蛄 LIJR
沽 EJR
固 WJR
姑 VJR
孤 NDHVO
菰 TNDO
雇 HSOG
故 JROK
估 OJR
辜 JRYTJ
顧 HGMBC
錮 CWJR
蠱 LILIT
鴣 JRHAF
鼓 GTJE
僱 OHSG
鈷 CJR

guen

券 FQSH
卷 FQSU
捐 QRB
涓 ERB
眷 FQBU
娟 VRB
倦 OFQU
捲 QFQU
絹 VFRB
鵑 RBHAF

gui

車 JWJ
炬 FSS
莒 TRHR
居 SJR
具 BMMC
巨 SS
倨 OSJR
句 PR
矩 OKSS
鋸 CSJR
瞿 BUOG
據 QYPO
踞 RMSJR
齲 YUHLB
鉅 CSS
颶 HNBMC
舉 HCQ
懼 PBUG

guk

侷 OSSR
掬 QPFD
谷 COR
局 SSR
菊 TPFD
鵠 HRHAF
鞠 TJPFD
穀 GDHNE
跼 RMSSR

gum

柑 DTM
感 IRP
今 OIN
淦 EC
甘 TM
金 C
敢 MJOK
錦 CHAB
噤 RDDF
禁 DDMMF

gung

功 MKS
攻 MOK
蚣 LICI
躬 HHN
恭 TCP
供 OTC
共 TC
拱 QTC
宮 JRHR
工 MLM
公 CI
貢 MBUC
弓 N
龔 YPTC
鞏 MNTLJ
槓 DMBC

gwa

呱 RHVO
掛 QGGY
瓜 HVIO
卦 GGY
挂 QGG
寡 JMCH

gwaai

枴 DRSH
乖 HJLP
怪 PEG
拐 QRSH

gwaak

摑 QWIM

gwaan

關 ANVIT
綸 VFOMB
慣 PWJC

gwaat

刮 HRLN
颳 HNHJR

gwai

癸 NOMK
鬼 HI
季 HDND
貴 LMBUC
悸 PHDD
圭 GG
桂 DGG
軌 JJKN
瑰 MGHI
龜 NXU
鮭 NFGG
歸 HMSMB
閨 ANGG
餽 OIHI
詭 YRNMU
櫃 DSLC
跪 RMNMU
簣 HLMC

gwan

棍 DAPP
鈞 CPIM
均 GPIM
郡 SRNL
軍 BJWJ
君 SKR
滾 EYCV
筠 HGPM

gwang

轟 JJJJ

gwat

崛 USUU
倔 OSUU
滑 EBBB
掘 QSUU
骨 BBB
橘 DNHB
窟 JCSUU
隙 NLFHF

gwing

迥 YBR
炯 FBR

gwoh

果 WD
戈 I
裹 YWDV
過 YBBR

gwok

國 WIRM
郭 YDNL
幗 LBWIM
蟈 LIWIM
廓 IYDL

gwong

胱 BFMU
光 FMU
廣 ITMC
獷 KHITC

ha

下 MY
暇 ARYE
哈 ROMR
夏 MUHE
廈 IMUE
蛤 LIOMR
遐 YRYE
瑕 MGRYE
霞 MBRYE
蝦 LIRYE

haai

孩 NDYVO
揩 QPPA
械 DIT
蟹 NQLMI
駭 SFYVO
鞋 TJGG
懈 PNBQ
諧 YRPPA
邂 YNBQ

骸 BBYVO

haak

客 JHER
赫 GCGLC
嚇 RGCC

haam

函 NUE
涵 ENUE
喊 RIHR
咸 IHMR
銜 HOCMN
餡 OINHX
鹹 YWIHR
頷 ORMBC

haan

閒 ANB
限 NLAV
閑 AND
嫻 VAND
僩 OANB

hang

行 HOMMN
坑 GYHN

haap

峽 UKOO
狹 KHKOO
呷 RWL
莢 TKOO
匣 SWL
狎 KHWL
俠 OKOO
挾 QKOO

haau

校 DYCK
拷 QJKS
哮 RJKD
巧 MMVS
考 JKYS
孝 JKND
傚 OYKK
效 YKOK
姣 VYCK
吼 RNDU
烤 FJKS
酵 MWJKD
敲 YBYE

hai

奚 BVIK
兮 CMVS
系 HVIF
係 OHVF
孩 NDYVO
揩 QPPA
械 DIT
骸 BBYVO
諧 YRPPA
蟹 NQLMI
駭 SFYVO
邂 YNBQ
繫 JEVIF
鞋 TJGG
懈 PNBQ

hak

剋 JULN
刻 YOLN
克 JRHU
可 MNR
黑 WGF
客 JHER
嚇 RGCC
赫 GCGLC

ham

堪 GTMV
砍 MRNO
嵌 UTMO
坎 GNO
戡 TVI
勘 TVKS
含 OINR
蚶 LITM
陷 NLNHX
撼 QIRP
憾 PIRP
瞰 BUMJK

han

痕 KAV
閒 ANB
很 HOAV
閑 AND
限 NLAV
狠 KHAV
恨 PAV
墾 BVG
嫻 VAND
懇 BVP

hang

桁 DHON
恨 PAV
杏 DR
幸 GTJ
哼 RYRN
亨 YRNN
恆 PMBM
行 HOMMN
肯 YMB
倖 OGTJ
狠 KHAV
啃 RYMB
痕 KAV
莖 TMVM
衡 HONKN
懇 BVP
鏗 CSEG
墾 BVG

hap

盒 OMRT
合 OMR
俠 OKOO
恰 POMR
洽 EOMR
闔 ANGIT
瞌 BUGIT

hat

核 DYVO
乞 ON
轄 JJJQR
瞎 BUJQR

hau

後 HOVIE
吼 RNDU
傚 OYKK
拷 QJKS
烤 FJKS
考 JKYS
猴 KHONK
候 OLNK
孝 JKND
哮 RJKD
巧 MMVS
校 DYCK
后 HMR
逅 YHMR
侯 ONMK
喉 RONK
效 YKOK
堠 GONK
厚 MAND
口 R
篌 HONK
敲 YBYE
黌 HBNWF
酵 MWJKD

hei

稀 HDKKB
豈 UMRT
起 GORU
氣 ONFD
希 KKLB
棄 YITD
晞 AKKB
烯 FKKB
汽 EOMN
欺 TCNO
喜 GRTR
唏 RKKB
憩 HUP
禧 IFGRR
僖 OGRR
熹 GRTF
器 RRIKR
犧 HQTGS
戲 YTI
羲 TGHDS
嘻 RGRR
曦 ATGS
熙 SUF
嘿 RWGF
嬉 VGRR

hek

吃 RON

heuh

噓 RYPM
靴 TJOP

heung

向 HBR
享 YRND
香 HDA
晌 AHBR
鄉 VHIL
響 VLYTA
嚮 VLHBR
饗 VLOIV
餉 OIHBR

him

欠 NO
謙 YRTXC
險 NLOMO

hin

軒 JJMJ
衍 HOEMN
牽 YVBQ
掀 QHLO
愆 HNP
蜆 LIBUU
憲 JQMP
遣 YLMR
譴 YRYLR
縴 VFYVQ
顯 AFMBC
獻 YBIK
騫 JTCF

hing

卿 HHAIL
氫 ONMVM
兄 RHU
輕 JJMVM
慶 IXE
馨 GEHDA
磬 GEMR
罄 GEOJU
興 HXBC

hip

愜 PSKO
怯 PGI
脅 KSKSB
挾 QKOO
協 JKSS
勰 KSWP
歉 TCNO

hit

歇 AVNO
挈 QHQ
愒 PAPV

hiu

梟 HAYD
橇 DHUU
囂 RRMCR
驍 SFGGU
澆 EGGU
竅 JCHSK
僥 OGGU
曉 AGGU

ho

毫 YRBU
呵 RMNR
何 OMNR
昊 AMK
苛 TMNR
賀 KRBRC
荷 TOMR
皓 HAHGR

浩 EHGR
河 EMNR
坷 GMNR
訶 YRMNR
可 MNR
好 VND
秏 QDHQU
濠 EYRO
嚎 RYRO
鎬 CYRB
犒 HQYRB
蠔 LIYRO
顥 AFMBC
壕 GYRO
蒿 TYRB
豪 YRBO
號 RSYPU

hoh

訶 YRMNR
可 MNR
河 EMNR
坷 GMNR
何 OMNR
賀 KRBRC
呵 RMNR
苛 TMNR
荷 TOMR

hoi

開 ANMT
氦 ONYVO
海 EOWY
亥 YVHO
凱 UTHN
害 JQMR
愷 PUMT
嗨 REOY
骸 BBYVO

hok

殼 GNHNE
鶴 OGHAF
學 HBND

hom

啣 ROML
含 OINR
坎 GNO
砍 MRNO
勘 TVKS
陷 NLNHX
嵌 UTMO
蚶 LITM
堪 GTMV
戡 TVI
憾 PIRP
頷 ORMBC
撼 QIRP
瞰 BUMJK

hon

寒 JTCY
刊 MJLN
焊 FAMJ
悍 PAMJ
罕 BCMJ
看 HQBU
捍 QAMJ
侃 ORHU
旱 AMJ
汗 EMJ
鼾 HLMJ
翰 JJOSM
韓 JJDMQ
漢 ETLO
瀚 EMDM
銲 CAMJ

hong

吭 RYHN
康 ILE
降 NLHEQ
腔 BJCM
眶 BUSMG
框 DSMG
匡 SMG
項 MMBC
筐 HSMG
行 HOMMN
巷 TCRU
杭 DYHN
香 HDA
航 HYYHN
糠 FDILE
慷 PILE
骯 BBYHN

hop

俠 OKOO
恰 POMR
洽 EOMR
盒 OMRT
合 OMR
闔 ANGIT
瞌 BUGIT

hot

暍 AAPV
曷 APVO
喝 RAPV
渴 EAPV
褐 LAPV
侯 ONMK
口 R
候 OLNK
吼 RNDU
猴 KHONK
喉 RONK
厚 MAND

huen

圈 WFQU
絢 VFPA
喧 RJMM
渲 EJMM
暄 AJMM
券 FQSH
犬 IK
勸 TGKS
萱 TJMM
血 HBT

hui

去 GI
煦 ARF
栩 DSMM
虛 YPTM
許 YROJ
噓 RYPM
墟 GYPM

huk

斛 NBYJ
哭 RRIK
酷 MWHGR
鵠 HRHAF

hum

蚶 LITM
陷 NLNHX
戡 TVI
堪 GTMV
含 OINR
勘 TVKS
砍 MRNO
坎 GNO
嵌 UTMO
撼 QIRP
瞰 BUMJK
憾 PIRP

hung

恐 MNP
胸 BPUK
匈 PUK
崆 UJCM
虹 LIM
控 QJCM
雄 KIOG
洪 ETC
紅 VFM
烘 FTC
訌 YRM
汞 ME
兇 UKHU
凶 UK
孔 NDU
空 JCM
哄 RTC
洶 EPUK
鴻 EMHF
釁 HBTMC
熊 IPF
閧 LNTC

ip

葉 TPTD

ja

蚱 LIHS
渣 EDAM
咋 RHS
砟 MRHS
炸 FHS
咱 RHBU
搾 QJCS
詐 YRHS
乍 HS
柞 DHS
喳 RDAM
吒 RHP
榨 DJCS

jaai

債 OQMC
寨 JTCD
齋 YXF

jaak

宅 JHP
責 QMBUC
窄 JCHS
謫 YRYCB
翟 SMOG
摘 QYCB
嘖 RQMC
擲 QTKL
擇 QWLJ
澤 EWLJ

jaam

湛 ETMV
站 YTYR
斬 JJHML
嶄 UJJL
簪 HMUA
暫 JLA

jaan

棧 DII
贊 HUBUC
讚 YRHUC
盞 IIBT
賺 BCTXC
綻 VFJMO
撰 QRUC
瓚 MGHUC

jaang

爭 BSD
掙 QBSD
睜 BUBSD

jaap

砸 MRSLB
集 OGD
眨 BUHIO
習 SMHA
閘 ANWL
襲 YPYHV
雜 YDOG

jaat

扎 QU
軋 JJU
札 DU
紮 DUVIF

jaau

肘 BDI
爪 HLO
抓 QHLO
找 QI
驟 SFSEO
嘲 RJJB
罩 WLYAJ

jai

仔 OND
祭 BOMMF
制 HBLN
掣 HNQ
濟 EYX
躋 RMYX
製 HNYHV

滯 EKPB
擠 QYX
際 NLBOF
劑 YXLN

jak

仄 MO
則 BCLN
側 OBCN

jam

枕 DLBU
砧 MRYR
怎 HSP
針 CJ
朕 BTK
浸 ESME
斟 TVYJ
箴 HIHR
寢 JVME

jan

陣 NLJWJ
真 JBMC
圳 GLLL
珍 MGOHH
振 QMMV
震 MBMMV
賑 BCMMV
鎮 CJBC

jang

曾 CWA
猙 KHBSD
掙 QBSD
崢 UBSD
爭 BSD
錚 CBSD
贈 BCCWA
諍 YRBSD
睜 BUBSD
箏 HBSD
憎 PCWA
僧 OCWA
增 GCWA

jap

汁 EJ
執 GJKNI

jat

嫉 VKOK
姪 VMIG
疾 KOK
窒 JCMIG
蛭 LIMIG
質 HLBUC
躓 RMHLC

jau

州 ILIL
宙 JLW
帚 SMBLB
洲 EILL
紂 VFDI
晝 LGAM
咒 RRHN
走 GYO
就 YFIKU
周 BGR
酒 EMCW
奏 QKHK
舟 HBYI
週 YBGR
袖 LLW
鄒 PUNL
蹴 RMYFU
皺 PUDHE

je

者 JKA
借 OTA
這 YYMR
姊 VLXH
嗟 RTQM
姐 VBM
蔗 TITF
鷓 IFHAF
遮 YITF
謝 YRHHI

jeh

嗟 RTQM
姐 VBM
這 YYMR
姊 VLXH
借 OTA
者 JKA
蔗 TITF
謝 YRHHI
遮 YITF
鷓 IFHAF

jek

脊 FCB
隻 OGE
炙 BF
蓆 TITB

jeng

淨 EBSD
井 TT
阱 NLTT
正 MYLM
鄭 TKNL

jeuk

桌 YAD
雀 FOG
妁 VPI
酌 MWPI
著 TJKA
嚼 RBWI
爵 BWLI
鵲 TAHAF

jeung

章 YTAJ
張 NSMV
悵 PSMV
杖 DJK
掌 FBRQ
匠 SHML
脹 BSMV
將 VMBDI
仗 OJK
長 SMV
帳 LBSMV
象 NAPO
丈 JK
彰 YJHHH
瘴 KYTJ
像 ONAO
蔣 TVMI
璋 MGYTJ
蟑 LIYTJ
獎 VIIK
漿 VIE
槳 VID
漲 ENSV
樟 DYTJ
漳 EYTJ
障 NLYTJ
橡 DNAO
醬 VIMCW
賬 BCSMV

ji

子 ND
指 QPA
痔 KGDI
址 GYLM
祇 IFHVP
吱 RJE
咫 SORC
趾 RMYLM
巳 RU
支 JE
之 INO
致 MGOK
至 MIG
自 HBU
止 YLM
姿 IOV
孜 NDOK
志 GP
治 EIR
茲 TVII
芷 TYLM
芝 TINO
仔 OND
寺 GDI
肢 BJE
梓 DYTJ
字 JND
知 OKR
只 RC
智 ORA
紫 YPVIF
滋 ETVI
姊 VLXH
枝 DJE
嗣 RBSMR
旨 PA
紙 VFHVP
痣 KGP
脂 BPA
誌 YRGP
質 HLBUC
蜘 LIOKR
摯 GIQ
輊 JJMIG
諮 YRIOR
緻 VFMGK
置 WLJBM
資 IOBUC
稚 HDOG
飼 OISMR
錙 CVVW

jik

矽 MRNI
殖 MNJBM
植 DJBM
直 JBMM
汐 ENI
席 ITLB
即 AISL
寂 JYFE
值 OJBM
夕 NI
積 HDQMC
跡 RMYLC
籍 HQDA
績 VFQMC
蹟 RMQMC
稷 HDWCE
蓆 TITB
藉 TQDA
鯽 NFAIL
職 SJYIA
漬 EQMC
織 VFYIA

jim

沾 EYR
佔 OYR
尖 FK
占 YR
詹 NCYMR
漸 EJJL
臢 BHUC
瞻 BUNCR
霑 MBEYR

jin

荐 TKLD
剪 TBNH
煎 TBNF
展 STV
賤 BCII
顫 YMMBC
輾 JJSTV
箋 HII
墊 GIG
闡 ANRRJ
羶 TQYWM
薦 TIXF
戰 RJI
餞 OIII
箭 HTBN
氈 YMHQU
碾 MRSTV

jing

貞 YBUC
政 MMOK
幀 LBYBC
症 KMYM
菁 TQMB
怔 PMYM
晶 AAA
正 MYLM
証 YRMYM

淨 EBSD
偵 OYBC
阱 NLTT
征 HOMYM
靖 YTQMB
徵 HOUGK
禎 IFYBC
精 FDQMB
蒸 TNEF
靜 QBBSD
睛 BUQMB
證 YRNOT
整 DKMYM

jip

浹 EKOO
接 QYTV
楫 DRSJ
囁 RSJJ
輒 JJSJU
摺 QSMA
褶 LSMA

jit

哲 QLR
折 QHML
捷 QJLO
唧 RAIL
浙 EQHL
截 JIOG
蜇 QLLMI
睫 BUJLO
節 HAIL

jiu

朝 JJB
焦 OGF
召 SHR
照 ARF
沼 ESHR
詔 YRSHR
剿 VDLN
勦 VDKS
椒 DYFE
炤 FSHR
招 QSHR

趙 GOFB
醮 MWOGF
蕉 TOGF
礁 MROGF

jo

造 YHGR
做 OJRK
棗 DBDB
祖 IFBM
灶 FG
祚 IFHS
租 HDBM
早 AJ
組 VFBM
蚤 EILMI
遭 YTWA
糟 FDTWA

joh

坐 OOG
左 KM
俎 OOBM
座 IOOG
阻 NLBM
助 BMKS
佐 OKM
詛 YRBM

joi

哉 JIR
宰 JYTJ
栽 JID
災 VVF
再 MGB
在 KLG
載 JIJWJ

jok

昨 AHS
作 OHS
擢 QSMG
濯 ESMG
鑿 TEC

jong

狀 VMIK
妝 VMV
莊 TVMG
壯 VMG
裝 VGYHV
藏 TIMS
樁 DQKX
贓 BCIMS
臟 BTIS
葬 TMPT
撞 QYTG
髒 BBTMT

ju

著 TJKA
住 OYG
註 YRYG
注 EYG
侏 OHJD
主 YG
株 DHJD
朱 HJD
蛛 LIHJD
硃 MRHJD
茱 THJD
煮 JAF
蛀 LIYG
珠 MGHJD
鑄 CGNI
誅 YRHJD
諸 YRJKA
銖 CHJD
駐 SFYG
豬 MOJKA

jue

註 YRYG
株 DHJD
硃 MRHJD
著 TJKA
侏 OHJD
注 EYG
珠 MGHJD
蛛 LIHJD
茱 THJD
朱 HJD

住 OYG
蛀 LIYG
主 YG
煮 JAF
誅 YRHJD
駐 SFYG
諸 YRJKA
豬 MOJKA
鑄 CGNI
銖 CHJD

juen

專 JIDI
尊 TWDI
傳 OJII
鑽 CHUC
磚 MRJII
轉 JJJII

juet

拙 QUU
絀 VFUU
啜 REEE
絕 VFSHU
咄 RUU
茁 TUU
輟 JJEEE
綴 VFEEE

jui

序 ININ
椎 DOG
蛆 LIBM
疽 KBM
沮 EBM
最 ASJE
咀 RBM
敘 ODOK
狙 KHBM
追 YHRR
隹 OG
錐 COG
贅 GKBUC
綴 VFEEE
嘴 RYPB
聚 SEOOO

醉 MWYOJ
罪 WLLMY
墜 NOG
齟 YUBM
嶼 UHXC

juk

妯 VLW
竺 HMM
筑 HMNJ
俗 OCOR
族 YSOOK
捉 QRYO
粥 NFDN
軸 JJLW
足 RYO
逐 YMSO
竹 H
祝 IFRHU
築 HMND
續 VFGWC
燭 FWLI
矚 BUSYI
瀆 EGWC
囑 RSYI
鐲 CWLI
鏃 CYSK
濁 EWLI
觸 NBWLI
躅 RMWLI

jun

峻 UICE
竣 YTICE
浚 EICE
津 ELQ
晉 MIIA
準 EGJ
俊 OICE
進 YOG
准 IMOG
盡 LMFBT
儘 OLMT
燼 FLMT
蹲 RMTWI
樽 DTWI

駿 SFICE
臻 MGQKD
雋 OGLMS
遵 YTWI

jung

盅 LBT
忠 LP
中 L
仲 OL
眾 WLOOO
舂 QKHX
終 VFHEY
淙 EJMF
宗 JMMF
棕 DJMF
重 HJWG
訟 YRCI
種 HDHJG
頌 CIMBC
誦 YRNIB
鬃 SHJMF
粽 FDJMF
鐘 CYTG
綜 VFJMC
腫 BHJG
總 VFHWP
縱 VFHOO
蹤 RMHOO
鍾 CHJG

jut

卒 YOOJ
黜 WFUU

ka

袈 KRYHV
茄 TKSR
咖 RKSR
伽 OKSR
家 JMSO
迦 YKSR
卡 YMY
嫁 VJMO
假 ORYE
加 KSR

傢 OJMO
稼 HDJMO
賈 MWBUC
嘉 GRTR

kaai

楷 DPPA

kaang

啃 RYMB

kaau

靠 HGRLY
銬 CJKS

kai

街 HOGGN
尬 KUOLL
計 YRJ
佳 OGG
啟 HROK
芥 TOLL
戒 IT
契 QHK
介 OLL
楷 DPPA
溪 EBVK
界 WOLL
皆 PPHA
疥 KOLL
階 NLPPA
偕 OPPA
屆 SUG
蹊 RMBVK
誡 YRIT
繼 VFVVI
雞 BKOG
解 NBSHQ
稽 HDIUA

kak

革 TLJ
格 DHER
胳 BHER
隔 NLMRB
膈 BMRB
鎘 CMRB
緙 VFTLJ

kam

柑 DTM
甘 TM
琴 MGOIN
敢 MJOK
金 C
感 IRP
今 OIN
淦 EC
擒 QOYB
禽 OYUB
錦 CHAB
襟 LDDF
禁 DDMMF

kan

間 ANA
芹 THML
近 YHML
斤 HML
姦 VVV
勤 TMKS
筋 HBKS
奸 VMJ
根 DAV
揀 QDWF
柬 DWF
觔 NBKS
僅 OTLM
巾 LB
齦 YWOMO
鄞 TMNL
澗 EANA
繭 TBLI
諫 YRDWF
簡 HANA
瑾 MGTLM
緊 SEVIF
艱 TOAV
跟 RMAV
謹 YRTLM

kang

啃 RYMB
哽 RMLK
耿 SJF
耕 QDTT
庚 ILO
梗 DMLK
亙 MBM
更 MLWK
羹 TGFTK
賡 ILOC

kap

甲 WL
汲 ENHE
岌 UNHE
給 VFOMR
夾 KOO
及 NHE
級 VFNHE
吸 RNHE
頰 KOMBC
鉀 CWL

kar

卡 YMY
嫁 VJMO
假 ORYE
咖 RKSR
架 KRD
稼 HDJMO
駕 KRSQF
價 OMWC
賈 MWBUC

kat

咳 RYVO
吉 GR

kau

苟 TPR
灸 NOF
媾 VTTB
糾 VFVL
久 NO
扣 QR
求 IJE
救 IEOK
疚 KNO
玖 MGNO
垢 GHMR
叩 RSL
究 JCKN
寇 JMUE
球 MGIJE
韭 LMMM
夠 NNPR
溝 ETTB
枸 DPR
釦 CR
九 KN
臼 HX
咎 HOR
狗 KHPR
構 DTTB
裘 IEYHV
購 BCTTB
詬 YRHMR
舊 TOGX
鳩 KNHAF
舅 HXWKS

ke

茄 TKSR
騎 SFKMR
瘸 KKRB

kee

寄 JKMR
基 TCG
既 AIMVU
記 YRSU

keh

茄 TKSR
騎 SFKMR
瘸 KKRB

kei

其 TMMC
琦 MGKMR
崎 UKMR
企 OYLM
寄 JKMR
紀 VFSU
琪 MGTMC
祈 IFHML
奇 KMNR
姬 VSLL
基 TCG
淇 ETMC
棋 DTMC
祁 IFNL
期 TCB
耆 JPA
歧 YMJE
岐 UJE
祺 IFTMC
蹊 RMBVK
畸 WKMR
麒 IPTMC
磯 MRVII
騎 SFKMR
鰭 NFJPA
驥 SFLPC
暨 AUAM
錡 CKMR
旗 YSOTC
機 DVII
冀 LPWTC
覬 UTBUU

kek

屐 SHOE
劇 YOLN

keuk

郤 CRSL
噱 RYPO

keung

姜 TGV
強 NILI
韁 TJMWM
疆 NGMWM
薑 TMWM
僵 OMWM

ki

既 AIMVU
奇 KMNR
紀 VFSU
妓 VJE
忌 SUP
杞 DSU
幾 VIHI
技 QJE
肌 BHN
姬 VSLL
寄 JKMR
記 YRSU
乩 YRU
基 TCG
几 HN
己 SU
嘰 RVII
箕 HTMC
磯 MRVII
騎 SFKMR
羈 WLTJF
驥 SFLPC
畸 WKMR
璣 MGVII
譏 YRVII
覬 UTBUU
畿 VIW
機 DVII
饑 OIVII

kim

兼 TXC
鈐 COIN
箝 HQTM
劍 OOLN
黔 WFOIN
撿 QOMO
鉗 CTM
儉 OOMO
檢 DOMO

kin

虔 YPYK
見 BUHU
乾 JJON
肩 HSB

建 NKLQ
毽 HUNKQ
堅 SEG
件 OHQ
健 ONKQ
鍵 CNKQ
腱 BNKQ

king

痙 KMVM
傾 OPMC
勁 MMKS
荊 TMTN
逕 YMVM
矜 NHOIN
涇 EMVM
頃 PMBC
徑 HOMVM
景 AYRF
京 YRF
敬 TROK
竟 YTAHU
兢 JUJRU
境 GYTU
競 YUYTU
擎 TKQ
璟 MGAYF
鯨 NFYRF
警 TKYMR
瓊 MGNBE
憬 PAYF
經 VFMVM
驚 TKSQF

kip

劫 GIKS
澀 ESIM

kit

挈 QHQ
愒 PAPV
歇 AVNO
傑 ONQD
拮 QGR
揭 QAPV
結 VFGR
孑 NNM
杰 DF
桀 NQD
訐 YRMJ
潔 EQHF
羯 TQAPV
詰 YRGR
蠍 LIAVO
竭 YTAPV
黠 WFGR
擷 QGRC
頡 GRMBC
鍥 CQHK

kiu

叫 RVL
喬 HKRBR
翹 GUSMM
矯 OKHKB
驕 SFHKB
橋 DHKB
僑 OHKB
嬌 VHKB
撬 QHUU
繳 VFHSK
竅 JCHSK
轎 JJHKB
蹺 RMGGU

ko

告 HGR
羔 TGF
哥 MRNR
個 OWJR
高 YRBR
糕 FDTGF
歌 MRNO
稿 HDYRB
膏 YRBB
篙 HYRB
槁 DYRB
睪 WLGTJ
箇 HWJR
誥 YRHGR

koh

哥 MRNR
個 OWJR
歌 MRNO
箇 HWJR

koi

鈣 CMYS
概 DAIU
慨 PAIU
愾 POND
丐 MYVS
溉 EAIU
改 SUOK
該 YRYVO
蓋 TGIT

kok

各 HER
角 NBG
郝 GCNL
恪 PHER
珏 MGMG
涸 EWJR
閣 ANHER
廓 IYDL
壑 YEG
確 MROBG
擱 QANR
覺 HBBUU
榷 DOBG

kon

肝 BMJ
竿 HMJ
杆 DMJ
乾 JJON
干 MJ
稈 HDAMJ
幹 JJOMJ
桿 DAMJ
榦 JJOD
趕 GOAMJ

kong

伉 OYHN
降 NLHEQ
炕 FYHN
肛 BM
崗 UBTU
港 ETCU
江 EM
岡 BTU
扛 QM
亢 YHN
缸 OUM
狂 KHMG
剛 BULN
抗 QYHN
礦 MRITC
綱 VFBTU
曠 AITC
講 YRTTB
鋼 CBTU
獷 KHITC
擴 QITC

koo

估 OJR
故 JROK
蛄 LIJR
沽 EJR
股 BHNE
菰 TNDO
雇 HSOG
牯 HQJR
罟 WLJR
固 WJR
姑 VJR
古 JR
辜 JRYTJ
咕 RJR
孤 NDHVO
蠱 LILIT
鈷 CJR
鴣 JRHAF
鼓 GTJE
顧 HGMBC
僱 OHSG
錮 CWJR

kooi

儈 OOMA
潰 ELMC
賄 BCKB
劊 OALN
檜 DOMA
繪 VFOMA
膾 BOMA

koon

莞 TJMU
貫 WJBUC
棺 DJRR
官 JRLR
冠 BMUI
倌 OJRR
鸛 TGHAF
灌 ETRG
館 OIJRR
觀 TGBUU
管 HJRR
罐 OUTRG

koot

括 QHJR
豁 JRCOR

kot

割 JRLN
葛 TAPV
噶 RTAV

ku

雇 HSOG
估 OJR
股 BHNE
孤 NDHVO
菰 TNDO
蛄 LIJR
罟 WLJR
咕 RJR
固 WJR
辜 JRYTJ
故 JROK
姑 VJR
古 JR
牯 HQJR
沽 EJR
鈷 CJR
錮 CWJR
顧 HGMBC
僱 OHSG
鼓 GTJE
鴣 JRHAF
蠱 LILIT

kuen

拳 FQQ
蜷 LIFQU
權 DTRG

kuet

厥 MTUO
抉 QDK
缺 OUDK
孓 NNO
訣 YRDK
決 EDK
獗 KHMTO
蹶 RMMTO
闋 ANNOK
蕨 TMTO
闕 ANTUO

kui

車 JWJ
倨 OSJR
渠 ESD
俱 OBMC
炬 FSS
居 SJR
莒 TRHR
具 BMMC
距 RMSS
拘 QPR
區 SRRR
矩 OKSS
巨 SS
句 PR
拒 QSS
駒 SFPR
據 QYPO
鉅 CSS
踞 RMSJR

颶 HNBMC
舉 HCQ
瞿 BUOG
軀 HHSRR
懼 PBUG
鋸 CSJR
驅 SFSRR
齲 YUHLB

kuk

曲 TW
侷 OSSR
菊 TPFD
局 SSR
蛐 LITW
谷 COR
掬 QPFD
跼 RMSSR
穀 GDHNE
鞠 TJPFD
鵠 HRHAF
麴 JNPFD

kum

柑 DTM
敢 MJOK
琴 MGOIN
甘 TM
感 IRP
今 OIN
金 C
淦 EC
襟 LDDF
禁 DDMMF
禽 OYUB
錦 CHAB
擒 QOYB

kung

弓 N
共 TC
攻 MOK
工 MLM
躬 HHN
公 CI
穹 JCN
貢 MBUC
蚣 LICI
拱 QTC
功 MKS
供 OTC
恭 TCP
宮 JRHR
槓 DMBC
窮 JCHHN
鞏 MNTLJ
龔 YPTC

kut

聒 SJHJR
括 QHJR
蛞 LIHJR
豁 JRCOR

kwa

胯 BKMS
夸 KMMS
垮 GKMS
誇 YRKMS
褂 LGGY
跨 RMKMS

kwaang

框 DSMG
眶 BUSMG
筐 HSMG
逛 YKHG

kwai

鬼 HI
桂 DGG
珪 MGGG
季 HDND
盔 KFBT
愧 PHI
悸 PHDD
規 QOBUU
癸 NOMK
畦 WGG
貴 LMBUC
逵 YGCG
軌 JJKN
圭 GG
揆 QNOK
簣 HLMC
閨 ANGG
跪 RMNMU
瑰 MGHI
餽 OIHI
歸 HMSMB
窺 JCQOU
睽 BUNOK
鮭 NFGG
櫃 DSLC
攜 QUOB
葵 TNOK
龜 NXU
虧 YGMMS

kwan

焜 FAPP
昆 APP
捆 QWD
鈞 CPIM
袞 YCRHV
棍 DAPP
郡 SRNL
琨 MGAPP
君 SKR
睏 BUWD
軍 BJWJ
窘 JCSKR
坤 GLWL
菌 TWHD
困 WD
均 GPIM
崑 UAPP
關 ANVIT
綑 VFWD
滾 EYCV
裙 LSKR
群 SRTQ
筠 HGPM
錕 CAPP

kwik

隙 NLFHF

kwo

戈 I
果 WD
裹 YWDV
過 YBBR

kwoh

郝 GCNL
壑 YEG

kwok

郭 YDNL
國 WIRM
幗 LBWIM
蟈 LIWIM
廓 IYDL

kwong

狂 KHMG
胱 BFMU
光 FMU
廣 ITMC
曠 AITC
獷 KHITC
擴 QITC
礦 MRITC

la

啦 RQYT
喇 RDLN

laai

拉 QYT
剌 DLLN
瀨 EJJM
癩 KDLC
瀨 EDLC
籟 HDLC
賴 DLSHC

laak

肋 BKS
勒 TJKS

laam

婪 DDV
嵐 UHNI
襤 LSIT
濫 ESIT
籃 HSIT
纜 VFSWU
欖 DSWU
艦 HYSIT
攬 QSWU
覽 SWBUU
檻 DSIT
藍 TSIT

laan

欄 DANW
蘭 TANW
爛 FANW
攔 QANW
闌 ANDWF
瀾 EANW
懶 PDLC

laang

冷 IMOII

laap

立 YT
垃 GYT
蠟 LIVVV
臘 BVVV
邋 YVVV

laat

辣 YJDL
邋 YVVV

laau

撈 QFFS
錨 CTW

lai

拉 QYT
荔 TKSS
例 OMNN
犁 HNHQ
癩 KDLC
瀨 EJJM
黎 HHOE
麗 MMBBP
醴 MWTWT
勵 MBKS
礪 MRMTB
儷 OMMP
禮 IFTWT
籟 HDLC
厲 MTWB
澧 ETWT
蠣 LIMTB
賴 DLSHC
瀨 EDLC

lak

勒 TJKS
叻 RKS
肋 BKS

lam

琳 MGDD
林 DD
嵐 UHNI
婪 DDV
淋 EDD
艦 HYSIT
籃 HSIT
襤 LSIT
藍 TSIT
凜 IMYWD
檻 DSIT
臨 SLORR
纜 VFSWU
欖 DSWU
濫 ESIT
覽 SWBUU
攬 QSWU
霖 MBDD

lan

爛 FANW
瀾 EANW
攔 QANW

欄 DANW
蘭 TANW
懶 PDLC
闌 ANDWF

lap

笠 HYT
垃 GYT
立 YT
邋 YVVV
臘 BVVV
蠟 LIVVV

lat

甩 BQU

lau

陋 NLMBV
硫 MRYIU
柳 DHHL
琉 MGYIU
流 EYIU
婁 LWLV
溜 EHHW
留 HHW
霤 MBHHW
褸 LLWV
餾 OIHHW
劉 HCLN
樓 DLWV
遛 YHHW
瘤 KHHW
縷 VFLWV
瀏 EHCN
鏤 CLWV
螻 LILWV
漏 ESMB
摟 QLWV
嘍 RLWV
榴 DHHW
髏 BBLWV

law

邏 YWLG
簍 HLWV
儸 OWLG
蘿 TWLG
鑼 CWLG
羅 WLVFG
嚕 RNWA
籮 HWLG
囉 RWLG
螺 LIWVF
裸 LWD

le

哩 RWG

lee

狸 KHWG
痢 KHDN
吏 JLK
里 WG
俚 OWG
梨 HND
李 DND
喱 RMWG
浬 EWG
俐 OHDN
娌 VWG
理 MGWG
莉 THDN
哩 RWG
利 HDLN
鯉 NFWG
罹 WLPOG
釐 JKMWG
離 YBOG
履 SHOE
蒞 TEOT
籬 HYBG
璃 MGYUB

leh

哩 RWG

lei

吏 JLK
妮 VSP
莉 THDN
呢 RSP
尼 SP
李 DND
妳 VNF
您 OFP
喱 RMWG
你 ONF
娌 VWG
理 MGWG
里 WG
浬 EWG
俐 OHDN
哩 RWG
狸 KHWG
梨 HND
痢 KHDN
俚 OWG
利 HDLN
霾 MBBHG
瀰 ENMB
鯉 NFWG
餌 OISJ
籬 HYBG
蒞 TEOT
履 SHOE
鋰 CWG
彌 NMFB
膩 BIPC
罹 WLPOG
離 YBOG
釐 JKMWG
璃 MGYUB
漓 EYUB

lek

叻 RKS

leng

嶺 UOIC

leuk

掠 QYRF
略 WHER

leung

倆 OMLB
涼 EYRF
亮 YRBU
梁 EID
良 IAV
量 AMWG
兩 MLBO
糧 FDAMG
輛 JJMLB
粱 EIFD
諒 YRYRF
樑 DEID

li

李 DND
釐 JKMWG
籬 HYBG
璃 MGYUB
漓 EYUB
驪 SFMMP
罹 WLPOG
霾 MBBHG
離 YBOG
瀰 ENMB
鋰 CWG
彌 NMFB

lik

力 KS
壢 GMDM
歷 MDYLM
瀝 EYHC
靂 MBMDM
曆 MDA
礫 MRVID

lim

廉 ITXC
帘 JCLB
臉 BOMO
瀲 EOOK
鐮 CITC
濂 EITC
簾 HITC
斂 OOOK
瞼 BUOMO
殮 MNOMO

lin

煉 FDWF
連 YJWJ
漣 EYJJ
憐 PFDQ
鏈 CYJJ
鍊 CDWF
練 VFDWF
蓮 TYJJ
攆 QQOJ

ling

另 RKS
玲 MGOII
令 OINI
愣 PWLS
楞 DWLS
伶 OOII
佞 OMMV
羚 TQOII
菱 TGCE
拎 QOII
陵 NLGCE
苓 TOII
翎 OISMM
聆 SJOII
凌 IMGCE
齡 YUOII
靈 MBRRM
綾 VFGCE
零 MBOII
領 OIMBC
鈴 COII
稜 HDGCE
嶺 UOIC

lip

獵 KHVVV
囁 RSJJ
聶 SJSJJ
躡 RMSJJ
鎳 CHUD
鑷 CSJJ

lit

列 MNLN
咧 RMNN
裂 MNYHV
洌 EMNN
捩 QHSK
烈 MNF
冽 IMMNN

liu

了 NN
料 FDYJ
尿 SE
聊 SJHHL
溜 EHHW
鳥 HAYF
繚 VFKCF
撩 QKCF
潦 EKCF
療 KKCF
遼 YKCF
瞭 BUKCF
僚 OKCF
寥 JSMH
寮 JKCF
燎 FKCF
嘹 RKCF
廖 ISMH

lo

老 JKP
鹵 YWII
佬 OJKP
勞 FFBKS
牢 JHQ
姥 VJKP
路 RMHER
驢 SFYPT
擄 QYPS
魯 NWFA
鑪 CYPT
盧 YPWBT
顱 YTMBC
鷺 RRHAF
爐 FYPT
蘆 TYPT
潦 EKCF
嘮 RFFS
鱸 NFYPT

盧 IYPT
髏 BBLWV
滷 EYWI
露 MBRMR
櫓 DNWA
虜 YPWKS
癆 KFFS
撈 QFFS
賂 BCHER

loh

羅 WLVFG
囉 RWLG
鑼 CWLG
嚕 RNWA
籮 HWLG
簍 HLWV
蘿 TWLG
裸 LWD
邏 YWLG
螺 LIWVF
儸 OWLG

loi

萊 TDOO
徠 HODOO
來 DOO
耒 QD
睞 BUDOO

lok

絡 VFHER
烙 FHER
洛 EHER
珞 MGHER
咯 RHER
骼 BBHER
貉 BHHER
樂 VID
犖 FFBHQ
酪 MWHER
駱 SFHER
諾 YRTKR
鉻 CHER
落 TEHR

long

琅 MGIAV
晾 AYRF
狼 KHIAV
廊 IIIL
郎 IINL
榔 DIIL
浪 EIAV
朗 IIB
瑯 MGIIL
螂 LIIIL

luen

亂 BBU
孿 VFND
巒 VFU
聯 SJVIT
戀 VFP
攣 VFQ
鑾 VFC
鸞 VFHAF
劣 FHKS

lui

累 WVIF
呂 RHR
旅 YSOHV
侶 ORHR
唳 RHSK
耒 QD
淚 EHSK
戾 HSIK
類 FKMBC
濾 EYPP
屢 SLWV
雷 MBW
慮 YPWP
壘 WWWG
櫚 DANR
膂 YVB
騾 SFWVF
磊 MRMRR
嫘 VWVF
鐳 CMBW
閭 ANRHR

蕾 TMBW
縷 VFLWV
擂 QMBW
鋁 CRHR
儡 OWWW
餒 OIBV
裡 LWG

luk

六 YC
陸 NLGCG
氯 ONVNE
鹿 IXP
祿 IFVNE
綠 VFVNE
錄 CVNE
戮 SHI
碌 MRVNE

lum

凜 IMYWD

lun

吝 YKR
倫 OOMB
侖 OMBT
掄 QOMB
崙 UOMB
淪 EOMB
卵 HHSLI
遴 YFDQ
論 YROMB
磷 MRFDQ
躪 RMTAG
麟 IPFDQ
鱗 NFFDQ
璘 MGFDQ
轔 JJFDQ
燐 FFDQ
輪 JJOMB
藺 TANG
綸 VFOMB
鄰 FQNL

lung

隆 NLHEM
弄 MGT
矓 BUYBP
聾 YPSJ
籠 HYBP
窿 JCNLM
龍 YBYSP
瓏 MGYBP
壟 YPG
攏 QYBP
隴 NLYBP
朧 BYBP
嚨 RYBP

lut

慄 PMWD
栗 MWD
律 HOLQ
甩 BQU
率 YIOJ
溧 EMWD
聿 LQ

ma

馬 SQSF
媽 VSQF
麻 IJCC
嗎 RSQF
罵 WLSQF
痲 KJCC
瑪 MGSQF
螞 LISQF
碼 MRSQF
嘛 RIJC

maai

埋 GWG
買 WLBUC
邁 YTWB
賣 GWLC

maak

擘 SJQ

maan

晚 ANAU
曼 AWLE
鰻 NFAWE
蔓 TAWE
幔 LBAWE
漫 EAWE
蠻 VFLMI
慢 PAWE
萬 TWLB
饅 OIAWE

maang

孟 NDBT
猛 KHNDT
盲 YVBU
錳 CNDT
蜢 LINDT

maau

茅 TNIH
卯 HHSL
矛 NINH
牡 HQG
貌 BHHAU
貓 BHTW

mai

埋 GWG
米 FD
咪 RFD
買 WLBUC
弭 NSJ
迷 YFD
賣 GWLC
瞇 BUYFD
邁 YTWB
謎 YRYFD

mak

麥 JONI
陌 NLMA
脈 BHHV
墨 WGFG
默 WFIK
驀 TAKF

man

泯 ERVP
紊 YKVIF
紋 VFYK
玟 MGYK
雯 MBYK
吻 RPHH
抆 QYK
敏 OYOK
晚 ANAU
蚊 LIYK
閔 ANYK
汶 EYK
刎 PHLN
曼 AWLE
氓 YVRVP
民 RVP
問 ANR
抿 QRVP
文 YK
岷 URVP
蔓 TAWE
閩 ANLMI
鰻 NFAWE
聞 ANSJ
漫 EAWE
饅 OIAWE
憫 PANK
幔 LBAWE
蠻 VFLMI
慢 PAWE
萬 TWLB
澠 ERXU

mang

盲 YVBU
孟 NDBT
萌 TAB
猛 KHNDT
盟 ABBT
錳 CNDT
蜢 LINDT

mao

牡 HQG
矛 NINH
茅 TNIH
卯 HHSL

貓 BHTW
貌 BHHAU

mat

勿 PHH
密 JPHU
物 HQPHH
襪 LTWI
蜜 JPHI

mau

痞 KMFR
畝 YWNO
貿 HHBUC
茂 TIH
眸 BUIHQ
牟 IHQ
某 TMD
繆 VFSMH
謬 YRSMH
懋 DDP
謀 YRTMD

meah

咩 RTQ
歪 MFMYM

meh

歪 MFMYM
咩 RTQ

mei

娓 VSHU
楣 DAHU
味 RJD
弭 NSJ
媚 VAHU
寐 JVMD
眉 AHBU
美 TGK
尾 SHQU
湄 EAHU
微 HOUUK
未 JD
鎂 CTGK
魅 HIJD
瞇 BUYFD
黴 HOUFK
薇 THOK
糜 IDFD
麋 IPFD

meng

名 NIR
命 OMRL

mik

覓 BBUU
汨 EA

min

勉 NUKS
免 NAHU
冕 ANAU
面 MWYL
眠 BURVP
娩 VNAU
棉 DHAB
麵 JNMWL
緬 VFMWL
靦 MWBUU
綿 VFHAB

ming

冥 BAYC
皿 BT
明 AB
命 OMRL
茗 TNIR
名 NIR
銘 CNIR
鳴 RHAF
酩 MWNIR
瞑 BUBAC

mit

滅 EIHF
篾 HWLI
蔑 TWLI

miu

窈 JCVIS
秒 HDFH
杳 DA
妙 VFH
描 QTW
杪 DFH
苗 TW
渺 EBUH
邈 YBHU
藐 TBHU
緲 VFBUH
瞄 BUTW
繆 VFSMH
廟 IJJB

mo

募 TAKS
冒 ABU
無 OTF
拇 QWYI
母 WYI
侮 OOWY
戊 IH
姆 VWYI
巫 MOO
帽 LBABU
毋 WJ
毛 HQU
武 MPYLM
務 NHOKS
騖 NKSQF
霧 MBNHS
模 DTAK
瑁 MGABU
蟆 LITAK
嫵 VOTF
慕 TAKP
鵡 MMHAF
暮 TAKA
蕪 TOTF
摹 TAKQ
舞 OTNIQ
誣 YRMOO
髦 SHHQU
膜 BTAK
墓 TAKG

moh

磨 IDMR
摸 QTAK
摩 IDQ
魔 IDHI
麼 IDVI

mok

剝 VELN
莫 TAK
膜 BTAK
幕 TAKB
寞 JTAK
漠 ETAK

mong

莽 TIKT
望 YBHG
忙 PYV
芒 TYV
茫 TEYV
惘 PBTV
氓 YVRVP
忘 YVP
妄 YVV
虻 LIYV
亡 YV
輞 JJBTV
蟒 LITIT
網 VFBTV

mooi

枚 DOK
莓 TOWY
梅 DOWY
每 OWYI
玫 MGOK
煤 FTMD
昧 AJD
妹 VJD
媒 VTMD
霉 MBOWY

moon

門 AN
們 OAN
悶 ANP
捫 QAN
瞞 BUTLB
滿 ETLB
蹣 RMTLB

moot

秣 HDDJ
末 DJ
茉 TDJ
歿 MNNE
沫 EDJ
沒 ENE
抹 QDJ

mor

魔 IDHI
磨 IDMR
麼 IDVI
摩 IDQ
摸 QTAK

mui

媒 VTMD
每 OWYI
莓 TOWY
玫 MGOK
煤 FTMD
枚 DOK
妹 VJD
昧 AJD
梅 DOWY
霉 MBOWY
魅 HIJD

muk

目 BU
牧 HQOK
木 D
沐 ED
苜 TBU
睦 BUGCG
穆 HDHAH

mung

朦 BTBO
檬 DTBO
濛 ETBO
懵 PTWU
矇 BUTBO
夢 TWLN
蒙 TBMO

mut

沒 ENE
抹 QDJ
秣 HDDJ
末 DJ
茉 TDJ
沫 EDJ
歿 MNNE

na

那 SQNL
哪 RSQL
挪 QSQL
娜 VSQL
拿 OMRQ

naai

氖 ONNHS
迺 YMCW
奶 VNHS
乃 NHS

naam

男 WKS
南 JBTJ
喃 RJBJ
楠 DJBJ

naan

難 TOOG

naap

納 VFOB
吶 ROB
訥 YROB
鈉 COB

naat

捺 QKMF

naau
閙 LNYLB
撓 QGGU

nai
乃 NHS
泥 ESP

nam
南 JBTJ
楠 DJBJ
喃 RJBJ
男 WKS
揇 QBKF

nang
能 IBPP

nap
笠 HYT
粒 FDYT
凹 SSU

nau
鈕 CNG
扭 QNG
妞 VNG
杻 DMVS
忸 PNG
紐 VFNG

ne
呢 RSP

neh
呢 RSP

nei
旎 YSOSP
怩 PSP
呢 RSP
妳 VNF
你 ONF
妮 VSP
您 OFP
尼 SP
彌 NMFB
瀰 ENMB
餌 OISJ
膩 BIPC

neung
娘 VIAV
孃 VYRV

ng
伍 OMDM
唔 AMMR
吳 RVNK
午 OJ
唔 RMMR
梧 DMMR
五 MDM
吾 MMR
悟 PMMR
誤 YRRVK
蜈 LIRVK

nga
蚜 LIMVH
牙 MVDH
訝 YRMVH
芽 TMVH
雅 MHOG
瓦 MVNI
衙 HOMRN

ngaai
涯 EMGG
艾 TK
崖 UMGG
捱 QMGG

ngaak
喀 RJHR
逆 YTU
額 JRMBC

ngaam
岩 UMR
巖 URRK
癌 KRRU

ngaan
眼 BUAV
晏 AJV
雁 MOOG
俺 OKLU
顏 YHMBC

ngaang
硬 MRMLK

ngaau
淆 EKKB
咬 RYCK
餚 OIKKB

ngai
羿 SMT
危 NMSU
倪 OHXU
偽 OIKF
藝 TGII
毅 YOHNE
霓 MBHXU
巍 UHVI
詣 YRPA
蟻 LITGI
魏 HVHI
囈 RTGI

ngam
岩 UMR
巖 URRK
癌 KRRU

ngan
眼 BUAV
雁 MOOG
韌 DQSHI
齦 YUAV
顏 YHMBC
銀 CAV
鄞 TMNL

ngang
鶯 FFBHF
罌 BCOJU

ngat
屹 UON
訖 YRON
兀 MU
迄 YON
疙 KON

ngau
牛 HQ
偶 OWLB
勾 PI
藕 TQDB
耦 QDWLB

ngo
俄 OHQI
臥 SLO
傲 OGSK
我 HQI
哦 RHQI
敖 GSOK
訛 YROP
娥 VHQI
峨 UHQI
蛾 LIHQI
皚 HAUMT
熬 GKF
餓 OIHQI
鵝 HIHAF
翱 HJSMM
遨 YGSK

ngoh
我 HQI
臥 SLO
俄 OHQI
娥 VHQI
訛 YROP
哦 RHQI
峨 UHQI
蛾 LIHQI
鵝 HIHAF
餓 OIHQI

ngoi
外 NIY
呆 RD
礙 MRPKO

ngok
岳 OMU
愕 PRRS
顎 RSMBC
嶽 UKHK
樂 VID
噩 MGRR
鱷 NFMGR
鍔 CRRS

ngon
岸 UMMJ

ngong
昂 AHVL

ni
尼 SP
呢 RSP
您 OFP
你 ONF
怩 PSP
妳 VNF
妮 VSP
旎 YSOSP
膩 BIPC
餌 OISJ
彌 NMFB
瀰 ENMB

nik
溺 ENMM
匿 STKR
慝 SRP
暱 ASTR

nim
唸 ROIP
拈 QYR
捻 QOIP
念 OINP
稔 HDOIP
黏 HEYR

nin
年 OQ

ning
嚀 RJPN
濘 EJPN
寧 JPBN
獰 KHJPN
擰 QJPN
檸 DJPN

nip
捏 QHXM
鑷 CSJJ
囁 RSJJ
躡 RMSJJ
鎳 CHUD
聶 SJSJJ

niu
鳥 HAYF
尿 SE
裊 HAYV
嬝 VHAV

no
奴 VE
弩 VEN
努 VEKS
惱 PVVW
怒 VEP
駑 VESQF
瑙 MGVVW
腦 BVVW

noh
挪 QSQL
娜 VSQL
懦 PMBB
糯 FDMBB

noi
奈 KMMF
耐 MBDI
內 OB

nok
諾 YRTKR

nong
囊 JBRRV

nor
挪 QSQL

nuen
暖 ABME
嫩 VDLK

nui
女 V

num
凜 IMYWD

nun
能 IBPP

nung
膿 BTWV
農 TWMMV
儂 OTWV
濃 ETWV

o
奧 HBK
塢 GHRF
噢 RHBK
襖 LHBK
澳 EHBK
燠 FHBK
懊 PHBK

oh
阿 NLMNR
啊 RNLR
婀 VNLR
哦 RHQI
柯 DMNR
軻 JJMNR

oi
愛 BBPE
埃 GIOK
哀 YRHV
曖 ABBE
藹 TYRV
璦 MGBBE
靄 MBYRV
噯 RBBE

ok
惡 MMP

on
安 JV
氨 ONJV
案 JVD
按 QJV
銨 CJV
鞍 TJJV

or
婀 VNLR
柯 DMNR
啊 RNLR
阿 NLMNR
軻 JJMNR
哦 RHQI

pa
杷 DAU
怕 PHA
趴 RMC
耙 QDAU
扒 QC
琶 MGAU
爬 HOAU

paai
牌 LLHHJ
排 QLMY
派 EHHV
湃 EHQJ

paak
珀 MGHA
拍 QHA
啪 RQHA
舶 HYHA
柏 DHA
帕 LBHA
泊 EHA
魄 HAHI

paan
扳 QHE
盼 BUCSH
攀 DDKQ

paang
彭 GTHHH
棚 DBB
棒 DQKQ
烹 YRNF
膨 BGTH
澎 EGTH
硼 MRBB
鵬 BBHF

paau
庖 IPRU
跑 RMPRU
拋 QKUS
豹 BHPI
咆 RPRU
炮 FPRU
砲 MRPRU
刨 PULN
泡 EPRU

pai
派 EHHV
批 QPP
湃 EHQJ
排 QLMY
牌 LLHHJ

pak
拍 QHA
柏 DHA
百 MA
佰 OMA
白 HA
泊 EHA
帛 HALB
舶 HYHA
帕 LBHA
莆 TIJB
珀 MGHA
伯 OHA
啪 RQHA
匍 TPMW
鉑 CHA
魄 HAHI

pan
盼 BUCSH
牝 HQP
貧 CSHC
顰 YCHHJ
噴 RJTC
頻 YHMBC
瀕 EYPT
蘋 TYHC
攀 DDKQ

pang
棒 DQKQ
彭 GTHHH
烹 YRNF
朋 BB
棚 DBB
鵬 BBHF
憑 IFP
澎 EGTH
膨 BGTH
硼 MRBB

park
帕 LBHA
拍 QHA
啪 RQHA
柏 DHA
泊 EHA
舶 HYHA
珀 MGHA
魄 HAHI

pat
疋 NYO
匹 SC

pau
包 PRU
爆 FVID
鮑 NFPRU

peah
啤 RHHJ

peh
啤 RHHJ

pei
仳 OPP
琵 MGPP
披 QDHE
丕 MFM
皮 DHE
疲 KDHE
屁 SPP
痞 KMFR
婢 VHHJ
呸 RMFM
媲 VHWP
否 MFR
胚 BMFM
被 LDHE
枇 DPP
脾 BHHJ
譬 SJYMR
鄙 RWNL

pek
劈 SJSH

pik
愎 POAE
癖 KSRJ
闢 ANSRJ
霹 MBSRJ
僻 OSRJ
辟 SRYTJ

pin
偏 OHSB
片 LLML
騙 SFHSB
编 VFHSB
遍 YHSB
蝙 LIHSB
駢 SFTT
翩 HBSMM
篇 HHSB

ping
併 OTT
平 MFJ
抨 QMFJ
秤 HDMFJ
娉 VLWS
坪 GMFJ
瓶 TTMVN
砰 MRMFJ
評 YRMFJ
拼 QTT
屏 STT
萍 TEMJ
蘋 TYHC
聘 SJLWS

pit
瞥 FKBU
撇 QFBK

piu
票 MWMMF
剽 MFLN
鰾 NFMWF
飄 MFHNI
縹 VFMWF
瞟 BUMWF
嫖 VMWF

瓢 MFHVO
漂 EMWF

po

圃 WIJB
埔 GIJB
泡 EPRU
菩 TYTR
溥 EIBI
普 TCA
甫 IJB
浦 EIJB
脯 BIJB
袍 LPRU
抱 QPRU
蒲 TEIB
譜 YRTCA
葡 TPIB
鋪 CIJB

poh

叵 SR
婆 EEV
跛 RMDHE
破 MRDHE
頗 DEMBC
簸 HTCE

pok

舶 HYHA
朴 DY
釙 CY
泊 EHA
僕 OTCO
蹼 RMTCO
樸 DTCO
撲 QTCO
璞 MGTCO
噗 RTCO

pong

蚌 LIQJ
滂 EYBS
徬 HOYBS
旁 YBYHS
傍 OYBS
龐 IYBP
謗 YRYBS
磅 MRYBS
膀 BYBS

pooi

配 MWSU
佩 OHNB
培 GYTR
陪 NLYTR
沛 EJB
倍 OYTR
徘 HOLMY
珮 MGHNB
賠 BCYTR
蓓 TOYR
裴 LYYHV

pook

仆 OY

poon

判 FQLN
拚 QIT
盆 CSHT
潘 EHDW
蟠 LIHDW
磐 HEMR
盤 HEBT
蹣 RMTLB

poot

潑 ENOE

pui

珮 MGHNB
佩 OHNB
沛 EJB
配 MWSU
倍 OYTR
培 GYTR
徘 HOLMY
陪 NLYTR
裴 LYYHV
蓓 TOYR
賠 BCYTR

puk

仆 OY

pun

盆 CSHT
判 FQLN
拚 QIT
蟠 LIHDW
磐 HEMR
潘 EHDW
盤 HEBT

pung

捧 QQKQ
碰 MRTTC
蓬 TYHJ

put

潑 ENOE

sa

莎 TEFH
砂 MRFH
卅 TJ
沙 EFH
紗 VFFH
耍 MBV
裟 EHYHV
鯊 EHNWF
灑 EMMP

saai

舐 HRHVP
徙 HOYLO
晒 AMCW
璽 MBMGI
曬 AMMP

saak

索 JBVIF

saam

衫 LHHH
參 IIIH
三 MMM

saan

訕 YRU
栓 DOMG
姍 VBT
疝 KU
傘 OOOJ
跚 RMBT
山 U
拴 QOMG
珊 MGBT
孱 SNDD
柵 DBT
刪 BTLN
汕 EU
散 TBOK
閂 ANM
舢 HYU
涮 ESBN
篡 HBUI
潸 EJCB
潺 ESND

saang

生 HQM
省 FHBU
笙 HHQM
甥 HMWKS
牲 HQHQM

saap

圾 GNHE
澀 ESIM
颯 YTHNI
霎 MBYTV

saat

刹 KCLN
煞 NKF
殺 KCHNE
薩 TNLM
撒 QTBK

saau

梢 DFB
稍 HDFB
哨 RFB

sai

世 PT
犀 SYYQ
使 OJLK
逝 YQHL
婿 VNOB
勢 GIKS
洗 EHGU
西 MCW
細 VFW
駛 SFLK
噬 RHMO
嘶 RTCL
篩 HHRB
誓 QLYMR

sak

塞 JTCG

sam

琛 MGBCD
涔 EUON
深 EBCD
三 MMM
忱 PLBU
心 P
衫 LHHH
沈 ELBU
甚 TMMV
芯 TP
參 IIIH
沁 EP
森 DDD
岑 UOIN
滲 EIIH
瀋 EJHW
審 JHDW
嬸 VJHW

san

神 IFLWL
慎 PJBC
娠 VMMV
伸 OLWL
晨 AMMV
辰 MMMV
申 LWL
辛 YTJ
新 YDHML
身 HXH
砷 MRLWL
臣 SLSL
呻 RLWL
莘 TYTJ
腎 SEB
紳 VFLWL
薪 TYDL
鋅 CYTJ
蜃 MVLMI

sang

笙 HHQM
省 FHBU
生 HQM
甥 HMWKS
牲 HQHQM

sap

什 OJ
眨 BUHIO
十 J
拾 QOMR
溼 EMVG
濕 EAVF
澀 ESIM

sat

失 HQO
刹 KCLN
虱 NHLI
殺 KCHNE
室 JMIG
薩 TNLM
煞 NKF
膝 BDOE
蝨 NJLII
撒 QTBK
瑟 MGPH
實 JWJC

sau

宿 JOMA
受 BBE
叟 HXLE
狩 KHJDI
售 OGR
收 VLOK
首 THBU
授 QBBE
秀 HDNHS
愁 HFP
修 OLOH
守 JDI
搜 QHXE
手 Q
羞 TQNG
仇 OKN
嗽 RDLO
鏽 CLX
獸 RRIK
瘦 KHXE
擻 QLVK
繡 VFLX
漱 EDLO
艘 HYHXE
壽 GNMI

se

社 IFG
卸 OMSL
捨 QOMR
舍 OMJR
射 HHDI
赦 GCOK
蛇 LIJP
些 YPMM
瀉 EJHF
麝 IPHHI
寫 JHXF
賒 BCOMF

seh

卸 OMSL
社 IFG
射 HHDI
蛇 LIJP
捨 QOMR
赦 GCOK
舍 OMJR
些 YPMM
瀉 EJHF
麝 IPHHI
寫 JHXF
賒 BCOMF

sei

死 MNP
四 WC
肆 SILQ

sek

石 MR
錫 CAPH
碩 MRMBC

seng

腥 BAHM

seuk

削 FBLN
鑠 CVID

seung

湘 EDBU
想 DUP
尚 FBR
常 FBRLB
廂 IDBU
上 YM
商 YCBR
傷 OOAH
相 DBU
裳 FBRYV
孀 VMBU
箱 HDBU
嘗 FBRPA
嫦 VFBB
雙 OGE
霜 MBDBU
賞 FBRBC
鑲 CYRV
殤 MNOAH
償 OFBC
嚐 RFBA
襄 YRRV

sha

沙 EFH
紗 VFFH
砂 MRFH
莎 TEFH
鯊 EHNWF
裟 EHYHV

sham

衫 LHHH

shan

孱 SNDD
姍 VBT
訕 YRU
汕 EU
舢 HYU
山 U
柵 DBT
珊 MGBT
閂 ANM
疝 KU
栓 DOMG
拴 QOMG
刪 BTLN
跚 RMBT
傘 OOOJ
散 TBOK
潸 ESND
篡 HBUI

shat

虱 NHLI
失 HQO
室 JMIG
實 JWJC
膝 BDOE
蝨 NJLII
瑟 MGPH

shau

手 Q
梢 DFB
首 THBU
收 VLOK
授 QBBE
搜 QHXE
秀 HDNHS
守 JDI
愁 HFP
宿 JOMA
叟 HXLE
仇 OKN
受 BBE
狩 KHJDI
售 OGR
壽 GNMI
獸 RRIK
繡 VFLX
鏽 CLX
瘦 KHXE
擻 QLVK
嗽 RDLO
漱 EDLO

shek

石 MR
碩 MRMBC
錫 CAPH

sheng

腥 BAHM

sheung

想 DUP
常 FBRLB
傷 OOAH
尚 FBR
上 YM
商 YCBR
相 DBU
廂 IDBU
湘 EDBU
裳 FBRYV
鑲 CYRV
殤 MNOAH
嫦 VFBB
償 OFBC
嘗 FBRPA
箱 HDBU
賞 FBRBC
霜 MBDBU
雙 OGE
嚐 RFBA
孀 VMBU
襄 YRRV

shik

奭 KMAA

shim

陝 NLKOO
閃 ANO
贍 BCNCR
蟾 LINCR
簷 HNCR
蟬 LIRRJ
澶 EYWM
嬋 VRRJ
禪 IFRRJ

shin

單 RRWJ

shing

成 IHS
丞 NEM
城 GIHS
盛 ISBT
乘 HDLP
承 NNQO
誠 YRIHS

ship

攝 QSJJ

shiu

兆 LMUO
邵 SRNL
紹 VFSHR
韶 YASHR
燒 FGGU
肇 HKLQ

shu

恕 VRP
舒 ORNIN
書 LGA
殊 MNHJD
豎 SEMRT
樹 DGTI

shui

胥 NOB
須 HHMBC
帥 HRLB
歲 YMIHH
絮 VRVIF
衰 YWMV
水 E
垂 HJTM
萃 TYOJ
祟 UUMMF
悴 PYOJ
税 HDCRU
彗 QJSM
陲 NLHJM
隧 NLYTO
雖 RIOG
説 YRCRU
需 MBMBL
粹 FDYOJ
瑞 MGUMB
緒 VFJKA
遂 YTPO
碎 MRYOJ
綏 VFBV
墅 WNG
誰 YROG
髓 BBYKB
穗 HDJIP
睡 BUHJM

shuk

淑 EYFE
菽 TYFE
蜀 WLPLI

shum

岑 UOIN
忱 PLBU
沈 ELBU

shun

唇 MVR
迅 YNJ
筍 HPA
殉 MNPA
舜 BBNQ
信 OYMR
徇 HOPA
純 VFPU
順 LLLC
荀 TPA
訊 YRNJ
汛 ENJ
淳 EYRD
遜 YNDF
醇 MWYRD
瞬 BUBBQ
詢 YRPA

shut

虱 NHLI
室 JMIG
失 HQO
瑟 MGPH
蝨 NJLII
膝 BDOE

si

是 AMYO
視 IFBUU
施 YSOPD
嗜 RJPA
侍 OGDI
史 LK
氏 HVP
仕 OG
使 OJLK
匙 AOP
峙 UGDI
屍 SMNP
私 HDI
屎 SFD
絲 VFVIF
市 YLB
斯 TCHML
泗 EWC
思 WP
死 MNP
豉 MTJE
弒 KCIPM
示 MMF
師 HRMLB
司 SMR
尸 S
事 JLLN
士 JM
時 AGDI
詩 YRGDI
試 YRIPM
廝 ITCL
肆 SILQ
駟 SFWC
撕 QTCL
獅 KHHRB

sik

式 IPM
拭 QIPM
析 DHML
色 NAU
媳 VHUP
晰 ADHL
息 HUP
淅 EDHL
嗇 GOWR
惜 PTA
食 OIAV
悉 HDP
昔 TA
適 YYCB
蝕 OILMI
骰 BBHNE
飾 OIOLB
蜥 LIDHL
熄 FHUP
澀 ESIM
釋 HDWLJ
軾 JJIPM
螫 GKLMI
識 YRYIA
蟋 LIHDP

sim

閃 ANO
陝 NLKOO
蟾 LINCR
禪 IFRRJ
蟬 LIRRJ
澶 EYWM
嬋 VRRJ
簷 HNCR
贍 BCNCR

sin

仙 OU
倩 OQMB
單 RRWJ
扇 HSSMM
先 HGHU
善 TGTR
膳 BTGR
癬 KNFQ
贍 BCNCR
煽 FHSM
鮮 NFTQ
蘚 TNFQ
腺 BHAE
銑 CHGU
線 VFHAE
鱔 NFTGR
羨 TGENO
繕 VFTGR
擅 QYWM

sing

陞 NLHTG
性 PHQM
承 NNQO
惺 PAHM
昇 AHT
星 AHQM
丞 NEM
省 FHBU
乘 HDLP
升 HT
成 IHS
猩 KHAHM
城 GIHS
剩 HPLN
勝 BFQS
盛 ISBT
姓 VHQM
聖 SRHG
繩 VFRXU
醒 MWAHM
聲 GESJ
腥 BAHM
誠 YRIHS

sip

涉 EYLH
懾 PSJJ
攝 QSJJ

sit

屑 SFB
泄 EPT
洩 ELWP
楔 DQHK
契 QHK
舌 HJR
褻 YGIV
燮 FFE
竊 JCHDB
蝕 OILMI
薛 THRJ

siu

小 NC
消 EFB
邵 SRNL
兆 LMUO
逍 YFB
笑 HHK
迢 YSHR
少 FH
紹 VFSHR
宵 JFB
硝 MRFB
燒 FGGU
蕭 TLX
韶 YASHR
霄 MBFB
簫 HLX
瀟 ETLX
肇 HKLQ
銷 CFB
嘯 RLX

so

朔 TUB
訴 YRHMY
溯 ETUB
搔 QEII
嫂 VHXE
塑 TBG
酥 MWHD
素 QMVIF
掃 QSMB
甦 MKHQM
騷 SFEII
鬚 SHHHC
蘇 TNFD
穌 NFHD
數 LVOK

soh

梭 DICE
所 HSHML
嗦 RJBF
疏 NMYIU
傻 OHCE
娑 EHV
唆 RICE
梳 DYIU
鎖 CFBC
蓑 TYWV
簑 HYWV
蔬 TNMU
瑣 MGFBC

soi

思 WP
鰓 NFWP
腮 BWP

sok

塑 TBG
朔 TUB
索 JBVIF
溯 ETUB

song

桑 EEED
爽 KKKK
喪 GRRV
嗓 REED

sue

恕 VRP
暑 AJKA
殊 MNHJD
抒 QNIN
戍 IHI
書 LGA
黍 HDOE
庶 ITF
舒 ORNIN
豎 SEMRT
鼠 HXVYV
樹 DGTI
輸 JJOMN
樞 DSRR
薯 TWLA

suen

損 QRBC
吮 RIHU
宣 JMAM
船 HYCR
飧 NIOIV
旋 YSONO
巽 RUTC
孫 NDHVF
隽 OGLMS
蒜 TMFF
漩 EYSO
篆 HVNO
蓀 TNDF
酸 MWICE
算 HBUT

選 YRUC

suet

雪 MBSM
說 YRCRU

sui

水 E
須 HHMBC
歲 YMIHH
祟 UUMMF
胥 NOB
彗 QJSM
萃 TYOJ
衰 YWMV
絮 VRVIF
帥 HRLB
稅 HDCRU
垂 HJTM
陲 NLHJM
悴 PYOJ
綏 VFBV
說 YRCRU
墅 WNG
誰 YROG
需 MBMBL
髓 BBYKB
燧 FYTO
瑞 MGUMB
遂 YTPO
穗 HDJIP
睡 BUHJM
碎 MRYOJ
雖 RIOG
緒 VFJKA
粹 FDYOJ
隧 NLYTO

suk

宿 JOMA
淑 EYFE
粟 MWFD
菽 TYFE
肅 LX
孰 YDKNI
叔 YFE
夙 HNMNI
倏 OLOK
縮 VFJOA
屬 SYYI
贖 BCGWC
瀆 EGWC
蓿 TJOA
蜀 WLPLI
熟 YIF
塾 YIG

sum

心 P
森 DDD
深 EBCD
芯 TP
琛 MGBCD
參 IIIH

sun

慎 PJBC
砷 MRLWL
神 IFLWL
身 HXH
臣 SLSL
莘 TYTJ
脣 MVB
紳 VFLWL
新 YDHML
伸 OLWL
娠 VMMV
辰 MMMV
辛 YTJ
申 LWL
晨 AMMV
腎 SEB
呻 RLWL
薪 TYDL
鋅 CYTJ
蜃 MVLMI
馴 SFLLL

sung

送 YTK
宋 JD
淞 EDCI
悚 PDL
崧 UDCI
嵩 UYRB
崇 UJMF
鬆 SHDCI
聳 HOSJ
慫 HOP

sut

失 HQO
室 JMIG
戌 IHM
術 HOICN
虱 NHLI
述 YIJC
率 YIOJ
恤 PHBT
蝨 NJLII
膝 BDOE
摔 QYIJ
瑟 MGPH
實 JWJC
蟀 LIYIJ

sze

侍 OGDI
使 OJLK
氏 HVP
死 MNP
視 IFBUU
泗 EWC
斯 TCHML
師 HRMLB
嗜 RJPA
豉 MTJE
市 YLB
匙 AOP
仕 OG
時 AGDI
司 SMR
峙 UGDI
弒 KCIPM
思 WP
絲 VFVIF
屍 SMNP
史 LK
屎 SFD
事 JLLN
私 HDI
示 MMF
施 YSOPD
士 JM
尸 S
是 AMYO
廝 ITCL
撕 QTCL
獅 KHHRB
駟 SFWC
試 YRIPM
詩 YRGDI
肆 SILQ

ta

牠 HQPD
它 JP
她 VPD
他 OPD

taai

泰 QKE
太 KI
汰 EKI
貸 OPBUC
態 IPP

taam

淡 EFF
探 QBCD
貪 OINC
毯 HUFF
痰 KFF
潭 EMWJ
談 YRFF
譚 YRMWJ

taan

袒 LAM
坦 GAM
疸 KAM
炭 UMF
壇 GYWM
碳 MRUMF
檀 DYWM
癱 KTOG
嘆 RTLO
攤 QTOG
灘 ETOG
彈 NRRJ
歎 TONO
曇 AMBI
韃 TJAM

taap

塔 GTOR
塌 GASM
榻 DASM

taat

蹋 RMASM
遢 YASM
撻 QYGQ

tai

剃 CHLN
替 QOA
梯 DCNH
屜 SHOT
太 KI
涕 ECNH
大 K
啼 RYBB
堤 GAMO
泰 QKE
娣 VCNH
提 QAMO
嚏 RJBO
體 BBTWT
締 VFYBB
蹄 RMYBB
題 AOMBC
銻 CCNH

tak

特 HQGDI
得 HOAMI
德 HOJWP

tam

淡 EFF
談 YRFF
譚 YRMWJ
潭 EMWJ
痰 KFF

tan

吞 HKR
但 OAM
丹 BY
疸 KAM
單 RRWJ
壇 GYWM
攤 QTOG
灘 ETOG
檀 DYWM

tang

疼 KHEY
騰 BFQF
滕 BFQE
藤 TBFE
籐 HBFE
謄 BFQR
鄧 NTNL

tao

滔 EBHX
啕 RPOU
塗 EDG
套 KSMI
途 YOMD
掏 QPOU
徒 HOGYO
吐 RG
討 YRDI
逃 YLMO
兔 NUI
荼 TOMD
肚 BG
菟 TNUI
屠 SJKA
淘 EPOU
陶 NLPOU
桃 DLMO
萄 TPOU

土 G
叨 RSH
濤 EGNI
檮 IFGNI
嘟 RJAL
圖 WRYW

tart

撻 QYGQ
蹋 RMASM
遢 YASM

tat

達 YGTQ

tau

透 YHDS
偷 OOMN
投 QHNE
頭 MTMBC

tek

踢 RMAPH

teng

艇 HYNKG
廳 ISGP
聽 SGJWP

teuh

唾 RHJM

tik

剔 AHLN
惕 PAPH
逖 YKHF

tim

忝 HKP
添 EHKP
恬 PHJR
甜 HRTM
舔 HRHKP

tin

滇 EJBC
田 W
畋 WOK
佃 OW
填 GJBC
天 MK
闐 ANJBC
鈿 CW

ting

停 OYRN
廷 NKHG
挺 QNKG
庭 INKG
亭 YRBN
梃 DNKG
婷 VYRN
霆 MBNKG
聽 SGJWP
蜓 LINKG

tip

貼 BCYR
帖 LBYR

tit

跌 RMHQO
鐵 CJIG

tiu

條 OLOD
佻 OLMO
迢 YSHR
窕 JCLMO
眺 BULMO
挑 QLMO
調 YRBGR
跳 RMLMO

to

塗 EDG
吐 RG
徒 HOGYO
逃 YLMO
菟 TNUI
啕 RPOU
滔 EBHX
萄 TPOU
荼 TOMD
淘 EPOU
兔 NUI
土 G
桃 DLMO
討 YRDI
肚 BG
陶 NLPOU
套 KSMI
掏 QPOU
屠 SJKA
途 YOMD
叨 RSH
圖 WRYW
濤 EGNI
檮 IFGNI
嘟 RJAL

toh

佗 OJP
陀 NLJP
妥 BV
拖 QOPD
跎 RMJP
沱 EJP
舵 HYJP
唾 RHJM
駝 SFJP
橢 DNLB
鴕 HFJP

toi

台 IR
怠 IRP
殆 MNIR
苔 TIR
抬 QIR
胎 BIR
颱 HNIR
檯 DGRG
臺 GRBG

tok

托 QHP
拓 QMR
託 YRHP

tong

堂 FBRG
倘 OFBR
彖 VELB
棠 FBRD
搪 QILR
淌 EFBR
塘 GILR
唐 ILR
湯 EAMH
瑭 MGILR
瞠 BUFBG
醣 MWILR
熨 SIF
燙 EHF
趟 GOFBR
儻 OFBF
螳 LIFBG
膛 BFBG
糖 FDILR
躺 HHFBR
鏜 CFBG

tsai

濟 EYX

tsam

沁 EP

tsang

曾 CWA

tsau

走 GYO
酒 EMCW
就 YFIKU

tse

謝 YRHHI
榭 DHHI

tsik

席 ITLB
戚 IHYMF
積 HDQMC
績 VFQMC

tsim

尖 FK
詹 NCYMR
暹 YAOG

tsing

青 QMB
情 PQMB
清 EQMB
蜻 LIQMB

tsoi

綵 VFBD
賽 JTCC

tsui

除 NLOMD
崔 UOG
徐 HOOMD
翠 SMYOJ
隨 NLYKB
趨 GOPUU
趣 GOSJE

tsun

巡 YVVV
循 HOHJU
臻 MGQKD

tsz

紫 YPVIF
慈 TVIP
嗣 RBSMR
次 IMNO
賜 BCAPH
磁 MRTVI

tuen

囤 WPU
屯 PU
豚 BMSO
團 WJII
斷 VIHML
糰 FDWJI
臀 SEB

tuet

脫 BCRU

tui

退 YAV
推 QOG
蛻 LICRU
褪 LYAV
腿 BYAV
頹 HUMBC

tuk

禿 HDHU
讀 YRGWC
獨 KHWLI

tun

盹 BUPU
盾 HJBU
敦 YDOK
湍 EUMB
沌 EPU
惇 PYRD

tung

動 HGKS
桶 DNIB
彤 BYHHH
痛 KNIB
同 BMR
胴 BBMR
峒 UBMR
冬 HEY
東 DW
棟 DDW
洞 EBMR
筒 HBMR
通 YNIB
桐 DBMR
童 YTWG
統 VFYIU
懂 PTHG
董 THJG

僮 OYTG
銅 CBMR
幢 LBYTG
瞳 BUYTG
潼 EYTG

uk

屋 SMIG
渥 ESMG

ung

甕 YVGN

wa

哇 RGG
划 ILN
娃 VGG
畫 LGWM
蛙 LIGG
華 TMTJ
窪 JCEGG
樺 DTMJ
嘩 RTMJ
話 YRHJR
譁 YRTMJ

waai

淮 EOG
歪 MFMYM
懷 PYWV
槐 DHI
壞 GYWV

waak

或 IRM
惑 IMP
畫 LGWM
劃 LMLN

waan

玩 MGMMU
患 LLP
宦 JSLL
幻 VIS
挽 QNAU
灣 EVFN
輓 JJNAU
環 MGWLV
彎 VFN
頑 MUMBC
寰 JWLV
還 YWLV

waang

橫 DTMC

waat

滑 EBBB
挖 QJCN
猾 KHBBB
斡 JJOYJ

wah

華 TMTJ
樺 DTMJ

wai

喟 RWB
威 IHMV
惠 JIP
圍 WDMQ
偉 ODMQ
畏 WMV
唯 ROG
為 IKNF
毀 HGHNE
幃 LBDMQ
惟 POG
位 OYT
萎 THDV
卉 JT
委 HDV
胃 WB
尉 SFDI
桅 DNMU
渭 EWB
韋 DMRQ
喂 RWMV
帷 LBOG
慰 SIP
穢 HDYMH
葦 TDMQ
遺 YLMC
蕙 TJIP
慧 QJSMP
諱 YRDMQ
闈 ANDMQ
痿 KHDV
熨 FHGE
餵 OIWMV
蔚 TSFI
謂 YRWB
諉 YRHDV
維 VFOG
衛 HODQN
緯 VFDMQ
違 YDMQ

wak

惑 IMP
或 IRM
畫 LGWM
劃 LMLN

wan

芸 TMMI
允 IHU
渾 EBJJ
幻 VIS
溫 EWOT
慍 PWOT
勻 PIM
混 EAPP
暈 ABJJ
尹 SK
雲 MBMMI
紜 VFMMI
耘 QDMMI
云 MMI
挽 QNAU
環 MGWLV
琿 MGBJJ
韻 YARBC
運 YBJJ
寰 JWLV
隕 NLRBC
瘟 KWOT
蘊 TVFT
穩 HDBMP
魂 MIHI
灣 EVFN
醞 MWWOT

wang

宏 JKI
弘 NI
閎 ANKI
泓 ENI

wat

尉 SFDI
核 DYVO
屈 SUU
鬱 DDBUH

wei

洧 EKB

wik

域 GIRM

wing

詠 YRINE
永 INE
泳 EINE
榮 FFBD
嶸 UFFD
穎 PDMBC

wo

和 HDR
禾 HD
窩 JCBBR

woh

媧 VBBR
和 HDR
堝 GBBR
倭 OHDV
禾 HD
渦 EBBR
鍋 CBBR
窩 JCBBR
撾 QYBB
萵 TBBR
蝸 LIBBR
窠 JCWD
鉚 CHHL
禍 IFBBR

wok

獲 KHTOE
穫 HDTOE

wong

惶 PHAG
王 MG
汪 EMG
煌 FHAG
皇 HAMG
往 HOYG
徨 HOHAG
黃 TMWC
隍 NLHAG
旺 AMG
枉 DMG
凰 HNHAG
蝗 LIHAG
簧 HTMC
磺 MRTMC
璜 MGTMC
遑 YHAG
篁 HHAG

woo

狐 KHHVO
芋 TMD
惡 MMP
湖 EJRB
嗚 RHRF
戶 HS
弧 NHVO
胡 JRB
烏 HRYF
壺 GBLM
污 EMMS
互 MVNM
扈 HSRAU
瑚 MGJRB
護 YRTOE
鬍 SHJRB
鎢 CHRF
葫 TJRB
蝴 LIJRB
滬 EHSU
糊 FDJRB

wood

活 EHJR

wooi

回 WR
茴 TWR
迴 YWR
猥 KHWMV
偎 OWMV
匯 SEOG
彙 VMBWD
蛔 LIWR
會 OMWA
徊 HOWR
煨 FWMV
燴 FOMA

woon

煥 FNBK
玩 MGMMU
渙 ENBK
湲 EBME
桓 DMAM
媛 VBME
奐 NBK
惋 PJNU
剜 JULN
垣 GMAM
換 QNBK
皖 HAJMU
援 QBME
腕 BJNU
喚 RNBK
豌 MTJNU
緩 VFBME
碗 MRJNU
瘓 KNBK

woot

活 EHJR

wu
戶 HS
嗚 RHRF
互 MVNM
烏 HRYF
芋 TMD
惡 MMP
胡 JRB
扈 HSRAU
狐 KHHVO
湖 EJRB
壺 GBLM
污 EMMS
弧 NHVO
葫 TJRB
糊 FDJRB
瑚 MGJRB
鎢 CHRF
護 YRTOE
蝴 LIJRB
滬 EHSU
鬍 SHJRB

wui
蛔 LIWR
茴 TWR
徊 HOWR
匯 SEOG
彙 VMBWD
回 WR
偎 OWMV
猥 KHWMV
會 OMWA
迴 YWR
煨 FWMV
燴 FOMA

ya
也 PD
廿 T

yaai
曳 LWP

yai
隘 NLTCT

yam
音 YTA
妊 VHG
淫 EBHG
吟 ROIN
荏 TOHG
任 OHG
壬 HG
欽 CNO
飪 OIHG
飲 OINO
陰 NLOII
霪 MBEBG
蔭 TNLI
賃 OGBUC

yan
仞 OSHI
孕 NSND
忍 SIP
引 NL
因 WK
胤 LVBU
湮 EMWG
仁 OMM
印 HPSL
訢 YRHML
恩 WKP
人 O
蚓 LINL
韌 DQSHI
茵 TWK
氤 ONWK
殷 HSHNE
寅 JMLC
昕 AHML
姻 VWK
欣 HLNO
刃 SHI
紉 VFSHI
癮 KNLP
釁 HBMCH
隱 NLBMP
慇 HEP
甄 MGMVN

yap
揖 QRSJ
邑 RAU
浥 ERAU
入 OH
泣 EYT

yat
一 M
溢 ETCT
逸 YNUI
日 A
軼 JJHQO
佚 OHQO
壹 GBMT
鎰 CTCT

yau
咻 ROD
幽 UVII
蚯 LIOM
有 KB
柔 NHD
盎 LKBT
游 EYSD
油 ELW
悠 OKP
幼 VIKS
柚 DLW
酉 MCWM
右 KR
友 KE
尤 IKU
休 OD
猶 KHTCW
祐 IFKR
酋 TCWM
丘 OM
邱 OMNL
莠 THDS
佑 OKR
又 NK
由 LW
攸 OLOK
揉 QNHD
郵 HMNL
黝 WFVIS
鈾 CLW
優 OMBE
魷 NFIKU
蹂 RMNHD
遊 YYSD
憂 MBPHE
鼬 HVLW
誘 YRHDS
釉 HDLW
猷 TWIK

ye
椰 DSJL
夜 YONK
惹 TKRP
耶 SJNL
琊 MGMHL
冶 IMIR
野 WGNIN
爺 CKSJL

yeah
冶 IMIR
椰 DSJL
夜 YONK
惹 TKRP
野 WGNIN
琊 MGMHL
耶 SJNL
爺 CKSJL

yee
倚 OKMR
怡 PIR
宜 JBM
意 YTAP
易 APHH
以 VIO
夷 KN
貳 IPMMC
沂 EHML
衣 YHV
而 MBLL
異 WTC
耳 SJ
伊 OSK
貽 BCIR
依 OYHV
二 MM
兒 HXHU
懿 GTIOP
頤 SLMBC
儀 OTGI
誼 YRJBM
爾 MFBK
綺 VFKMR
彝 VMFFT
漪 EKHR
義 TGHQI
醫 SEMCW

yeh
惹 TKRP
冶 IMIR
耶 SJNL
椰 DSJL
野 WGNIN
夜 YONK
琊 MGMHL
爺 CKSJL

yeng
贏 YRBBN

yeuk
虐 YPSM
若 TKR
弱 NMNIM
約 VFPI
曰 A
躍 RMSMG
藥 TVID
鑰 COMB
瘧 KYPM

yeung
殃 MNLBK
恙 TGP
氧 ONTQ
陽 NLAMH
烊 FTQ
羊 TQ
楊 DAMH
煬 FAMH
秧 HDLBK
揚 QAMH
泱 ELBK
仰 OHVL
洋 ETQ
怏 PLBK
央 LBK
佯 OTQ
癢 KTOV
嚷 RYRV
鴦 LKHAF
壤 GYRV
攘 QYRV
鞅 TJLBK
禳 IFYRV
讓 YRYRV
養 TOIAV
樣 DTGE
瘍 KAMH
釀 MWYRV
漾 ETGE

yi
而 MBLL
貳 IPMMC
衣 YHV
貽 BCIR
夷 KN
宜 JBM
怡 PIR
異 WTC
伊 OSK
倚 OKMR
矣 IOK
移 HDNIN
椅 DKMR
沂 EHML
意 YTAP
咦 RKN

已 SU
易 APHH
依 OYHV
耳 SJ
以 VIO
姨 VKN
二 MM
兒 HXHU
醫 SEMCW
彝 VMFFT
邇 YMFB
綺 VFKMR
義 TGHQI
頤 SLMBC
爾 MFBK
儀 OTGI
擬 QPKO
議 YRTGI
疑 PKNIO
誼 YRJBM
漪 EKHR

yik

弈 YCT
逆 YTU
益 TCBT
奕 YCK
弋 IP
翌 SMYT
疫 KHNE
掖 QYOK
易 APHH
亦 YLNC
腋 BYOK
役 HOHNE
抑 QHVL
液 EYOK
憶 PYTP
臆 BYTP
翼 SMWTC
億 OYTP
驛 SFWLJ
繹 VFWLJ
蜴 LIAPH
譯 YRWLJ

yim

掩 QKLU
嫌 VTXC
炎 FF
腌 BKLU
冉 GB
奄 KLWU
焰 FNHX
染 END
淹 EKLU
俺 OKLU
厭 MABK
鹽 SWBT
驗 SFOMO
簷 HNCR
艷 UTNAU
豔 UTGIT
魘 MKHI
饜 MKOIV
嚴 RRMMK
儼 ORRK
醃 MWKLU
髯 SHGB
閻 ANNHX
燄 NXFF

yin

然 BKFI
胭 BWK
偃 OSAV
彥 YHHHH
研 MRMT
湮 EMWG
涎 ENKM
焉 MYLF
唁 RYMR
絃 VFYVI
煙 FMWG
毽 HUNKQ
峴 UBUU
菸 TYSY
舷 HYYVI
妍 VMT
莧 TBUU
弦 NYVI
言 YMMR
延 NKHYM
宴 JAV
兗 YCRHU
郾 SVNL
現 MGBUU
咽 RWK
硯 MRBUU
燕 TLPF
燃 FBKF
諺 YRYHH
賢 SEBUC
嚥 RTLF
筵 HNKM
演 EJMC
嫣 VMYF

ying

形 MTHHH
扔 QNHS
仍 ONHS
迎 YHVL
英 TLBK
盈 NSBT
刑 MTLN
型 MNG
邢 MTNL
映 ALBK
膺 IGB
鷹 IGHAF
蠅 LIRXU
瑛 MGTLK
櫻 DBCV
凝 IMPKO
縈 FFBVF
影 AFHHH
應 IGP
纓 VFBCV
嬰 BCV
營 FFBRR
鸚 BVHAF
螢 FFBLI
熒 FFBF
瀛 EYRN
認 YRSIP
瑩 FFBMG
贏 YRBVN

yip

頁 MBUC
業 TCTD
鄴 TDNL
醃 MWKLU
葉 TPTD
孽 THJD
靨 MKMWL
曄 ATMJ

yit

噎 RGBT
熱 GIF

yiu

姚 VLMO
夭 HK
要 MWV
么 HI
搖 QBOU
堯 GGGU
妖 VHK
擾 QMBE
鷂 BUHAF
饒 OIGGU
蟯 LIGGU
繞 VFGGU
耀 FUSMG
瑤 MGBOU
曜 ASMG
腰 BMWV
謠 YRBOU
嬈 VGGU
遙 YBOU
邀 YHSK

yoh

喲 RVFI

yu

圄 WMMR
禺 WLBI
于 MD
榆 DOMN
紆 VFMD
竽 HMD
淤 EYSY
峪 UCOR
娛 VRVK
予 NINN
迂 YMD
羽 SMSIM
俞 OMBN
乳 BDU
御 HOOML
渝 EOMN
喻 ROMN
雨 MLBY
隅 NLWLB
臾 HXO
愉 POMN
愈 OMBP
盂 MDBT
愚 WBP
於 YSOY
余 OMD
禹 HLBI
寓 JWLB
庾 IHXO
宇 JMD
茹 TVR
酗 MWUK
馭 SFE
魚 NWF
汝 EV
如 VR
輿 HXJC
遇 YWLB
餘 OIOMD
禦 HLMMF
諭 YROMN
漁 ENWF
齬 YUMMR
豫 NNNAO
覦 ONBUU
瑜 MGOMN
譽 HCYMR
籲 HOBC
嫗 VSRR
儒 OMBB
孺 NDMBB
諛 YRHXO
瘀 KYSY
語 YRMMR
嶼 UHXC
與 HXYC
逾 YOMN
癒 KOMP
濡 EMBB
嚅 RMBB
預 NNMBC
虞 YPRVK
瘉 KOMN
裕 LCOR

yue

乳 BDU
渝 EOMN
圄 WMMR
如 VR
禹 HLBI
娛 VRVK
臾 HXO
淤 EYSY
予 NINN
迂 YMD
羽 SMSIM
峪 UCOR
御 HOOML
余 OMD
馭 SFE
隅 NLWLB
汝 EV
庾 IHXO
宇 JMD
雨 MLBY
茹 TVR
酗 MWUK
魚 NWF
紆 VFMD
喻 ROMN
俞 OMBN
禺 WLBI
於 YSOY
竽 HMD
寓 JWLB

愈 OMBP
榆 DOMN
于 MD
愉 POMN
盂 MDBT
愚 WBP
齬 YUMMR
瑜 MGOMN
譽 HCYMR
瘀 KYSY
逾 YOMN
豫 NNNAO
瘉 KOMN
嫗 VSRR
諭 YROMN
嚅 RMBB
孺 NDMBB
嶼 UHXC
覦 ONBUU
遇 YWLB
裕 LCOR
濡 EMBB
漁 ENWF
虞 YPRVK
諛 YRHXO
餘 OIOMD
輿 HXJC
儒 OMBB
籲 HOBC
預 NNMBC
癒 KOMP
與 HXYC
語 YRMMR
禦 HLMMF

yuen

宛 JNIU
員 RBUC
源 EMHF
院 NLJMU
圓 WRBC
園 WGRV
丸 KNI
原 MHAF
怨 NUP
淵 ELXL
冤 BNUI
眩 BUYVI
炫 FYVI
軟 JJNO
惋 PJNU
袁 GRHV
苑 TNIU
沿 ECR
沅 EMMU
完 JMMU
阮 NLMMU
元 MMU
玄 YVI
婉 VJNU
猿 KHGRV
縣 BFHVF
鉛 CCR
鴛 NUHAF
懸 BFP
愿 MFP
緣 VFVNO
遠 YGRV
願 MFMBC
轅 JJGRV
蜿 LIJNU

yuet

越 GOIV
愈 OMBP
月 B
悅 PCRU
穴 JC
乙 NU
粵 HWMVS
閱 ANCRU

yui

睿 YBMCU
蕊 TPPP
銳 CCRU
裔 YVBCR

yuk

浴 ECOR
郁 KBNL
煜 FAYT
育 YIB
欲 CRNO
旭 KNA
勗 ABMS
沃 EHK
肉 OBO
辱 MVDI
玉 MGI
毓 OYYIU
褥 LMVI
獄 KHYRK
慾 COP

yun

閏 ANMG
潤 EANG

yung

庸 ILB
翁 CISM
恿 NBP
茸 TSJ
佣 OBQ
湧 ENBS
俑 ONIB
絨 VFIJ
勇 NBKS
冗 BHN
容 JCOR
用 BQ
溶 EJCR
嗡 RCIM
戎 IJ
傭 OILB
甬 NIBQ
壅 YVGG
擁 QYVG
雍 YVHG
慵 PILB
蓉 TJCR
鎔 CJCR
融 MBLMI
熔 FJCR
榕 DJCR
踴 RMNBS
臃 BYVG
蛹 LINIB

zao

棹 DYAJ
櫂 DSMG

zap

匝 SLB

zau

岫 ULW
胄 LWB
啾 RHDF
啁 RBGR
陬 NLSJE
縐 VFPUU
鄹 SONL
籀 HQHW

ze

赭 GCJKA

zeik

摭 QITF

zem

鴆 LUHAF

zen

縝 VFJBC

zeng

繒 VFCWA

zey

惴 PUMB
蕞 TASE
睢 BUOG

zi

卮 HMSU
咨 IOR
兕 SUHU
祉 IFYLM
耜 QDRLR
淄 EVVW
胝 BHPM
祇 IFHPM
祀 IFRU
滓 EJYJ
籽 FDND
俟 OIOK
孳 TVID
梔 DHMU
緇 VFVVW
雉 OKOG
輜 JJVVW
貲 YPBUC
齜 YUYMP
訾 YPYMR
髭 SHYMP

zik

勣 QCKS
瘠 KFCB
磧 MRQMC

zim

譫 YRNCR

zin

湔 ETBN
韉 TJTIF

zing

旌 YSOHM
鯖 NFQMB
癥 KHOK

zit

櫛 DHAL

zoek

棹 DYAJ
斫 MRHML

zoen

皴 IEDHE
肫 BPU
濬 EYBU
榛 DQKD
縉 VFMIA
鐫 COGS

zoeng

幛 LBYTJ

zong

臧 IMSLL

zou

皂 HAP

zung

忪 PCI
傯 OHWP

zy

渚 EJKA
拄 QYG
箸 HJKA

zyn

耑 UMBL
纂 HBUF
撙 QTWI
鐫 COGS
顓 UBMBC
囀 RJJI

13000字倉頡碼

日A

倉頡碼	字
A	日
A	曰
AA	昌
AA	田
AAA	晶
AAMH	暘
AAPH	暘
AAPV	暍
AATE	曝
AAYF	暻
AB	明
ABAC	暝
ABBE	曖
ABBT	盟
ABHAF	鵬
ABIK	猒
ABJCM	曌
ABJJ	暉
ABJJ	暈
ABME	暖
ABMS	勗
ABOF	暸
ABU	冒
ABUU	晛
ACIM	暡
ACNH	曻
ACSH	盼
AD	杲
ADHAF	鶡
ADHL	晰
ADMQ	暐
ADWF	暕
AENL	鄤
AF	炅
AF	昳
AFBF	曭
AFDQ	疄
AFF	晱
AFHHH	影
AFMBC	顥
AFMBC	顯
AFMU	晃
AFNO	歇
AGBT	曀
AGDI	時
AGGU	曉
AHBR	晌
AHBR	咼
AHBU	眉
AHE	昄
AHGF	曛
AHHL	昴
AHLN	剔
AHML	昕
AHOG	暀
AHOO	瞛
AHOR	昝
AHQM	星
AHQO	昳
AHS	昨
AHS	昈
AHSK	曒
AHT	昇
AHVL	昂
AHXU	晲
AICE	晙
AIHS	晟
AIJB	晡
AIMVU	既
AINE	昹
AISL	即
AITC	曠
AJ	早
AJBJ	喃
AJD	昧
AJII	暷
AJKA	暑
AJMM	暄
AJMU	晥
AJNU	晼
AJV	晏
AK	昊
AKCF	瞭
AKKB	晞
AKLL	昇
AKLU	晻
AKMS	晇
AKN	旯
ALBK	映
ALG	聖
ALLN	昲
ALMO	晁
ALNC	曊
AM	旦
AMAM	晅
AMBB	曘
AMBC	晪
AMBG	曜
AMBI	曇
AMCW	晒
AMD	旰
AMG	旺
AMHAF	鴠
AMHQU	毻
AMI	戥
AMIG	晊
AMJ	旱
AMJ	旰
AMK	昊
AMKS	昜
AMMK	最
AMMP	曬
AMMR	晤
AMMV	晨
AMO	昃
AMOB	昺
AMSH	易
AMTB	矖
AMWG	量
AMWJ	曋
AMYO	是
AN	門
ANA	間
ANAA	闆
ANASM	闢
ANAU	冕
ANAU	晚
ANAYK	闅
ANB	閒
ANBBE	閿
ANBUE	闃
ANBUK	闃
ANCRU	閱
AND	閑
ANDH	閉
ANDMQ	闈
ANDWF	闌
ANEHR	闊
ANF	閃
ANFBG	闉
ANFBW	闓
ANGG	閨
ANGIT	闔
ANHE	吸
ANHER	閣
ANHPA	闍
ANHQU	閐
ANHUD	闑
ANHX	閻
ANIAV	閬
ANIRM	閾
ANIT	閞
ANJBC	闐
ANJKA	闍
ANKI	閎
ANKLU	閹
ANLMC	闠
ANLMI	閩
ANM	閂
ANMFJ	閈
ANMG	閏
ANMJ	閈
ANMJK	闞
ANMMM	閆
ANMNR	閜
ANMT	開
ANMWG	闉
ANNHX	閻
ANNKG	闥
ANNOK	闋
ANO	閃
ANO	吹
ANOG	閶
ANOI	閥
ANOK	暌
ANOMM	闟
ANOMR	閤
ANP	悶
ANPH	閟
ANQOU	闚
ANR	問
ANRHR	閭
ANRRJ	闡
ANRRR	闆
ANSJ	聞
ANSQF	闖
ANSRJ	闢
ANTCU	閧
ANTUO	闕
ANUMT	闦
ANVIT	闗
ANWD	閫
ANWL	閘
ANWLV	闤
ANYGQ	闥
ANYHN	閌
ANYHS	閍
ANYK	閔
ANYMR	閶
ANYSY	闞
ANYTA	闇
ANYVO	闋
AODMQ	韙
AOFH	尟
AOHAF	鶗
AOII	昤
AOIN	昑
AOMBC	題
AOP	匙
AOWY	晦
APHH	易
APHH	昒
API	昀
APIM	昀
APP	昆
APR	昫
APU	旽
APVO	曷
AQKA	晻
AQMB	晴
ARF	照
ARF	煦
ARMD	尋
ARRJ	曤
ARRK	曮
ARYE	暇
ASF	㬎
ASHR	昭

ASJE	最
ASMG	曜
ASP	昵
ASTR	晤
ATAK	暯
ATBC	晪
ATBO	矇
ATCE	暴
ATCR	疊
ATGS	曦
ATLB	瞞
ATLF	曣
ATLO	暵
ATMJ	曅
AU	巴
AU	昆
AUAM	暨
AUG	塈
AUHQU	毨
AUKS	勖
AUMT	暟
AUNL	郿
AUNWF	縶
AUU	昢
AUU	咄
AV	艮
AVHAF	鶡
AVHAF	鷃
AVHAF	鷗
AVHL	鼎
AVHQU	氉
AVNO	歇
AWLA	曙
AWLE	曼
AYBP	曨
AYDK	暾
AYHS	昉
AYK	旼
AYK	旻
AYOJ	晬
AYRB	暠
AYRF	景
AYRF	晾
AYRV	曩
AYSD	㬿
AYT	昱
AYTA	暗
AYTG	曈
AYTJ	暲
AYVI	眩

月B

B	月
BAHM	腥
BAMH	腸
BAU	肥
BAYC	冥
BB	朋
BBB	骨
BBBR	腡
BBBUU	覶
BBDHE	骸
BBDI	腁
BBE	受
BBGGU	髐
BBHAF	鶻
BBHER	骼
BBHF	鵬
BBHHJ	髀
BBHNE	骰
BBIBI	髆
BBIJC	髓
BBJHR	骼
BBJMC	髕
BBJR	骷
BBJTI	髖
BBKMS	骻
BBKNI	骫
BBLN	剮
BBLWV	髏
BBMBC	髖
BBMJ	骭
BBMLK	骾
BBMR	胴
BBND	脬
BBNQ	舜
BBOLL	骱
BBPE	愛
BBR	咼
BBTMT	髒
BBTQM	髊
BBTT	骿
BBTWT	體
BBU	亂
BBUG	臞
BBUL	鼏
BBUU	覓
BBWD	髁
BBWLI	髑
BBYCK	骹
BBYHN	骯
BBYKB	髓
BBYMP	骶
BBYRB	髜
BBYTJ	辭
BBYVO	骸
BCABU	䁔
BCAPH	賜
BCBCC	贔
BCBCD	賝
BCBGR	賙
BCBJJ	賱
BCBUC	䝿
BCBUU	覸
BCCWA	贈
BCDH	財
BCFF	賧
BCGWC	贖
BCHAF	鵙
BCHE	販
BCHER	賂
BCHIO	貶
BCHPM	貾
BCHQM	賍
BCIBI	賻
BCII	賤
BCIIH	賿
BCIJ	賊
BCIJE	賕
BCIKK	賧
BCIMS	贓
BCIR	貽
BCJ	貯
BCJIR	賊
BCJKA	賭
BCJMN	貯
BCKB	賄
BCLL	貹
BCLMT	贐
BCLN	則
BCMJ	罕
BCMMV	賑
BCMPM	賦
BCMVN	㬰
BCMWJ	賱
BCNCR	贍
BCNL	郥
BCNL	鄍
BCOJU	罌
BCOK	敗
BCOMF	賒
BCPD	貤
BCQKA	賰
BCR	冏
BCRHU	貺
BCRL	鄳
BCRU	脫
BCRXU	鼅
BCSMV	賬
BCTBC	賟
BCTCT	贍
BCTTB	購
BCTXC	賺
BCV	嬰
BCYHN	䟘
BCYMR	譻
BCYOJ	賥
BCYR	貼
BCYTR	賠
BCYVO	賅
BD	采
BDHHH	彩
BDI	肘
BDNL	郛
BDOE	膝
BDU	乳
BEEE	䐁
BEHAF	鵽
BF	炙
BFBG	膛
BFCB	腈
BFD	采
BFDQ	膦
BFHVF	縣
BFMU	胱
BFP	懸
BFQ	胖
BFQC	膹
BFQE	滕
BFQF	騰
BFQF	縢
BFQG	塍
BFQI	螣
BFQR	謄
BFQS	勝
BFQU	賸
BFQV	媵
BFU	亂
BG	肚
BGGU	膮
BGHQU	氊
BGI	胠
BGR	周
BGTE	臟
BGTH	膨
BHA	胉
BHAE	腺
BHBUE	玃
BHBVK	貕
BHDH	豺
BHDV	腠
BHDW	膰
BHER	胳
BHGF	膘
BHHAU	貌
BHHER	貉
BHHH	彤
BHHHJ	貏
BHHJ	脾
BHHV	脈
BHHWP	貔
BHJC	貁
BHJE	腵
BHJG	腄
BHJM	腄
BHJU	腯
BHLQ	貄
BHLWV	貗
BHMA	貊
BHMAM	貆
BHMJ	豻
BHML	肵
BHN	冗
BHN	肌
BHNE	股
BHOB	豽
BHOD	貅
BHOMN	貐
BHON	胻
BHPI	豹

BHPM	胝
BHQM	胜
BHQO	肤
BHRRJ	猼
BHRYE	猳
BHS	胙
BHSHR	貂
BHSRR	貙
BHTAK	貘
BHTW	貓
BHUC	臢
BHUMB	貒
BHUU	貀
BHUU	臡
BHVO	胍
BHWG	貍
BHWP	臛
BHX	舀
BHXO	腴
BIBI	膊
BICE	朘
BICE	朘
BIJB	脯
BIJE	脙
BIKK	胈
BIOI	腑
BIPC	膩
BIPF	臕
BIR	胎
BIYPU	虢
BJB	肺
BJBD	脖
BJBJ	腩
BJCG	膣
BJCM	腔
BJDHE	鞁
BJE	肢
BJHAF	鶇
BJII	膞
BJLMI	蜰
BJMBC	顛
BJMC	臏
BJMU	脘
BJNL	鄆
BJNU	腕
BJTC	膹
BJTI	膸
BJV	胺
BJWJ	軍
BKCF	膫
BKCOR	谿
BKF	然
BKHAF	鵊
BKI	肱
BKK	网
BKLU	腌
BKMS	胯
BKN	胰
BKNI	肒
BKNL	郥
BKOG	雞
BKOO	脥
BKS	肋
BLBK	胦
BLLN	胇
BLMO	朓
BLMO	脁
BLMY	腓
BLN	刖
BLWL	胂
BLWV	膢
BLXH	胏
BM	且
BM	肛
BM	冂
BMBB	臑
BMBG	臛
BMBL	腼
BMFM	胚
BMIG	胵
BMJ	肝
BMKE	爰
BMKS	助
BMLN	刞
BMMC	具
BMMO	冢
BMMU	朊
BMMV	脤
BMOG	雎
BMR	同
BMRB	膈
BMRT	脰
BMRW	腷
BMSO	豚
BMUI	冠
BMVM	脛
BMWF	膘
BMWV	腰
BN	肊
BNAU	脕
BNCR	膽
BND	孚
BNII	腦
BNKG	脡
BNKQ	腱
BNLII	蝨
BNMU	脆
BNUI	冤
BOAE	腹
BOB	肭
BOBO	腩
BODI	胕
BOG	脽
BOGF	膲
BOGS	臇
BOHH	胗
BOIN	肣
BOIP	腍
BOMA	膾
BOMMF	祭
BOMN	腧
BOMO	臉
BOMRT	登
BON	肐
BOOG	脞
BOPD	胣
BOTF	膴
BOWY	脢
BPA	脂
BPR	朐
BPR	朐
BPRU	胞
BPU	肫
BPUK	胸
BQ	用
BQKK	膆
BQMF	膝
BQU	甩
BRC	胑
BRHAF	鵰
BRHG	脭
BRHHH	彫
BRI	戚
BROG	雕
BRRD	臊
BRSMM	翢
BSD	爭
BSEF	鵬
BSHH	豸
BSHI	肕
BSJR	腒
BSLE	服
BSMG	腥
BSMH	膠
BSMV	脹
BSS	凸
BT	冊
BT	皿
BTA	腊
BTAB	冪
BTAK	膜
BTBC	腆
BTBO	朦
BTCT	臉
BTGR	膳
BTIS	臟
BTK	朕
BTLF	臙
BTLK	膜
BTLN	刪
BTMBC	頍
BTMD	腜
BTOE	臒
BTT	胼
BTU	岡
BTWV	膿
BTYJ	膵
BTYV	罔
BU	目
BUAMJ	睅
BUAMO	睼
BUANA	瞷
BUANK	矙
BUAV	眼
BUBAC	瞑
BUBBQ	瞬
BUBD	睬
BUBGR	睭
BUBSD	睜
BUBUK	瞁
BUBUU	睍
BUBUU	覞
BUC	貝
BUCE	膄
BUCIM	瞈
BUCMS	盻
BUCNH	睇
BUCSH	盼
BUDOO	睞
BUFB	睄
BUFBF	矘
BUFBG	瞠
BUFD	眯
BUFDQ	瞵
BUFF	睒
BUFH	眇
BUFQU	睠
BUGCE	睖
BUGCG	睦
BUGG	眭
BUGIT	瞌
BUHAF	鶪
BUHAF	鴡
BUHDF	瞅
BUHE	眅
BUHGF	瞟
BUHHJ	睥
BUHHV	眽
BUHIO	眨
BUHJM	睡
BUHJU	睸
BUHML	盺
BUHNI	颽
BUHOK	瞰
BUHOO	瞛
BUHPA	睧
BUHQI	睋
BUHQO	眹
BUHQU	眊
BUHSK	瞑
BUHU	見
BUHUS	瞗
BUHVF	緜
BUHXE	瞍
BUHXU	睨
BUIHQ	眸
BUIK	臭
BUIR	眙
BUITC	矌
BUIV	眓

BUJBC	瞋
BUJD	眛
BUJKA	睹
BUJLO	睫
BUJMC	瞚
BUJMC	矉
BUJMN	眝
BUJMU	睆
BUJNU	睕
BUJQR	瞎
BUKCF	瞭
BUKKB	睎
BUKN	眱
BULBU	眈
BULLP	瞛
BULMC	瞶
BULMI	蜸
BULMO	眺
BULN	剛
BULWL	眒
BULWV	瞜
BUMBG	矐
BUMD	盱
BUMGG	睚
BUMJ	盰
BUMJK	瞰
BUMLS	眄
BUMMI	眃
BUMN	盯
BUMWF	瞟
BUMWJ	瞫
BUMYM	眐
BUNAU	睌
BUNBE	瞍
BUNCR	瞻
BUNHB	瞲
BUNIN	眵
BUNIR	眳
BUNOK	睽
BUNOT	瞪
BUOG	睢
BUOG	瞿
BUOG	脽
BUOGE	矍
BUOGF	瞧
BUOHH	眕
BUOMA	瞺
BUOMB	睔
BUOMN	睮
BUOMO	瞼
BUON	盵
BUOTF	瞴
BUPA	眴
BUPIM	盷
BUPU	盹
BUQMB	睛
BUQOU	睍
BURB	睊
BURRD	矂
BURVP	眠
BUSHR	眧
BUSJ	眲
BUSMG	眶
BUSYI	矚
BUTAK	瞙
BUTBO	矇
BUTCO	瞨
BUTK	眹
BUTLB	瞞
BUTMJ	瞱
BUTQ	眻
BUTRG	矔
BUTW	瞄
BUU	朏
BUU	胐
BUVFB	矊
BUVIS	眑
BUVML	鼎
BUVNE	睩
BUWD	睏
BUYBP	矓
BUYFD	瞇
BUYOJ	睟
BUYTG	瞳
BUYTJ	瞕
BUYUB	瞝
BUYV	盳
BUYVI	眩
BV	妥
BVG	墾
BVHAF	鷂
BVHL	鄉
BVIK	奚
BVNL	鄒
BVNO	滕
BVP	懇
BVVV	臘
BVVW	腦
BWIM	膕
BWK	胭
BWL	胛
BWLB	腢
BWLI	爵
BWLI	臅
BWMV	腲
BWOT	膃
BWP	腮
BY	丹
BYAV	腿
BYBB	膼
BYBP	朧
BYBS	膀
BYHAF	鴅
BYHHH	彤
BYHN	肮
BYHR	膇
BYHS	肪
BYIA	膱
BYIJ	膟
BYLN	刖
BYOJ	脺
BYOK	腋
BYPO	臄
BYPT	臚
BYRN	脝
BYTA	腤
BYTG	膧
BYTG	朣
BYTOE	臒
BYTP	臆
BYVG	臃
BYVI	胘
BYVO	胲
BYWM	膻
BYX	臍

金 C

C	金
CA	鈤
CAA	錩
CAFU	鎤
CAM	鉭
CAMH	鍚
CAMJ	銲
CAMO	鍉
CAMVN	甑
CAN	鍆
CANL	鄁
CANW	鑭
CAPH	錫
CAPP	錕
CAPV	鍻
CASM	鍚
CATE	鑤
CAU	鈀
CAV	銀
CAWE	鏝
CB	鈅
CBB	錋
CBBE	鑀
CBBR	鍋
CBCN	鍘
CBDI	鋝
CBGR	錭
CBJJ	鍕
CBM	鉏
CBME	鍰
CBMR	銅
CBMS	鋤
CBSD	錚
CBTU	鋼
CBU	鉬
CBUC	鋇
CBUE	钁
CBUU	鋧
CCC	鑫
CCI	鈆
CCNH	銻
CCOR	鋊
CCR	鉛
CCRU	鋭
CCSH	鈖
CDH	鈢
CDHE	鈹
CDK	鈌
CDL	鋉
CDMQ	鍏
CDOO	錸
CDWF	鍊
CEA	錔
CEAH	錫
CEED	鑠
CEEE	錣
CEHV	鋠
CEI	釵
CF	鈥
CFB	銷
CFBC	鎖
CFBD	鏁
CFBF	鑛
CFBG	鏜
CFBR	鋿
CFBU	鎲
CFBW	鐺
CFD	銤
CFDQ	鏻
CFF	錟
CFFD	鑅
CFFS	鐒
CFH	鈔
CFMU	銧
CFQ	鉡
CFQU	錈
CG	釷
CGCE	鋑
CGCG	鏲
CGG	銈
CGGU	鐃
CGI	鉣
CGIT	鎑
CGNI	鑄
CGP	鋕
CGR	銡
CGRV	鎱
CHA	鉑
CHAB	錦
CHAG	鍠
CHD	鉌
CHDB	鎌
CHDF	鍬
CHDH	銹
CHDN	鋓
CHDW	鐇
CHE	鈑
CHEJ	鋒
CHER	鉻
CHEY	鉖
CHGI	銛
CHGR	鋯
CHGU	銑

CHHAF	鳻
CHHAF	鴔
CHHE	鏴
CHHH	釤
CHHJ	錍
CHHL	鉚
CHHW	鎦
CHJD	銖
CHJE	鍛
CHJG	鍾
CHJM	錘
CHJR	銛
CHJU	鍎
CHJX	鍤
CHLC	鐨
CHLN	剎
CHLO	釽
CHMBC	頒
CHML	釿
CHMR	銗
CHNI	釩
CHNL	邠
CHOK	攽
CHOO	鏦
CHPA	鍲
CHQI	鋨
CHQM	鉎
CHRF	鎢
CHUC	鑽
CHUD	鎳
CHUP	鏓
CHVO	鈲
CHWP	鎞
CHXE	鎪
CHXH	鎀
CI	公
CIAV	鋃
CIBI	鎛
CICE	鋑
CIHF	鏚
CIHM	銊
CIHQ	鉾
CIHR	鍼
CIHS	鋮
CIHU	銃
CII	錢
CIIH	鏒
CIIL	鄉
CIJB	鋪
CIJC	鉥
CIJE	銶
CIKK	鈸
CILB	鏞
CILE	鏮
CILL	銂
CILR	鎕
CIMBC	頌
CIMN	瓮
CINE	銢
CIP	釴
CIPF	鑣
CIPM	鉽
CIPP	鋱
CIR	鈶
CISM	翁
CITC	鐮
CITE	鍍
CITF	鏣
CIV	鉞
CIXP	鏕
CJ	針
CJBC	鎮
CJBD	錞
CJBF	錸
CJCR	鎔
CJIG	鐵
CJII	鏄
CJIP	鏸
CJKA	鍺
CJKI	鋐
CJKP	銠
CJKS	銬
CJMC	鏔
CJMC	鑌
CJMF	錝
CJMM	鍹
CJMO	錠
CJMO	鎵
CJMU	鋎
CJNU	鋺
CJP	鉈
CJPN	鑏
CJR	鈷
CJRR	錧
CJTC	鐀
CJTO	鑳
CJV	銨
CK	父
CK	釱
CKAU	爸
CKB	銪
CKCE	錣
CKCF	鐐
CKGG	鍷
CKHML	斧
CKI	鈦
CKI	鈜
CKJT	錛
CKLB	鈽
CKLD	鋍
CKMF	錼
CKMGC	釜
CKMR	錡
CKMS	銙
CKN	釚
CKN	銕
CKNIN	爹
CKOO	鋏
CKSJL	爺
CL	丫
CLBK	鈌
CLBU	鈂
CLLL	釧
CLMC	鐀
CLMO	銚
CLN	釗
CLNC	鑽
CLW	鈾
CLWV	鏤
CLX	鏽
CM	釭
CMA	鉑
CMBB	鑐
CMBC	鋇
CMBW	鐳
CMD	釪
CMFB	鑈
CMFE	鍜
CMFJ	鉼
CMGI	鈺
CMGR	鐳
CMHAF	鳱
CMIG	銍
CMJ	釬
CMLM	錏
CMMR	鋙
CMMS	釫
CMMV	鋠
CMN	釘
CMNR	鈳
CMP	鍃
CMR	鉐
CMRB	鎘
CMRT	鋀
CMT	鈃
CMTN	鉶
CMUA	鐕
CMVI	鎒
CMVM	鋞
CMVS	兮
CMWF	鏢
CMWJ	鐔
CMYM	鉦
CMYS	鈣
CN	釔
CNAO	鐌
CNAU	銫
CND	釪
CNDT	錳
CNG	鈕
CNHB	鐍
CNHD	鍒
CNHE	鈒
CNHS	釢
CNHX	錎
CNI	釸
CNII	鏫
CNIN	鉹
CNIR	銘
CNKG	鋌
CNKM	鋋
CNKQ	鍵
CNL	弔
CNL	鉊
CNLH	弟
CNLH	鍚
CNLR	鉰
CNN	釕
CNO	欽
CNOE	鏺
CNOT	鐙
CNRI	鑱
COAE	鍑
COB	鈉
COD	鍬
COG	錐
COGD	鏶
COGF	鐎
COGJ	鎨
COGS	鐫
COHG	銋
COII	鈴
COIM	鑯
COIN	鈐
COIR	鎗
COIR	鉿
COLB	鉓
COLH	鏐
COLMI	鍪
COMB	錀
COMB	錀
COMG	銓
COMO	鐱
COMR	鉿
CON	釳
COND	鐖
CONK	鍭
COOG	銼
COP	慾
COR	谷
COWY	鋂
CP	鈊
CPH	鉍
CPI	釣
CPIM	鈞
CPOU	鉤
CPP	鈚
CPPA	鍇
CPR	鉤
CPRU	鉋
CPTD	鍱
CPU	鈍
CPYR	鍧
CQD	銇
CQHK	鍥
CQJM	鎝
CQMB	錆
CQMV	錶
CQO	鈇
CR	釦

CRB	鋗
CRHAF	鵒
CRHR	鋁
CRHU	兊
CRJCM	谾
CRKI	谹
CRMJK	豃
CRNL	郤
CRNO	欲
CRNQ	谻
CROIR	谽
CRP	鎴
CRRD	鐰
CRRS	鍔
CRSL	卻
CRSMH	豂
CRTC	谼
CRUC	鐉
CRVK	鋘
CRVP	鋸
CRYBP	豅
CRYE	鍜
CSEG	鏗
CSH	分
CSHC	貧
CSHF	炃
CSHG	坌
CSHP	忿
CSHR	鉊
CSHT	盆
CSHT	弅
CSHU	岔
CSIT	鑑
CSJ	鉺
CSJE	鋷
CSJJ	鑷
CSJR	鋸
CSLB	錘
CSME	鋟
CSMH	鏐
CSMR	銅
CSMV	鋹
CSP	鈮
CSQF	鎷
CSRR	鏂
CSS	鉅
CSSR	鍋
CSYI	鑈
CTA	錯
CTAK	鏌
CTBC	錪
CTBK	鐓
CTCA	鐠
CTCO	鏷
CTCT	鎰
CTEI	鎛
CTGI	鐕
CTGK	鏶
CTGT	鑉
CTGU	鐃
CTIS	鑯
CTM	鉗
CTMC	錤
CTMJ	鏵
CTMV	鍖
CTOE	鑊
CTOP	錵
CTOR	鎝
CTPD	鐷
CTQM	鎈
CTRG	鑵
CTSR	鐂
CTT	鉼
CTUB	鏰
CTVI	鎡
CTW	錨
CTWI	鐏
CTXC	鐮
CTYJ	鏠
CTYV	鋩
CU	釓
CUCE	鎪
CUHQU	毪
CUMJ	鍏
CUMT	鎧
CUOB	鑴
CUOG	鑵
CUOK	敓
CV	鈙
CVFR	鍣
CVID	鑠
CVII	鐖
CVIO	鈥
CVMI	鏘
CVNE	錄
CVR	鉫
CVVV	鐵
CVVW	錙
CW	鈿
CWA	曾
CWD	錁
CWG	鋰
CWJR	錮
CWK	銦
CWL	鉀
CWLG	鑼
CWLI	鐲
CWLJ	鐸
CWLV	鐶
CWMV	鍡
CWP	鍶
CWTJ	鏵
CWVF	鏍
CWWG	鑘
CWYI	鉧
CY	釙
CYBB	鍗
CYBB	鍋
CYBC	鎮
CYBK	鑶
CYBP	鑨
CYBS	鎊
CYCB	鏑
CYCK	鉸
CYDK	鐓
CYE	鈹
CYG	銈
CYGQ	鍵
CYHM	鏠
CYHN	鈧
CYHR	鎚
CYHS	鈁
CYHV	鈜
CYIB	鋗
CYIU	銃
CYJ	鈄
CYJJ	鏈
CYLB	鈰
CYMB	鎖
CYMH	鐵
CYMY	鈼
CYPD	鏄
CYPO	鐻
CYPP	鑢
CYPS	鎊
CYPT	鑪
CYR	鉆
CYRB	鎬
CYRD	錞
CYRV	鑲
CYSK	鏃
CYSO	鏇
CYTG	鐘
CYTJ	鋅
CYTO	鐩
CYTP	鐿
CYTU	鏡
CYVI	鉉
CYWI	鏀
CYX	鏅

木 D

D	木
DA	杳
DAFU	榥
DAGI	榯
DAHU	楣
DAIL	椰
DAIU	槪
DAM	查
DAM	桓
DAMH	楊
DAMJ	桿
DANG	櫚
DANR	櫚
DANW	欄
DAPP	棍
DAPV	楬
DASM	榻
DAU	杷
DAV	根
DAWE	槾
DB	束
DBAC	榠
DBB	棚
DBBB	榍
DBCD	樑
DBCV	櫻
DBD	棌
DBDB	棘
DBDB	棗
DBGR	椆
DBHX	榣
DBJJ	楎
DBKF	橪
DBLN	剌
DBM	柤
DBMC	椇
DBME	楥
DBMR	桐
DBND	桴
DBO	樊
DBOU	榣
DBSD	桴
DBSE	棴
DBT	柵
DBTU	櫚
DBU	相
DBUC	椇
DBUG	櫂
DBV	桵
DBVK	榽
DC	朳
DCAV	櫷
DCHD	棶
DCI	松
DCIP	棇
DCMS	枍
DCNH	梯
DCRU	梲
DCSH	枌
DCWA	橧
DD	林
DDAM	楂
DDB	楝
DDBUH	鬱
DDCSH	棼
DDD	森
DDDO	櫏
DDEC	櫇
DDF	焚
DDG	埜
DDH	材
DDHE	柀
DDHH	彬
DDHNI	梵
DDHNI	麶
DDI	村
DDIXP	麓
DDJ	株

DDK	樊
DDKLI	蠜
DDKMR	礬
DDKQ	攀
DDL	梀
DDLN	[illegible]
DDLO	[illegible]
DDMMF	禁
DDMQ	[illegible]
DDNL	郴
DDNYO	楚
DDOIN	棽
DDOO	棶
DDP	懋
DDV	婪
DDW	棟
DDW	[illegible]
DDWF	楝
DEEE	棳
DEFH	桫
DEI	杈
DEID	樑
DEMBC	頍
DEMJ	奸
DEPRU	匏
DF	杰
DFB	梢
DFBD	[illegible]
DFBF	欓
DFBG	樘
DFBH	橕
DFBW	檔
DFDQ	橉
DFF	棪
DFFN	[illegible]
DFFS	橯
DFH	杪
DFLE	隸
DFMU	桄
DFQ	柈
DFQU	棬
DG	杜
DGB	柟
DGCE	棱
DGG	桂
DGGI	[illegible]
DGGU	橈
DGIT	榼
DGNI	檮
DGOV	樾
DGOW	檣
DGR	桔
DGRG	檯
DGRV	榬
DGTI	樹
DGWC	櫝
DH	才
DHA	柏
DHAB	棉
DHAG	楻
DHAJ	槔
DHAL	[illegible]
DHBUL	鼒
DHCQ	櫸
DHDF	楸
DHDW	橎
DHE	皮
DHE	板
DHEJ	桻
DHER	格
DHEY	柊
DHGE	檓
DHGR	梏
DHHAF	[illegible]
DHHH	杉
DHHI	榭
DHHJ	椑
DHHL	柳
DHHW	榴
DHI	槐
DHIJ	櫆
DHIO	[illegible]
DHJA	櫓
DHJD	株
DHJE	椴
DHJM	棰
DHJR	栝
DHJU	楯
DHKB	橋
DHLB	楀
DHLC	[illegible]
DHML	析
DHMU	桅
DHMY	柝
DHN	机
DHNE	杸
DHNI	楓
DHNI	枫
DHON	桁
DHON	椼
DHOO	樅
DHPA	棔
DHPA	栺
DHPM	柢
DHQO	柣
DHQU	[illegible]
DHS	柞
DHSB	楄
DHSK	檄
DHSU	[illegible]
DHUC	櫕
DHUS	櫋
DHUU	橇
DHVO	柧
DHXO	[illegible]
DHYG	[illegible]
DHYU	榹
DI	寸
DIAV	根
DIBI	榑
DICE	梭
DIGI	櫥
DIHF	槭
DIHR	椷
DII	棧
DIIH	椮
DIIL	榔
DIJE	梂
DIKK	柭
DILB	槦
DILL	栦
DILN	刌
DILR	榶
DIMO	杴
DINE	[illegible]
DING	梃
DIP	杙
DIPC	樲
DIPM	栻
DIRM	棫
DIT	械
DJ	末
DJBC	槙
DJBD	桲
DJBJ	楠
DJBM	植
DJC	[illegible]
DJCM	椌
DJCR	榕
DJCS	榨
DJE	枝
DJHR	格
DJII	槫
DJIP	橞
DJJI	[illegible]
DJK	杖
DJKA	楮
DJKP	栳
DJKS	栲
DJLV	棲
DJMC	檳
DJMF	棕
DJMM	楦
DJMO	椗
DJMU	梡
DJP	柁
DJPA	[illegible]
DJPN	檸
DJR	枯
DJRB	楜
DJRJ	棹
DJRR	棺
DJTC	櫝
DJV	桉
DK	夬
DK	杕
DKB	栯
DKCE	樧
DKCF	橑
DKGG	楏
DKHAF	鶩
DKHF	楸
DKKB	桸
DKKK	樉
DKLD	栫
DKMR	椅
DKMS	桍
DKMYM	整
DKN	杌
DKN	桋
DKOK	[illegible]
DKOO	梜
DKP	愁
DKS	朸
DKSO	[illegible]
DKSR	枷
DKSR	檶
DL	束
DLBK	柍
DLBU	枕
DLD	梊
DLE	棣
DLHA	晳
DLKSF	鶒
DLLMI	蜇
DLLN	刺
DLLN	柫
DLMC	樻
DLMO	桃
DLMY	棑
DLNO	欶
DLOK	敕
DLP	愸
DLSHC	賴
DLW	柚
DLWL	柛
DLWS	梬
DLWV	樓
DLX	橚
DLXL	棩
DM	本
DM	杠
DMAM	桓
DMBB	檽
DMBC	槓
DMBE	櫌
DMBL	栭
DMBM	[illegible]
DMBR	櫺
DMBS	樗
DMBW	檑
DMCW	栖
DMD	杅
DMDM	櫪
DMEM	極
DMF	杯
DMFB	檷
DMFJ	枰
DMFM	柸
DMFN	[illegible]

DMFR	栢
DMG	枉
DMGR	橿
DMGT	栟
DMHF	榞
DMIA	楷
DMIG	椏
DMJ	杆
DMJK	橄
DMLK	梗
DMLM	椏
DMMF	柰
DMMI	柭
DMMP	欐
DMMR	梧
DMMS	枴
DMMU	杬
DMMV	棖
DMN	朾
DMNL	梛
DMNN	栵
DMNR	柯
DMOB	柄
DMR	柘
DMRQ	韋
DMRT	桓
DMRW	楅
DMSMM	栩
DMSO	椓
DMSU	栀
DMT	枅
DMTO	橛
DMU	杌
DMUE	榎
DMVH	枒
DMVM	桓
DMVM	桱
DMVS	朽
DMVVQ	橥
DMWC	樻
DMWF	標
DMWF	檦
DMWJ	樟
DMWM	橿
DNAO	橡
DNBG	桷
DNBJ	槲
DNBQ	檞
DNCR	櫓
DND	李
DND	杍
DNDF	櫾
DNFD	橅
DNG	杻
DNHB	橘
DNHD	楙
DNHD	楺
DNHE	极
DNIB	桶
DNIN	杼
DNIN	栘
DNKG	梃
DNKM	梴
DNKQ	楗
DNLB	橢
DNLW	槺
DNMU	桅
DNO	杸
DNOB	梢
DNOK	椺
DNOT	橙
DNQ	掣
DNQD	櫟
DNRI	欃
DNST	榓
DNWA	櫓
DOB	枘
DOBG	榷
DOBUC	賚
DOBY	栴
DODI	树
DOE	桼
DOG	椎
DOGF	樵
DOGJ	榫
DOGS	槜
DOHAF	鵊
DOII	柃
DOIK	欶
DOIM	櫼
DOIN	枍
DOIP	棯
DOIR	槍
DOIR	梒
DOJ	杵
DOK	枚
DOKR	椥
DOLB	楄
DOMA	檜
DOMB	棆
DOMD	梌
DOMG	栓
DOMK	梗
DOMN	榆
DOMO	檢
DON	杚
DONL	郲
DOO	來
DOOG	垄
DOP	枇
DOPD	椸
DOWY	梅
DOYB	檎
DP	杙
DP	杺
DPA	栒
DPA	楮
DPD	杝
DPFD	梸
DPH	柲
DPHT	榓
DPI	杓
DPI	构
DPIM	杓
DPP	枇
DPPA	楷
DPPG	梐
DPR	枸
DPRU	枹
DPT	柑
DPTD	椺
DPU	杶
DQ	杽
DQBHX	韜
DQBJJ	韗
DQDJ	韎
DQGWC	韇
DQHAJ	韠
DQHK	楔
DQIKK	韍
DQJL	梆
DQJM	槥
DQKA	椿
DQKD	榛
DQKK	榬
DQKQ	棒
DQKX	椿
DQMB	棈
DQMC	樍
DQMF	榛
DQNHD	韖
DQNL	鄣
DQO	柣
DQOMR	韐
DQOU	槻
DQPTD	韘
DQSHI	韌
DQSMV	韔
DQTMJ	韡
DQTTB	韝
DQWLI	韣
DQWOT	韞
DQYRD	韕
DR	杏
DRB	梋
DRC	枳
DRHG	桯
DRHR	柖
DRHS	楞
DRHU	柷
DRMS	梬
DRRD	橾
DRRJ	樿
DRSH	楞
DRSJ	楫
DRYE	椵
DSAV	榅
DSFB	楣
DSIT	檻
DSJ	栮
DSJE	橄
DSJL	椰
DSJR	椐
DSKR	椐
DSLC	櫝
DSLY	榧
DSMA	楷
DSME	榎
DSMG	框
DSMG	櫂
DSMH	樛
DSMM	栩
DSMR	桐
DSMV	棖
DSND	槈
DSNO	柩
DSP	柅
DSQF	榪
DSQL	梛
DSRG	樫
DSRR	樞
DSS	柜
DSSR	榈
DSTV	槴
DSU	杞
DSWU	欖
DSYI	櫺
DSYQ	樨
DTA	棤
DTAK	模
DTAW	欄
DTBO	檬
DTC	栱
DTCE	櫼
DTCO	樸
DTCW	榴
DTEI	榑
DTGE	樣
DTGF	橏
DTGI	檥
DTGO	槉
DTGR	橏
DTHJ	橥
DTJR	楛
DTK	楧
DTKR	楉
DTLB	樠
DTLM	槿
DTLX	欍
DTM	柑
DTMC	棋
DTMC	横
DTMJ	樺
DTMV	椹
DTOE	檴
DTOR	榙
DTPA	椭
DTQM	槎
DTRG	權
DTSJ	楫

DTSR 檻
DTT 栟
DTTB 構
DTTC 椪
DTWA 槽
DTWI 樽
DTXC 槏
DU 札
DUCH [illegible]
DULMI 蚩
DUMB 椯
DUMT 榿
DUOB 欈
DUON 梣
DUP 想
DUU 柮
DUVIF 紮
DVFO 櫞
DVID 櫟
DVII 機
DVIS 柪
DVL 朻
DVMG [illegible]
DVNO 椽
DVOI 櫼
DVVD 樔
DVVW 橊
DW 東
DWC 柶
DWD 梱
DWD 棵
DWF 柬
DWG 梩
DWHAF 鶇
DWHD 棞
DWIM 槶
DWJR 棝
DWL 柙
DWLG 欏
DWLJ 檡
DWLS 楞
DWLY 檌
DWMV 椳
DWP 楒
DWVF 樏
DWWF 櫐
DWWW 櫑
DY 朴

DYAJ 棹
DYBB 楴
DYBB 檛
DYBC 楨
DYBP 櫳
DYBS 榜
DYCB 樀
DYCK 校
DYDK 檄
DYDL 榔
DYDU 櫬
DYFE 椒
DYG 柱
DYHH 椮
DYHN 杭
DYHR 槌
DYHS 枋
DYIA 樴
DYIU 梳
DYJ 枓
DYJJ 槤
DYLB 柿
DYMH 檅
DYMU 櫏
DYNV 㮮
DYOJ 椊
DYPK 棱
DYPM 樝
DYPT 櫨
DYR 枮
DYRA 櫧
DYRB 槁
DYRF 椋
DYRN 楟
DYRO 橡
DYRV 欀
DYSD 椸
DYSR 檹
DYSY 棜
DYT 柆
DYTG 橦
DYTJ 梓
DYTJ 樟
DYTO 檖
DYTP 檍
DYTR 棓
DYTU 樈
DYTU 檤

DYTV 椄
DYUB 樆
DYUT 榼
DYVO 核
DYWD 檁
DYWM 檀
DYWV 榱
DYWV 櫰
DYX 櫅

水 E

E 水
EA 汩
EA 汨
EA 沓
EAA 淐
EAFC 灝
EAFC 灝
EAFU 滉
EAG 涅
EAGI 溡
EAHM 湦
EAHU 湄
EAIU 溉
EAM 泹
EAMH 湯
EAMI 淂
EAMJ 涆
EAMK 淏
EAMO 湜
EANA 澗
EAND 澖
EANE 灁
EANG 潤
EANJ 瀾
EANK 潣
EANW 瀾
EAPP 混
EAPV 渴
EATE 瀑
EAVF 濕
EAWE 漫
EAYF 澋
EBAC 溟
EBAU 淝
EBB 淜
EBBB 滑
EBBR 渦

EBBU [illegible]
EBCD 深
EBCI 濺
EBCN 測
EBCR [illegible]
EBCR 涪
EBCV 漊
EBGR 淍
EBHG 淫
EBHU 沉
EBHX 滔
EBJJ 渾
EBKF 鸂
EBM 沮
EBME 湲
EBMP 濦
EBMR 洞
EBND 浮
EBOF 滐
EBP 濍
EBP 瀀
EBR 泂
EBSD 淨
EBUC 浿
EBUG 濉
EBUG 濯
EBUH 渺
EBUK 湨
EBUL 淵
EBUU 涀
EBV 浽
EBVK 溪
EBWI 灂
EBYH 澎
EC 淦
EC 汃
ECC 鋈
ECIM 滃
ECKG 湰
ECNH 涕
ECOR 浴
ECR 沿
ECRU 涗
ECSH 汾
ECST 溢
ECWA 澮
ED 沐
EDAM 渣

EDBT [illegible]
EDBU 湘
EDCI 淞
EDD 淋
EDDF 漤
EDDG [illegible]
EDDH 灪
EDDN 潸
EDDO 濋
EDG 塗
EDGG 湗
EDHE 波
EDHL 浙
EDJ 沫
EDK 決
EDL 涑
EDLC 瀨
EDLO 漱
EDM 泍
EDMBC 顙
EDMF 淙
EDMQ 湋
EDOE 漆
EDOO 淶
EDW 涷
EDWF 湅
EE 沝
EEA 涾
EEE 淼
EEED 桑
EEEEE 敪
EEEEF 鵽
EEEEN 剟
EEEEO 歠
EEEEU 毲
EEI 汊
EEII 溞
EEMR [illegible]
EETB [illegible]
EEV 婆
EFB 消
EFBG 漟
EFBK 澈
EFBR 淌
EFBW 澢
EFDC 濮
EFDQ 潾
EFF 淡

EFFE	濚	EHDN	浰	EHUC	灒	EJB	沛	EJR	沽
EFFF	濴	EHDP	溗	EHUK	溴	EJBC	滇	EJRB	湖
EFFG	瀅	EHDW	潘	EHUL	濞	EJBD	浡	EJRR	涫
EFFR	瀠	EHE	汳	EHV	娑	EJBJ	滴	EJTC	漬
EFFS	澇	EHEQ	洚	EHVO	泒	EJBM	淔	EJV	洝
EFH	沙	EHER	洛	EHVP	汦	EJBV	灢	EJYE	淑
EFHU	渻	EHET	瀊	EHXE	溲	EJC	泬	EJYJ	滓
EFMU	洸	EHF	燙	EHXF	潟	EJCB	潸	EK	汏
EFQ	泮	EHGR	浩	EHXU	淣	EJCK	湥	EKB	洧
EFQF	潫	EHGU	洗	EHYHV	婆	EJCM	涳	EKC	鋈
EG	圣	EHHL	泖	EI	叉	EJCO	溛	EKCF	潦
EGCE	淩	EHHV	派	EIAV	浪	EJCR	溶	EKF	洃
EGCG	淕	EHHW	溜	EIBI	溥	EJD	沫	EKHR	漪
EGDE	瀫	EHI	溾	EICE	浚	EJD	涞	EKI	汰
EGDE	瀫	EHIO	泛	EID	梁	EJDS	渤	EKI	汯
EGFE	瀔	EHJD	洙	EIDY	灕	EJE	汥	EKJT	済
EGG	洼	EHJG	湩	EIFD	粱	EJHF	瀉	EKKB	淆
EGG	湼	EHJR	活	EIHF	滅	EJHQ	淬	EKKB	浠
EGGU	澆	EHK	沃	EIHQ	浫	EJHW	瀋	EKKK	漺
EGI	法	EHKP	添	EIHR	減	EJIC	瀸	EKLD	洊
EGIT	溘	EHLQ	潷	EIHU	沆	EJII	漙	EKLU	淹
EGJ	準	EHMGI	盪	EII	淺	EJIK	浂	EKMS	洿
EGLC	浾	EHML	沂	EIIH	滲	EJIP	潓	EKN	氿
EGNI	濤	EHMO	澨	EIJB	浦	EJIR	渽	EKN	洟
EGOW	濇	EHMR	洉	EIJC	沭	EJJB	潮	EKNI	汍
EGR	洁	EHMR	浯	EIK	汱	EJJJ	澣	EKOO	浹
EGRV	溒	EHMY	泝	EIKF	潙	EJJJ	濣	EKPB	滯
EGSK	滶	EHNI	汎	EIKK	泼	EJJL	漸	EKS	𣱵
EGTH	澎	EHNI	渢	EIKU	沋	EJJM	瀚	EKSR	泇
EGTI	澍	EHNN	沨	EILB	潚	EJJN	漧	EL	沖
EGTJ	涬	EHNWF	鯊	EILE	漮	EJKA	渚	ELBK	泱
EGWC	瀆	EHOE	澓	EILL	洲	EJKD	涍	ELBU	沈
EHA	泊	EHON	洐	EILMI	蚤	EJKI	浤	ELG	浧
EHAG	湟	EHOO	漎	EILR	溏	EJKS	洘	ELGM	澅
EHAJ	滜	EHOO	潨	EINE	泳	EJLV	淒	ELHI	灠
EHAL	瀞	EHPA	湣	EIOC	澬	EJMC	演	ELIM	泚
EHAR	澔	EHPM	泜	EIOK	涘	EJMC	濱	ELIM	瀘
EHBK	澳	EHQ	𣲒	EIPF	瀌	EJME	滱	ELLL	汌
EHBN	淛	EHQI	涐	EIR	治	EJMF	淙	ELLL	浒
EHBT	洫	EHQJ	湃	EIRM	減	EJMM	渲	ELLN	沸
EHBT	盪	EHQM	泩	EIRP	澸	EJMN	泞	ELLP	濾
EHBU	洎	EHQO	泆	EITC	濂	EJMO	淀	ELMC	潰
EHBU	瀴	EHRB	潃	EITC	濻	EJMU	浣	ELMO	洮
EHBY	洀	EHSD	渘	EITE	渡	EJNU	涴	ELMT	濜
EHCN	瀏	EHSK	淚	EIV	泧	EJP	沱	ELQ	津
EHDB	潲	EHSK	激	EIWG	瀍	EJPN	濘	ELVU	灤
EHDE	漆	EHSU	滬	EIXP	漉	EJPU	滵	ELW	油
EHDF	湫	EHUC	瀕	EJ	汁	EJQP	瀗	ELWP	洩

ELWS	湾	EMRT	浢	ENOE	潑	EOTO	濮	ERSJ	湒
ELWV	漊	EMRW	湢	ENOK	湀	EOWY	海	ERU	汜
ELX	潚	EMSO	涿	ENOT	澄	EP	沁	ERUC	潠
ELXH	沸	EMT	汧	ENQD	滐	EPA	洵	ERVK	洖
ELXL	淵	EMTB	濿	ENRI	瀺	EPD	池	ERVP	泯
EM	江	EMUA	溍	ENSJ	渳	EPD	柒	ERXU	澠
EMAM	洹	EMUB	灊	ENSV	漲	EPFD	淗	ERYO	浞
EMBB	濡	EMVB	滑	ENUE	涵	EPH	泌	ESBN	涮
EMBB	灞	EMVG	涇	ENWF	漁	EPHH	沕	ESCE	澱
EMBE	瀀	EMVI	溽	EOAH	湯	EPHP	漗	ESD	渠
EMBG	灌	EMVM	沍	EOB	汭	EPHR	湉	ESHR	沼
EMBI	澐	EMVM	涇	EOBT	盜	EPI	汋	ESHU	浘
EMBI	[illegible]	EMWD	溧	EODI	泭	EPL	泑	ESIM	澀
EMBI	瀜	EMWF	漂	EODK	潡	EPOU	淘	ESIP	涊
EMBK	渜	EMWG	湮	EOG	淮	EPP	沘	ESIT	濫
EMBL	洏	EMWG	湮	EOGD	潗	EPPA	湝	ESJ	洱
EMBU	[illegible]	EMWJ	潭	EOGF	潐	EPR	泃	ESJA	潳
EMCW	酒	EMWL	湎	EOHH	沴	EPRU	泡	ESJJ	灄
EMCW	洒	EMYF	漹	EOII	泠	EPSH	沏	ESJR	涺
EMD	汙	ENAO	潒	EOIK	洑	EPT	泄	ESKR	涒
EMDM	瀝	ENAU	浼	EOIM	瀸	EPTD	渫	ESLL	洍
EMFB	濔	ENBK	渙	EOIP	淰	EPU	沌	ESMB	漏
EMFJ	泙	ENBQ	澥	EOIR	滄	EPUK	洶	ESMC	瀷
EMG	汪	ENBS	湧	EOJ	汻	EPYR	渹	ESME	浸
EMGG	涯	ENCR	澹	EOKF	瀿	EQG	[illegible]	ESMG	渥
EMGH	濕	END	染	EOLB	滫	EQHF	潔	ESMG	濯
EMHF	源	ENE	沒	EOLB	滫	EQHL	浙	ESMG	洰
EMHF	鴻	ENHB	潏	EOLD	滌	EQJR	浩	ESMH	漻
EMIA	湣	ENHE	汲	EOLK	浟	EQKA	湷	ESMI	潯
EMIG	洷	ENHX	淊	EOMA	澮	EQKD	溱	ESMJ	濢
EMJ	汗	ENI	汐	EOMB	淪	EQKE	溙	ESMR	泀
EMJK	澉	ENI	泓	EOMB	淪	EQKK	湊	ESND	潺
EMLK	浭	ENIB	涌	EOMD	涂	EQMB	清	ESP	泥
EMLS	沔	ENII	[illegible]	EOMM	滃	EQMC	漬	ESQF	溤
EMMC	湏	ENIN	杍	EOMN	汽	EQMF	溸	ESRJ	澼
EMMF	沶	ENIR	洺	EOMN	渝	EQOR	湁	ESRR	漚
EMMI	沄	ENJ	汛	EOMO	澰	ER	沓	ESS	洰
EMMP	灑	ENKM	涎	EOMR	洽	ERAU	浥	ESU	氾
EMMR	浯	ENKQ	湕	EOMR	浛	ERB	涓	ESUU	淈
EMMS	污	ENLB	瀡	EOMT	渷	ERBC	溳	ESWU	[illegible]
EMMU	沅	ENLC	瀆	EON	汔	ERHG	浧	ESYI	灟
EMN	汀	ENLD	滁	EOND	瀛	ERHU	況	ETAK	漠
EMNN	洌	ENLS	泐	EOOB	淪	ERJI	濈	ETAW	灡
EMNR	河	ENMB	瀰	EOOK	瀲	ERMR	潞	ETBC	淟
EMOA	瀦	ENMM	溺	EOP	沘	ERP	沾	ETBN	湔
EMR	沰	ENMU	沲	EORA	溜	ERPA	滘	ETBO	濛
EMRB	滆	ENNC	瀕	EOSK	洢	ERRD	澡	ETC	洪
EMRR	滒	ENOB	湑	EOTF	潕	ERRJ	潬	ETCA	潽

ETCD	澲	ETYS	涝	EWNO	歠	EYPU	淲	FANX	爓
ETCF	瀿	EU	汕	EWO	泅	EYR	沾	FAPP	焜
ETCL	澌	EUBB	㵎	EWOT	溫	EYRB	滈	FATE	爆
ETCT	溢	EUC	鋈	EWR	洄	EYRD	淳	FAWE	熳
ETCU	港	EUC	鍌	EWTC	潩	EYRF	涼	FAYT	煜
ETGE	漾	EUGK	澂	EWTJ	滭	EYRJ	渹	FB	肖
ETGF	溔	EUJT	灃	EWVF	漯	EYRN	瀛	FBAC	熐
ETGI	濧	EUMB	湍	EWWG	灅	EYRN	渟	FBBE	燰
ETGK	渼	EUMF	湠	EYAJ	淖	EYRO	濠	FBHAF	鶺
ETGT	㵝	EUMI	滍	EYBB	渧	EYRU	湸	FBJJ	煇
ETIF	瀳	EUMT	溰	EYBB	濄	EYRV	瀼	FBKF	燃
ETIT	漭	EUOG	漼	EYBC	湞	EYSD	游	FBLN	削
ETK	浂	EUON	洿	EYBG	灕	EYSD	湤	FBME	煖
ETKR	渃	EUTT	灩	EYBK	澈	EYSO	漩	FBMR	烔
ETLB	滿	EUU	泏	EYBP	瀧	EYSY	淤	FBND	烰
ETLK	渶	EUUK	㵂	EYBS	滂	EYT	泣	FBOK	敝
ETLO	漢	EV	汝	EYBU	濬	EYTA	湆	FBOK	敞
ETLX	瀟	EVFD	灤	EYCB	滴	EYTB	湇	FBR	尙
ETM	泔	EVFG	濰	EYCK	洨	EYTG	潼	FBR	炯
ETMC	淇	EVFN	灣	EYCV	滾	EYTJ	漳	FBRBC	賞
ETMC	潢	EVID	濼	EYDK	潡	EYTP	澺	FBRD	棠
ETMJ	澕	EVIS	泑	EYDL	漷	EYTR	涪	FBRG	堂
ETMR	渮	EVNE	渌	EYDU	瀙	EYUB	漓	FBRHU	党
ETMV	湛	EVR	洳	EYED	滦	EYUH	滮	FBRLB	常
ETOE	濩	EVUG	灉	EYEM	瀊	EYV	汒	FBRMH	牚
ETOG	灘	EVVD	漅	EYFE	淑	EYVG	澭	FBRMN	甞
ETOV	瀁	EVVW	淄	EYG	注	EYVI	泫	FBRPA	嘗
ETPP	濍	EW	沺	EYHC	瀕	EYVW	滀	FBRQ	掌
ETQ	洋	EWB	渭	EYHM	滏	EYWI	滷	FBRW	當
ETQM	溠	EWC	泗	EYHN	沆	EYWM	澶	FBRWF	黨
ETRG	灌	EWD	涃	EYHS	汸	EYWV	滾	FBRYV	裳
ETST	灆	EWD	淉	EYIB	淯	EYWV	瀤	FBWI	爝
ETT	汫	EWDQ	瀶	EYIU	流	EYX	濟	FBYH	烿
ETT	洴	EWFQ	潎	EYJC	灨	EYY	汴	FCB	脊
ETTB	溝	EWG	浬	EYJJ	漣			FCI	炂
ETTC	湴	EWGF	潶	EYK	汶	火 F		FCNH	焍
ETUB	溯	EWIM	漍	EYLC	瀆	F	火	FCOR	焀
ETVI	滋	EWJR	涸	EYLH	涉	FAB	焆	FD	米
ETVP	濨	EWK	洇	EYLM	沚	FAFU	熀	FD	炑
ETW	㴜	EWLB	湡	EYMH	濊	FAHM	煋	FDAMG	糧
ETW	渵	EWLI	濁	EYMP	泚	FAHT	焺	FDAU	粑
ETWA	漕	EWLJ	澤	EYOJ	淬	FAHU	煝	FDBM	粗
ETWB	澫	EWLN	灁	EYOK	液	FAM	炟	FDBMR	粡
ETWI	濺	EWLO	潀	EYPD	滹	FAMH	煬	FDBT	粣
ETWT	澧	EWLV	澴	EYPK	澞	FAMJ	焊	FDBUU	粯
ETWV	濃	EWML	淠	EYPO	澽	FANK	燗	FDCSH	粉
ETXC	溓	EWMO	溷	EYPP	濾	FANP	燜	FDDH	爩
ETYM	涖	EWMV	渨	EYPT	瀘	FANW	爛	FDDI	籿

FDDJ	粖
FDEII	糔
FDHA	粕
FDHE	粄
FDHHJ	粺
FDHJ	粁
FDHOA	糌
FDHQU	粍
FDHUK	糗
FDIBI	糐
FDIG	粧
FDIIH	糝
FDILE	糠
FDILR	糖
FDIXP	麄
FDJ	籵
FDJK	粀
FDJMF	粽
FDJRB	糊
FDK	炔
FDMA	粨
FDMBB	糯
FDMCW	粞
FDMLK	粳
FDMQ	煒
FDMTB	糲
FDND	籽
FDNG	粈
FDNHD	糅
FDNII	糨
FDNJ	粄
FDNL	粌
FDNMM	糑
FDNOB	糈
FDOK	敉
FDON	籺
FDPHH	粅
FDQMB	精
FDSIT	糮
FDSMV	粻
FDSS	粔
FDTAK	糢
FDTAW	糷
FDTBN	糋
FDTGF	糕
FDTHB	糒
FDTWA	糟
FDV	籹
FDWD	粿
FDWF	煉
FDWG	粴
FDWJI	糰
FDWLA	糬
FDWTC	糞
FDY	炑
FDYHR	糙
FDYJ	料
FDYOJ	粹
FDYR	粘
FDYT	粒
FF	炎
FFBB	膋
FFBBU	覮
FFBC	鎣
FFBD	榮
FFBE	滎
FFBF	熒
FFBF	燻
FFBG	塋
FFBHF	鶯
FFBHQ	犖
FFBKS	勞
FFBLI	螢
FFBMF	禜
FFBMG	瑩
FFBMN	甇
FFBMW	醟
FFBNJ	煢
FFBOU	罃
FFBRR	營
FFBUU	𤎺
FFBV	嫈
FFBVF	縈
FFBYR	謍
FFBYV	褮
FFDQ	燐
FFE	燮
FFF	焱
FFFD	燊
FFFD	爍
FFFF	燚
FFH	炒
FFLN	剡
FFMBC	熲
FFMBC	類
FFNL	郯
FFNO	欻
FFYE	敥
FFYPU	虢
FFYR	煔
FG	灶
FGG	烓
FGGU	燒
FGIT	熆
FGNI	燽
FH	少
FHAG	煌
FHBK	燠
FHBT	烅
FHBU	省
FHDF	煍
FHDN	㷞
FHDW	燔
FHEJ	烽
FHER	烙
FHEY	炵
FHGE	燬
FHGF	燻
FHGU	烧
FHJG	煄
FHKB	燆
FHKS	劣
FHLO	焮
FHML	炘
FHON	烆
FHS	炸
FHSB	煸
FHSM	煽
FHSU	熩
FHUP	熄
FHWP	熜
FIAV	烺
FICE	焌
FIHR	煘
FIJB	焨
FILII	爩
FILR	煻
FIPF	熫
FIPM	烒
FITC	爌
FIXP	熝
FJCM	焢
FJCR	熔
FJHP	烢
FJKS	烤
FJMU	烷
FJNU	㶳
FK	尖
FKB	烠
FKBU	瞥
FKCF	燎
FKGG	㷇
FKHAF	鷩
FKHQU	𣯶
FKIK	獘
FKKB	烯
FKLB	幣
FKLMI	蟞
FKMBC	類
FKMNP	斃
FKN	彆
FKNWF	鱉
FKP	憋
FKRAU	鼈
FKRYO	蹩
FKSB	燏
FKSC	燌
FKT	弊
FKV	嫳
FLBK	炴
FLII	爞
FLMO	烑
FLMT	燼
FLWV	熡
FLX	熽
FM	灴
FMAM	烜
FMBB	燸
FMBC	煩
FMBM	爐
FMMR	焐
FMOB	炳
FMSO	㸅
FMU	光
FMUA	熸
FMVM	烴
FMWF	熛
FMWG	煙
FMWJ	燂
FMYM	炡
FNBK	煥
FNG	炄
FNHB	熵
FNHD	煣
FNHX	焰
FNKG	烶
FNKM	烻
FNKQ	煡
FNO	炊
FNOT	燈
FNQ	掣
FO	尐
FOG	雀
FOGF	燋
FOII	炩
FOIR	焓
FOIR	熗
FOMA	燴
FOMB	㷍
FOMG	烇
FOMR	烚
FOND	熂
FOWY	烸
FPD	炧
FPI	灼
FPRU	炮
FPTD	煠
FPU	炖
FQ	龹
FQBU	眷
FQDMQ	韏
FQHE	叛
FQHQ	犈
FQLB	帣
FQLN	判
FQMBC	頖
FQMSO	豢
FQMVN	甐
FQN	弮
FQNBG	[illegible]
FQNL	鄰
FQQ	拳
FQSH	券
FQSMM	翷
FQSU	卷
FQU	[illegible]
FQVIF	[illegible]
FQVV	粼
FQYMU	[illegible]
FRB	焆

FRBC	熉
FRHU	焈
FRRD	燥
FRRJ	燀
FRRR	熌
FRYE	煆
FSEG	熞
FSH	炲
FSHR	炤
FSIT	爁
FSMA	熠
FSMG	燿
FSMI	熥
FSMT	燈
FSRR	熰
FSS	炬
FSSR	焗
FSWU	爦
FTA	焟
FTC	烘
FTC	粪
FTCW	燴
FTGI	爔
FTGS	爔
FTLJ	燁
FTLK	煐
FTLO	熯
FTMC	爌
FTMD	煤
FTMJ	爗
FTMV	煁
FTQ	烊
FTRG	爟
FTWB	熇
FTWI	燇
FUBJJ	輝
FUMB	煓
FUSMG	耀
FVID	爍
FWB	焆
FWGG	爅
FWLI	燭
FWLJ	燡
FWMBC	顴
FWMV	煨
FWOT	熅
FWTC	煣
FWTJ	燁
FYAJ	焯
FYCB	熵
FYDK	燉
FYED	燦
FYG	炷
FYHN	炕
FYIA	熾
FYJ	炓
FYK	炆
FYNB	熥
FYOJ	焠
FYOK	焲
FYPT	爐
FYRB	熇
FYRD	焞
FYRV	爙
FYTO	燧
FYTP	燺
FYTR	焙
FYVI	炫
FYVO	烗

土 G

G	土
GAGI	塒
GAHU	堳
GAM	坦
GAMH	塲
GAMO	堤
GANX	壛
GAPH	場
GAPV	堨
GASM	塌
GAV	垠
GAWE	墁
GB	冉
GBAC	塓
GBB	堋
GBBR	堝
GBCD	塛
GBD	垛
GBDI	埒
GBHNE	觳
GBLM	壺
GBMC	填
GBMM	壼
GBMO	塚
GBMR	垌
GBMT	壹
GBND	埒
GBR	垌
GBSD	埩
GBTU	堈
GBY	坍
GCBUU	覿
GCDHE	皾
GCG	垄
GCGLC	赫
GCHE	夌
GCILR	赯
GCIM	堬
GCJKA	赭
GCLMI	赨
GCNAU	赩
GCNL	郝
GCOK	赦
GCRXU	鼀
GCRYE	赮
GCSH	坋
GCSLE	赧
GCWA	增
GCYBC	赬
GDHE	坡
GDHNE	觳
GDHNE	轂
GDI	寺
GDW	埬
GDWF	埬
GEBU	聱
GEC	鏧
GEE	罄
GEEII	鼕
GEFBG	鼙
GEHDA	馨
GEHEY	鼛
GEHHJ	鼙
GEHKB	鼘
GEHOR	鼛
GELMI	蠜
GELXL	鼘
GEMR	磬
GEOJU	罄
GEP	慤
GESJ	聲
GESMV	聻
GEYMR	謦
GEYTA	聲
GFCB	塂
GFF	埮
GFHNE	縠
GFHNE	觳
GFMU	垙
GFNO	款
GFQ	坢
GFQU	埢
GG	圭
GGCE	堎
GGDI	封
GGFF	錟
GGG	垚
GGGU	堯
GGGU	墝
GGHAF	鴩
GGKNI	埶
GGLN	刲
GGNI	墧
GGNL	邽
GGOW	墻
GGP	恚
GGY	卦
GHAG	堭
GHBK	墺
GHDW	墦
GHFD	坪
GHGF	壎
GHHJ	埤
GHHW	塯
GHI	塊
GHJG	堹
GHJM	埵
GHML	圻
GHMR	垢
GHMVN	髲
GHMY	坼
GHND	垛
GHNI	堸
GHPM	坻
GHRF	塢
GHRJ	埠
GHSK	墽
GHVP	坻
GHXU	垷
GI	去
GIAPV	堨
GIAV	埌
GIBT	盍
GIBUC	贄
GID	槷
GIF	熱
GIG	墊
GIHAB	幫
GIHAF	鷙
GIHQ	犎
GIHR	堿
GIHS	城
GIIH	墋
GIJB	埔
GIKS	劫
GIKS	勢
GILB	墉
GILMI	蟄
GILR	塘
GINL	郝
GINN	埣
GIOK	埃
GIP	慹
GIQ	摯
GIQ	摰
GIRM	域
GIRXU	鼀
GISMM	翻
GISQF	鶩
GITC	壙
GITLJ	犫
GIVIF	縶
GIXP	墉
GIYMR	謦
GJBC	塡
GJBM	埴
GJCR	塎
GJHNE	轂
GJHP	垞
GJHVO	瓡
GJII	塼
GJJN	墘
GJKA	堵
GJKNI	執
GJMU	垸
GJP	坨
GJSLE	報
GJTC	墳
GJV	垵

GKBT	[illegible]
GKBUC	贅
GKC	鏊
GKF	熬
GKIK	獒
GKKK	塽
GKLMI	螯
GKLMI	螯
GKMB	堉
GKMR	埼
GKMS	垮
GKNWF	鰲
GKPB	墆
GKQ	摮
GKRXU	鼇
GKSJ	聱
GKSQF	驁
GKYMR	謷
GLBK	坱
GLE	埭
GLLL	圳
GLLN	坲
GLMO	垗
GLNC	赤
GLQ	垏
GLWL	坤
GLWV	塿
GMAM	垣
GMBB	壩
GMBB	壖
GMBK	堧
GMC	鋆
GMD	圩
GMDM	壢
GMF	坏
GMFJ	坪
GMFM	坯
GMGG	堐
GMIG	垤
GMLK	埂
GMLM	埡
GMMS	圬
GMN	圢
GMNR	坷
GMRB	塥
GMRW	堛
GMWD	塛
GMWF	墂
GMWG	堙
GNBG	埆
GNHE	圾
GNHNE	殼
GNHNE	彀
GNHX	埳
GNIB	埇
GNKM	埏
GNMF	燾
GNMI	壽
GNMU	垝
GNO	坎
GNOT	墱
GNUI	堍
GOAMJ	趕
GOAMO	趧
GOBM	趄
GOC	趛
GODK	趹
GOFB	趙
GOFBR	趟
GOFH	赻
GOG	堆
GOGGU	趬
GOGR	趌
GOHJD	趎
GOHJR	趏
GOHKB	趫
GOHND	趓
GOHNE	穀
GOHUC	趲
GOII	坽
GOIK	垘
GOIMO	趑
GOIN	坅
GOIV	越
GOKS	赹
GOLMO	趒
GOLXH	越
GOM	坵
GOMJ	赶
GOMN	堬
GOMNN	趔
GOMR	垥
GON	圪
GONIN	趍
GONK	堠
GOOG	趡
GOOGF	趭
GOOHH	趁
GOOOG	趖
GOPFD	趜
GOPIM	趋
GOPUU	趨
GORRD	趮
GORU	起
GOSHR	超
GOSJE	趣
GOSMG	趯
GOSMM	趐
GOTCW	趥
GOTMC	趪
GOU	赸
GOUU	趉
GOVL	赳
GOWR	嗇
GOY	赴
GOYAJ	趠
GP	志
GPBUU	覟
GPD	地
GPI	均
GPIM	均
GPMM	埡
GPTD	堞
GPU	坉
GQJL	垹
GQKQ	埲
GQMB	埥
GR	吉
GRBC	塤
GRBG	臺
GRGRR	囍
GRHAF	鴶
GRHG	埕
GRHNE	殼
GRHNE	殼
GRHV	袁
GRKS	劼
GRMBC	頡
GRMFR	嚞
GRNO	欯
GRNO	歖
GRRJ	墠
GRRK	壧
GRRS	堮
GRRV	喪
GRT	壴
GRTF	熹
GRTR	喜
GRTR	嘉
GRU	圯
GRYE	敼
GSAV	堰
GSIT	壏
GSJT	壣
GSMB	埽
GSME	埐
GSOK	敖
GSP	坭
GSU	圮
GSUU	堀
GSYQ	墀
GTAK	塻
GTCO	墣
GTCP	墋
GTDI	尌
GTGR	墻
GTGT	壒
GTHHH	彭
GTIOP	懿
GTJ	幸
GTJE	鼓
GTLM	墐
GTM	坩
GTMV	堪
GTOR	塔
GTQ	垟
GTSS	鉅
GTU	[illegible]
GTVS	墈
GTWI	墫
GTWI	壿
GU	圠
GUBB	塴
GUHNE	嶨
GUMBC	顤
GUMT	塏
GUOG	墔
GUON	峹
GUSMM	翹
GVIS	坳
GWD	堁
GWG	埋
GWJ	毒
GWJR	堌
GWLB	堣
GWLC	賣
GWLJ	墿
GWLM	堽
GWOT	塭
GWYI	坶
GYBS	塝
GYCB	墒
GYDK	墩
GYDL	墎
GYFE	埱
GYHN	坑
GYHS	坊
GYIB	堉
GYLC	壝
GYLM	址
GYO	走
GYOJ	埣
GYPM	墟
GYPO	壉
GYPT	壚
GYR	坫
GYRB	塙
GYRD	埻
GYRO	壕
GYRV	壞
GYT	垃
GYTA	堷
GYTG	墥
GYTJ	垶
GYTJ	墇
GYTR	培
GYTU	境
GYVO	垓
GYWD	壈
GYWM	壇
GYWV	壤

竹 H

H	竹
HA	白
HABWI	皭
HAE	泉
HAHAA	皛
HAHAA	皛
HAHAJ	皞

HAHDW	皤	HBFE	籐	HCV	嬰	HDIAV	稂	HDP	悉
HAHE	皈	HBG	壆	HCVE	籙	HDICE	稄	HDPH	秘
HAHGR	皓	HBHAF	鵰	HCYMR	譽	HDIIH	穇	HDPP	秕
HAHI	魄	HBHAF	鴅	HD	禾	HDIJC	秫	HDQMC	積
HAHQI	皒	HBHAF	鷁	HDA	香	HDIPF	穮	HDR	和
HAHSK	皦	HBHAF	鷽	HDAIU	穊	HDIR	秮	HDRHG	程
HAIL	節	HBHGR	嚳	HDAMJ	稈	HDIRM	稢	HDSMH	穋
HAIPF	皫	HBK	奧	HDB	策	HDITC	穬	HDSP	秜
HAJ	皁	HBKS	筋	HDBGB	稱	HDIUA	稽	HDSS	秬
HAJBD	皞	HBLN	制	HDBGR	稠	HDIUU	[illegible]	HDTA	稓
HAJMU	皖	HBMBC	顧	HDBHX	稻	HDJBC	稹	HDTMC	稘
HAKJ	皋	HBMCH	[illegible]	HDBM	租	HDJBM	稙	HDTMC	穔
HAKLU	[illegible]	HBMGI	璺	HDBMP	穩	HDJHP	秺	HDTOE	穫
HALB	帛	HBMR	筒	HDBND	稃	HDJIP	穗	HDTWV	穠
HALMY	[illegible]	HBMR	[illegible]	HDBOF	穄	HDJMO	稼	HDU	秈
HAM	笪	HBMVN	甌	HDBT	盉	HDKKB	稀	HDUCE	稯
HAMG	皇	HBNBG	[illegible]	HDBU	箱	HDL	秉	HDV	委
HAMJ	箪	HBND	學	HDBWI	[illegible]	HDL	种	HDVII	穖
HANA	簡	HBNL	[illegible]	HDCNH	稊	HDLBK	秧	HDW	番
HANK	[illegible]	HBNWF	黌	HDCRU	稅	HDLC	籟	HDWCE	稷
HANW	籣	HBOK	敫	HDCSH	秎	HDLN	利	HDWD	稞
HAOAE	[illegible]	HBQ	甪	HDD	箖	HDLN	剁	HDWHD	稛
HAOII	皊	HBR	向	HDDJ	秣	HDLO	簌	HDWJR	稒
HAP	皂	HBSD	箏	HDDMQ	稦	HDLP	乘	HDWLJ	釋
HAPH	[illegible]	HBSE	箙	HDF	秋	HDLW	釉	HDYJ	科
HAPI	的	HBSMM	翮	HDFB	稍	HDLW	秞	HDYMH	穢
HASP	[illegible]	HBT	血	HDFH	秒	HDLXH	秭	HDYRB	稿
HATT	皏	HBTMC	釁	HDGCE	稜	HDM	笨	HDYRD	稕
HATXC	[illegible]	HBU	自	HDGCG	稑	HDMFJ	秤	HDYRV	穰
HAU	笆	HBU	𦥑	HDGGU	穘	HDMFM	秠	HDYTG	穜
HAU	皀	HBUF	纂	HDGOW	穡	HDMIG	秷	HDYTO	穟
HAUMT	皚	HBUH	篩	HDGR	秸	HDMRW	稫	HDYX	穧
HAVID	皪	HBUI	篡	HDHAF	[illegible]	HDMVN	甈	HE	反
HAVT	篕	HBUT	算	HDHAF	鵚	HDND	季	HEAG	篁
HAWOT	[illegible]	HBUU	筧	HDHAH	穆	HDNHS	秀	HEAH	簜
HAYCK	皎	HBUU	篹	HDHD	秝	HDNIN	移	HEBT	盤
HAYD	臬	HBYI	舟	HDHHJ	稗	HDNL	郝	HED	槃
HAYF	鳥	HCHAF	鸒	HDHJG	種	HDNL	[illegible]	HEG	[illegible]
HAYMP	皉	HCHG	鐘	HDHKB	穚	HDNMU	[illegible]	HEHA	箔
HAYRB	皜	HCII	籛	HDHNE	毇	HDNOB	穪	HEHEE	蠡
HAYU	島	HCJWJ	轝	HDHP	秅	HDNWA	穭	HEHW	籓
HAYV	裊	HCLN	劉	HDHPM	秪	HDOE	黍	HEII	簿
HBBM	豐	HCLN	劗	HDHQO	秩	HDOG	稚	HEIR	箈
HBBUU	覺	HCMR	礐	HDHQU	秏	HDOGF	穛	HELB	幋
HBDDF	爨	HCNL	鄮	HDHSB	稨	HDOIP	稔	HEMR	磐
HBE	臮	HCNL	[illegible]	HDHU	禿	HDOMB	稐	HENL	[illegible]
HBF	[illegible]	HCNO	歟	HDHVP	秖	HDOMD	稌	HEP	慇
HBF	臭	HCQ	舉	HDI	私	HDOO	筞	HEQ	搫

HEQJ	夆
HER	各
HESU	笵
HETC	篊
HETLJ	鞶
HEV	媻
HEVIF	縏
HEY	冬
HEYHV	褩
HEYLI	螽
HEYR	黏
HEYUB	黐
HFAHT	鼾
HFATE	鼹
HFB	筲
HFBN	箾
HFBW	簹
HFD	乎
HFD	釆
HFDK	鼬
HFFS	簩
HFHAF	鶖
HFHN	凫
HFHRB	鰤
HFHU	箵
HFHYU	虩
HFICE	鼢
HFJC	䶂
HFJP	鼧
HFKS	勳
HFLMI	螯
HFMVN	甃
HFN	鼠
HFNL	鄍
HFNO	歃
HFOG	雛
HFOMD	鼩
HFP	愁
HFQ	掔
HFSQF	鶧
HFTGI	鼷
HFTMC	鼳
HFV	婺
HFYDK	鼶
HG	壬
HGCR	箬
HGDI	等
HGEA	黯
HGF	熏
HGFMU	䞤
HGG	筀
HGHNE	毀
HGHU	先
HGI	丟
HGIT	簻
HGKS	動
HGMBC	顧
HGNI	籌
HGPM	筠
HGR	告
HGRG	簺
HGRLY	靠
HHAG	篁
HHAIL	卿
HHBUC	貿
HHDI	射
HHDN	箣
HHDN	簃
HHFBR	躺
HHFFS	躬
HHGR	箁
HHGU	筅
HHHAF	鵹
HHHJ	箄
HHHND	躲
HHJ	卑
HHJM	箠
HHJMC	贕
HHJR	筈
HHK	笑
HHKB	篟
HHLO	笊
HHMBC	須
HHN	躬
HHNWF	黧
HHOE	黎
HHOL	篽
HHOO	簁
HHQM	筀
HHRB	篩
HHS	笮
HHSAV	軀
HHSB	篇
HHSL	卯
HHSLC	贕
HHSLD	孵
HHSLE	毈
HHSLI	卵
HHSRR	軀
HHUC	簣
HHW	留
HHWGF	黧
HHWP	篦
HHXC	篔
HHYU	篪
HI	么
HI	鬼
HIAV	篔
HIBT	簋
HIBTV	魍
HIFB	魈
HIHAF	鵝
HIHML	魠
HIHQ	犂
HIHR	箴
HII	箋
HIIH	篸
HIIKK	魃
HIIRM	魆
HIIV	魊
HIJD	魅
HIJE	魃
HIMLB	魎
HIMWF	魒
HINO	乏
HIOG	魋
HIR	笞
HIT	笄
HITC	簾
HITMC	魌
HIVII	魕
HIXP	篦
HIYJ	魁
HIYPM	魖
HIYUB	魑
HJ	千
HJBU	盾
HJCM	箜
HJD	朱
HJHAF	鴸
HJHNE	段
HJHX	臿
HJII	篿
HJII	簙
HJJJ	篺
HJJO	簌
HJJU	範
HJKA	箸
HJLO	篴
HJLP	乖
HJMBC	顛
HJMK	篋
HJMU	筦
HJNL	郫
HJR	舌
HJRR	管
HJSMM	翻
HJTM	垂
HJWG	重
HK	夭
HKA	昋
HKCF	簝
HKD	桀
HKHAF	鷘
HKK	筊
HKLMI	蚕
HKLQ	肇
HKOO	筴
HKP	忝
HKP	懲
HKR	吞
HKRBR	喬
HKS	笏
HKSR	笳
HKU	嚣
HKVIF	綮
HKYMR	謦
HLAPV	鷊
HLBI	禹
HLBUC	質
HLJBV	饢
HLKN	鼽
HLLE	隸
HLLJ	篺
HLLN	剸
HLLN	第
HLMBC	頎
HLMC	簀
HLMJ	鼾
HLMMF	禦
HLMO	笵
HLMVN	甋
HLNO	欣
HLO	爪
HLPR	齁
HLQ	筆
HLTWV	齈
HLVK	籔
HLVVU	齆
HLW	笛
HLWLI	爥
HLWV	簍
HLX	簫
HLXH	笫
HLYPM	齇
HM	竺
HMBC	篔
HMBG	籗
HMBU	眚
HMD	竽
HMGN	笉
HMGN	甑
HMGT	箅
HMHAF	鴎
HMHAF	鶔
HMHQM	甡
HMJ	竿
HML	斤
HMM	竺
HMMU	筦
HMMVN	甈
HMND	築
HMNJ	筑
HMNL	邸
HMNL	郵
HMNL	笷
HMNQ	箏
HMNR	笥
HMOO	筮
HMR	后
HMRG	垕
HMSL	笷
HMSMB	歸
HMSU	卮
HMT	笄
HMUA	簪
HMWD	箖
HMWF	篻
HMWJ	簟
HMWKS	甥

HMY	斥
HN	几
HNAMH	颺
HNBMC	颶
HNCR	簷
HND	朵
HND	梨
HNDO	箛
HNE	殳
HNEF	篜
HNEII	颾
HNHAG	凰
HNHE	笈
HNHHH	彫
HNHHW	飀
HNHJR	颳
HNHLI	風
HNHQ	犁
HNHXE	颼
HNI	凡
HNIB	篇
HNIR	颱
HNKCF	飈
HNKG	筳
HNKM	筵
HNLD	篨
HNLH	第
HNMAF	鳳
HNMGH	飋
HNMM	篛
HNMNI	夙
HNMNN	颲
HNMVH	颴
HNOT	簦
HNP	愆
HNPRU	颮
HNQ	掣
HNRYO	籧
HNSMH	飂
HNWP	颸
HNYHV	製
HNYMR	讋
HNYR	颭
HO	八
HO	彳
HOA	昝
HOAMI	得
HOAMO	徥
HOAU	爬
HOAUE	儫
HOAV	很
HOBC	籲
HOBG	篧
HOBGN	衢
HOBGR	倜
HOBM	徂
HOBOU	徭
HOBRN	衜
HOBVK	徯
HOCI	彸
HOCMN	銜
HODHE	彼
HODI	符
HODMQ	徫
HODOO	徠
HODQN	衛
HOEMN	衍
HOF	筴
HOFBK	徼
HOFBR	徜
HOGDI	待
HOGGN	街
HOGYO	徒
HOHAF	鴴
HOHAF	鵂
HOHAG	徨
HOHGN	衝
HOHJU	循
HOHNE	役
HOHPM	彽
HOHQO	㑜
HOHS	筰
HOHSK	徼
HOI	筏
HOICN	術
HOII	笭
HOIM	籤
HOIN	笒
HOJMF	徖
HOJRN	衕
HOJWP	德
HOKMR	徛
HOKS	㔍
HOLD	篠
HOLII	蠡
HOLK	筱
HOLLN	彿
HOLMY	徘
HOLQ	律
HOMB	籥
HOMCW	徆
HOMD	筡
HOMG	筌
HOMJN	衎
HOMK	篌
HOMMN	行
HOMO	簽
HOMR	答
HOMRN	衙
HOMVM	徑
HOMYM	征
HONHE	彶
HONK	篌
HONKN	衡
HOOAE	復
HOOII	彾
HOOMA	徻
HOOMD	徐
HOOML	御
HOOOO	從
HOP	慫
HOPA	徇
HOPI	彴
HOPI	瓝
HOPRU	瓟
HOQB	篟
HOR	咎
HORYE	徦
HOSJ	聳
HOSYQ	徲
HOTCN	衖
HOTQ	徉
HOUFK	黴
HOUFK	黴
HOUFK	徽
HOUGK	徵
HOURK	徾
HOUUK	微
HOVIE	後
HOWR	徊
HOYBK	徹
HOYBP	徿
HOYBS	徬
HOYG	往
HOYHS	彷
HOYIN	衒
HOYJ	斛
HOYLO	徙
HOYRV	儴
HP	乇
HPA	昏
HPA	筍
HPDK	筷
HPHAF	鴟
HPHH	笏
HPIM	笉
HPLN	剩
HPM	氏
HPNL	郎
HPP	笓
HPR	笱
HPRU	笣
HPSL	印
HPUU	篘
HQ	牛
HQATE	犦
HQBMC	犋
HQBTU	犅
HQBU	看
HQBUK	犑
HQDA	籍
HQFQU	犈
HQG	牡
HQGDI	特
HQGWC	犢
HQHDJ	犐
HQHGR	牿
HQHKB	犞
HQHPM	牴
HQHQ	牪
HQHQM	牲
HQHW	籒
HQI	我
HQIPF	犥
HQIUH	牻
HQJBM	犆
HQJM	箏
HQJND	牸
HQJQR	犗
HQJR	牯
HQKMR	犄
HQKS	𤙒
HQLW	牰
HQLXH	犻
HQM	生
HQMB	箐
HQMC	簀
HQMMR	牾
HQMQJ	拜
HQMTB	犡
HQMVM	牼
HQNBG	犏
HQNKQ	犍
HQO	失
HQOK	牧
HQOMG	牷
HQP	牝
HQPD	牠
HQPHH	物
HQPUU	犓
HQR	筘
HQRYE	犌
HQSB	箙
HQSHI	牣
HQTA	簎
HQTB	篝
HQTCE	犪
HQTGS	犧
HQTHB	犕
HQTM	箝
HQU	毛
HQVVV	犣
HQWJ	籜
HQWLP	犤
HQWYI	牳
HQYRB	犒
HQYRD	犉
HQYTG	犝
HRBC	篔
HRFF	舕
HRGB	舑
HRHAF	鴰
HRHAF	鴰
HRHAF	鴿
HRHAF	鴰
HRHKP	舔
HRHR	筥
HRHVP	舐
HRJ	阜
HRKS	勂

HRLB	帥
HRLMI	韋
HRLN	刮
HRLN	劄
HRMBC	頧
HRMLB	師
HRMR	簬
HRNL	郈
HRNL	郜
HROG	雒
HROK	啓
HRRJ	簞
HRTM	甜
HRU	邑
HRUC	籑
HRVP	筤
HRYF	烏
HS	戶
HS	乍
HSB	肩
HSBR	扃
HSBT	扁
HSFF	扊
HSHML	所
HSHNE	殷
HSHR	笤
HSIK	戾
HSIT	籃
HSKO	篋
HSLMY	扉
HSLY	篚
HSMG	筐
HSMG	籊
HSMR	笥
HSOG	雇
HSP	怎
HSQF	篤
HSR	筥
HSRAU	扈
HSRU	戺
HSSMM	扇
HSYHS	房
HSYHV	扆
HSYJ	戽
HSYR	居
HT	升
HTBN	箭
HTCE	籔
HTCG	簺
HTHAF	鶓
HTKR	箬
HTMC	箕
HTMC	簧
HTMF	衃
HTNG	衄
HTSJ	衈
HTSL	衂
HTTB	籌
HTTWI	衊
HUBUC	贊
HUD	臬
HUFF	毯
HUHAF	鵃
HUHAF	鴩
HUHAF	鷁
HUHGU	毨
HUHGU	毿
HUHUU	毳
HUIJ	毧
HUIJE	毬
HUIK	臭
HUIKK	皻
HULMC	積
HUMBC	頳
HUMCW	毢
HUNKQ	毽
HUNL	郋
HUNL	郳
HUNO	歊
HUNWA	氇
HUOOO	臮
HUP	息
HUP	憩
HUTAK	氁
HUTCA	氆
HUWML	鼻
HUWP	毸
HUYTR	毰
HVBJJ	鼰
HVBU	覗
HVBUC	鼳
HVBUK	鼳
HVBUU	覛
HVBVK	鼷
HVCSH	鼢
HVE	篎
HVFI	篘
HVGDI	鼭
HVHEY	鼸
HVHI	魏
HVHQM	鼪
HVHU	兜
HVHYU	鼶
HVIF	系
HVIK	鼣
HVIKK	鼤
HVIL	斷
HVIO	瓜
HVJCK	鼹
HVLW	鼬
HVMMR	鼯
HVMR	鼫
HVMVN	瓻
HVNKG	鼮
HVNO	篆
HVP	氏
HVPR	鼩
HVQMB	鼱
HVR	笳
HVSAV	鼴
HVSL	卬
HVTXC	鼶
HVYK	鼤
HWE	篓
HWGTI	睾
HWHAF	鵻
HWHAF	鷍
HWHD	箘
HWIM	籈
HWJR	箇
HWK	囟
HWKK	囪
HWKS	勫
HWL	笚
HWLG	籦
HWLI	篾
HWML	箅
HWMVS	粤
HWNL	鄱
HWSMM	翻
HWTJ	箄
HX	臼
HXBC	興
HXBT	盥
HXH	身
HXHU	兒
HXJC	輿
HXLB	帠
HXLE	叟
HXNO	歈
HXO	臾
HXT	舁
HXVYV	鼠
HXWKS	舅
HXYC	與
HXYF	舄
HYABU	艒
HYAU	舥
HYBB	籦
HYBG	籬
HYBND	艀
HYBP	籠
HYBS	簩
HYCK	筊
HYCR	船
HYFB	艄
HYFBW	艢
HYHA	舶
HYHAF	鵃
HYHAG	艎
HYHE	舨
HYHEJ	艂
HYHEQ	艂
HYHJ	篷
HYHLO	艞
HYHM	簅
HYHN	笐
HYHNE	般
HYHR	簉
HYHS	舴
HYHS	籩
HYHSB	艑
HYHXE	艘
HYJP	舵
HYKMS	艕
HYKPB	艜
HYL	舯
HYLW	舳
HYLWV	艛
HYM	舡
HYMNR	舸
HYMO	篴
HYNDT	艋
HYNKG	艇
HYNRI	艬
HYOGE	艭
HYOII	舲
HYOIR	艙
HYOJ	箤
HYOMD	艅
HYPT	籚
HYPTD	艓
HYPU	虒
HYPU	篪
HYR	筈
HYRB	篙
HYRL	篰
HYRN	籯
HYRO	簒
HYSD	箷
HYSH	舠
HYSHU	艉
HYSIT	艦
HYSK	簇
HYSY	箊
HYT	笠
HYTBO	艨
HYTC	艝
HYTCT	艦
HYTGI	艤
HYTHU	艏
HYTQM	艖
HYTWA	艚
HYU	舢
HYUB	篱
HYUCE	艐
HYV	笀
HYWL	舺
HYWV	簑
HYYBS	艕
HYYHN	航
HYYHS	舫
HYYO	籧
HYYPS	艕
HYYPT	艫
HYYTG	艟
HYYVI	舷
HYYX	艩

戈 I

I	戈
IAIE	廄
IAV	良
IB	内
IBCN	廁
IBCV	廮
IBDI	専
IBG	塱
IBHAF	鶶
IBHAF	鷓
IBNL	鄘
IBNL	郙
IBPP	能
ICNL	鄜
ICNO	廞
ICP	恋
ID	床
IDBU	廂
IDFD	麎
IDG	塺
IDHD	縻
IDHI	魔
IDHQ	摩
IDHQU	麾
IDJTC	麖
IDLMY	靡
IDLYF	糜
IDMR	磨
IDOO	庲
IDQ	摩
IDSJE	廏
IDVI	麼
IDVIF	縻
IEA	昶
IEBT	盞
IEDHE	皴
IELN	劇
IEOK	救
IEYHV	裘
IFAMH	禓
IFAMO	禔
IFASM	禢
IFBBR	禍
IFBGR	禂
IFBJJ	褌
IFBK	廠
IFBM	祖
IFBME	禐
IFBUU	視
IFDMQ	禕
IFFKC	禷
IFG	社
IFGI	祛
IFGNI	禱
IFGRR	禧
IFHAF	鴗
IFHGR	祰
IFHJD	祩
IFHK	祆
IFHML	祈
IFHNE	祋
IFHPM	祗
IFHQO	祑
IFHS	祚
IFHUC	禶
IFHVP	祇
IFHYU	禠
IFIKK	祓
IFIT	禨
IFJBC	禛
IFJR	祜
IFKR	祐
IFL	神
IFLMO	祧
IFLWL	神
IFMBC	顬
IFMFB	禰
IFMK	祆
IFMMV	祳
IFMR	祏
IFMRW	福
IFMTB	禡
IFMWG	禋
IFMWJ	禫
IFNHS	礽
IFNL	祁
IFNL	鄗
IFNMU	祪
IFODI	祔
IFOHV	袛
IFOLL	祄
IFOMA	禬
IFOMB	禴
IFOMR	祫
IFP	感
IFP	憑
IFPD	祂
IFPH	祕
IFPI	礿
IFPOU	禬
IFQHK	禊
IFRHU	祝
IFRRJ	禪
IFRU	祀
IFRYO	礨
IFSHR	祒
IFSME	祲
IFSMM	祤
IFSMR	祠
IFSQF	禡
IFTGF	禚
IFTMC	祺
IFTMD	禖
IFTQ	祥
IFTWT	禮
IFVII	禨
IFVNE	祿
IFVNO	禒
IFWD	祼
IFWLM	禩
IFWP	禗
IFYBB	禘
IFYBC	禃
IFYHS	祊
IFYLM	祉
IFYOJ	禶
IFYRV	禳
IFYTO	禭
IG	庄
IGB	膺
IGCE	庱
IGDI	庤
IGHAF	鷹
IGIT	盧
IGOW	廥
IGP	應
IGSK	廒
IGTI	廚
IH	戊
IHHI	虜
IHHI	盧
IHHJ	庳
IHHQU	毿
IHHW	廇
IHI	戍
IHI	廆
IHLN	劌
IHM	戌
IHML	庍
IHMR	咸
IHMV	威
IHPM	底
IHQ	牟
IHS	成
IHU	允
IHXE	廋
IHXO	庾
IHYMF	戚
II	戔
IIB	朗
IIBT	盞
IIIF	粲
IIIH	參
IIIL	廊
IILN	剆
IINL	郎
IINO	欴
IIOBO	腐
IIUH	庬
IIXP	鹿
IJ	戎
IJB	甫
IJC	朮
IJCC	麻
IJE	求
IJE	皮
IJJB	廟
IJKD	庨
IJWJ	庫
IK	犬
IKBUC	賁
IKHNI	飆
IKIKK	猋
IKJWJ	奪
IKK	犮
IKLU	庵
IKNF	爲
IKNO	欸
IKP	憖
IKPB	膺
IKRM	彧
IKU	尤
IKW	畚
ILB	庸
ILE	康
ILIL	州
ILMO	庣
ILN	划
ILO	庚
ILOC	賡
ILR	唐
ILWV	廔
IMBGR	凋
IMBSD	凈
IMC	淦
IMCW	廇
IMDW	凍
IME	冰
IMGCE	凌
IMHGU	冼
IMIG	座
IMIKK	冹
IMIR	冶
IMJLV	凄
IMMNN	冽
IMMP	靡
IMMVM	冱
IMMWG	凐
IMNO	次
IMOG	准
IMOII	冷
IMOIR	滄
IMOMR	冾
IMP	惑
IMPKO	凝
IMQMB	凊
IMSLL	臧
IMSQF	馮
IMSUF	凞
IMTCL	凘
IMUE	廈
IMUOG	凗
IMVH	庌
IMWJR	凅
IMYWD	凜
INBQ	廨
INE	永
INFQ	廯
ININ	序

INKG 庭
INLI 廕
INO 之
INOE 廢
IO 仄
IOBUC 資
IOD 庥
IOD 栥
IODI 府
IOFD 粢
IOHAF 鶿
IOHD 秶
IOIN 庈
IOK 矣
IOMA 廥
IOMVN 瓷
IOOG 座
IOOIV 餈
IOP 恣
IOR 咨
IORD 楶
IOTF 廡
IOV 姿
IP 弋
IP 庀
IPBM 麆
IPBUC 貣
IPC 鏖
IPF 熊
IPF 麃
IPFD 麋
IPFDQ 麟
IPG 塵
IPHAF 鳶
IPHD 麇
IPHHI 麝
IPHN 麂
IPHOR 麔
IPHXU 麑
IPIHR 麙
IPIPP 麤
IPLMI 蠯
IPM 式
IPMC 貮
IPMMC 貳
IPMMV 䴦
IPMWD 麜
IPMWM 麠
IPNL 鄜
IPNSJ 麛
IPOG 隿
IPP 庇
IPP 態
IPP 忒
IPP 麀
IPRU 庖
IPRVK 麌
IPRYE 麐
IPTMC 麒
IPU 庉
IPYG 麈
IPYIU 麍
IPYX 麡
IQHAF 鴥
IQHF 廌
IQJE 庋
IR 台
IRD 枲
IRF 炱
IRHAF 鴭
IRM 或
IRMBC 頣
IRMVN 瓵
IRNBG 鬠
IRNL 邰
IRP 怠
IRP 感
ISBT 盛
ISGP 廳
ISJA 廜
ISMH 廖
ISNL 郕
ISOK 敷
ISRJ 廦
IT 弁
IT 戒
ITA 庴
ITCL 廝
ITE 度
ITF 庶
ITHAF 鶓
ITLB 席
ITLM 廑
ITMC 廣
ITQ 庠
ITSO 庹
ITT 庰
ITXC 廉
IUHHH 尨
IV 戉
IVUG 廱
IWCG 廛
IWTC 廙
IXE 慶
IXF 麃
IXP 鹿
IYBP 龐
IYDL 廓
IYLN 劘
IYMP 底
IYPT 廬
IYR 店
IYWD 廩

十 J

J 十
JAF 煮
JAMO 寔
JANL 都
JASMM 翥
JAV 宴
JB 市
JBD 宲
JBHAF 鴦
JBHOD 櫜
JBLLI 蠧
JBM 宜
JBMC 真
JBMM 直
JBMRD 橐
JBMRI 蠹
JBND 孛
JBOF 察
JBRRV 囊
JBTJ 南
JBVIF 索
JBWNO 疐
JC 穴
JCBBR 窩
JCBU 窅
JCEGG 窪
JCEGG 漥
JCEMD 窏
JCFDJ 窼
JCGFO 窾
JCGG 窐
JCGWC 竇
JCHAF 鴪
JCHAF 鵮
JCHDB 竊
JCHDP 窸
JCHGR 窖
JCHHL 窌
JCHHN 窮
JCHIO 窆
JCHK 宎
JCHOO 窳
JCHS 窄
JCHSK 竅
JCHUU 竈
JCHVO 窊
JCHWK 窗
JCHXV 竄
JCI 戭
JCIK 突
JCIRM 窢
JCJBC 賓
JCJKD 窙
JCKN 究
JCLB 帘
JCLMO 窕
JCLWV 窶
JCM 空
JCMBC 顛
JCMD 穻
JCMIG 窒
JCMMU 䆮
JCMOB 窉
JCMVH 穿
JCN 穹
JCN 穵
JCNHX 窞
JCNI 穸
JCNLM 窿
JCNO 歉
JCOLD 窱
JCOMN 窬
JCOR 容
JCPRU 窇
JCPU 窀
JCQHK 窫
JCQOU 窺
JCSJL 窷
JCSKR 窘
JCSMM 翧
JCSUU 窟
JCTGF 窯
JCUU 窋
JCVIS 窈
JCWD 窠
JCYCK 窔
JCYOJ 窣
JCYTA 窨
JD 未
JD 宋
JDHAF 鴸
JDI 守
JDKS 勃
JDNL 郣
JDOK 教
JE 支
JED 檠
JEG 墼
JEHAF 鳷
JEJWJ 鼙
JELMI 蟿
JEMBC 頍
JEOJU 罄
JEQ 擊
JESE 浸
JESMI 䞕
JESMM 翅
JEVIF 繫
JFB 宵
JHDW 審
JHER 客
JHK 实
JHOO 㝑
JHP 宅
JHQ 牢
JHQU 宒
JHXF 寫
JIBI 博
JID 栽
JIDI 專
JIHAF 鶈
JIHS 宬
JIJWJ 載
JIKF 寫
JILMI 蛓

JILN	剸
JIMCW	𢧐
JIMIG	𢧀
JINL	鄟
JIOBO	𢨊
JIOG	截
JIP	惠
JIR	哉
JIWTC	戴
JIYHV	裁
JJ	廾
JJAPP	輥
JJAPV	輵
JJB	朝
JJBB	輣
JJBC	寘
JJBGR	輖
JJBTV	輞
JJCOR	輡
JJDMQ	韓
JJEEE	輟
JJFB	輎
JJFDQ	轔
JJGCE	輘
JJGOW	轖
JJGRV	轅
JJHBY	輈
JJHDW	轓
JJHER	輅
JJHG	軠
JJHJU	輴
JJHKB	轎
JJHML	斬
JJHNE	軗
JJHNI	軓
JJHPM	軧
JJHQO	軼
JJHQU	軞
JJHSN	軶
JJHVO	軱
JJHVP	軝
JJHXU	輗
JJI	戟
JJII	輚
JJIJB	輔
JJIKK	軷
JJIPM	軾
JJIR	軩
JJIRP	轗
JJIXP	轆
JJJII	轉
JJJJJ	轟
JJJMU	輐
JJJQR	轄
JJJTC	轒
JJK	軑
JJKCF	轑
JJKN	軌
JJLBK	軮
JJLO	𨊻
JJLW	軸
JJMBL	輀
JJMDM	轣
JJMFJ	軯
JJMIG	輊
JJMJ	軒
JJMLB	輛
JJMNR	軻
JJMRW	輻
JJMSU	軛
JJMU	軏
JJMVM	輕
JJNAU	輓
JJNHD	輮
JJNO	軟
JJOAE	輹
JJOB	軜
JJOD	䡢
JJODI	軵
JJOHF	鶇
JJOHH	軫
JJOII	軨
JJOIN	軡
JJOLI	𨍭
JJOMB	輪
JJOMG	輇
JJOMJ	幹
JJOMN	輸
JJON	乾
JJOOG	𩏑
JJOSM	翰
JJOYJ	斡
JJPR	軥
JJPU	軘
JJPYR	輷
JJQKD	轃
JJQKK	輳
JJQMB	輤
JJRC	軹
JJRHU	軦
JJRSJ	輯
JJSHI	軔
JJSHR	軺
JJSIT	轞
JJSJU	輒
JJSKR	輑
JJSMH	轇
JJSND	轏
JJSTV	輾
JJTAV	轕
JJTC	輁
JJTCO	轐
JJTCW	輶
JJTGI	轙
JJTGI	轛
JJTT	輧
JJU	軋
JJUMB	輲
JJVID	轢
JJVVD	轋
JJVVW	輜
JJWD	輠
JJWLV	轘
JJWOT	轀
JJWWW	轠
JJYBK	轍
JJYCK	較
JJYG	軴
JJYJJ	䡺
JJYPT	轤
JJYRF	輬
JJYVO	輆
JK	丈
JKA	者
JKB	宥
JKCF	寮
JKHAF	鴹
JKI	宏
JKMDO	斄
JKME	漦
JKMHQ	犛
JKMHU	氂
JKMND	孷
JKMR	寄
JKMSH	剺
JKMV	嫠
JKMWG	釐
JKN	宄
JKND	孝
JKP	老
JKPR	耇
JKSS	協
JKYS	考
JLA	暫
JLC	鏨
JLD	槧
JLG	塹
JLK	吏
JLLN	事
JLMO	宨
JLMR	𣊟
JLRYO	蹔
JLV	妻
JLW	宙
JLWV	寠
JLYO	疌
JM	士
JMAM	宣
JMC	鑿
JMCH	寡
JMD	宇
JMHC	賓
JMIG	室
JMJMM	矗
JMLC	寅
JMMC	賔
JMMF	宗
JMMU	完
JMMV	宸
JMN	宁
JMR	宕
JMRW	富
JMSO	家
JMUC	寶
JMUE	寇
JMYO	定
JND	字
JNGI	麮
JNHAF	鶆
JNIHQ	麰
JNIU	宛
JNLN	剩
JNMWL	麵
JNON	麧
JNPFD	麴
JNPRU	麭
JNQO	麩
JNUJT	麷
JNUP	惌
JNYUB	麯
JOGS	寯
JOMA	宿
JOMBC	䫆
JONI	麥
JOSE	寖
JP	它
JPA	者
JPBN	寧
JPBQ	甯
JPBT	寍
JPH	宓
JPHI	蜜
JPHQU	耄
JPHU	密
JPKO	寲
JPMIG	耋
JQMP	憲
JQMR	害
JR	古
JRB	胡
JRBHF	鶘
JRCOR	豁
JRHAF	鴣
JRHAF	鷱
JRHNE	穀
JRHR	宮
JRHU	克
JRLN	割
JRLR	官
JRMBC	額
JROK	故
JRRP	宧
JRRYE	㲻
JRYTJ	辜
JSKR	宭
JSLL	宦
JSLL	宧
JSMH	寥
JT	卉
JTAK	寞

JTBC	賁
JTBI	寬
JTCC	賽
JTCD	寨
JTCF	騫
JTCF	鶱
JTCG	塞
JTCO	蹇
JTCQ	搴
JTCR	謇
JTCU	寋
JTCV	褰
JTCY	寒
JTGE	鼗
JU	七
JUHAF	鳦
JUJRU	兢
JUKS	匏
JULN	剋
JULN	尅
JV	安
JVD	案
JVHAF	鴳
JVHAF	鷃
JVMB	寎
JVMBC	頞
JVMD	寐
JVMD	寱
JVME	寖
JVMR	寤
JVMR	寣
JVNL	鄽
JWBUU	覼
JWJ	車
JWJC	實
JWLB	寓
JWLV	寰
JYBC	賓
JYBP	寵
JYFE	寂
JYTJ	宰

大K

K	大
K	乂
KAM	疸
KAMH	瘍
KANB	癇
KARRJ	韁
KAU	疤
KAV	痕
KB	有
KB	冇
KBB	痈
KBBR	痼
KBCV	癭
KBHAF	鴯
KBHNE	殽
KBHQU	毻
KBIRM	鹹
KBM	疽
KBMR	痌
KBMVN	瓻
KBNL	郁
KBNL	郩
KBNL	郗
KBNO	欷
KBOF	瘵
KCANO	糰
KCHNE	殺
KCIPM	弒
KCLN	剎
KDD	痳
KDHE	疲
KDLC	癩
KDLN	瘌
KE	友
KEFH	痧
KEII	瘙
KELL	癬
KF	灰
KF	疢
KFB	痟
KFBT	盔
KFCB	瘠
KFF	痰
KFFS	癆
KFHAF	鴴
KFP	猌
KGDI	痔
KGG	奎
KGHAF	鵟
KGP	痣
KHAA	猖
KHAHM	猩
KHAL	癤

KHAM	狚
KHAPP	猑
KHAPV	猲
KHAV	狠
KHAWE	獌
KHBBB	猾
KHBBR	猧
KHBM	狙
KHBMR	狪
KHBN	瘸
KHBOU	猺
KHBSD	猙
KHBTT	狦
KHBUC	狽
KHBUE	玃
KHDC	癀
KHDD	瘁
KHDLC	獺
KHDN	痢
KHDV	痿
KHEFH	猀
KHEY	疼
KHF	狄
KHFBK	獥
KHGGU	獟
KHGR	狤
KHGRV	猿
KHHBN	猘
KHHDN	猁
KHHG	狌
KHHGF	獯
KHHHJ	猈
KHHJ	痺
KHHKB	獢
KHHL	奅
KHHNI	猦
KHHQM	狌
KHHRB	獅
KHHSB	猸
KHHSB	猵
KHHSK	獥
KHHVO	狐
KHHW	瘤
KHHXE	獀
KHHXF	猲
KHHXU	猊
KHI	瘣
KHIAV	狼

KHIBI	猼
KHICE	獀
KHIHU	犹
KHIJ	狨
KHIO	痉
KHITC	獷
KHIV	狘
KHJC	狖
KHJDI	狩
KHJJL	獑
KHJKP	狫
KHJPN	獰
KHJR	岵
KHJRB	猢
KHKCF	獠
KHKKB	狶
KHKMR	猗
KHKN	犰
KHKOO	狹
KHL	狆
KHLLN	狒
KHLMO	狣
KHMAM	狟
KHMBB	獳
KHMBE	獶
KHMCE	獿
KHMFB	獮
KHMFM	狉
KHMG	狂
KHMHF	獂
KHMJ	犴
KHMMF	狋
KHMTO	獗
KHMVH	犽
KHNBQ	獬
KHNDF	猻
KHNDT	猛
KHNE	疫
KHNG	狃
KHNGU	猛
KHNHB	獝
KHNHD	猱
KHNI	瘋
KHNKM	狿
KHNMB	獮
KHOII	狑
KHOIR	獊
KHOK	癥

KHOK	癥
KHOMA	獪
KHOMD	狳
KHOMO	獫
KHOMR	狢
KHON	犵
KHONK	猴
KHOO	瘲
KHPA	瘖
KHPPG	狴
KHPR	狗
KHQHK	猰
KHQHL	狾
KHQKD	獉
KHQMB	猜
KHRB	狷
KHRRK	獵
KHRYE	猳
KHS	痄
KHSP	狔
KHSU	犯
KHTAV	獦
KHTCO	獛
KHTCW	猶
KHTJL	獑
KHTMC	獚
KHTOE	獲
KHTRG	獾
KHUB	癟
KHUCE	獶
KHUP	瘜
KHVNO	豫
KHVP	疷
KHVVV	玁
KHWD	猓
KHWG	狸
KHWL	狎
KHWLG	玀
KHWLI	獨
KHWLV	獧
KHWMV	猥
KHXE	瘦
KHXO	瘓
KHXV	癲
KHYCK	狡
KHYE	瘢
KHYHN	犺
KHYMH	獩

KHYMR	狺
KHYOJ	猝
KHYPU	猇
KHYRK	獄
KHYRV	獽
KHYTG	獞
KHYTJ	獐
KHYTU	獍
KHYY	犿
KI	太
KICE	痠
KIJB	痡
KIKU	疣
KIOG	雄
KISMM	翃
KIUH	[illegible]
KIV	[illegible]
KJBC	瘨
KJCC	瘷
KJCC	癲
KJKA	奢
KJKA	瘏
KJKD	痵
KJRR	痯
KJT	奔
KK	爻
KKB	肴
KKB	痏
KKCF	療
KKHAF	鵊
KKHAF	鶩
KKKK	爽
KKLB	希
KKLU	痷
KKN	痍
KKOG	瘞
KKOP	瘱
KKRB	瘸
KKS	夯
KKSR	痂
KLB	布
KLG	在
KLLL	夼
KLLN	疿
KLMI	[illegible]
KLMY	痱
KLN	刈
KLND	存
KLWU	奄
KM	左
KM	疘
KMAA	奭
KMBW	瘤
KMFR	痞
KMMF	奈
KMMR	痦
KMMS	夸
KMN	疔
KMNR	奇
KMOB	病
KMRT	痘
KMSO	瘃
KMVM	痙
KMWF	瘭
KMYM	症
KN	九
KN	夷
KNA	旭
KNA	旮
KNBK	瘓
KNCR	癚
KNFQ	癬
KNHAF	鳩
KNI	丸
KNI	厹
KNIB	痛
KNIN	奓
KNIN	痑
KNLM	癃
KNLP	癮
KNLR	痾
KNMBC	頄
KNO	疚
KNOE	癈
KNTHU	馗
KNYMR	訄
KNYPU	虓
KOG	痽
KOGI	奪
KOGW	奮
KOHAF	鴩
KOHH	疹
KOIR	瘡
KOK	疾
KOKR	痴
KOLL	疥
KOMA	癐
KOMBC	頫
KOMG	痊
KOMN	瘉
KOMP	癒
KON	疙
KONK	瘊
KONL	郟
KOO	夾
KOOG	痤
KOWY	痗
KP	疕
KPBLB	帶
KPKO	癡
KPP	疪
KPR	痀
KPT	疶
KQHK	瘈
KQHP	瘛
KR	右
KRBUC	賀
KRC	疻
KRD	架
KRHAF	鴐
KRHAF	鵸
KRHQU	毠
KRJE	攲
KRLN	剞
KRMNR	哿
KRNO	欹
KRRJ	癉
KRRU	癌
KRSQF	駕
KRYE	敧
KRYE	瘕
KRYHV	袈
KS	力
KSCE	癜
KSHAF	鴺
KSHVF	[illegible]
KSHVO	瓠
KSJ	耷
KSKSB	脅
KSKSS	劦
KSKSV	㛺
KSLN	[illegible]
KSMB	瘺
KSMH	瘳
KSMI	套
KSPRU	匏
KSR	加
KSRJ	癖
KSRR	奩
KSWP	癙
KTAK	瘼
KTBC	痶
KTJR	瘔
KTLM	瘇
KTM	疳
KTOG	癱
KTOR	瘩
KTOV	癢
KTQ	牽
KTQ	痒
KTQM	瘥
KTUO	瘚
KTWB	癘
KU	尢
KU	疝
KUBBB	尶
KUHAF	鴅
KUHJG	尰
KUMG	尪
KUOLL	尬
KUPI	尥
KUSIT	尷
KVFB	癪
KVUG	癰
KWJR	痼
KWLE	瘝
KWML	痹
KWOT	瘟
KWR	痐
KWVF	瘰
KYG	疰
KYMP	疷
KYOJ	瘁
KYPM	瘧
KYR	痁
KYSK	瘯
KYSY	瘀
KYTA	瘖
KYTJ	瘴
KYVO	痎
KYX	癠

中 L

L	中
LA	衵
LAA	裮
LAM	袒
LAMO	褆
LANB	襉
LANW	襴
LAPH	裼
LAPV	褐
LASM	褟
LATE	襮
LAV	裉
LB	巾
LBABU	帽
LBAFU	幌
LBAU	帊
LBAWE	幔
LBAYF	幜
LBBAC	幎
LBBHX	幍
LBCRU	帨
LBDHE	帔
LBDMQ	幃
LBFB	帩
LBGNI	幬
LBGR	裯
LBHA	帕
LBHAL	幯
LBHDW	幡
LBHNI	帆
LBHQO	帙
LBIGI	幗
LBII	帴
LBIIH	幓
LBIKK	帗
LBJJ	褌
LBJKA	帾
LBJMO	幏
LBJQP	幰
LBJTC	幘
LBK	央
LBLBU	帎
LBM	袓
LBMBC	幀
LBMBC	幀
LBME	褑
LBMN	帄

LBMRW	幅
LBNCR	幨
LBNL	鄁
LBOG	帷
LBOMR	帢
LBOTF	幠
LBQMC	幘
LBRRD	幧
LBRRJ	幝
LBSMG	幄
LBSMV	帳
LBT	盅
LBTAK	幙
LBTBO	幪
LBTT	帲
LBTWI	幭
LBU	冘
LBWIM	幗
LBYBC	幀
LBYIA	幟
LBYR	帖
LBYTG	幢
LBYTJ	幛
LCNL	鄭
LCOR	裕
LCRU	祱
LCSH	衯
LDBB	襋
LDDF	襟
LDDQ	襷
LDHE	被
LDK	袂
LDMQ	褘
LEED	褖
LEEE	裰
LEI	衩
LFBK	襒
LFBW	襠
LFF	裧
LFQ	袢
LFQU	裷
LGA	書
LGAM	晝
LGB	衶
LGCE	裬
LGGU	襓
LGGY	褂
LGI	袪
LGR	袺
LGRC	襭
LGWC	襩
LGWM	畫
LHA	袙
LHBK	襖
LHEQ	袶
LHER	袼
LHG	衽
LHHH	衫
LHHJ	裨
LHJD	袾
LHOO	褷
LHPM	袛
LHQO	袟
LHSB	褊
LHUL	褠
LHVP	袛
LHYU	褫
LIA	蛆
LIABU	蝐
LIAHU	媚
LIAIL	蝍
LIAMH	蝪
LIAMO	蝭
LIAPH	蝪
LIAPV	蝎
LIAU	蚆
LIAV	蜫
LIAVO	蠍
LIAWE	蝘
LIBAC	螟
LIBBB	蝟
LIBBR	蝸
LIBCV	蠳
LIBDI	蜯
LIBGR	蜩
LIBM	蛆
LIBME	蝯
LIBND	蜉
LIBP	褦
LIBUE	蠼
LIBUG	蠷
LIBUU	蜆
LIBVK	螇
LICI	蚣
LICIM	螉
LICK	蚊
LICRU	蛻
LICSH	蚡
LID	蚞
LIDCI	蜙
LIDHE	蚾
LIDHL	蜥
LIDK	蚗
LIDW	蝀
LIEEE	蝃
LIESD	螓
LIFB	蛸
LIFBG	螳
LIFBW	蟷
LIFFD	蠑
LIFFS	螃
LIFQU	蜷
LIGB	蚺
LIGG	蛙
LIGGU	蟯
LIGR	蛣
LIGRR	蟢
LIGTH	螆
LIHAD	螅
LIHAG	蝗
LIHDJ	蝌
LIHDN	蜊
LIHDP	蟋
LIHDV	蝼
LIHDW	蟠
LIHEJ	蜂
LIHHJ	蜱
LIHI	蜿
LIHJD	蛛
LIHJG	蝩
LIHJR	蛞
LIHKB	蟜
LIHLB	蝺
LIHML	蚚
LIHMY	蜥
LIHN	虮
LIHP	蚝
LIHPM	蚳
LIHQI	蛾
LIHQO	蛈
LIHQU	蚝
LIHRB	蛳
LIHRF	螐
LIHS	蚱
LIHSB	蝙
LIHSK	蜧
LIHSU	蚅
LIHUK	螑
LIHUP	螅
LIHVO	蛌
LIHVP	蚔
LIHWP	蟌
LIHXU	蜺
LIHYU	螔
LIIAV	蜋
LIIH	襂
LIIHQ	蛑
LIIHV	蟙
LIIIL	螂
LIIJB	蜅
LIIJE	蛷
LIIKF	螐
LIIKK	蚑
LIIKU	蚘
LIILR	螗
LIIOC	蟦
LIIRM	蜮
LIITC	螊
LIITF	蟅
LIITU	螃
LIIUH	蟚
LIIXP	螔
LIJB	補
LIJBJ	螪
LIJCG	螳
LIJE	蚑
LIJIP	蟪
LIJJ	褲
LIJJL	螹
LIJKA	蝫
LIJLO	蜨
LIJMC	蟥
LIJMC	蟦
LIJMM	蝖
LIJNU	蜿
LIJP	蛇
LIJQR	蝫
LIJR	蛄
LIJRB	蝴
LIJTC	蟥
LIKCF	蟟
LIKK	袚
LIKN	蛦
LIKOK	螏
LIKOO	蛺
LIKPB	蟰
LILII	蟲
LILIT	蠱
LILLE	蝂
LILMQ	蝆
LILW	蚰
LILWV	螻
LILXL	蠕
LIM	虹
LIMA	蛨
LIMBB	蠕
LIMBC	螧
LIMBK	蝡
LIMFM	蚽
LIMHF	螈
LIMIG	蛭
LIMJ	虷
LIMMU	蚖
LIMMV	蝂
LIMN	虰
LIMNN	蛚
LIMNR	蚵
LIMOB	蛃
LIMRW	蝠
LIMTB	蠣
LIMVH	蚜
LIMVM	蛵
LIMWF	螵
LIMWJ	蟫
LIMWL	蝒
LINAO	蟓
LINBC	螠
LINCR	蟾
LINDT	蜢
LINHD	蝚
LINHX	蜭
LINIB	蛹
LINKG	蜓
LINKM	蜒
LINL	蚓
LINMU	蛫
LINOB	蛸
LINUE	蝒
LIOAE	螋
LIOB	蚋

LIODI	蚹
LIOG	蜼
LIOGF	蟭
LIOII	蛉
LIOIN	蚙
LIOKR	蜘
LIOLL	蚧
LIOM	蚔
LIOMB	蜦
LIOMD	蜍
LIOMN	蝓
LIOMR	蛤
LION	虼
LIONO	蜒
LIOPC	蠙
LIOSK	蛜
LIPI	蚐
LIPIM	蚼
LIPOU	蜪
LIPP	蚍
LIPPA	蝔
LIPPG	蛙
LIPR	蚼
LIPTD	蝶
LIQJ	蚌
LIQKD	蠔
LIQMB	蜻
LIQMY	蝳
LIQO	蚨
LIRB	蜎
LIRRJ	蟬
LIRUC	蟤
LIRVK	蜈
LIRXU	蠅
LIRYE	蝦
LISAV	蝘
LISEM	蠮
LISH	蚒
LISHR	蛁
LISJR	蜛
LISMG	蠗
LISMH	蟉
LISMI	蟳
LISO	蚇
LISQF	螞
LISRG	蟶
LISS	蚷
LISYI	蠋
LITA	蜡
LITAK	蟆
LITB	褯
LITBO	蠓
LITCW	蝤
LITGI	蟻
LITGU	蟯
LITIT	蟒
LITLK	蟥
LITLM	蟺
LITLX	蠨
LITM	蚶
LITMC	蜞
LITMC	蟦
LITOE	蠖
LITPD	蠂
LITQ	蛘
LITRG	蠸
LITT	蛢
LITW	蝴
LITWA	螬
LITWI	蟙
LIUCE	蝬
LIUMT	螘
LIUOB	蠵
LIVII	蟣
LIVIS	蚴
LIVL	虯
LIVNO	蝝
LIVVV	蠿
LIWB	蜎
LIWD	蜾
LIWGF	蟔
LIWHD	蝂
LIWIM	蟈
LIWLI	蠋
LIWLJ	蠌
LIWLV	蠉
LIWOT	蝹
LIWR	蛔
LIWVF	螺
LIWWW	蝠
LIYAV	蝭
LIYBP	蠬
LIYBS	螃
LIYCB	蝻
LIYCK	蛟
LIYG	蛀
LIYHN	蚢
LIYIA	蠘
LIYIJ	蟀
LIYJ	蚪
LIYK	蚊
LIYPT	蠦
LIYR	蛅
LIYRA	蟼
LIYRD	蜳
LIYRN	蜳
LIYRO	蠔
LIYRV	蠰
LIYSD	蝣
LIYTJ	蟑
LIYUB	螭
LIYV	虻
LIYVI	蚿
LIYWM	蟺
LIYX	蠐
LJC	衸
LJCR	褣
LJE	衼
LJIC	襶
LJKA	褚
LJP	袉
LK	史
LKBT	蛊
LKHAF	鴦
LKLD	袴
LKLU	裺
LKMA	襩
LKOO	裌
LL	串
LL	神
LLAMH	暢
LLBU	祧
LLDWF	褳
LLFQ	牉
LLGWC	牘
LLHE	版
LLHHJ	牌
LLHSB	牖
LLII	牋
LLL	川
LLLC	順
LLML	片
LLMY	裶
LLN	弗
LLOMN	牏
LLP	患
LLPB	褙
LLPTD	牒
LLSHR	牊
LLW	袖
LLWV	褸
LLWW	弗
LLXL	襺
LLYBS	牓
LMA	袹
LMBB	襦
LMBUC	貴
LMD	衧
LMFBC	賷
LMFBT	盡
LMI	虫
LMLB	褵
LMLN	劃
LMMM	韭
LMMP	襬
LMMV	裖
LMP	北
LMPNL	邶
LMRT	裋
LMRW	福
LMUO	兆
LMUOC	頫
LMUOU	覜
LMVI	褥
LMWF	褾
LMWU	褼
LMYQ	芈
LMYYN	剕
LMYYY	非
LN	門
LNAO	襐
LNBUC	費
LNCR	襜
LNHE	衱
LNHXU	鬩
LNII	襁
LNLN	刜
LNMJK	鬭
LNNAU	艴
LNNXU	鬮
LNOE	襏
LNTC	鬨
LNYLB	鬧
LOAE	複
LOB	衲
LOHH	袗
LOIK	袱
LOIM	襳
LOIN	衿
LOMA	襘
LOMN	褕
LOMO	襝
LOMR	袷
LOPD	袘
LORD	褓
LP	忠
LPB	背
LPD	袘
LPIM	袀
LPR	袧
LPRU	袍
LPTD	褋
LPWTC	冀
LQ	聿
LQHK	褉
LQMAT	盡
LQMV	裱
LQO	袪
LRB	裐
LRHG	裎
LRRD	襙
LRRJ	襌
LSAV	褗
LSH	初
LSHR	袑
LSIT	襤
LSJR	裾
LSKR	裙
LSMA	褶
LSMI	襑
LTBI	襔
LTCO	襆
LTGI	襼
LTOR	褡
LTWI	襪
LTWV	襛
LU	儿
LUE	炦
LUHAF	鵃
LUNL	邶

LVBU 胤
LVHAF 鸛
LVHQU 氍
LVIS 袎
LVNO 裓
LVOK 數
LVR 袦
LW 由
LWB 冑
LWB 胄
LWD 裸
LWD 裍
LWG 裡
LWK 裀
LWL 申
LWLI 裯
LWLJ 襗
LWLP 襬
LWLV 婁
LWMVS 粵
LWOT 褞
LWP 曳
LX 肅
LXHAF 鷫
LYAV 褪
LYBB 褅
LYBP 襱
LYD 棐
LYDU 襯
LYIU 裗
LYJJ 褳
LYJWJ 輩
LYK 猆
LYLMI 蜚
LYOIV 餥
LYP 悲
LYSMM 翡
LYTO 襚
LYUB 褵
LYV 婓
LYVI 袨
LYWM 襢
LYYHV 裴
LYYK 斐

— M

M 一
MA 百
MABK 厭
MAD 棄
MAHR 㕑
MAI 戥
MAMA 皕
MAMR 碧
MAND 厚
MANL 鄑
MBBHG 霾
MBBHV 㵐
MBBMO 霿
MBCSH 雰
MBDBU 霜
MBDD 霖
MBDDH 霦
MBDI 耐
MBEBG 霪
MBEBR 霱
MBED 霂
MBEJB 霈
MBEMM 灑
MBENI 霐
MBETC 霬
MBETV 霯
MBEYR 霑
MBFB 霄
MBHAF 鴯
MBHAF 鴯
MBHAF 鷊
MBHFD 霉
MBHHH 耏
MBHHW 霤
MBHOK 霰
MBHXU 霓
MBJLV 霻
MBK 耎
MBKS 勱
MBLBK 霙
MBLL 而
MBLMI 融
MBLMO 霏
MBLMY 霏
MBM 亙
MBMBL 需
MBMDM 靂
MBMGI 璽
MBMMI 雲
MBMMS 雩
MBMMV 震
MBNHS 霧
MBNHU 霿
MBNIH 雺
MBNKG 霆
MBNL 郈
MBNOT 霎
MBOAH 靄
MBOG 霍
MBOGG 靃
MBOII 零
MBOWY 霮
MBP 恧
MBPHE 憂
MBPRU 雹
MBRBC 霣
MBRJI 霰
MBRMR 露
MBRRM 靈
MBRRR 靁
MBRYE 霞
MBSFI 霨
MBSM 雪
MBSMA 霫
MBSMM 翿
MBSRJ 霹
MBTBK 霰
MBTJB 霸
MBTLK 霙
MBTM 霄
MBUC 頁
MBUC 貢
MBUCE 霰
MBV 耍
MBW 雷
MBWTC 霣
MBWU 電
MBYBP 靇
MBYDL 霏
MBYHS 雱
MBYK 雯
MBYMR 雪
MBYRV 靄
MBYTN 霧
MBYTV 霎
MBYX 霽
MCHE 夓
MCW 西
MCWM 酉
MD 于
MDA 曆
MDBT 盂
MDHAF 鶇
MDM 五
MDMR 磿
MDNL 邗
MDYLM 歷
ME 汞
MEM 亟
MENL 鄧
MF 不
MFBK 爾
MFBQ 甭
MFBT 盃
MFBUC 贋
MFBUU 覞
MFHAF 鴀
MFHHH 彯
MFHNI 飄
MFHVO 瓢
MFJ 平
MFK 奀
MFLN 剽
MFM 丕
MFMBC 願
MFMBC 顛
MFMYM 歪
MFNL 鄢
MFP 愿
MFR 否
MFSMM 翲
MFVND 孬
MG 王
MGAA 瑁
MGABU 瑁
MGAHM 瑆
MGAHU 瑁
MGAMH 瑒
MGAPP 琨
MGAU 琶
MGAYF 瑔
MGAYK 瑍
MGB 再
MGB 玥
MGBBE 璦
MGBCD 琛
MGBCV 瓔
MGBGR 琱
MGBJJ 琿
MGBM 珇
MGBME 瑗
MGBND 琈
MGBOU 瑤
MGBSD 琤
MGBT 珊
MGBUC 瑣
MGBUU 現
MGBY 玥
MGCNH 琋
MGCSH 玢
MGCWA 璔
MGDD 琳
MGDHE 玻
MGDK 玦
MGDMQ 瑋
MGEGI 珐
MGEII 瑤
MGFBC 瑣
MGFBW 璫
MGFDQ 璘
MGFF 琰
MGFMU 珖
MGGB 珃
MGGG 珪
MGGNF 璹
MGGSK 璈
MGHA 珀
MGHAE 瑔
MGHAF 瑦
MGHBY 琊
MGHDN 琍
MGHDS 琇
MGHDW 璠
MGHER 珞
MGHGU 珗
MGHHL 珋
MGHI 瑰
MGHJD 珠
MGHLB 瑀
MGHNB 珮
MGHON 珩
MGHOO 瑽
MGHQI 珴
MGHUC 瓚

MGHWP	璁	MGMN	玎	MGRYO	琨	MGYED	璨	MJOK	敢
MGHXC	璵	MGMNR	珂	MGSHR	玿	MGYFE	琡	MJWJ	厙
MGI	玉	MGMSO	琢	MGSJ	珥	MGYIU	琉	MK	天
MGI	王	MGMVH	玡	MGSJR	琚	MGYIU	琉	MKG	壓
MGIAV	琅	MGMVN	甄	MGSKR	珺	MGYJJ	璉	MKHI	魘
MGIHR	瑊	MGMWD	瑮	MGSMH	璆	MGYK	玟	MKHQM	甦
MGIHS	珬	MGNBE	瓊	MGSMI	璕	MGYKG	斑	MKMWL	醫
MGII	琖	MGNBK	瑍	MGSMJ	璱	MGYMP	玭	MKNL	䢺
MGIIL	瑯	MGNHB	璚	MGSMM	珝	MGYOG	璡	MKOIV	饜
MGIJE	球	MGNKG	珽	MGSQF	瑪	MGYPO	璩	MKP	懕
MGILG	班	MGNL	郅	MGT	弄	MGYPU	琥	MKS	功
MGILR	瑭	MGNL	鄄	MGTBC	琠	MGYR	玷	MKV	嬮
MGIR	珆	MGNO	玖	MGTBN	珊	MGYRV	瓖	MKWGF	黶
MGISK	瓛	MGNO	致	MGTC	珙	MGYSO	璇	MKWL	靨
MGJBC	瑱	MGNOT	璒	MGTCO	璞	MGYTJ	璋	ML	丌
MGJCH	𤥭	MGOHH	珍	MGTGT	瑾	MGYTO	璲	MLBO	兩
MGJCR	瑢	MGOII	玲	MGTLB	璊	MGYTR	琣	MLBY	雨
MGJII	瑼	MGOIN	琴	MGTLK	瑛	MGYUB	璃	MLLM	亞
MGJMC	璸	MGOIP	玱	MGTLM	瑾	MGYVI	玹	MLM	工
MGJMF	琮	MGOIR	琀	MGTM	玵	MGYX	璾	MLMY	屝
MGJMM	瑄	MGOIR	瑲	MGTMC	琪	MGYYB	瓋	MLVS	丐
MGJNU	琬	MGOJ	玝	MGTMC	璜	MH	厂	MLWK	更
MGJRB	瑚	MGOK	玫	MGTOD	瑧	MHAF	原	MM	二
MGJRR	琯	MGOK	致	MGTOE	瓁	MHDD	厤	MMBBP	麗
MGKB	琄	MGOLL	玠	MGTQ	珜	MHHAF	鴉	MMBC	項
MGKKB	琋	MGOMA	璯	MGTQM	瑳	MHJM	厓	MMF	示
MGKLD	珔	MGOMN	瑜	MGTRG	瓘	MHNL	邪	MMG	垩
MGKMR	琦	MGOMR	珨	MGTRK	璥	MHOG	雅	MMHAF	鳿
MGKSR	珈	MGONO	琁	MGUMB	瑞	MHOIV	鵶	MMHAF	鳿
MGLLL	玔	MGPA	珣	MGUOB	瓗	MHPM	厎	MMI	云
MGLMO	珧	MGPH	瑟	MGUOG	璀	MHS	厄	MMIG	𡉏
MGLMT	璶	MGPH	珌	MGUON	琌	MIBBE	靉	MMKS	勁
MGLMY	琲	MGPI	玓	MGVID	瓅	MIG	至	MML	亓
MGLN	到	MGPP	琵	MGVII	璣	MIHI	魂	MMLMI	蜑
MGLQ	珒	MGPP	玭	MGVNE	琭	MIIA	晉	MMLN	剄
MGLWL	珅	MGPPA	瑎	MGVNO	瑑	MINL	鄄	MMM	三
MGM	玒	MGPRU	玸	MGVVD	璅	MIOIN	黔	MMMBC	頸
MGMBB	瓀	MGPT	珊	MGVVW	瑙	MIUH	庬	MMMV	辰
MGMBC	頊	MGQJ	玤	MGWG	理	MIYLE	鼄	MMN	亍
MGMD	玗	MGQKD	臻	MGWK	珚	MJ	干	MMNL	邢
MGMFJ	玶	MGQKD	瑧	MGWL	玾	MJBC	㒵	MMOK	政
MGMG	玨	MGQKQ	琫	MGWLV	環	MJF	烎	MMP	惡
MGMGH	瑟	MGRB	琄	MGWWW	瓃	MJHAF	鳱	MMR	吾
MGMHL	琊	MGRHG	珵	MGYBJ	璭	MJHAF	鴈	MMU	元
MGMIG	𤤾	MGRMR	璐	MGYBK	瓛	MJIXP	麤	MMUU	黿
MGMJ	玕	MGRR	噩	MGYBP	瓏	MJLN	刊	MMVH	厏
MGMMR	珸	MGRRD	璪	MGYBU	璿	MJMBC	頇	MMVN	瓨
MGMMU	玩	MGRYE	瑕	MGYCK	珓	MJNL	邗	MMVS	巧

MMYIU	甋
MMYPU	甗
MN	丁
MNBM	殂
MNBND	殍
MNC	鋈
MNF	烈
MNG	型
MNGBT	殪
MNGWC	殨
MNHAF	殦
MNHAF	鴷
MNHBT	殈
MNHJD	殊
MNHK	殀
MNHPA	殙
MNHUK	殠
MNI	歹
MNII	殘
MNIJE	殏
MNIR	殆
MNJBM	殖
MNJMC	殯
MNJMC	殡
MNJRU	殑
MNKLU	殗
MNKOO	殎
MNKPB	殢
MNL	邛
MNLBK	殃
MNLE	殔
MNLMI	蛚
MNLN	列
MNLQ	殚
MNMBC	頂
MNMEM	殛
MNMVM	殌
MNMWM	殭
MNNE	殁
MNNWF	烈
MNOAH	殤
MNOHH	殄
MNOIM	殲
MNOMO	殮
MNP	死
MNP	恐
MNPA	殉
MNPHH	殇
MNR	可
MNRBC	殞
MNRRJ	殫
MNRYO	殣
MNTLJ	犟
MNTLM	殣
MNV	裂
MNWOT	殟
MNYFU	殱
MNYHV	裂
MNYTR	殕
MO	仄
MOAU	豝
MOAV	豤
MOB	丙
MOBUU	䝢
MOBVK	豯
MOF	豩
MOGBT	豷
MOHAF	鷇
MOHF	鴈
MOHOO	豵
MOHSN	豟
MOJKA	豬
MOJTC	豶
MOJU	厇
MOK	攻
MOKKB	豨
MOLMI	蟨
MOLN	厕
MOLN	豤
MOMHF	豲
MOMSO	豥
MOMT	豣
MOO	巫
MOOG	雁
MORYE	豭
MOWOT	豱
MOYVO	豥
MPHAF	鸝
MPNL	酈
MPYLM	武
MR	石
MRAMH	碭
MRAPV	碣
MRAV	硍
MRBB	硼
MRBBR	碉
MRBGR	碉
MRBJ	礱
MRBL	鬲
MRBM	砠
MRBMR	硐
MRBSD	碀
MRBTU	磞
MRBUU	硯
MRBVK	磎
MRBY	硎
MRCSH	砏
MRCWA	磳
MRDAM	碴
MRDCI	硹
MRDD	碄
MRDDO	礎
MRDHE	破
MRDM	砵
MRE	泵
MRE	砅
MREED	磜
MRESD	磼
MRFB	硝
MRFBW	礵
MRFDQ	磷
MRFFF	礫
MRFH	砂
MRGG	硅
MRGGU	磽
MRGI	砝
MRGIT	磕
MRGR	砧
MRGRR	礂
MRGSK	礉
MRHDW	磻
MRHER	硌
MRHGR	硞
MRHHJ	碑
MRHI	磈
MRHIO	砭
MRHJD	硃
MRHJE	碫
MRHJM	硾
MRHKB	礄
MRHLC	磧
MRHML	斫
MRHNE	砓
MRHP	砒
MRHPM	砥
MRHQI	硪
MRHS	砟
MRHSB	碥
MRHSK	礅
MRHSN	碮
MRHUC	礸
MRHYU	碱
MRIAV	硠
MRIE	砯
MRIHF	礒
MRIIH	磣
MRILR	磄
MRITC	礦
MRIUH	磃
MRJBC	磌
MRJCM	硿
MRJII	磚
MRJMC	礩
MRJMO	碇
MRJNU	碗
MRJP	砣
MRJQR	磍
MRJWJ	磾
MRKKK	磢
MRKMR	碕
MRKOO	硤
MRLLN	砩
MRLQ	硉
MRLWL	砷
MRM	矼
MRMBB	礝
MRMBC	碩
MRMBG	礭
MRMBU	礌
MRMBW	礌
MRMCW	硒
MRMFJ	砰
MRMGI	砝
MRMJ	研
MRMLK	硬
MRMNR	砢
MRMPM	硋
MRMR	砳
MRMRR	磊
MRMT	研
MRMTB	礪
MRMTN	硎
MRMU	矶
MRMVB	磠
MRMVH	砑
MRMVM	硜
MRMWJ	磹
MRMWM	礓
MRNBG	确
MRND	矸
MRNHE	砐
MRNI	矽
MRNL	邵
MRNL	鄙
MRNMU	硊
MRNO	砍
MRNO	歌
MRNOT	磴
MRNQD	磔
MRNR	哥
MROBG	礭
MROG	碓
MROGD	磼
MROGF	礁
MROII	硶
MROK	敔
MROLL	砎
MROMB	碖
MROMD	硢
MRON	砼
MRPKO	礙
MRPP	砒
MRPRU	砲
MRPSH	砌
MRPTD	碟
MRQMB	碃
MRQMC	磧
MRQMY	磚
MRQO	砆
MRRRJ	礋
MRRRK	礮
MRRYE	碬
MRSEC	礥
MRSIT	礛
MRSLB	硱
MRSMH	磟
MRSQF	碼
MRSRJ	礔
MRSTV	礒
MRT	豆

MRTA	碏
MRTBC	碘
MRTBF	礤
MRTBO	礞
MRTGI	礒
MRTII	礡
MRTLK	碤
MRTMC	磺
MRTMV	碪
MRTQM	磋
MRTTC	碰
MRTVI	磁
MRTVS	磡
MRTWI	礣
MRTXC	磏
MRTYV	硭
MRUBB	磞
MRUMF	碳
MRUMT	磑
MRUOG	磪
MRVID	礫
MRVII	磯
MRVNE	碌
MRWD	硱
MRWHD	碅
MRWMV	碨
MRWVF	磥
MRWWW	礧
MRWYI	砪
MRYBB	碲
MRYBS	磅
MRYDK	礅
MRYG	硅
MRYIU	硫
MRYOJ	碎
MRYR	砧
MRYRB	碻
MRYRN	碠
MRYT	砬
MRYTR	碚
MRYWI	磠
MS	万
MSHO	豕
MSKO	豖
MSNL	鄠
MSOK	攷
MSU	厄
MT	幵
MTA	厝
MTHAF	鳽
MTHHH	形
MTHHJ	豍
MTJE	豉
MTJNU	豌
MTLN	刑
MTM	豇
MTMBC	頭
MTNL	邢
MTNL	郖
MTOG	雃
MTQ	[illegible]
MTTXC	豏
MTUO	厥
MTWB	厲
MU	兀
MU	兀
MUA	暜
MUALI	黿
MUB	襾
MUHE	夏
MUI	戛
MUKLL	[illegible]
MULMI	虺
MULN	刓
MUMBC	頑
MUMRB	鬻
MUMSO	豗
MUNL	邧
MUNMU	卼
MV	匚
MVB	胥
MVDH	牙
MVDI	辱
MVKU	无
MVLMI	蜃
MVNI	瓦
MVNM	互
MVPHH	勠
MVR	唇
MVVM	巠
MWAHM	醒
MWAJ	覃
MWAMO	醍
MWBDI	酹
MWBMR	酮
MWBUC	賈
MWBUU	醌
MWBWI	釂
MWCSH	酚
MWD	栗
MWDD	醂
MWDI	酎
MWEEE	醊
MWFD	粟
MWG	厘
MWG	垔
MWHAF	鷗
MWHD	酥
MWHER	酪
MWHGF	醺
MWHGR	酷
MWHI	醜
MWHIO	覂
MWHNE	酘
MWHOE	覆
MWHQU	酕
MWHS	酢
MWHSK	覈
MWHXE	醙
MWICE	酸
MWIDD	醾
MWII	醆
MWIJB	酺
MWILL	酬
MWILR	醣
MWJCS	醡
MWJKA	醏
MWJKD	酵
MWJP	酡
MWJR	酤
MWJRB	醐
MWKLU	醃
MWKRT	醢
MWLBU	酖
MWLII	覊
MWLKT	醘
MWLN	副
MWLUT	醓
MWMBB	醹
MWMBR	醽
MWMJ	酐
MWMMF	票
MWMMP	釃
MWMN	酊
MWMNR	酠
MWMWF	醥
MWMWJ	醰
MWNIR	酩
MWNOB	醑
MWNOE	醱
MWOG	醀
MWOGF	醮
MWOMD	酴
MWPA	酯
MWPD	酏
MWPI	酌
MWPOU	醄
MWRHG	酲
MWRRK	釅
MWSMH	醪
MWSRR	醧
MWSU	配
MWTA	醋
MWTCO	醭
MWTLF	醼
MWTM	酣
MWTOG	醛
MWTQM	醝
MWTWT	醴
MWTWV	醲
MWUK	酗
MWV	要
MWVIB	酳
MWVNE	醁
MWWLJ	醳
MWWOT	醞
MWYFD	醚
MWYL	面
MWYOJ	醉
MWYPO	醵
MWYR	酟
MWYRD	醇
MWYRV	釀
MWYTP	醷
MWYTR	醅
MWYUB	醨
MWYUT	醯
MY	下
MYLF	焉
MYLM	正
MYP	忑
MYTJ	庢
MYVS	丏

弓N

N	弓
NAHU	免
NAPO	象
NAU	色
NAU	弝
NBAM	觛
NBB	弸
NBBUE	夐
NBDK	觖
NBDL	觫
NBFMU	觥
NBG	角
NBG	堕
NBGG	觟
NBHAF	鵤
NBHER	觡
NBHPM	觝
NBHQU	毹
NBHVO	觚
NBHXU	觬
NBIJE	觩
NBJKA	觰
NBK	奐
NBKMR	觭
NBKS	勇
NBKS	勈
NBLMI	触
NBLN	觓
NBME	觨
NBMGI	璽
NBNBE	觼
NBNHE	觳
NBNMU	觤
NBOAH	觴
NBOP	隳
NBP	恿
NBRRJ	觶
NBSHQ	解
NBTGQ	觲
NBTLF	觾
NBU	陏
NBUC	負
NBUE	彏
NBUOB	觿
NBVID	觻

NBVL 觓
NBWLI 觸
NBYJ 斛
NC 小
NCYMR 詹
ND 子
NDBT 孟
NDHAF 鵚
NDHVF 孫
NDHVO 孤
NDJMF 孮
NDLMT 孻
NDMBB 孺
NDMLM 孲
NDND 孖
NDOK 孜
NDPRU 孢
NDU 孔
NDYVO 孩
NE 氶
NEM 丞
NEMB 脀
NEMF 烝
NEMSU 巹
NFAA 鯧
NFAGI 鰣
NFAIL 鯽
NFAMO 鯷
NFAPP 鯤
NFASM 鰨
NFAWE 鰻
NFB 弰
NFBGR 鯛
NFBMR 鮦
NFBOF 鰶
NFBOU 鰩
NFCRU 鮵
NFCSH 魵
NFDN 粥
NFDOO 鯠
NFFB 鮹
NFFBA 鱨
NFFDQ 鱗
NFFH 魦
NFGCE 鯪
NFGCG 鯥
NFGG 鮭
NFGGU 鱙
NFGI 魼
NFGR 鮚
NFHAG 鰉
NFHD 穌
NFHDD 鯚
NFHDF 鰍
NFHDW 鱕
NFHE 魬
NFHER 鮥
NFHHW 鰡
NFHIR 鱵
NFHJD 鮢
NFHKB 鱎
NFHOR 鮥
NFHP 魠
NFHRB 鰤
NFHS 鮓
NFHVF 鯀
NFHXC 鱮
NFHXH 鯓
NFHXU 鯢
NFIHR 鰔
NFIJB 鯆
NFIJE 鯄
NFIKU 魷
NFIR 鮐
NFJCR 鰫
NFJD 鮇
NFJII 鱄
NFJMU 鯇
NFJP 鮀
NFJPA 鰭
NFJR 鮎
NFJRB 鰗
NFKB 鮪
NFLMO 鮡
NFLMY 鯡
NFLX 鱐
NFM 魟
NFMBL 魳
NFMBM 鱈
NFMFM 魾
NFMGR 鱷
NFMLK 鯁
NFMMP 鱺
NFMMR 鯃
NFMNR 魺
NFMTB 鱱
NFMTO 鱖
NFMVM 鮔
NFMWF 鰾
NFNAO 鱌
NFNAU 鮸
NFNHB 鱊
NFNHD 鰇
NFNKQ 鰎
NFNMU 鮠
NFNOE 鱍
NFOAE 鰒
NFOB 魶
NFODI 鮒
NFOIP 鯰
NFOLD 鰷
NFOMA 鱠
NFOMD 鯲
NFOMR 鮯
NFONK 鯸
NFOP 魮
NFP 毯
NFPA 鮨
NFPH 鮅
NFPI 魡
NFPR 鮈
NFPRU 鮑
NFPTD 鰈
NFPU 魨
NFQKA 鰆
NFQMB 鯖
NFQMC 鰿
NFRRD 鱢
NFRXU 鱦
NFSAV 鰋
NFSEG 鰹
NFSH 魛
NFSJE 鮍
NFSJU 鮿
NFSKR 鯺
NFSMA 鰼
NFSMB 鯞
NFSMI 鱘
NFTGR 鱔
NFTJS 鰳
NFTM 魽
NFTMC 鯕
NFTQ 鮮
NFTRG 鱹
NFTWA 鰽
NFTWI 鱒
NFTWI 鱴
NFTWT 鱧
NFTXC 鰜
NFVID 鱳
NFVVW 鯔
NFWG 鯉
NFWL 魻
NFWLB 鰅
NFWLE 鰥
NFWLV 鰃
NFWO 鮂
NFWP 鰓
NFYCK 鮫
NFYHN 魧
NFYHS 魴
NFYJJ 鰱
NFYK 魰
NFYMF 𩶘
NFYMO 鱁
NFYPK 鮻
NFYPM 鱋
NFYPT 鱸
NFYRB 鰝
NFYRD 鯙
NFYRF 鯨
NFYTJ 鱆
NFYTV 鯜
NFYWM 鱣
NFYX 鱭
NG 丑
NGMBC 頙
NGMWM 疆
NHBCR 矞
NHD 柔
NHE 及
NHLI 虱
NHLII 蝨
NHOIN 矜
NHOKS 務
NHPM 弡
NHS 乃
NHSQF 鷺
NHTA 猎
NHVO 弧
NI 夕
NI 弘
NIBQ 甬
NIHAF [illegible]
NIJMC 夤
NILI 強
NILN 劖
NINH 矛
NINI 多
NINL 鄒
NINN 予
NIOIV 飧
NIQ 舛
NIR 名
NISU 夗
NIY 外
NIYMR 譬
NJHAF 鳵
NJLII 蝨
NK 又
NKBU 督
NKC 鋻
NKD 桼
NKF 煞
NKG 埅
NKHAF 鶩
NKHG 廷
NKHML 郔
NKHYM 延
NKI 戣
NKLMI 蝥
NKLQ 建
NKNL 郟
NKSQF 鶩
NKTLJ 鞏
NKV 婺
NL 弔
NL 引
NLAMH 陽
NLAMO 隄
NLAV 限
NLAVF 隰
NLBM 阻
NLBMP 隱
NLBOF 際
NLBT 䖵
NLDHE 陂
NLDW 陳
NLDWK 陳
NLFHF 隙

NLGCE	陵
NLGCG	陸
NLGGU	隢
NLGI	阹
NLGSK	隞
NLGYO	陡
NLHAG	隍
NLHBK	隩
NLHE	阪
NLHEM	隆
NLHEQ	降
NLHHJ	陴
NLHI	隗
NLHJ	阡
NLHJD	除
NLHJG	陲
NLHJM	陲
NLHPM	阺
NLHS	阼
NLHTG	陞
NLHXG	隉
NLIHU	阬
NLIHV	隇
NLJKA	陼
NLJMU	院
NLJP	陀
NLJWJ	陣
NLKB	陏
NLKMB	隋
NLKMM	隓
NLKMR	隑
NLKMS	陓
NLKOO	陝
NLKOO	陜
NLKS	阞
NLLMC	隫
NLLMY	陫
NLMA	陌
NLMBK	陾
NLMBL	陑
NLMBV	陋
NLMFB	隬
NLMMU	阮
NLMNR	阿
NLMOB	陃
NLMRB	隔
NLMSU	阨
NLMU	阢
NLMVM	陘
NLNHX	陷
NLNIN	陊
NLNJ	阠
NLODI	附
NLOII	陰
NLOMB	陯
NLOMD	除
NLOMN	隃
NLOMO	險
NLON	阣
NLPD	陁
NLPFD	陶
NLPOU	陶
NLPP	阰
NLPPA	階
NLPPG	陛
NLRBC	隕
NLSJE	陬
NLTCT	隥
NLTPO	隊
NLTT	阱
NLTXC	隒
NLUMT	隑
NLWLB	隅
NLWMV	隈
NLYBP	隴
NLYHM	隡
NLYHN	阬
NLYHS	防
NLYKB	隨
NLYLH	陟
NLYLM	阯
NLYR	阽
NLYTJ	障
NLYTO	隧
NLYTR	陪
NLYVO	陔
NLYX	隮
NMAN	弻
NMFB	彌
NMLMI	蝨
NMNIM	弱
NMNMF	鶸
NMSU	危
NMVM	弳
NMWM	彊
NMYIU	疏
NN	了
NNM	子
NNMBC	預
NNMRB	鬻
NNNAO	豫
NNO	子
NNPR	夠
NNQO	承
NNSMM	翗
NNVVU	毱
NO	久
NO	欠
NOB	胥
NOC	鑿
NODI	弣
NOF	灸
NOG	墜
NOG	隆
NOHNE	癹
NOHTO	飛
NOLMI	蛋
NOMK	癸
NOMRN	凳
NOMRT	登
NONHE	發
NPD	弛
NQ	丮
NQD	桀
NQLMI	蟹
NRMVN	甑
NRPPI	毚
NRRJ	彈
NSBT	盈
NSBUL	鼐
NSD	櫱
NSE	夃
NSF	尕
NSHR	弨
NSJ	弭
NSMV	張
NSND	孕
NSP	急
NSRR	彄
NTI	戱
NTMC	彍
NTNL	鄧
NU	乙
NUBU	曶
NUE	函
NUE	弢
NUHAF	鴛
NUI	兔
NUKS	勉
NUMBC	頠
NUMBC	頋
NUP	怨
NUSQF	鴦
NUV	銮
NWF	魚
NWFA	魯
NWLMI	蟁
NWLV	彋
NWTJ	彈
NX	卍
NXFF	錟
NXNO	欿
NXU	龜
NYO	疋
NYRF	弶
NYVI	弦

人 O

O	人
OAA	倡
OAHE	复
OALN	劊
OAM	但
OAMO	偍
OAN	們
OANB	僴
OANL	鄶
OAPP	倱
OAPV	偈
OASM	傝
OATE	僕
OAV	佷
OAVF	儇
OAWE	僈
OB	內
OB	仴
OBAU	僶
OBB	倗
OBBE	僾
OBCH	傷
OBCN	側
OBGB	僀
OBGR	倜
OBHAF	鶬
OBHD	龢
OBHU	伉
OBMC	俱
OBMR	侗
OBND	俘
OBO	肉
OBOF	傺
OBOU	傜
OBP	憊
OBPPA	鯺
OBQ	佣
OBUU	俔
OBV	佞
OBVK	傒
OC	仈
OCB	佾
OCI	伀
OCOR	俗
OCRU	倪
OCSH	份
OCWA	僧
OD	休
ODC	鑒
ODCI	倯
ODDF	僸
ODDO	僰
ODF	烋
ODF	煲
ODG	堡
ODHF	鵂
ODI	付
ODM	体
ODMQ	偉
ODOG	錐
ODOK	敘
ODP	您
ODSMG	糴
ODYJ	斜
OE	汆
OF	伙
OF	尒
OFB	俏
OFBC	償
OFBF	儻
OFBR	倘
OFBW	儅

OFDQ	僯	OHCE	傻	OIAV	食	OIK	伏	OITQG	饈
OFF	倓	OHDF	偢	OIAV	俍	OIKF	僞	OITT	餅
OFFS	僗	OHDI	俬	OIAWE	饅	OIKKB	餚	OIV	㚲
OFHAF	鵂	OHDN	俐	OIBI	傅	OIKU	优	OIVII	饑
OFHAF	鵃	OHDP	㑖	OIBJJ	餫	OILB	傭	OIVNO	餯
OFHU	俻	OHDV	倭	OIBMR	餇	OILMC	饋	OIWMV	餵
OFLN	劁	OHDW	僠	OIBV	餒	OILMI	蝕	OIYCK	餃
OFMVN	瓴	OHER	佫	OICE	俊	OILMM	鐵	OIYMH	饖
OFNL	鄦	OHEY	佟	OICYO	餩	OIMBC	領	OIYRV	饟
OFP	您	OHFP	㥲	OIDL	餗	OIMBK	餪	OIYWM	饘
OFQ	伴	OHG	任	OIEEE	餟	OIMN	飣	OJ	什
OFQU	倦	OHGU	侁	OIFBD	餜	OIMO	佽	OJ	午
OG	仕	OHHJ	俾	OIFF	餤	OIMRT	餖	OJB	伂
OG	隹	OHI	傀	OIGBT	饐	OIMVN	瓴	OJBC	傎
OGBUC	賃	OHJ	仟	OIGGU	饒	OIN	今	OJBM	值
OGCE	倰	OHJD	侏	OIGIT	饁	OINC	貪	OJCM	倥
OGD	集	OHJG	偅	OIGRR	饎	OINHX	餡	OJCR	傛
OGD	栠	OHJM	倕	OIHAF	鵖	OINI	令	OJE	伎
OGDI	侍	OHJR	佸	OIHAG	餭	OINO	飲	OJHP	侘
OGE	隻	OHJX	偛	OIHBR	餉	OINP	念	OJII	傳
OGE	雙	OHKB	僑	OIHDV	餧	OINR	含	OJK	仗
OGF	焦	OHLB	偶	OIHE	飯	OINRI	饞	OJKP	佬
OGG	佳	OHML	伒	OIHF	䬲	OINT	盦	OJLK	使
OGGU	僥	OHN	仉	OIHG	飪	OINV	衾	OJLN	傳
OGHAF	鵀	OHNB	佩	OIHHL	卿	OINW	酓	OJLO	倢
OGHAF	鵻	OHNI	偑	OIHHW	餾	OIOI	俯	OJMC	儐
OGHQ	犨	OHOA	偺	OIHI	餽	OIOK	侯	OJMF	倧
OGI	佉	OHOI	徛	OIHJR	餂	OIOKS	飭	OJMMR	啎
OGJ	隼	OHOO	從	OIHK	飫	OIOLB	飾	OJMN	佇
OGLMS	雋	OHPM	低	OIHN	飢	OIOMD	餘	OJMO	傢
OGLN	剉	OHQ	件	OIHON	餰	OIOND	䬸	OJNU	倇
OGNI	儔	OHQI	俄	OIHP	侂	OIONK	餱	OJP	佗
OGOG	雔	OHQO	佚	OIHP	飥	OIP	代	OJPN	儜
OGOGG	雥	OHS	作	OIHQ	侔	OIP	岱	OJR	估
OGP	恁	OHSB	偏	OIHQI	餓	OIPF	儦	OJRK	做
OGR	售	OHSG	偓	OIHUC	饡	OIPH	飶	OJRR	倌
OGR	佶	OHSK	儌	OIHXE	餿	OIPRU	飽	OJTC	僨
OGRG	儓	OHUC	儹	OII	俴	OIPU	飩	OJTG	僿
OGRR	僖	OHVF	係	OIIBI	餺	OIR	佁	OJU	缶
OGSK	傲	OHVL	仰	OIICE	餕	OIRUC	饌	OJV	侒
OGTJ	倖	OHWP	偲	OIII	餞	OISJ	餌	OK	矢
OGWC	儥	OHXU	倪	OIIJB	餔	OISMM	翎	OKB	侑
OGYRG	讎	OHYU	俿	OIIR	飴	OISMR	飼	OKCF	僚
OH	入	OI	伐	OIJBD	餑	OISRR	饇	OKCWA	矰
OHA	伯	OIAMH	餳	OIJE	俅	OITAK	饃	OKF	𤆍
OHAG	偟	OIAPP	餛	OIJRB	餬	OITBO	饛	OKHAE	鶩
OHBT	侐	OIAPV	餲	OIJRR	館	OITK	餀	OKHAF	鴙
OHBY	俼	OIAR	倉	OIJTC	饙	OITLM	饉	OKHDV	矮

OKHG	侹
OKHK	矨
OKHKB	矯
OKKB	俙
OKKK	倈
OKLB	佈
OKLU	俺
OKM	佐
OKMF	倷
OKMR	倚
OKMRT	短
OKMS	侉
OKN	仇
OKN	侇
OKNL	矧
OKOG	雉
OKOO	俠
OKOOG	矬
OKP	悠
OKR	佑
OKR	知
OKRYO	[illegible]
OKS	仂
OKSR	伽
OKSS	矩
OKTOE	矱
OKVIF	繁
OKWLP	矲
OL	仲
OLBK	佒
OLL	介
OLLN	佛
OLMC	僨
OLMO	佻
OLMT	儘
OLMY	俳
OLNK	候
OLOB	脩
OLOD	條
OLOF	絛
OLOF	鯈
OLOF	儵
OLOH	修
OLOJ	偹
OLOK	攸
OLOK	倏
OLOM	翛
OLPB	偗
OLWL	伸
OLWS	傳
OLWV	僂
OM	丘
OM	仜
OM	仝
OMA	佰
OMBB	儒
OMBE	優
OMBL	偭
OMBN	俞
OMBP	愈
OMBT	侖
OMC	兵
OMD	余
OMDM	伍
OMDM	㑣
OMDP	悆
OMDU	峹
OMDU	嵞
OMDW	畬
OMF	伓
OMFJ	伻
OMFM	伾
OMFR	俖
OMG	全
OMGN	倒
OMH	乒
OMI	乓
OMIG	侄
OMJR	舍
OMLB	倆
OMLK	便
OMM	仁
OMMF	佘
OMMI	伝
OMMM	仨
OMMP	儷
OMMR	俉
OMMV	佞
OMMV	侲
OMN	仃
OMN	气
OMNL	邱
OMNN	例
OMNO	歙
OMNR	何
OMPM	㑄
OMR	合
OMRB	侖
OMRL	命
OMRM	翕
OMRO	僉
OMRP	龕
OMRQ	拿
OMRR	龠
OMRT	盒
OMRT	弇
OMRW	偪
OMRW	畣
OMSL	卸
OMSP	屔
OMTN	侀
OMU	岳
OMUA	僭
OMVH	伢
OMVM	俓
OMVN	佤
OMWA	會
OMWC	價
OMWD	傈
OMWF	僄
OMWL	偭
OMWM	僵
OMWU	僊
OMWV	偠
OMYF	傿
ON	乞
ONAO	像
ONAU	俛
ONBC	偩
ONBUU	覫
ONCR	儋
ONCSH	氛
OND	仔
ONF	你
ONFD	氣
ONFF	氮
ONHAF	鳰
ONHB	僑
ONHE	伋
ONHEY	氡
ONHQU	毹
ONHS	仍
ONIB	俑
ONIN	侈
ONJRU	氪
ONJV	氨
ONKG	侹
ONKL	郰
ONKQ	健
ONL	氕
ONL	伄
ONLL	氘
ONLLL	氚
ONLLN	氟
ONLN	刉
ONLWL	氠
ONMCW	氥
ONMK	侯
ONMLM	氬
ONMU	佹
ONMVM	氫
ONNHS	氖
ONNL	鄇
ONNO	歈
ONOB	氝
ONOG	雃
ONP	忥
ONQD	傑
ONQMB	氰
ONRI	傀
ONTQ	氧
ONU	氙
ONVNE	氯
ONWK	氤
ONWOT	氳
ONYVO	氦
OOAH	傷
OOBG	傕
OOBM	俎
OOBO	侌
OOG	坐
OOG	倠
OOGE	㚇
OOGF	焦
OOIC	傖
OOII	伶
OOIN	仱
OOIR	倉
OOJ	仵
OOLL	价
OOLN	劍
OOMA	儈
OOMB	倫
OOMBC	顩
OOMG	佺
OOMN	偷
OOMO	儉
OOMR	佮
OON	仡
OONO	歛
OOOG	侳
OOOJ	傘
OOOK	斂
OOU	佡
OOWY	侮
OP	化
OP	伈
OPA	侚
OPBUC	貨
OPBUC	貸
OPD	他
OPD	柋
OPH	佖
OPHQ	牮
OPKO	儗
OPMC	傾
OPOK	敓
OPP	仳
OPPA	偕
OPR	佝
OPT	伳
OPTD	偞
OPU	岱
OPU	伅
OPWGF	黛
OPYHV	袋
OQ	年
OQHK	偰
OQKA	偆
OQKE	傣
OQKQ	俸
OQMB	倩
OQMC	債
OQMF	傃
OQMV	俵
OQO	伕
OQOA	偺
ORA	智
ORAU	俋
ORC	伿

ORD	保
ORHAF	鴇
ORHAF	鴇
ORHAF	鴇
ORHR	侶
ORHU	侃
ORI	戧
ORIJB	舖
ORLN	創
ORMBC	頜
ORMBC	頜
ORNIN	舒
ORNL	郃
ORNO	欱
ORRJ	僤
ORRK	儼
ORSJ	偮
ORUC	僎
ORVK	俁
ORXU	僶
ORYE	假
ORYE	戢
ORYO	促
OSAV	偃
OSHI	仞
OSJ	佴
OSJR	倨
OSK	伊
OSME	侵
OSMG	偓
OSMH	僇
OSMR	伺
OSMV	倀
OSND	僝
OSO	伬
OSQF	傌
OSRJ	僻
OSRR	傴
OSS	佢
OSSR	侷
OSTT	偋
OSUU	倔
OTA	借
OTBC	倎
OTC	供
OTCO	僕
OTCO	僕
OTCW	僣

OTDD	橆
OTF	無
OTGI	儀
OTHB	備
OTIF	儁
OTKR	偌
OTLK	俠
OTLM	僅
OTMC	倛
OTMV	偡
OTNIQ	舞
OTOG	儺
OTQ	佯
OTQM	傞
OTRK	儆
OTSJ	偮
OTT	併
OTTB	傋
OTWA	傮
OTWI	僔
OTWN	儚
OTWV	儂
OTXC	傔
OU	仙
OU	仚
OU	仚
OUBB	傰
OUDK	缺
OUDM	缽
OUF	缹
OUHMR	缿
OUM	缸
OUMB	偳
OUMWJ	罈
OUOG	催
OUON	㑃
OUTRG	罐
OUTT	缾
OUYPD	罇
OUYPT	罏
OVIO	似
OVR	伽
OVVV	儳
OW	佃
OWG	俚
OWJR	個
OWLB	偶
OWLG	儸

OWLV	儇
OWMV	偎
OWP	偲
OWR	佪
OWWF	儽
OWWW	儡
OWYI	每
OWYTA	[illegible]
OY	仆
OYAJ	倬
OYBC	偵
OYBP	儱
OYBS	傍
OYCK	佼
OYDU	儭
OYFE	俶
OYFU	僦
OYG	住
OYHN	伉
OYHS	仿
OYHV	依
OYJJ	倢
OYKK	傚
OYLM	企
OYM	仕
OYMP	仳
OYMR	信
OYMY	作
OYOJ	倅
OYOK	敏
OYPD	傑
OYPP	儢
OYR	佔
OYRA	儲
OYRF	倞
OYRN	停
OYRV	偯
OYRV	儴
OYSK	倣
OYT	位
OYTA	倍
OYTG	僮
OYTJ	偉
OYTP	億
OYTR	倍
OYUB	禽
OYVI	伭
OYVO	侅

OYWM	儃
OYX	儕
OYYIU	毓

心 P

P	心
PA	旨
PA	旬
PAHAF	鴲
PAHM	惺
PAIU	慨
PAKS	勖
PAM	怛
PAMH	愓
PAMJ	悍
PAMO	惿
PANB	憪
PANK	憫
PANL	郇
PAPH	惕
PAPP	惃
PAPV	愒
PATE	懪
PAV	恨
PAWE	慢
PAYF	憬
PBAC	慏
PBBB	愲
PBCN	惻
PBG	惰
PBGR	惆
PBHX	慆
PBJJ	惲
PBM	怚
PBME	愋
PBMR	恫
PBOU	愮
PBTV	惘
PBUE	懮
PBUG	懼
PBVK	慀
PC	惍
PCI	忪
PCKS	勫
PCNH	悌
PCRU	悅
PCWA	憎
PD	也

PDD	惏
PDHAF	鶒
PDI	忖
PDK	快
PDL	悚
PDLC	懶
PDMBC	穎
PEEE	惙
PEG	怪
PEII	慅
PEMBC	頹
PFB	悄
PFBF	憆
PFBR	惝
PFD	剁
PFDQ	憐
PFF	惔
PFMBC	頮
PFMBC	頴
PFMU	恍
PFQ	怑
PFQU	惓
PGDI	恃
PGGU	憢
PGI	怯
PGNI	懤
PGR	恄
PGTH	憉
PGTJ	悻
PH	必
PHA	怕
PHA	㣍
PHAG	惶
PHBK	懊
PHBQ	甯
PHBR	恦
PHBT	恤
PHBUU	覕
PHCN	劉
PHDB	慄
PHDD	悸
PHDF	愀
PHER	恪
PHGR	悎
PHGS	慟
PHH	勿
PHHN	匑
PHI	愧

PHJ	忏
PHJR	恬
PHKB	憍
PHKP	悿
PHLC	[illegible]
PHLN	刎
PHML	忻
PHNL	邲
PHP	忽
PHPA	惛
PHQM	性
PHQO	怢
PHS	怍
PHSB	惼
PHSK	[illegible]
PHSK	憿
PHVP	忯
PHYHV	[illegible]
PI	勺
PI	勾
PIAV	悢
PICE	悛
PIIH	慘
PIJB	匍
PIJC	忼
PILB	慵
PILE	慷
PIM	勻
PIR	怡
PIRP	憾
PIT	悈
PITC	[illegible]
PIV	忒
PIYR	惦
PJBC	慎
PJBD	悖
PJBO	憻
PJCM	悾
PJE	忮
PJHAF	[illegible]
PJHR	恪
PJII	慱
PJIP	憓
PJJL	慚
PJKP	恅
PJLV	悽
PJMF	悰
PJMM	愃
PJNU	惋
PJPN	憵
PJR	怙
PJRR	悺
PJSQF	镌
PJTC	憤
PK	怢
PKCF	憭
PKF	恢
PKK	匆
PKKB	悕
PKKK	慡
PKLB	怖
PKLQ	肄
PKLU	匐
PKMB	惰
PKN	匈
PKN	恞
PKNIO	疑
PKSB	憜
PL	忡
PLBK	快
PLBU	忱
PLLN	怫
PLMC	憒
PLMO	恌
PLMY	悱
PLPC	憤
PLW	怞
PLWV	慺
PMAK	㦖
PMAM	恒
PMBB	懦
PMBC	頊
PMBC	慣
PMBE	懮
PMBM	恆
PMCW	恓
PMF	怀
PMFJ	匉
PMFJ	怦
PMFM	怌
PMMR	悟
PMMU	忨
PMOB	怲
PMRW	匐
PMRW	愊
PMUA	憯
PMWD	慄
PMWD	慄
PMWF	慓
PMWJ	憛
PMWL	愐
PMYM	怔
PN	乜
PNAU	悗
PNBQ	懈
PNCR	憺
PNG	忸
PNHB	憰
PNHE	彶
PNIB	悀
PNIN	恀
PNO	忺
PNYI	慈
POAE	愎
POD	怺
POG	惟
POGE	愯
POGF	憔
POII	㤨
POIM	懺
POIN	怜
POIR	愴
POJ	忤
POJU	匋
POMB	惀
POMD	悇
POMG	悛
POMN	愉
POMO	憸
POMR	恰
PON	忔
PONBG	臡
POND	愾
POTF	憮
POWY	悔
PP	比
PPA	恉
PPA	恟
PPAD	悖
PPFD	柴
PPG	坒
PPH	怭
PPHA	皆
PPHP	惚
PPHQU	毞
PPP	惢
PPPD	橤
PPPF	繠
PPPH	蕊
PPR	怐
PPRU	怉
PPTD	惵
PPU	忳
PPUK	恟
PQMB	情
PQMF	愫
PR	句
PRAU	悒
PRB	悁
PRHAF	鴝
PRHG	悜
PRHML	斪
PRHU	悅
PRKS	劬
PRNO	欨
PROG	雊
PRRD	懆
PRRJ	憚
PRRS	愕
PRU	包
PRVP	怋
PRXU	憴
PSAV	慝
PSEG	慳
PSH	切
PSH	忉
PSHR	怊
PSJJ	懾
PSKO	愜
PSMA	慴
PSMG	恇
PSMH	憀
PSMI	慯
PSMV	悵
PSP	怩
PSRR	慪
PT	世
PTA	惜
PTAK	慔
PTBO	懞
PTBUC	貰
PTHG	懂
PTLB	懣
PTLJ	慬
PTLM	慬
PTMV	愖
PTOR	匌
PTOV	懩
PTRG	懽
PTT	恲
PTWA	慒
PTWI	懱
PTWU	懵
PTXC	慊
PTYU	慌
PU	屯
PUCE	㥦
PUDHE	皺
PUF	炰
PUHAF	鷁
PUK	匈
PUK	恟
PULN	刨
PUMB	惴
PUMBC	頓
PUMT	愷
PUNL	鄒
PUOG	雛
PUOG	慛
PUPU	芻
PVE	怓
PVIS	怮
PVVW	惱
PW	甸
PWC	怬
PWD	悃
PWD	惈
PWG	悝
PWIM	慖
PWJC	慣
PWLJ	懌
PWLS	愣
PWLV	懷
PWMV	愄
PWOT	慍
PWR	恫
PYAJ	悼
PYCK	恔
PYFU	憱
PYHR	慥

PYMR	訇
PYOJ	悴
PYPO	懅
PYR	怗
PYRD	惇
PYRF	惊
PYRV	懹
PYTA	愔
PYTG	憧
PYTJ	慞
PYTP	憶
PYV	忙
PYVW	[illegible]
PYWD	懍
PYWV	懷
PYX	懠
PYY	忭

手 Q

Q	手
QA	抇
QAIL	揤
QAIU	摡
QAMH	揚
QAMJ	捍
QAMO	提
QAN	捫
QANB	撊
QANG	撋
QANK	[illegible]
QANR	擱
QANW	攔
QAPP	掍
QAPV	揭
QASE	撮
QASM	搨
QAU	把
QAV	拫
QB	抈
QBB	掤
QBBB	搰
QBBE	授
QBBSD	靜
QBBUU	靚
QBCD	探
QBCV	攖
QBD	採
QBDI	捋
QBHAF	鶄
QBHX	搯
QBJJ	揮
QBJMO	靛
QBKF	撚
QBM	抯
QBME	援
QBMR	挏
QBNAU	靘
QBND	捊
QBNL	郬
QBOU	搖
QBSD	掙
QBUE	攫
QBUU	挸
QBV	挼
QC	扒
QCHQ	掰
QCKS	[illegible]
QCNO	撳
QCRU	捝
QCSH	扮
QD	耒
QDAU	耙
QDB	捒
QDBMS	耡
QDFH	耖
QDHE	披
QDHQU	耗
QDIR	耛
QDJ	抹
QDK	抉
QDKSR	耞
QDLWV	耬
QDMBC	頛
QDMBE	耰
QDMMI	耘
QDMVI	耨
QDND	耔
QDRLR	耜
QDSS	耟
QDTA	耤
QDTT	耕
QDTTB	耩
QDWF	揀
QDWLB	耦
QDYBS	耪
QEED	搡
QEEE	掇
QEI	扠
QEII	搔
QFB	捎
QFBF	攩
QFBK	撇
QFBQ	撐
QFBW	擋
QFF	掞
QFFS	撈
QFH	抄
QFQ	拌
QFQU	捲
QGB	[illegible]
QGDI	持
QGG	挂
QGGU	撓
QGGY	掛
QGI	抾
QGIT	搕
QGLC	捇
QGNI	擣
QGR	拮
QGRC	擷
QHA	拍
QHAG	揘
QHAL	[illegible]
QHAU	搗
QHBF	攥
QHBK	擙
QHBU	攪
QHD	栔
QHDF	揪
QHDV	捼
QHDW	播
QHE	扳
QHE	[illegible]
QHEJ	捀
QHER	挌
QHGR	捁
QHHJ	捭
QHHV	[illegible]
QHIO	抸
QHJ	扦
QHJG	揰
QHJM	捶
QHJR	括
QHJU	揗
QHJX	插
QHK	契
QHK	扷
QHKB	撟
QHKP	掭
QHLMI	[illegible]
QHLO	抓
QHLO	掀
QHML	折
QHMY	拆
QHNBG	[illegible]
QHNE	投
QHOA	揝
QHOO	摐
QHOR	搭
QHP	托
QHP	恝
QHPM	抵
QHQ	挈
QHQO	抶
QHRF	摀
QHSB	掮
QHSB	揙
QHSK	捩
QHSK	撽
QHSM	搧
QHUC	攢
QHUL	擤
QHUO	攇
QHUU	撬
QHVIF	絜
QHVL	抑
QHVP	抵
QHWP	揔
QHXE	搜
QHXM	揑
QHXU	掜
QHYE	搬
QHYMU	[illegible]
QHYU	搋
QI	找
QIBI	搏
QICE	撥
QIDY	攠
QIHF	搣
QIHF	揻
QIHU	扤
QIIH	摻
QIJB	捕
QIJE	捄
QIKF	撝
QIKK	拔
QIKU	扰
QILR	搪
QIOK	挨
QIPD	[illegible]
QIPM	拭
QIR	抬
QIRM	掝
QIRP	撼
QIT	拚
QITC	擴
QITF	摭
QIXP	摝
QIYR	掂
QJ	丰
QJBC	搷
QJBD	挬
QJBF	擦
QJBJ	揇
QJBV	攮
QJCM	控
QJCN	挖
QJCS	搾
QJCV	攛
QJE	技
QJHP	挓
QJHU	抗
QJII	摶
QJJI	撠
QJJJ	擀
QJJL	摲
QJK	扙
QJKS	拷
QJLO	捷
QJMC	擯
QJMM	揎
QJMO	掟
QJMR	[illegible]
QJMU	捖
QJNL	邦
QJNL	[illegible]
QJNU	捥
QJOA	摍
QJPA	搢
QJPN	擰

QJQP	攄
QJQR	搳
QJSM	彗
QJSMP	慧
QJTO	撻
QJTV	攘
QJV	按
QJWJ	捙
QKA	春
QKALI	蠢
QKAP	惷
QKCE	摋
QKCF	撩
QKE	泰
QKF	拻
QKHD	秦
QKHK	奏
QKHX	舂
QKHXP	憃
QKJA	[illegible]
QKLB	抪
QKLD	拵
QKLU	掩
QKMF	捺
QKMR	掎
QKMS	挎
QKOO	挾
QKQ	奉
QKS	扐
QKSB	[illegible]
QKSO	[illegible]
QKSS	拹
QKUS	拋
QLA	晢
QLBK	抉
QLBU	扰
QLC	銴
QLE	捸
QLF	焎
QLLMI	蜇
QLLN	拂
QLMC	撌
QLMO	挑
QLMR	[illegible]
QLMY	排
QLP	悊
QLPB	揹
QLR	哲
QLRYO	逝
QLVK	撽
QLW	抽
QLWL	抻
QLWP	拽
QLWV	摟
QLYHV	裚
QLYMR	誓
QM	扛
QMAK	擫
QMB	青
QMBB	擩
QMBC	[illegible]
QMBE	擾
QMBG	攉
QMBS	摴
QMBUC	責
QMBW	擂
QMD	扜
QMF	抔
QMFJ	抨
QMGG	捱
QMGN	捯
QMIA	搢
QMIG	挃
QMJ	扞
QMJK	撤
QMLK	挭
QMLM	掗
QMMI	抎
QMMP	攦
QMMR	捂
QMMU	抏
QMMV	振
QMN	打
QMR	拓
QMRB	搹
QMRW	揊
QMSU	扼
QMTO	撅
QMU	扤
QMV	表
QMVIF	素
QMVM	挳
QMWD	搮
QMWF	摽
QMWJ	撢
QMWYF	纛
QMWYI	毒
QNAU	挽
QNBG	捔
QNBK	換
QNCR	擔
QNDF	搎
QNEM	拯
QNG	扭
QNHD	揉
QNHE	扱
QNHS	扔
QNHX	掐
QNIB	捅
QNIN	抒
QNIN	拸
QNKG	挺
QNKM	挻
QNKQ	揵
QNLB	擶
QNMM	搦
QNO	扨
QNOB	揟
QNOE	撥
QNOK	揆
QNOT	撜
QNRI	攙
QNWA	擼
QO	夫
QOA	替
QOAH	揚
QOBG	搉
QOBUU	規
QODI	拊
QOG	推
QOHAF	鳺
QOHG	[illegible]
QOHH	抮
QOII	拎
QOIM	攕
QOIN	扲
QOIP	捻
QOIR	搶
QOJWJ	輦
QOLL	扴
QOMB	掄
QOMD	捈
QOMG	拴
QOMN	揄
QOMO	撿
QOMR	拾
QOMR	捨
QOMT	揜
QON	扢
QONL	邞
QOOG	挫
QOPD	拖
QORQ	[illegible]
QOTF	撫
QOWY	挴
QOYA	[illegible]
QOYB	擒
QPA	指
QPD	扡
QPFD	掬
QPI	扚
QPKO	擬
QPMM	搄
QPOU	掏
QPP	批
QPPA	揩
QPR	拘
QPRU	抱
QPT	抴
QPTD	揲
QPU	扽
QPUU	搊
QPYR	[illegible]
QQHK	揳
QQKK	揍
QQKQ	捧
QQMB	掅
QQO	扶
QQOJ	攆
QQOU	摫
QQQ	拜
QQU	托
QR	扣
QRAU	挹
QRB	捐
QRBC	損
QRRD	操
QRRJ	撣
QRSH	拐
QRSJ	揖
QRSN	捌
QRUC	撰
QRVP	抿
QRYO	捉
QSAV	揠
QSHR	招
QSJ	挕
QSJE	掫
QSJJ	攝
QSJL	揶
QSJR	据
QSKR	捃
QSLL	[illegible]
QSMA	搨
QSMB	掃
QSMG	握
QSMG	擢
QSMH	摎
QSMI	捋
QSMV	[illegible]
QSP	抳
QSQL	挪
QSRJ	擗
QSRR	摳
QSS	拒
QSSR	挶
QSTT	摒
QSTV	搌
QSUU	掘
QSWU	攬
QSYQ	[illegible]
QTA	措
QTAK	摸
QTAV	擖
QTBC	[illegible]
QTBF	攃
QTBK	撒
QTBN	揃
QTC	拱
QTCL	撕
QTCO	撲
QTCT	搕
QTCW	[illegible]
QTKL	擲
QTM	拑
QTMC	掑
QTMC	[illegible]
QTMV	揕
QTOD	搽
QTOE	擭

QTOG	攤
QTOR	搭
QTOV	攆
QTPD	擛
QTQM	搓
QTRK	撳
QTT	拼
QTTB	搆
QTTC	擁
QTUB	搠
QTW	描
QTWI	搏
QTWV	擃
QTXC	搛
QU	扎
QUD	槊
QUMB	揣
QUOB	攜
QUOG	摧
QUU	拙
QUV	嫛
QVID	擽
QVIS	拗
QVNO	掾
QVOI	攙
QVVD	撡
QVVN	摎
QVVV	攕
QWD	捆
QWD	棵
QWG	捚
QWHR	搿
QWIM	摑
QWJC	摜
QWKP	揌
QWL	押
QWLI	擉
QWLJ	擇
QWLP	擺
QWLV	擐
QWMV	掍
QWOT	搵
QWP	揌
QWVF	摞
QWWV	擂
QWYI	拇
QY	扑
QYAJ	掉

QYBB	撾
QYBB	揥
QYBG	擹
QYBK	撤
QYBP	攏
QYBS	搒
QYCB	摘
QYCK	挍
QYG	拄
QYGQ	撻
QYHJ	撞
QYHN	抗
QYHR	搥
QYHV	掖
QYIJ	捽
QYJ	抖
QYJJ	揰
QYK	抆
QYLH	搒
QYLM	扯
QYMB	揹
QYOJ	捽
QYOK	掖
QYPO	據
QYPP	攄
QYPS	擄
QYPT	擄
QYR	拈
QYRB	搞
QYRF	掠
QYRN	摶
QYRN	攍
QYRV	攘
QYSD	揓
QYT	拉
QYTG	撞
QYTR	掊
QYTU	撓
QYTV	接
QYUB	摛
QYVG	擁
QYVW	擋
QYWM	擅
QYX	擠
QYY	抃
QYYB	擿

口R

R	口
RAA	唱
RAIL	唧
RAM	咀
RAMJ	哻
RANX	嚪
RAPV	喝
RASE	嘬
RATE	曝
RAU	吧
RAU	邑
RAV	哏
RAYE	敭
RB	肙
RBBE	嗳
RBBR	喎
RBCV	嚶
RBD	哚
RBDI	哷
RBGR	啁
RBHAF	鵑
RBM	咀
RBMR	哃
RBOU	喀
RBSMR	嗣
RBUC	員
RBUC	唄
RBV	唼
RBWI	嚼
RC	只
RC	叭
RCIM	嗡
RCKN	嗲
RCKS	勛
RCNL	鄖
RCSH	吩
RCWA	噌
RD	呆
RDAM	喳
RDDF	噤
RDHQU	毿
RDI	吋
RDK	呋
RDLN	喇
RDLN	剌
RDLO	嗽
RDM	呠

RDMQ	嗥
RDNL	鄵
RDOO	唻
REDE	啵
REED	嗓
REEE	啜
REFH	吵
REOY	嗨
RF	吹
RFB	哨
RFBA	嚐
RFBC	嗩
RFBW	噹
RFD	咪
RFF	啖
RFFS	嘮
RFH	吵
RG	吐
RGB	哢
RGBT	噎
RGCC	嚇
RGG	哇
RGGU	嘵
RGHAF	鷩
RGI	呿
RGIT	嗑
RGKC	嚽
RGLC	哧
RGNL	郢
RGR	咭
RGRR	嘻
RGSK	嗷
RGTJ	啈
RGYO	哇
RHAD	嗥
RHAF	鳴
RHAG	喤
RHAJ	嘷
RHBK	噢
RHBU	咱
RHDF	啾
RHDN	唎
RHER	咯
RHEY	咚
RHFD	呼
RHG	呈
RHGR	咭
RHHJ	啤

RHJD	咮
RHJM	唾
RHJR	咶
RHJX	啯
RHKB	嚆
RHML	听
RHMO	嚥
RHOA	喒
RHP	吒
RHPM	呧
RHQ	吽
RHQI	哦
RHR	呂
RHRF	嗚
RHS	咋
RHSK	唳
RHSK	嗷
RHT	唗
RHU	兄
RHUC	嘖
RHUK	嗅
RHVO	呱
RHXE	嗖
RHXU	唲
RICE	唆
RIHF	嘁
RIHQ	哖
RIHR	喊
RIHU	吭
RIIL	唧
RIJB	哺
RIJC	嚬
RIK	吠
RIKF	嗚
RIOG	雖
RIOK	唉
RIR	哈
RITC	嚝
RITE	嗖
RIUH	唬
RJAL	嘟
RJBC	嗔
RJBD	哱
RJBF	嗦
RJBF	嚓
RJBJ	喃
RJBO	嚏
RJBV	囔

RJCA	噌
RJD	味
RJE	吱
RJHAF	鶡
RJHR	喀
RJI	戢
RJI	戰
RJJB	嘲
RJJI	囀
RJKD	哮
RJKP	咾
RJLO	嗹
RJMM	喧
RJMMV	嚬
RJMO	啶
RJNL	鄲
RJON	嘜
RJPA	嗜
RJPN	嚀
RJPU	嘧
RJQR	嗐
RJR	咕
RJSTV	囅
RJTC	噴
RKA	晵
RKBU	瞖
RKCF	嘹
RKI	吰
RKI	呔
RKKB	唏
RKLB	咘
RKLU	唵
RKN	咦
RKOO	唊
RKP	恩
RKS	另
RKS	叻
RKSB	嗋
RKSR	咖
RLB	吊
RLLN	咈
RLMC	嘖
RLMO	咣
RLMT	嚧
RLMY	啡
RLWL	呻
RLWV	嘍
RLX	嘯
RMAM	咺
RMAMH	踼
RMAMO	踶
RMANW	躝
RMAPH	踢
RMASM	蹋
RMAU	跁
RMAV	跟
RMBB	嚅
RMBC	嗊
RMBD	踩
RMBE	嚘
RMBHX	蹈
RMBM	跙
RMBT	跚
RMBUE	躩
RMBUG	躣
RMBVK	蹊
RMC	趴
RMCW	哂
RMCW	哂
RMCWA	蹭
RMD	吁
RMDAM	蹅
RMDHE	跛
RMDK	趹
RMDM	嚦
RMEA	踏
RMF	吥
RMFB	踃
RMFBG	蹚
RMFCB	蹐
RMFDQ	蹸
RMFFE	躞
RMFJ	呯
RMFM	呸
RMFQ	跘
RMFQU	踡
RMGCE	踜
RMGCG	踛
RMGDI	跱
RMGG	哇
RMGG	跬
RMGGU	蹺
RMGNI	躊
RMGT	哢
RMGYO	跿
RMHDF	踿
RMHDV	踒
RMHDW	蹯
RMHER	路
RMHGU	跣
RMHHW	蹓
RMHJD	跦
RMHJG	踵
RMHKB	蹻
RMHLB	踽
RMHLC	躓
RMHML	蹔
RMHMY	跅
RMHND	跺
RMHOO	蹤
RMHOO	蹝
RMHQO	跌
RMHSB	蹁
RMHSK	躈
RMHUC	蹪
RMIAV	踉
RMICE	踆
RMIG	咥
RMIGI	躕
RMII	踐
RMIKK	跋
RMIR	跆
RMITE	踱
RMITF	蹠
RMIWG	躧
RMIXP	蹝
RMIYR	踮
RMJBC	蹎
RMJCV	躟
RMJE	跂
RMJK	嗽
RMJKD	踍
RMJLO	踕
RMJNU	踠
RMJOA	蹜
RMJP	跎
RMJR	跍
RMKMR	踦
RMKMS	跨
RMKN	跠
RMKPB	蹛
RMKSR	跏
RMLB	哺
RMLK	哽
RMLM	啞
RMLMC	蹟
RMLMO	跳
RMLWP	踷
RMMCW	跴
RMMD	趶
RMMFB	躎
RMMIG	跮
RMMP	噁
RMMR	唔
RMMR	跖
RMMRW	踾
RMMT	趼
RMMTO	蹶
RMN	叮
RMNBS	踴
RMNHD	蹂
RMNHE	跤
RMNIB	踊
RMNIN	跢
RMNMU	跪
RMNN	咧
RMNOE	蹳
RMNOT	蹬
RMNR	呵
RMODI	跗
RMOG	踓
RMOHH	跈
RMOIP	踗
RMOIR	蹌
RMOKR	跔
RMOMB	踚
RMOMG	跧
RMOMN	踰
RMOMR	跲
RMON	趷
RMOTQ	躂
RMOWY	踇
RMPFD	踘
RMPI	趵
RMPMC	蹞
RMPRU	跑
RMPT	跐
RMPTD	蹀
RMQKA	踳
RMQKX	蹐
RMQMC	蹟
RMQO	趺
RMRB	嗝
RMRRD	躁
RMRYO	踀
RMSJE	踙
RMSJJ	躡
RMSJR	踞
RMSJU	踂
RMSMG	躍
RMSO	啄
RMSP	跜
RMSS	距
RMSSR	跼
RMSTV	蹍
RMSU	呃
RMSUP	跽
RMTA	踖
RMTAG	躪
RMTCE	躨
RMTCO	蹼
RMTJA	躇
RMTKL	躑
RMTLB	蹣
RMTMC	踑
RMTMV	踸
RMTO	噘
RMTQA	躇
RMTQM	蹉
RMTT	跰
RMTTC	踫
RMTWA	蹧
RMTWI	蹲
RMUA	嚖
RMUBB	蹦
RMUE	嗄
RMUI	嘎
RMUMB	踹
RMVH	呀
RMVI	嘢
RMVID	躒
RMVIM	蹮
RMVMI	蹓
RMVVV	躐
RMWD	踝
RMWF	嘌
RMWG	喱
RMWJ	嘾
RMWL	哂
RMWLI	躅

RMWTJ	蹕
RMWV	喓
RMYAJ	踔
RMYBB	蹄
RMYBP	躘
RMYCB	蹢
RMYCK	跤
RMYF	嘕
RMYFE	踧
RMYFU	蹴
RMYG	跬
RMYGQ	躂
RMYJJ	蹥
RMYLC	跡
RMYLH	踄
RMYLM	趾
RMYMP	跐
RMYMU	躚
RMYOJ	踤
RMYPO	躆
RMYR	跕
RMYRV	躟
RMYTR	踣
RMYTV	踥
RMYX	躋
RNBG	唃
RNBJ	嘝
RNBK	喚
RND	吇
RNDU	吼
RNG	吜
RNHB	嗝
RNHE	吸
RNHX	啗
RNIN	哆
RNKM	唌
RNLR	啊
RNO	吹
RNRI	嚵
RNWA	嚕
ROB	吶
ROD	咻
RODI	咐
ROG	唯
ROIC	嗿
ROII	呤
ROIN	吟
ROIP	唸
ROIR	嗆
ROIR	唅
ROJ	吘
ROLL	吤
ROMA	噲
ROMD	唋
ROML	喞
ROMN	喻
ROMO	噞
ROMR	哈
ROMR	啥
ROMT	[illegible]
RON	吃
RONK	喉
ROOG	唑
ROP	吪
ROQ	哖
ROSK	咿
ROTF	嘸
ROYB	噙
RP	叱
RPA	咰
RPH	咇
RPHH	吻
RPIM	呁
RPLN	剈
RPOK	敂
RPOU	啕
RPPA	喈
RPR	呴
RPRU	咆
RPTD	喋
RPU	吨
RPUC	噸
RPUK	哅
RQHA	啪
RQHK	喫
RQHL	哳
RQHU	囓
RQJM	嘒
RQKQ	唪
RQMC	嘖
RQMF	嗉
RQMN	町
RQYT	啦
RRAU	唈
RRBYJ	斝
RRF	煦
RRHAF	鶚
RRHN	咒
RRIK	哭
RRIK	獸
RRIKR	器
RRILL	[illegible]
RRMCR	囂
RRMMK	嚴
RRMMS	咢
RRMS	呺
RRNL	郘
RRR	品
RRRD	噪
RRRD	喿
RRRJ	嘽
RRRR	碞
RRRU	喦
RRRU	嵒
RRSLR	嚚
RRUC	噀
RRVLR	[illegible]
RRVP	呡
RRWJ	單
RRWMU	鼉
RRYO	哫
RSBN	唰
RSH	叨
RSHAF	鴞
RSHAF	鶚
RSIT	嚂
RSJ	咡
RSJ	咠
RSJJ	囁
RSL	叩
RSLB	哂
RSLN	別
RSM	叼
RSMBC	顎
RSME	唚
RSMG	喔
RSMG	嚁
RSMH	嘐
RSMI	噚
RSMJ	噿
RSNL	鄂
RSO	呎
RSP	呢
RSQF	嗎
RSQL	哪
RSRR	嘔
RSUU	啒
RSYI	囑
RSYPU	號
RTA	唶
RTAK	嗼
RTAV	噶
RTC	哄
RTCL	嘶
RTCO	噗
RTCT	嗌
RTGI	囈
RTGU	嘵
RTK	哎
RTKR	喏
RTLF	嚥
RTLO	嘆
RTM	咁
RTMC	唭
RTMJ	嘩
RTMV	𠺃
RTND	囌
RTOD	嗏
RTOE	嚄
RTOR	嗒
RTQ	咩
RTQM	嗟
RTRG	嚾
RTUB	嗍
RTW	喵
RTWA	嘈
RTWI	噂
RTWI	[illegible]
RTWV	噥
RTXC	嗛
RTYB	嚆
RU	巳
RUMB	喘
RUMI	嗤
RUNL	鄙
RUOG	嗺
RUOIV	饕
RUTC	巽
RUU	咄
RVE	呶
RVFI	喲
RVI	吆
RVII	嘰
RVIS	呦
RVL	叫
RVNK	吳
RVNO	喙
RVP	民
RVVU	嗈
RWB	喟
RWC	呬
RWG	哩
RWGF	嘿
RWGG	嚜
RWIM	嘓
RWK	咽
RWKP	嗯
RWL	呷
RWLB	喁
RWLC	嘪
RWLG	囉
RWLI	噣
RWLV	噮
RWMV	喂
RWNL	鄙
RWOT	嗢
RWTJ	嗶
RWYI	呣
RXU	咀
RYAJ	啅
RYAO	噉
RYBB	啼
RYBP	嚨
RYBS	嗙
RYCB	嘀
RYCK	咬
RYDG	囃
RYDU	嚫
RYFU	噈
RYGQ	噠
RYHC	嚬
RYHH	喭
RYHN	吭
RYIB	唷
RYJJ	嗹
RYK	呅
RYMB	啃
RYMH	噦
RYMP	呲
RYMR	唁

RYMU 嚙
RYO 足
RYOJ 啐
RYPB 嘴
RYPD 喋
RYPK 嗔
RYPM 噓
RYPO 噱
RYPT 嚧
RYPU 唬
RYR 呫
RYRB 嗃
RYRD 啍
RYRN 哼
RYRO 嚎
RYRU 喨
RYRV 囔
RYSK 嗾
RYSY 唹
RYTA 喑
RYTP 噫
RYTV 唼
RYVG 噰
RYVO 咳
RYWE 嚃
RYX 嚌

尸 S

S 尸
SAHAF 鶠
SAHNI 颾
SAMMU ⿰匽瓦
SAV 匽
SBCC 匵
SBHG 塱
SBLN 刷
SBUG 匰
SC 匹
SCHAF 鴄
SCHNE 殿
SCWA 層
SE 尿
SEB 腎
SEB ⿱殹月
SEBUC 賢
SEBUC 贀
SEC 鋻
SED ⿱臤木
SEF ⿱取灬
SEG 堅
SEG ⿱殹土
SEHAF 鷖
SELMI 蜸
SEMCW 醫
SEMGI ⿱臤至
SEMOO ⿱臤巫
SEMR 硻
SEMRT 豎
SEOG 匯
SEOOO 聚
SEQ 掔
SESMM 翳
SEV 娶
SEV 婜
SEV 嫛
SEVIF 緊
SEVIF 繄
SEWGF 黳
SFA 馹
SFAJV 騴
SFAMJ 駻
SFAMO 騠
SFAPP 騉
SFAPV 騔
SFB 屑
SFBBR 騧
SFBGR 騆
SFBM 駔
SFBMR 駉
SFBR 駧
SFBVK 騱
SFCRU 駾
SFCWA 驓
SFD 屎
SFDI 尉
SFDK 駃
SFDL 駷
SFDOO 騋
SFE 馭
SFEII 騷
SFFDQ 驎
SFGGU 驍
SFHAG 騜
SFHDP 騬
SFHER 駱
SFHGU 駪
SFHHW 騮
SFHI 騩
SFHKB 驕
SFHNI 颿
SFHP 馲
SFHSB 騙
SFHSM 騸
SFHWP 驄
SFHXE 騪
SFIAV 駺
SFICE 駿
SFIHU 馻
SFIIH 驂
SFIJ 駥
SFIOK 騃
SFIR 駘
SFIT 駴
SFIUH 駹
SFJIG 驖
SFJMC 驞
SFJP 駝
SFK 馱
SFKK 駁
SFKMR 騎
SFL ⿻馬丨
SFLK 駛
SFLLL 馴
SFLMO 駣
SFLMY 騑
SFLPC 驥
SFLW 駎
SFLWS 騁
SFLX 驌
SFMBU ⿰馬需
SFMFJ 駍
SFMFM 駓
SFMHF 騵
SFMIG 駤
SFMJ 馯
SFMMP 驪
SFMWF 驃
SFMWJ 驔
SFMWV 騕
SFNHB 驈
SFNHD 騥
SFNHE 馺
SFNKQ 騝
SFNOK 騤
SFNOO 騛
SFODI 駙
SFOG 騅
SFOHH 駗
SFOII 駖
SFOK 駇
SFOMD 駼
SFOMG 駩
SFOMO 驗
SFOMR ⿰馬合
SFPD 馳
SFPH 駜
SFPI 馰
SFPOU 騊
SFPR 駒
SFPUU 騶
SFQJR 騞
SFRB 駽
SFRRJ 驒
SFRYE 騢
SFSEO 驟
SFSFF 驫
SFSHR 駋
SFSJ 駬
SFSMA 騽
SFSME 駸
SFSND 驏
SFSRR 驅
SFSS 駏
SFSSR 駶
SFT 屛
SFTAJ 騲
SFTBN 騚
SFTJD 驧
SFTLF 驠
SFTLM ⿰馬堇
SFTMC 騏
SFTMJ 驊
SFTRG 驩
SFTT 駢
SFUCE 騣
SFUOB 驨
SFVNE 騄
SFWC 駟
SFWD 騍
SFWK 駰
SFWLJ 驛
SFWTJ 驆
SFWVF 騾
SFYCK 駮
SFYDK 驐
SFYG 駐
SFYHV 褭
SFYPM 驉
SFYPT 驢
SFYRV 驤
SFYTJ 騂
SFYTJ 驂
SFYVO 駭
SFYWM 驙
SGHAF 鸐
SGI 戳
SGJWP 聽
SGKS 勔
SGLN 剭
SH 刀
SHAF 鳭
SHAPH 鬄
SHAWE 鬘
SHBB 鬅
SHBT 匲
SHCWA 鬙
SHDBN 鬍
SHDCI 鬆
SHDHE 髪
SHFB 髾
SHFQU 鬈
SHGB 髯
SHGR 髻
SHHAF 鳩
SHHAF [illegible]
SHHDN 鬁
SHHEJ 鬇
SHHHC 鬚
SHHJR 髺
SHHQU 髦
SHI 刃
SHI 戮
SHIIH 鬖
SHIKK 髮
SHJBC 鬒
SHJMC 鬢
SHJMF 鬃
SHJPA 鬠
SHJRB 髜
SHKMB 鬌

SHLBU	髧
SHMBC	頿
SHMFM	髩
SHML	匠
SHMU	髡
SHNIH	髳
SHNL	鄝
SHOB	屩
SHOD	屧
SHOD	髹
SHOE	屐
SHOE	履
SHOG	雞
SHOMA	鬠
SHOO	屣
SHOOG	髽
SHOT	屜
SHOV	屨
SHPRU	髱
SHQKA	鬙
SHQU	尾
SHR	召
SHSB	匾
SHSHR	髫
SHSJ	髶
SHTAK	鬢
SHTBN	鬋
SHTLB	鬗
SHTW	髷
SHTWV	鬞
SHTXC	鬑
SHVVV	鬣
SHWLV	鬟
SHYHS	髣
SHYMP	髭
SHYRV	鬤
SIBT	監
SIF	熨
SIHHH	髟
SIHK	跃
SIHML	斸
SIHQ	犀
SIHQO	跌
SIKCF	蹽
SILQ	肆
SINL	鄅
SIP	忍
SIP	慰
SISUU	踞
SIYHV	𣪘
SJ	耳
SJB	臂
SJC	屄
SJCIM	聬
SJD	檗
SJE	取
SJENL	郰
SJF	耿
SJFD	櫱
SJG	壁
SJGB	聃
SJGR	聐
SJHAF	鷿
SJHHL	聊
SJHJR	聒
SJHQU	毦
SJHWP	聰
SJIRM	聝
SJJCM	聜
SJJN	甈
SJJPN	聹
SJKA	屠
SJKF	屪
SJKI	耾
SJLB	帠
SJLBU	耽
SJLMC	聵
SJLN	刵
SJLWS	聘
SJMBC	顳
SJMBL	聏
SJMGI	璧
SJMN	耵
SJMVN	甓
SJMYM	聇
SJNCR	聸
SJNL	耶
SJNOK	联
SJOII	聆
SJOIN	耹
SJP	恥
SJP	憵
SJQ	擘
SJR	居
SJRXU	聾
SJRYO	躄
SJSH	劈
SJSJ	聑
SJSJJ	聶
SJU	耴
SJV	嬖
SJVIF	繴
SJVIS	聈
SJVIT	聯
SJYHV	襞
SJYIA	職
SJYMR	譬
SJYRN	聤
SK	尹
SKN	尻
SKR	君
SLB	匝
SLMBC	頤
SLMC	匱
SLMY	匪
SLMY	屝
SLO	臥
SLORR	臨
SLQMC	賾
SLSL	臣
SLSLL	臦
SLWV	屢
SM	刁
SMAMO	翨
SMBJJ	翬
SMBLB	帚
SMCSH	翂
SMDHE	翍
SMG	匡
SMHA	習
SMHAF	𪁺
SMHQO	翐
SMHQU	毣
SMIG	屋
SMIKK	翇
SMKOO	翜
SML	翀
SMM	羾
SMMBC	翗
SMMRI	尋
SMNP	屍
SMOG	翟
SMOHH	翏
SMONK	翭
SMPR	翑
SMR	司
SMSIM	羽
SMT	羿
SMUCE	翪
SMV	長
SMWTC	翼
SMYJJ	翴
SMYOJ	翠
SMYRB	翯
SMYRF	翞
SMYT	翌
SMYT	翋
SMYTV	翣
SNDD	孱
SNLR	扃
SO	尺
SOMR	匼
SONL	郻
SORC	咫
SP	尼
SPD	匜
SPHAF	鳲
SPHH	匢
SPP	屁
SQNL	那
SQSF	馬
SR	叵
SRBT	盬
SRBUU	覗
SRF	焄
SRHAF	鷗
SRHAF	鵯
SRHAF	鴡
SRHG	聖
SRHNE	毆
SRKS	劭
SRLB	屌
SRMBC	頵
SRMVN	甌
SRNL	邵
SRNL	郡
SRNO	歐
SRP	慝
SRRJ	匰
SRRR	區
SRSL	卲
SRTQ	群
SRYE	敺
SRYTJ	辟
SS	巨
SSF	𤆍
SSKLL	奰
SSLII	巤
SSR	局
SSU	凹
STKR	匿
STQQ	羼
STT	屏
STV	展
SU	己
SU	已
SUF	熈
SUG	屆
SUHAF	鵋
SUHU	兕
SUND	匭
SUNL	邔
SUOK	改
SUP	忌
SUT	异
SUU	屈
SUV	攺
SUV	嬰
SVHAF	鶠
SVNL	郾
SW	屇
SWBT	鹽
SWBUU	覽
SWC	鑒
SWL	匣
SYHN	匹
SYTJ	屖
SYYI	屬
SYYQ	犀

廿 T

T	廿
TA	昔
TAA	菖
TAB	萌
TABU	萺
TADHE	散
TAGI	蒔
TAHAF	鵲
TAHML	斮

TAHS	葃	TBLN	蒯	TCRU	巷	TEM	茳	TGHDS	羲
TAIU	蔵	TBM	苴	TCRU	莌	TEMF	藻	TGHNI	飆
TAJ	草	TBMBC	顢	TCSD	棻	TEMJ	萍	TGHQI	義
TAK	莫	TBMBC	顢	TCSH	芬	TEMJ	藫	TGHU	羌
TAKA	暮	TBME	葼	TCST	葐	TEMR	菏	TGIF	爇
TAKB	幕	TBMO	蒙	TCTD	業	TENE	蔆	TGII	藝
TAKF	驀	TBMR	茼	TCTE	叢	TEOD	蒤	TGIMO	羡
TAKG	墓	TBMS	莇	TCVIF	綦	TEOM	藏	TGINE	羕
TAKP	慕	TBMW	蔷	TCWM	畚	TEON	蒶	TGIT	蓋
TAKQ	摹	TBND	莩	TCYG	黈	TEOT	蒞	TGJE	蕔
TAKS	募	TBNF	煎	TCYJ	斢	TERD	藻	TGJI	蓻
TALN	剳	TBNH	剪	TCYMR	謩	TESD	蕖	TGK	美
TAN	菛	TBNI	蒐	TDB	莯	TESR	菬	TGKS	勸
TANB	蕑	TBNM	翦	TDBB	蕮	TESS	菃	TGLLN	羵
TANG	藺	TBOF	蔡	TDBK	蔌	TESU	范	TGMBC	顴
TANP	蕄	TBOK	散	TDBN	莿	TETT	蓱	TGNI	薵
TANW	蘭	TBP	愬	TDBU	葙	TEWB	蕅	TGNL	鄯
TAPP	菎	TBPR	蒟	TDCI	菘	TEWT	薀	TGNO	歡
TAPV	葛	TBSE	菔	TDD	菻	TEYB	蒿	TGNO	羑
TASE	蕞	TBTV	莔	TDHAF	鶇	TEYE	藢	TGNO	茨
TAU	芭	TBU	苜	TDHL	菥	TEYU	蓅	TGOBO	饕
TAV	莨	TBUD	蕻	TDJ	茉	TEYV	茫	TGOW	薔
TAWE	蔓	TBUK	蔝	TDK	英	TF	苂	TGP	恙
TBAC	蓂	TBUL	薡	TDLC	藾	TFAJ	焯	TGP	懃
TBAU	萉	TBUT	算	TDLO	蔌	TFB	脊	TGPM	玓
TBBB	萠	TBUU	莧	TDM	苯	TFBK	蔽	TGRG	薹
TBBE	蘷	TBV	葌	TDMQ	葦	TFBN	萷	TGSK	菝
TBBQ	蕣	TBYJ	斛	TDNL	鄰	TFF	菼	TGTE	鼓
TBBR	萵	TC	共	TDOO	萊	TFFF	焱	TGTR	善
TBBU	薍	TC	荃	TDR	莕	TFKC	蘱	TGV	姜
TBBUU	靚	TCA	普	TDSR	蘊	TFKU	蘢	TGWC	蕒
TBC	典	TCB	期	TDW	菄	TFMC	蘋	TGYV	壞
TBCN	荊	TCBT	益	TDWF	蕀	TFMU	芫	THAF	蔦
TBCSH	豂	TCFB	黹	TEAH	蕩	TFNL	鄰	THAF	蔿
TBCV	蔞	TCG	基	TEBM	菹	TFQU	菤	THAG	葟
TBD	荣	TCHAF	鶀	TEC	鋈	TG	芏	THAI	药
TBD	槊	TCHAF	鶀	TED	茮	TGB	苒	THAU	葩
TBFE	藤	TCHE	夔	TEDE	菠	TGBUU	觀	THBH	蘚
TBG	塑	TCHML	斯	TEFH	莎	TGCE	菱	THBK	萸
TBHG	蕹	TCIM	蓊	TEGE	蔆	TGDI	薱	THBU	首
TBHS	葄	TCJWJ	輂	TEHR	落	TGENO	羨	THCN	薊
TBHU	藐	TCLMI	巷	TEHR	萿	TGF	羔	THDA	萫
TBIJB	黼	TCMR	碁	TEHV	蒎	TGFTK	羹	THDB	蕱
TBIKK	黻	TCNO	欺	TEHW	藩	TGG	茥	THDE	薐
TBJJ	堇	TCNO	歉	TEIB	蒲	TGGI	葑	THDF	萩
TBKS	勤	TCP	恭	TEII	薄	TGGI	蓺	THDH	莉
TBLI	薾	TCP	惎	TEIV	蒗	TGGU	蕘	THDH	蕂
TBLN	前	TCQ	拲	TELU	莐	TGHAF	鸛	THDM	萪

THDN	莉
THDS	莠
THDV	萎
THDV	蕎
THDW	蕃
THER	茖
THEY	苳
THGF	薰
THHAF	鶓
THHC	蕦
THHD	蘂
THHE	藜
THHJ	萆
THHL	茆
THI	蒐
THJ	芊
THJD	茱
THJD	蘖
THJE	葮
THJG	董
THJM	菙
THJO	蘧
THK	芺
THKB	蕎
THKP	菾
THLB	萬
THLF	蘗
THMB	蘬
THML	芹
THMR	茩
THNE	芟
THNI	芃
THOE	蕧
THOK	薇
THOK	薇
THOL	蓹
THON	荇
THON	蘅
THOO	蓏
THOO	蓰
THOO	蓰
THOO	蓯
THOQ	葎
THQI	莪
THQO	芵
THQU	芼
THRJ	薛
THS	芦
THSB	菺
THSB	萹
THSE	蔎
THSK	薂
THSU	蔰
THUP	蒠
THVI	蘶
THWP	蔥
THWP	蓖
THXC	蕢
THXF	蕮
THXO	萸
THYE	蔎
TIAV	莨
TIBI	蒪
TICE	菱
TIDQ	藦
TIDR	蘑
TIDY	蘼
TIH	茂
TIHAF	鷬
TIHC	蕆
TIHM	蒧
TIHR	葴
TIHR	葴
TIHS	茂
TIHV	葳
TIIH	蔘
TIJ	茙
TIJB	莆
TIJE	莍
TIKF	蔦
TIKK	茇
TIKT	莽
TILO	萸
TILR	蓎
TIMO	茨
TIMS	藏
TINO	芝
TIOC	薋
TIP	苾
TIP	懟
TIPD	蘖
TIPF	薫
TIR	苔
TITB	蓆
TITC	薕
TITF	蔗
TIXF	薦
TIXP	蔍
TJ	卅
TJAM	靼
TJAMO	鞮
TJAPV	鞨
TJAU	靶
TJAV	鞎
TJAVF	韅
TJB	芾
TJBD	荸
TJBJ	萳
TJBM	荁
TJBM	靻
TJCK	葵
TJCN	蓊
TJCR	蓉
TJDHE	鞁
TJDJ	靺
TJDS	葧
TJE	芰
TJEA	鞜
TJEF	蘩
TJFB	鞘
TJFBR	鞝
TJFQ	靽
TJGG	鞋
TJGR	鞊
TJGWC	韇
TJHAF	[illegible]
TJHD	鞂
TJHDF	鞦
TJHHJ	鞞
TJHML	靳
TJII	蓴
TJIP	蕙
TJJCM	鞚
TJJJ	靬
TJJL	蘄
TJJV	鞍
TJKA	著
TJKP	荖
TJKS	勒
TJLBK	鞅
TJLO	蓮
TJLV	萋
TJLWV	鞻
TJMC	黃
TJME	蔻
TJMJ	靬
TJMM	萱
TJMN	苧
TJMN	靪
TJMO	萣
TJMR	菪
TJMU	莞
TJMU	靰
TJMWM	韁
TJNAU	鞔
TJNHD	鞣
TJNHE	靸
TJNI	鞃
TJNKQ	鞬
TJNL	靷
TJNL	鄿
TJNU	菀
TJOA	蓿
TJOIN	靲
TJOMK	鞭
TJOMR	鞈
TJOMT	鞥
TJOP	靴
TJPA	蓍
TJPFD	鞠
TJPI	靮
TJPN	薴
TJPRU	鞄
TJPT	靾
TJPTD	鞢
TJPU	蔤
TJPYR	鞫
TJQYT	鞡
TJR	苦
TJRB	葫
TJRB	鞙
TJRR	菅
TJSHR	鞀
TJTC	蕡
TJTIF	韉
TJTOE	韄
TJTOR	鞳
TJTQ	蕐
TJV	荌
TJVII	鞿
TJVIS	靿
TJWJ	革
TJYDL	鞹
TJYGQ	韃
TJYMU	韆
TK	艾
TKCE	蔱
TKD	檠
TKE	芨
TKHAF	鴱
TKHAF	鴱
TKHF	荻
TKHG	莥
TKHI	蘞
TKHW	蕕
TKKB	莃
TKLD	荐
TKLG	茬
TKLMI	蟚
TKLU	菴
TKMS	荂
TKN	艽
TKN	萈
TKNI	芄
TKNL	鄚
TKNL	鄭
TKOK	蒺
TKOO	莢
TKP	慸
TKPB	蔕
TKQ	擎
TKR	若
TKRP	惹
TKSQF	驚
TKSR	茄
TKSS	荔
TKYMR	警
TLBK	英
TLJ	革
TLLMI	蜇
TLLN	茀
TLMC	蕢
TLMI	茧
TLMT	藎
TLMY	菲
TLPF	燕
TLPF	鷰
TLQM	堇
TLVK	藪
TLW	苗

TLWV	蔞	TMOB	苪	TNKG	莛	TOMA	薈	TQDA	藉
TLX	蕭	TMOM	蕤	TNKM	莚	TOMB	萮	TQDB	藕
TM	甘	TMOO	莁	TNLC	蘈	TOMB	蘥	TQFH	莎
TMAM	萓	TMPT	葬	TNLD	蒢	TOMD	荼	TQHDW	羳
TMBB	薷	TMRB	蒿	TNLI	蔭	TOMG	荃	TQHNE	羖
TMBG	藋	TMRR	蒚	TNLM	薩	TOMM	芒	TQHPM	羝
TMBI	蕓	TMRT	荳	TNLP	蘟	TOMN	芞	TQHR	葀
TMBI	蕚	TMRW	葍	TNLW	蔯	TOMO	薟	TQIB	蒱
TMBL	荋	TMTJ	華	TNMM	蒻	TOMR	荷	TQICE	羧
TMBR	蘦	TMTN	荊	TNMU	蔬	TOMR	荅	TQIHR	羬
TMBUU	覼	TMTO	蕨	TNNC	蕷	TONK	葔	TQIJ	羢
TMBW	蕾	TMVH	芽	TNNL	鄸	TONO	歎	TQIK	菝
TMCW	茜	TMVI	蓐	TNO	芡	TONWF	鯗	TQIXE	攫
TMCW	莤	TMVM	莖	TNOK	葵	TOOE	蔆	TQJM	蕁
TMD	芋	TMWC	黃	TNSJ	葺	TOOG	難	TQJMN	羜
TMD	某	TMWF	蔈	TNTG	蘿	TOOG	莝	TQJMU	羦
TMDM	蘼	TMWJ	蕈	TNUE	菡	TOOK	蘞	TQJTC	羵
TMF	芣	TMWM	薑	TNUI	菟	TOOM	葅	TQKA	萶
TMFB	薾	TMWV	葽	TNUP	蔥	TOP	花	TQKD	蓁
TMFF	蒜	TMY	苄	TNUS	葂	TOQB	蒨	TQKN	羠
TMFJ	苹	TMYF	蔫	TOAV	艱	TORD	葆	TQKQ	菶
TMFM	苤	TMYMU	蘠	TOB	芮	TOSE	葠	TQLW	菑
TMGF	蘸	TN	芎	TOBG	萑	TOTF	蕪	TQM	差
TMGN	葝	TNBC	萯	TOD	茶	TOUK	蒛	TQMB	菁
TMGN	薽	TNBE	薆	TOD	茠	TOWY	莓	TQMBB	羺
TMGR	蘁	TNBQ	薢	TODI	苻	TOYR	蓓	TQMHF	羱
TMHF	蒝	TNCR	蕃	TOF	苶	TP	芯	TQMVM	羥
TMHG	蕥	TND	芓	TOG	茌	TPA	荀	TQNG	羞
TMHML	蘄	TNDF	蓀	TOG	萑	TPFD	菊	TQO	芙
TMIG	荎	TNDO	菰	TOG	萑	TPH	苾	TQOG	蓷
TMKS	勤	TNDU	芤	TOGF	蕉	TPHH	芴	TQOII	羚
TMLM	堇	TNEF	蒸	TOGX	舊	TPI	芍	TQOMN	羭
TMMC	其	TNFD	蘇	TOHAF	鷬	TPI	芶	TQOMO	羷
TMMI	芸	TNFN	薊	TOHG	荏	TPIB	葡	TQPU	萢
TMMS	䓽	TNFQ	蘚	TOHQU	毿	TPKO	薿	TQQO	䓝
TMMU	芫	TNHD	葇	TOHS	苲	TPMW	蔔	TQSMM	翔
TMMV	甚	TNHE	芨	TOI	茷	TPOU	萄	TQUMF	羰
TMN	艼	TNHS	艿	TOIAV	養	TPP	芘	TQWJ	蘀
TMNH	蕩	TNHS	蓩	TOIE	葰	TPPP	蕊	TQYT	菈
TMNJ	茿	TNHX	萏	TOII	苓	TPR	苟	TQYWM	羶
TMNL	鄞	TNI	苰	TOIK	茯	TPR	茍	TRHR	莒
TMNL	邯	TNIH	茅	TOIN	芩	TPRU	苞	TRJD	菋
TMNM	薤	TNIN	芧	TOIR	蒼	TPTD	葉	TRJI	蕺
TMNN	茢	TNIN	芗	TOKF	蘩	TPU	芚	TRJL	蔪
TMNR	苛	TNIQ	荈	TOKG	蕹	TPYV	蘹	TRMR	蕗
TMNV	萎	TNIR	茗	TOLB	蕍	TQ	羊	TRNL	䓖
TMNV	蕵	TNIU	苑	TOLD	蓧	TQAPV	羯	TRNL	鄀
TMOA	蕃	TNIV	蒬	TOLL	芥	TQCSH	羒	TROG	蓶

TROK 敬
TRON 咵
TRRG 藋
TRRJ 蕇
TRRR 蘦
TRRS 萼
TRSJ 葺
TRVP 莨
TRYE 葭
TSEM 虉
TSEO 蔾
TSFI 蔚
TSH 芀
TSHR 茗
TSIC 蕻
TSIP 葱
TSIP 蔥
TSIQ 蕼
TSIT 藍
TSJ 茸
TSJA 藏
TSJD 蘖
TSJE 菆
TSK 茾
TSKR 莙
TSLE 菽
TSLL 茝
TSMG 藿
TSMH 蔘
TSMI 蕁
TSMV 葨
TSP 芚
TSP 懃
TSRF 蔫
TSRJ 薜
TSRR 蓲
TSS 苣
TSU 芑
TT 井
TT 并
TT 卌
TTBN 蒯
TTC 並
TTCF 蓁
TTCG 蕺
TTCG 蘳
TTGB 冓
TTGF 蒸
TTGI 薱
TTHAF 鵧
TTHAF 鴘
TTI 丼
TTJD 藕
TTLM 堇
TTMBC 頩
TTMC 其
TTMV 甚
TTMVN 瓶
TTNAU 艵
TTNL 郱
TTQM 差
TTSHI 刱
TTT 幷
TTUB 蒴
TTVB 蕭
TTWLI 蠲
TTXC 蒹
TUB 朔
TUIRM 鹹
TUJT 豐
TUU 茁
TVFF 蕬
TVFH 蒶
TVFI 葯
TVFM 葒
TVFT 蘊
TVFU 蕝
TVFY 蔠
TVHL 薌
TVI 戡
TVID 孽
TVID 藥
TVIF 鷲
TVII 茲
TVIO 苡
TVIP 慈
TVIS 茐
TVJR 菇
TVKS 勘
TVLK 荍
TVMG 莊
TVMI 蔣
TVMI 嫭
TVMW 薔
TVNE 菉
TVNO 歟
TVR 茹
TVRF 蘂
TVRQ 蒘
TVVV 葌
TVVW 菑
TVYJ 斟
TW 曲
TW 苗
TWA 曹
TWBI 蠆
TWBO 蠇
TWCB 茜
TWDI 尊
TWFU 蔥
TWHD 菌
TWIK 猷
TWIM 蔵
TWK 茵
TWK 奠
TWKS 萬
TWLA 薯
TWLB 萬
TWLE 蔓
TWLG 蘿
TWLI 蔑
TWLI 薎
TWLII 蠡
TWLN 夢
TWLN 甍
TWLN 藅
TWLN 蘮
TWLP 薨
TWLP 蘢
TWLU 瞢
TWMMV 農
TWMRT 豊
TWMV 蒖
TWO 苬
TWP 蒠
TWR 茴
TWTJ 華
TWVF 蕖
TWWF 蘽
TWWG 蘲
TWWW 藟
TWYI 莓
TXC 兼
TYBB 蒂
TYBB 薖
TYBG 蘺
TYBO 蔽
TYBP 蘢
TYBS 蒡
TYCB 蔏
TYCK 茭
TYCU 蕘
TYCV 蓑
TYDL 薪
TYDO 蔌
TYDU 藽
TYFE 菽
TYGQ 薘
TYGV 薳
TYHC 蘋
TYHJ 蓬
TYHN 芫
TYHS 芳
TYIU 茺
TYJJ 蓮
TYK 苃
TYLM 芷
TYMH 葳
TYMO 蓫
TYMP 茈
TYNB 蓪
TYOE 藙
TYOJ 萃
TYPM 蔖
TYPP 藘
TYPT 蘆
TYR 苦
TYRA 藷
TYRB 蒿
TYRE 蔎
TYRE 蘧
TYRL 蔀
TYRN 葶
TYRP 薨
TYRV 藹
TYRV 蘘
TYSD 葹
TYSK 蔟
TYSM 蘊
TYSO 蔙
TYSY 菸
TYT 苙
TYTA 菩
TYTG 蕫
TYTJ 莘
TYTP 薏
TYTR 菩
TYTR 蒟
TYTV 萋
TYV 芒
TYVG 蘁
TYVO 荄
TYVP 莣
TYVU 荒
TYVW 蓄
TYWI 菡
TYWV 蓑
TYX 薺
TYYB 藡
TYYO 蘧

山 U

U 山
UAHU 嵋
UAMH 崵
UAMO 崼
UAPP 崑
UAPV 嵑
UAV 峎
UBB 崩
UBCN 崱
UBLN 剬
UBLN 剬
UBM 岨
UBMBC 顚
UBMR 峒
UBNL 鄳
UBNO 歂
UBSD 崢
UBTU 崗
UBUU 峴
UC 崟
UCNO 嶔
UCOR 峪
UCWA 嶒
UDCI 崧
UDHE 岥
UDOO 崍
UDSMG 巏
UDW 崠

UDYG	崋
UFB	峭
UFDQ	嶙
UFFD	嶸
UFFR	嶆
UFFS	嶗
UFGI	巀
UGCE	崚
UGDI	峙
UGGI	崶
UGGU	嶢
UGNO	峽
UH	匕
UHA	帕
UHAG	崲
UHDJ	嵙
UHDP	嵊
UHDV	崣
UHDW	嶓
UHEJ	峰
UHER	峉
UHER	峈
UHHJ	崥
UHHW	嵧
UHI	嵬
UHK	岆
UHKB	嶠
UHMB	巋
UHML	岓
UHNI	嵐
UHOO	嵸
UHOQ	嵂
UHPA	崏
UHQI	峨
UHRF	嶋
UHRJ	嶭
UHS	岮
UHUC	巑
UHUD	嵲
UHVI	巍
UHXC	嶼
UIAV	崀
UICE	峻
UIHR	嵅
UIHS	嵅
UIHV	嵗
UIIH	嵾
UIJB	峬
UILR	嵣
UIP	嵃
UJC	岤
UJCC	巔
UJCM	崆
UJCR	嵱
UJD	嶪
UJE	岐
UJFD	巕
UJJL	嶄
UJKP	峔
UJLMI	巘
UJLO	崨
UJMF	崇
UJMRT	豐
UJP	岮
UJR	岾
UJV	峖
UK	凶
UKB	宥
UKCF	寮
UKG	坴
UKHK	嶽
UKHU	兇
UKJJ	峯
UKKB	崤
UKLU	崦
UKMR	崎
UKN	峓
UKOO	峽
UKPB	嵽
UKS	岃
UL	屮
ULBK	岟
ULLN	岪
ULW	岫
ULWV	嶁
UMAM	峘
UMBC	嵮
UMBL	耑
UMBL	峏
UMBS	嶀
UMF	炭
UMFM	岯
UMGG	崖
UMIG	峌
UMLI	蚩
UMMJ	岸
UMMR	峿
UMMU	岏
UMNC	嵮
UMNN	峛
UMNR	岢
UMOO	豳
UMR	岩
UMRT	豈
UMT	岍
UMTJ	嵂
UMTO	嶡
UMU	岏
UMUA	巒
UMVH	岈
UNBQ	嶰
UNHE	岌
UNHE	岋
UNII	嵹
UNMU	峗
UNMU	峞
UNOT	嶝
UNQD	嶫
UNRI	巉
UOG	崔
UOGB	嶲
UOGB	巂
UOGF	嶕
UOGS	嶲
UOIC	嶺
UOII	岭
UOIN	岑
UOIN	岒
UOIR	嵢
UOLL	岕
UOMB	崘
UOMN	崳
UOMO	嶮
UOMR	峆
UOMR	峆
UON	屹
UPA	峋
UPHH	岉
UPKO	嶷
UPR	峋
UQMB	崝
UQOG	嶉
URJI	嵅
UROG	嵟
URRK	巖
URRS	崿
URVP	岷
USHI	岈
USHR	岧
USJR	崌
USKR	崛
USMA	嵶
USMH	嵺
USRR	嶇
USS	岠
USU	岜
USUU	崛
UTAV	嶱
UTBUU	覞
UTCD	嶫
UTCW	嶒
UTGI	巇
UTGIT	豔
UTHN	凱
UTHNI	颽
UTHV	巙
UTIK	獃
UTLN	剴
UTMBC	顗
UTMO	嵌
UTMV	嵁
UTNAU	艷
UTNL	鄷
UTOK	敳
UTQM	嵯
UTRG	巏
UTVI	嵫
UTWA	嶆
UTWI	嶟
UTWV	巙
UU	出
UU	屾
UU	艸
UUCE	嵕
UUMMF	祟
UUU	茻
UUUU	茻
UVII	幽
UVIS	岰
UVMI	嶈
UVVW	嵫
UWJR	崮
UWL	岬
UWLB	嵎
UWLJ	嶧
UWLY	嶵
UWP	崽
UYBB	崹
UYBK	巘
UYBP	巃
UYHH	嵺
UYHM	嵳
UYOJ	崒
UYRB	嵩
UYRD	崞
UYRN	嵉
UYSD	嵫
UYT	岦
UYTI	巀
UYTJ	崒
UYTJ	嶂
UYVO	峐

女 V

V	女
VAA	娼
VABU	媢
VAHU	媚
VAM	姐
VAMH	媶
VAMO	媞
VANB	嫺
VAND	嫻
VAWE	嫚
VBAC	媜
VBBE	嫒
VBBR	媧
VBD	婇
VBGR	婤
VBHG	娙
VBHX	婚
VBM	姐
VBME	媛
VBMR	姛
VBOU	媱
VBT	姍
VBUU	娊
VBV	婑
VCI	妐
VCNH	娣

VCSH	妢
VDJ	妹
VDKS	勅
VDL	娕
VDLC	嬾
VDLK	嫩
VDLN	剌
VDNL	鄭
VE	奴
VEBT	𥁂
VEKS	努
VELB	帑
VELN	剱
VEMR	砮
VEN	弩
VEND	孥
VEP	怒
VEQ	拏
VESQF	駑
VFA	曫
VFAMO	緹
VFAPH	緆
VFAPP	緄
VFASE	繓
VFAWE	縵
VFBB	嫦
VFBBB	縎
VFBBE	綬
VFBBR	緺
VFBCV	纓
VFBD	綵
VFBGR	綢
VFBHX	縚
VFBJJ	緷
VFBM	組
VFBME	緩
VFBMR	絧
VFBND	綒
VFBOF	縩
VFBR	絅
VFBSH	𦁼
VFBTU	綱
VFBTV	網
VFBU	矕
VFBUH	緲
VFBUO	絸
VFBV	綏
VFC	鑾
VFCNH	綈
VFCOR	綌
VFCSH	紛
VFCWA	繒
VFD	欒
VFDBU	緗
VFDD	綝
VFDI	紂
VFDL	綀
VFDM	絊
VFDMQ	緯
VFDWF	練
VFEED	縔
VFEEE	綴
VFF	婒
VFFB	綃
VFFDQ	繗
VFFF	緂
VFFH	紗
VFFMU	絖
VFFQ	絆
VFFQU	綣
VFGCE	綾
VFGG	絓
VFGGU	繞
VFGI	紶
VFGR	結
VFGRC	纈
VFGWC	續
VFH	妙
VFHAB	綿
VFHAE	線
VFHAF	鷥
VFHAF	鸞
VFHCE	緵
VFHDV	緌
VFHDW	繙
VFHEQ	絳
VFHER	絡
VFHEY	終
VFHG	紝
VFHGF	纁
VFHHJ	綼
VFHJD	絑
VFHJE	緞
VFHJG	緟
VFHJM	綞
VFHKB	繑
VFHON	絎
VFHOO	縱
VFHOO	縰
VFHOR	綹
VFHQO	紩
VFHSB	編
VFHSK	繳
VFHSK	緱
VFHUC	纘
VFHVP	紙
VFHWP	總
VFIBI	縳
VFIHR	緘
VFIIH	縿
VFIJ	絨
VFIJE	絿
VFIK	紋
VFIK	紎
VFIKK	紱
VFIKU	紌
VFILL	絒
VFIMO	絥
VFIR	紿
VFIRM	緎
VFITC	纉
VFIWG	纏
VFJBC	縝
VFJBD	綍
VFJII	縛
VFJIP	繐
VFJKA	緒
VFJLO	緁
VFJLV	緀
VFJMC	縝
VFJMC	繽
VFJMF	綜
VFJMN	紵
VFJMO	綻
VFJMU	綄
VFJNU	綩
VFJOA	縮
VFJP	紽
VFJQR	縖
VFJRR	綰
VFJYJ	縡
VFK	樊
VFKCF	繚
VFKI	紘
VFKKB	絺
VFKMR	綺
VFKNI	紈
VFLBK	紻
VFLBU	紞
VFLGM	纗
VFLLL	紃
VFLLN	紼
VFLMC	繢
VFLMI	蠻
VFLMO	絩
VFLMY	緋
VFLW	紬
VFLWL	紳
VFLWP	絏
VFLWV	縷
VFLX	繡
VFM	紅
VFMA	絔
VFMBB	繻
VFMBE	纋
VFMBK	緛
VFMD	紆
VFMF	紑
VFMGK	緻
VFMHF	縓
VFMIA	縉
VFMIG	絰
VFMLB	緉
VFMLK	綆
VFMMI	紜
VFMMP	纚
VFMN	糽
VFMVI	縟
VFMVM	經
VFMWF	縹
VFMWL	緬
VFN	彎
VFNAU	絻
VFNBQ	繲
VFND	孿
VFNG	紐
VFNHB	繘
VFNHE	級
VFNII	繼
VFNIN	紓
VFNKF	繳
VFNKG	綎
VFNKM	綖
VFNL	紖
VFNOB	縃
VFNRI	纔
VFOAE	緮
VFOB	納
VFOBO	臠
VFODI	紨
VFOG	維
VFOHH	紾
VFOIM	織
VFOIN	紟
VFOK	變
VFOLL	紒
VFOMA	繪
VFOMB	綸
VFOMG	絟
VFOMK	緶
VFOMN	緰
VFOMR	給
VFON	紇
VFONK	緱
VFOPD	絁
VFOTO	纀
VFP	戀
VFPA	絢
VFPI	約
VFPMM	絚
VFPOU	綯
VFPP	紕
VFPR	絇
VFPT	紲
VFPU	純
VFPUU	縐
VFQ	姅
VFQ	攣
VFQJL	綁
VFQKD	綘
VFQMB	綪
VFQMC	績
VFQMF	綠
VFQU	婘
VFR	𡅏
VFRB	絹
VFRBC	縜
VFRHR	絽
VFRPA	緡
VFRRD	繰

VFRRJ	繟	VFYBB	締	VHAV	嬝	VILB	嫞	VLMC	嬻
VFRSJ	緝	VFYBS	縍	VHBR	姁	VILE	嫝	VLMO	姚
VFRXU	繩	VFYCK	絞	VHCN	嬼	VILMI	螿	VLMT	嬧
VFSHI	紉	VFYG	紸	VHD	妹	VILN	劏	VLOIV	饗
VFSHR	紹	VFYGQ	繨	VHDN	㛠	VIMCW	醬	VLOK	收
VFSHU	絕	VFYHJ	縫	VHDV	婑	VIO	以	VLW	妯
VFSJE	緪	VFYHR	縋	VHDW	嬏	VIOK	娭	VLWL	妽
VFSME	綅	VFYHS	紡	VHG	妊	VIR	始	VLWS	娉
VFSMH	繆	VFYIA	織	VHGU	姺	VIS	幻	VLXH	姊
VFSU	紀	VFYIJ	綷	VHHJ	婢	VITC	嫌	VLYTA	響
VFSWU	纜	VFYIU	統	VHHW	媹	VITF	嫬	VM	妅
VFTAK	縸	VFYJ	紏	VHI	媿	VIUH	㜄	VMAM	姮
VFTBK	繖	VFYJJ	縺	VHIIL	鄉	VIW	畿	VMBB	嬬
VFTCT	縊	VFYK	紋	VHJ	奸	VJBJ	嫡	VMBDI	將
VFTCW	緧	VFYLR	繾	VHJD	姝	VJCR	嫆	VMBS	嫮
VFTGR	繕	VFYOJ	綷	VHJM	娷	VJD	妹	VMBU	孀
VFTLJ	緙	VFYPT	纑	VHJR	姡	VJE	妓	VMBWD	彙
VFTM	紺	VFYRB	縞	VHK	妖	VJHW	嬸	VMFB	嬭
VFTQM	縒	VFYRD	綧	VHKB	嬌	VJII	嫥	VMFFT	彝
VFTT	絣	VFYRF	綡	VHKP	婖	VJKA	婼	VMG	壯
VFTWI	繜	VFYRV	纕	VHML	妡	VJKP	姥	VMGG	娃
VFTWV	繷	VFYSO	縼	VHMR	姤	VJLO	婕	VMGOW	牆
VFTXC	縑	VFYTO	繸	VHNB	姵	VJMC	嬪	VMHF	嫄
VFU	巒	VFYTP	繶	VHP	奼	VJMF	婃	VMHML	斨
VFUBB	繃	VFYTU	縌	VHPA	婚	VJMM	媗	VMI	戕
VFUOB	纗	VFYUB	縭	VHQI	娥	VJMO	嫁	VMIG	姪
VFUOG	繀	VFYVI	絃	VHQM	姓	VJMO	婝	VMIK	狀
VFUU	絀	VFYVO	絯	VHS	妒	VJNU	婉	VMJ	奸
VFV	變	VFYVQ	縴	VHSB	媥	VJPN	嬣	VMLII	[illegible]
VFVIF	絲	VFYWM	繵	VHSK	嬓	VJR	姑	VMLM	婭
VFVL	糾	VFYWV	縗	VHUP	媳	VJRB	媩	VMMI	妘
VFVNE	綠	VGB	姌	VHWP	媲	VJRJ	嫜	VMMNR	牁
VFVNO	緣	VGCE	婈	VHXE	嫂	VJRR	婠	VMMP	孋
VFVVD	繅	VGF	焚	VHXU	婗	VJV	姲	VMMU	妧
VFVVI	繼	VGG	娃	VIAV	娘	VKB	姷	VMMV	娠
VFVVW	緇	VGGU	嬈	VID	槳	VKBT	鏊	VMOIR	牄
VFW	細	VGK	奘	VID	樂	VKCF	嫽	VMPOP	㸑
VFWD	綑	VGK	臾	VIDI	嬂	VKMR	婍	VMT	妍
VFWGG	纆	VGNI	嬦	VIE	漿	VKMS	姱	VMTQ	牂
VFWK	絪	VGOW	嬙	VIF	糸	VKN	姨	VMV	妝
VFWLG	纙	VGR	姞	VIG	墏	VKOK	嫉	VMVI	媷
VFWLJ	繹	VGRG	嬯	VIHI	幾	VL	凵	VMVM	娙
VFWLV	繯	VGRR	嬉	VIHML	斷	VLBK	姎	VMWF	嫖
VFWOT	縕	VGRV	媴	VIIK	獎	VLGM	嫿	VMWL	媔
VFWP	緦	VGTJ	婞	VIJ	娍	VLHBR	嚮	VMYF	嫣
VFWTJ	縪	VGYHV	裝	VIKF	嫣	VLLLM	丱	VMYM	姃
VFWVF	縲	VHAB	婂	VIKS	幼	VLLMI	蠻	VNAU	娩
VFYAJ	綽	VHAG	媓	VIKSF	鴢	VLM	爿	VND	好

VNF	妳
VNG	妞
VNHD	媃
VNHS	奶
VNIN	妤
VNIN	㚫
VNIR	姳
VNKG	娗
VNLB	嫞
VNLR	婳
VNME	彔
VNMM	嫋
VNMO	彖
VNMU	姽
VNOB	婿
VNOT	嬁
VNUM	嬔
VNYI	嬨
VOB	妠
VOGE	嫂
VOGF	嫶
VOHAF	鴾
VOII	妗
VOIM	孅
VOIN	妗
VOLII	蠡
VOLL	妎
VOMG	娃
VOMN	婾
VOMO	嬐
VOMR	姶
VOMT	婨
VOQ	姩
VORD	媬
VOTF	嫵
VPD	她
VPH	妼
VPI	妁
VPP	妣
VPR	姁
VPTD	媟
VPUU	嫐
VQJ	婔
VQKA	媋
VQKD	嫀
VQMB	婧
VQMF	嫊
VQMV	媄
VR	如
VRB	娟
VRHAF	駕
VRLB	帑
VRP	恕
VRQ	挐
VRRD	嬠
VRRJ	嬋
VRRK	孍
VRVIF	絮
VRVK	娱
VRYE	娵
VRYO	娓
VSHAF	駑
VSHR	娼
VSHU	娓
VSJE	娵
VSKP	嫕
VSLL	姬
VSMB	婦
VSMG	嬥
VSMH	嫪
VSP	妮
VSQF	媽
VSQL	娜
VSRR	嫗
VSS	姫
VSTR	嫟
VSU	妃
VSYI	嬦
VTAK	嫫
VTBC	婰
VTBN	媥
VTGK	媄
VTGR	嬉
VTHG	嫤
VTKR	婼
VTLF	嬿
VTLO	嫨
VTM	姏
VTMC	娸
VTMC	嫧
VTMD	媒
VTMJ	嫜
VTSJ	婼
VTT	姘
VTTB	媾
VTVP	嬨
VTW	媌
VTXC	嫌
VU	屾
VUMB	媏
VUMI	媸
VUMJ	婩
VUOB	孊
VUOG	雝
VUUK	嬍
VV	奻
VVF	災
VVIO	姒
VVRAU	邕
VVV	姦
VVW	甾
VVWD	巢
VWB	娟
VWD	婐
VWG	娌
VWHAF	鶅
VWJLO	鞿
VWJR	媩
VWK	姻
VWLK	嬛
VWLV	嬛
VWOT	媼
VWVF	嫘
VWYI	姆
VYAJ	婥
VYBC	媜
VYCB	嫡
VYCK	姣
VYFE	娰
VYG	妵
VYHS	妨
VYIA	孅
VYK	妏
VYMR	姞
VYPD	婞
VYRF	婝
VYRN	婷
VYRV	孃
VYSO	嫙
VYTJ	嫜
VYTR	婄
VYVI	妶
VYWM	嬗

田 W

W	田
WB	胃
WBMBC	顋
WBP	愚
WC	四
WCB	囧
WCHAF	鶡
WCHE	叜
WD	困
WD	果
WDHV	裹
WDMBC	顆
WDMQ	圍
WDNIN	夥
WDYE	敤
WEEE	啜
WFDQ	嶙
WFGR	黠
WFGWC	黷
WFIIH	黲
WFIK	默
WFIP	黓
WFJBC	黰
WFJNU	黦
WFKLU	黤
WFLBU	黕
WFMVU	黫
WFMWG	黳
WFNCR	黵
WFNIN	黟
WFOIN	黔
WFOMT	黭
WFQ	畔
WFQU	圈
WFTM	黚
WFTMV	黮
WFUU	黜
WFVIS	黝
WFYR	點
WFYRF	黥
WFYTA	黯
WG	里
WGDI	時
WGF	黑
WGFG	墨
WGG	畦
WGIT	圔
WGNI	疇
WGNIN	野
WGRV	園
WGTJ	圉
WHD	困
WHE	畈
WHER	略
WHJG	畽
WICE	畯
WIHAF	鶅
WIJB	圃
WIK	畎
WINO	歔
WIRM	國
WIYE	戳
WJ	毋
WJ	毌
WJBUC	貫
WJHAF	鶪
WJHAF	鶪
WJII	團
WJNU	畹
WJOK	數
WJR	固
WK	因
WKB	囿
WKMR	畸
WKNO	歐
WKP	恩
WKS	男
WL	甲
WLBI	禺
WLBM	罝
WLBND	罦
WLBUC	買
WLCWA	罾
WLDD	罧
WLEEE	罬
WLGG	罣
WLGGY	罫
WLGRV	罿
WLGTJ	睪
WLHAF	鴨
WLHHW	罶
WLHVO	罛
WLIBP	罷
WLIPF	羆
WLIRM	罭

WLJBM	置
WLJKA	署
WLJR	罟
WLKLU	罨
WLLL	罒川
WLLMY	罪
WLMC	圓
WLMF	罘
WLMFN	罽
WLMYM	罡
WLNIH	罤
WLOOO	罛
WLPLI	蜀
WLPOG	罹
WLRB	罥
WLRVP	罠
WLSFI	罻
WLSQF	罵
WLTAB	羃
WLTJF	羈
WLTJR	羇
WLVFF	羉
WLVFG	羅
WLVVD	羀
WLWP	罳
WLWTJ	羁
WLWWK	罼
WLYAJ	罩
WLYG	罜
WLYMR	詈
WLYRN	罰
WLYTG	羀
WML	畀
WMMR	圄
WMN	町
WMSO	圂
WMV	畏
WND	囷
WNG	墅
WO	囚
WOHH	畛
WOII	囪
WOK	畂
WOLL	界
WOMB	圙
WOP	囮
WOP	圞
WP	思

WPHH	囫
WPIM	畇
WPP	毗
WPP	毘
WPU	囤
WQMB	圕
WR	回
WRBC	圓
WRYW	圖
WSVWS	嬲
WTC	異
WTJ	畢
WUMB	圌
WV	囡
WVFD	圞
WVIF	累
WVSMM	翤
WWHAF	鸓
WWLJ	圛
WWLV	圜
WWW	晶
WWWD	櫐
WWWF	纍
WWWG	壘
WWWM	疊
WWWR	礨
WWWU	罍
WWWWG	靊
WYHN	囥
WYI	母
WYMR	啚
WYV	畆

ト Y

Y	卜
YAD	桌
YAHAG	諻
YAHEJ	譁
YAI	哉
YAJ	卓
YAMH	逿
YANO	歆
YAOG	遲
YAPV	遢
YARBC	韻
YASHR	韶
YASM	遏
YATLK	韺

YATOE	護
YAV	退
YBAHT	鬩
YBBR	過
YBGR	週
YBHAF	鶮
YBHG	望
YBHNE	敲
YBHU	邈
YBIK	獻
YBJJ	運
YBLB	帝
YBLBR	啻
YBMCU	睿
YBMO	遯
YBMR	迥
YBMVN	甂
YBMVN	甗
YBNL	部
YBNO	歊
YBNO	歒
YBOG	離
YBOK	敵
YBOU	遙
YBR	迴
YBUC	貞
YBYE	敲
YBYHS	旁
YBYSP	龍
YC	六
YCBR	商
YCHAF	鷂
YCHHJ	蠠
YCK	交
YCK	奕
YCLB	帟
YCP	戇
YCRHU	兗
YCRHV	衮
YCT	弈
YDBUU	親
YDHAF	鶉
YDHHH	彪
YDHML	新
YDKNI	孰
YDL	速
YDLK	遬
YDMQ	違

YDNL	郭
YDNO	歊
YDOG	雜
YDOK	敦
YDOK	敹
YDRRJ	韗
YEBU	督
YEC	鋻
YEFD	粲
YEFH	迯
YEG	壑
YELMM	鬒
YEOIV	餐
YEP	怒
YEYHV	袈
YFB	逍
YFD	迷
YFDQ	遴
YFE	叔
YFHAF	鵫
YFIKU	就
YFKS	勍
YFYE	敊
YG	主
YGCG	逵
YGGU	遶
YGHNE	投
YGHQU	氈
YGIV	麥
YGMMS	虧
YGR	适
YGRV	遠
YGSK	遨
YGTQ	達
YHA	迫
YHAF	鳰
YHAG	遑
YHBM	亹
YHDS	透
YHDV	逶
YHDV	褎
YHE	返
YHEE	邍
YHEJ	逢
YHEQ	逄
YHGR	造
YHHHH	彥
YHHQM	產

YHHW	遛
YHIV	褭
YHJR	适
YHJU	遁
YHK	迗
YHLN	劖
YHMBC	頻
YHMBC	顏
YHMBC	顲
YHML	近
YHMO	遰
YHMR	逅
YHN	亢
YHQO	迭
YHRR	追
YHS	方
YHS	迮
YHSB	遍
YHSK	邀
YHSMM	翩
YHUS	邊
YHV	衣
YHVL	迎
YHXV	裒
YHYU	遞
YIB	育
YICE	逡
YIF	熟
YIFH	妙
YIG	塾
YIHU	充
YIHXO	銃
YIHXO	鋶
YIJB	逋
YIJC	迹
YIJE	逑
YIK	达
YIOHV	旅
YIOJ	率
YIR	迨
YIRV	袞
YITD	棄
YITF	遮
YIYVI	兹
YJ	斗
YJCO	邃
YJDL	辣
YJHAF	鶁

YJHEC	贛	YMBUU	覷	YOKS	劾	YPUV	褭	YRDI	討
YJHEE	竷	YMCW	迺	YOLN	刻	YPVIF	紫	YRDK	訣
YJHHH	彰	YMD	迂	YOLN	劇	YPWB	膚	YRDMQ	諱
YJHOJ	瓣	YMDHE	皻	YOMBC	頦	YPWBT	盧	YRDOO	誎
YJILJ	辨	YMDHE	皶	YOMD	途	YPWKS	虜	YRDWF	諫
YJKSJ	辦	YMFB	邇	YOMN	逾	YPWLB	巂	YREA	諮
YJNL	鄣	YMG	迋	YON	迄	YPWP	慮	YRF	京
YJRR	逭	YMGDI	歭	YONK	夜	YPYBP	龖	YRFB	誚
YJVFJ	辮	YMHAF	鴊	YONO	欬	YPYHV	襲	YRFBF	讜
YJWJ	連	YMHQU	毦	YOOJ	卒	YPYK	虔	YRFF	談
YJYRJ	辯	YMIHH	歲	YOPD	迤	YPYMR	訾	YRFH	訬
YK	文	YMJE	歧	YP	虍	YPYMR	讋	YRFQ	許
YKANW	斕	YMKS	勯	YPA	迿	YQHL	逝	YRGCR	譶
YKB	逌	YMLN	剷	YPBU	眥	YR	占	YRGDI	詩
YKCF	遼	YMMBC	顫	YPBUC	貲	YRAMO	諟	YRGG	詿
YKHAF	鳼	YMMP	邐	YPC	鈭	YRANB	謂	YRGGU	譊
YKHAF	鳼	YMMR	言	YPD	迆	YRANW	讕	YRGNI	譸
YKHAF	鶩	YMMR	逜	YPD	柴	YRAPV	謁	YRGP	誌
YKHAF	鶭	YMNN	迾	YPG	壟	YRAV	裛	YRGR	詰
YKHBM	亹	YMNO	歔	YPHAF	鷉	YRAWE	謾	YRGRR	譆
YKHF	逖	YMP	此	YPHAF	鸆	YRBB	膏	YRGWC	讀
YKHG	逛	YMP	忐	YPHEN	處	YRBBN	贏	YRHAG	諻
YKHSB	媥	YMPOG	雌	YPHFD	虖	YRBGR	調	YRHDN	謬
YKMBC	頦	YMRT	逗	YPHU	虎	YRBHN	羸	YRHDS	誘
YKMPM	斌	YMRW	逼	YPKS	勴	YRBJJ	諢	YRHDV	諉
YKNL	郊	YMSO	逐	YPLMI	蠪	YRBLN	蠃	YRHDW	譒
YKOK	效	YMUOO	齒	YPMK	龑	YRBM	詛	YRHER	詻
YKP	忞	YMVH	迓	YPMM	些	YRBME	諼	YRHG	逞
YKP	憝	YMVM	逕	YPMMF	祡	YRBMR	詷	YRHGE	譭
YKPB	遡	YMWU	遷	YPMMF	禦	YRBN	亭	YRHGR	誥
YKQ	摮	YMY	卡	YPMR	呰	YRBO	豪	YRHGU	詵
YKR	吝	YNBQ	邂	YPMR	礱	YRBOU	謠	YRHHI	謝
YKSR	迦	YNDF	遜	YPMRB	鬳	YRBP	亳	YRHHJ	諀
YKVIF	紊	YNHB	遹	YPMSO	豦	YRBR	高	YRHJD	誅
YKYMU	齌	YNHV	袞	YPNBG	觜	YRBR	詗	YRHJM	諈
YLB	市	YNIB	通	YPNWF	鮆	YRBSD	諍	YRHJR	話
YLE	逮	YNIN	迻	YPOBO	胔	YRBTN	臝	YRHK	訞
YLHV	衷	YNIV	豙	YPOIV	餈	YRBU	亮	YRHKB	譎
YLM	止	YNJ	迅	YPPH	虑	YRBU	毫	YRHML	訢
YLMC	遺	YNMBC	頏	YPR	呰	YRBUU	覘	YRHMR	詬
YLMH	步	YNNL	邟	YPRVK	虞	YRBVK	諛	YRHMY	訴
YLMO	逃	YNOT	邆	YPSJ	聾	YRBVN	嬴	YRHNE	設
YLMR	遣	YNUI	逸	YPSM	虐	YRBWN	嬴	YRHNI	諷
YLNC	亦	YOBUC	賫	YPT	迣	YRCI	訟	YRHOR	詧
YLW	迪	YODV	褒	YPTC	龔	YRCMT	謚	YRHP	託
YM	上	YOG	進	YPTM	虛	YRCRU	說	YRHPA	諙
YMB	肯	YOHNE	毅	YPTMC	虡	YRDD	誺	YRHPM	詆
YMBUC	賮	YOJ	迕	YPU	迠	YRDHE	詖	YRHQO	詄

YRHS	詐
YRHSB	諞
YRHSM	謅
YRHUC	讚
YRHV	哀
YRHWP	謥
YRHXE	謏
YRHXO	詇
YRHXU	說
YRHYU	謕
YRIAV	誏
YRIHR	諴
YRIHS	誠
YRII	諓
YRIJB	誧
YRIJC	訹
YRIKK	詙
YRIKU	訧
YRILL	詶
YRINE	詠
YRIOK	誒
YRIOR	諮
YRIPM	試
YRIR	詒
YRIT	誡
YRITC	謙
YRITF	謶
YRJ	計
YRJBC	謓
YRJBD	誟
YRJBJ	諵
YRJBM	誼
YRJHP	詫
YRJHW	讅
YRJIP	譓
YRJKA	諸
YRJMM	諠
YRJP	詑
YRJR	詁
YRKB	詴
YRKF	詼
YRKHG	誑
YRKJA	譇
YRKMS	誇
YRLLL	訓
YRLMO	誂
YRLMY	誹
YRLN	剖
YRLWV	謱
YRM	訌
YRMBS	謣
YRMD	訏
YRMDM	讈
YRMFJ	評
YRMHF	謜
YRMJ	訐
YRMJK	譈
YRMMR	語
YRMMV	誫
YRMN	訂
YRMNR	訶
YRMOO	誣
YRMRW	諨
YRMSO	諑
YRMUA	譖
YRMVH	訝
YRMVM	誙
YRMVN	瓿
YRMWF	謤
YRMWG	諲
YRMWJ	譚
YRMYM	証
YRNBE	諼
YRNCR	譫
YRND	享
YRNF	烹
YRNHB	譎
YRNHX	諂
YRNIB	誦
YRNIN	誃
YRNIR	詺
YRNJ	訊
YRNKM	誕
YRNL	部
YRNLP	讔
YRNMU	詭
YRNN	亨
YRNOB	諝
YRNOT	證
YRNQD	諜
YRNRI	讒
YRNYI	諡
YROB	訥
YROG	誰
YROGE	護
YROGF	譙
YROHH	診
YROII	詅
YROIM	讖
YROIP	諗
YROIR	詥
YROJ	許
YROK	敵
YROMB	論
YROMG	詮
YROMN	諭
YROMO	譣
YRON	訖
YROP	訛
YROTF	譕
YROWY	誨
YRPA	詣
YRPA	詢
YRPD	訑
YRPHT	謐
YRPKO	譺
YRPPA	諧
YRPT	詍
YRPTD	諜
YRPU	訰
YRPUU	謅
YRQD	誄
YRQJP	譿
YRQMB	請
YRQMC	讀
YRQMV	諘
YRRRD	譟
YRRRJ	譂
YRRRS	諤
YRRSJ	諿
YRRU	遻
YRRUC	譔
YRRV	裛
YRRVK	誤
YRRXU	譝
YRSHI	訒
YRSHR	詔
YRSIM	譅
YRSIP	認
YRSJE	諏
YRSJJ	讘
YRSMA	謵
YRSMG	誆
YRSMH	謬
YRSMM	詡
YRSMR	詞
YRSRR	謳
YRSS	詎
YRSU	記
YRSUP	誋
YRSYJ	譯
YRTAK	謨
YRTAV	譪
YRTBM	謭
YRTCA	譜
YRTCT	謚
YRTGI	議
YRTKR	諾
YRTLF	讌
YRTLM	謹
YRTM	詌
YRTMC	諆
YRTMD	謀
YRTMJ	譁
YRTMV	諶
YRTOE	護
YRTQ	詳
YRTRG	讙
YRTT	詽
YRTTB	講
YRTWI	譐
YRTWV	譨
YRTXC	謙
YRTYU	謊
YRU	乩
YRU	訕
YRUC	選
YRUMB	諯
YRUU	詘
YRVII	譏
YRVIS	詏
YRWB	謂
YRWCE	譞
YRWD	課
YRWLJ	譯
YRWP	諰
YRWWW	讄
YRY	訃
YRYBB	諦
YRYBK	讞
YRYBS	謗
YRYCB	謫
YRYCB	謫
YRYCK	詨
YRYDK	譈
YRYE	遐
YRYE	战
YRYFD	謎
YRYFE	諔
YRYG	註
YRYHH	諺
YRYHS	訪
YRYIA	識
YRYJJ	謰
YRYLR	譴
YRYMP	訨
YRYOJ	誶
YRYPD	諄
YRYPM	謔
YRYPM	謯
YRYPU	諕
YRYR	詀
YRYRB	謞
YRYRD	諄
YRYRF	諒
YRYRO	譹
YRYRV	讓
YRYTA	諳
YRYUB	謪
YRYVO	該
YRYWM	譠
YS	迡
YSFV	褱
YSHR	迢
YSM	与
YSMVN	瓬
YSNL	邡
YSOBY	旓
YSOFB	旍
YSOHC	旟
YSOHL	旂
YSOHM	旌
YSOHN	斻
YSOHU	旄
YSOHV	旅
YSOHW	旛
YSOJB	旆
YSOK	放
YSOKR	旖
YSOLO	旐

YSOMF	旚
YSOND	斿
YSONO	旋
YSOOA	旝
YSOOI	旆
YSOOK	族
YSOPD	施
YSOSP	旎
YSOTC	旗
YSOY	於
YSOYU	旒
YSP	迡
YSRJ	避
YSYOO	旞
YSYQ	遲
YT	立
YTA	音
YTAHU	竟
YTAJ	章
YTAP	意
YTAPV	竭
YTBSD	竫
YTCW	遒
YTDL	竦
YTHAF	鴗
YTHAF	鷉
YTHNI	颯
YTHU	道
YTI	戲
YTICE	竣
YTJ	辛
YTJKI	竤
YTK	送
YTKI	竑
YTKR	逽
YTMBC	顲
YTOG	遳
YTPO	遂
YTPR	竘
YTQMB	靖
YTSMM	翊
YTSTT	竮
YTT	逬
YTTB	遘
YTU	逆
YTUMB	端
YTV	妾
YTWA	遭
YTWB	邁
YTWG	童
YTWI	遵
YTYR	站
YU	辿
YUAV	齦
YUBM	齟
YUBUC	贊
YUBUU	覬
YUDI	導
YUE	叡
YUHAF	鷟
YUHHH	彪
YUHLB	齲
YUHML	齗
YUHXU	齯
YUII	戯
YUIR	齝
YUJBC	齻
YUKB	离
YUKMR	齮
YULWP	齈
YUMB	遄
YUMMR	齬
YUMVH	齖
YUOII	齡
YUOLF	齹
YUOLL	齘
YUON	齕
YUP	齔
YUPR	齣
YUPRU	齙
YUPT	齛
YUPUU	齺
YURC	齞
YURRS	齶
YURYO	齪
YUSHR	齠
YUSJE	齱
YUSMG	齷
YUTA	齰
YUTCT	齸
YUTM	䶨
YUWD	齫
YUWLB	齵
YUYHH	彲
YUYMP	齓
YUYPU	齜
YUYTU	競
YV	亡
YVB	肓
YVB	育
YVBCR	裔
YVBQ	牽
YVBU	盲
YVD	杗
YVGG	壅
YVGN	甕
YVGU	罋
YVGV	饔
YVHBT	衁
YVHG	雍
YVHLU	巟
YVHO	亥
YVHVO	瓤
YVI	玄
YVIW	畜
YVKS	勷
YVNE	逯
YVNL	邙
YVP	忘
YVRVP	氓
YVV	妄
YVVV	巡
YVVV	邋
YWDV	裹
YWGV	裏
YWIHR	鹹
YWII	鹵
YWLB	遇
YWLE	遝
YWLG	邏
YWLV	還
YWLV	褱
YWMV	衰
YWNL	鄗
YWNO	畝
YWOMO	鹼
YWR	迴
YWRD	稟
YWRM	亶
YWS	卣
YWTQM	鹺
YX	齊
YXBT	齍
YXBUC	齎
YXF	齋
YXF	齌
YXLMM	齏
YXLN	劑
YY	卞
YYAJ	逴
YYBC	遉
YYCB	適
YYHN	迒
YYMR	這
YYPO	遽
YYR	迠
YYSD	遊
YYTJ	違
YYWM	邅
YYWS	逌

香港字倉頡碼

較常用香港字

字	倉頡碼	內碼

一部

字	倉頡碼	內碼
亘	MAM	927E
両	MLBU	994F
ナ	K	896D

丨部

字	倉頡碼	內碼
个	OL	9FC4
甲	AL	9DF1
由	LA	9DF4

乙部

字	倉頡碼	內碼
乜	DU	88A1
乸	NE	9CAE
乪	NUW	9C57
乹	NENU	9FC8
巵	HMAU	9FCE

人部

字	倉頡碼	內碼
从	OO	9FCF
仮	OHE	99E2
㑅	OYK	9278
伃	ONIN	92A4
伲	OSP	91B6
㑪	OIJC	9FD1
伹	OBM	9FD2
俟	OYVV	FA57
㪺	OSKR	9866
俤	OCNH	96DE
倲	OJWJ	92AC
偖	OJKA	9F73
僁	OHLO	9F6C
倮	OWD	92A8
㑳	OYKS	9F6E
㥁	OPKP	92A9
㒋	OPUU	9BDF
傦	OBBB	9FA8
㣌	OHGS	92A1
儧	OTMC	A0A6
儁	OOGS	FA67
僂	OUCE	92A2
儎	OJIJ	FA69

冖部

字	倉頡碼	內碼
冚	BU	9E52
冧	BDD	9E55

冫部

字	倉頡碼	內碼
冲	IML	FA7D
决	IMDK	FAA8
冴	IMMVH	9A68
况	IMRHU	FA47
凃	IMOMD	92BB
凉	IMYRF	FAA2
减	IMIHR	FAA3
凑	IMQKK	FAA4
凓	IMMWD	FAA6
瀆	IMGWC	FDDB

几部

字	倉頡碼	內碼
凭	OGHN	FAAB
凴	IFHN	FC7A

凵部

字	倉頡碼	內碼
画	MUW	9C7B
凾	UNNE	9F4F

刀部

字	倉頡碼	內碼
刋	HKLN	FAB0
刧	GISK	FAB2
刦	GILN	FAB1
刣	GRLN	9DAA
刴	HULN	92C3
刹	HDLN	9EFA
剡	IILN	FAB4
剅	YFLN	9F6F
剏	WLLN	9BD0
剳	TRLN	9FAC
剻	FWLN	9BD3
劚	SILN	9FD5

力部

字	倉頡碼	內碼
効	YKKS	FAB6
勅	DLKS	FAB7
勑	DOKS	9F71
勲	MFKS	92C7
勠	SHKS	FABA

十部

字	倉頡碼	內碼
卄	JJ	FAC5
翰	JJOMD	FD54
矗	JVJVV	9B78

勹部

字	倉頡碼	內碼
匁	PK	9A4C
够	PRNIN	FB7B

匚部

字	倉頡碼	內碼
匬	SOMN	9F7D
匲	SKRR	A0A9
匳	SOMO	FAC4

卩部

字	倉頡碼	內碼
却	GISL	FAD2

厂部

字	倉頡碼	內碼
厠	MBCN	FADB
厦	MMUE	FBF7
厨	MMTI	FBFA
厪	MTLM	A07A
厫	MGSK	FADC
厮	MTCL	FADD
厴	MOGB	9FDA
龎	MYBP	91CB

厶部

字	倉頡碼	內碼
叁	IKMMM	FAE2
亝	YWI	9FA9

又部

字	倉頡碼	內碼
双	EE	90C8
叙	ODE	FAE7
叠	EEEM	FAEA

口部

字	倉頡碼	內碼
叶	RJ	FAED
叾	NNR	89AC
号	RMS	8FAD
吖	RCN	9DEC
吓	RMY	FAEF
吔	RPD	96EF
㕭	RNHS	9262
吡	RPP	FD6D
吲	RNL	9DE2
呍	RMMI	9E56
呋	RQO	9EC0
咗	RKM	9DF7
咝	RNUE	9DF9
咔	RYMY	9E47
咏	RINE	FAF8
哶	RMMF	9F79
咜	RJP	9FD3
哾	RRHU	9AC7
哋	RGPD	925D
咤	RJHP	FAF9
哐	RSLL	9BCC
咟	ROSS	9FC5
哝	RYHV	9DFA
响	RHBR	92E0
哚	RNHD	9FD4
叚	RYSE	9FA2
啉	RQYJ	9E57
啤	RJWJ	9E58
唂	RCOR	97A7
啱	RUMR	95DA
啹	RIYR	9E54
啫	RJKA	94DC
啩	RGGY	9E4E
啲	RHAI	9DF8
啉	RDD	FABF
啵	RQDE	88DE
喐	RFQU	9F6A
喕	RMWU	88DD
喼	RNSP	9BDA
嗖	ROHF	9DF6
喋	RKRD	9DEE
喆	GRGR	FB46
嗯	RWP	9FAD
嗱	RYRV	A07E
嗞	RTVI	9E43
嘅	RAIU	9DEF
嗆	ROIV	9148
罵	RRSQF	8EC1
嗵	REIV	88F9
嘥	RJMO	9E40
嘇	ROMQ	9DF0
嘓	ROWR	9DF5
嘚	RDHR	9DED
嘢	RMRJ	9DFD
嗽	RDBK	A0A5
嘧	RBHX	A068
嚎	RQKD	9DE9
嘢	RWGN	9DCF
噓	RHOO	9DE5
嚹	RTJS	9DD0

嗙 RYPD 9FB7
嚖 RTCG A0AB
嗡 ROMM FB55
㖡 REHP 9E77
噃 RHDW 9DEB
嘭 RGTH 9DC8
嗒 RHOR 9FD9
嘸 ROGF FB54
嘷 FHUJ FB4F
嘎 RMBI 9FEB
嗠 RRMR 9042
嘫 RTJP 9FD7
嘶 RYDL 9AD2
噻 RJTG 9E6A
嚓 RHHE 91C1
嚩 RFKT 8954
嚤 RIDQ 97A3
嚺 RTOX 9DBD

口部
国 WMGI 98C7
园 WMMU FB5C

土部
坆 GYK A073
坆 GOK FB60
坂 GHE FB64
坳 GVIS 9DF3
坺 GIKK 9FCC
坧 GMR 9F72
埗 GYLH 96F5
堃 YSG FB69
埦 GJNU FB67
埝 GOIP 92E6
堺 GWOL 99A2
塀 GSTT 9ABB
堳 GNOB FB74
堦 GPPA FB6C
塩 GORT 98E3
塲 GOAH 967B
壨 GAMI FB72

士部
壳 GBHN 96F2

女部
奵 VMN 9DD3
娂 VHQO 9F74

妬 VMR 9AB9
姸 VMJJ 9D55
挈 QHV FB7D
娫 VOHG FBAB
姹 VJHP FBB2
娟 VAB 9FAA
媥 VLXL FBB5
嫝 VIDD 8F78
嬚 VIJC 8F78
嬻 VHUC 9DAD
孋 VWLG 9255

子部
孫 NDBUC 9DC0
孫 NDSHC 9351

宀部
宂 JHN FA79
灾 JF FDE1
宝 JMGI FBD2
寃 JNUI 9F6B

寸部
尅 JUDI FBD4

少部
尠 TVFH 9AE2

尸部
屆 SLW 9FC9
屗 SUND 88D5
属 SHLB 98ED

屮部
屰 PUHJ A072

山部
炭 UIMO 9F53
崟 UOMG 9F58
峯 UHEJ FBDF
峩 UHQI FBDE
崛 UAPP FBE3
嵗 UIHH A0A1
嵇 HUU FBE5
嶋 UANA 9F50
尉 USFI 9F51

巾部
帋 HPLB 9AE4

㠶 OPLB 9F75
帮 QLLB FBF1
幞 LBTCO 934E

广部
廐 IAIU 9DFB
廊 IYRL 9353
廏 IHPU FBF9

廴部
廸 NKLW 9059
廹 NKHA FC40
廻 NKWR FC41
廼 NKMCW FC43

弋部
弌 IPI 9FD8
弎 IPMM FC46

弓部
彍 NITC 95B8

彳部
徳 HOGTJ A059
徧 HOISB FC57
徤 HONKQ FQ61
僥 HOGGU A051
衞 HODBN 8FC0

心部
忎 HUP A05A
忟 PYK FCD5
怱 PKP FC61
恊 PKSS FACB
㤁 ODP A0E0
悞 PRVK FC6B
悧 PHDN 9468
悤 HWP A0DC
惩 HMP A0E5
惧 PBMC 9AD0
悳 JVP FC6D
惣 HHP 99BA
惛 PRPA A05B
惂 PAFU 9F7E
慂 EBP FC76
愸 HMP FC7C
憋 OKP FCAA
慯 POAH A074
憔 POGP A0E1

慙 JLP A06E
慽 PIHF A071
慗 GEP FC74
慉 PNLB A0DD
憙 GRP 9378
憸 PSIT A079

戈部
戚 IHMF FDE5

戶部
戹 HSNU A076

手部
扚 QPI 9FBA
扨 QSK 9F5A
扛 QMG 9FF4
抝 QVIS 9E45
拎 QOIL A077
抦 QMOB A075
担 QAM FCAE
拃 QHS 9B46
拕 QJP FCB0
拞 QMRT 9E4F
挱 QEFH 93AC
捤 QSHU A07C
拼 QMGT 9F5B
掹 QNDT 9E4C
捔 QKKB 88D9
掰 QIOI FCB2
捷 QJLV 9FB4
搵 QABT 9E4D
揑 QHXM 93AD
揸 QDAM FCB6
搩 QMRE 9E4B
搲 QJCO 88E9
揞 QYTA 9DC3
撘 QKSJ 88ED
揹 QFHU 88EE
揦 QDLN 88EB
搮 QJBF 9DFE
撊 QANA 93AF
搜 QAWE 93A1
携 QOGS FCC3
撑 QFBH FCB9
攜 QUOS FCC4
擧 HCQ 8EE6
擓 QSIT A078

攞 QWLG FCAB
攩 QVFI 9E51

支部
攱 JEKS 9DC7

攴部
敍 ODYE FCC5
敹 HDYE FCC9

文部
彣 YKHHH FC51

日部
昰 AMYM 93D5
晈 AYCK 9B71
晗 AOIR FAF2
晧 AHGR FCDF
晋 MTA 9C52
暵 ATLK 93D1
晳 DLA FCE1

曰部
晋 MCA FCDD

月部
朞 TCB 9AE8

木部
朹 DYV FCF2
条 HED 98E7
朶 NHD 9CF9
杧 DOMM 88B9
枏 DBY FD4D
栃 DHMS 98FC
枠 DKNJ 9A59
枱 DIR FD5E
柹 DLXH 9250
栢 DMA FCF8
栂 DWYI A07D
梘 DBUU 93F4
梹 DOMC 97EF
梶 DSHU 93E7
椬 DJBM 9FA1
椚 DAN 9AB7
椁 DYRD FD47
椀 DJNU FD48
朞 TCD FEE0
楕 DKMB 9AD9
楳 DTMD FD44
榀 DRRR 9FA7
楡 DTBN FAAD
樋 DYNB FD42
榅 DWOT A071
槀 YBD 9FCA
榊 DIFL 99B6
槼 OSD FD52
槺 DILE FCEF
槩 HUD 9B4C
樫 DWJI 94F9
樫 DSEG 985E
橌 DANA 93F7
橒 DMBI 93EF
櫼 DRJI FD5C
檵 DNON FD5F
橺 DANR 9FB6
欝 DDWLI FD62

欠部
歊 YBNO 9FDB
欵 PKNO FD65

殳部
毂 GDHNE 98AF

毋部
毑 PDWYI 9AFB

毛部
毡 HUYR FD6F
毹 HUOMN 9FE7
氅 LYHQU 90E1

气部
氯 ONAPH 9FD0

水部
汹 EUK FD78
沢 ESO 98C6
洎 EBU 9FFC
洫 EBT A0DE
浐 EHS A042
浍 EOMG 944F
涖 EOYT FDAD
浜 EOMC FDAE
浲 EHEJ 92B7
涅 EAG 9DD4
湏 EMBC FDC0
溇 EHDV A0D6
滙 ESOG FAC0
湟 EHXM FDAF
潄 EDLK FDCC
潛 EQOA FDCD
澝 EJPB FDC5
濐 EYPU 9FE6
瀞 EQBD 96ED
瀿 EFFD 96EB
濶 EANR 90B6
灎 EMGU 9DA7
盗 ENST 95D3
漍 EWE 9DB7
濝 EJPB A0DB

火部
炁 HUF FDE3
畑 FW 97D9
烁 FHD FDBF
点 YRF 98F2
烟 FWK FDE7
焗 FBCR 9454
焫 FTOB FDED
焴 FYIB 96F6
煝 FSMB 996E
煲 ODF A0DA
煶 FAMO A0DB
煊 FJMM FDF0
熇 FBBR 9BD5
熒 FFBHI A0DF
煆 FHJE FDEE
熗 FYTJ 91B1
燢 GEF 9DB5
熵 FYCR A057
煉 FDB 89AF
燶 FYWV 9E49
爕 YFFF FE41

爿部
牀 VMD FE48

片部
牐 LLHJL A0E4
牕 LLHWP FE4B

牛部
犇 HQHQQ 9456

犬部
犲 KHDH A069
狢 KHHER A049
猂 KHAMJ A04C
猈 KHMLK 9EDD
猪 KHJKA FE52
猫 KHTW FE53
猄 KHYRF 9E65
猬 KHWB A065
献 JBIK FE59
猨 KHBME FE58
獏 KHTAK 9FBC
獱 KHJMC A04A
猴 KHOLK FE54

玉部
玊 MGMGI FE5A
珉 MGRVP FE5E
玠 MGNF FBD7
琼 MGYRF 946B
瑝 MGHAG FEB9
琛 MGORD 967E
瑠 MGHHW FE71
瑨 MGMCA A0D5
瑞 MGFBB 945D
璠 MGYPU A04F
瑩 MGFFI 9463

瓦部
瓲 MIJ A0D9
瓱 MIHQU A04D
瓸 MIPU A0B8
瓼 MICSH A0BF
甋 MIMA A0CE
甖 MIMWG A0B7
甄 JIMVI FEA9

甘部
甞 FBRTM FEAB

生部
甡 HMHMM 89A4

田部
畓 EW A0C4
畊 WTT FEB2
畠 HAW 9978
畺 MWMWM9FB9

曈 WYTG 9471

疋部
疎 NMDL FEB8

疒部
疱 KPRU 9E5C
疴 KMNR FEBB
痃 KYVI A044
瘇 KHJG 9FFE
瘂 KMLM FEBC
瘻 KLWV 9DDD
癇 KANA 9DDF
癔 KYTP 9EEB
癦 KWGG 9E59
癧 KMDM A05C
癯 KBUG FEC0
癥 KHOK A062

白部
皥 HAHAJ FEC8
皐 HAMMJ FEC3
翺 HJSMM 8ECB

皿部
盌 NUBT FECB
盖 TGBT 9FC2

目部
眦 BUYMP FED2
[illegible] BUNHE 89AD
眤 BUSP A0C1
眫 BUFQ A0CD
着 TQBU FED3
睸 BUAHU 94AE
罰 WLYRY 9FEA
罱 WLJBJ A0E2
罸 WLYRI 9FE9
瞓 BUYRL 8FD4
瞎 BUSTR A0AC
瞹 BUBBE 9DE0
曌 BUJCM 89A8

石部
矾 MRHNI A0AE
硄 MRJKP A046
碍 MRAMI 94C2
磓 MRYHR FEE3
碱 MRIHR FEE9
磘 MRBOU 9FFB
礆 MROMO A0A8
碯 MRVVW FEE1
礐 HCMR A0AD
礮 MRSFK FEE5

示部
祢 IFNF 9DEA
禝 IFWCE FEF5
禩 IFWTC FEF8

禾部
秄 HDND 97A8
秔 HDYHN FEFE
稭 HDPPA 8E44
稾 YBHD 9FFA
稺 HDSYQ 8E49

穴部
穽 JCTT 8E4D
窰 JCBOU 8E50
窻 JCHWP 8E4F

立部
竓 YTHQU 9FF8
竚 YTJMN 8E56
竝 YTYT 8E57
竪 SEYT 8E58

竹部
笋 HSK 8E5C
笔 HHQU 9FE5
笹 HPT 996A
笟 HHVO 9F56
箒 HSMB 8E68
箣 HDBN 9F59
篏 HTMO 9F5D
簌 HDBK 9FBE
簕 HTJS FAB8
筅 HHVU 9F64
籃 HIIT 9552
篩 HOIB 9F61
簣 HBUV A06B
籯 HYRN 94ED
籆 HBUE 9FBD

米部
籾 FDSHI 9F5F
粆 FDFH 9F62
粃 FDPP 8E73
粬 FDTW 9072
粮 FDIAV 94F8
糍 FDTVI 94F3
糉 FDUKE 8E78
糇 FDONK 8E79
糂 FDTMV A0B0
糃 FDASM A0AF
糚 FDTVG A0B2
糕 FDOGF A0B1

糸部
絍 VFOHG A0B6
絙 VFMBM 9E42
絝 VFKMS 8EA4
綉 VFHDS 8EA7
綫 VFII 8EA8
綳 VFBB 8EAA
緜 HBHVF 94FA
緵 VFUKE 8EB0
縧 VFOLD 8EBB
繮 VFMWM 8EB7

缶部
罉 OUFBH 9DBC
罇 OUTWI 8EBE
罏 OUAMI 94FD

网部
罝 SIWC 8ED8

羊部
羗 TGHI 8EC3
羣 SRTQ 8EC4

耒部
耝 QDBM 8ECF

耳部
耻 SJYLM 8ED4
聢 SJJMO A0BC
聣 SJHXU A0B5
聛 SJHHJ AOBE
聦 SJPKP A0B4

月部
肱 BKI 9DE8
肶 BPP 9E5D
肦 BCSH A0BB
胆 BAM 9565
脉 BINE 9566
䏟 BPH 9D51
脇 BKSS 8EDF
脕 BNAU A0C0
脷 BHDN 9563
脗 BPHR 9DDA
脚 BGIL 8EE0
脲 BSE 9DE6
腈 BQMB 9DE3
䐢 BSTV A0C3
膶 BANG 9E61
膋 BFFS 8EDC
臈 BTAV A0C8
𦢊 BATE 9E58

自部
臬 HUDM FEC7
臯 HUYTJ 9B5A

至部
臹 MGKLD 98C2

舌部
舖 HRNCR A0BA

舛部
粦 FDNIQ 8E75

舟部
舦 HYKI FD77
艪 HYGOW 956B

艸部
芪 THVP 8EFB
芦 THS 99AE
莅 TOYT 8F53
菓 TWD 8F58
葛 TAPH 9562
萘 TKMF 9DE7
葬 TKJT 9FC6
萜 TLBR 9E62
草 TYAJ 9E64
萠 TBB 96CC
葱 TPKP 8F62
韮 TLMM 90EE
蕋 TPUU 9AF2
蓚 TOLH A0CF
蔻 TJMV A056

蔴 TIDD 8F77
蔴 TIJC 8F77
蕯 TYLM 8F40
薛 THAJ 9FC0
蘂 TPPD 8FA5
蘐 TYRE 9570
蘯 TEHT A050

虫部

虬 LIU 8FB8
虾 LIMY 8FAF
螆 LITVI 9E5F
蝱 YVLII 8FB0
螌 HELMI A0C9
蜍 LIOLD A0C6
蟎 LITLB A0C7
蟮 LITGR 8FB2
蝨 RPLII A0D7
蠄 LIOYB 9E5E
蟳 LITWI A0BD
蟖 LITCL A043
蝍 LIMMI A061
蠏 LINBQ 8FB6
蠘 LIJIG 9FE8
蠧 YJLII 957C

血部

衂 HTSHI 9FC7
衅 HTFQ 8FBB

衣部

䘚 LKNI A054
𧘐 LKI 88C4
袜 LDJ 8FC1
䘏 LHBT 9E60
袴 LKMS 8FC3
袵 LOHG 8FC4
衮 YCIV 95A1
袠 YHQV A052
褀 LTMC FEF1
褒 YHDV 9CC2
褋 LOGD 95A7

襾部

覇 MWTJB 8FC9
覊 MWTJR A0C2
覉 MBTJF 8FCA

見部

覔 MFBUU A0B9
覙 TCBUU 9B58
覩 JABUU A0D4
覼 MBBUU 9DAC
覶 MBBUU 8FCE

言部

諔 YRVE A0CA
詾 YRPUK A058
詧 BOYMR 9FFD
諜 YRBCD 9DB3
謌 YRMRR 8FDE
謗 YRTNH A04B
譃 YRYPM A0CC
譌 YRIKF 8FE3
讁 YRYYB 9AF6

貝部

貭 HJBC A0CB
賍 BCIG 9E48
賔 JBBUC A04E
賔 JBBUC A064
贌 BCTCO A048
贘 BCFBC 9DDC

走部

趂 GONF 9FD6
趦 GOIOR A0D2

足部

跔 RMPR 9FF0
跦 RMQD 9DB0
跖 RMMFR 9DBF
踁 RMMVM 9FF3
踨 RMOOO 9FF6
踭 RMBSD 9E5A
踪 RMJMF 95C8
蹏 RMHYU 9FF1
蹪 RMWJC 9DAE
躄 MORYO 9FED
躉 YURYO 9FF7
躧 RMMMP 95C9

身部

躭 HHLBU 9048

車部

軚 JJKI 9BD1
𨊻 JJYT 9DF2
輙 JJSJE 904C
輭 JJMBK 904D
䡵 JJMBV 904E
轇 JJYCV 9FF5
轜 JJMBB 9F78

辵部

辻 YJ 9943
込 YOH 9945
迋 YHG 9CB5
迚 YL A0A3
迹 YYLC 905B
逓 YCNH 9D79
遖 YJBJ 9BF9
遡 YTUB 9065
遻 YRRS 9F55

邑部

邨 PUNL 9068
𨛭 HTNL 8FBA
郄 KINL 906A

酉部

𨠊 MWMD 9FB2
䣲 MWKNI 9FB1
酞 MWKI 89AE
酜 MWQO 9FB0
酙 MWYJ 9FAE
酧 MWJDI 906E
酰 MWHGU 9E71
䤊 MWYIU 9FDC
酶 MWOWY 9E4A
醎 MWIHR 9FB8
醻 MWGNI 95DC

金部

釺 CHJ 94A6
鈎 CPI 9075
鉕 CMSU 9663
鉧 CMVH 8FD5
鉄 CHQO 90AB
鉢 CDM 9078
銾 CME 96D8
銹 CHDS 907A
鍈 CTLK 96D9
鍅 CEGI 9DE1
鍩 CTKR 91DA
鍀 CAMI FC55
鎅 CWCL FEB0
鍫 HFC 90A3
鍟 CAHM 9774
鍓 CAHU 946C
鍮 COMN A05F
鍏 COMQ 9CE2
鍿 CLBM 9FEF
鐧 CANA 95E1
鐦 CANT 90B4
鐫 CTWB 89AB
鑚 CTMC 95DD
鑛 CITC 90B0
鑥 CNFA 9C4E

門部

閗 ANYJ 95E8
閧 ANTC 95E7

阜部

陁 NLOPD 9FA6
陑 NLMFM A0A4
陒 NLHSU A0AA
陡 NLYLO 9FB3
隁 NLSAV 9FAF
隖 NLHRF 90BF
隣 NLFDQ 90C1

隹部

雋 OGNHS 90C7

雨部

䨏 MBELU 9F52
霡 MBBIE A066
霱 MBNIB 90D2

青部

𩇔 QBOND 9644
𩇕 QBOND 9CE4

革部

靭 TJSHI 9E46
鞟 TJYRD 90E7
鞴 TJTHB 9F7A
鞾 TJTMJ 90E9
鞸 TJWTJ 9B5C
鞺 TJFBG 9F7C
韈 TJTWM 9F76

音部
韵 YAPIM 90F2

頁部
頟 HRMBC 9657
頴 PFMBC 90F6
頳 ETMBC 9FDF
頱 YJMBC 9B5E
顋 WPMBC 90F8
顚 OFMBC 90F9
顬 MBMBC FA6A
顩 OBMBC 9FDD

風部
颴 HNONO 9FE0
飍 HNFFF 9143

飛部
飜 HWNOO 9660

食部
飦 OIMJ 914A
舘 ORJRR 8EE8
餤 OIYTK 9652
餹 OIILR 914D
餻 OITGF 9666
餡 OIBHX 9F7B
饍 OITGR 9667
饑 OITBK A06C

馬部
馱 SFKI 99F4
駄 SFIK A0E6
駮 SFYK 9677
駚 SFLBK 9FAB
騌 SFJMF 9153
騐 SFOIP 9155

骨部
骺 BBHMR 9FE1
骹 BBBV 9B5F
髗 BBYPT A05D

髟部
髠 SHHN 915B

鬥部
鬪 LNMTI 9F5E
鬮 LNRXU 9F60
鬭 LNRML 9161

魚部
魰 NFOK 9FA5
鮐 NFYT 9DCD
鮋 NFLW 9EE9
鮏 NFHQM A060
鮎 NFYR 916D
鮝 FQNWF 9FC3
鮷 NFNDT 9ECA
鯎 NFIRM 9ECD
鯽 NFBCN 916F
鰕 NFRYE 9F63
鰊 NFDWF 9FA3
鯿 NFHSB 9170
鰐 NFRRS 96B1
鰌 NFTCW 9171
鰞 NFOIR 9DCE
鰮 NFWOT 9F67
鰯 NFNMM 9ADA
鰺 NFIIH 9A7E
鱅 NFILB 9DDE
鰵 OKNWF 96B0
鱲 NFVVV 9E50

鳥部
鳾 UHAF FBE0
鴃 DKHAF 9FA4
鴩 MGHAF A05E
鵞 HIHAF 9DD8
鴫 APHAF 917A
鵄 QAHAF 91A8
鵵 DWHAF 9F77
鷄 BKHAF 91A1
鸎 BGHAF 9FF2

鹿部
麁 NIXP 9F54
麄 CHIXP 9FE3
麐 IPHER A045
麕 IPWHD 91AB
麖 IPYRF A070
麘 IPHDA 9F6D
麞 IPYTJ 91AC

麥部
麩 JEMYS 9E41
麫 JEMLS 91AF
麵 JNTW 91B0

麻部
麿 ICRHR 9A4A

鼓部
鼗 LOGTE 91BE

鼠部
鼦 HVSHR A041
鼷 HVAJV 91C0

黽部
鼂 AMRXU 91B9
鼃 JCGRU 9AB2
鼈 FKRXU 91BA

鼻部
齅 HLHUK 91C3

齒部
齓 YUU 9FEE
齚 YUHS 9F69
齩 YUYCK 91C9
齟 YUJBM 8968
齽 YUTXC 9FEC

較少用香港字

字	倉頡碼	內碼

一部
不 MF FA70
无 MKU FCD3
丌 MHLV FE46
疋 MYO FEB7
冇 KBI FA40
承 NNQO FCAD
旡 MHGU 9C71
丟 MFOMI 9375
亜 MFJBM 9376

亠部
壬 HG FB73

人部
亼 OM 926B
仢 ODH 9272
仔 OMD 9277
侀 ONL FC47
仸 OHK 9267
仛 OHQU 94DF
伕 OKI 96DF
佋 OSHR 926E
佂 OMYM 92A7
佅 OJD 96A2
仌 OOOO 927D
佢 OSLL FBCB
侊 OFMU 926F
俌 OMGB 92A3
佘 OFD 8E7B
倀 OIHS 94E7
佫 ONIR 96EA
侤 OTCH FA54
俞 OMBV FA71
俌 OIJB 92AB
侻 OCRU 9C53
倩 OQMB FA5F
倈 ODOO FA59
偬 OLP FC5F
侸 OMLM 8EF2
倆 OMLY 90CB
倴 OKJT 9163
偄 ONBS 9279
促 OJMO 927B
偺 OTW 93CD

值 OJBM 94D8
[illegible] OAHU FA74
傁 OHXE 92AA
[illegible] ORRR 92AD
[illegible] OJMM 96DA
偦 ONOB 9BE9
儁 OOGS FA68
耙 DOAU 9275
傐 OYRB FD56
[illegible] OTHN 9B7C
[illegible] OYED FA63
[illegible] OTWB 8F5D
[illegible] OWJC 926D
[illegible] OJOI 92DF
[illegible] OYQD FA62
僞 OBKF FA66
[illegible] OJIP FC72
[illegible] OYTO FD6A
[illegible] OINDO FEA8
僐 OTGR 90E3
[illegible] OWBP 9273
僟 OVII 94AB
僴 OANA 97C4
[illegible] OSAV FA60
僼 OTWT 92AE
[illegible] OQHF 976B
儫 OYRO 9268
[illegible] OHNF 97D8
僣 OLUA 9FCB
[illegible] OJKF FA65
[illegible] ONWA 9276
[illegible] OFFI 9342
[illegible] OHGI 926C

儿部
[illegible] HWHU FA6E
[illegible] HSHU 9EE0
兙 JUJ 92AF
兛 JUHJ 92B0
兝 JUCSH 92B1
兞 JUHQU 92B2
[illegible] HUMMU 92C0
[illegible] HUNL 92BF
[illegible] HUHON 92BE
[illegible] LPHU FA6F

冖部
冨 BMRW 92BA

[illegible] BYBP FBD0

冫部
[illegible] IMPHH FA7B
[illegible] IMFQ FA7E
[illegible] IMMR 97DB
[illegible] IMNDT 92BC
[illegible] IMMVM 9BB3
凂 IMNAI FA42
凇 IMDCI FDB6
[illegible] IMOIV 9149
[illegible] IMNBK 945C
凒 IMUMT 9BB4
凞 IMSUF 9BB5
[illegible] IMIDQ 97A4

几部
凣 HHN FAA9
凡 KN FAAA
[illegible] HNK 90FD
[illegible] ISHN FC7B

刀部
[illegible] SRLN 9FCD
[illegible] DELN 9E53
[illegible] WMLN 9BEA
劎 OOSK FAB5
[illegible] HOLN 9550
[illegible] TTSHI 92C4

力部
劵 FQKS FAB3
[illegible] HLKS 92C5
勇 NIWKS 9874
[illegible] NTKS FBC4
勔 MWKS 92C6
[illegible] FUKS 9EDC

勹部
包 PSU FABD

匕部
[illegible] LPQ 9546
[illegible] HBLMP FD63

匚部
[illegible] SOOG FAC2

卩部
卭 MSL FAD1
[illegible] YVSL 9C66
[illegible] NIAIL FAD6
卾 RSSL FAD4
[illegible] HHIIL FAD5

厂部
厓 MGG FAD9
[illegible] MSV 9053
厢 MDBU 9CE0
歷 MDYLM FD66
[illegible] MDP FD67
[illegible] MDDO 97C1

厶部
[illegible] IIIP FAE3

又部
义 IK FAE5
[illegible] HKE 92DA
叒 EEE 9CF5
[illegible] YRE FB70
[illegible] YUE FAE9
[illegible] BEEE FA76

口部
[illegible] RV 92E1
[illegible] RYC FA72
[illegible] RKT FAC6
呭 RPT FAF4
[illegible] RSS 92CC
[illegible] RHQU 94DD
[illegible] RI 97A5
[illegible] RSK 9SCA
[illegible] ROIP FE5C
哇 RYG 94E0
[illegible] RHA 9EB4
[illegible] RNIR FAEE
咲 RTK 8E5A
[illegible] RILL 92DB
[illegible] DLR FAFE
唍 RJMU 93BA
[illegible] RUON 94DB
[illegible] RSHU 97A2
[illegible] RWKS 97A6
[illegible] REA FDA4
唫 RC FAF1
[illegible] ROML FAF6
啝 RHDR FAF7
[illegible] RRRH FAFC
[illegible] RYOK FB7A
[illegible] RVJR FBA7
[illegible] RIPP FBF6
[illegible] RTOI 8F43
[illegible] RWJR 90A1
[illegible] RJBM 94D6
㖭 RHKP 9EFC
[illegible] YCBR FB42
[illegible] RJRR 9F4A
[illegible] ROYV 9F4D
喩 ROMV FB47
[illegible] RTGK 9263
[illegible] RYSO 92D0
[illegible] RIHV 92DE
㗊 RRRR 9D46
[illegible] RAJV FCDE
[illegible] RTOR 8F52
[illegible] RHYU 9D8E
[illegible] RVFB 9EE3
[illegible] RDRD 92CF
[illegible] RAWE 9653
[illegible] RHND 974B
[illegible] MBSMR 9CB1
[illegible] RVIF 9EF5
[illegible] RTYJ FB4E
噡 RNCR 8FB7
[illegible] HBR 9261
噼 RSRJ 9EE8
嚊 RHUL 91C2
嚋 RGNI 9D62
嚞 GRGRR 925E
[illegible] RDLC 92CE

囗部
[illegible] HWNK FB57
国 WMG FB5B
[illegible] WVFF 92E2
[illegible] WCYS FB5A
圎 WRB FB5E
圕 WLGA 9CEE

土部
圮 GSU FB5F
[illegible] GHJ 94A7
坃 GMMU FB76

垈	HTG	90BA
坛	GMMI	91FB
坒	YPG	FC66
坙	IOG	FC67
𡉕	GYVI	91FE
坿	GODI	92E8
垍	GHBU	92E7
垺	GJMD	92E9
垊	GRVP	96F3
僡	ONG	FA56
赶	GOMJ	8E41
垰	GHGR	9345
埄	GHEJ	954A
埿	EHG	967C
埧	GBUC	96F1
埈	GICE	97E6
埠	GJWJ	986E
埂	GTBC	FA48
堅	SEG	FAE6
埯	GILI	FC4B
埗	GYPU	8FAB
埊	FFG	97E9
堧	GTLK	97F1
埞	GJMO	9F42
堾	GRSJ	FCB7
埴	GJMM	944E
堢	GORD	967D
堹	GJBJ	97C7
堒	GAPP	97E5
塈	ILG	9CCB
塁	GASO	FB6E
墪	YKG	FB6F
塴	GTOL	9240
塬	GMHF	9254
塴	GIIB	9C6F
壂	GSEG	FB68
埼	GJKR	91FD
墉	GILE	974E
墰	GMWJ	8EE1
墩	GMJK	97E8
墧	GHKB	9EE6
壋	GFBW	92EA
墼	GQHF	976C
墶	GYGQ	9C7E
壘	YSYSG	FB6A
壍	EBG	FDC8
壆	HCG	8EE7
埊	FFG	97EA
壀	GSLC	9EDE
壈	GTOV	9241
壵	GGGOG	96A1
坰	GW	97ED
壠	GYBP	FB71
壏	GTHF	8EF3
壃	GTWIM	9BF8
懿	GTNOP	9CBA
懿	GTIOV	9C44

士部

壳	GBHU	98F0

夕部

夅	YPNI	9CA5
夠	NNKF	FC65

大部

奋	KLW	9CC7
奓	KNIR	96E9
奖	VKK	FBA1
奮	KOGX	FBA4

女部

奻	VHI	FBC2
妖	VKI	FBB1
妼	VPHH	FEDB
妌	VBY	9147
妭	VKE	91FA
姹	VHQU	94DE
妋	VMF	95C3
妔	VYHN	9752
妬	VSK	97AB
妉	VLBU	984C
妻	JJJV	FAC8
妳	VYMY	FACE
妬	VOM	FB65
姉	VJLB	FBA6
姈	VOHH	FE61
姅	VMFJ	8F45
娍	VIV	8FEA
姆	VINE	91F3
委	NHV	92ED
妸	VMNR	92F1
姍	VBQ	935A
妊	VMGI	93C6
姴	VMOB	94D2
姾	VHEY	95D6
㚰	VHS	97B3
妚	VMFM	97BA
㚼	VW	97DA
娊	VRVP	97DF
姛	VHBU	FAFB
姶	VEA	FDA2
姐	VSJ	FE64
姺	VTIO	8EF9
姨	VYHV	9158
娍	VIHI	92EF
娀	VIHS	94E6
娂	VTC	957E
姰	VPA	95C5
姚	VFMU	9854
姃	VIG	9856
姫	VSLL	9877
娄	VGV	FBA2
娝	VTCH	FBFB
娊	VJMU	91F5
娏	VTMU	91F6
娒	VOWY	92F5
娡	VGP	92FD
娊	VBUC	9359
娣	VKKB	935B
娕	VJD	9366
娪	VMMR	94E9
娙	VHEJ	95C7
娼	VSKR	96E6
娋	VFB	9742
㛖	VICE	97E7
娶	VDR	9847
娾	VWYL	9855
娧	VCRU	9C51
婧	VQMB	9CD0
娣	VHNH	FBB0
婡	VDD	FBB6
娭	VTLK	FBBA
婭	VQYT	FCAF
婞	VTMJ	8F44
娴	VPFD	916B
婨	VOMB	9271
婕	VLE	92EE
婏	VMPM	92F0
婠	VJBM	94DA
婷	VBSD	94E2
娿	VHDS	97B8
婡	VDOO	984F
婮	VSJR	985B
婝	VNKM	985C
婕	VTGV	FBAA
婻	VTWK	FBAC
婷	VHXS	FBAD
婕	VYSO	FBB4
婨	VKMB	FC73
婳	VHJG	FDC1
婫	VBJJ	FDEF
媙	VIHV	92EB
媮	VOMV	92F3
媺	VIVL	92F4
媥	VBBG	92FA
媁	VDMQ	9340
媧	VDAM	9357
媇	VDMF	9364
婫	VAPP	9365
媟	VVNE	944C
嬨	VTVI	94F5
媆	VMBK	9572
媔	VNBK	96FD
媊	VAHM	9769
媡	VDWF	97B7
媪	VMWV	97BC
嫔	VSTT	984B
媹	VYBB	984D
嫉	VNOK	984E
婺	NIV	9850
媸	VFDV	9CB6
婷	VYBN	FBB8
嫠	NSV	FBB9
媷	VVNO	FCB8
媪	VILR	FDC4
嫐	VMGK	8EB1
嫃	VJBC	90A7
嫆	VWKP	91EA
媼	VCIM	91F1
嫐	VKPB	91F4
嫞	VTLB	93CB
嫎	VYBS	9741
嫚	VMUE	97A9
嫄	VSTV	97B0
嫔	VNBP	FBBC
嫤	VSEG	FCD2
嫡	VTPD	916C
嫂	VLWV	91F2
嫶	VFQU	9574
嫤	VTLM	9577
嫣	VHAF	95BE

嫯 VGSK 9CA1
𡣕 VFBG 9CB9
嫰 VDLO 9EE2
𡢡 VBBQ 8EE9
𡣪 VWLC 8FF1
嬄 VMBI 91EF
嬔 VBKF 91F9
嫺 VANK 92B8
嫽 VAYF 92F8
嬟 VVII 94AA
嫇 VNST 95D4
嬚 VTCL 97AD
嫺 VANA 97B5
嫼 VFBD 97BE
嬰 VBUV FEA6
嬉 VQJP 91D6
嬏 VDDF 91EC
嬌 VJCR 9358
嬪 VYX 93BC
嬕 VSRQ 9576
嬑 VYTP 964B
嬫 VFDQ 9672
嬡 VTVP 96FC
嬗 VNCR 9745
嬊 VDDO 9760
嬈 VTWV 97B4
嬣 VFBW 9853
嬉 VGRR FB49
嬑 VYPK 8FAC
嬪 VJUC 91F7
嬫 VFFD 9575
嬳 VTCO 9578
嬛 VFBV 974A
嬽 VYWV 9251
嬭 VTAB 9355
嬾 VTAD 9356
嬙 VTGW FBC0
嬴 VYRN FBC1
嬶 VHCQ 93F2
嬷 VYDU 9851
孆 VBCV FEA4
孇 VJTC 8FF8
孃 VMBE 90D0
孄 VANW 9367
孅 VIDY 90DF
孍 VTAW 9354
孏 VJMC 9363
孋 VVFF 91A5

子部
孨 NDWYI 9352
孚 WIND FD6B
孖 WIND FD6C
孫 NDNAU FA6B
孛 LYND 90E0
孻 NDTLB 9350
孽 UJND FBC7

宀部
宊 JODI FA4C
宪 JHGU FC7D
宻 JMCW 92F7
寕 JMBN FBCE
寧 JMBN FBCC
寗 JPGB FEAD
寓 JHLB 9BC2
寍 JPHT FBC9
寗 JHGB FEAE
寶 JMFC FBD1

寸部
寿 QKDI FB75
尌 GUDI FBD5

小部
尐 FO 9CBC
尔 OF FBD6
尓 NF FBD8
尛 MFMMF 8F68
尞 KCAF 934C
尡 FUHAG 96FB
尠 FUTMJ 96F7

尸部
屉 SPT FBDB
屓 SBUC 9F44
屪 SKCF 934B

山部
岅 UHE FBDD
岺 UOII FBE7
屔 USP 91B7
岞 UHS 934D
岽 UHEY 9868
峋 UKSR 9BF3
峸 UHNB 935E
峍 UIHS 93D7
峩 UHQI FBDE
崀 UBUU FBE1
崋 UTMC FBE2
崘 UOMB FBE4
嵮 UJBM FED0
崬 UDW 9C75
嵐 UHNI FBE6
嵳 UMWG 9074
崳 UOMN 9C40
嵲 UHAJ FEC5
嵻 UMHF 95B4
嵟 UDMQ 9BB7
嵾 UKJWJ 9D57
嶔 UFCB 9EEA
嶅 GKU 9CEB
嶄 JLU 9EF0
嶶 UHOK FC58
嶶 UHOK FC5B
嶪 UTCD 9CF1
嶹 UYRO 9269
巁 UMTB 9654
巂 UFUA 9CFD
巗 URRK FBE8

工部
巪 MMMM FBEA

己部
巽 SUTC FBEC

巾部
帆 LBHN FBEF
帉 LBCSH FBFC
帛 YALB 9BA4
帡 LBSTT 934F
帽 LBAHU FA73
幓 LBSMH FD59
幨 LBYHC FBED

干部
幵 HJMJ FBF3

幺部
幺 VI FBF4

广部
広 II FBC3
庴 IYX 9478
廐 IHPU FBF9

廴部
廴 NK FBFD
廻 NKBR FC42
廷 NKRHG 905F
廼 NKBCR 95D0

弋部
弌 IPM 9361
弎 IPMMM 9362

弓部
弢 NUE FC48
弦 NHBI FC4E
弳 NNHE 97EE
强 NRLI FC4C
弻 NYBN 9166

彡部
衫 IEHHH FD73
彦 YRHHH FACD
彬 TQHHH FDA8
彩 OJHHH FDA7
彲 MPHHH FC54
彭 IBHHH 93DD

彐部
彛 VMPOP FC4F
彜 VMFHT 987A
彝 VMFHK FC50

彳部
彻 HOPSH FAAF
衍 HOIMN 8FBD
衎 HOHKN 8FBF
後 HOICE FA58
衏 HOYNN 8FEB
衐 HOMUN 8FEC
律 HOQKQ FA5E
徸 HOAHU FA75
徫 HOYTJ FBBE
徱 HOMWF 9B70
衡 HONKN 9369
衡 HOJCN 936A
衡 HONKN 9BA7
衡 HONFN 9CA2

心部
忛 PHN 9370
忛 PHNI 936E

香港字倉頡碼

忛	PHN	9371
㤘	PKLD	FC5D
恫	PSMR	FEEF
㤗	PHMY	9377
㤂	HOP	FCA9
恾	PTYV	936B
恶	MMP	936D
𢙑	PHMR	96A8
恢	PMF	9EA9
㥦	PYMR	FB41
𢙓	HWP	FC6C
恣	KOP	FCA6
恵	JWP	937A
悆	PHLO	FD64
悆	PHLO	9BEC
㥇	PBSD	94E3
惘	PBTU	96A3
㦧	PIKH	9A61
㤫	ORP	8ED7
悡	SYP	8EE2
㥯	MBP	9372
𢙐	PHNI	96AA
愇	PDMQ	96AC
㥉	PNBK	9740
㥋	HOP	9C4D
𢜮	KGGP	FC64
愢	PWKP	FC68
㦒	PYHJ	9060
㦔	PTMJ	97C3
𢝵	JRP	9EF1
𢞆	PHWP	FC79
𢟜	MCP	96A9
𢟉	PWBP	9274
𢟛	PYIA	936C
憘	PGRR	9379
憕	PNOT	9C50
𢡄	DDP	FCA1
𢡈	PBBE	FCA2
懐	PYWV	FCA5
𢢕	TWBP	9373
懀	POMA	9374
懇	HCP	9BBE
𢣁	PCP	FCA8
懼	PSMG	FCE9
𢣭	MNP	FE70
𢣾	PBMP	90C3
懂	PTYG	9CB4
𢥞	PVID	9CC8
戇	YCP	96AB
𢥫	MCP	FCA7

手部

护	QIS	93B0
扗	QMG	9FF4
拟	QVIO	FA51
㧌	QRKS	9DC4
㧅	QSLB	9EB9
抛	QHGU	91B4
㨌	QRLB	93A5
挠	QJRU	93A3
挪	QHQL	93A9
挮	QCNH	9ED6
捤	QIHM	FCAC
掮	QJBV	FD4A
搒	QYSD	8FB3
揦	QDLN	9D4A
揵	QYSO	FCB4
揔	QING	93A4
搼	QQKA	9750
搸	QQKD	FCB5
摝	QHOO	937B
掵	QOMQ	93B1
搵	QAFU	9EDA
搲	QGJI	937C
撁	QTMJ	93AB
龕	OMRQ	93B2
撮	QAME	FCBB
擃	QTQU	FED4
擀	QEEM	FAEC
㩜	QDDF	9EC5
攊	QSEG	9F45
攞	QGRG	FCBF
㩱	QFFD	94B5
攌	QMBV	FCB1
擊	SWQ	FCC0
擕	QOGB	FCC2
攑	QHCQ	93F3
攡	QTCE	93A8
攩	QIPW	9EA2

戶部

启	ISR	FB44

攴部

敚	UUOK	FDC2
敍	ODYE	FCC5
敁	IROK	FBA3
敭	AHOK	FCCA
敹	TCOK	FCCB
敹	HSOK	93B3
斃	GUYE	97EC
斆	YUYE	FAE8

文部

斈	YKND	FBC6

斗部

斢	YJYJJ	FCCC

方部

施	YSOLB	9CF3
旑	YSKMR	FCD0
旗	YSTMC	93CA
旞	YSNKQ	95BB

斤部

斳	TGHML	90E4
斳	TGHML	90E5
斵	HMHML	FCCD

旡部

既	HPMVU	FCD4

日部

旻	AV	9BB6
昦	AYHS	FCD7
旼	AUE	FC49
昣	AOHH	FE63
昷	AUU	8F46
晔	AFQ	93C1
昙	AYVI	93CF
昞	AMOB	93DB
晄	AFMU	FCDA
晉	FUA	FCDB
晁	FUA	FCDC
春	NDNDA	8E48
晎	AQJM	FB4D
晓	ATYS	FCD8
晵	JTOA	FCD9
晓	AIMU	FCE6
晒	AMLK	93C0
晰	AQHL	93D8
晴	ASKR	96E7
晫	AHAJ	FB53
晴	AQMB	FCE2
暘	ASJS	FCEB
暨	EPA	FDA6
暒	AAMG	93B8
暗	ATW	93CC
暗	ATA	93CE
暐	AYAJ	93D3
暀	AOMB	947E
暢	LLAPH	FCE4
暆	APMM	FC62
暚	AYFD	905A
暓	AAHU	94AF
暆	AOMN	95F1
暚	AOMN	9CE9
暤	ANUS	FA77
暭	AHRJ	FB50
暤	AHAM	FB52
暪	ABBQ	FED7
暴	AVIF	90FA
暿	ABOU	9859
暳	AHPU	FB48
暭	AHUM	FB51
曦	AVII	93BF
曕	AYSO	9CBF
曡	AAAA	93B7
曡	AAAA	93B9
曩	ATNK	93D9
曮	AIKF	9479
曫	AGRR	9B72
曤	FUSMA	8ECC
曥	AYX	93BB
曎	AWLJ	93BE
曚	ATCO	93DA
者	JKA	8ECD
曤	AMBE	90D1
曦	ATGS	98A3
曫	LAITB	9CA9

月部

肧	BMF	8EDD
胗	BOII	9B7E
脘	BJKP	925F
膀	BTBS	8EDB
睎	BKKB	935C
腂	BCNH	9D4F
腂	BWD	9567
腺	BVNE	9564
腌	BKCU	9568
膷	BMFB	FC4D

木部
杆 DHJ FA50
杞 DSU FCF1
刁 DM FCF3
杷 DRU 9BEB
杴 DYK FCD6
栈 DI 93E2
杋 DNDU 97F7
柗 DCR FCF6
柳 DNIL FCFB
栅 DNIQ FCFE
栖 DNUE FD4C
牲 DHQM FE4F
梈 DJT 8F7D
栐 DINE 9256
柖 DSHR 9547
棡 DKSS FAC9
栾 YCD FC44
尧 DLMO FD40
样 DTQ FDA9
梿 DTIO 8EF8
桖 DHBT 8FB9
梚 DHGU 91B3
楓 DHNB 935F
棉 DRLB 93A6
栞 HJD 93E8
架 VRD 9640
柏 DHX 9B4A
梦 DDNI FB7C
梽 DGP FE4A
椛 DTOP 8EFC
桛 DYHV 9559
梱 DWK 9CE3
楚 DDINO 9BA1
梨 HHD FD45
渠 FSD FD53
椃 DYPU FE6A
栞 MGD FE6C
椂 DVNE FEF2
椷 DIHV 93B4
棧 DTIH 8F47
楷 DEA 9044
楝 DHDL 96A5
楧 DTLK 97F0
楺 EHD 97F2
椸 DHLO 9C76
楡 DOMV FD4E
樱 DUKE FD51
椊 DTOG 8F4F
樸 DTGK 91ED
栟 DSTT 92B4
樺 DTLJ 93E4
椙 DWB 96D2
槼 GND 9CE8
榝 DOLH FA5C
樠 DKPB FBF0
樎 DEED FD41
槙 DOTC FD46
槩 HKD FD4B
橄 DDLK FD58
椓 DJMO 8E46
槅 DRRS 93E0
樥 DUHJ 9549
槺 DITF 9558
槼 IBD 9BB8
榭 DIIB 9CDE
樟 DYAD 9CF4
槹 DHAJ FD57
樬 DHWP FE7B
樇 DTAB 8F5B
樵 DIST 924D
樸 DTPD 9258
檵 DDHMU 93E9
橗 DFBB 945F
檒 DDMMV 9054
槿 DTCG 94CD
樲 DGJI 96D3
檏 DDMRT 97F3
樉 DTPD 97FA
梟 HFD 9CD1
樹 DJJJ FBF2
橅 DOTF FD5A
橓 DBBQ 8EEA
檖 DTPP 8F65
檢 DNII 9243
檮 DSMI 93EE
欄 DANB 93F5
櫊 DAND 93F6
橕 DFBQ 97F4
槵 DIXP 97F9
槶 DWJC 986C
橦 DTJM 9CC9
櫇 DTNF FAAE
櫵 DTWF FD5B
檄 DTRK FD5D
欞 DDMWG 9073
櫕 DTJR 93B5
櫎 DTIF 93E1
櫉 DMGI 93F0
櫒 DTCD 9670
櫍 DJTI FCF0
櫸 DSMJ 8EC8
䕻 FFBDD 93EA
櫟 DFFD 94B4
櫕 DHTC 9DA8
櫼 DTOV 93DF
櫶 DQJP 9763
櫱 YPD FD61
欒 DFFD 93EC
欐 DIDR 97F6
欝 HBDCI 9CE7
欗 DPPD 9CF8
欕 DTGS 9252
欅 DHCQ 93F1
欗 DVNT 96CF
欑 DHOO 93DE

欠部
歋 LXNO 93F8

殳部
穀 GGHNE FE79
毅 YOHNE FD69

毛部
毜 HUF FD71
毞 HUF 96F8
毤 HUPRU FD6E

气部
氜 OMNA 90BD

水部
汉 EE FAE4
氷 IE FD72
汗 EHJ 95CE
汊 EIK 9EFD
冰 EE FA7C
沟 EPIM FB62
污 EMJS FD76
泞 ENIN 8EE3
沟 EPI 9076
汇 EOMM 93FA
汕 EOU FA4E
浒 EJT FAC7
洗 ELLU FDB7
汞 HTE 907C
隶 LE 90C4
淵 EWWW 96A6
沛 EKLB 97C0
泟 EMYM 9873
洦 EOPD 9EB6
洑 EOD FAA5
沓 EWC FDA1
浅 ETIO 8EFA
浉 EMGB 92FB
浮 EJMD 9BB9
洽 EOIR FAF3
派 EMMV FBAF
涝 ETCH FD79
浤 ETMI FD7B
涥 EYRN 9444
涅 ERHG 9447
浗 EIJE 97CE
浓 EYHV 97D2
涏 ENKG 9C5A
沓 EHX FDA3
涸 EBTU 8EDA
淝 ENKW 9058
淦 EOII 90BB
淝 EMLM 8EF1
涴 ETNU 9248
淠 ELMY 944A
渊 ELFL 944D
渲 EJBM 94D9
渠 EJLO 957B
渫 EHDL 96A4
溤 EHDS 97B9
渏 EKMR 97CB
湶 EAYK 97D5
湊 EYCK FB7E
滶 EJDK FCC6
湘 EDHA FCF9
港 ETCU FDBB
游 EDOD FDBC
漽 EMRU FDC6
湖 EMTI FDD1
湡 EHLB FEF9
溷 EWP 8EAF
滿 ETMW 8F4B
溮 EHON 8FBE
滹 EHAE 92B3
溯 ESTT 92B5

湿	EAYT	97D4
溵	EHSE	FD68
浣	ETJU	924A
㴑	EJMO	92A6
漨	EUHJ	92B6
淋	EBDD	92B9
湔	ETHN	9467
溹	EQMF	9CB7
滛	EBOU	FA64
滙	ESOG	FAC1
滝	EYRU	FD70
漄	EUMG	FDB0
渝	EOMV	FDB8
潛	ENLA	FDBE
潃	EJPB	FDC5
㵉	EOKP	FDC7
潣	EANB	FDCE
潴	EKHA	FDCF
渺	EHDN	8E40
漟	EFBB	945E
漜	ETCG	94CE
潗	ETPD	97C5
潅	ETLM	97D6
漗	EHWP	9844
滙	ESEG	985F
淇	ETTC	9CF7
潅	ETHG	FA43
潋	EHOK	FC59
潐	EHKB	FC7E
潡	ETWI	FCBA
潠	ETCO	FDD9
澊	ESYQ	FE50
澬	EKRC	90FC
澾	ENLM	9445
澓	EHDG	9448
淼	EDDD	95D2
濮	ETNK	95F9
澗	EHOU	97C6
濬	EYBR	9BD8
濅	ETSE	9C48
滙	ESEG	FAC3
澄	EEEM	FAEB
濸	ETOR	FDC3
澟	EYWD	FDD2
濬	EYBU	FDD8
瀈	EIXI	FDE0
漣	EYTJ	92D9
澻	EYTO	95CF
濡	EMBW	96D6
㵣	ESUF	9751
瀁	ETGI	97D3
澶	EYWM	9BF6
澌	EYDL	9CDC
濤	EGRR	FB4A
瀦	EVFR	FDC9
濂	EYMC	FDD4
濬	EYMU	FDD7
瀞	EVFB	8EAC
瀵	ETVD	925A
濟	EBYJ	93B6
瀍	EBOE	93F9
潑	EFFF	96EC
瀛	EHNF	97D7
瀠	EUUD	9BAF
瀕	EYRC	FCBD
澍	EQBI	FDB2
瀫	EVFE	944B
濃	EDDV	FDD5
瀕	EPFC	9259
瀝	EMDP	92DD
瀞	EQBD	96EE
鴻	ETCF	9177
瀶	ENLP	9449
瀬	EDKF	96BA
鳩	EHRF	9178
瀰	ENFF	925B
灕	EHIC	FDD3
濤	EHGI	FDD6
灤	EDVD	FDDA
瀨	ETYC	FDDC
瀛	EYRN	FDDE
灑	EMFI	90FE
瀛	EYRN	FDDD
瀛	EYRN	8FFA
露	EMBR	FEA1
灩	ETTU	97D0
灥	ECCC	9CD8

火部

炛	FHP	FAF0
灵	SMF	90D9
奸	FMJ	9872
灼	FPIM	FB61
炋	FMF	FB63
粂	FD	FCFC
炕	FBHN	FD7C
炮	FAU	96F0
杰	IDF	FCF4
炧	FOPD	FDE2
炑	FOD	FDE4
炽	FRC	FDFD
炲	FHA	FE60
炣	FMNR	91EB
炦	FIKE	986F
炵	FNIN	FAFD
烖	JIF	FDE6
烰	FJBD	8F50
焇	FHBI	91E6
烄	FYCK	95BD
烑	FFMU	964F
炥	FLLN	9770
烠	FJV	9852
焵	FBUU	92C9
焅	FHGR	9346
焮	FTMC	9754
焄	FSKR	9864
焯	FJWJ	986D
焗	FSJR	FB78
焱	BKF	FDEC
煮	JAF	FDF1
煬	FAPH	FDF7
焾	FOIP	8E43
煳	FBTU	8EA9
煠	FBD	92F9
焻	FAA	9451
焇	FKKB	9453
煔	FOMB	94A1
祺	FTMC	95BA
焩	FBB	95BC
焱	EFF	9753
焌	FGCE	985A
焳	FHXU	985D
焝	FHPA	9863
焳	FOG	9870
燮	FFBND	FA78
煏	FMRW	FDF4
煭	AMPF	FDF6
熜	FPKP	8F63
燒	FYRU	91D0
熉	FMHF	9253
煜	FAYI	93D0
熗	FTWR	9452
熉	FYBC	974F
熧	FTPO	977E
熵	FJBJ	97C8
熶	FSTT	9862
爲	BIKF	9C55
煲	ODF	A0DA
熾	FIIB	FCEC
熢	FUHJ	FDE9
焰	FBHX	FCEB
熤	FPUU	8FDD
熂	FUMT	91D2
熜	FWKP	91E9
熌	FANO	92CA
熎	FBOU	9857
熛	FYSG	FB6B
熒	FFBHM	FB6D
煦	SRF	FDF3
燷	FTJA	91E8
熒	FFBG	92CB
燓	QJSMF	9CCC
燿	FUOG	9EAF
熵	FYCR	A057
鏍	FAYF	FACF
燫	FUAP	FDEA
熺	FGRR	FDFB
燑	FYTG	8E53
爗	FATJ	91E2
燯	FFFS	95EF
燨	FTGR	9669
燌	FWJC	986B
勲	RSF	9871
營	FFBRR	9C62
燯	FTQU	9EF3
燫	FITC	96F9
爁	FSIT	9B76
燽	FGRR	FB4C
爕	FFOK	FE42
爗	FWTJ	91E1
燣	FYRO	926A
爑	FTLF	9744
爊	FHSF	9861
爉	FVVV	9BCA
燎	FJKF	FDFE
爄	FTLX	91E7
爏	FMDM	92DC
爍	FFFD	93ED
爝	FFFI	FDF8
爖	FYBP	91CC
爤	ICFF	FBF5
爢	FHUC	9869

爤	FTAW	FE44

爪部

爮	HOPSU	FE47

爿部

𤕭	VMIG	8E77

片部

牐	LLHJX	9455
𤗉	LLILB	FE4C

牛部

𤘩	HQR	9EBC
𤙭	YKHQ	FE4E
𤙰	HQBY	93E6
𤚁	HQHQU	9E78
𤚥	HQJBD	FC6A
𤚻	HQJRU	93A2
𤛗	HHHQ	FE51
𤛛	HQJMM	94B3
𤜆	HQOND	9457
𤜜	HQAWE	937D
𤜺	MCHQ	FE4D

犬部

犾	KHIK	9459
狏	KHMCW	9458
猬	KHNOB	9EA5
𤢻	KHMWD	8E74

玉部

玔	MGY	FACC
玜	MGI	FEFB
玘	MGSU	92D6
玕	MGHJ	94A5
玒	MGG	94B6
玗	MGND	95B0
玧	MGIHU	FADE
玜	MGCI	FAE1
玤	MGYHS	FBEB
𤤢	MGNIN	FCCE
玘	MGSU	FD74
玭	MGPU	FD7E
玲	MGOIN	FE5B
玞	MGQO	91D4
玥	MGMT	95ED
𤤟	MGVIO	FA52
玩	MGBHN	FD7D
珉	MGSP	9461
珐	MGGI	94C5
𤤺	MGINE	95D7
珜	MGJKP	FA46
𤤷	MGYLC	FA49
珕	MGKSS	FACA
珸	MGMLM	FBB7
珠	MGOJU	FE74
𤥀	MGTIO	8EF7
珨	MGOMG	91EE
𤤼	OIMGI	936F
𤥂	OSMGI	9464
琕	MGTT	95EC
珹	MGIHS	964E
珞	MGNIR	96E8
琲	MGLLN	976F
珦	MGHBR	9773
珳	MGJV	97A1
珩	MGMA	9BE7
𤥊	MIMGI	9C58
琅	MGAV	975C
琺	MGGP	FE49
琝	MGICE	8FFD
琜	MGKOO	91CE
琁	MGSLL	94B9
琇	MGOMD	95F6
琒	MGHEJ	95FA
琌	MGYKH	9764
琑	MGOWY	9765
琊	MGSQL	9771
琍	MGTCH	9CF2
琄	MGHXU	FA6D
琗	MGYOJ	FB45
琮	MGPHP	FC6F
琙	MGYOK	FDB1
琣	MGOHB	FE66
琙	MGMPM	FE68
琫	MGQMW	FE73
琽	MGEA	9043
琜	MGDOO	90EF
琭	MGFQU	9246
琧	MGOIP	92CD
琔	MGJMO	92D4
琍	MGTGU	946D
琦	MGGCE	947C
琯	MGOMB	947D
琸	MGYAJ	94B7
瑄	MGJBM	94D7
琾	MGHDL	9759
琛	MGPTD	9761
琭	MGLE	9766
琷	MGQMB	97B2
琱	MGBB	97DD
瑥	MGABT	FBBB
𤦪	IMMGI	FC6E
琟	MGYRN	FCB3
琜	MGDWF	FDBD
琯	MGHON	FE65
琿	MGHHJ	FE69
琟	LYMGI	FE6E
瑜	MGOMV	FE6F
瑬	MGYRU	91CF
瑵	MGHSB	92D2
瑕	MGHJE	92D5
瑃	MGQKA	92FC
瑇	MGNKQ	93AE
瑏	MGSTT	94A4
瑙	MGTVI	94F4
瑅	MGAMO	95EB
瑛	MGTGK	96D5
瑱	MGYBC	9758
瑈	MGNHD	976E
瑞	MGYCR	9B77
瑯	MGHDF	9CAD
璥	MGOYK	FCC7
瑚	MGIIB	FCED
瑨	MGRPA	FE5F
瑳	MGING	FE67
瑺	MGKHR	FE6B
瑤	MGBOU	FE75
瑅	MGUMT	91D1
瑒	MGWTJ	91E3
瑑	MGJMO	92A5
瑧	MGTOD	92D1
瑽	MGTHN	9469
璔	MGMIA	947A
瑭	MGYBS	95F7
瑫	MGBHX	95FB
瑓	MGTXC	975D
𤨩	MAMGI	976D
瑥	MGMUE	9C46
𤨬	IKMG	FCC8
璟	MGMWF	FDF9
璞	MGTLO	FDFA
璆	MGHOH	FE62
𤩍	EUMGI	FE77
瑾	MGTCG	FE7C
璀	MGTQG	914E
璚	MGJKR	91FC
璌	MGJMC	9344
璡	MGSTV	955B
璟	MGNQD	95F0
璨	MGYED	9CB8
璤	MGJIP	FC71
璢	MGBBQ	8EEB
璣	MGUTN	91D3
璙	MGKCF	92D3
璞	MGGGU	9460
璊	MGANA	94A2
璒	MGFFS	95EE
璸	MGTNK	95F8
璭	MGMWJ	95FC
璔	MGRRJ	965E
璐	MGUAP	9767
璪	MGQHF	976A
璵	MGTCL	97AC
璴	MGYBR	9BB2
璊	MGDDO	975E
璧	SJMG	FEA2
璉	MGYTJ	92D8
璛	MGWLI	94A3
璛	MGLX	94B8
璉	MGYGQ	9662
璸	MGPKO	FAA7
璣	MGVIW	FEB6
璾	MGOTQ	8EEC
璿	MITGI	8FE6
璖	MGFFD	945B
璬	MGUFK	94BD
瓃	MGMTB	9656
璭	MGHJR	9768
璺	SEMGI	97EB
瓐	MGHNF	9BD9
瓁	MGJPN	9CF6
瓈	MGHOH	FA5D
瓅	MGTCF	FE7E
瓈	MGHHE	FEA7
璠	MGJHW	94BA
璷	MGTLF	94BB
璱	MGQJP	9762
瓐	MGYPT	93E3
瓂	MGMBE	90CF
瓌	MGYWV	946A
瓑	MGMMP	9465

瓕 MGMBM 90D8

疒部
疞 KMMS FEBA
痹 KWT 9EEF
癀 KTMC 9EE1
瘬 KNSV FEBD
癑 KWTV FEBE
瘝 KWLV FEBF
瘰 KWWF 9477

瓦部
瓩 MIHJ FEAA

生部
甠 SUHQM FBD9

田部
畂 WIHN FAE0
畍 WOLL FEB1
畆 WYHN 9475
畕 WW 9476
畧 WHER FEB3
畮 WOWY FEB4
畡 WIRM 9472
𤲞 WQMB 97F8
畻 WTJU 9473
疊 WLWWW 9F47
疇 WHGI 9474

癶部
癶 NIYO FEC1

白部
皖 HAJNU FEB5
皞 HAHUD 9BFB
皡 HAHRJ FEC9

皮部
皷 GTDHE FECA

皿部
盦 OTWT FECE

目部
県 BUVF 98C4
眞 PBVC FED1
睬 BUMMF 94B0
暎 BULBK 94B1
衆 HWOHO 8FBC
會 OMRU FECF
睎 BUDHL FCE0
睘 WLMRV FED6
睵 BUKMF 94AD
瞁 BUAHM 91E4
睿 YMCOU FED5
瞟 BUDMF 94AC
瞎 BUJMM 94B2
瞖 BUBVK FC5A
瞪 BUUMT 9257
瞸 BCLLP 8FF7
瞯 BUANB FED8
瞰 BUYSO 95DF
瞹 BUWLA FCE7
矐 BUSMG FCE8
矃 BUMBB 8E5F
矃 BUJPN 95C4

矢部
矦 NMHQO FAD7
矦 NMOK FAD8

石部
矴 MRMN FEDC
矹 MRHN 93C8
砉 QGHR FEDD
砇 MRSK 8FE0
砛 MRMMI 91F0
砮 EMR 97D1
砈 MRMSU 9D4C
砼 MROM FA4F
硎 MRBT 90ED
硃 MRDJ 94C1
硧 MRBQ 96E2
硂 MROMG 9450
硄 MRFMU 96A2
硔 MRTC 96E3
硋 MRYVO 96E5
硺 MRMSO 9EE4
碏 MREA 9EE7
磅 MRFFS FB56
碆 MRHPA 94C3
碹 MRJMM 96DB
碶 MRQHK 96E4
磗 MRIBI FEE7
磽 MRTJU 9249
磖 MRPPA 94BC
碽 MRBC 94C4
磿 MRSEG FCD1
磇 MRHWP FEE2
磈 MRSRR 8FE1
磧 MRWJC 93C5
磼 MRTCG 93C7
磻 MRUOB 93C9
磞 MRFDR 96E1
磵 MRANA 90C5
磸 MRTGO 93C3
磚 MRTWI 94C0
礂 MRTGR 94E8
礅 MRTBK 9CC6
礊 CRMR 9079
礪 MRMBS FEE6
礡 MRTEI FEE8
礁 MRTLF 977B
礐 CIMR 907E
礶 MRTRG 8EBF
礴 MRIDY 9E7E

示部
礼 IFU FEF7
祉 LYLM 9BE1
祻 IFWK FDE8
祩 IFJD 94C6
祐 LKR 9BA3
祱 IFCRU FC69
祧 IFFMU 9270
裡 IFWG 95A8
禝 IFGCE 9CDA
禆 IFHHJ FEF0
禀 YWMMF FEF3
禑 IFKMR 94C9
禃 IFJBV 9C72
禟 IFILR 91D7
禘 IFKPB 94C8
禛 IFPBC 94CA
禥 IFTCG 94CC
禧 IFTGR 98B9
禚 MFYIU 9140
禨 IFGRC FCBE
禶 IFLPC 9157

禸部
禽 OBHYU 9571

禾部
秆 HDMJ FEFC
秔 HDIHU FADF
秉 HDOB 94D3
秾 HDSQF FEF4
秢 HDOII 96D1
秼 HDDJ 9CBD
秴 HDOMR 94D0
秱 HDBMR 94D5
秸 HDPPA 8E44
秮 AHHD 9643
稶 HDJMF 9C4F
稐 HDTCT 90C0
稖 HDJCR 91E5
稺 HDSYJ 94CF
稩 HDOIR 94D1
稗 HDTMJ 9573
穛 HDILB 93DC
穅 HDILE 9C6A
穥 HDHXC 8E4C
穙 HDTCD 966F
穲 HDSYQ 8E4A

穴部
窗 JCCWN 8E4E
窠 JCVMD FBCF
竈 JCGLU 8E52
寮 JCKCF 8E51
窃 JCVIS 92F6
窃 JCPSH 9A73

立部
竑 YTII 8E55
竜 YTWU 91CA
竢 YTIOK 94E1
竩 YTJBM 8FD8
竮 YTYRN 94E5
竱 YTGGU 94E4

竹部
笆 HPD 94EB
笉 HPI 9551
笁 HYLM 8EFE
笌 HMVH 9553
笩 HOIP 8E5E
笧 HBT 954F
笪 HSJ 8E59
笭 HHON 8E5D
笵 HEPD 9C64

筃 HWK 9CD9
筑 HMHNI 9D5A
筋 HBMS 8E62
筱 HNLK 8E6C
箬 HSKR 94EC
箢 HJNU 8E61
篠 HOLY 8E64
篵 HDCI 94EA
箸 HJKA 8E69
篵 HYSM 8E5B
篧 HDSB 8E66
篳 HDMQ 8F61
篙 HBBR 94EF
簵 HJJR 8E70
篪 HITF 8F74
篁 HMLM 94F0
簈 HQHJ 8E6E
篹 HJME 8E6F
簍 HAWE 8F73
簈 HSFI 8F75
篘 HCPM 8E60
簏 HIPM 8E71
簝 HBUE 8E6A
簣 HSLC 8E72
籖 HJIM 9F40
籯 HWWW 9544
籭 HMMP 94EE
籘 HBFF 9554

米部

籼 FDU 94F7
粎 FDSO 94F6
粩 FDGP 92FE
糊 FDBCR 9543
糚 FDIYR 94F2
糎 FDMWG 8E7E
粳 FDMLM 94F1
糦 FDGRR 8E7A
糮 FDOMO 91F8
蘗 THJD 8E7D
蘗 TEFD 8E7C

糸部

紈 VFKN FA45
紆 VFHJ 90B7
紸 VFYLM 9743
絲 VIF 9BC3
紮 QUVIF 9ED7

綒 VFSP 9462
紘 VFOBI 9BA4
緞 VFSJE 8EAD
綱 VFBCR 9542
緒 VFJKA 8EAB
緤 VFPTD 8EAE
縝 VFPBC 8EB4
緁 VFTLK 94FC
総 VFOIP 96D0
綦 VFTMC 9755
緶 VFSTT 9757
綷 VFJCM 9EAD
縕 VFNST FD50
綵 VFORD 8EB2
縇 VFJMM 94FB
緓 VFNHD 95CD
緾 VFMWG 97AA
緕 VFJBJ 97C9
縐 VFABS 8EB5
繧 VFMBI 8EA1
繇 BRHVF 8EB6
繂 VFJMN 9540
縳 VFSMI 9756
纏 VFMWG 9F4E
繳 VFUFK 94BE
繿 VFSIT 9DA6
纖 VFJIM 9EB0
繎 VFFF FDDF
纏 VFMWG 8EB8
纜 VFSIU 8EB9

缶部

銚 OULMO 8EBC
鋼 OUBTU 8EBD
罇 OUFBQ 9DD1
罏 OMAMI 94FE

网部

罕 BCYAJ 8EC0

羊部

羌 TGHI 8EC3
羙 TFK 8EC5
鮮 NBTQ 8FD0
羴 TQSYQ 9649

羽部

羽 SML 8EC6

翀 SMIP FEC2
翐 SMPD 954C
翑 SMHT 954B
翝 TKSMM 9C60
翜 SMYK 90CC
翤 JISMM 954E
翬 SMBJJ 9C70
翿 YGSMM 8E54
翻 MUSMM 8EE4

耒部

耨 HDMVI 8ED0
耬 QDTOE 8ED1

耳部

聃 SJBMM 8ED5
聡 SJCIP 8ED6
聧 SJFF 955E
聭 SJOMN 955C

老部

耈 JPPR 8ECE

聿部

肈 HKLQ 8ED9

臣部

臥 SLY 9EB7

自部

臯 HUMMJ FEC4
臯 HUKQ FEC6

舟部

舩 HYCI 8EEE
舭 HYPP 9EBF
舮 HYOIP FE5D
艇 HYONO 956A
艆 HYBUU 97DC
艇 HYMLM 8EF0
艓 HYDOO 956D
艭 HYHNI 8EED
艬 HYRJI 956C

艸部

艼 TTM 9DE4
苐 TNLH 8F41
茚 THPL 8F42
茋 THVO 9B54

苦 THJR A053
芀 TKS 8F48
芇 TLB FBEE
芭 TSU 8EF6
苖 TR 8F4D
芜 TIKU FABC
茚 THVL FAD0
苷 TPT FAF5
芹 TSO FBDA
芊 TQJ 8F70
苒 TBY 946E
茄 TOU FA4D
茎 THQM FBE9
茳 TEMN FD75
茵 TRLR 8F49
荭 TMYM 9BDD
茋 THVI 9E68
荃 TOYM FA55
荣 TBD FD55
茲 TVII 945A
荸 TJMD 8EF5
荔 TSHH 8F4A
莠 UUYHS 8EFD
茵 TWV 8F4E
荚 TMJO 8F6A
莽 TSQL 925C
莘 TTQ 9545
菩 TGR 965C
菖 TPA 96C6
菴 TOL 9846
萃 TBHQ 9CCD
菀 THXU FA6C
菥 TEHL FD7A
莹 TBMGI FE76
莜 TOLK 8E63
莨 TSLL 8F51
菶 THEJ 8F6F
葢 TNDT 92BD
菳 THG 97E4
葯 TFPI 97FE
菘 TVFH 9C41
蒀 TBU A0D3
蔓 TMUE 897E
蒽 TWKP 96C3
蒟 TESR 9C77
蓊 TOIP FAAC
萍 TGMJ FB66
蓫 TVSP FBA8

香港字倉頡碼

蕯	TVID	FBC5
萩	TDJE	FCF7
蒟	TEPA	FDAA
莜	THOK	8E65
茖	TEHA	8E67
莭	TSJL	8ED3
菟	TNUI	8F56
菁	TQMB	8F57
葱	TPHP	8F64
葘	TPHX	8F6E
萮	TMLY	90CA
葉	TTMD	9561
菿	TQSR	9665
萂	TVJD	974D
萮	TKMR	97CD
菈	TEYT	97FB
萠	TBGR	97FD
葯	TYTI	9842
萿	TEIR	9848
葤	TPIR	9849
蒼	TOYR	FA5A
蒎	TYSP	FBA9
蔀	TVSL	FBAE
滬	TEAP	FDB3
蒶	TOMN	FDB9
葢	TKIT	FECD
蓄	TVMW	8F60
葊	TOMT	8F66
蕤	TNOO	9146
蕳	TAHU	91C7
葕	THON	9245
蒖	TMBK	924C
葜	TALK	93D2
葿	TABT	955F
蒗	TETC	956E
蒼	TYIB	96FA
蒙	THAE	974C
蓉	TJHR	9840
葯	TYTI	9841
蓿	TOSR	9867
蒑	THLO	9C5B
葵	TQHK	9ED1
蓃	TANV	FBA5
蒸	TVIP	FC77
蔈	TDAV	FCFD
蒘	TEHR	FDAB
蒣	TEOY	FDAC
蒒	THRB	8E6D

蒯	TIIB	8EF4
蒸	TMNF	8F4C
蔘	TVFH	8F54
蒳	TVHI	8F55
蒰	TOQB	8F69
蓞	TBHX	8F6D
蓛	TVFU	8F71
蔆	TIME	8F72
蔆	TNLE	8F7C
蓏	THYN	91BD
蕢	TPBC	94CB
蔙	THOD	95B1
蓥	TBC	95E4
蓋	TNST	97FC
蔴	THDD	9DA5
蔬	TVJU	FBB3
蔘	TBDH	FC53
蒨	TEQB	FDB4
蓌	TVFR	8EA3
蓘	TDRD	8F5E
蓓	TGYR	8F6B
蓓	TEYR	8F6C
蔭	TNLI	8F76
蔾	THND	8F7A
蔭	TNLP	90C2
蔆	TEBV	946F
蓤	TYCV	956F
蔄	TKHR	96C4
蔲	TNLU	96C9
蔀	THHL	96CA
蓱	TEBD	96CB
蔉	THON	9CE1
蕌	TAAA	FA44
蕂	TBFS	FAB9
蕆	TVUK	FBBD
蔂	TAKI	FC78
蕹	THDG	8E42
蕠	TYPF	8EA2
蕍	TVFA	8EA5
蕒	TLYK	8F5A
蕚	TRRS	8F5C
蕐	THHQ	8F79
蕑	TANA	8F7B
藹	TEAV	90D6
蕸	TNII	9242
蕆	TIST	924F
蕻	TTCG	96CE
蕲	TTCL	97AE

蕁	TTWI	9CBE
蕮	TYTB	FDB5
薆	TIIT	FECC
薑	TNRI	9244
薂	TBKF	96C8
薿	TGRR	FB4B
藘	TEAE	FDCA
藥	TYRD	8RA3
藧	TVFV	9470
藺	TVFR	96C5
藼	TEHP	9843
蘄	THOK	FC5C
蘂	TSMJ	8EC7
蘃	TDTE	924B
蘍	THFS	FABB
蘗	TQRD	8FA4
蘷	TYUE	8FA6
蘫	TEWJ	8FA9
蘳	TJQP	96C7
蘯	TVFP	9845
蘵	TOTV	984A
蘊	TMWT	9CD2
蘖	THJD	8F7E
夔	TYPE	8FA7
蘇	TBUF	8FAA
蘵	TDGF	96CD
蘐	THAE	FEFA
蘷	TYUE	8FA8
蘸	TEHDA	9247
蘹	TBFF	9556
蘊	TDQT	9560
蘼	TMBR	90D3
蘿	TCHHJ	90FB
虂	TMBM	90D7

虫部

蚉	CHLMI	9579
蚭	LISP	9F49
蛉	LIOMG	9ED3
蝦	LIHJE	8FAE
蝭	LIYSO	957A
蝰	LIKGG	9DD5
蝽	LIQKA	FE7A
螥	LIOIR	9ADB
蟖	LIIHF	9EDF
蟚	SILMI	8FB4
蟟	LIYRU	957D
蠁	GHLMI	8FB5
蠋	LIANA	97B6
蠏	LINBQ	A063
蠹	GBMRI	9CB2
蠻	LIVFI	9EAA

衣部

衟	LWLM	94C7
补	LY	9C7C
衲	LNHS	FEEA
袄	LHK	FEEC
袝	LBY	95A3
袿	LGG	95A4
裝	IGYHV	8FC6
裵	YYHV	9CB3
裬	LYCV	8FC2
褍	LTLB	95A9
褒	YYYHV	8FC8
褎	YHHV	95A5
褌	LSEG	9860
褳	LYGQ	95AA
襆	LOTO	95A6
襘	LHWS	95AB
襷	LHCQ	9C5D

見部

覞	OVBUU	8ECB
覧	SMBUU	8FCB
覨	AMBUU	93D6
覩	JABUU	8FCC

角部

觹	NBOGS	8RD1

言部

訜	YRCSH	95B6
訫	YRP	95E5
詎	YRSP	95B3
詾	YRPR	95B5
誩	SRYMR	9C79
誽	YRJMU	FBC8
諁	YRICE	8FD3
諓	YRHQI	8FD6
諩	YRYMR	8FE5
謥	YRPHP	FC70
譔	YRNKM	8FD7
諿	YRAA	8FE9
諚	YRJMO	927C
諁	YRBBE	95B2

詥	YROYR	FA5B
𧬊	YRNDF	9064
謕	YRYSD	9B73
諄	YRYRN	9C45
譖	YRMCA	8FD2
謟	YRBHX	8FDF
謹	YRTWM	98B6
諜	YRTPD	8FDB
諦	YRTYB	8FD9
謿	YRJJB	8FE2
譱	YRTGR	9668
譋	YRANA	98BD
譤	YRTRK	9BE2
𧬱	YRTWT	FEF6
譗	YRFQR	8FDC
譍	IOGR	8FE4
譩	YRYTP	964C
譞	YRWLV	9BC4
譢	YRYTO	9BFC
譠	YRJPN	9541
讍	YRTGI	8FE8
讐	OGYMR	8FE7

豕部

豨	MOUMB	9E7A
豲	KHTBO	9EC7
豴	BOTRG	9EAC

豸部

貛	BHTRG	8FED

貝部

貟	IBUC	95C0
貭	MRBUC	8FEE
貰	WYBUC	8FF0
貂	BCSHR	8FF2
貭	MFRBC	8FEF
賖	BCOMD	8FF3
賫	KOBUC	8FF4
賛	QOBUC	8FF9
賨	BCJMF	95C1
賩	BCQMB	9BEE
賜	BCAMH	8FF5
賸	BCCIM	95C2
贀	SPBUC	8FF6
贖	BCHUC	97CF
贙	FUHUC	986A

走部

起	GOSU	8FFE
趁	GOOIN	92C1
趦	GOHER	FAFA
趤	GOAMH	9EE5
趩	GOWTC	9040

足部

趸	MRRYO	9041
跔	ROBQ	95CA
踕	RMLQ	9441
踻	RMWYI	9E7C
蹖	RMQKQ	9EF4
蹷	SVRYO	9CCA
蹕	RMTMJ	9CE5
躉	TBJMO	9046
躝	RMGTI	9045

身部

躰	HHFH	97CA
躹	YTHXH	9047
軀	HHSMV	90B1
躶	HHWD	9049
軃	HHRRJ	904A

車部

輘	JJICE	9CDF
輐	JJJNU	FBCA
輪	JJOSM	8ECA
輰	JJAMH	95CB
輶	JJCMW	9C42
轉	JJIBI	8EB3
轁	JJBHX	97E2
轉	JJQJM	95CC
轀	JJSRR	97DE
轝	YJMY	9548

辛部

辞	JRYTJ	904F
辥	URYTJ	9050

辵部

迈	YNHS	FEEB
延	YHYM	FBFE
逈	YHBR	9EDB
遆	YYWI	905E
逦	YBCR	95D1
遊	YTKR	9057
逿	YAPH	9062
遊	YDOD	9063
𨕫	YTOG	9061
遻	YRRU	9066
遚	YSQF	96E0
遬	YDLO	98BE
遳	YTDQ	9BC0
邏	YWLG	FCE5
遨	YHSD	9067
邁	YMGC	9162
邉	YHGR	8FA1
邊	YHGV	8FA2

邑部

邦	HKNL	95D9
邮	LWNL	906C
却	GINL	FAD3
邻	OINL	95D8
郌	HGNL	90B9
郶	SRRAU	906B
都	JANL	906D
鄚	TKNL	9BA9
郞	YCNL	9069
鄄	MGNL	9C68
鄙	SANL	FBDC

酉部

酨	TWIKU	FE55
酞	MWIK	FE56
酖	MWIKU	FE57
酮	MWSMR	9EA4
酮	MWRB	9D49
醗	MWNOK	95DB
醴	MWTWA	9070
醿	MWIDY	9071

金部

釔	CNU	9BDE
釖	CSH	FC5E
釙	CNC	965B
釲	CSU	9BEF
鈯	CU	9CF0
釨	CNIN	FED9
釹	CYK	95B9
鈃	CMF	9E73
釾	CNIH	FEDA
鈼	CHS	FCFA
鉁	COHH	9077
鉼	CMFJ	91D8
鋻	VEC	91E0
鉝	CYT	92E3
鉼	CMOB	94D4
鉟	CMFM	97BB
鉮	CLWL	97E0
鉕	CSR	9D4D
鉰	CHNB	9360
銉	CLQ	9440
鉚	COHL	FA53
銉	CLL	FA41
錞	CYRN	FA4A
鋁	CYMR	FB40
鋔	CNAU	904B
鋶	CNSD	9055
鋤	CNKL	9056
錸	CDB	9646
鋺	CNMU	9664
鋎	CTC	96DC
銄	CHBR	9772
鉤	CPA	9CD8
鍸	CSMM	9CD3
鍪	QEC	91DD
銧	COMC	93FC
鋣	CHQL	9442
鍳	VGC	964A
鋶	CYIU	9659
鐒	CTCH	9747
鋥	CRHG	975B
鑫	CMGG	9776
鋸	CSKR	9865
鍁	CHLO	FE45
鏍	CBCD	8FCF
錝	CYRF	FA4B
鍃	CLP	FC60
鎏	EEC	9051
鍊	CDW	90A2
鋤	CSJL	91DE
銓	CC	94A8
錇	CYTR	94BF
錋	CAB	95AF
鏮	CHDL	975A
鏊	MGC	9778
錍	CLMY	977C
鏻	CDF	9CAB
鎘	CMRW	FDF5
錆	CLPB	8EDE
鋌	CING	907B

鍳	SIC	90AF
鍸	CJRB	914C
鍉	CAYT	91DC
鎓	COMV	92C8
鏚	CIHV	92EC
鎡	CNYI	9349
鏑	CJBJ	935D
鍏	CWB	95DE
鍨	CNOK	9645
錄	CHAE	964D
鍙	CETC	9661
鍽	CISB	967A
鍈	CNBK	96FE
鑫	CMII	9777
鍮	CTBN	9779
鉀	COML	FC56
鐏	CTCW	FD4F
鐩	CTPO	977D
鏕	CMWV	97BD
鍴	CUMB	97BF
鋍	CYRN	97F5
鏂	CHNI	9D64
鎱	CMHF	FADA
鍵	CONQ	90A4
鏋	CTLB	91DF
鎜	HEC	9266
鍯	CWKP	92C2
鏠	CYHJ	9343
鏠	CUHJ	934A
鋥	CWLM	93FB
鍞	CMBC	93FE
鐕	CMIA	947B
鎖	CVVC	9748
鑫	OGOGG	9775
鋠	CSTV	97B1
鍣	CBHX	97E1
鎐	CBOU	9858
鉶	CJJJ	9BAC
鐰	CESD	FDBA
鏰	CUBB	FDCB
鏱	CYTJ	FE7A
鏶	CTCG	FE7D
鎞	CUAP	907D
鏑	CYCB	90A8
鑋	VIC	90A9
鐨	CWJC	9264
鍪	MEC	94A9
鎢	CHAF	95BF

鐓	CGSK	95E0
鍟	CSYQ	9648
鏅	CFBB	96D7
鑑	CAOP	FABE
鍶	CHWP	FB79
鎳	CEID	FD43
鐫	COGS	9749
鏠	CFOG	90C6
鐥	CTGR	90E2
鐕	CCWA	91DB
鐵	CGOV	9265
鐈	CHKB	9348
鐩	CTGO	93C4
鐸	CRRJ	965D
鐁	CTCL	97AF
鐗	CWRC	FB5D
鐛	CAYF	FC45
鬗	TIC	FCA3
鐯	CGRR	9BC5
鐿	CYED	FEA3
鐮	CYTC	90AA
鐤	CBUL	91BC
鏶	CTCD	966E
鏇	CDDO	975F
鑃	CSMG	FE43
鏡	CJTI	9443
鏨	ELC	95AE
鑈	CMTB	9655
鐇	CIXQ	965F
鑍	BCC	96DD
鐘	CHJF	FE40
鑢	CQJP	91D5
鐙	CFFI	9341
鐝	CSRO	9347
鏤	CIXE	95AD
鐳	CWWW	96A7
鑛	CTLF	977A
鑄	CGRF	FDFC
鐟	CHUA	8E47
鑬	CSIU	8EBA
鑮	CTRS	90A5
鐶	CWWV	90AC
鑰	CJJM	93FD
鐶	CHXC	95AC
鑍	CBCV	FEA5
鑑	CSIC	90AE
鑯	CRRK	91B8
鑻	CBWI	97E3

鑼	CMMP	9466
鑻	CDDQ	FCC1
钃	CHAA	95E2
鑌	CJMC	9647
鑟	CJMC	9CEC
鑿	CSWC	90AD
钂	CCCC	95E3

阜部

阰	NLMFJ	91D9
陎	NLRD	95F4
陖	NLICE	9C59
陻	NLMCG	90BE
隀	NLNBS	927A
陫	NLCNH	95F5
隅	NLHLB	FE72
隈	NLWOL	FEAF
陷	NLBHX	90BC
隍	NLAFU	FEAC
隨	NLYKB	95F2
隬	NLHHW	95F3
隥	NLNOT	FEE4

門部

閂	ANMN	90B2
閉	ANE	95E9
閙	ANYLB	95E6
閦	ANOOO	90B3
閨	ANMGI	90B5
閧	ANOMC	95EA
闇	ANJRR	90C9

雨部

雽	MBHML	91C5
雴	MBYT	92E4
雺	MBHEY	9642
霂	MBOD	90CD
霂	MBIMO	90D5
霗	MBYHV	9159
霛	MBVR	95FE
霚	MBDCI	FCF5
霦	MBOHB	90CE
霄	MBQMB	9641
霠	MBKMR	97CC
霆	MBNKM	9C65
霚	MBHDF	FEFD
霿	MBNNN	90DB
霺	MBTCL	FDD0

䨻	MBAWE	937E
霎	MBRRV	90DA
霶	MBEYS	90D4
靈	MBRRI	FD60
靇	MBWWW	95FD
靋	MBCHJ	9CCF

青部

彰	QBHHH	90DD
靘	QBFMU	90DF
靜	QBBSD	90DC

革部

靭	TJSK	9651
鞉	TJLMO	90E6
鞇	TJWK	FB58
鞈	TJYTR	9650
鞱	TJBHX	90E8
韉	TJIXF	90EA

韋部

韍	DQOAE	97C2
韒	DQFB	90EB
韠	DQWTJ	90EC

非部

靟	YXLYM	91C6

音部

韵	YAPIM	90F4
韵	YAPR	90F3
響	VLYTA	90F1
韹	YAAYF	93BD
韽	YAITC	95B7

頁部

頣	RPMBC	9BAA
頭	SLMBC	9CEF
頯	PKMBC	8E4B
頳	GCMBC	90F7
頹	BTMBC	9658
顈	JDMBC	9F46
頷	KRMBC	90F5
顫	YAMBC	90F0
類	FFMBC	9B7B
顭	YJMBC	8FFB

風部

颮	HNSHR	9145

颶 HNBUC 965A
颾 HNFF 9142
飆 FFHNI 9141
飃 HNMWF 9569
飈 HNIKK 9144

食部
餕 OININ FCCF
飬 FQIAV 914B

香部
馛 HAIKE 966A
馧 HAUU 966B
馞 HAKMR 914F
馝 HAAPV FCEA
馥 HAHUK 9150
馩 HAJMC 966C

馬部
馻 SFOII 9BC6
馸 SFHML 91C4
馩 SFCSH 9746
駈 SFMGI 9CC1
駲 SFMX 9152
驁 FQSQF 9555
駷 SFKKB 92D7
騁 SFMVM 93A7
駉 SFBCR 9675
駏 SFSJR 9151
騔 SFAA 91BB
騲 SFYAJ 93D4
騞 SFGCG 9674
騑 SFUMJ 9679
鶩 TBKF 96C1
驄 SFIOP FCA4
騟 SFOMN 955D
騾 SFHAE 9671
騢 SFABT 9676
騩 SFWP 9C6D
騯 SFYBS 9673
騻 SFKKK 9154
驓 SFIST 924E
驜 SFTCD 966D
驠 SFITC 9BC1
驡 SFIPF 9678
驩 SFYBP 91CD
驥 SFFQF 9557
驫 SFSJJ 9C4A

贏 YRBSN 9156

骨部
髒 BBTIS 9EC4

髟部
髢 SHPD 915C
髣 SHBY 915D
髴 SHLLN 915E
鬒 SHOMC 9F57
髳 SHEFH 9F5C
鬠 SHJKA A06A
鬔 SHYHJ 9160
鬑 SHNMU 915A
鬢 SHLBC 915F
鬘 SHUCE 9F65
鬃 SHWP A06F

兼部
亷 YHXC FBF8

鬲部
鬴 MBIJB 9164
鬹 QUMRB 9F41

鬼部
魁 HUYJ 9167
魀 HIOLL 9169
魊 HIIJ 9CC0
魋 HITXC 9168
魖 HITWI 916A

魚部
魥 NFKE 9EA6
鮃 NFMFJ FDA5
鮗 NFOII 96B2
鮫 NFJV 96B5
鯏 NFHDN 96B3
鯩 NFOMB 95D5
鯨 NFISK 96B4
鮗 NFHEY 9FDE
鯝 NFWR A067
鯱 NFKLU 9EF9
鰕 NFHJE 9172
鰛 NFYHR 9EC8
鱄 NFMWJ 96AD
鱓 NFRRJ 96AE
鱝 NFJTC 9EA1
鱶 NFTVP 9ECC

鱻 NFNFF 96AF

鳥部
鳭 IHAF 9174
鳿 MIHAF 96BC
鴌 HKHAF 96BD
鴡 BMHAF 96B8
鴯 MUHAF 96B9
鷗 RPHAF 96F4
鴾 HSHAF 9ED0
鵃 HOMNF FAA1
鵩 AISLF FB43
鵜 TQHAF 91A7
鵓 MOHAF 9EB1
鵾 AAHAF 8ED2
鵼 HFHXU 917B
鶩 TBKF 96C0
鵮 OGHAF 9EEE
鶄 JMHAF 9EFE
鶪 PDHAF 8FB1
鷘 GKHAF 9173
鷩 OKHAF 917C
鶷 QAHAF 91A8
鶲 JRHAF 96BF
鶹 AUHAF 96C2
鶾 TKHAF FB77
鷂 JRHAF 96B7
鷟 TLPF 9C6B
鷉 MGHAF 9175
鷎 HFESD 9176
鷊 VFHAF 91A3
鷬 TKHAF 96BE
鸅 WVHAF 9EC9
鷲 GRHAF 9179
鸎 BCHAF 917D
鸍 ICHAF 96B6
鸕 IPHAF 91A4
鸝 HFMMP 91A6
鸐 MUHAF 96BB
鸛 JCHAF FBD3

鹿部
麀 IPHQM 9052
麔 IPPRU 9EED
麌 IPICE 91A9
麐 IPYKR 91AA
麙 IPYTJ 9CDD
麢 IPMBR 91AD

麥部
麩 JNFH 9FE2
麮 JNYR 91AE

麻部
麼 IDHDA 91B2

黍部
黎 HNOE 91B5

黑部
黓 WFYG 9EEC

鼓部
鼖 JTGTE 91BF
鼗 LOMTE 9F66

齒部
齡 YUOII 91C8

讀 者 登 記 表

請於購書後 14 天內登記

請填寫讀者登記表正本寄『蔡劍南中文電腦中心』，我們將回覆讀者編號及密碼。登記後，讀者可獲傳真 Fax 及網上 Email 支援，助你解答有關學習倉頡的問題。

姓名 （中） ：______________________ （英） ：____________________

性別 ： □男 □女

年齡 ： □20 歲或以下 □21-30 歲 □31-40 歲
□41-50 歲 □51 歲或以上

傳真 ：______________________________

電郵地址 ：______________________________

英文地址 ：____

____

蔡劍南中文電腦中心

郵寄地址：九龍旺角彌敦道 576 號和富商業大廈 1501 室

電話：2575-0818 傳真：2575-0138

電郵：general@keithtsoi.com.hk

網址：http://www.keithtsoi.com.hk

為促進本書的質素改進，請抽空填寫下列兩項：

從哪裏知本書：□報紙/雜誌 □國際網絡 □別人介紹 □宣傳單張 □書店
□書展 □學校/電腦中心 □其他（請註明）__________________________

我對這本書的意見：____

____

____

____

____

摘自：「漫談中文電腦」——朱邦復

國家的强弱，民族的盛衰，端視其知識水平而定。古人有言：「十年樹木，百年樹人。」人的觀念決定於知識，人的行為決定於觀念。

縱觀歷史，我國所以積弱不振，乃新知識之不能普及，導致觀念陳舊閉塞，因果相循，自棄於時代之門外。

再若進一步探究，為何知識不能普及？無他！傳播知識運用知識之現代化工具缺乏，工具缺乏則效率極低，效率低則窒礙難行．．．

現今政府大力推廣資訊教育，誠為明智之舉，但若大家誤以為世上只有拼音語系夠資格談資訊，那就大錯特錯了。

可是由於很多專家學者都是科班出身，只知有英文資訊而不知有我們這些出士不足一年的「中文資訊」，政府政策之擬定，必然尊重學者專家意見，屆時若有遺珠，為憾大矣！

我們人微言輕，無資本，力量，只憑滿腔熱血，除了爭取有民族意識的大衆支持外，別無良策。特此，以我們僅有的財力，用我們赤手所製作的中文電腦來編排印製，用最低廉的代價，希望將我們的微弱的呼聲傳達到您的手中，希望您與我們共同為中華傳統文化的前途努力奮鬥，讓我們來証明中文在資訊的應用上，絕不亞於任何文字．．．

但願我們能撐到中文電腦價值被肯定的那一天，也但願能得您的支持與鼓勵。

朱邦復

七一年一月十日

機構服務信念

中文電腦中心
KEITH TSOI Chinese Computer Centre

創新求變，迎接挑戰
Make the Change to Meet the Challenge

我們的目標是成為一間表現卓越、成就顯赫的公司。
Our goal is to be a successful company worth high regard.

我們致力『普及中文電腦、發揚中國文化』，倡導資訊科技運用，專注發展中文輸入技術，以改進日常工作效益及效能。
We dedicated to the service that improve the effectiveness and efficiency of information technology by using Chinese computer, with special focus on the Chinese Character Input.

客戶的需要促使我們不斷創新，憑著與眾不同的服務，滿足客戶的期望。我們更致力提高質素，力求進一步超越客戶的期望。
We are committed to fulfilling our customers needs with service beyond contract. We maintain standard of excellence in everything we do that will distinguish us from our competitors.

永續改進的服務、爭取客戶長期的支持，使公司達致穩步的成長和發展。
Continual improving services maximize the ability of the business to generate profits.

工　作　人　員

本字典得以順利出版，實有賴以下同工們的努力及支持：

蔡劍南	翁潔蓮	梁倩儀	梁錦愛
黃雲霞	孫振翹	李康妮	李康明
李騰達	梁家豪	甘榮志	倪貴英
張慧鈺	高艷慈	許上冕	陳瑞萍

讀者優惠

倉頡中文輸入法
免費課程九小時

課程簡介：<<倉頡>>乃目前最流行的快速中文輸入法之一，於比賽中可達每分鐘100字。而且倉頡規則簡單，學習效率高，熟練時間短，求職擇業必備。本課程講解倉頡拆字取碼的方法，記憶輔助字形的秘訣、簡易、字首及字身、複合字、特殊、難字及包含替代等。學員不需任何電腦知識，成績優異學員可以優先被取錄報讀高級班。

堂　數：共四堂(每堂2小時15分鐘)上課時毋需使用電腦。下課後完成功課習作需時約共九小時。

資　格：參加者必須年滿18歲，每位讀者可替一名親友報名。

學　費：全免(有效期至2004年12月31日，額滿即止)，免按金

筆記費：每位90元(**派發共400頁教本乙套**)

上課時間：**請致電「蔡劍南中文電腦中心」查詢**

報名方法：**請填妥字典內之報名表格(每名參加者需獨立填寫)及$90**劃線支票－抬頭KEITH TSOI CHINESE COMPUTER CENTRE，及回郵信封寄**九龍中央郵政信箱72439號**。封面註明：『字典讀者優惠—倉頡報名』。(不設電話留位)

親身報名：請填妥字典內之報名表格並帶同支票或本票(不收現金)，親臨九龍旺角彌敦道576號和富商業大廈1501室(油麻地地鐵站A2出口，信和中心附近)

辦公時間：星期一至六10:30am-9:30pm
星期日休息(公眾假期另行公佈)

電話：2575-0818　傳真：2575-0138

網頁http://www.keithtsoi.com.hk

注意事項：筆記費支票將即日過數。所有申請一經發出正式收據，恕不接受轉班或轉名。如因『特別理由』申請轉班，必須以書面申請，並附證明文件。經中心批准之轉班申請，須繳付手續費30元正。課程開始後，不論任何原因，皆不接受轉班或轉名，敬請小心核對上課日期及時間。

《全圖傳意倉頡碼字典》讀者優惠

倉頡中文輸入法　免費課程九小時

報　名　表　格
Application Form

學員編號	CT　　（舊學員填寫）
姓名（中）	
姓名（英）	
英文住址	
電話	（日）
	（夜）
出生日期	年　月　日
性別	□男　□女
身份證號碼	
報讀課程編號	（第一選擇）
	（第二選擇）

職　員　專　用

學員編號：　收據編號：

課程編號：　負責職員：

座位編號：　日期：

收費：